W0394140

CADAVRES EXQUIS
dans le 7e Art

Quatre créateurs du cinéma mondial

CADAVRES EXQUIS

dans le 7e Art

Quatre créateurs du cinéma mondial

Marie-Christine
de Montbrial

JACQUES-MARIE
LAFFONT
Editeur

© Hoche Communication S.A.S. – Jacques-Marie Laffont Éditeur
Dépôt légal : avril 2015
ISBN : 978-2-36124-084-4

Pour Thierry,
Ron Goodman, Denis Chateau,
Françoise Schmitt,
sans qui je n'aurais pas écrit ce livre.

INTRODUCTION

Les hommes du 7e art, réalisateurs, producteurs, artistes, techniciens… connaissent bien la petite lueur qui s'allume dans les yeux de ceux qui les rencontrent : l'univers du cinéma suscite une curiosité immédiate même à une époque où la fabrication des films semble avoir révélé ses moindres mystères.

Les questions fusent : *« Vous êtes producteur ! Vous devez être riche ! »*

« Vous produisez des films ? Mais est-ce que tous les metteurs en scène ont vraiment besoin d'un producteur ? »

Pouvoir, amour et argent ?

Cigares, tapis rouge, stars au bras ?

Sorte de banquiers un peu aventuriers ? Gestionnaires, mais aussi artistes ? Mais que font les producteurs ?

Les acteurs s'exposent en première ligne. Tout le monde a une idée claire des réalisateurs : ce sont les créateurs, les artistes. Mais le rôle des producteurs est perçu de manière floue. Les commentaires les plus fantaisistes entendus à leur sujet viennent l'illustrer. Même des experts du secteur se montrent embarrassés lorsqu'il s'agit de définir les fonctions de ces personnages dont le nom figure en grand sur les génériques… Tel ce critique de cinéma parisien qui, en 2009, à l'occasion de la remise du Prix Daniel Toscan du Plantier du meilleur producteur, expliquait avec superbe à la radio : *« C'est une sorte de renifleur de bons projets. »* (1)

Dès les origines de Hollywood, des producteurs hauts en couleur ont marqué de leurs légendes l'histoire du cinéma. Des anecdotes les concernant ont enchanté des générations de cinéphiles. François Truffaut lui-même disait qu'un de ses livres favoris était *I Hate Actors* (*« Je hais les acteurs »*), le roman hilarant écrit en 1944 par le scénariste le plus en vue de Hollywood, Ben Hecht, qui fit des patrons des principaux studios les héros de son ouvrage (le titre du livre fut par la suite changé en *Hollywood Mystery* par un éditeur qui craignait de heurter l'esprit *« politically correct »* du milieu).

Après un siècle d'existence, le cinéma se porte bien, malgré les écrans plats à domicile, les séries télévisées addictives et les jeux vidéo. Plus que jamais, le public se presse dans des salles obscures, des écrins à la technique parfaite, à la recherche d'une émotion, d'un moment qui les transportera en dehors de leur quotidien ou le leur renverra en miroir. Tous les arguments commerciaux les plus habiles sont étudiés pour les y amener, avec succès.

À l'exception de rares films particulièrement élitistes, qui se situent, volontairement ou pas, en dehors du marché, le cinéma est généralement reconnu à la fois comme un art et une industrie. C'est une industrie de prototypes, car chaque œuvre est unique et doit se rentabiliser par elle-même en apportant au public un plaisir culturel et distrayant. Or un film coûte cher et les remontées de recettes sont contrôlées par des groupes puissants, distributeurs ou vendeurs, qui gèrent la carrière commerciale du film et se rémunèrent au premier rang. Contrairement à une idée répandue qui veut que le producteur investisse sur un film ses deniers personnels, il est donc exceptionnel que quiconque s'aventure à un tel risque. Personne ne finance cette industrie-là directement avec son bas de laine.

Comment se prennent donc les décisions artistiques et financières pour démarrer et mener à bien de telles œuvres ?

Sur les écrans, les noms des artistes défilent comme autrefois. Ceux des producteurs, loin de disparaître, se sont seulement multipliés. Leur importance est ainsi exposée sans pour autant être vraiment comprise.

Certains ne signent même pas leurs films, choisissant de garder une forme de discrétion ou de laisser un mystère de plus à leur métier.

Qui sont ces hommes de l'ombre qui vivent à côté des stars propulsées sous les feux de la notoriété ? Que font-ils ?

Quatre d'entre eux – David O. Selznick (1902-1965), Lew Wasserman (1913-2002), Gérard Lebovici (1932-1984), Daniel Toscan du Plantier (1941-2003) : deux Américains et deux Français, aux destins fascinants, retiennent l'attention au point que l'on veuille enquêter sur eux. Figures hors normes qui éclairent un métier que je croyais déjà connaître à fond et de l'intérieur !

Ces hommes ont en commun un charisme, une vie extraordinaire et une œuvre exceptionnelle. Mais il y a plus.

Selznick, le légendaire producteur d'*Autant en emporte le vent*, laissa péricliter ses projets pour l'amour fou d'une femme.

Dans ses grandes années, il fit entre autres venir Alfred Hitchcock et Ingrid Bergman aux États-Unis, les propulsant à la notoriété de stars alors que leur talent était connu de manière limitée dans leurs pays d'origine, l'Angleterre pour l'un et la Suède pour l'autre.

DOS (David O. Selznick) représente l'archétype du producteur indépendant à l'époque où le pouvoir était aux mains des grands studios de Hollywood. Il s'investissait dans ses films jusqu'à l'obsession. Il a laissé à sa mort deux hangars remplis des copies des lettres qu'il écrivait à tout son entourage durant ses nuits d'insomnie, ses *« memos »*.

À la lecture des *memos* de DOS, le métier complexe de producteur prend vie, devient lumineux, éclairant au passage les autres métiers du cinéma, artistes et techniciens. Ce témoignage n'a pas de prix : source unique dans les annales du cinéma, renseignements jamais donnés, plongée à l'intérieur du cerveau et des émotions d'un immense producteur, peut-être le plus célèbre, admiré, parfois contesté. DOS explique par le menu tout ce qu'il fait et pense, sa stratégie, sa tactique et ses actions…

Le tempérament autoritaire de Selznick, malgré tout aimé des artistes avec qui il travailla, (en fin de compte, il ne se fâcha durablement avec personne) suscita dans le feu de l'action des réactions chez ces créatifs, en particulier bien sûr Alfred Hitchcock et Ingrid Bergman. Les mémoires des artistes ainsi qu'un certain nombre de textes et d'échanges de courrier, permettent de se rendre compte de son pouvoir comme des limites de son système.

La confrontation de ces documents nous offre un portrait saisissant, une compréhension unique du métier de producteur.

Vu de 2015, Selznick n'est pas un personnage obsolète figé dans l'époque des grands studios hollywoodiens, même si le cinéma a changé comme le reste du monde. Dans tout producteur sommeille aujourd'hui encore des aspirations semblables à celles qui le poussaient à consumer sa vie sans relâche. Les qualités humaines, les compétences nécessaires, les difficultés du producteur sont les mêmes à notre époque.

Lew Wasserman, de dix ans son cadet, va métamorphoser l'industrie du film en ce qu'elle est aujourd'hui. Il va donner le pouvoir aux créatifs.

Conseiller et ami intime de Hitchcock dans ses plus belles années, protecteur de Spielberg dont il couva les débuts, au faîte du pouvoir jusqu'aux années 1990, il continua à impressionner Hollywood de son ombre tutélaire et à se rendre à son bureau jusqu'à sa mort en 2004, à 89 ans.

Pourtant son nom même est ignoré du public. Lié de près à la politique américaine au plus haut niveau et, sans aucun doute depuis sa jeunesse digne d'un roman, protégé par ses attaches contestables au monde du pouvoir souterrain et de l'argent illicite, Wasserman reste le personnage le plus puissant, fascinant et mystérieux que le cinéma américain ait connu.

« Roi de Hollywood » pendant soixante ans jusqu'en 2004, cet impresario devenu producteur régna sur l'agence artistique MCA (Music Corporation of America) puis sur le studio Universal. Il amena des changements révolutionnaires dans le système et fit glisser le pouvoir créatif et financier hors de la poigne de fer des studios de l'ancienne époque du cinéma pour le donner aux talents, réalisateurs, scénaristes, acteurs et aux agents qui représentent leurs intérêts.

À la suite d'une investigation du ministre de la justice américaine (Attorney General) sur ses activités, suivie d'un procès retentissant où MCA fut accusée de position dominante, Lew dut se résoudre à choisir parmi ses activités et renonça à l'agence pour se consacrer à la production et aux vastes perspectives que cette fonction lui ouvrait.

Suivant son exemple, de nombreux agents en Amérique comme dans le reste du monde deviennent avec le temps des producteurs.

Lew Wasserman était aussi soucieux de secret que Selznick était disert. Dès son « entrée en cinéma » en 1938, il commença donc subtilement à bouleverser la donne aux États-Unis. D'une discrétion frisant la paranoïa, fuyant les interviews, il donna aux artistes qui l'intéressaient l'autonomie et le confort tout en dirigeant leur carrière en *« imperator »* absolu. Bourreau de travail, véritable parrain, il protégeait sans limites les talents en qui il croyait. Gardant la tradition des studios dont il affronta les méthodes, il crut à un cinéma de stars plus qu'au cinéma d'auteur. Sans jamais apparaître aux yeux du public, il faisait et défaisait des carrières.

Il n'existe aucun papier, aucune lettre signée de la main de Lew Wasserman. Son nom n'apparaît sur aucun générique. La table de son bureau légendaire, où personne n'entrait sans une certaine appréhension, était vide. Des années d'enquête et un sens de l'investigation dont les grands journalistes d'outre-Atlantique savent faire preuve (à la fois par leur sérieux et grâce aux moyens financiers dont ils disposent), ont été nécessaires pour que l'on puisse aujourd'hui découvrir peu à peu Lew Wasserman, qui fut aussi l'ami et le soutien financier de plusieurs présidents des États-Unis. Avec le temps, les témoins ont fini par parler.

La France est la patrie du cinéma au même rang que les États-Unis. À Paris, en 1984, en plein succès, Gérard Lebovici fut foudroyé, assassiné dans un parking parisien, de quatre balles dans la tête, à 52 ans… Il était le créateur de l'agence artistique française ArtMedia, avant de devenir producteur. Ce visionnaire dont l'entreprise était devenue la plus importante d'Europe avait le même souci de discrétion que Lew Wasserman, l'américain de vingt ans son aîné. S'il savait utiliser la presse pour promouvoir les talents en qui il croyait, il la fuyait à titre personnel.

Ses amis de la Nouvelle Vague s'appuyèrent sur son habileté d'homme d'affaires, sa créativité et son goût : Lebovici parvint à développer leur indépendance d'artistes par rapport au pesant système de production d'avant-guerre.

Producteur de fait à leur côté dès le début de sa carrière d'impresario, il s'intéressait à toutes les formes de cinéma, du plus élitiste au plus populaire. Dès lors qu'il reconnaissait du talent à un réalisateur, il le soutenait envers et contre tout, n'hésitant pas à s'engager pour le protéger et favoriser son inspiration.

Il est impossible d'évoquer la carrière des stars des quarante dernières années du XXe siècle, de François Truffaut à Alain Resnais, de Jeanne Moreau à Catherine Deneuve, de Jean-Paul Belmondo à Gérard Depardieu, sans faire référence à Gérard Lebovici.

En parallèle à Lew Wasserman aux États-Unis, il bouleversa en Europe de façon irréversible le système de production en faveur des artistes, sans jamais signer de son nom les génériques des films qui existaient grâce à lui, sauf pour une exception unique qui fit beaucoup parler d'elle lors de son assassinat.

Comme beaucoup de grands entrepreneurs, il était moins intéressé par l'argent que par l'aboutissement de ses projets. Il ne fit d'ailleurs pas fortune malgré ses succès, au contraire de Wasserman qui devint un des hommes les plus riches des États-Unis. Les centres d'intérêt de Lebovici, intellectuel autodidacte, éditeur et artiste à la fois, dépassaient le métier du cinéma. Il était loin de l'attitude monomaniaque d'un producteur américain concentré sur ses films. Mais habile, brillant et rapide derrière une apparence parfois volontairement pataude, provocateur, il était cependant reconnu par le monde du cinéma international qu'il fascinait. Il marqua profondément toute sa génération et son aura continue de se faire sentir auprès de ses successeurs.

Il est naturellement le premier producteur français, d'un niveau européen, dont il faut parler.

Daniel Toscan du Plantier, unique en son genre dans le milieu du cinéma, se présente comme un aristocrate français doué, amateur de musique, de philosophie et d'art en général. L'argent dont il disposa grâce à Gaumont dont il fut le directeur général de 1975 à 1985, lui donna le pouvoir d'accomplir pendant dix ans ses rêves et de travailler avec les réalisateurs les plus prestigieux et les comédiens qu'il admirait. Toutes les nationalités figurent sur son générique personnel d'une richesse infinie. On y retrouve Ingmar Bergman, Federico Fellini, Roberto Rossellini, Maurice Pialat, François Truffaut, Joseph Losey, Werner Herzog, Robert Bresson, Andrzej Wajda, Andrei Tarkovski, Satyajit Ray et bien d'autres figures artistiques exceptionnelles du cinéma mondial.

Fasciné par les États-Unis, il prit conscience douloureusement que cette autre patrie du cinéma n'avait pas besoin de producteurs européens pour faire éclore ses talents et même résistait la plupart du temps à la diffusion des œuvres des artistes étrangers, sauf à les adopter comme américains.

On ne peut évoquer Toscan sans citer Isabelle Huppert et Gérard Depardieu, dont le talent de jeunesse s'épanouit dans nombre de ses meilleurs films.

Ce généreux mécénat s'acheva brutalement en 1985. Les pertes financières générées par ses créations audacieuses entraînèrent sa chute, au nom de l'économie capitaliste inévitable dans cet art fort coûteux.

Chassé de Gaumont par le conseil d'administration, Toscan sut alors montrer des capacités d'indépendant ambitieux, à la surprise de ses détracteurs.

Ex-gentilhomme fortuné digne de la Renaissance, il atterrit habilement dans la réalité du XXe siècle. Son panache intact, il adapta ses vues sur le cinéma et ses méthodes à un contexte financier plus réaliste, se rapprochant de celui des Selznick, Wasserman et Lebovici, avant de se mettre à consacrer de plus en plus de temps à l'intérêt général et à la défense du 7e art.

Autant que pour le cinéma, peut-être plus, Daniel Toscan du Plantier avait une passion pour la musique. Ce n'est pas le moindre de ses succès d'avoir réussi à hisser une petite entreprise d'édition de musique classique qui vivotait à perte, Erato, en une société profitable admirée pour sa qualité qui finit par être rachetée par Warner en 1995.

Producteurs français, hommes de culture, Daniel Toscan du Plantier comme Gérard Lebovici avaient en commun une ouverture d'esprit, une curiosité et une vision de leur métier qui dépassaient largement le cinéma, l'un dans le domaine de la musique, l'autre dans celui des livres. Cette caractéristique marque une différence essentielle avec les grands Américains, David O. Selznick et Lew Wasserman, entièrement centrés sur leurs artistes et leurs films.

Jusque dans leur vie personnelle, ces quatre stars parmi les producteurs s'avèrent fascinants. Dignes des personnages mythiques dépeints dans leurs meilleurs films, leurs existences font d'eux, en fin de compte, de parfaits héros de cinéma.

PARTIE I

David O. Selznick :
« The Great Movie Mogul… »
(Alfred Hitchcock)

– 1 –
Un art pratiqué par des obsédés

« La différence entre les autres producteurs et moi, c'est que je m'intéresse aux mille et un détails qui entrent dans la fabrication d'un film. C'est leur ensemble qui fait un grand film ou qui le démolit. Personnellement, je considère qu'il m'appartient d'être responsable de tout. »

(DAVID O. SELZNICK : interview avec Art Buchwald, 1957).

La déclaration du producteur de cinéma David O. Selznick au journaliste Art Buchwald peut paraître à la limite de la pure mégalomanie. Ses méthodes de travail obsessionnelles et autoritaires ont certainement pesé sur certains réalisateurs. Il n'empêche : il reste considéré comme un des producteurs les plus captivants de toute l'histoire du cinéma, non sans raison.

Les noms qui ont accompagné Selznick au long de sa carrière, de 1923 à 1965, nous emmènent au cœur de Hollywood : Alfred Hitchcock (qui a quitté l'Angleterre pour tourner avec lui), King Vidor, George Cukor (le réalisateur qui filmait les femmes magnifiquement), Greta Garbo, Katharine Hepburn, Marlene Dietrich, Jean Harlow, Joan Crawford, Carole Lombard, Bette Davis, Joan Fontaine, Claudette Colbert, Shirley Temple, Jennifer Jones (qu'il a épousée…), Ingrid Bergman (qu'il a découverte dans sa Suède natale), Orson Welles, James Stewart, Gregory Peck, Fred Astaire, Laurence Olivier, Clark Gable, Vivien Leigh (qu'il a propulsée en haut de l'affiche en l'imposant dans *Autant en emporte le vent*)…

David O. Selznick est aussi le seul homme de cinéma à avoir laissé derrière lui 2 000 boîtes de notes et de lettres, écrites en 36 ans d'une carrière brillantissime. Ces *« fameux ou tristement célèbres mémorandums »* comme il les appelait, nous dévoilent la manière dont Selznick appréhendait son travail de producteur et son pouvoir. Lui qui a tout fait et tout vécu de ce métier nous y livre ses méthodes, ses aspirations, ses certitudes, jusqu'à ses états d'âme. Il les commente dans des notes personnelles, et nous offre une plongée unique dans ce monde.

Selznich était insomniaque. Il dictait ses *« memos »* à des secrétaires qui se succédaient en permanence près de lui. Le scénariste Sam Behrman raconte que, lors d'une discussion avec le producteur qui s'était prolongée jusqu'à trois heures du matin, il finit par lui déclarer qu'il devait aller se coucher. Alors qu'il se dirigeait vers un cabinet où il avait déposé son manteau, David lui lança dans un éclat de rire : *« n'entrez pas là-dedans, il y a une secrétaire morte à l'intérieur ». « La conférence prit fin dans les rires »*, conclut Behrman.

« Nombre de conférences avec David se terminaient ainsi. Car lire ses memos critiques ne donne qu'une faible idée de sa personnalité. Même quand il rendait fous les réalisateurs qui travaillaient pour lui, il se montrait jovial, affectueux, chaleureux ».

Cette prolifération d'écrits qui nous passionne aujourd'hui avait quelques inconvénients pour ses contemporains. Tous ceux qui ont eu affaire à David O. Selznick, surnommé « DOS », ont reçu ses missives célèbres (parfois plusieurs le même jour au même destinataire !). C'était même devenu une sorte de plaisanterie à Hollywood. Ainsi John Huston fut-il inondé de *memos* pendant le tournage de *Plus fort que le diable* (*« Beat the Devil »*), où David n'avait pourtant aucun rôle direct. Jennifer Jones, qu'il avait épousée, tournait dans le film avec Humphrey Bogart ; il ne pouvait s'empêcher d'intervenir !

« John Huston déchirait les memos sans les lire. Puis un jour il concocta une longue réponse qu'il s'arrangea pour rendre ésotérique, mystérieuse, voire indéchiffrable dans son absurdité. Il y gagna un mois de répit ! » (2)

Grâce à son souci de la perfection, son énergie inépuisable et une volonté tyrannique compensée par un charme ingénu, Selznick réussit à accomplir son œuvre cinématographique mais aussi à nous expliquer comment. Réjouissons-nous qu'il ait gardé des doubles de ses missives et toutes ses notes ! Devant nous se déroulent en détail les péripéties et les accidents de parcours de la conception et la fabrication d'un film : décisions à prendre, inquiétudes du producteur, choix des acteurs, problèmes de scénario, de réalisation, de distribution, problèmes humains et financiers, tous les sujets sont abordés dans ces correspondances sans équivalent. *« Ces 'memos' révèlent en outre le processus créatif de certains des films les plus réputés de leur temps, et comment des comédiens relativement peu connus sont devenus des stars. »* (3)

Entreposés dans un bâtiment des Studios Universal après sa mort, les dossiers de Selznick furent ouverts au journaliste Rudy Behlmer qui l'avait bien connu. Il s'enfouit deux ans et demi dans cet amoncellement de lettres, télégrammes, et autres notes et en 1972 fit paraître *Memo from David O. Selznick* (4), un volume de 599 pages de sélection des manuscrits légendaires du producteur.

Les ouvrages sur le cinéma sont innombrables. Mais on ne trouve nulle part mieux que dans les *memos* de Selznick une relation à ce point précise de ce qu'implique la production d'un grand film. Ces correspondances uniques nous apprennent à nous retrouver dans la jungle des participants à une telle aventure…

Car c'est bien d'une aventure dont il s'agit.

Selznick a connu la fortune et la ruine plusieurs fois. Il ne s'est pas fondamentalement enrichi au cours de sa vie. Beaucoup d'argent lui est passé dans les mains, mais son réel moteur était de réussir ses films. Il ne mettait pas son pouvoir dans l'argent. Il a aimé son métier jusqu'à s'y user à mort.

De ses écrits se dégage un portrait de producteur-créateur qui s'expose sans trop de complaisance, un incroyable personnage de roman : *« En lisant ce livre, j'ai compris que pour Selznick, pour un producteur-créateur, les notes, les lettres, les télégrammes jouent le même rôle que les carnets pour un écrivain. De jour en jour, d'heure en heure, les plus infimes détails du processus de création y sont enregistrés – et nous sont ainsi révélés. Toutes ses pensées, ses convictions, ses hésitations s'y expriment. Ce sont vraiment ses carnets de notes. »* (5)

Si un producteur possédait ne serait-ce qu'une petite moitié de son tempérament, il aurait déjà des chances de laisser un nom.

Depuis les débuts du cinéma tout film rencontre, chacun à son niveau et à son époque, des problèmes comparables ; malgré l'évolution considérable du métier de producteur, les grandes fonctions, ainsi que les choix à faire et les qualités essentielles pour produire sont restées les mêmes.

La consultation de biographies et de lettres des artistes avec qui il a travaillé s'impose pour apporter un éclairage en contrepoint et confronter les points de vue sur ce personnage exceptionnel. Les lettres choisies par Rudy Behlmer, contraint à une sélection drastique au milieu de ces milliers de documents, présentent par la force des choses un point de vue unilatéral parfois trop favorable à Selznick.

Parmi les artistes particulièrement proches de Selznick figurent Alfred Hitchcock et Ingrid Bergman, qui nous ont laissé leurs témoignages. Ces deux tempéraments de feu ont connu le meilleur et le pire de DOS. Avant d'aborder les aventures qu'ils ont partagées ensemble, découvrons le portrait que fait Ingrid Bergman, des années après son arrivée chez Selznick, venant de Suède où elle avait débuté sa carrière :

« J'ai beaucoup aimé David quand j'ai appris à le connaître. Il était particulièrement enchanteur après quelques verres, quand vous étiez chez lui où il recevait quelques amis. Il parlait tout le temps, et de manière si intéressante. Il était si plein d'idées. Et il ne vous laissait jamais partir. Si vous disiez : 'je suis fatiguée, je crois qu'il est temps que j'y aille', il se ruait sur la porte qu'il barrait de ses bras grands ouverts pour vous empêcher de sortir, et disait : 'vous ne partez pas. Je ne le permets pas. Je viens d'avoir cette idée formidable pour vous'. Alors vous ne partiez pas et son idée, généralement merveilleuse, vous mettait dans un grand état d'excitation.

Le lendemain matin, vous lui disiez : 'quelle bonne idée vous avez eue hier soir, David. Qu'est-ce qu'on en fait ?', et il vous regardait à travers ses grosses lunettes et disait, 'Quelle idée ? Je n'en ai aucun souvenir'. » (6)

Mais dans ce foisonnement permanent d'idées, il sut en développer bon nombre, et mener à bien des films mémorables.

Dans l'élaboration d'un film, qui est responsable de quoi, et avec quel pouvoir ?

En un mot, comment cela se passe-t-il ?

Comment cela s'est-il passé pour David O. Selznick ?

Né en 1902 à Pittsburg, il était le fils d'un distributeur de cinéma connu de l'époque du cinéma muet, Lewis J. Selznick, un Juif de Kiev originellement appelé Zelznick membre d'une fratrie de dix-huit enfants, qui avait émigré de Russie à l'âge de douze ans… David débuta dans la société de son père dès son adolescence pour une période de formation professionnelle et morale tout en poursuivant ses études. Le slogan de la maison, World Pictures Corporation, faisait les beaux jours de l'industrie : *« Selznick Pictures Make Happy Hours » (« Les Films Selznick font des heures heureuses »)*. Lewis était un homme arrogant, à la personnalité colorée, qui n'admirait que modérément les moguls des studios de Hollywood. On lui attribue la déclaration devenue célèbre : *« There is no business in the world in which a man needs so litttle brain as in the movies. »* (« Il n'y a pas de métier au monde où un homme ait besoin de si peu d'intelligence que dans le cinéma »), ainsi que la première utilisation publicitaire connue du concept *« quality, not quantity »*.

David se souvient : *« Mes cours se terminaient à deux heures et demie. À trois heures, j'étais dans le bureau de mon père ou à son studio. Je rentrais le soir avec mon père, et nous discutions de cinéma, ce qui m'a appris beaucoup de choses qui me furent utiles plus tard. J'ai travaillé dans toutes les branches et toutes les phases de la fabrication des films. Le rêve d'entrer à Yale, que j'avais longtemps caressé, fut brisé quand mon père fut ruiné en 1923. Tous nos biens personnels furent saisis. Ma mère ne fut pas troublée le moins du monde par la ruine de mon père. Nous disposions d'un appartement de dix-sept pièces Park avenue, d'un tas de domestiques, d'une écurie de Rolls Royce, etc. Quinze jours après la catastrophe, nous vivions dans un appartement de trois pièces, et ma mère faisait le ménage et la cuisine… »* (7)

La force de caractère est dans la famille… David ne se laisse pas abattre plus que sa mère, ni son frère aîné Myron, plus âgé de quatre ans, qui, formé à la même école, devint l'un des plus grands agents de Hollywood, jouant un rôle important dans la vie et les choix de son cadet.

Selznick rajoute un O entre son prénom et le nom de famille de son père et devient David O. Selznick, alias DOS, car il n'a pas de second prénom. Il cherche à s'imposer dans ce métier qu'il aime déjà. C'est encore l'époque du cinéma muet. L'année même de la faillite familiale, en 1923, il réalise, un documentaire, *Rudolph Valentino and his 88 American Beauties*. Sa carrière sera fulgurante, allant jusqu'à parvenir à faire sa place au soleil à la MGM contre l'avis de son puissant patron, Louis B. Mayer, qui ne voulait pas l'engager. Comme la plupart des producteurs des studios à Hollywood, il détestait son père jusqu'à vouloir boycotter le nom même de Selznick.

Mais, rentré par la toute petite porte, David produira toute sorte de succès pour eux, d'abord dans la discrétion, avant de gagner l'estime de Louis B. Mayer… et d'épouser sa fille Irène, la « princesse brune de Hollywood » !

Il manquait pourtant apparemment du raffinement dont ses films font preuve. Ingrid Bergman, venue aux États-Unis à sa demande, écrivit qu'il *« enfournait des pelletées de nourriture dans sa bouche »*. Il portait des costumes de prix coupés sur mesure, mais fripés *« comme s'il avait passé la nuit dedans »*, ce qui était souvent le cas vu son rythme de travail. Grand mais maladroit, il lui arrivait nombre d'incidents qui devinrent mythiques à Hollywood, se blessant à l'œil avec sa propre raquette de tennis, se cassant le doigt de pied en sortant de son lit… Avec cela doué pour comprendre ce que le public attendait à un certain moment, brillant, plein d'humour, tel était DOS qui écrivait à sa femme un mois après la fin du tournage d'*Autant en emporte le vent* :

« 9 août 1939

Mon ange (…) je ronfle bruyamment, je bois de façon exubérante, je me pelotonne (c'est-à-dire je me blottis) sans pudeur, je travaille excessivement, je joue avec enthousiasme. Et mon avenir touche à sa fin, mais je suis grand et Juif et je t'aime…

David »

– 2 –
Autant en emporte le vent

En 1936, David O. Selznick est depuis un an un producteur indépendant estimé. Il n'a que 34 ans, mais avant de fonder sa propre compagnie, il a occupé toutes les fonctions possibles dans les compagnies de l'époque, de Paramount à l'opulente MGM, en passant par les Studios RKO (Radio-Keith-Orpheum Pictures), la plus ancienne des sociétés américaines indépendantes de production, spécialisée dans les films de série B.

Il va commencer la production d'*Autant en emporte le vent*, qui durera cinq ans. Chacun connaît les anecdotes du tournage de ce film d'anthologie. D'innombrables témoignages existent ; on a même réalisé des documentaires sur ce qui a été un événement.

Mais nulle part mieux que dans les *memos* de Selznick ne se trouve une telle leçon de cinéma, de l'intérieur. Si l'on considère pour commencer le seul chapitre concernant *Autant en emporte le vent*, sous nos yeux, de jour en jour, d'heure en heure, les péripéties et les accidents de parcours de la conception, du tournage, des finitions sont détaillées par ce producteur qui ne vivait plus que pour son film. Les questions apparemment insolubles se multiplient jusqu'au résultat final. Selznick exprime toutes ses pensées, ses hésitations, ses aspirations.

Laissons-nous emporter à sa suite.

DOS a quitté MGM, pour créer sa propre société, Selznick International, grâce au financement personnel d'un producteur respecté de RKO puis du studio, Irving Thalberg, qui lui a fait confiance et lui a donné les moyens de se lancer.

Un multimilliardaire à la mode et talentueux, John Hay Whitney (« Jock »), va également financer sa société, et en devenir président du conseil d'administration.

Champion de polo, collectionneur d'art et philanthrope, fils d'une riche famille de la côte Est des États-Unis, Jock est aussi un homme d'affaires avisé, attiré par le cinéma. Passionné par les images en couleurs, convaincu de l'intérêt de poursuivre les recherches techniques pour parvenir à une qualité parfaite, il a pris une participation dans Technicolor en s'opposant aux convictions des magnats de Hollywood, sceptiques sur le nouveau procédé.

L'ère du cinéma parlant est commencée. Le triomphe du *Chanteur de Jazz*, tourné en 1927 par Alan Crosland pour Warner Bros, a soudain démodé le muet. Mais les premiers films tournés en couleurs, après la Grande Dépression, n'ont pas marché. Les débuts étaient pourtant prometteurs. La nouveauté attirait le public. Quelques séquences insérées dans des succès populaires ont enchanté les spectateurs, mais ces images criardes et laides les ont bientôt lassés. La technique coûtait cher et n'était pas au point, alors que l'image en noir et blanc était superbe. Les studios se sont donc détournés de la couleur à un moment où la Dépression avait sévèrement réduit leurs moyens.

C'est aux courses que Jock Whitney rencontre le propriétaire de Technicolor, Herbert Kalmus, un passionné d'équitation comme lui. Kalmus vient de mettre au point un système de couleurs plus sophistiqué. Jock, convaincu de l'avenir du procédé, s'enthousiasme pour le projet et investit lourdement dans Technicolor. Puis il crée une société de production, Pioneer Pictures et en 1934, produit un court métrage avec le nouveau système, *La Cucaracha*. L'industrie est impressionnée. Mais les studios se demandent encore si cela vaut la peine… sans compter la différence de prix.

Selznick, de son côté, croit dans l'avenir de la couleur. Il connaît Jock Whitney, qui a le même âge que lui. Des aspirations et des goûts communs en matière de cinéma les réunissent. Whitney prend une participation de 50 % dans la société de David, Selznick International. C'est un tournant pour sa société, désormais assurée de sa sécurité financière. La présence de ce partenaire fortuné, passionné et extrêmement intelligent s'avérera pour David une stimulation doublée d'une possibilité de dialogues fructueux. Il est désormais entouré de l'amitié sans faille de Jock et de son frère Myron Selznick, deux conseillers précieux.

1936 : David O. Selznick est en pleine production des *Jardins d'Allah*, avec Marlène Dietrich et Charles Boyer (le film a quelques séquences en couleurs) quand Katherine Brown, une de ses collaboratrices basée sur la côte Est, lui donne le manuscrit d'*Autant en emporte le vent* qui n'est pas encore sorti en librairie. Enthousiaste, elle lui suggère de bloquer les droits toutes affaires cessantes, malgré le prix étourdissant pour l'époque de l'option, d'un montant de 50 000 dollars (soit 856 000 dollars en valeur de 2014). David part en vacances avec le texte, mais avant de se lancer dans sa lecture, sa position est pour le moins réservée.

Connaissant les carrières triomphales du livre et du film, il paraît incroyable que l'on ait hésité à faire un film à partir du roman de Margaret Mitchell. Pourtant Selznick a failli ne pas le faire. Le projet lui paraît présenter des risques financiers :

- les droits du livre sont chers ;
- le livre n'est pas encore publié. Sera-t-il un grand succès ?
- l'aspect historique de la guerre de sécession apparaît paradoxalement dangereux. Le chef-d'œuvre muet de D.W Griffith *Naissance d'une nation* reste une référence, mais *Autant en Emporte le vent* peut aussi être rejeté par le public pour son sujet sensible : soixante-dix ans après cette époque sanglante, le traumatisme est encore violent dans les esprits américains… Le même thème était au centre d'un film de Paramount, *So Red the Rose*, de King Vidor, qui a connu l'échec peu de temps auparavant. Ce précédent pousse Selznick à la réflexion !

Nous voyons ainsi tout de suite la première grande difficulté du producteur : faire un choix qui va l'engager financièrement et mobiliser toute son énergie pour des mois voire des années. A-t-il vraiment raison de se lancer ? Si la réponse paraît évidente a posteriori, la décision est en réalité difficile à prendre, car les conséquences sont lourdes.

Hier comme aujourd'hui, c'est la première question qui se pose au producteur.

On n'est jamais sûr du résultat du film. De bons films sont parfois des échecs pour de multiples raisons. L'inverse existe, bien sûr, le triomphe inattendu… C'est la « divine » surprise, celle dont on parle et dont chaque producteur rêve. Dans les cas extrêmes, il semble qu'il n'y ait plus de limites à la « gloire » (cependant toujours éphémère…)

On peut citer l'exemple du film français *Trois hommes et un couffin*, de la réalisatrice Coline Serreau. En 1985, à quelques semaines de son exploitation en salles, Jean-François Lepetit, son producteur pouvait avoir des angoisses ! À court de trésorerie peu de temps avant la sortie du film, il venait de demander le soutien de sa banque qui le lui avait refusé, ne croyant pas à ce « petit film ». Sa comédie fut le triomphe que l'on sait et Jean-François put sourire en pensant à son banquier déconfit. Walt Disney lui donna un titre de producteur lors de la production du remake aux États-Unis, faveur rare. Pendant toute une période, Jean-François était le Français le plus connu de Hollywood… au point que lorsque la France cherchait à obtenir l'installation d'Eurodisney, un directeur de Walt Disney lui demanda s'il devait vraiment discuter avec ce « Laurent Fabius, Laurent qui… ? » … alors Premier ministre… Oui, Jean-François Lepetit avait fait le bon choix en décidant de produire *Trois hommes et un couffin* !

Mais… Il y a les autres surprises, les mauvaises, plus nombreuses qu'on ne croit. Il faut en évoquer au moins une pour mieux comprendre les premières difficultés de ce métier que sont la décision de lancer la production d'un film et le côté aléatoire de sa réussite commerciale. Sans aller jusqu'à mentionner un véritable échec surprise, les exemples de déceptions abondent, suscitant le doute et une blessure douloureuse chez le producteur, ses partenaires financiers, et les artistes. L'exemple du beau film de Régis Wargnier *Est-Ouest* est intéressant car il permet de montrer un cas de vive déconvenue suivi à terme d'une remontée réconfortante, même si les chiffres attendus n'ont pas été atteints. Produit en 1999 par Yves Marmion pour UGC YM, interprété par Sandrine Bonnaire et Catherine Deneuve qu'il retrouve sept ans après le succès d'*Indochine*, le film est précédé par un *« buzz »*, une rumeur positive au sein de la profession qui s'attend à une reproduction du phénomène.

Mais le grand public ne va pas suivre. Pourquoi ?

Les professionnels du cinéma ont un art consommé pour trouver des explications à posteriori à ce genre de déception, ne serait-ce que pour se rassurer eux-mêmes. Car le choix du film est une responsabilité de poids…

Un film a beaucoup de parrains en cas de succès mais le producteur et le réalisateur se retrouvent bien seuls face à l'échec.

Dans le cas du film de Wargnier, le sujet, puissant, campait avec talent une histoire tragique de la période d'après-guerre en Union soviétique et en France. Les acteurs véhiculaient l'émotion et l'angoisse. Le film, réalisé avec art, présentait une histoire populaire prenante. Il sortit dix ans après la chute du mur de Berlin, deux ans après la parution du *Livre noir du communisme* sur les épurations staliniennes et subit pourtant un assaut de critiques de la part d'intellectuels idéologues.

Est-ce une des raisons du refus lors de sa sortie ? Au fond, on n'a jamais d'explication réelle. Heureusement, largement pré-vendu en cours de production, il put connaître dans le temps un sort plus nuancé à l'étranger, en particulier aux États-Unis où Sony l'avait acheté. Il parvint enfin au succès et fut nommé aux Césars et à l'Oscar du meilleur film étranger à Hollywood.

Mais le choc cruel de sa première exploitation en France et le résultat financier furent une déception par rapport aux espérances justifiées qu'il portait.

Le succès d'aucun film n'est garanti d'avance. Les sujets les plus attendus, les plus grands acteurs, les réalisateurs les plus talentueux connaissent l'échec. La décision de produire est un acte basé sur une intime conviction.

Voilà sans doute pourquoi, en pleine hésitation, David O. Selznick répond à la suggestion pressante de Katherine Brown d'acheter les droits du roman :

« 25 mai 1936 : J'ai examiné Autant en emporte le vent *et y ai réfléchi attentivement. Je pense que c'est une bonne histoire. Si nous avions sous contrat une femme qui puisse être la vedette idéale, je serais probablement plus enclin à l'acheter que je ne le suis aujourd'hui. Mais je pense réellement qu'il n'y aurait de valeur en tant que spectacle que si nous avions une telle vedette à notre disposition, ou si le livre avait un formidable succès de vente.*

Le payer très cher aujourd'hui dans l'espoir qu'un des deux se produise est, je le crois, bien aventureux. Peut-être qu'une compagnie plus importante peut faire une offre d'achat aujourd'hui. Mais je ne crois pas que nous puissions prendre un tel risque…

J'ai le sentiment, par parenthèse, que le contexte historique est un handicap pour le livre, comme en témoigne So Red the Rose *(Paramount 1935)…*

Je suis tout à fait désolé de répondre par un non à votre enthousiasme pour cette histoire ». (8)

Mais l'idée lui tourne dans la tête. Il n'a toujours pas lu le roman quand, dès le lendemain de sa lettre réticente à Katherine Brown, il se met à lui envoyer des courriers en rafale qui montrent qu'il ne cesse d'y penser. Il mentionne immédiatement (48 heures après) le nom de Clark Gable pour Rhett Butler.

Cependant David ne se décide pas à prendre le risque. Katherine Brown donne le manuscrit à lire à Jock Whitney qui propose immédiatement de prendre les droits sur sa propre société Pioneer Pictures. Il veut si possible utiliser le nouveau procédé Technicolor en couleurs et se dit prêt à donner le film à faire à Selznick, moins fortuné que lui mais producteur reconnu. Le message de son associé pique la fierté de DOS qui veut aussitôt s'engager seul sur les droits. Un mois et demi plus tard, la décision officielle est prise. *Autant en emporte le vent* doit se faire et Selznick sera le seul producteur, avec la société qui porte son nom. Le sujet est bloqué ! Jock Whitney, associé de Selznick International, partagera un jour les bénéfices du film avec lui, mais ne sera pas en première ligne.

Souvenirs de Selznik : *« Alors que j'hésitais à payer 50 000 dollars pour un roman sur la guerre civile (prix jamais atteint pour un livre qui n'était même pas reconnu pour un succès), Jock Whitney me télégraphia que si je ne l'achetais pas pour Selznik International, lui l'achèterait et, si je le voulais, le garderait pour la compagnie. C'était tout l'encouragement dont j'avais besoin et, plutôt que de voir Jock mettre les rieurs de son côté à mes dépens, nous prîmes les devants et achetâmes* Autant en emporte le vent. *J'allais alors à Hawaï en vacances et lus le roman sur le bateau. »* (9)

Commencée en 1936, la production va durer cinq ans, cinq années d'une intensité permanente : le dernier *memo* de Selznick sur le film est daté de fin 1941. Ces simples dates donnent une idée de l'ampleur et de la complexité de la tâche de David pour mener à bien *Autant en emporte le vent.*

La machine est donc lancée.

Première phase : quel scénariste choisir ? Selznick a déjà eu l'occasion de travailler avec les plus grands auteurs. Il connaît bien Ben Hecht, le scénariste de nombreux succès parmi lesquels *Scarface*, réalisé par Howard Hawks. Ben Hecht sera également célèbre pour son irrésistible roman, *Je hais les acteurs*, un des livres favoris de François Truffaut, qui campe le Hollywood mythique de l'entre-deux-guerres.

Ben Hecht est le premier à rédiger des propositions pour l'adaptation d'*Autant en emporte le vent.* Il vient de travailler avec Sidney Howard sur la dernière version des dialogues d'un autre film produit par Selznick, *Prisonnier de Zenda.* C'est finalement Sidney Howard qui sera choisi, et qui remportera l'Oscar du meilleur scénario pour *Autant en emporte le vent* en 1940… cependant que Ben Hecht, parti écrire l'adaptation pour le cinéma des *Hauts de Hurlevent*, sera à son tour couronné par l'Oscar l'année suivante.

Sidney Howard est donc engagé. Mais David Selznick est omniprésent sur l'écriture et ne le lâche pas un seul jour. Le roman de Margaret Mitchell, publié, devient rapidement un triomphe. La curiosité monte autour du projet, entretenue par la presse. Les divers enjeux autour du scénario sont si importants que Selznick veut garder le contrôle total sur sa version définitive.

Memo à Katherine Brown :

« 8 octobre 1936 : Je n'ai jamais rencontré beaucoup de succès en laissant un scénariste rédiger seul son scénario sans la collaboration pratiquement quotidienne avec moi-même, et habituellement avec le réalisateur… » (10)

Bien sûr, Selznick pense déjà à choisir le réalisateur. Mais dans un premier temps, il veut estimer lui-même ce qui lui paraît un budget nécessaire et suffisant pour faire le film dont il rêve, et mesurer les écueils qu'une réalisation d'une telle ambition va rencontrer, en particulier les risques de dépassements. C'est d'abord l'écriture du scénario qu'il faut donc suivre de près.

Memo à Katherine Brown :

« 8 octobre 1936 : … Mais je vous en prie, assurez-vous en bien, je souhaite également que vous ayez une conversation avec Howard pour qu'il ne se laisse pas emballer par la dimension et les scènes, coûteuses pour la production, de la guerre civile, dont je pense que l'on pourrait surtout la montrer par les effets qu'elle a sur les premiers rôles. » (11)

Non pas que Selznick veuille particulièrement limiter la dépense. Son ambition est immense. Il pense rapidement que ce film doit marquer l'histoire du cinéma, ou sa propre perte. Mais toute sa vie il sera obsédé par les textes de ses films. Il veut imposer aux scénaristes et au réalisateur le respect d'*Autant en emporte le vent* et rester le plus près possible du texte du roman, déjà salué par le public.

Or il estime que l'imagination de certains créatifs les entraîne parfois loin sans pour autant apporter quoi que ce soit à une œuvre de qualité préexistante, n'entraînant que désarroi pour les lecteurs du livre et dépenses intempestives pour le producteur.

Chaque personnage et chaque rebondissement de cette histoire-fleuve sont connus. L'ampleur des péripéties va obliger à des choix et des renoncements. Il faut les structurer pour le cinéma. Un film, même long, ne pourra pas suivre exactement cette saga.

Comment choisir les coupes nécessaires ?

Memo de DOS au scénariste, Sidney Howard :

« 6 janvier 1937 : Je me rends compte, peut-être encore plus que vous, du problème de la longueur. Je suis prêt à faire un film qui de toute façon sera très long, peut-être 14 000 pieds (2 h 35).

Je crois que le sujet pourra le supporter. Mais même le réduire à cette longueur sera difficile. Nous devons nous préparer à faire des coupes sombres, et ces coupes sombres, à mon avis, devront concerner certains personnages parce que mon sentiment, basé sur l'expérience de l'adaptation de livres très connus et très aimés, est qu'il vaut mieux couper des séquences entières que de faire de petites suppressions de scènes.

*Tout cela n'est qu'un prologue pour vous dire que je vous déconseille fortement de n'apporter que des changements mineurs, qui peuvent apporter de légères améliorations, mais nous serons critiqués à cause d'eux par 5 ou 6 millions de lecteurs qui, pour la plus grande part, seront prêts à reconnaître la nécessité de coupes sombres. Car les lecteurs d'*Autant en emporte le vent, *sorti depuis quelques mois seulement, se montrent absolument passionnés par les détails du livre. Je crois aussi que nous ne devrions pas tenter de corriger certaines erreurs apparentes de la construction. J'ai appris à ne pas essayer d'améliorer les succès. On ne sait jamais quels ingrédients chimiques sont entrés dans la composition de quelque chose qui a séduit des millions de personnes, ni combien d'apparentes fautes de construction enrichissent l'ensemble. »*[(12)]

Autre temps, autres mœurs. Les contre-exemples abondent. En 1998, une chaîne de télévision française n'a pas hésité à transformer radicalement la fin du *Comte de Monte-Cristo*, pour « améliorer » l'œuvre d'Alexandre Dumas… Une « *happy-end* » peu dans le style du livre a ainsi laissé éberlués les admirateurs d'un roman qui a triomphé auprès de lecteurs français et étrangers sans discontinuer depuis 1845. Les spectateurs qui ne connaissaient pas l'histoire ont dû être un peu déconcertés par le changement de ton aussi radical qu'inattendu de la fin du film, dépourvue d'émotion…

Les producteurs de la série n'avaient pas lu Selznick ! L'auteur, Didier Decoin, pourtant excellent romancier lui-même, a cru pouvoir faire mieux que Dumas. La réalisatrice Josée Dayan l'a suivi… Malgré la présence de Gérard Depardieu, saisissant Edmond Dantès, le film ne s'est pas avéré inoubliable. Peut-être cette erreur en est-elle une des raisons ?

Selznick, lui, respecte et utilise le succès passé. Surfant sur la vague, il fait preuve d'habileté ainsi que d'une certaine modestie devant le talent. Il est vrai que Margaret Mitchell, l'auteur d'*Autant en emporte le vent*, dorénavant un best-seller, est très connue, et bien vivante à la différence de Dumas. Ce qui n'empêche cependant pas David, avec son scénariste, de rentrer dans tous les détails, importants comme petits. Ses interventions vont de l'opportunité de montrer à l'écran le Ku Klux Klan qui figure dans le roman, jusqu'à la description exacte des vêtements des personnages. Tout est pesé, analysé, passé au crible. L'adaptation d'un roman aussi foisonnant est une gageure effrayante.

Mais Selznick garde la volonté constante que Margareth Mitchell soit satisfaite de cette adaptation et se sente en confiance avec le scénariste et le réalisateur pressenti, à la fois par intérêt et parce que la nature de DOS est aimable. Il aurait même bien voulu qu'elle participe à l'écriture. Mais elle a refusé, estimant que son œuvre d'auteur doit s'arrêter à la signature de son contrat de cession de droits au producteur et qu'elle ne doit pas intervenir sur le film.

Memo de Selznick à Katherine Brown :
« 8 octobre 1936 : … assurez-vous aussi que Howard consentira à rencontrer Margaret Mitchell avec Cukor… » (13)

En réalité, il n'est pas obligé de consulter Margaret Mitchell. Il a pris une option sur le sujet qui lui donne toute liberté de choisir les adaptateurs et d'effectuer des changements même importants, comme c'est le cas le plus fréquent dans ce type de situations. Mais il sait que c'est son intérêt : la production est en route. Auteur en pleine gloire d'*Autant en emporte le vent*, Mitchell sera largement interrogée par la presse à la sortie du film. Si elle devait désapprouver l'écriture, elle serait autorisée à demander que son nom soit retiré du générique, ce qui serait d'un effet fâcheux. Par contre, si elle est satisfaite du travail, ses commentaires à la presse joueront leur rôle positif auprès du public.

C'est donc à la fois par respect pour le succès du livre et par désir de plaire à Margaret Mitchell (suivant ainsi son caractère spontanément jovial et chaleureux) qu'il attache une telle importance à ce que le projet ait son agrément. Il ira jusqu'à recommander que l'on reprenne exactement le plus grand nombre possible de ses dialogues dans des scènes importantes, car il les trouve excellents. Il se démarque ainsi de la règle d'or sacro-sainte dans les milieux du cinéma selon laquelle les dialogues d'un livre ne conviennent jamais aux films s'ils ne sont pas réinterprétés par des dialoguistes de métier.

Cependant, un des dialogues les plus célèbres du livre, la dernière réplique de Rhett Butler avant de quitter Scarlett O'Hara, va susciter un débat passionné entre le producteur et la censure du Code de production « Hays » de Hollywood, toute puissante à cette époque.

Ce code déterminait en détail ce que l'on pouvait dire et montrer, ou pas, sur l'écran. La phrase que Margaret Mitchell met dans la bouche de Rhett pose problème : *« Frankly, my Dear, I don't give a damn ».* (*Franchement, ma Chère, je m'en fous pas mal).* Or le mot anglais de *« damn »* est absolument prohibé dans les films à l'époque. Une légende veut que le bureau des censures ait infligé une amende de 5 000 dollars à David O. Selznick pour avoir utilisé le mot fatal. En réalité le bureau de la Motion Picture Association vota une dérogation spéciale le 1er novembre 1939 pour contourner la difficulté : Dorénavant, les mots *« hell »* (enfer) et *« damn »* (damné, ou en l'occurrence dans ce cas *« give a damn »* : s'en foutre pas mal.), seraient interdits sauf quand leur usage s'avérerait essentiel pour décrire, dans un contexte historique particulier, une scène ou un dialogue basé sur une situation incontournable, ou dans le cas d'une citation extraite d'une œuvre littéraire ; il était entendu en tout cas que cette utilisation ne devait pas être intrinsèquement choquante ou offenser le bon goût.

Grâce à cet amendement un peu hypocrite, l'administration du Code Hays leva son objection et la dernière scène d'*Autant en emporte le vent* put suivre à la lettre le roman.

Mais elle exigera des changements dans les dialogues d'origine de Margaret Mitchell relatifs au racisme, car les mentalités évoluent trop lentement sur le sujet dans les États du Sud. Selznick lui-même assurera avec vigilance la protection de Vivien Leigh, amoureuse de Laurence Olivier qui était marié, pour éviter les foudres des commères de Hollywood promptes à ameuter l'administration du Code et à manipuler le public. Il ira jusqu'à faire surveiller sa maison pour éviter toute photo.

Et le réalisateur ? Selznick est à l'origine du projet, c'est lui qui va le choisir, en affrontant très vite un nouveau souci : la collaboration entre le scénariste et ce réalisateur. Il propose le film à George Cukor. Cinéaste depuis plus de dix ans, Cukor a déjà tourné quatre films avec David à l'époque où ils travaillaient pour le studio RKO, et, pour l'heure, met en scène *Le Prisonnier de Zenda* pour la nouvelle société Selznick International. Les deux hommes s'entendent très bien.

Selznick compte sur Cukor, *« cinéaste féministe… dont les mouvements d'appareil ressemblent à des caresses ».* (14) pour passer beaucoup de temps à faire des essais de comédiennes pour le rôle de Scarlett, dont chacun sait qu'il est LE point délicat du film, alors que plusieurs acteurs semblent pouvoir interpréter Rhett Butler.

Mais en ce qui concerne le scénario, DOS est inquiet, malgré le talent de Cukor. Il redoute déjà les libertés que Cukor risque de prendre sur le film. Il le lui exprime directement dès le jour où il lui donne à lire le premier traitement écrit par Sidney Howard.

Memo à George Cukor :

« 25 février 1937 : À présent, Sidney et moi sommes extrêmement ennuyés car ce travail minutieux risque d'être, pour une bonne part, accompli en vain, si vous ne nous promettez pas de ne pas ajouter trois ou quatre répliques ici ou là au moment de tourner, comme cela s'est produit au cours des essais.

La simple addition de cinq ou six mots par scène se chiffrera par des centaines de mètres (de pellicule), ou plus, que nous avons supprimés avec une épouvantable angoisse, par un travail intense et par une terrible perte pour la compagnie…

Je n'ai certainement aucune objection à ce que vous fassiez certaines remarques à propos des répliques, des coupures, ou quoi que ce soit d'autre, avant que nous ne nous lancions vraiment dans le scénario. Mais lorsque nous aurons complètement achevé le scénario, j'espère qu'il vous ravira, et que vous vous accorderez deux jours de détente pour prendre des notes sur tout ce sur quoi vous trouveriez à redire. Nous pourrions alors en discuter à fond avec Sidney.

Mais je veux vraiment savoir dès maintenant que la torture par laquelle Sidney et moi passerons pendant les semaines à venir ne sera pas vaine. Sidney s'inquiète encore plus que moi à ce sujet… » (15)

Cette question du respect du scénario d'un adaptateur par le réalisateur a des implications énormes, tant artistiques que financières… sans oublier l'« ego » de chacun, toujours plus important qu'on ne croit, en particulier dans ces métiers où l'image de chaque artiste est très exposée. En effet, un nom sur le générique d'un film à succès, une bonne ou mauvaise presse, peuvent changer une carrière.

Sidney Howard est un scénariste connu. Il est apprécié de Cukor pour qui il a déjà travaillé. Il a écrit pour John Ford, William Wyler, Sam Wood… Il a la lourde mission de réduire un volumineux roman, un triomphe publié récemment, que tout le monde est en train de lire. Vaste programme !

Le réalisateur, lui, aura de facto le pouvoir de changer quelque peu le texte au tournage, une fois qu'il sera aux commandes. Il pourrait

aller jusqu'à trahir l'adaptation du scénariste, voire l'esprit du livre. De plus, s'il venait à remettre des passages que Howard et Selznick avaient supprimés après mûre réflexion, le film s'allongerait, risquant diverses catastrophes pour le producteur :
- catastrophe d'un dérapage des dépenses entraînant l'augmentation d'un budget de film déjà conséquent ;
- catastrophe quant à la durée du film, ce qui risque de compromettre son exploitation, de réduire le nombre de séances par jour en salles et les recettes ;
- peut-être catastrophe artistique du point de vue de Selznick, qui se fait une idée précise du film qu'il produit.

Toutefois, à la différence d'un réalisateur français, protégé par la législation du droit d'auteur face aux interventions du producteur sur le tournage et le montage du film, le réalisateur américain peut être amené à signer un contrat qui laisse au producteur, en cas de désaccord, la possibilité de se séparer de lui moyennant un dédommagement (contrat dit *« Play or Pay »*). C'est ce type de contrat que Selznick signe avec les réalisateurs qui travaillent avec lui.

Une boutade dit qu'en France, le producteur tient un pistolet braqué sur le réalisateur pressenti d'un film jusqu'à la signature de son contrat. C'est le moment de discuter… Contrat signé, le revolver change de main. Le réalisateur a tous les droits… Il tient le producteur à sa merci.

En fait, le réalisateur peut emmener le producteur très loin dans la dépense contre son gré même dans le cadre d'un contrat américain qui limite ses droits. Pendant un tournage, la dépense va si vite qu'en cas de conflit, les conséquences financières peuvent s'avérer funestes avant que le producteur d'outre-Atlantique ait eu les moyens de réagir. Les symptômes de dérapage apparaissent parfois dès la préparation. S'il ne se sépare pas du réalisateur, l'ultime arme du producteur américain sera d'utiliser son droit au *« final cut »*, c'est-à-dire son contrôle en dernier ressort sur le montage définitif du film. S'il estime que le film ne correspond pas à ses espoirs, il peut faire procéder à un nouveau montage sous ses directives. Le matériel tourné est remis à plat, des images retirées, rajoutées… des séquences entières peuvent être envoyées au « chutier » (la poubelle) à sa demande. Mais il s'agit là d'un combat épuisant nerveusement et dispendieux. En réalité, ni le réalisateur ni le producteur ne peuvent souhaiter en arriver à cette confiscation car c'est souvent la chronique d'un échec annoncé. Ce droit du producteur est en somme une arme de dissuasion et une incitation au compromis.

Les exigences de George Cukor sur le scénario d'*Autant en emporte le vent* semblent rapidement disproportionnées à Selznik, qui, quelques semaines avant le premier jour de tournage, écrit une note explicite à son directeur financier, Dan O'Shea :

« 21 septembre 1938 CONFIDENTIEL : ... Je crois que le gros point noir de notre organisation est aujourd'hui la situation de Cukor, et que nous ne pouvons plus faire de sentiment là-dessus... Nous sommes une entreprise commerciale et pas des mécènes... » (16)

Selznick est audacieux dans la dépense et l'ambition pour son film, mais n'oublie jamais les risques de l'industrie de prototypes qu'est le cinéma. Il se réserve de pouvoir dire non. Dans l'immédiat il décide de garder sa confiance en Cukor et de boucler le difficile financement de son film.

Aux États-Unis, à la fin des années trente, quand David O. Selznick entreprend la production d' *Autant en emporte le vent*, le pouvoir est dans les mains des studios, qui signent des contrats de sept ans avec les stars obligées d'assurer un certain nombre de films en exclusivité pour eux. La plupart des réalisateurs subissent le même genre de tyrannie, contre laquelle quatre artistes, Charlie Chaplin, Mary Pickford, Douglas Fairbanks et David Wark Griffith s'étaient insurgés dès 1919 en créant les Artistes Associés. Même eux ne s'affranchirent que peu à peu de la toute puissance de MGM et Paramount, parvenant à produire leurs propres films à partir de 1923, en précurseurs par rapport aux autres sociétés.

Les succès précédents de Selznick lui ont donné un certain pouvoir, mais au début de la production d'*Autant en emporte le vent*, il doit compter avec les studios pour de multiples raisons. Surmontant ses réticences et négociant avec finesse, il sera donc amené à s'associer à MGM malgré sa soif d'indépendance, pour limiter ses risques personnels sur le film et en assurer la distribution. Mais chaque studio amène ses stars « maison », et à ce stade initial, Selznick veut rester maître du choix des comédiens principaux. Pour le rôle de Rhett Butler il est séduit dès le départ par Clark Gable, sous contrat exclusif avec MGM, mais réfléchit à d'autres noms célèbres associés à des studios différents. Quant au personnage de Scarlett, son hésitation est totale. Il n'est convaincu par aucun nom connu.

DOS continue donc dans un premier temps à avancer en risquant les fonds propres de sa seule société. Il choisit déjà le décorateur d'*Autant en emporte le vent*, William (Bill) Cameron Menzies. Pourquoi si tôt ? Parce qu'il va falloir de toutes façons reconstituer la ville d'Atlanta en studio pour la brûler, en essayant d'utiliser une partie des décors de films précédemment tournés… Parce qu'il sait qu'il peut construire certains décors avant même que le scénario ne soit achevé. Autant être prêt le moment venu. Il lance les constructions en s'appuyant sur les anciens décors de *King Kong*.

C'est un choix onéreux, que Selznick fait au bon moment. Il choisit les dépenses et sait laisser filer de l'argent sans garantie pour des raisons qu'il estime valables : appliquée à bon escient, ce pari s'avère un des secrets de la qualité du film. DOS a le tempérament d'un joueur. Avant même de discuter avec le distributeur qui lui garantira le financement du film, il dépense à la limite de ses moyens. Son comptable s'inquiète : de telles dépenses engagées se mettent à dépasser les capacités financières d'une société de production indépendante. Pour le rassurer, il lui écrit ce billet :

« 13 janvier 1937

Cher John, Je comprends parfaitement votre position sur Autant en emporte le vent. *Je suis conscient que nous pouvons dépenser, pour rien, beaucoup d'argent sur ce film. D'un autre côté, s'il est réalisé à la perfection, il peut, presque avec certitude selon moi, rapporter gros, alors que, si on essaye de tricher, ces profits potentiels se trouveront considérablement réduits. »* (17)

Cependant, à ce tournant de la production, ayant pris un tel risque financier, il devient vital d'avoir l'assurance que le film va se faire. Il est temps de se rapprocher des studios, et d'aborder la question des comédiens.

D'un côté, l'acteur préféré de David O. Selznick pour Rhett Butler est Clark Gable, sous contrat avec la puissante MGM qui regarde avec gourmandise le projet. Mais Louis B. Mayer, s'il a fini par apprécier à sa juste valeur Selznick (qui a maintenant épousé sa fille Irène), ne fait pas de cadeaux. Son gendre craint, s'il signe avec MGM, de perdre le contrôle du film contre la sécurité financière et la présence de Clark Gable, et… bien sûr de renoncer à une partie importante de ses droits, alors qu'il espère des recettes élevées.

D'un autre côté, Selznick a signé un accord de distribution non exclusif pour plusieurs films avec United Artists, le studio de Charlie Chaplin et ses amis. Il peut y inclure *Autant en emporte le vent*. United Artists propose Gary Cooper pour le rôle.

Mais les discussions traînent, cependant que Selznick n'est toujours convaincu par aucune actrice pour Scarlett. Il est d'autant plus urgent d'assurer un grand nom pour le rôle de Rhett. À la croisée des chemins, il doit choisir. La décision est difficile. En pleine réflexion douloureuse, il écrit à son associé Jock Whitney :

« 27 mai 1938 : … Maintenant que le problème de financement du film est apparemment sur le point d'être résolu, il me déplairait profondément que notre compagnie ne fasse pas le film… Personnellement, je pense que notre risque est bien mince, et que s'il n'était pas possible à une compagnie de tourner Autant en emporte le vent, *elle ne pourrait rien faire… Autre élément : le problème de l'interprétation qui serait bien plus simple pour MGM que pour nous, et qui leur ferait prendre moins de risques, Clark Gable leur donnant une assurance que nous n'aurions évidemment pas.*

De mon point de vue personnel, j'aurais probablement moins d'ennuis pour faire le film avec MGM, et je ferais probablement un meilleur film avec les ressources dont ils disposent qu'avec les nôtres. Du point de vue de notre prestige, ce serait un moindre mal, dans la mesure où je produirais personnellement le film… et je crois qu'ils accepteraient de faire savoir que nous avons conclu ce marché parce que le public voulait Gable et que nous n'aurions pas pu l'avoir autrement dans le film. Il doit m'être également possible de m'arranger pour que le film soit présenté par MGM en collaboration avec Selznick International. » (18)

David signera avec MGM… tout en réussissant à garder son propre pouvoir sur le film, et son titre de seul producteur. C'est un tour de force face à MGM qui, en même temps que la sécurité financière, amène Clark Gable, le Rhett Butler que Selznick voulait, et qui, lui, ne souhaitait pas interpréter le rôle !

Cependant Scarlett n'est toujours pas choisie.

Depuis 1937, Cukor a vu des centaines de comédiennes. Selznick a engagé Russell Birdwell, un journaliste du *Los Angeles Examiner* doué pour les titres choc et les histoires à sensation, chargé de mobiliser l'intérêt des innombrables lecteurs du livre et de recruter des inconnues qui voudraient tenter leur chance comme comédiennes. Son assistante Kay Brown a fait trois tournées dans le Sud, entre Atlanta et Charleston, pour voir des candidates. Le public a été invité à voter. La liste des actrices ayant obtenu le plus grand nombre de voix est rendue publique : Bette Davis, Katharine Hepburn, Miriam Hopkins, Margaret Sullavan et Joan Crawford arrivent en tête, dans l'ordre.

Fait exceptionnel, les actrices les plus célèbres des États-Unis et d'Angleterre qui se pressent pour le rôle ont toutes accepté de faire des essais devant la caméra de Cukor, quelle que soit leur notoriété. Il existe trente-deux essais de ces stars. Cette mobilisation sans précédent a été organisée à un moment où DOS n'avait encore ni budget complet ni scénario pour son film.

Mais si Selznick commence à être vraiment inquiet de ne pas avoir trouvé sa Scarlett idéale, il souhaite au fond de lui-même refuser toutes ces stars, de Bette Davis à Paulette Goddard, un temps la préférée du réalisateur.

Note à Daniel O'Shea :

« 31 novembre 1938 : CONFIDENTIEL

Cher Danny, En ce qui concerne Scarlett, nous sommes si près du démarrage du tournage que je commence à craindre de plus en plus que nous ne laissions échapper nos meilleures chances, et je crois que vous devriez préciser à Katharine Hepburn, Jean Arthur, Joan Bennett et Loretta Young qu'elles sont parmi les rares candidates à rester sur la liste. Et, à mon retour, j'espère que vous pourrez me dire immédiatement quelle est la situation pour chacune d'elle.

Le choix définitif devrait se faire parmi elles, plus Paulette Goddard, plus notre nouvelle venue Doris Jordan, plus un nouveau visage qui pourrait se présenter à la dernière minute. » [19]

Cependant, la passion autour de l'affaire devient telle que l'on se met à accuser David de boycotter certaines actrices. Il ne laisse aucune calomnie de côté et répond à tout car il sait combien il faut préserver l'image du film et le désir du public d'aller le voir.

Autre cabale : certains jaloux de la profession organisent des rumeurs, entraînant la presse derrière eux. On dit qu'il a saboté le roman. Bientôt, les journaux présentent la production du film comme un feuilleton à scandales.

Dès ce moment il peut se féliciter d'avoir voulu plaire à Margaret Mitchell ! Car elle ne tient aucun compte de ces rumeurs et fait savoir qu'il a toute sa confiance.

Néanmoins préoccupé, Selznick se justifie et écrit de longues pages à des personnes dont la seule célébrité aujourd'hui est d'avoir reçu une lettre de lui, mais qui lui nuisaient à l'époque. Il use de son pouvoir de conviction et de son charme pour se défendre à un moment stratégique pour le film. Chaque minute compte, et il fait face à des personnes incompétentes et jalouses qui trouvent dans ces attaques leurs raisons d'exister.

Lettre de David O. Selznick à Ed Sullivan, chroniqueur au *New York Daily News* :

« 20 septembre 1938 :
Cher Ed,
Je ne me suis livré à aucun commentaire sur les milliers d'échos erronés qui ont paru dans tout le pays sur Autant en emporte le vent…
Cependant, comme je croyais qu'une certaine amitié existait entre nous, je n'aime pas laisser passer vos attaques personnelles contre moi sans mettre carrément les choses au point, afin que vous puissiez juger par vous-même de votre loyauté.
Il peut sembler fou de ma part de vous envoyer cette lettre, puisque le linotypiste a toujours le dernier mot, mais je veux tenter ma chance pour que, après m'avoir lu, vous compreniez que vous m'avez offensé gratuitement, plutôt que de vous sentir offensé, parce que je vous aurais écrit comme je le pense.
Entre autres choses, vous écrivez que j'ai massacré Autant en emporte le vent *!*
Autant en emporte le vent *n'ayant pas encore été réalisé, comme vous le savez peut-être, je ne vois pas très bien comment j'aurais pu le massacrer. »* (20)

Suit un historique complet de la situation du scénario, du réalisateur, des acteurs possibles, où Selznick se justifie en détails sur plusieurs pages, avant de conclure sur une note d'apaisement : *« Donc, lorsque je suis attaqué par quelqu'un comme vous, surtout quand cette personne est, autant que je le sache, un ami personnel, je suis peiné et désorienté. »* (21)

Une telle énergie au milieu de toutes ses responsabilités !
Préserver l'image du futur film lui paraît aussi important que de le préparer.
Les contrariétés ne se comptent pas. Warner Brothers lance la production d'un film qui semble emprunter des idées à *Autant en emporte le vent* ! David réussira in extremis à faire couper quelques scènes par Jack Warner lui-même.

Selznick voulait qu'on parle de son projet, le résultat a dépassé ses espoirs… Au cœur des passions, des pressions, des cabales et des médisances, mais enfin rassuré par la certitude de l'engagement de Clark Gable, six mois après l'accord MGM qui lui donne une sécurité, trois ans après le début de la production, DOS a tenu bon. Cependant Scarlett n'est toujours pas choisie...

DOS se met lui-même au pied du mur et décide avec audace de tourner la séquence de l'incendie d'Atlanta, première scène du film, dès le mois de décembre 1938. C'est Bill Menzies, le décorateur, en présence de Cukor, qui dirige le tournage extrêmement technique et risqué, effectué en même temps par les sept seules caméras Technicolor existantes à l'époque. Derrière quelques façades représentant la ville, les anciens décors de *King Kong* qui n'ont pas été détruits vont brûler dans cet incendie géant surveillé par toutes les casernes de pompiers de la région mobilisées sur place. Les lignes de la compagnie des téléphones sont bloquées plusieurs heures par l'affluence des appels d'habitants de la ville, inquiets, qui croient à un sinistre.

Il peut paraître délirant de tourner une des scènes les plus importantes du film sans avoir la comédienne principale… Surtout si l'on songe qu'elle est censée être présente dans cette scène ! Mais l'incendie d'Atlanta consiste en plans généraux, tournés avec des figurants et des cascadeurs. Les plans des acteurs seront tournés plus tard et ajoutés au montage.

DOS se lance en s'appuyant sur les finances de MGM. Les plans larges de cette scène spectaculaire une fois dans la boîte, il aura réalisé une économie de production grâce à sa vélocité. De l'art de la gestion du temps de tournage ! Mais il brûle ses vaisseaux derrière lui, c'est le cas de le dire, car pour garder les bienfaits de ce début rapide, il va falloir enchaîner très vite avec les acteurs !

Le premier jour du tournage d'*Autant en emporte le vent*, l'incendie d'Atlanta, est un jour historique pour Selznick, à double titre.

Voici le petit billet qu'il écrit à sa femme le lendemain :

« 12 décembre 1938 : Chérie, samedi soir, j'ai été tout ragaillardi par la séquence de l'incendie. Ce fut une des plus vives émotions que m'ait procuré un film. Mais aussi parce que je savais, avec un mélange de terreur et d'excitation, qu'on travaillait enfin sur Autant en emporte le vent.

Mon frère Myron (22) *a rappliqué sur le plateau juste après l'heure, arrivant une minute et demie après que la dernière maison se soit écroulée et consumée. Il était accompagné par Larry Oliver* (23) *et Vivien Leigh.*

Chut ! C'est l'outsider pour Scarlett et elle a l'air drôlement bien. Je ne le dirai à personne, mais entre nous, la compétition se limite à Paulette Goddard, Jean Arthur, Joan Bennett et Vivien Leigh. » (24)

Il décrit un peu plus tard précisément ce qu'il ressentit au moment de la rencontre.

« Avant que Myron ne m'ait amené Mlle Leigh au studio pour voir tourner l'incendie d'Atlanta, je ne l'avais jamais vue. Quand il me la présenta, les flammes éclairaient son visage et Myron dit : 'je veux que tu fasses la connaissance de Scarlett O'Hara.' Je jetais un regard sur elle et sus qu'il avait raison quant à l'idée que je me faisais de Scarlett O'Hara.

Plus tard, ses essais, faits sous la brillante direction de Cukor, montrèrent qu'elle pourrait interpréter le rôle à merveille… mais je ne me suis jamais remis de ce premier coup d'œil. » (25)

Ce récit devenu mythique de l'arrivée d'une actrice inconnue de Selznick qui lui semble être la véritable Scarlett O'Hara est l'illustration parfaite des relations entre David et Myron, en permanence aux côtés de son frère au moment des décisions clefs. Des invités présents sur le plateau ont cité la phrase, plus lapidaire, qu'aurait réellement prononcée Myron : *« Hé, génie, voici ta Scarlett ! »*

Vivien Leigh était loin d'être une star quand Selznick l'imposa en Scarlett… Elle était même si peu connue qu'il éprouva le besoin de préciser dans sa note de présentation à la presse : *« on doit prononcer le nom de Mlle Leigh comme s'il s'écrivait Lee. »* Quand on regarde aujourd'hui le film, par exemple la scène où la petite fille gâtée du Sud, accrochée au baldaquin de son lit, se fait serrer le corset de sa crinoline par sa « mamma » noire tout en minaudant, on reste confondu par la justesse du choix de DOS, in extremis, dans ces conditions extrêmes de tension.

Le tournage était largement commencé lorsque se produisit la crise avec Cukor.

Le producteur et le réalisateur sont normalement amenés à discuter ensemble des questions artistiques. Le producteur est supposé apprécier les besoins du film et donner au réalisateur les moyens de le réaliser avec toute l'ambition nécessaire. Les réalisateurs tiennent plus ou moins compte des conséquences financières de leurs demandes, suivant leur sensibilité à l'argent et leurs objectifs personnels.

C'est une source de conflits possible. Selon la notoriété et le caractère de chacun, le débat est plus ou moins fructueux. Il devrait l'être, car la difficulté de réaliser un film est immense. En pleine action, le réalisateur, souvent épuisé physiquement, a besoin d'un interlocuteur proche et responsable, idéalement son producteur. Certains le ressentent, et, même armés du pouvoir absolu conféré par le droit d'auteur français, recherchent tout au long de la production de leur film le dialogue avec leur producteur en lui reconnaissant un rôle d'entrepreneur, à la fois artiste et financier.

Bien sûr, le cas de l'auteur-réalisateur qui écrit ses propres sujets et les met en scène est à part. Le pouvoir de cet homme-orchestre sur son projet est évidemment grand, il en est souvent producteur, ou au moins coproducteur. Homme-orchestre ? On peut relever cependant qu'un artiste aussi indépendant que François Truffaut, exemple parfait d'auteur-réalisateur, a fait le choix de toujours s'appuyer sur un producteur, dans l'écoute et le respect mutuel, alors même qu'il développait ses films au sein de sa propre société de production et les signait seul.

À contrario, quelques dérapages de films ont marqué l'histoire du cinéma.

Avis de tempête en 1980 pour l'activité de distribution internationale de United Artists : pourtant solide et établie de longue date, elle est mise en difficulté par un seul film, *La Porte du paradis* (*« Heaven's Gate »*), de Michael Cimino.

En 1991, Léos Carax et son film *Les Amants du Pont Neuf* ont saigné les finances privées et publiques de l'industrie cinématographique française toute entière mobilisée. Dans les deux cas, un réalisateur s'est perdu dans son film, tournant sans cesse plus d'images dans l'espoir de lui rendre sa cohérence. Il a cherché en vain à retrouver son projet définitivement enseveli sous une quantité ingérable de matériel. Dans les deux cas il s'est avéré impossible pour les producteurs de résister au drame. Les réalisateurs s'étaient enfermés dans leur logique mégalomaniaque.

Michael Cimino sortait du triomphe de son film précédent, *Voyage au bout de l'Enfer* (*« The Deer Hunter »*) lorsqu'il a commencé *La Porte du paradis*. À la suite du désastre de ce film, il n'a plus jamais pu tourner ce qu'il souhaitait, et depuis trente ans a dû se contenter des propositions qui lui étaient faites. Son rêve d'adapter *La Condition humaine* de Malraux s'est évanoui...

Léos Carax avait été salué comme un jeune génie à la sortie de *Mauvais sang*, Prix Louis Delluc en 1986. Une fortune fut engloutie dans la production de son film suivant, *Les Amants du Pont Neuf*, une saga devenue une référence noire dans l'histoire du cinéma français. Les pouvoirs publics et divers producteurs privés déversèrent des sommes considérables sur le projet cependant que Carax perdait le sens des réalités. Même un producteur aussi accompli que Christian Fechner, appelé en renfort pour sauver la situation, ne parvint qu'à obtenir de Carax qu'il finisse le film au plus vite. Les avatars les plus fous se produisirent, y compris un incendie des décors alors que la compagnie d'assurance, inquiète des dépassements pharaoniques, s'était déjà retirée après avoir réglé un forfait de désistement. Fechner, talentueux producteur de *Camille Claudel* et de plus de trente succès, ne put canaliser Carax. Comme celle de Cimino après *La Porte du paradis*, la carrière de Carax fut pulvérisée à la suite des *Amants du Pont Neuf*.

Un changement de réalisateur en cours de tournage ne peut évidemment pas avoir lieu en France, où le droit d'auteur protège le réalisateur en dernier ressort.

En effet, le metteur en scène est d'emblée considéré comme auteur, plus encore que l'auteur du scénario. L'image a le pouvoir sur le texte. Quant au producteur, bien sûr, il n'a pas le dernier mot de ce côté de l'Atlantique.

David O. Selznick, lui, décida de changer de réalisateur en pleine réalisation d'*Autant en emporte le vent*, ainsi que ses contrats le lui permettaient. Il le fit même deux fois. Cukor fut remplacé par Victor Fleming qui dut interrompre le tournage pour raison de santé, remplacé un temps par Sam Wood, avant de revenir terminer le film.

Que s'est-il passé ? Réalisateur connu, estimé de Selznick avec qui il avait déjà fait quatre films, Cukor fut cependant mis en cause par son producteur qui veillait en permanence à ce que soient respectées ses exigences. En l'occurrence, DOS ne retrouvait pas lors de la projection des rushes les choix de mise en scène qu'ils avaient fait ensemble en préparant chaque séquence. Il ne cessait donc d'intervenir sur le plateau, augmentant ainsi le retard que Cukor avait tendance à prendre. Le mécontentement gagnait MGM.

De son côté, Clark Gable qui jouait Rhett Butler se montrait agacé *« par la façon qu'aurait eue Cukor de se préoccuper des personnages interprétés par Vivien Leigh et Olivia de Havilland et de les traiter avec une délicatesse exagérée. »* (26). Dès le départ, Gable avait été réticent à accepter le rôle de Rhett. L'idée d'interpréter un personnage connu de milliers de lecteurs qui l'avaient imaginé à leur manière lui faisait peur. De plus, il ne voulait pas prendre l'accent du Sud. Pour couronner le tout, il se sentait mal à l'aise avec Cukor. Mais il était lié à MGM par un contrat de sept ans, et l'accord entre le studio et Selznick le mettait dans l'impossibilité de refuser le film. Cependant, il était la plus grande star du studio ce qui ajoutait de la complexité à la situation. Louis B. Meyer, qui voulait le calmer, lui proposa de donner en plus de ce qui était prévu à son contrat 50 000 dollars (854 000 dollars en valeur de 2014) à son ex-femme, Maria Franklin Gable, qu'il venait de quitter brutalement pour épouser Carole Lombard. (27)

Clark Gable accepta, mais il était mécontent sur le plateau. Comble de malchance, sa première scène devant la caméra était une danse avec Scarlett O'Hara lors de la fête de charité ; or il dansait mal. Sa mauvaise humeur était permanente pendant toute la première partie du tournage, mais il se conduisait respectueusement avec Vivien Leigh qu'il appréciait...

La tension n'avait cessé de monter depuis des semaines. Selznick subissait la pression de ses financiers, qui retentissait sur son propre état d'esprit. L'ampleur du film et l'attente générale de l'événement excitaient et inquiétaient. Déjà, à la veille du tournage des premières scènes des acteurs, deux mois après le tournage de l'incendie d'Atlanta, le scénario avait encore donné aux financiers du film des inquiétudes. Selznick les avait rassurés de son mieux, tout en mesurant ses responsabilités.

« 25 janvier 1939
À M. John Hay Whitney
Cher Jock, ...
(...) Ne vous affolez pas en voyant le peu de choses qui semblent définitives dans ce scénario. Il y a (...) de longs passages qui seront déplacés, et je l'ai si clairement en tête que je pourrais vous le raconter du début à la fin presque plan par plan...
La seule chose qui, à ma connaissance, pourrait nous attirer des ennuis serait que je sois renversé par une bagnole...
J'ai tout le film en tête du début à la fin (...) Mais il va falloir me supporter pendant les deux mois à venir, qui seront les plus durs de ma vie - et peut-être les plus difficiles qu'aucun producteur ait jamais connus, point de vue que partage l'ensemble de la profession...
Vous avez eu confiance en moi jusqu'à aujourd'hui, et je vous prie de me la conserver jusqu'à ce que le film soit fini. Je ne veux être jugé que sur le résultat définitif. Si à ce moment-là, le film ne correspond pas à ce que tout le monde en attend, je n'aurai pas seulement le désir, mais la plus vive impatience d'abandonner ce fichu métier... » [28]

Il n'est donc pas étonnant qu'après quelques semaines de tournage, les remises en cause de chaque détail par DOS aient amené Cukor à s'affronter à lui. Fait exceptionnel, les circonstances exactes dans lesquelles se passa le renvoi de Cukor ne figurent dans aucun des dossiers publiés de Selznick. Il est possible que, pour cette unique occasion, il n'ait pas écrit de *memo* ; ou bien que les exemplaires de ces notes confidentielles aient été détruits, soit par lui soit par ses fils lors de l'exploration de ses documents.

Des témoins ont raconté que Cukor n'était pas satisfait de ses rushes. Il voyait que les scènes qu'il avait tournées n'allaient pas s'emboîter comme il le voulait. Pourtant il se savait bon cinéaste et trouvait les acteurs excellents. Il essayait d'améliorer le résultat et recommençait des scènes, mais en vain. Il se convainquit peu à peu que le problème venait du script.

Selznick de son côté trouvait le rythme de tournage trop lent. Le retard s'était accumulé dès les premiers jours. Après dix jours de tournage, vingt-trois minutes avaient été tournées, sur lesquelles dix étaient à refaire. David anticipait avec inquiétude les grandes scènes épiques à venir, pour lesquelles il craignait que Cukor ne soit trop subtil et mou.

Les deux hommes ne s'entendaient plus.

George déclara qu'il ne travaillerait que si l'on revenait au script original de Howard. David prit la chose très mal et répliqua que c'était lui le producteur, qui savait ce qu'était un bon script. Sur quoi George dit qu'il était réalisateur, et même très bon réalisateur, et qu'il ne signerait pas un mauvais film… Plutôt s'en aller ! David lui répondit qu'il pouvait partir…

Une déclaration commune fut publiée le 13 février 1939 : *« en conséquence d'une série de désaccords entre nous sur nombre de scènes d'*Autant en emporte le vent, *nous avons décidé que la seule solution était de choisir le plus tôt possible un nouveau réalisateur. »* (29)

En 1947, interrogé par Lloyd Shearer dans le *New York Times magazine*, Selznick devait dire : *« Nous ne pouvions rien voir du même œil. Je me rendis compte que si Cukor était imbattable pour réaliser les scènes intimistes de l'histoire de Scarlett O'Hara, il ne comprenait pas la force, l'ampleur, le souffle du film. »* (30)

Cukor fut blessé, et qualifia la rupture de *« grand coup de frein dans notre relation professionnelle. »* (31)

Cependant, même après avoir été évincé du film, il ne montra pas de ressentiment envers son producteur. Tous ceux qui les ont connus s'accordent sur ce fait. Malgré les tensions, Cukor et Sam Wood, le troisième réalisateur du film, ainsi que beaucoup de ceux qui collaborèrent avec DOS furent d'une loyauté absolue et lui restèrent fidèles pendant des années.

Vivien Leigh, comme Olivia de Havilland qui interprétait Mélanie, la seconde héroïne, aimait la manière dont Cukor la filmait. Le départ du réalisateur la plongea dans la consternation. Elle écrivit à son premier mari Herbert Leigh Holman : *« Cukor est un homme très intelligent et doué d'imagination. Et il semblait comprendre parfaitement bien le sujet (…) Il était mon dernier espoir de jamais aimer le film. »* (32)

Mais Cukor, bien que licencié, continua à faire répéter Vivien Leigh et Olivia de Havilland le week-end pour leur faire plaisir, sans se montrer irrité ou amer face à l'attitude de Selznick à son égard.

D'autres témoignages vont dans le même sens et montrent que Selznick avait l'art de rester populaire auprès des metteurs en scène. Ainsi, même un réalisateur rebelle comme William Wellman, qui considérait que tout producteur était un homme à abattre dès qu'il se mêlait trop à son goût d'un tournage, et en 1927, n'avait pas hésité à envoyer Lucien Hubbard et Benjamin Percival Schulberg, les producteurs de son film *Wings*, dans un champ sans les prévenir qu'il allait les bombarder (*« Il fut, dit-on, débarrassé d'eux pour le reste du film ! »)* (33), avait du respect pour Selznick. David fut son producteur pour *Une Étoile est née* (*« A Star Is Born »*) en 1937. Wellman réussit à entretenir des rapports créatifs avec lui et, lorsqu'il reçut un Oscar pour la réalisation de son film, alla jusqu'à dire qu'on aurait dû en donner un aussi à Selznick !

Bien après la sortie d'*Autant en emporte le vent*, interrogé sur son départ de ce film mythique, Cukor déclara avec philosophie : *« Après toutes ces années, je pense que, pour David Selznick,* Autant en emporte le vent *était la grande œuvre de sa carrière ; toute cette affaire le mettait dans un état d'extrême nervosité… Ce fut une grande et difficile épreuve pour lui (…) Pour la première fois, il voulut venir sur le plateau pour me regarder réaliser des scènes que nous avions mises au point ensemble. C'était épuisant pour les nerfs. »* (34)

Et, le soir de la première du film à Atlanta, il envoya à Selznick un télégramme qui révèle élégamment l'ambiguïté de ses sentiments : *« j'ignore si je suis nostalgique, noble ou comique, mais ce soir, je vous adresse toute mon amitié. »* (35)

Victor Fleming était un ami intime de Clark Gable et, comme Cukor, un des meilleurs réalisateurs sous contrat avec MGM, le studio coproducteur d'*Autant en emporte le vent*. Il paraissait donc l'homme idéal pour sortir le film de son ambiance lourde et fut choisi alors qu'il achevait à peine *Le magicien d'Oz*. Après avoir lu le script, il demanda quelques jours de travail sur le scénario pour y faire porter des changements qui lui paraissaient indispensables. Cet arrêt du tournage coûtait une fortune. DOS appela au secours le scénariste Ben Hecht, travailleur acharné, aussi rapide que talentueux, qui avait déjà terminé deux scénarios après *Les Hauts de Hurlevent*, seulement depuis le début de l'année.

Hecht arriva le 17 février 1939 pour effectuer un marathon. Pour commencer, il ne parvint pas à lire le scénario tel que Cukor avait été contraint de le tourner. Selznick l'avait tant charcuté qu'il était incompréhensible. DOS et Fleming décidèrent de le lui raconter en mimant tous les personnages ! La séance commença à 7 heures du matin pour s'achever à 2 h du matin le lendemain. Ben Hecht épouvanté usa de tout son charme et même de sa ruse pour obtenir le texte du premier scénario, écrit par Howard, que Selznick ne voulait pas lui faire lire. Ayant obtenu gain de cause, il décréta qu'il était superbe et serait sa base de travail. Après dix-sept jours et nuits d'écriture dans une atmosphère d'excitation permanente, travaillant presque sans interruptions, Hecht, épuisé, estima sa tâche accomplie et s'enfuit littéralement du studio où Selznick était resté campé en permanence, tenant debout à coup de Benzédrine, une des premières amphétamines. De retour à la campagne chez lui, il coupa son téléphone pour échapper au producteur qui le poursuivait, désespéré de son départ. Mais il avait rempli son contrat : le scénario tenait la route ! « La folie de Selznick », comme on appelait maintenant le film à Hollywood, pouvait reprendre.

Victor Fleming régna sur le plateau dès le 2 mars. Il travaillait avec le *story board* exceptionnel de William Menzies, le décorateur, qui avait dessiné des séquences entières sur lesquelles Selznick s'appuyait pour suivre de près le travail du cinéaste. Macho et déterminé, « Vic » avait réalisé des films d'action avec Clark Gable et excellait dans les scènes de grands espaces et le maniement de nombreux figurants. Sa vision du personnage de Scarlett était plus violente que celle de Cukor ; il voulait en faire une séductrice, une allumeuse prête à tout, une peste. Pour l'amener à évoluer dans cette direction, il se montrait dur avec elle, qui était présente pendant 95 % du tournage et souffrait beaucoup… Il n'aimait pas Selznick qui le lui rendait bien, mais les hommes s'étaient choisis pour le bien du film auquel ils tenaient tous deux.

Selznick comptait sur lui pour revitaliser le film. Il était au fond ravi d'avoir trouvé un autre *« bad guy »* que lui-même pour tenir le plateau d'une main de fer, ce qui ne l'empêchait pas de garder son œil vigilant sur tout, de la qualité de la photo aux détails du moindre costume. Le budget était devenu imprévisible et il dut solliciter MGM, qui refusa de rallonger son apport. Un sauveur, une fois de plus son partenaire Jock Whitney, apporta une somme conséquente et une garantie susceptibles de terminer le film… En fait cet argent s'avérera même suffisant pour assurer la trésorerie du film de Hitchcock *Rébecca* que DOS produisit par la suite. (36)

L'équipe tenait par miracle, sollicitée en permanence par les deux hommes qui tiraient chacun dans une direction, chacun volontaire et convaincu du bien fondé de ses suggestions.

Trituré une fois de plus par un Selznick toujours perfectionniste et nerveusement épuisé, le script était à nouveau source de conflits. Aussi en avril vit-on le retour de Sydney Howard sur le plateau, pour mettre un peu d'ordre dans les écritures.

Mais le 29 avril, Victor Fleming, à son tour éreinté, quittait le tournage en arrêt maladie pour soigner une déprime. Sam Wood, le réalisateur d'*Une nuit à l'opéra* des Marx Brothers et de *Good bye Mr. Chips*, Palme d'or au Festival de Cannes et nommé aux Oscars en 1939, prit la relève. Après deux semaines d'arrêt, Victor Fleming était de retour, guéri et stimulé par son inquiétude d'entendre des rumeurs sur l'efficacité de Wood. Mais David ne pouvait plus tergiverser : il était pris par le temps. Il demanda à Sam Wood de rester aussi, et Bill Menzies, le décorateur, se remit à la caméra. À certains moments, six équipes tournaient en même temps, dans la désorganisation absolue et géniale de Selznick. Le film avançait comme par magie malgré tout.

Tout au long de la production d'*Autant en emporte le vent*, les *memos* de Selznick continuent de pleuvoir. De péripéties en aventures, le tournage du film le plus décrit de l'histoire du cinéma se poursuit pendant cinq longs mois. Plus que jamais, DOS ne tient debout qu'en absorbant ses doses de Benzédrine, veillant à chaque détail jour et nuit, menant les artistes et les techniciens du film jusqu'aux limites du supportable.

Enfin le 27 juin 1939, David envoie un télégramme à son associé Jock :

« Faites retentir la sirène. Scarlett O'hara en a fini aujourd'hui à midi. Gable termine ce soir ou demain matin, et nous tournerons jusqu'à vendredi avec les petits rôles et les figurants. Je m'en vais vendredi soir et vous pouvez tous aller au diable… » (37)

Bien sûr, Selznick ne s'en va pas. Les finitions du film le mobilisent jusqu'à la première du film à Atlanta et sa sortie, en décembre 1939 : Le compositeur de la musique, Max Steiner, est en retard. Enfermé seul avec le monteur, Hal Kern, David passe quatre mois à se battre avec les kilomètres de pellicule. Les problèmes techniques de mise au point de la photo couleur Technicolor sont complexes. Les débats avec le studio MGM sur la manière de présenter le film, sa longueur totale, les ultimes choix de dialogue de la scène finale, l'effet de surprise qu'il veut préserver pour le public tout en inondant le pays de publicité, les états d'âme de Clark Gable face à l'importance qu'a prise Vivien Leigh dans le film… et bien d'autres responsabilités… le maintiennent sur un véritable front de guerre.

Suivant la coutume des studios, Selznick souhaite effectuer une projection test du film avant de le considérer comme terminé. Son monteur Hal Kern est chargé de l'organiser dans un lieu secret, inconnu même du producteur qui ne vit plus que pour terminer son film. Il faut éviter les indiscrétions que DOS risquerait de susciter lui-même en parlant trop ! Le 9 septembre, David Selznick, Irène, sa femme et Jock Whitney prennent la route avec Hal Kern pour une destination inconnue. Un film à succès de William Wellman avec Gary Cooper, *Beau Geste*, est à l'affiche du Fox Theater dans la petite ville de Riverside. On propose aux spectateurs de rester pour assister à la projection test d'un film surprise. À l'issu de la séance, ils seront invités à remplir un questionnaire et à « *juger sans critiquer ni faire de déclaration publique par la suite* ». Ils sont priés de téléphoner chez eux pour prévenir car personne ne pourra ni entrer ni sortir de la salle pendant la projection. Enfin le film démarre devant une salle comble très intriguée. Max Steiner n'a pas encore livré la musique. C'est celle d'un autre film produit par Selznick qui est présentée.

Le générique déclenche des réactions fortes. Le nom de Margaret Mitchell est applaudi avec enthousiasme, le titre du film provoque un début d'émeute. On ne s'entend plus. Le projectionniste a poussé le son au maximum. Selznick, sa femme et son associé pleurent comme des enfants. Peu à peu le silence se fait. Il dure jusqu'à la fin du film… et au-delà. Après la dernière scène, après le générique de fin, les spectateurs restent immobiles, comme pétrifiés, un moment qui semble une éternité, avant d'éclater en applaudissements frénétiques.

Le film ne sera plus modifié. Les spectateurs, unanimes, demandent de ne pas le raccourcir malgré sa longueur. Leurs commentaires sont dithyrambiques.

Deux mois plus tard, « la folie de Selznick » était officiellement terminée. Le 15 décembre 1939, Atlanta, la ville de Scarlett O'Hara, accueillait triomphalement la Première d'*Autant en emporte le vent* lors d'une soirée mémorable en présence de tous les artistes du film. Trois jours de liesse et de parades mobilisèrent toute la ville en fête. La carrière fulgurante du film commençait.

Selznick était très exigeant, mais en contrepartie, il avait à cœur de rendre hommage – à l'écran et ailleurs – à ceux qui participaient avec ardeur à ses films. C'est pourquoi à la fin de la production d'*Autant en emporte le vent*, il était désireux que les noms des trois réalisateurs, Cukor, Wood et Fleming figurent ensemble au générique. Mais Fleming refusa cette proposition et demanda à signer le film seul. DOS aurait pu imposer son point de vue, mais il laissa faire, car il ne menait jusqu'au bout que ses propres combats. La sortie du film, déjà suffisamment compliquée à gérer, méritait qu'il concentre son énergie sur les seuls enjeux essentiels au succès. À ce moment stratégique, l'intérêt du film dépassait à ses yeux les intérêts de George Cukor et Sam Wood. Heureusement pour eux, leur rôle a été connu de tous, en particulier grâce aux *memos* de Selznick lui-même. Bien que non crédité dans la publicité officielle, Cukor est toujours cité lorsqu'on évoque *Autant en emporte le vent.* Et Sam Wood comme George Cukor ont tous deux été couronnés comme meilleur réalisateur aux Oscars de Hollywood pour d'autres films.

Mais une surprise attendait Selznick à la sortie du film : il dut affronter les foudres de l'Association des Réalisateurs… à propos de la taille du nom de Victor Fleming par rapport au sien sur le générique ! Fleming non seulement avait refusé et obtenu de faire disparaître toute allusion aux autres réalisateurs du film, mais il s'était plaint auprès de son syndicat du traitement qu'il subissait de la part de son producteur…

Blessé, stupéfait, furieux, Selznick se justifia dans une longue lettre au ton amer (contrairement à son habitude) qu'il écrivit à Frank Capra, alors président de l'Association :

« 22 janvier 1940

…Comme vous le savez, l'envie et l'hypocrisie règnent partout dans cette ville… Puisque vos confrères sont si soucieux de la place faite au générique à un réalisateur, ne leur est-il pas venu à l'esprit qu'ils pourraient aussi s'occuper de Cukor et Wood ?… Je vous suggère de prêter attention particulière au cas d'Alfred Hitchcock et de juger vous-même si, à votre connaissance, et dans toute l'histoire de la profession, une compagnie a jamais fait à un réalisateur la publicité que je lui ai faite. En voulez-vous la preuve ? Alors que son agent ne pouvait lui obtenir aucun engagement quand je l'ai moi-même engagé, il reçoit actuellement des offres formidables, bien qu'on n'ait pas encore vu Rébecca *(son premier film chez nous)… »* [38]

Victor Fleming avait signé un film mythique, *Autant en emporte le vent*, et il n'était pas satisfait… Sa frustration sur le film semble surprenante et explicable à la fois. La dualité entre producteur et réalisateur apparaît forcément à un moment ou à un autre de l'aventure d'un film : deux volontés, deux visions et deux pouvoirs ne peuvent cheminer au plus près dans la même direction sans que l'on évite un minimum de frictions. En tout cas, cet exemple est une illustration du fait récurrent que, dans le cinéma, les plus proches collaborateurs liés dans l'aventure d'un film se fâchent souvent lors de grands succès et rarement à la suite d'échecs. C'est un phénomène fréquent qui peut paraître paradoxal et qu'on ne peut que constater. Cependant l'exemple d'Hitchcock donné par Selznick à Capra paraît audacieux, car les relations entre le réalisateur de *Rébecca* et son producteur avaient commencé en 1937 dans une grande tension, qui dura tout au long de leurs années de collaboration, entrecoupée de périodes de détente. Elle devait générer des frustrations innombrables chez l'artiste. En 1957, Selznick dit à un journaliste : *« Le rôle du producteur est à mes yeux semblable à un chef d'orchestre. Le chef d'orchestre surveille tous les détails puis interprète comme il convient. Je suis un perfectionniste. Je vise haut. Mais j'ai découvert qu'il fallait forcer les gens à viser haut. »* (39)

Il semble qu'en plus, Selznick ajoutait même quelques notes à la partition…

Insatisfait, Victor Fleming remporta pourtant l'Oscar du meilleur réalisateur en 1940 tout en étant nommé en même temps pour sa réalisation du *Magicien d'Oz*, le film qu'il achevait à peine quand Selznick l'appela au secours ! Il était ainsi en compétition avec lui-même pour le couronnement suprême de Hollywood, une reconnaissance unique de ses talents par les votes de toute une profession qui sélectionnait deux films du même réalisateur la même année.

Ce soir-là, la Nuit des Oscars, le 29 janvier 1940, l'Oscar du meilleur film de 1939 revint à David O. Selznick, selon la tradition américaine qui attribue ce prix au producteur. Il reçut également un Oscar particulièrement honorifique, le Irving Thalberg Memorial Award attribué chaque année pour l'excellence de la production. (« *For the Most Consistent High Quality of Production Achievement during 1939* »). Cette récompense portait le nom du producteur célèbre de MGM, décédé peu de temps auparavant à 37 ans, qui avait encouragé DOS à se lancer comme indépendant quelques années plus tôt.

On peut dire sans exagérer que cette soirée fut une vaste célébration du producteur et de son film, qui récolta huit Oscars. Lorsqu'elle reçut sa récompense, Vivien Leigh rendit un hommage particulièrement vibrant à DOS et à son rôle sur le film :

« Mesdames et Messieurs, pardonnez-moi si mes mots sont inadéquats pour vous remercier de votre gentillesse. Si je devais mentionner tous ceux qui m'ont témoigné leur merveilleuse générosité pendant Autant en emporte le vent, *je devrais vous imposer un discours aussi long qu'*Autant en emporte le vent *lui-même. C'est pourquoi si vous le permettez, je voudrais en cette occasion consacrer tous*

*mes remerciements à ce composé d'énergie, de courage et d'immense gentillesse en qui toutes les qualités d'*Autant en emporte le vent *se rencontrent, Mr David Selznick. »* (40)

La dernière intervention de Selznick sur le film eut lieu bien après sa sortie, en 1941, lorsqu'il proposa à Margaret Mitchell d'écrire une suite au roman. L'auteur refusa. Restaient les droits de remake dont son entourage se préoccupait plus que lui.

Il écrivit à Katherine Brown le 7 octobre 1941 : *« … Il devrait se passer des années (si toutefois cela se produit) avant que quelqu'un pense à faire un remake d'*Autant en emporte le vent. *Imaginez, par exemple, quelqu'un se lançant dans un remake de* Naissance d'une nation *! Bien que, réflexion faite, ce ne soit pas une si mauvaise idée… DOS. »* (41)

Autant en emporte le vent gagna plus de 20 millions de dollars lors de sa seule première exploitation en salle, soit 342 millions de dollars en valeur 2014. Selznick toucha personnellement 4 millions de dollars (68,3 millions de dollars 2014). Mais par la suite, mis en danger par des investissements sur d'autres productions, il vendit en urgence ses droits sur le film à son riche associé John Hay Whitney pour préserver l'indépendance financière de sa société. Jock lui acheta sa part pour la somme (dérisoire par rapport à sa valeur réelle), de 400 000 dollars (6,8 millions de dollars 2014), et les revendit un peu plus tard à MGM pour 2 400 000 de dollars (41 millions de dollars 2014) ;

La gloire n'avait pas apporté la fortune à David O. Selznick.

– 3 –
Hitchcock, une star britannique à Hollywood

1937. En pleine production d'*Autant en emporte le vent*, au moment crucial où il négocie son rapprochement avec MGM et Clark Gable pour le rôle de Rhett Butler, Selznick commence à vouloir produire un film d'Alfred Hitchcock.

« Hitch » est dans sa période britannique. Il a 38 ans, trois ans de plus que DOS. Il est Anglais et habite Londres, où il a réalisé plus de vingt films depuis *The Pleasure Garden* en 1925. Il est en train de terminer *Jeune et innocent*, qui marque la fin d'un long contrat avec la Gaumont British Picture Corporation pour une série de films commencée en 1933 avec *L'Homme qui en savait trop*. La critique américaine et les producteurs de Hollywood l'ont enfin remarqué. À point nommé :

« La tentation de l'Amérique était devenue irrésistible. Hitchcock était bien décidé à quitter l'Angleterre.

Le cinéaste a souvent dit que le mauvais temps londonien avait été sa raison principale (...) En février 1937, Hitchcock écrivait pour le New York Times *un article affirmant : 'la plus grande difficulté que nous rencontrons pour faire des films en Angleterre est le combat permanent contre le climat'. Il décrivait son découragement une nuit, attendant que la pluie cesse pour tourner une scène en extérieur pour* Agent secret *: 'les caméras sont couvertes, le microphone enveloppé. Les personnes s'abritent le long des boutiques. Je m'accroupis, emmitouflé et transi jusqu'aux os, dans un abri temporaire. Mes vedettes, Sylvia Sidney et John Loder, attendent, affligés et gelés, dans une embrasure. Et pourquoi ? Parce qu'il pleut comme jamais, une pluie qui dégouline dans mon chapeau et dans mon cou, et qui n'a pas cessé depuis trois jours, au point de mettre tout le monde à bout de nerfs'. »* (42)

Au-delà des problèmes météorologiques, Hitchcock cherche à réaliser des films à Hollywood car le cinéma anglais, malgré la langue commune, est mal distribué en Amérique. Une première opportunité s'offre à lui au cours de l'été 1937 : MGM ouvre une filiale de production à Londres, MGM-British, pour réaliser des films destinés à être directement distribués par la machine de guerre du studio aux États-Unis. Un producteur britannique avec qui il a souvent travaillé, Michael Balcon, vient d'être engagé pour diriger ce nouveau studio. Il propose aussitôt à Hitchcock un contrat de deux ans pour plusieurs films, essentiellement tournés en Grande-Bretagne. Mais selon ses termes, Hitchcock pourrait éventuellement être « prêté » à la maison mère à Hollywood.

Cette offre, financièrement tentante, paraît idéale à Balcon qui compte sur ses liens avec Hitch pour obtenir son accord facilement.

Mais Hollywood s'est déjà réveillé directement. Dès le mois d'août, David O. Selznick manifeste le souhait de le rencontrer. Il écrit à son assistante :

« À Katherine Brown, 23 août 1937
Je tiens à avoir Hitchcock comme réalisateur et je crois qu'il serait sage que vous le rencontriez et bavardiez avec lui. J'aimerais savoir exactement si quelqu'un le représente et, dans ce cas, qui, et ce qu'il demande comme salaire… » (43)

Selznick va ainsi parvenir à bloquer Hitchcock sans contrat pendant plus d'un an de discussions molles, en se montrant sous un jour plus manipulateur qu'il n'apparaît au cours de la production d'*Autant en emporte le vent*. Son désir de travailler avec le cinéaste britannique est pourtant authentique, et il va tout de même laisser paraître par moment son enthousiasme pour son talent. Mais il le maintiendra dans une incertitude perturbante tout en faisant traîner d'interminables négociations et en empêchant d'autres producteurs de conclure avec l'artiste. Il est vrai que l'intention même de DOS de lancer ce nouveau projet complexe à mettre en œuvre alors qu'il est mobilisé par le film le plus ambitieux de son époque, *Autant en emporte le vent*, prouve à elle seule sa détermination.

Face à lui un Hitchcock vulnérable financièrement prend peu à peu conscience des intrigues autour de lui. Il reste cependant décidé à travailler avec DOS, sans perdre le style de ses films et sa touche personnelle à l'humour anglais prononcé, que son producteur américain ne comprendra jamais.

On peut dire que parfois Selznick va jusqu'à maltraiter Hitchcock, mais il réussira tout de même à l'attirer à lui et à le garder sous contrat, en s'appuyant sur tous les arguments possibles, pendant près de neuf ans, entre 1938 et 1947 une durée plus longue que celle des contrats qui enchaînaient les stars aux studios.

Mais ils ne feront que trois films directement ensemble pendant ce temps, au milieu de malentendus et de tensions qui finiront par s'apaiser.

Une alchimie étrange et une indéniable lutte de pouvoir entre ce producteur emblématique et un réalisateur de génie se perçoivent à travers leurs diverses correspondances et les récits dont nous disposons.

Au début de cet été 1937, Myron Selznick, le frère de David, dont l'agence artistique est représentée à Londres par L.C. Ham, propose à Hitchcock de l'aider à trouver des contrats directement aux États-Unis. Il semble même qu'il ait doublé de vitesse Katherine Brown, la collaboratrice de DOS, pour rentrer en contact avec l'artiste. Il n'est pas l'agent de Hitch, mais se met en position de le devenir. Et aussitôt, il lui donne le nom de deux producteurs qui veulent attirer le réalisateur à Hollywood.

L'un, sans surprise, est David O. Selznick…

L'autre est Walter Wanger, producteur entre autres de Raoul Walsh et Fritz Lang. À ce moment-là, il prépare le tournage de *La Chevauchée fantastique* (*« Stagecoach »*) de John Ford, qui sera nommé aux Oscars du meilleur film en 1940 face à *Autant en emporte le vent*, en compagnie d'autres films dont la liste laisse rêveur : *Mr Smith Goes to Washington* de Frank Capra avec James Stewart, *Ninotchka* de Ernst Lubitsch avec Greta Garbo, *Des souris et des hommes* de Lewis Milestone, d'après le roman de John Steinbeck, *Les hauts de Hurlevent* de William Wyler avec Merle Oberon, Laurence Olivier, David Niven, sans oublier *Le magicien d'Oz*, avec Judy Garland, réalisé par Victor Fleming en compétition avec lui-même pour l'Oscar qu'il va remporter avec *Autant en emporte le vent*…

Wanger est désireux de signer un accord rapide. Il en a les moyens.

David O. Selznick, de son côté, veut absolument être le premier producteur américain de Hitchcock. Mais il n'a à ce moment-là ni l'argent ni le temps de conclure un contrat acceptable. Il est soucieux des finances d'*Autant en emporte le vent*, du choix des acteurs, de l'organisation de cette énorme machine qui le mobilise jour et nuit et n'est pas encore tournée. La partie avec Hitchcock va se jouer au plus fin par l'intermédiaire de Myron. DOS va l'emporter, grâce au soutien discret mais efficace de son frère qui n'aime rien tant que tirer les ficelles sans en avoir l'air ; grâce aussi à ses liens récents avec Louis B. Meyer, le patron du studio MGM, qu'il a enfin réussi à fléchir et dont il a épousé la fille Irène. Pour Hitch qui a souffert de la mauvaise distribution de ses films, l'espoir que son film sera commercialisé par MGM est un élément qui compte !

Wanger produira le second film américain de Hitchcock *Correspondant 17*, en 1940.

En réalité, à ce stade, Myron Selznick approche le réalisateur britannique avec des propos aimables et des marques d'intérêt mais sans proposition ferme officielle de la part de son frère.

Compte tenu de sa situation fiscale d'étranger, pour travailler aux USA, Hitch sait qu'il a besoin d'un certain salaire, moins élevé que les prétentions des réalisateurs de Hollywood habitués aux triomphes du *box office*, mais supérieur à ce que Selznick compte lui offrir.

De plus, Hitch souhaite obtenir un accord portant sur plusieurs films. Ainsi il pourrait accepter une première idée venue du producteur tout en préservant sa liberté de lui proposer ensuite un sujet original de son choix. Il désire également pouvoir refuser un sujet proposé par DOS, qui ne l'inspirerait pas.

Enfin il désire un contrat signé pour plusieurs années, lui permettant d'être sûr de rester assez longtemps en Amérique pour faire ses preuves, quitte à être prêté à un autre producteur le temps d'un film si son producteur ne lui assure pas assez de tournages.

Habile mais conscient de ses exigences qu'il pense pouvoir défendre mieux que quiconque dans l'immédiat, Hitch profite d'une rétrospective de ses films organisée à New York par Gaumont à l'automne 1937 à l'occasion de la sortie d'*Agent secret* pour aller faire lui-même la promotion de ses films. Il se rend donc aux USA avec sa femme et co-scénariste Alma Reville aux frais de ses producteurs anglais, dès le dernier tour de manivelle de *Jeune et innocent*.

Ses interviews données, Hitchcock réalise le second but de son voyage : préparer son avenir à Hollywood. L'agence Selznick lui organise des rendez-vous avec Kay Brown, et Jock Whitney, l'assistante et le riche associé de David, qui habitent tous deux sur la côte Est. À cette époque où les voyages sont encore longs et coûteux, Gaumont ne lui offre pas le billet pour Los Angeles où il ne se rend donc pas. Cependant, les producteurs qui s'intéressent à lui, David Selznick et Walter Wanger, sont bloqués en Californie par des complications incessantes sur leurs films en cours. Le premier contact direct entre l'artiste et ses futurs producteurs a lieu par téléphone.

L'unique coup de téléphone entre David O. Selznick et Alfred Hitchcock s'avère une surprise et même une rebuffade pour le réalisateur : La stratégie de DOS le déconcerte et le froisse. Contre toute attente, David l'encourage à rester à Londres et signer la proposition de MGM-British. En effet, bénéficiant de ses bons contacts avec MGM, le producteur voit la possibilité de se faire prêter le réalisateur pour un film à Hollywood dans le cadre du contrat proposé par Michael Balcon. C'est une solution pratique et économique pour lui, sans engagement vis-à-vis du réalisateur. Hitchcock reste sur sa faim.

Hitch est décidé à refuser ce contrat MGM. Certes, Michael Balcon lui a donné sa chance en 1925 en lui confiant la réalisation de *Pleasure Garden*. Mais son instinct pousse le cinéaste à vouloir s'installer à Hollywood, quitte à se brouiller avec son producteur de la première heure. *« Balcon était particulièrement possessif avec moi. C'est pourquoi il sera très en colère, plus tard, quand je le quitterai pour Hollywood. »* (44)

Selznick caresse donc l'intention de travailler avec Hitchcock, mais ne le montre pas franchement. Il n'a rien promis à Hitchcock et même a refroidi ses espoirs. Déçu, l'artiste prend du temps en famille pour explorer New York, son atmosphère, ses lumières, autant d'inspiration pour ses films. *« Je connaissais parfaitement le plan de New York. Je me faisais envoyer les horaires de train – c'était mon violon d'Ingres – et j'en connaissais beaucoup par cœur. Des années avant d'y avoir été, je pouvais décrire New York, vous dire où se trouvaient les théâtres et les magasins. Quand je parlais avec des Américains, ils me disaient : 'Quand êtes-vous allés là-bas la dernière fois ?' et je répondais : 'je n'y suis jamais allé'. »* (45)

Avant de rentrer à Londres, il signe les papiers qui en font un client de l'agence artistique de Myron Selznick. Il a maintenant un agent officiel américain qui va peu à peu lui envoyer des sociétés américaines manifestant de l'intérêt pour lui, parmi lesquelles le studio RKO avec qui il tournera au début des années quarante. Mais toujours l'ombre de David, extrêmement informé, se profilera derrière les tentatives de ses concurrents. Derrière leurs relations qui paraissent parfois ambigües, les deux frères sont intimement liés et se soutiennent.

De retour à Londres, Hitchcock déçu accepte en désespoir de cause et sans entrain une proposition de Charles Laughton pour réaliser après *Une femme disparaît*, un film adapté d'un roman de Daphné du Maurier, *L'auberge de la Jamaïque*. Puisqu'il est obligé de rester encore en Angleterre, il lui faut vivre… Tandis qu'il lit le livre, on lui apporte les épreuves de *Rébecca*, le nouveau roman à paraître du même auteur, qui lui semble immédiatement un excellent sujet de film.

David O. Selznick de son côté semble avoir également « disparu », comme la femme du film d'Hitchcock, dévoré par ses soucis de production. Mais il lui envoie Jock Whitney et Kay Brown, ses plus proches conseillers, qui viennent le voir à Londres et dînent avec lui au Connaught Grill en novembre 1937 pour maintenir le contact. Hélas, Jock Whitney sort consterné de la projection en avant-première de *Jeune et innocent* et envoie un commentaire dévastateur à DOS, terminant son oukase par ces mots : *« voyez-le avant de poursuivre les négociations ! »* (46)

Kay Brown n'apprendra la chose que quelques semaines plus tard, et enverra son propre commentaire dans un télégramme : *« Regrette, pas d'accord avec Jock. »* (47)

Pire, DOS reçoit à Los Angeles des rumeurs négatives distillées par des jaloux sur la lenteur au travail de Hitch, allant jusqu'à des insultes, le qualifiant d'*« obèse et un peu paresseux »*. Selznick prend du temps pour réfléchir. Mais dès qu'il a la possibilité de voir lui-même *Jeune et innocent*, en janvier 1938, il s'enflamme pour le réalisateur avec l'enthousiasme dont il est capable et déclare qu'Hitchcock est *« le plus grand maître de ce genre de mélodrame. »* (48) et lui écrit le 9 janvier un télégramme : *« … j'ai vu* Une femme disparaît *hier soir et je vous adore… »* (49)

DOS semble donc avoir pris sa décision. Néanmoins l'affaire traîne en longueur. Il veut faire baisser les prétentions d'Hitch.

Hitchcock cherche alors à prendre une option personnelle sur les droits de *Rébecca*. Mais le prix est trop cher pour lui. DOS, informé de la chose par le représentant de l'agence Myron Selznick à Londres, L.C. Ham, voit là une possibilité de se rapprocher de l'artiste qu'il convoite et envisage aussitôt de prendre l'option. Mais il ne faut pas croire qu'il se sente très engagé pour autant : s'il est vrai qu'il a hésité en son temps à prendre l'option d'*Autant en emporte le vent*, à cause du risque du film et du prix exceptionnel demandé, il a l'habitude de bloquer des droits de livre pour un temps sans pour autant toujours les lever : il possède ainsi à peu de frais un volant de sujets à présenter aux réalisateurs avec qui il souhaite travailler. C'est une arme de séduction.

En fait, c'est à un projet sur *Titanic* que David O. Selznick pense pour Hitchcock tandis que l'année 1938 avance sans que l'artiste voie le signe du moindre contrat.

Soudain, DOS voit même une opportunité de tourner d'urgence ce sujet et écrit au représentant de l'agence Myron Selznick à Londres :

Lettre à L.C. Ham.

« L.C. Ham
Seljoy
Londres, Angleterre
4 mai 1938
Hitchcock est-il disponible immédiatement ? Si oui et tant qu'on n'a rien décidé, j'aimerais savoir sous quelques jours si je peux lui demander de réaliser un film tiré de Titanic *et sortant sous ce titre. J'aimerais que Hitchcock comprenne que pour diverses raisons nous devrions commencer ce tournage vers mi-août et nous mettre donc immédiatement à en faire l'adaptation. Si cela marchait, Hitchcock pourrait emmener un scénariste avec lui et travailler en route pour gagner du temps. »* (50)

Ragaillardi par la hâte soudaine de Selznick, au printemps 1938 « *Hitchcock déclare à un journaliste londonien : 'Si je vais à Hollywood, ce sera uniquement pour travailler pour Selznick.' »* (51)

Puis, dès la fin du tournage de *Une femme disparaît*, prenant tout le monde de court, il décide de partir pour Los Angeles à ses frais pour aller voir les producteurs et se faire mieux connaître. Prévenu au dernier moment, son agent se met à la hâte au travail pour l'aider. C'est le branle-bas de combat entre les deux frères Selznick pour organiser les rencontres de Hitch tout en le cadrant sans en avoir l'air. Myron souhaite que David obtienne le premier contrat du réalisateur. Mais il représente Hitchcock ; de plus cela ne lui déplaît pas de provoquer son frère cadet et de le mettre en danger avant de lui céder. La situation entre eux est plus ambiguë que jamais.

Le 6 juin 1938, Hitch débarque à New York, accueilli par Kay Brown ; puis il se rend par le rail à Chicago d'où part le « Super Chief », surnommé le train des stars, en route pour Los Angeles. Son agent l'attend en Californie sur le quai de la gare le 14 juin. Dès le lendemain, l'artiste a rendez-vous avec David O. Selznick, qu'il rencontre pour la première fois, enfin. Il est accompagné par un agent collaborateur de Myron, Noll Gurney, admirateur inconditionnel de son talent.

Le contact est d'abord sympathique. DOS plaît à Hitchcock, qui découvre avec plaisir un intellectuel chaleureux et prolixe. Mais l'entretien s'avère une fois de plus décevant pour le réalisateur :

« DOS était plus difficile à saisir que son frère. Il ne semblait pas du tout pressé de décider des questions qui importaient le plus au réalisateur. Il avait tendance à faire dévier la conversation. Il parlait pour ne rien dire, et usait de faux-fuyants. Il fumait cigarette sur cigarette, – répondant au téléphone et parlant à Hitchcock en même temps.

Il surprit le réalisateur en semblant écarter le projet du Titanic *pour lequel il avait traversé l'Atlantique afin d'en discuter. DOS déclara qu'à son avis, Hitchcock serait excellent pour diriger un film avec Edward G. Robinson. Le producteur avait toujours voulu faire un film avec cet acteur. Mais, ajouta-t-il, il n'y avait pas de scénario, pas d'histoire, et, en fait, pas d'Edward G. Robinson.*

Il y avait au moins une bonne nouvelle : le producteur venait de confirmer l'option sur Rébecca. *Cela pourrait devenir le second film de Selznick-Hitchcock... après le premier... qui pourrait être, ou ne pas être,* Titanic. *»* [52]

Hitch quitte le rendez-vous déstabilisé.

L'équipe d'agents qui travaille pour Myron Selznick a l'habitude de naviguer dans les méandres hollywoodiens entre artistes, agents et producteurs. Ces jeux complexes, qui sont encore pratiqués aujourd'hui, existent également ailleurs, en particulier en France. Ce sont des luttes de pouvoir qui permettent aux protagonistes d'arbitrer peu à peu entre des intérêts divergents. Le moins puissant devient la victime consentante par obligation, qui signera un contrat décevant, contraignant ou déraisonnable pour arriver à faire le film. Ce ballet de pressions morales et financières ne se produit pas toujours, mais souvent. La victime désignée peut changer au cours de la négociation, si de nouveaux éléments font évoluer les rapports de forces ou l'intérêt des uns et des autres.

Dans le cas de l'accord Hitchcock-Selznick, les dés sont pipés par les liens entre les deux frères. Les autres producteurs ont conscience qu'à partir du moment où David a déclaré son intérêt, il a une sorte d'accord non écrit avec Myron pour arriver à un contrat avec l'artiste si et quand il le veut vraiment. Chacun des deux essaye toutefois d'aller aux limites d'un jeu opaque aux yeux des autres, qui use Hitchcock, de plus en plus lucide devant la situation. Myron veut montrer à son frère qu'Hitchcock, son client, est très demandé. David veut obtenir un contrat à ses conditions, minimalistes.

Parmi les agents de Myron, Noll Gurney et Dan Winkler sont subjugués par le talent de Hitchcock. De nombreuses notes de Gurney le montrent : *« je pense personnellement depuis longtemps que Hitchcock est le seul réalisateur en Angleterre qui puisse rivaliser avec nos réalisateurs de catégorie A. (...) J'aimerais qu'on lui donne une chance comparable à celle de nos réalisateurs de premier rang – je suis convaincu qu'il n'échouerait pas. »* [53]

Ces agents voient le jeu destructeur dont est victime le réalisateur et souffrent pour lui. Ils n'hésitent pas à le pousser énergiquement vers d'autres producteurs intéressés par lui, contrecarrant les plans de leur patron.

Ainsi Hitchcock rencontre-t-il rapidement Samuel Goldwyn, un producteur indépendant célèbre depuis les années du muet, beaucoup plus important que Selznick. C'est Gurney qui organise le rendez-vous. Goldwyn a déjà un accord avec Selznick pour coproduire deux films avec lui. Hitch pourrait en réaliser un. Il a même le sujet du premier : *Scotland Yard*, qui paraît convenir au genre de films susceptible d'intéresser l'artiste. Mais la situation s'avère trop compliquée malgré la bonne entente immédiate entre le réalisateur et le producteur. *« Mr Goldwyn s'est répandu en louanges sur les grandes capacités et les succès du cinéaste »* (54) écrit Gurney.

Hitch ne veut pas indisposer David même s'il comprend qu'il est trop occupé par *Autant en emporte le vent* pour se montrer fiable ou même disponible. Perplexe, il sent pourtant que DOS bloque la situation et au fond, le manipule. Goldwyn, sérieux dans sa proposition, est un peu gêné par l'ombre de David toujours au courant de ce que fait Hitchcock. Gurney de son côté sait que son patron Myron veut se servir de l'offre de Goldwyn pour relancer le désir de David de signer un accord rapidement. C'est la confusion.

Pendant ce temps, David termine sa négociation tendue avec MGM pour la distribution d'*Autant en emporte le vent* et la désignation de Clark Gable pour le rôle de Rhett Butler. Il tergiverse et hésite sur le choix du premier film à faire avec Hitchcock qu'il ne veut pas perdre, tout en jouant au plus fin avec son frère. Il hésite à lever l'option qu'il a prise sur *Rébecca* :

Télégramme :

« À John Hay Whitney et Katherine Brown, 29 juin 1938

Je pense que Rébecca *pose des problèmes… Je ne vois pas très bien comment nous pourrions faire une bonne adaptation dans laquelle l'homme ne sait pas exactement s'il a ou pas tué sa femme, et si cette adaptation suggérait qu'il avait l'intention de la tuer. Nos problèmes de censure seraient pratiquement les mêmes. Vous propose demander prix et plus amples informations concernant ventes éventuelles. Si vraiment un best-seller, on l'achètera certainement (…) Je vais réfléchir ici aux problèmes de censure et attendrai que vous me disiez si vous pouvez prendre une option dessus et à quel prix. »* (55)

Hitchcock devient la coqueluche en ville, invité à dîner par tout le monde. D'abord charmé par la vie californienne, il commence à s'angoisser sérieusement, puis se fâche pour de bon et vient manifester sa déception auprès du patron de l'agence, Myron lui-même. *« Le 30 juin, il passa deux heures à l'agence se plaignant amèrement que (…) 'il préférerait avoir une réponse négative plutôt que rien du tout, afin que l'on puisse savoir comment procéder avec Goldwyn ou tout autre producteur s'intéressant à lui.' »* (56) écrit Gurney.

David Selznick est arrivé au bout de ses possibilités de jeux. Il reçoit un ultimatum de son frère et, craignant de perdre Hitchcock, lui adresse aussitôt une proposition le 2 juillet 1938.

Le contrat va ouvrir à Hitch les portes de l'Amérique pour l'avenir. Passant outre les éléments décevants qu'il contient, il se laisse convaincre par Myron Selznick de l'accepter. Il célèbre la bonne nouvelle le 6 juillet et regagne par le train New York d'où il embarque pour Londres à bord du paquebot « Normandie ».

Quel accord David O. Selznick a-t-il réussi à imposer à Hitchcock ? C'est une prison dorée :
- le tournage d'un seul film Hitchcock-Selznick est garanti au réalisateur alors qu'il en voulait au moins deux ;
- des options sur quatre années permettent à David de superviser un film par an du réalisateur, jusqu'en 1943. Mais ces options ne le contraignent pas à produire. Hitchcock est lié pour longtemps à son producteur ;
- le contrat prendra effet, au choix du producteur, tardivement, entre le 15 janvier et le 15 avril 1939, soit de six à neuf mois après sa signature ;
- le titre du premier film n'est pas précisé ;
- le montant du salaire d'Hitch est de 50 000 dollars (839 500 dollars de 2014) pour le premier film, pour un engagement de vingt semaines de production. À titre de comparaison, la moyenne des salaires pour les réalisateurs américains considérés à l'époque comme étant de son niveau (et dont les noms sont aujourd'hui pour nombre d'entre eux tout bonnement oubliés) entre 100 000 dollars et 150 000 (entre 1 679 000 et 2 520 000 dollars de 2014) ;
- le réalisateur est libre de son temps le reste de l'année, sous réserve de l'accord de Selznick sur ses éventuels contrats avec d'autres producteurs ;
- son salaire passera à 75 000 dollars (1 250 000 dollars de 2014) pour la réalisation de quatre autres films en quatre ans, s'ils sont tournés ;

- Hitchcock ne reçoit rien pour l'écriture du scénario, pas plus que la co-scénariste, sa femme Alma Reville. Il n'a pas accès aux bénéfices éventuels du film.

Myron Selznick vante le contrat auprès de Hitchcock avec des arguments valables : David O. Selznick a le vent en poupe avec *Autant en emporte le vent*, le film que tout le monde attend. Le prestige de travailler pour lui aidera le réalisateur à obtenir des salaires plus élevés quand il sera « prêté » (car c'est bien de cela dont il s'agit, pour une période de quatre ans…) à d'autres producteurs. Il est libre de diriger d'autres films chaque année, y compris pour Samuel Goldwyn… mais libre seulement après accord de Selznick, qui contrôle les négociations et touche l'éventuelle différence de rémunération !!

On ne peut pas dire que Myron ait réellement trahi son client. Mais son rôle a été pour le moins complexe. Pris dans les déclinaisons de cet accord fleuve, Hitchcock finira par rester lié à Selznick par obligation pendant huit ans !

Quant à David O. Selznick, il montre ici une attitude de producteur trouble qui nous frappe d'autant plus que « son » réalisateur, Hitchcock est aujourd'hui reconnu comme un des plus grands cinéastes du XXe siècle. L'époque était encore aux contrats de sept ans entre les studios et les stars. Selznick est un indépendant moins puissant que les Majors : À défaut d'avoir un volant d'acteurs affiliés à sa disposition, il cherche au moins à fidéliser des réalisateurs avec qui il veut travailler en les bloquant pour une longue période après les avoir attirés.

Selznick déploie un mélange de charme et d'impitoyable dureté dans la discussion qu'il mène comme un jeu. Mais la lecture des seuls *memos* qu'il a écrits lui-même, sélectionnés dans le livre édité par Rudy Balmer, ne suffirait pas à révéler la personnalité du producteur obsédé par les finances et la complicité qui l'unit à son frère Myron, parfois au détriment d'Hitchcock. Il faut aller à des sources contradictoires pour le comprendre. Dans cette partie de sa correspondance, Selznick cache ses subtiles ambigüités et se présente presque comme un ingénu.

Samuel Goldwyn pensait que DOS lui laisserait une place plus directe dans l'accord, qu'il attendait impatiemment. Il est laissé dehors comme n'importe quel autre producteur. Dépité, il cherche à offrir à Hitchcock un film à faire pour 1939, aussitôt après le film prévu avec

Selznick. Mais *« Myron savait à quel point le calendrier de DOS était élastique et il donna des ordres à l'agence pour que l'on ne facilite aucune communication entre Goldwyn et Hitchcock. »* (57)

L'annonce du contrat fait grand bruit en Angleterre, où les applaudissements sont « *teintés d'amertume* » (58) à la perspective de perdre cette « *institution nationale* ». (59) David O. Selznick a gagné…

Pour ce qui est du sujet, malgré des craintes relatives à la difficulté de l'adaptation et à la censure, DOS semble commencer à considérer sérieusement le premier choix du réalisateur. Télégramme à Hitchcock :

« Alfred Hitchcock
C/O Seljoy
Londres, Angleterre, 7 septembre 1938
Cher Hitch, Prévois vous confier Rébecca *si vous êtes d'accord… Si quelque chose devait par hasard tourner mal pour* Titanic, *ce qui ne se produira pas, je l'espère sincèrement, vous pourriez tourner* Rébecca *à la place. Autrement,* Rébecca *pourrait être votre second film. Meilleurs sentiments.*

David. » (60)

Mais le tournage d'*Autant en emporte le vent*, sur le point de commencer, rend Selznick soucieux et peu disponible pour Hitch. Il continue de tergiverser à tout propos. De plus, désireux de garder sous le coude le sujet de *Titanic* qu'il trouve excellent, il ne se décide pas à prendre la décision officielle de produire *Rébecca* comme premier film américain de Hitchcock. L'incertitude se prolonge jusqu'à la mi-novembre, où il annonce enfin *Rébecca*, dont il bloque finalement les droits. Il paie même l'option fort cher, 50 000 dollars (840 000 dollars de 2014), soit le même prix que celle d'*Autant en emporte le vent*.

À Londres, Hitchcock, stupéfait et stimulé par le montant des droits, se met aussitôt à l'écriture du scénario avec sa femme Alma et Joan Harrison. Michael Hogan, un scénariste britannique au talent reconnu, se joint à l'équipe à la demande de Hitch, qui le rémunère sur ses propres deniers en attendant que DOS accepte de signer son contrat. Le producteur oppose en outre un refus net à la demande de l'artiste de choisir ses acteurs, ce qui l'inspirerait pour l'écriture. En réponse à sa requête, Hitchcock reçoit ce télégramme lapidaire : *« Beaucoup trop tôt pour conseiller casting »*. (61)

La tension et l'incompréhension entre les deux hommes commencent à s'installer durablement.

Naturellement, DOS, fidèle à ses principes, ne conçoit d'accepter qu'un script respectant à la lettre le texte de Daphné du Maurier.

Cependant, ayant acquis les droits de *Rébecca* pour tous médias, il a une idée à la fois pour influencer Hitchcock et pour faire la publicité du livre. Un jeune acteur américain de 22 ans, Orson Welles, producteur d'une troupe de théâtre, le Mercury Theatre, vient de susciter un événement considérable en adaptant en pièce radiophonique *La Guerre des Mondes* de H.G. Welles. Diffusée sur CBS le 30 octobre, soirée de Halloween, la pièce suscite une émotion historique auprès de bon nombre d'auditeurs de New York, et même au-delà : certains qui n'ont pas même entendu la présentation mais seulement ce qu'on en raconte en ville, croient à une réelle arrivée de Martiens sur la terre. Welles a raconté l'histoire de sa voix profonde, à la première personne, mêlant habilement des documents d'actualité à la fiction, sous forme d'une sorte de « docu-drame ». Une rumeur s'est aussitôt créée, suivie d'une panique unique dans l'histoire de la radio.

CBS a confié à Welles et son *Mercury Theatre on Air* (62) une heure hebdomadaire de grande écoute pour diffuser des œuvres littéraires interprétées par la troupe d'amis. Selznick lui propose le sujet de *Rébecca* pour 1 000 dollars. Marché conclu. Orson Welles l'achète pour produire une pièce radiophonique.

En décembre 1938, à New York, CBS diffuse avec succès l'adaptation de *Rébecca* écrite par Welles qui reprend pour l'occasion sa formule du récit narratif à la première personne. C'est une technique qu'il manie à merveille. De plus le roman de Daphné du Maurier est bâti de la sorte. David se passionne pour ce procédé qui n'a pas été utilisé au cinéma jusqu'alors. Dans l'espoir d'inspirer Hitchcock dans ses écritures, il l'incite à écouter un enregistrement de l'émission et à envisager ce mode d'écriture pour son propre scénario :

« 12 décembre 1938

Cher Hitch, je vous envoie la transcription d'une adaptation de Rébecca *pour la radio diffusée la semaine dernière (…) Tout le monde m'en parle.*

Je trouve qu'elle était exceptionnellement bien composée, et j'aimerais que vous en étudiiez certains passages. J'ai réfléchi à l'idée de faire partiellement raconter l'histoire à la première personne, méthode qu'a utilisée Welles (qui a non seulement écrit et produit l'émission, mais l'a également interprétée), suivant ainsi la méthode utilisée dans le livre. À ma connaissance, on ne s'en est jamais servi dans un film (…) J'aimerais que vous y réfléchissiez un peu. » (63)

Mais tout en évoquant le scénario de *Rébecca* avec Hitchcock, Selznick vit le moment précis, effrayant et excitant, du tournage de l'incendie d'*Autant en emporte le vent*. Il rencontre « sa » Scarlett, il va commencer le tournage en janvier... Débordé, il informe Hitchcock qu'il ne pourra pas se concentrer sur *Rébecca* avant février ou mars 1939, ce qui plonge le réalisateur dans une violente fureur. DOS ne lui paie pas les semaines d'attente et il n'a pas le temps d'entreprendre un film en Angleterre avant son premier film en Californie. D'autres producteurs américains se manifestent, mais le contrat Selznick l'oblige à obtenir son consentement pour tourner avec d'autres sociétés.

Or DOS n'a aucune intention d'accepter, ce qui retarderait la mise en chantier de *Rébecca* et laisserait à d'autres l'honneur du premier film américain de son réalisateur. Il préfère imposer à Hitchcock son propre calendrier et le laisser mariner quelques semaines supplémentaires.

L'irritation de l'artiste est donc à son comble quand, fort à propos, l'Association des Critiques new yorkais décide de le nommer meilleur réalisateur de l'année 1938 pour son film *Une femme disparaît*, salué comme *« sa création la plus inventive à ce jour »*. (64)

Cette nouvelle produit un effet radical sur son producteur qui lui propose d'urgence quelques modifications de contrat favorables et s'engage à le rémunérer au plus tard au mois d'avril, même si la mise en production de *Rébecca* devait être retardée. DOS est pourtant maintenant plus que jamais préoccupé par les soucis financiers sur *Autant en emporte le vent* dont les dépenses de tournage ont explosé. Mais il a senti à temps la nécessité d'agir.

Hitchcock ravi accepte les propositions et quitte définitivement l'Angleterre pour les USA le 4 mars 1939, accompagné de sa femme, sa fille et son assistante Joan Harrison.

De son côté, alors que Victor Fleming a pris en charge la réalisation de « la folie de Selznick », le producteur est éconduit par MGM à qui il avait demandé une rallonge nécessaire pour terminer le film. Mais il trouve une fois de plus un soutien financier auprès de son ami et associé Jock Whitney. Sa grande épopée de la guerre de Sécession est sauvée. L'accord assure sa sécurité bien au-delà. Il va lui garantir la trésorerie de *Rébecca*. (65)

C'est donc un DOS beaucoup plus détendu qui accueille Hitchcock au mois d'avril, dans ses studios de Los Angeles. Il met à sa disposition une suite confortable pour travailler sur son scénario avec Joan Harrison. Il inaugure une attitude qui ne lui ressemblait guère dans le passé : il le laisse libre d'écrire à sa guise et ne suit pas l'évolution du script. Son esprit reste en fait entièrement fixé sur *Autant en emporte le vent.*

Hitch se laisse séduire par cette indépendance inattendue, qu'il prend pour de la confiance de la part de David. Il ne s'attarde pas sur les premières demandes de Selznick sur l'écriture et se laisse aller à sa propre vision de l'histoire, beaucoup plus visuelle et moins dialoguée.

En même temps qu'il travaille au scénario, il organise le casting du film auquel son producteur s'intéresse davantage.

Pour interpréter le héros masculin, de Winter, tous deux tombent rapidement d'accord sur le nom de Laurence Olivier, le grand acteur shakespearien anglais, une star à Hollywood à la suite de sa récente nomination aux Oscars 1939 dans le rôle de Heathcliff des *Hauts de Hurlevent.*

Pour le rôle principal féminin, d'innombrables essais de comédiennes sont tournés, par Hitchcock mais aussi par George Cukor et John Cromwell, qui travaillent tous deux souvent avec Selznick. Hitchcock commentera plus tard : *« je crois que DOS essayait de refaire le même truc publicitaire que pour la recherche de Scarlett O'Hara. Il a convaincu toutes les grandes vedettes de Hollywood de faire des bouts d'essais pour* Rébecca. *C'était un peu gênant pour moi de tester des femmes dont je savais d'avance qu'elles ne convenaient pas au rôle ».* (66)

Pour de multiples raisons, DOS aimerait que Vivien Leigh soit choisie. Enchaînant le film juste après son rôle prestigieux de Scarlett, elle provoquerait l'événement autour du projet, la nouvelle explosant comme une bombe. En outre, sa liaison avec Laurence Olivier continue cependant que les combats de leurs divorces en parallèle compliquent toujours autant la vie du producteur. Il redoute les rumeurs négatives que ne manqueraient pas de répandre les puissantes commères de Hollywood, toujours avides de débusquer les mœurs « choquantes » de ce type et de manipuler le public contre certains acteurs. (67)

Si le couple interprétait le film ensemble, tout le monde trouverait normal de les voir souvent ensemble ! Ce serait un souci de moins pour Selznick.

Malheureusement, les tests de Vivien Leigh s'avèrent désastreux, Selznick et Hitch sont d'accord pour le constater. Elle n'est pas faite pour ce rôle. Laurence Olivier en est affecté et prendra en grippe la comédienne avec qui il devra tourner.

Cependant très vite, le processus du casting devient à la fois un affrontement entre deux volontés et le reflet d'une authentique indécision.

Hitchcock suggère le nom de certaines actrices anglaises avec qui il a travaillé dans sa période britannique. Mais DOS, optant pour une attitude différente de celle qu'il avait prise pour *Autant en emporte le vent*, refuse d'engager une quasi inconnue.

Il n'est pas exclu que ses réactions négatives viennent simplement du fait que ces propositions de Hitchcock empiètent sur ses prérogatives de producteur telles qu'il les conçoit.

Cukor, qui n'est jamais très loin de David pour une ou l'autre raison, pousse alors Joan Fontaine, la toute jeune sœur de Olivia de Havilland. Selznick tombe sous son charme. Hitchcock hésite, gêné par le coup de cœur ostensible de DOS. Alma Reville, Madame Hitchcock, critique son timbre de voix « extrêmement irritant » et la trouve « mièvre et minaudière ». Jock Whitney, plus influent que jamais après avoir sauvé les finances de la maison, n'est pas convaincu non plus. Mais tout le monde attend respectueusement la décision de DOS : le dernier mot doit lui revenir. Les essais sont interrompus. Les jeux semblent faits.

Début juin 1939, Hitchcock remit à son producteur le scénario de *Rébecca*. Il avait pris des libertés avec le texte. Le traitement était relativement fidèle à Daphné du Maurier, mais, lecteur avisé *« pour ses propres besoins »* (68), l'artiste avait introduit des *« touches hitchcockiennes caractéristiques qu'il aurait pu apporter à n'importe quel film ».* (69)

La lecture du scénario contraria au dernier degré DOS qui, comme on le sait, ne badinait pas avec le respect absolu des adaptations de succès littéraires. Il écrivit aussitôt à son réalisateur :

« 12 juin 1939 : Cher Hitch, il me revient la tâche fâcheuse et désagréable de vous dire que j'ai été choqué et déçu au-delà de toute expression par l'adaptation de Rébecca. *Je la considère comme une version déformée et vulgarisée d'une œuvre qui s'est révélé un succès et dans laquelle, pour des raisons qui m'échappent, des séquences parfaitement surannées ont été substituées aux scènes de Daphné du Maurier au charme captivant… »* (70)

Il continuait ainsi à tancer Hitch tout au long d'un interminable memo, parlant de *« la responsabilité du cinéaste envers un roman populaire »* et relevant *« nous avons acheté* Rébecca *et nous avons l'intention de faire* Rébecca *».*

Inquiet et irrité, *« il écrivit également à Daphné du Maurier à l'insu du réalisateur, assurant la romancière qu'il avait jeté à la corbeille le traitement complet et qu'il avait l'intention de reproduire le livre ».* (71)

Hitchcock semblait bel et bien forcé d'obtempérer. Il se plia de bonne grâce aux interminables sessions de réécriture du texte, critiqué sans cesse par son producteur, repris avec des scénaristes choisis par DOS. Il passait des jours et de longues soirées à bord du yacht de Selznick pour confronter leurs points de vue. *« À l'aube, naturellement, on n'avait pas accompli grand-chose ; mais c'était la façon habituelle de travailler du producteur »*, affirma Hitchcock par la suite (72).

Selznick réussit à imposer que les dialogues du livre soient rétablis dans leur intégralité. Les deux hommes finirent par tomber d'accord sur le scénario.

Il faut dire qu'Hitchcock n'avait pas grand choix. Son contrat le contraignait à travailler conformément aux demandes de son producteur : *« Hitchcock avait donné son accord pour effectuer ses prestations en conformité aux indications et aux instructions de son producteur, et sous son contrôle ».* (73)

Selznick comptait prendre le pouvoir sur *Rébecca* comme il l'avait fait sur *Autant en emporte le vent*. Il voulut choisir tous les techniciens du film. Il réussit à engager le décorateur, Lyle Wheeler, le chef monteur Hal Kern, tous deux venus de l'équipe d'*Autant en emporte le vent*, et à imposer à Hitchcock contre son gré un chef opérateur fidèle à la production, Georges Barnes, qui éclairait les actrices d'une façon vaporeuse qui plaisait à DOS.

En même temps, le producteur avait pris en main l'image et la publicité de son réalisateur. Il n'eut pas de difficultés dans ce domaine. Hitchcock fit rapidement la conquête des journalistes par sa personnalité originale et attachante. Conteur d'histoires lestes dans les dîners hollywoodiens, charmeur et séduisant mais capable de s'assoupir sur la table entre deux plats, il eut tout de suite un succès fou dans la communauté du cinéma de la côte Ouest.

Mais l'omniprésence de Selznick et son caractère inquiet et perfectionniste pesaient sur Hitchcock au point qu'il commença bien avant le début du tournage à rêver au jour où il pourrait travailler en Amérique en étant délivré de ce producteur étouffant. Sa nature britannique, pleine d'humour pince-sans-rire et de réserve, déconcertait DOS qui lui écrivait force notes inquiètes et même parfois irritées : *« Je voudrais vous conseiller vivement d'être un peu plus 'Théâtre d'art Yiddish' et un peu moins 'Théâtre du répertoire Anglais'. »* (74)

Selznick avait besoin de sentir qu'il dominait la production. Il se voyait comme dur et volontaire et pensait que c'était nécessaire pour le bien du film. Il aimait haranguer les gens et les guider pour les amener à se dépasser. Il travaillait comme un fou, au milieu d'une désorganisation structurelle et avec des impulsions remarquables et des sautes d'humeur qui s'accentuèrent avec le temps et l'excès de benzédrine qu'il absorbait pour ne pas dormir. Mais c'était au fond un chaleureux qui n'aimait rien tant que d'admirer le talent des autres.

Aussi, dès le début du tournage, enchanté au visionnage de certaines scènes, il laissa sa nature aimable prendre le dessus et se mit à envoyer à Hitch des *memos* de félicitations enthousiastes : *« je trouve que les rushes d'aujourd'hui sont merveilleux et je suis absolument bluffé par cette séquence. »* (75)

Le 1er septembre 1939, Hitler envahit la Pologne et annexa Dantzig. Cinq jours plus tard, Hitchcock commençait le tournage tout en ressentant une inquiétude permanente pour une partie de sa famille qui refusait de quitter l'Angleterre. Les acteurs anglais étaient tourmentés comme lui. Joan Fontaine avait été confirmée dans le rôle principal à la dernière minute, laissant Vivien Leigh et Laurence Olivier fort déçus. L'ambiance était d'autant plus tendue que DOS commença à son habitude par faire ses apparitions de producteur tout-puissant. Hitchcock avait un contrat contraignant mais qui le rendait plus difficile à renvoyer que les metteurs en scène américains avec qui Selznick avait l'habitude de travailler. Il eut tout de même un grand choc la première fois que la « script » lui expliqua, alors qu'il venait de répéter une scène, qu'il ne pouvait pas la tourner avant que David n'ait inspecté le plateau ! (76)

Hitchcock confia à Peter Bogdanovich lors de leurs entretiens de 1963 qu'il trouvait Selznick un producteur abusif. Mais pendant le tournage de *Rébecca*, DOS était très occupé par les finitions et les avant-premières d'*Autant en emporte le vent*, ce qui limita les affrontements possibles entre ces deux fortes personnalités. Selznick découvrit que la méthode de travail d'Hitch était différente de celle des réalisateurs de Hollywood.

Loin d'assurer les scènes par de multiples prises qui permettent d'essayer des montages variés, il ne tournait que les plans nécessaires à la scène qu'il avait déjà dessinée sous forme de *story board* précis. Il avait son film terminé en tête, que personne ne pouvait transformer derrière son dos au montage. Certes, suivant son contrat, il n'avait pas le contrôle final de ce montage *(« final cut »)*. Mais en ne fournissant à Selznick que le minimum de matériel, il l'empêchait de jouer avec des kilomètres de pellicule et de créer son propre film comme il aimait le faire : le film de Hitchcock était en quelque sorte pré-monté !

« DOS avait gagné le scénario, mais perdu le tournage. » (77)

Hitch s'en expliqua plus tard dans un de ses dialogues avec François Truffaut :

*« François Truffaut : 'Il faut vraiment voir le film (*Rébecca*). Je crois que le même scénario filmé par quelqu'un d'autre donnerait un mauvais film. C'est très normal, sinon comment expliquer que tous les gens qui font des thrillers en croyant faire du Hitchcock échouent irrémédiablement ?'*

Alfred Hitchcock : 'C'est vrai, parce que mon principal coup de chance c'est 'avoir eu, pour ainsi dire, le monopole de cette forme d'expression. Personne ne s'intéresse à étudier (…) les règles du suspense. C'est pourquoi j'ai eu le domaine entier pour moi seul. Selznick a dit que j'étais le seul metteur en scène en qui il aurait totalement confiance pour faire un film. Pourtant, lorsque je travaillais pour lui, à un certain moment, il s'est plaint de mon travail ; il a dit que ma façon de mettre en scène était un rébus, incompréhensible comme une grille de mots croisés. Pourquoi cela ? Parce que je ne tournais que de tout petits morceaux de films et rien de plus. On ne pouvait pas les assembler sans moi et on ne pouvait pas faire un autre montage que celui que j'avais dans la tête en tournant. Selznick venait d'une école où on accumule le matériel pour jouer avec, interminablement, dans la salle de montage. En travaillant comme je le fais, on est certain que le studio ne pourra pas ensuite abîmer votre film.' » (78)

« Après la dernière prise en décembre, le réalisateur laissa le film entre les mains du producteur, qui fit de son mieux pour imposer à nouveau son autorité et appliquer 'la touche Selznick'. La longueur du film – 130 minutes – indique que le producteur a utilisé chaque mètre de pellicule disponible. La longueur est une des petites victoires de DOS » alors qu'Hitch voulait un film plus court. Le producteur parvint aussi à imposer sa griffe sur la musique et un ensemble de détails de finition. Son souhait que l'on reconnaisse le style des films Selznick dans *Rébecca* put ainsi être exaucé sans que la « patte » de Hitch soit abîmée. L'honneur du producteur était préservé… Mais c'est grâce à une personnalité exceptionnellement forte que l'artiste parvint à éviter

de devenir un « réalisateur Selznick » au service du producteur, comme Victor Fleming et d'autres.

« La leçon du travail avec Hitchcock, écrit David Thompson, montrait bien que, quelle que soit l'importance de la participation du producteur, il existe des secrets de métier, de nuances et de sens que seul un réalisateur peut contrôler. De cette guerre, David sortit non seulement vaincu, mais démoralisé. » (79)

Selznick avait eu l'intuition que le talent d'Hitchcock allait s'épanouir aux États-Unis. Il en eut la confirmation lors de la première triomphale du film, à Noël 1939. DOS ravi de la soirée écrivait dans un mémo adressé à un responsable du studio distributeur du film, United Artists, le 28 décembre : *« nous n'avons peut-être jamais eu de réaction plus splendide de la part d'un public. »* (80)

Le succès suivit lors de la sortie de *Rébecca*, en mars 1940, sans égaler les chiffres d'*Autant en emporte le vent*, ni même ceux des grands films des studios. Le film était lancé avec les moyens du studio MGM et une promotion magistralement orchestrée par son producteur qui présentait Hitch comme « le Maître du mélodrame ».

Mais malgré sa satisfaction d'être reconnu comme un réalisateur « américain » de talent, l'artiste, usé par ses relations avec DOS, ne garda pas un bon souvenir de sa première expérience outre-Atlantique et fit plus tard à Truffaut ce commentaire désabusé à propos du film : *« Cela tient encore debout à travers les années, je me demande comment. »* (81)

Hitchcock était cependant loin d'en avoir fini avec Selznick, et c'est peut-être paradoxalement la durée du contrat contraignant qui les liait qui parvint à détendre leurs relations, plus tard, chacun reconnaissant le talent de l'autre depuis le début et finissant par se laisser charmer au-delà de leurs différents et de leurs incompréhensions réciproques. Mais avant l'heure de la sérénité, le conflit reprit de plus belle aussitôt après la première de *Rébecca*.

Selznick était une fois de plus débordé et n'envisageait pas de produire un nouveau film de Hitch dans l'immédiat.

Le réalisateur avait besoin de travailler.

Le producteur Walter Wanger attendait son heure pour lui faire une proposition, mais Hitchcock était bloqué par son contrat. Wanger devait donc obtenir de DOS la permission de tourner avec le réalisateur qui lui serait en quelque sorte « prêté ». Wanger était prêt à accorder à

Hitchcock des conditions plus avantageuses que celles que lui donnait Selznick. Mais la rémunération devait transiter par la société de DOS qui entendait garder une partie de la différence pour lui. Toute cette tension finit par se calmer. Le film *Correspondant 17*, produit par Wanger, put commencer en mars 1939. Le générique devait préciser qu'Hitchcock était « prêté » par DOS. Il portait la mention suivante, très explicite : *« Alfred Hitchcock, Courtesy of David O. Selznick ».* (82)

Mais pour parvenir à ce résultat, les négociations financières furent si épouvantables que le représentant d'Hitch chez Myron Selznick, son ardent supporter Dan Winkler, décida de quitter l'agence, dégoûté par la rigueur du carcan autour de son client. Il quitta le métier d'agent en claquant la porte et prit un poste de producteur à la RKO !

La première carrière de *Rébecca* en salles terminée, le film fut sélectionné pour les Oscars 1941. Le cru artistique de l'année s'annonçait particulièrement prestigieux. Hitchcock, pour sa première année de présence à Hollywood, était sélectionné deux fois en même temps comme meilleur réalisateur pour ses premiers films américains, *Rébecca* et *Correspondant 17*. John Ford était également doublement présent avec les *Raisins de la colère* interprété par Henry Fonda, et *The Long Voyage Home* interprété par John Wayne. (83)

Sam Wood et William Wyler complétaient la sélection.

Pour de nombreuses raisons – le sujet du film et la popularité de John Ford au sein de Hollywood entre autres – tout le monde attendait *Les Raisins de la colère*, qui remporta sans surprise l'Oscar. Son réalisateur était absent, parti à la pêche au Mexique avec Henry Fonda après avoir déclaré *« Il est trivial de se soucier de ce genre de choses dans les temps que nous vivons »*, mais son élection était prévisible car il était à la fois adoré des professionnels et soutenu par les nombreux votants du studio qui le produisait, 20th Century Fox. (84)

Hitchcock ne fut donc pas étonné de ne pas obtenir le prix du meilleur réalisateur.

Il pensa d'ailleurs toute sa vie qu'il était trop marginal pour recueillir sur sa personne les votes des membres de l'Académie à l'époque. (85)

Cependant *Rébecca* obtint l'Oscar du meilleur film début 1941. Suivant la tradition américaine, le trophée fut remis à son producteur.

David O. Selznick recevait la statuette pour la seconde fois de suite, un an après la consécration d'*Autant en emporte le vent* :

« Rébecca *obtint l'Oscar l'année qui suivit la pluie d'Oscars qui avaient couronné* Autant en emporte le vent. *C'était la première fois qu'une compagnie indépendante obtenait deux Oscars deux années consécutives. Il obtint aussi le Prix de la Critique pour le meilleur film de l'année, le Variety's Poll du film de l'année qui se trouve en tête du box office, et des prix dans le monde entier, battu en cela seulement par* Autant en emporte le vent. *»* (86)

DOS, épuisé nerveusement après avoir produit en parallèle *Autant en emporte le vent* et *Rébecca*, était au faîte de la gloire.

En accord avec son partenaire Jock Whitney, il décida la dissolution de sa société, Selznick International. Il souhaitait ainsi toucher les bénéfices des films et se reposer quelque temps.

Il s'installa avec sa femme Irène et ses deux fils dans une ferme du Connecticut et déclara qu'il allait enfin lire tous les livres qui s'accumulaient sur son bureau depuis longtemps. Mais tour à tour déprimé et excité, il continuait à prendre de la benzédrine à haute dose. Il se lassa rapidement de la campagne. La famille s'installa un temps à New York, au Waldorf Hotel, sans joie.

Il était temps de regagner Hollywood. Le prestige de DOS l'y attendait, inchangé, mais ses années d'or étaient terminées. Il allait encore produire de nombreux succès, rien n'égalerait plus son inspiration des années trente et quarante. Le poids du renom que lui avait acquis *Autant en emporte le vent* allait marquer une grande partie du reste de sa vie. Son passé glorieux s'avérerait paradoxalement un poison.

– 4 –
Selznick, Hitchcock, Ingrid Bergman, apparition de Jennifer Jones

Pendant cette année 1939 où il menait de front *Autant en emporte le vent* et *Rébecca*, Selznick trouva le moyen de faire venir aux États-Unis Ingrid Bergman. L'agent de liaison européenne de DOS, Jenia Reissar, avait été éblouie par elle en 1936, dans un film suédois où elle interprétait le rôle principal, *Intermezzo.* (87)

Kay Brown, envoyée par DOS en Suède, fut emballée par la personnalité d'Ingrid Bergman. Elle serait d'ailleurs pour elle un soutien et une amie aux États-Unis. DOS, convaincu, décida d'inviter l'actrice suédoise à Los Angeles pour tourner un remake du film, qu'il produisit dans la foulée, sous la direction du réalisateur Gregory Ratoff, en parallèle avec ses deux grands films *Autant en emporte le vent* et *Rébecca.*

L'arrivée d'Ingrid Bergman « sur le marché » américain suscita d'ailleurs un vif mouvement de jalousie et même de protectionnisme parmi les actrices qui peinaient à atteindre le haut de l'affiche. Irène Selznick raconte qu'elle l'emmena le soir même de son arrivée à une soirée au Beachcomber, un club à la mode, où Joan Bennett déclara à haute voix devant elle : *« On a assez de mal comme cela à trouver du travail. Faut-il vraiment importer des filles de cuisine ? »* (88)

Selznick, la rencontra pour la première fois un soir de 1939, tard, après une longue journée de tournage d'*Autant en emporte le vent.* Dès la première minute qu'ils passèrent ensemble, il se conduisit comme il l'avait toujours fait avec les comédiennes : selon la méthode des studios, pour être sûr de l'imposer au public, il voulut suivre son instinct et la transformer à son idée…

Déjà consterné par sa grande taille qu'il découvrait sans pouvoir y remédier, il afficha également son scepticisme sur son nom à la consonance germanique. Il manifesta son souhait immédiat de le changer pour le rendre plus américain (d'autant plus qu'ils étaient à la veille de la guerre). De plus, il voulut lui imposer le maquillage à la mode de l'époque, façon Greta Garbo, alors qu'elle arborait un teint de lys et de rose parfaitement naturel. Bien sûr il y avait aussi sa ligne de sourcils à corriger un peu, et ses dents à limer… *« Rendez-vous au département maquillage demain matin ! »* lui déclara-t-il sans ambages.

Ingrid s'insurgea avec véhémence et répondit du tac au tac qu'elle allait rentrer chez elle tout de suite si on la touchait. De plus, elle préférait lui dire tout de suite qu'elle refusait absolument de faire la moindre interview et la moindre photo de publicité avant de tourner. Selznick était interloqué. Tous deux se regardaient fixement à travers la table de la cuisine où DOS, affamé à cette heure tardive, avait cessé d'enfourner son dîner à grosses bouchées. Après un long silence, il accepta contre toute attente l'ensemble des exigences de la jeune actrice. Le lendemain matin, il les imposait avec de grands cris convaincus à son équipe réprobatrice, épousant dans le détail le moindre des souhaits de l'actrice et reprenant tous ses arguments à son compte devant ses collaborateurs interdits…

Un changement révolutionnaire s'amorçait à cette minute. Bergman triomphant bientôt sur les écrans, l'ère des stars somptueuses mais stéréotypées de Hollywood allait peu à peu toucher à sa fin. Le naturel entrait sur les plateaux.

Dans une lettre à son directeur de la publicité, William Herbert, Selznick décrivit pendant le tournage d'*Intermezzo* quelques-unes de ses premières impressions d'Ingrid Bergman au travail :

« Mademoiselle Bergman est l'actrice la plus consciencieuse avec laquelle j'ai jamais travaillé, dans ce sens qu'elle ne pense à absolument rien d'autre qu'à son travail avant et pendant qu'elle fait un film… Elle ne quitte pratiquement jamais le studio, et a même suggéré qu'on équipe sa loge de sorte qu'elle puisse y vivre pendant la durée du film. Elle ne suggère pas une minute de s'arrêter à 6h du soir ou quoi que ce soit du genre. En raison des quatre stars qui jouent Autant en emporte le vent, *nos loges réservées aux stars étaient toutes occupées et nous avons dû lui attribuer une suite plus petite. Elle s'est extasiée devant et a dit qu'elle n'avait jamais eu une suite pareille… Tout ceci est sans la moindre affectation et complètement unique et je pense que cela ferait un bon angle d'approche pour sa publicité… pour que sa gentillesse naturelle et sa conscience professionnelle deviennent une sorte de légende… et cela correspond complètement à sa personnalité et son aspect frais et pur qui m'ont poussé à la signer… »* (89)

L'invitation d'Ingrid Bergman aux États-Unis est un exemple parfait de l'art de Selznick, toujours entreprenant et enthousiaste, pour s'entourer de talents : réalisateurs, scénaristes, comédiennes.

Certes, il avait les défauts que son entourage révèle. Mais sa notoriété méritée, son dynamisme sans faille et son pouvoir sans cesse grandissant donnaient à tous les artistes de bonnes raisons de souhaiter travailler avec ce producteur qui leur proposait des contrats de longue durée. Il réunissait « ses » créatifs sur les films qu'ils lui inspiraient, se conduisant ainsi à la manière des studios, mais en étant plus attentif à leurs souhaits qu'un studio. Il les prêtait à d'autres producteurs si ses films n'étaient pas prêts à tourner, en touchant au passage de substantiels bénéfices. Mais « ses » talents étaient propulsés au sommet du monde de Hollywood, et beaucoup d'entre eux se virent attribuer un Oscar dès leurs premières années sur les écrans. Aucun ne se fâcha jamais durablement avec ce séducteur si doué, à qui tous pardonnèrent même ses manipulations qui finissaient d'ailleurs parfois par servir leurs carrières, même si les moments d'énervements ne manquaient pas sur les tournages des films de DOS.

Ainsi King Vidor exaspéré lui écrivait-il depuis le plateau de *L'Adieu aux armes* (*« Farewell to Arms »*) en 1957 : *« Il est extraordinaire que vous blâmiez tout le monde sauf vous parce que le film avance à pas de tortue… Votre façon de toujours criailler contre la photo en général… Vos éternelles critiques… Vos interventions sur les lumières et les ombres quand on règle les éclairages… Vous ne vous rendez pas compte qu'après toutes ces années passées dans ce métier, vous n'êtes pas encore un cameraman… Vos changements de dernière minute et votre manière de vous immiscer dans la préparation ne peuvent que me retarder. »* (90)

Hitch quant à lui, s'il lui arrivait de se fâcher, ne perdait jamais son sens de l'humour. Ses échanges avec DOS le montrent, tel ce télégramme envoyé par le réalisateur le 11 mai 1940 pendant qu'il travaillait avec Walter Wanger sur *Correspondant 17*. Il espérait entreprendre un autre film *Mr and Mrs Smith*, une fois de plus « prêté » par la société de DOS avec qui il était toujours sous contrat, mais qui ne lui proposait rien :

« À David Selznick.

Cher David, je comprends de ce que me dit le bureau de Myron qu'un refus a été opposé à ma demande d'autorisation de faire tout de suite un film par moi-même et de prolonger mon contrat avec vous en conséquence – STOP – Je n'aurais jamais fait cette demande si je n'avais pas eu à dépenser tant d'argent à m'établir matériellement et si je n'avais pas été empêché de faire venir un peu de mon argent d'Angleterre en raison des restrictions de guerre – STOP – Ce sont les raisons pour lesquelles je suis soucieux d'augmenter ma surface financière ici dans le futur immédiat et un film à ma valeur actuelle sur le marché me suffirait – STOP – S'il vous plaît David, si vous avez le plus petit soupçon d'amour pour moi, répondez à ce cri plaintif de votre serviteur dévoué qui a perdu beaucoup de poids pour cause d'anxiété doublée d'un régime. Hitch.

Alfred Hitchcock » (91)

Cependant, après la dissolution de Selznick International et une brève retraite sur la côte Est, DOS est rapidement de retour à Los Angeles et, dès la fin de 1941, crée une nouvelle société, David O. Selznick Production Inc. Il prend pour seuls associés quelques collaborateurs de longue date et ne sollicite aucun apport financier extérieur. Grâce aux bénéfices de ses succès précédents, il fait en plus l'acquisition de 25 % de United Artists.

Les années 1939-1947 vont être marquées par ses projets avec Hitchcock et Ingrid Bergman, ainsi que par les débuts fulgurants de sa passion pour une toute jeune actrice, Jennifer Jones. Elle lui sera présentée en 1941, deux ans après l'arrivée d'Ingrid Bergman aux États-Unis. Peu à peu, il consacrera d'ailleurs son énergie de producteur à la carrière de sa nouvelle découverte, compromettant du même coup sa relation professionnelle et amicale exceptionnelle avec la star suédoise qu'il avait prise sous son aile aussi directive que protectrice.

Ingrid Bergman est retournée en Suède après le tournage du remake d'*Intermezzo* en 1939. Selznick lui avait prudemment signé un contrat pour un seul film. Mais, enchanté par son interprétation, il veut la faire revenir au plus vite. Il veut maintenant la prendre sous son aile, décidé à en faire une star. Il lui écrit un télégramme sur le bateau qui la ramène vers l'Europe : *« Chère Ingrid, Vous êtes une personne exquise et vous réchauffez toutes nos vies. Faites un séjour formidable mais revenez vite. Votre 'Boss'. »* (92)

Rébecca a marqué les esprits à Hollywood, et la direction brillante de Joan Fontaine par Hitchcock a amené beaucoup d'actrices à désirer rencontrer le réalisateur.

Ingrid Bergman envoie de Suède un télégramme au studio United Artists pour demander une copie du film et découvrir le travail d'Hitch. Il a changé de statut à la suite de ce succès. Tout le monde parle de lui. Tout est réuni pour qu'elle ait envie de tourner avec lui.

Elle revient de Suède, s'installe à Hollywood et signe avec enthousiasme un accord avec DOS, qui la met dans la même situation contraignante qu'Hitchcock. Cependant, toujours émerveillée par sa disponibilité à son égard, remise de l'amertume qui entraîna leur séparation, elle écrira encore dans ses mémoires des années plus tard :

« Je l'ai aimé dès la première minute et chaque jour mon admiration et mon affection ont grandi. Il connaissait si bien son métier ; il avait le sens artistique, il était têtu et se tuait au travail. Quelquefois, nous travaillions jusqu'à cinq heures du matin. J'arrivais avec tous mes problèmes. Il quittait d'importantes réunions pour discuter avec moi d'une paire de chaussures. Des centaines de fois il m'a sauvé du service de publicité. J'avais confiance en lui quand nous voyions les rushes et qu'il me disait ce qu'il en pensait. Son jugement était dur mais juste. Travailler pour lui est souvent terriblement épuisant et éprouvant pour les nerfs. Mais il y a toujours ce sentiment d'avoir quelqu'un en face de vous avec de la compréhension, des encouragements et de la sagesse, et cela n'a pas de prix. Quand je suis partie, il m'a demandé de lui signer une énorme photo, et j'ai écrit : 'Pour David, je n'ai pas de mots, Ingrid'. Ce qui est vrai. » (93)

Mais en ce début des années quarante, liés par leurs contrats avec DOS, Hitchcock et Ingrid Bergman voient très vite leur indépendance entravée, même si leur producteur les respecte et ne leur imposera jamais aucun film. Le « nabab » peut certes produire leurs films mais il a aussi le droit les prêter à d'autres producteurs s'il le juge opportun. Il les consulte, mais c'est un fait qu'il tient leurs deux carrières en main pour quelques années. Bergman s'en rend compte rapidement.

Deux Européens cherchant à s'imposer à Hollywood, réunis ensemble sous la houlette de la société de DOS, Hitchcock et Ingrid Bergman deviennent d'inséparables amis et se retrouvent autour d'un verre après les longues journées au studio.

« Il fallait avoir entendu sonner les six coups de l'horloge pour qu'Hitchcock attaque les Martinis. Il adorait vous garder le verre plein comme le sien. Il me décerna le titre honoraire de 'l'Évier humain' » (94) raconte Ingrid Bergman dans ses mémoires.

Pendant ce temps, malgré les frictions qui ne vont pas tarder, Selznick travaille assidûment pour trouver les meilleures propositions pour Hitchcock. MGM, Universal, Twenthieth Century, RKO, font des offres. Columbia ferait n'importe quoi pour avoir Hitchcock. Warner a un projet romantique qui ne convient pas à son talent.

Cependant DOS aimerait se rapprocher de Warner pour avoir accès aux stars masculines sous contrat avec le studio. Il cherche donc le bon film pour s'en rapprocher et se dit prêt à prêter Hitchcock, Ingrid

Bergman et Joan Fontaine, qui fait également partie de « son écurie » depuis qu'il l'a lancée dans *Rébecca.* Peu à peu, le glorieux producteur d'*Autant en emporte le vent* ne fait plus de films, mais du business. En l'absence de projets convaincants, sa nouvelle société ne tourne pas. Il est mal à l'aise à la fois dans sa vie professionnelle et personnelle. Jennifer Jones l'obsède de plus en plus. Usé par ses activités désordonnées, incertain par rapport à son futur et sa famille, perturbé, il va jusqu'à répéter souvent au cours de ces années : *« je suis une loque ».*

Hitchcock se sent pris au piège. Il a fini par obtenir la signature de son accord si désiré avec Walter Wanger et tourné *Correspondant 17* (*« Foreign Correspondant »*), qui est distribué par United Artists dont DOS a d'ailleurs acheté 25 %. Mais il doit maintenir la pression pour se faire prêter par Selznick sur d'autres films.

Enfin interviennent les accords avec RKO, toujours négociés sous la houlette de Selznick qui suit de près son artiste. Hitch tourne pour le studio *Mr and Mrs Smith* (*« Plaies matrimoniales »*) une comédie au ton rare dans son œuvre, avec Carole Lombard et Robert Montgomery, puis également en 1941 *Soupçons* (*« Suspicion »*) avec Cary Grant et Joan Fontaine, avant d'enchaîner avec deux films Universal, *Saboteur* (*« Sabotage »*) en 1943, et *L'Ombre d'un doute* (*« The Shadow of a Doubt »*) en 1944, puis *Lifeboat* avec Twentieth Century Fox.

La Fox signe d'ailleurs à cette occasion un accord général avec Selznick, qui, en plus d'Hitchcock, inclut la location de tout le personnel que le producteur employait, cédé temporairement à ses propres conditions. Ses frais généraux sont ainsi assurés et sa société fait des bénéfices sans tourner.

Pendant cette période, Hitchcock participe également à l'effort de guerre des artistes de Hollywood et collabore avec le Bureau d'information de guerre américain qui lui fait tourner plusieurs court métrages de fiction et des documentaires.

Ingrid Bergman, elle, commence sa seconde période américaine avec un espoir qui lui fait battre le cœur, suivi d'une déception. Dès son arrivée, Selznick lui propose sa nouvelle idée pour elle : jouer Jeanne d'Arc. Mais très vite, il montre qu'il n'envisage plus le film dans l'immédiat. Il craint de traiter le sujet d'une guerre entre la France et l'Angleterre à un moment où les deux pays sont alliés pour combattre le nazisme. De plus, il n'y a aucune histoire d'amour pour soutenir le récit de ce drame historique qu'il finit par juger trop austère pour un vaste public. Trop d'éléments négatifs lui font peur.

Bergman obtient alors d'un DOS réticent l'autorisation de tourner pour Columbia *La Famille Stoddard* (*« Adam Had Four Sons »*), un film réalisé par le metteur en scène du remake américain d'*Intermezzo*, Gregory Ratoff. En fait, David est contre le projet ; il la met en garde mais la laisse faire. Ce n'est pas un succès mais le pouvoir de son protecteur lui évite les mauvaises retombées de ce choix sur sa réputation.

Déçue, elle réfléchit et se met donc ensuite à suivre ses conseils : tant qu'il n'a pas de rôle pour elle, elle joue pour la MGM dans *La Proie du mort* (*« Rage in Heaven »*) avec Robert Montgomery et Georges Sanders et *Dr Jekyll and Mr Hyde* réalisé par Victor Fleming avec Spencer Tracy et Lana Turner en 1941.

DOS, qui avait déjà mis la barre très haut pour le premier film américain de la jeune actrice, *Intermezzo*, la plaçant à l'honneur au générique de début avec la mention *« and introducing Ingrid Bergman »* [(95)], lui obtient des rôles avec des vedettes connues. Elle est ainsi hissée à un niveau inespéré pour une jeune femme encore débutante et étrangère.

Mais il a enfin trouvé le sujet qu'il veut pour Bergman : le roman de Hemingway, *Pour qui sonne le glas* (*« For Whom the Bells Toll »*) qu'il a l'intention de confier au réalisateur Sam Wood. Il commence à travailler sur l'écriture de l'adaptation. Le projet plaît à Ingrid Bergman.

C'est alors qu'un producteur de Warner Bros, Hal B. Wallis, vient lui demander de lui prêter l'artiste pour *Casablanca*. DOS n'y tient pas du tout et s'apprête à conseiller à Ingrid Bergman de refuser le projet. Mais il apprend que le film sera réalisé par Michael Curtiz qu'il respecte beaucoup, sur un script des frères jumeaux Julius et Philip Epstein fort estimés sur la place. De plus son scénario de *Pour qui sonne le glas* n'est pas encore prêt. Ingrid Bergman va donc jouer dans *Casablanca* avec l'accord total de DOS.

Le tournage de *Casablanca*, en 1943, se passe difficilement. Le scénario n'est pas au point, l'histoire reste floue. Michael Curtiz essaie différents dialogues et Ingrid Bergman ne sait pas si Ilse, l'héroïne qu'elle interprète, est supposée aimer follement son mari, le grand résistant Victor Laslo, ou Rick, joué par Humphrey Bogart. Les deux comédiens principaux ne s'entendent pas et se parlent à peine dès qu'ils quittent le plateau, contrairement à la passion qu'ils montrent à l'écran. Ils ne sont d'accord que pour critiquer les dialogues qu'ils jugent ridicules, et les situations peu crédibles. On décide de tourner deux versions opposées de la dernière scène, une ou Ilse part avec son mari, l'autre où elle reste avec Rick. La première version est si réussie qu'à la suite d'une projection test devant un public bouleversé, Curtiz renonce à tourner la seconde. Les dés sont jetés : Ilse quitte Casablanca au bras de son mari et l'avion qui les emporte s'envole dans la nuit ; Rick / Bogart s'éloigne à pied sur le tarmac avec l'officier français et prononce la phrase célèbre : *« Louis, je pense que c'est le début d'une belle amitié ».* [96]

Le triomphe du film propulse Ingrid Bergman au sommet de sa carrière. David O. Selznick est pressé de la retrouver car *Pour qui sonne le glas*, son projet pour elle, est bientôt prêt.

Sa société, David O. Selznick Production Inc. s'est enfin remise à tourner à plein régime. Tandis qu'il développe le scénario pour Miss Bergman, DOS produit en parallèle le film qu'il a choisi pour Jennifer Jones, *Depuis ton départ*. Les deux projets sont ambitieux. Mais il a toujours réussi dans le passé à jongler avec plusieurs films.

Cependant cette fois David traverse une crise personnelle profonde. Il essaie de mener de front une liaison passionnée avec Jennifer Jones et ses tentatives de vie familiale avec ses fils et sa femme Irène qui, de son côté, se lasse de son caractère changeant. Ses relations avec Myron se tendent. La complicité est terminée. Des susceptibilités et des frustrations se sont développées entre les deux frères qui évitent de peu la brouille.

DOS vit dans une tension permanente et ne parvient pas à dominer la situation. Il se met à privilégier *Depuis ton départ* et Jennifer Jones. *Pour qui sonne le glas* lui échappe. Il a beaucoup travaillé sur le projet, mais finit par le céder au réalisateur Sam Wood et à Paramount. Ingrid Bergman est déconcertée, mais le film, écrit pour elle, est un succès. Ce n'est pas entièrement celui de Selznick.

Pris dans ses désirs contradictoires, tourmenté et mal dans sa peau, DOS découvre la psychanalyse, et inspiré par ses propres réflexions sur les méandres de l'inconscient, propose à Hitchcock très intéressé par le sujet d'écrire un scénario pour Ingrid Bergman, *La Maison du Dr Edwards* (*« Spellbound »*).

Hitch se met au travail avec Ben Hecht. Le scénariste lui a été présenté par Selznick et est devenu son ami et son complice.

Cependant, Bergman, déçue par le changement d'attitude de DOS, continue à tourner avec d'autres producteurs. Elle souhaite interpréter *Hantise* (*« Gaslight »*) avec Charles Boyer et Joseph Cotten sous la direction de Cukor, pour MGM, contre l'avis de son mentor qui retrouve tout son dynamisme pour argumenter avec elle : il juge que le film est prometteur, mais que la place d'Ingrid au générique en moins bonne position que Charles Boyer est inacceptable après le succès de *Casablanca*. Mais elle veut faire le film et une fois de plus il lui cède.

Quant à Hitchcock, plus que jamais il aspire au contrôle complet de ses films. À la suite de ses dernières expériences, il se rend compte que les producteurs à qui il a été prêté ont des défauts aussi pénibles à supporter que ceux de DOS sans avoir son talent. Pour l'heure, de retour avec David au quotidien, il est exaspéré par toutes les tentatives de contrôle que son producteur continue plus que jamais à lancer. Il se sent cerné de toutes parts.

Malgré tout, les relations entre Selznick et Hitchcock se sont adoucies. Selznick fait lentement amende honorable du passé, même s'il prétend encore parfois jouer le rôle du responsable de tout. Il parle ainsi de la période de production de *La Maison du Docteur Edwards* : *« J'appris à avoir de plus en plus de respect pour Hitchcock. Ainsi, je travaillais très étroitement avec lui à la préparation, puis je le laissais absolument tranquille pendant le tournage proprement dit et je m'occupais seul du montage… »* (97)

« … Durant la réalisation de La Maison du Docteur Edwards, *je ne crois pas avoir mis deux fois les pieds sur le plateau. »* (98)

Hitchcock parvient à imposer son rythme et ses décisions de tournage. Il a acquis le sens du temps et de l'argent. David constate à quel point son protégé a développé ses propres talents de producteur.

Le tournage du film a lieu en 1945. Cette fois produit par David O. Selznick, il connaît un grand succès auprès de la critique comme du public. Hitch et DOS sont tous deux nommés aux Oscars, l'un comme meilleur réalisateur, l'autre pour le meilleur film. Ingrid Bergman emporte le Prix de la meilleure actrice du Cercle des Critiques de New York. (99)

À nouveau à la tête d'une petite fortune, Selznick décide immédiatement de garder l'équipe qui gagne sur un nouveau projet et lance le projet des *Enchaînés* (*« Notorious »*) avec bien sûr Ingrid Bergman.

En 1945, pendant que Ben Hecht et Hitchcock attaquent l'écriture, Ingrid Bergman part faire une tournée auprès des troupes américaines en Europe qui n'enthousiasme guère son producteur. Puis elle rentre à Los Angeles et, en attendant le scénario de Hitch, interprète *Saratoga Trunk* réalisé par Sam Wood avec Gary Cooper pour Warner Bros, et *Les Cloches de Sainte-Marie* de Leo Mc Carey avec Bing Crosby pour RKO, qui lui apporte un nouveau succès éclatant et une nomination aux Oscars. Ses contrats sont toujours gérés par Selznick, qui tient à elle comme à la prunelle de ses yeux. Mais il affiche des maladresses et se montre à la fois possessif et distrait (par Jennifer Jones) au fur et à mesure que s'approche la fin de son contrat avec Bergman, qui est maintenant une immense star.

Car DOS, tout en convoquant Ben Hecht et Hitchcock pour des séances de révision d'écriture nocturnes comme il en a l'habitude, n'est qu'à demi concerné par *Les Enchaînée* et le rôle d'Ingrid Bergman qui passionne ses auteurs. Il vit dans l'obsession de Jennifer Jones. Il a lancé le tournage de *Duel au Soleil*, un film à grand spectacle de King Vidor où elle tient le premier rôle. Le budget est bientôt en dépassement. Il n'a pas le temps de suivre le travail d'Hitchcock et Ben Hecht, qui se sentent de plus en plus libres.

« Mais Hitchcock et Hecht s'apercevaient que Selznick manquait d'enthousiasme pour leur projet favori… Ils l'écoutaient donc patiemment, hochant la tête, puis continuaient à travailler comme ils l'entendaient. » [(100)]

Pour finir, Selznick vend *Les Enchaînés* à RKO pour une forte somme d'argent tout en gardant accès à une partie des recettes à venir. C'est encore un brillant succès financier, mais il n'est pas le vrai producteur. Hitchcock, lui, a été accepté comme coproducteur par RKO. Le film reçoit le Grand Prix du Festival de Cannes en 1946 et fait une sortie remarquée en salle. Une fois de plus, DOS est devenu un homme d'affaires. Il ne signe pas le chef-d'œuvre qu'il a initié, tandis qu'Hitchcock met le pied dans la production et crée sa société, Transatlantic Films.

Un dernier film réunit le producteur et son réalisateur vedette en 1947 : *Le Procès Paradine* (*« The Paradine Case »*), avec Gregory Peck et Charles Laughton. Produit par DOS dans une période où son désenchantement professionnel ne faisait que croître, le film laissa au cinéaste un sentiment de frustration. Il ne le tourna que parce qu'il voulait prolonger son contrat pour ne pas traverser de période loin des plateaux au moment où sa propre société de production, Transatlantic Pictures, peinait à démarrer.

Puis le nom de Selznick disparut pour toujours des génériques d'Hitch. Après la première expérience décevante de *La Corde* (*« The Rope »*) en 1948, qu'il réalisa avec Transatlantic Pictures, puis l'échec des *Amants du Capricorne* (*« Under the Capricorn »*), le réalisateur ferma sa première structure de production et créa des sociétés de production désormais appuyées sur des studios (Warner puis Paramount) qui allaient l'accompagner à tour de rôle dans sa carrière. Alfred Hitchcock, comme son admirateur François Truffaut, avait un talent qui lui permettait de se passer de l'aide d'un producteur interventionniste. DOS l'avait en réalité senti dès le début de leur relation, même s'il ne pouvait pas concevoir de le traiter comme tel : *« Ce qui rend Hitchcock si important, avait noté Selznick en 1937, est qu'il est en fait un producteur aussi bien qu'un réalisateur ».* [101]

Mais le producteur avait habilement su le lier à lui avant que son talent ne soit reconnu par Hollywood.

Ingrid Bergman de son côté, voit en 1947, son contrat avec David O. Selznick toucher à sa fin. DOS ne peut pas imaginer qu'elle ne va pas en signer un nouveau, pour sept ans. Il la sait attachée à lui comme sa fille, même s'il a signé le plus grand nombre de contrats pour elle en dehors de sa propre société, même s'il l'a louée à d'autres de plus en plus cher en ponctionnant une grande partie de ses salaires pour lui comme il en avait le droit. Il lui demande de signer les papiers qu'il a préparés, il insiste…

Pour la première fois, elle refuse le projet qu'il lui propose. Comme d'habitude, il ne la contraint pas. Mais le message est clair. Déjà les frictions étaient devenues évidentes l'année précédente.

En effet, en 1946, Maxwell Anderson, l'auteur d'une pièce de théâtre sur Jeanne d'Arc, *Jeanne de Lorraine*, avait obtenu l'accord direct d'Ingrid Bergman pour jouer le rôle sur scène à Broadway. Les conditions n'étaient pas encore clarifiées avec Selznick qu'elle avait déjà signé une promesse à Anderson en secret. Elle ne pouvait pas résister à l'appel de ce rôle. Un accord fut trouvé entre Anderson et Selznick peu après, sans que le producteur se rende compte que sa star s'était engagée de son côté.

Tout occupé à la gestion de la carrière de Jennifer Jones, Selznick fut cependant contrarié qu'Ingrid Bergman parte pour de longs mois sur scène loin des plateaux de Hollywood. Il lui souhaita « bonne chance » du bout des lèvres, et la semaine suivante, il annonça à la presse son désir de faire Jeanne d'Arc pour le cinéma, avec Jennifer Jones, qui venait d'obtenir l'Oscar pour son rôle de Bernadette Soubirous, un triomphe dans *Le Chant de Bernadette*, produit par la Fox ! Mais d'après Ingrid Bergman, Jennifer Jones, qui s'entendait bien avec la star suédoise et la respectait, se plaça spontanément en second choix derrière elle sans en parler à DOS. Il n'en reste pas moins qu'un grave différent existait maintenant entre David O. Selznick et Ingrid Bergman.

Jeanne de Lorraine ouvrit le 18 novembre 1946 à New York, au Théâtre Alvin. Ingrid Bergman reçut le Prix Antoinette Perry pour son rôle.

Victor Fleming vint la voir en scène. Il avait en main un script pour elle. Mais il fut si bouleversé par son interprétation qu'il décida sur-le-champ d'abandonner son projet et de réaliser une adaptation de la pièce au cinéma.

Le 13 janvier 1947, Ingrid Bergman écrivit à Selznick une longue lettre qui résumait les liens complexes entre un producteur ambitieux et une actrice parvenue au sommet de son art avec son soutien. Ce texte exceptionnel écrit à un moment de crise entre la plus grande star de l'époque et son producteur est si révélateur de la manière dont DOS travaille qu'il mérite d'être cité in extenso :

« 13 janvier 1947

Cher David,

Je voudrais résumer clairement les raisons de mon différent avec vous. Il est entendu qu'après avoir reçu ma lettre sur ce sujet, vous m'enverrez 60 000 dollars (636 000 dollars valeur 2014) *en règlement du film que je n'ai pas fait pour vous selon mon contrat, et pour lequel j'exige un dédommagement.*

Les faits sont les suivants ;

Vous m'avez fait venir ici alors que j'étais inconnue du public de langue anglaise ou américaine. À la fin de mon contrat avec vous, sous votre direction, j'étais devenue une des plus grandes stars du monde, cette évolution s'étant produite entièrement sous votre direction.

Il n'est pas vrai que vous m'ayez fait venir dans ce pays pour jouer Jeanne d'Arc. L'idée de jouer Jeanne d'Arc est venue de vous. Vous n'avez pas donné suite à cette idée pour des raisons que vous m'avez expliquées. Récemment, après avoir annoncé que Jennifer Jones interpréterait Jeanne d'Arc, vous m'avez offert le rôle, Mlle Jones ayant insisté pour que vous me le proposiez avant d'envisager de l'interpréter…

Lors de mes premières années avec vous, vous m'avez payée pour des films que je ne faisais pas, plutôt que de me prêter à une autre compagnie pour des films que vous ou moi ne jugions pas dignes de moi.

Durant les nombreuses années que j'ai passées avec vous, on ne m'a jamais obligée à faire un film que je ne voulais pas faire.

Durant les nombreuses années que j'ai passées avec vous, il n'est pas un seul film de toute l'industrie cinématographique que je voulais faire que vous n'ayez obtenu que je fasse. Vos exigences ne m'ont jamais fait rater un seul rôle, et j'ai eu la fine fleur de toutes les compagnies.

J'ai fait mon second film, La Famille Stoddard *(*« Adam Had Four Sons »*) bien que vous vous y soyez opposé et que vous m'ayez affirmé que vous préféreriez me payer à ne rien faire plutôt que de me le voir accepter. Je voulais travailler, et comme c'est ce qu'on me proposait de mieux, j'ai voulu le faire.*

Durant la période où Victor Fleming travaillait avec vous, vous avez, jour après jour, dirigé des scènes de La Rançon du bonheur *avec lui, et mené une longue campagne pour qu'il s'intéresse à moi, ce qui m'a amenée à obtenir le rôle dans* Dr Jekyll and Mr Hyde [(102)]

Vous vous êtes entretenu avec le réalisateur Michael Curtiz et les frères Epstein [(103)] *leur proposant de me prêter pour* Casablanca, *car nous avions décidé, vous et moi, qu'il serait utile que je fasse le film.*

Dès qu'on a acheté Pour qui sonne le glas, *vous m'avez assurée que je jouerais Maria pour la Paramount. Vous avez décidé de me prêter pour* Hantise *(*« Gaslight »*) et j'ai accepté. Vous avez mené personnellement les négociations avec la MGM, insistant pour qu'on engage Charles Boyer, Joseph Cotten, Arthur Hornblow, George Cukor, comme réalisateur et Joseph Ruttenberg comme opérateur. Vous avez tenu des conférences sur le scénario. Vous avez travaillé au montage, envoyant une très longue note détaillée qui vous a demandé un jour et une nuit de travail, donnant les indications sur le montage qui furent pratiquement suivies à la lettre. Vous avez insisté pour qu'on reprenne la scène la plus importante du film, ce qui m'a donné l'occasion… d'obtenir l'Oscar que, depuis longtemps, vous me disiez que j'obtiendrais et pour lequel vous avez mené une très longue campagne publicitaire en ma faveur.*

Quand mon contrat était sur le point de se terminer, nos négociations pour en obtenir un nouveau se trouvèrent dans une impasse, parce que vous avez insisté pour avoir un contrat d'exclusivité pour sept ans. Au cours de ces longues négociations qui ont duré des années, je vous ai affirmé à de multiples reprises qu'il ne saurait être le moins du monde question que je ne continue pas de travailler avec vous, mais que je voulais être libre de faire de temps en temps un film à l'extérieur. Je vous ai affirmé, verbalement et par écrit, à de multiples reprises, qu'il n'était pas question que je ne continue pas avec vous.

Quand mon contrat était sur le point de se terminer, et que je continuais à négocier sans rien signer, bien qu'à de multiples reprises je vous aie affirmé que j'avais l'intention de rester avec vous, vous m'avez avertie que le réalisateur Leo McCarey voulait m'emprunter pour Les Cloches de Sainte-Marie *(«* The Bells of St. Mary *»). Vous m'avez dit que vous ne croyez pas que je devrais le faire parce que vous craigniez que le film soit moins important et moins bon que* La route semée d'étoiles *(«* Going My Way *»), mais que, comme vous aviez toujours discuté avec moi avant d'accepter ou de rejeter une offre de ce genre (ce qui est exactement le contraire de ce que font les autres compagnies) vous ne vouliez pas la refuser avant de m'avoir consultée. J'ai rencontré Mr McCarey et j'ai pensé que j'aimerais faire le film. Vous avez alors revu McCarey et posé certaines conditions concernant la réécriture du scénario avant de considérer la question. Vous avez fait diverses propositions sur le personnage que je devais interpréter. Soit par pure coïncidence, soit autrement, McCarey s'est servi de la scène de confession que vous aviez créée pour moi quand on avait décidé que je ferais* Les Clefs du royaume. *M. McCarey accepta d'autres suggestions de votre part, notamment que je devrais chanter un chant suédois…*

Vous avez fait personnellement avec moi La Maison du Dr Edwards… *et vous avez complètement remonté le film à la suite de l'avant-première, coupant deux bobines, sans que quiconque vous aide. Vous avez complètement changé vos projets de distribution du film afin qu'il puisse mieux servir ma carrière, après en avoir discuté avec la RKO et la Warner, pratiquement en vain, pour fixer une meilleure période de distribution pour les trois films qui allaient sortir à peu près en même temps* (104).

N'ayant pas pu obtenir qu'on espace ces sorties comme vous le désiriez, vous avez organisé une réunion des services de vente des trois compagnies dans le but de veiller sur ma carrière. Et, quand vous vous êtes rendu compte qu'on ne pouvait que légèrement espacer ces sorties, vous avez œuvré pour en faire un atout en ma faveur et organisé une publicité sur ce que vous avez appelé « l'année Bergman ».

Vous avez travaillé pendant plusieurs mois sur le scénario des Enchaînés *(«* Notorious *»), en en établissant six ou sept versions totalement différentes. Quand vous l'avez cédé à RKO, ce fut avec le même souci de me protéger – dans ce cas en insistant pour que le film soir réalisé par Hitchcock, interprété par Cary Grant et*

Claude Rains, avec un opérateur qui vous satisfasse, etc. Toutes choses que vous avez pris l'habitude de faire pour me défendre.

De plus, à la suite de mon second voyage pour distraire l'armée, ce qui vous a fait rater un film, et alors que j'affirmais que je n'avais pas de film à faire, vous m'avez instruite qu'en plus de Deux mains la nuit *(«* The Spiral Staircase *»), il y avait deux autres possibilités : soit me prêter à Charles Brackett, à la Paramount, pour un film intitulé* À chacun son destin *(«* To Each his Own *»), soit un scénario que Dore Schary et vous mettiez au point, intitulé* Ma femme est un grand homme *(«* The Farmer's daughter *»)… J'ai lu* À chacun son destin, *et ça ne m'intéressait pas du tout. Je me rends compte qu'il a été produit par la Paramount avec un succès extraordinaire et qu'Olivia de Havilland est maintenant une des concurrentes les mieux placées pour l'Oscar grâce à son interprétation de ce film… Je vous ai entendu dire que vous aviez vendu* Ma femme est un grand homme *à la RKO quand je l'ai refusé, que la RKO l'avait fait avec Loretta Young et Joseph Cotten et qu'elle considérait que c'était un des meilleurs films qu'elle ait produits depuis de nombreuses années.* (105)

… Quand je suis allée en Europe, je vous ai envoyé une lettre, dont vous trouverez la copie ci-jointe, dans laquelle, entre autres choses, je disais : 'je pense que l'amitié et la confiance valent plus qu'un morceau de papier appelé contrat. Et si vous n'obtenez jamais ce morceau de papier, vous aurez encore, changée ou inchangée, quoi que vous en pensiez, mais encore, votre Ingrid.'

Vous m'avez dit que vous croyez en ma loyauté, que vous aviez une confiance aveugle en moi, et que vous continueriez à croire en ma loyauté jusqu'à la fin.

Malheureusement pour vous, quand je suis rentrée d'Europe, et que j'avais tout ce que je voulais, j'ai oublié tout ce que je vous avais promis et affirmé - durant de longues années. J'ai oublié tout ce que vous aviez fait pour moi. J'ai oublié mes promesses et même ma lettre. Et j'ai demandé à être payée pour le film auquel je vous avais demandé de renoncer, et auquel vous aviez renoncé, et qui aurait pu figurer dans la liste ci-dessus, sur lequel vous auriez, bien entendu gagné beaucoup d'argent, ce qui aurait amorti vos frais généraux, qui sont restés improductifs, en grande partie parce que vous n'avez pas fait ce film. Il est vrai que je suis allée distraire l'armée parce que j'y tenais personnellement, mais je n'ai pas vu et je continue de ne pas voir pourquoi vous ne me paieriez pas 60 000 dollars pour cela.

Je me suis plainte que vous ne fassiez pas de film avec moi, aussi bien en privé que dans la presse. J'ai négligé de dire que vous vouliez acheter La Vallée du jugement *(«* The Valley of Decision *») et la tourner avec moi, mais que je ne voulais pas le faire… Ou que vous vouliez tourner* Ma femme est un grand homme *avec moi (…) ou que vous vouliez tourner* Anna Christie *avec moi, mais que je l'ai* *refusé parce que Greta Garbo l'avait interprétée ; ou que vous vouliez tourner* Anna Karénine *avec moi, mais que je l'ai refusé pour la même raison (…) ou que vous êtes conduit de façon inouïe avec moi en me prêtant à d'autres pour des films que je voulais faire, plutôt que de me demander de faire des films que vous vouliez que je fasse, mais dans des rôles qui ne me plaisaient pas.*

Tout au long de ces années, vous avez consacré une masse considérable de temps à passer en revue des sujets qui me conviennent, et à lire des scénarios qui vous étaient soumis par toutes les compagnies de Hollywood, pour vous assurer que je serais la première actrice dans l'histoire du cinéma qui avait eu les meilleurs des meilleurs scénarios de toutes les compagnies de Hollywood, en insistant, en plus, sur la façon dont le film devait être tourné et sur les gens qui le feraient dans toutes les disciplines. En raison de cette insistance de votre part, j'ai eu Fleming, Cukor, Curtiz, McCarey comme réalisateurs, j'ai eu les meilleurs opérateurs du métier, tous choisis et approuvés par vous, alors que je n'en connaissais aucun. J'ai eu comme partenaires des vedettes comme Spencer Tracy, Gary Cooper, Charles Boyer, Joseph Cotten, Bing Crosby, Cary Grant, alors que toute autre jeune actrice dont l'étoile montait aurait donné la prunelle de ses yeux pour en avoir un seul d'entre eux de temps en temps, et tout cela durant des années de formation dans le métier. J'ai conscience d'avoir été un objet d'envie pour toutes les jeunes actrices de Hollywood, et même de vedettes déjà confirmées et que beaucoup d'ennuis ont été créés par des actrices à d'autres studios qui les traitaient de façon bien différente de la vôtre à propos des films qu'elles devaient jouer, du réalisateur qui devait les diriger, des scénarios, des sujets, des vedettes masculines, de la publicité, etc.

Quand personne d'autre à Hollywood ne croyait en moi et quand tout le monde se demandait pourquoi vous m'aviez fait venir de Suède, et durant la longue période où vous ne pouviez louer mes services à personne, puis durant la période qui suivit où vous me prêtiez à prix coûtant ou en dessous, vous avez prétendu que j'étais la grande actrice de ma génération, que je serais la grande star de la profession, que j'obtiendrais l'Oscar, que je serais universellement applaudie…

Et, en considération de ce qui précède, ma lettre a pour objet de vous demander de me verser 60 000 dollars pour le film que je vous ai demandé de ne pas faire et pour la période où j'ai donné des spectacles pour l'armée.(106) *Après avoir payé cette somme, vous serez libéré de l'obligation qu'à mon sens vous avez contractée à mon égard, ayant eu le privilège de me sortir de l'obscurité pour m'élever au rang de grande vedette…*

Ingrid Bergman » (107)

La rupture est consommée. Après le refus de Jennifer Jones du rôle de Jeanne d'Arc, Selznick sent qu'il ne pourra pas faire le film… Il écrit à son directeur financier :

« À M. O'Shea, 1er mai 1947
... Je suis épuisé et submergé par toutes sortes de problèmes (...) Jeanne d'Arc, j'imagine, tombera à l'eau...
DOS »

Bien que Bergman n'ait pas annoncé dans sa lettre une réelle rupture avec DOS, mais lui ait demandé une somme d'argent, il est en effet évident qu'elle ne tournera pas *Jeanne d'Arc* avec lui. D'ailleurs, bientôt, Walter Wanger, Ingrid Bergman et Victor Fleming fondent Sierra Pictures, une compagnie commune pour produire le film, qui sera la dernière réalisation de Fleming avant sa mort. Sa sortie en 1948 n'est pas un succès.

Libérés de leur contrat avec Selznick, Alfred Hitchcock et Ingrid Bergman vont tourner une dernière fois ensemble, *Les amants du Capricorne* (*« Under Capricorn »*), avec Joseph Cotten, produit par Transatlantic et Warner. C'est une production de Hitchcock lui-même associé au producteur Sidney Bernstein, avec qui il ne va pas s'entendre. Au fond, il préférait subir un producteur envahissant mais talentueux comme DOS. Mais maintenant, il voudrait se trouver désormais « seul » responsable de ses films face au studio. (108)

Hitchcock déclara plus tard qu'il n'aurait jamais fait ce film sans Ingrid Bergman, avec qui il avait envie de tourner encore une fois : *« Tous les producteurs américains étaient en compétition pour elle, et j'ai fait l'erreur de penser que d'avoir Bergman serait un exploit extraordinaire ; c'était une victoire sur le reste de l'industrie. »* Le reste de l'industrie incluait naturellement le producteur que Bergman et Hitchcock lui-même avaient abandonné récemment, David Selznick. (109)

Le film ne marche pas. Ingrid Bergman délaisse la promotion du film en plein milieu et quitte la Californie pour Rome en 1949. Elle part tourner *Stromboli* avec Rossellini avec qui elle rêve de travailler depuis qu'elle a vu ses films *Rome ville ouverte* et *Païsa*. Elle tombe bientôt éperdument amoureuse du réalisateur italien et abandonne sa fille et son mari pour lui. Aussitôt la nouvelle connue, les puissantes commères de Hollywood, Louella Parsons et Edda Hopper, crient au scandale et agitent toute la presse derrière elles. Elles vont parvenir à démolir son image de femme fraîche et pure, et au passage tuer dans l'œuf la carrière commerciale des *Amants du Capricorne*.

Trois décennies plus tard, la fille d'Ingrid Bergman et Roberto Rosselini, Isabella découvrait encore dans la presse new yorkaise des commentaires désobligeants sur sa mère, de la part de critiques américains amenés à évoquer *Stromboli* lors d'un passage du film à la télévision. Était jugé non pas le metteur en scène, dont le nom n'était même pas cité, non pas la qualité de l'œuvre, mais le choix incroyable d'une star : *«* Stromboli, *ou pourquoi mademoiselle Bergman a quitté Hollywood ; 'vraiment, pourquoi ?' – comme si, plus de trente ans près, la faute était toujours là, irréparable. »* (110)

Lorsqu'ils quittent Selznick, les premiers films d'Hitchcock et d'Ingrid Bergman loin du producteur fétiche de leurs débuts à Hollywood ne sont pas des réussites. Signe peut-être qu'il ne devait pas être facile, même pour des artistes de génie, de quitter le tourbillonnant DOS. Le producteur lui-même en était convaincu :

« Et quand Selznick rencontra plus tard Bergman à Rome, il sentit sa chaleur, peut-être même son désir de retourner vers son ancien producteur. Selznick dit à Jenia Reissar (111) *qu'il espérait que l'expérience de Bergman sur* Les amants du Capricorne *'lui avait démontré la différence d'Hitchcock entre 'sa' gestion et 'ma' supervision' (*La Maison du Docteur Edwards *et* Les Enchaînés). *»* (112)

Mais après une brève période de ressentiment, DOS reprit des liens amicaux avec la comédienne dès qu'il la rencontra de nouveau. Accueillant Roberto Rossellini, à Hollywood à l'invitation d'Ingrid Bergman, *« le grand producteur Selznick avait convoqué Roberto dans la salle de projection du Beverly Hills Hotel ; il lui montra sans autre commentaire quelques bobines de ses plus grands succès, dont, bien sûr,* Autant en emporte le vent. *Comme nous ne ferons jamais de film ensemble, conclut-il, je peux vous donner un conseil : gardez vos négatifs. »* (113)

En 1957, en séjour à Rome avec Jennifer Jones lors du tournage de *L'Adieu aux armes* qu'il produisait, DOS ira même jusqu'à caresser l'idée de la ramener avec Rossellini tourner pour lui à Hollywood…

Quant à Alfred Hitchcock, les années passant, il ne garda aucune rancune pour DOS et, à la fin de sa carrière, il parlait de lui avec nostalgie comme d'un producteur audacieux comme il n'en existait malheureusement plus : *« Est-ce qu'il nous manque un stimulant qui existait autrefois – le grand nabab du cinéma par exemple ? »* (114) demandait-il à un journaliste en 1969, confiant à un autre la même année : *« On s'amusait alors. Maintenant, l'industrie est dirigée par des comptables, des hommes d'affaires et des agents. Ces derniers sont les pires, parce qu'ils ne s'intéressent pas au film, ils ne cherchent qu'à obtenir du travail pour leurs artistes. »* (115)

Peu de temps avant de disparaître en 1965, Selznick vint parler au dîner du Syndicat des Producteurs de Films donné en l'honneur d'Hitchcock (Screen Producers Guild Milestone Dinner for Hitchcock). Il évoqua avec affection son ancienne association avec *« Hitchcock, détendu et imperturbable - insensible même à mes memos - qu'il reçut en grand nombre. »* (116)

Quelques mois plus tard, dans un film commémoratif préparé après la mort de Selznick (117), Hitch rendait à son tour hommage à son ancien producteur, évoquant avec humour et gentillesse l'importance qu'eut pour lui le premier *memo* qu'il reçut de David. Il commença à le lire quand il entreprit *Rébecca. « Mais, »* disait-il avec un grand sourire, *« je ne suis toujours pas arrivé au bout à ce jour ! »* (117)

– 5 –
Pygmalion amoureux

Depuis 1941 et la création de sa nouvelle société de production à son retour de sa retraite sur la côte Est, Selznick avait peine à retrouver un rythme créatif quand se produisit un tournant majeur dans sa vie : la rencontre avec une jeune actrice, Phylis Walker, dont il va faire une star après l'avoir rebaptisée Jennifer Jones.

Dès juillet 1941, lors d'un casting, il remarque une jeune femme dont Katherine Brown lui parle pour un rôle. Il prend aussitôt la plume :

« À Mlle Katherine Brown,

22 juillet 1941.

… Est-ce la fille aux grands yeux que nous avons vue dans le bureau et qui a deux enfants ?... Soit dit en passant, si c'est la fille aux grands yeux, cela vaut certainement la peine de lui faire passer un bout d'essai, quel que soit le moment où elle sera disponible.

David » (118)

Cependant, la jeune femme suscite un tel enthousiasme chez ses collaborateurs, que DOS, producteur vigilant malgré l'attirance qu'il a très vite pour elle, s'insurge dans les premiers temps contre les propositions que lui fait d'emblée son directeur financier :

« À M. D.T. O'Shea et Mlle Katherine Brown, 25 juillet 1941

… j'espère que vous me pardonnerez de vous dire que les chiffres proposés pour Phylis Walker me semblent un peu démentiels.

Voici une fille qui n'a rien fait, ou pratiquement rien, et vous envisagez de la faire démarrer à 200 dollars. Ce n'est déjà pas mal, mais à la fin de son contrat, elle en arrivera à 1 500, 2 000 et 3 000 dollars. Je crois que vous perdez le sens des proportions. Dans les autres compagnies, les filles de ce genre commencent au strict minimum et arrivent au maximum de 300, 400 ou 500 dollars au bout de sept ans… Nous avons commencé à dépasser la mesure en donnant des sommes aussi exorbitantes à Vivien Leigh et Ingrid Bergman au moment où nous les avons engagées. Revenons sur terre.

DOS » (119)

Mais le 19 août, le ton change déjà :

« À Mlle Katherine Brown, 19 août 1941, copie à M.D.T. O'Shea

… Aujourd'hui, j'en ai bavardé (120) *avec Phylis Walker – qui, soit dit en passant, m'emballe beaucoup, au cas où vous ne le sauriez pas déjà…*

(…) à propos, à quoi ressemble son mari ? » (121)

Il propose à Phylis Walker de changer son nom car il le trouve banal. Quatre mois plus tard, en janvier 1942, après de multiples débats avec ses collaborateurs, « Jennifer Jones » est née. Son nom synthétique a été créé sur le même rythme syllabique que « Veronica Lake », débaptisée de son nom d'origine peu de temps auparavant pour les mêmes raisons.

Puis il s'empresse de la prendre sous contrat :

« À M. O'Shea, 15 août 1942

Comme je m'attends à ce que Jennifer Jones nous devienne précieuse, je pense que lorsqu'on prendra une nouvelle option sur elle, ou même avant cela, et peut-être dès maintenant, nous devrions lui proposer un contrat de sept ans…

Je l'ai vue hier soir, et elle avait l'air merveilleux et tellement charmant… » (122)

Selznick lui signe en effet un contrat d'exclusivité et entreprend de gérer sa carrière tandis qu'il se met en quête du rôle « idéal » qu'il voudrait produire pour elle… Puis, à la suite de Vivien Leigh, d'Ingrid Bergman, de Joan Fontaine, cet éternel découvreur d'actrices de talent qu'il propulse au sommet de l'affiche, lance Jennifer Jones.

En attendant de lui trouver un rôle dans un film qu'il veut produire lui-même pour elle, il la prête à la Twentieth Century Fox pour tourner *Le Chant de Bernadette* (*« The Song of Bernadette »*), réalisé par Henry King. Au générique s'affiche la formule : *« Jennifer Jones apparaît pour la première fois à l'écran, avec l'accord de David O. Selznick. »* (123)

Il est amoureux.

Jennifer Jones remporte l'Oscar 1944 de la meilleure actrice pour son rôle de Bernadette Soubirous, le jour de ses 25 ans. Pendant ce temps, Selznick lui a trouvé le personnage dont il rêve pour elle. Elle jouera la fille de Claudette Colbert dans *Depuis ton départ* (*« Since You Went Away »*), d'après un roman de Margaret Buell Wilder dont il achète les droits. Passionné pour la première fois depuis longtemps pour un projet qu'il veut produire lui-même, il s'investit dans le film au point d'en écrire entièrement l'adaptation et de faire figurer au générique un carton pour le moins original : *« Scénario du Producteur »*. (124)

Jennifer Jones est toujours mariée avec Robert Walker, le père de ses deux fils, un talentueux jeune acteur qui va rapidement connaître le désespoir face à Selznick : *« Ma vie personnelle a été complètement détruite par l'obsession de David Selznick pour ma femme. Que pouvez-vous faire pour vous mesurer à un homme si puissant ? »* (125)

Quant à David, il est toujours marié à Irène, « la princesse brune de Hollywood », la brillante et lumineuse fille de Louis B. Mayer. Elle est la mère de ses deux fils et il lui est très attaché.

Sa situation familiale n'est pas simple et il la vit mal.

Dans l'immédiat, il ne trouva rien de mieux à faire que d'engager Robert Walker dans *Depuis ton départ*. Au bord du divorce, il s'agit pour Walker d'interpréter le rôle de l'amant passionné de Jennifer, qui est encore sa femme à la ville !

Hollywood est une mine de jeunes créatures toutes plus belles les unes que les autres, extrêmement professionnelles, capables de jouer, danser, chanter, monter à cheval… La *« fille aux grands yeux »* de Selznick dégageait cependant un charme particulièrement captivant car elle ensorcela littéralement trois hommes l'un après l'autre, trois hommes qui ne purent pas vivre sans elle dès lors qu'ils l'eurent rencontrée. Tous l'épousèrent. Selznick fut le second, épris jusqu'à sa mort.

Évoquant un peu plus tard l'heureuse époque de sa rencontre avec Jennifer (alors Phylis), Robert Walker dira : *« Je n'avais que 19 ans, mais je savais qu'il n'y aurait jamais rien d'autre. Je ne me considérais pas « assez bien » pour elle. Elle me donnait envie d'être quelqu'un. Nous étions heureux. Ou au moins je le croyais ».* (126)

Instable, fragile, il alternait depuis son plus jeune âge entre des phases d'anxiété et de déprime et des moments d'agressivité et de colère. Il fut détruit par leur rupture, dont il ne se remit jamais. En même temps qu'il séduisait sa femme, Selznick, qui le trouvait réellement un acteur intéressant, eut une influence décisive sur sa carrière. Il le fit engager par MGM qui le prit sous contrat d'exclusivité. Sa voie vers le succès semblait assurée après des années de galère de jeune artiste dans la pauvreté. Mais à quel prix !

Plus tard, en 1949, la nouvelle du mariage de Jennifer et David acheva de le faire basculer dans le vide. Malgré des dépressions à rechutes, il fit une carrière brève mais remarquée qui culmina en 1951 avec un rôle mémorable dans le film d'Hitchcock *L'Inconnu du Nord Express* (*« Strangers in the Train »*), peu de temps avant de mourir à 32 ans des suites d'excès de médicaments et d'alcool.

Auparavant, *Depuis ton départ*, réalisé en 1944 par John Cromwell, était donc le premier film produit (et écrit) par DOS depuis ses triomphes historiques. C'était le film le plus cher et le plus long de Hollywood depuis *Autant en emporte le vent*. Aux côtés de Claudette Colbert et de Jennifer Jones (auréolée de son Oscar de Bernadette), on retrouvait Joseph Cotten, Shirley Temple et donc, Robert Walker.

Mais, en même temps que David retrouve son ardeur pour la production grâce à Jennifer Jones, il délaisse de plus en plus ses autres artistes sans s'en rendre vraiment compte. Il connaît des déceptions, s'enferme dans des postures qui déconcertent ses proches. Prisonnier de son personnage de producteur exceptionnel, il se met finalement à souffrir beaucoup.

La crise avec son frère Myron est un de ses chocs les plus traumatisants. Myron, avec qui les relations ont toujours été affectueuses malgré quelques ambiguïtés, franchit une ligne jaune : il aide un des pères fondateurs de MGM, Hunt Stromberg, à quitter le studio et abandonner Louis B. Mayer. Stromberg lance sa société indépendante et engage l'ancienne équipe de DOS, la précieuse Katherine Brown en tête. Ils se trouvaient, il est vrai, libres depuis que David avait dissous Selznick

International et ne produisait pas encore avec sa nouvelle société. Mais Selznick les a vraiment perdus dorénavant et n'a pas fini de les regretter au fil des années.

Myron, malgré le succès de son agence, avait ses frustrations : familiales d'abord. Frère de celui qu'il appelait « génie », il l'admirait jusqu'à être obsédé par lui, par ses qualités et sa réussite. Il avait aussi ses frustrations d'agent, car pour bien des raisons, les artistes quittent facilement et sans état d'âme ceux qui les représentent. Rares sont les stars qui restent fidèles aux conseils d'une même personne toute leur carrière. Mais sa chute professionnelle venait aussi de sa consommation d'alcool. Hitchcock faisait partie de ceux qui ne se sentaient plus aucunement défendus par son agent, mais resta le client de Myron officiellement et attendit la fin de son contrat avec David pour ne pas risquer de s'attirer les foudres de Hollywood qui craignait encore les deux frères. Par la suite les circonstances l'amenèrent à se rapprocher du plus grand agent de l'époque, Lew Wasserman qui lui tendait les bras. (127)

Les deux Selznick géraient évidemment des talents en commun, l'un les représentant, l'autre les produisant. L'agent négociait des droits de livre pour le producteur. Et, bien sûr, Myron avait présenté Vivien Leigh à David ! Mais des frictions et des vexations se produisirent. Myron fit quelques reproches à David. DOS finit par se fâcher et lui écrivit une missive amère et dure :

« À M. Myron Selznick,

23 novembre 1943

cher Myron,

J'ai reçu ta note du 18 novembre concernant tes rapports avec moi et avec notre compagnie…

… D'abord permets-moi de te dire qu'il n'y a pas un seul cas… où tu nous aies fait un cadeau, ni à moi ni à l'un d'entre nous, en traitant une affaire ou en payant des appointements. Je sais que tu es absolument honnête, je dirai alors simplement (ce qui est évident et n'a fait qu'empirer depuis longtemps) que ta mémoire te fait de plus en plus défaut, ce qui devient de plus en plus pratique…

(…) Tu sais aussi que tu m'as roulé en me faisant payer le cachet le plus élevé jamais payé pour Carole Lombard… En fait ta propre équipe et tout le monde autour de toi se réjouissaient de voir à quel point tu avais pu me rouler avec Carole Lombard et d'autres…

(…) Tu es loin de perdre des clients à cause de nous, et j'en ai tellement assez d'entendre cette affirmation fausse que je serais heureux, un jour, de te montrer la

longue liste des clients que tu as obtenus grâce à nous, et de ceux que tu gardes grâce à nous. En vérité j'ai même dû faire à votre place le boulot de votre agence dans le cas de George Cukor, et cela a duré plus de dix ans durant lesquels vous n'avez pas levé le petit doigt pour George, alors que vous ramassiez des dizaines de milliers de dollars de commission…

(…) Je pense qu'une des raisons qui t'ont fait perdre tant de gens, c'est que tu es extraordinairement mauvais juge pour reconnaître ceux qui sont tes amis et ceux qui ne le sont pas…

Et, quand même, avec affection.

David » (128)

Le 23 mars 1944, cinq mois plus tard. Myron, alcoolique depuis longtemps, est terrassé par une crise cardiaque. David accourt à son chevet, profondément atteint. Son frère meurt sous ses yeux à 45 ans. Par la suite, les comportements professionnels de DOS sont affectés au point de devenir parfois incompréhensibles pour son entourage :

« Après la mort de Myron en mars 1944, Irène observa : 'ses contrats devinrent extravagants. Je ne pouvais pas saisir de quoi il s'agissait.' » (129)

« Irène Selznick Mayer, encore sa femme à ce moment-là, considérait la disparition de Myron comme une tragédie pour David, car seul lui et son ami et ancien associé Jock Whitney étaient parvenus à avoir quelque influence sur ses attitudes mégalomaniaques. Mais Jock, soldat pendant la guerre mondiale puis prisonnier, revint pour abandonner le métier au profit de Wall Street. Privé de son frère et de son meilleur ami, David O. Selznick se mit à faire des choix toujours aussi flamboyants mais imprudents comme ceux qui avaient conduit son propre père à la ruine, et il devint l'ombre de lui-même. » (130)

De son côté, le scénariste Ben Hecht note dans son autobiographie : *« David, à l'époque où il adorait faire des films, inventait des intrigues brillantes, mais il paraissait maintenant privilégier le 'commerce dur' par rapport au cinéma. »* (131)

DOS était toujours éperdument épris de Jennifer Jones. Quant à Irène, elle était lassée par ses sautes de caractère. Il finit par se séparer de sa femme sans heurts et garda avec elle des liens affectueux toute sa vie, échangeant des lettres avec elle, la prenant pour confidente et la félicitant pour ses nouvelles activités de productrice de spectacles à Broadway, où elle fut couronnée de plusieurs prix prestigieux.

Depuis ton départ était enfin terminé. Le film sortit en juin 1944 et connut un succès d'estime. Jennifer Jones et DOS furent tous deux nommés aux Oscars, elle pour le meilleur second rôle et lui pour le meilleur film, mais le seul prix que le film reçut consacra la musique. David avait espéré renouveler le triomphe de Vivien Leigh et le sien pour *Autant en emporte le vent*. Il était cruellement déçu :

« La déception personnelle l'emporta presque sur le côté professionnel car Selznick s'était complètement investi dans le film (...) Les liens du mariage s'étaient distendus entre Irène et David Selznick. Elle était fatiguée de jouer à 'je materne mon mari'. Il tomba amoureux de Jennifer Jones. Selznick espérait peut-être que Depuis ton départ *serait un double triomphe pour l'actrice et celui qui l'avait découverte. Mais leur première collaboration passa à côté du succès. »* [132]

Si on met à part *Étranges vacances* (*« I'll be Seing You »*) où il supervisait un autre producteur, Dore Schary, Selznick ne produisit plus à Hollywood sans Jennifer Jones, à l'exception des deux films d'Hitchcock, *La Maison du Docteur Edwards* (*« Spellbound »*) 1945, avec Ingrid Bergman et Gregory Peck, et *Le Procès Paradine* (*« The Paradine Case »*) 1947 avec Gregory Peck, Charles Laughton, Ann Todd et Alida Vali.

Les problèmes administratifs lui étaient devenus insupportables. Il regrettait ses anciens collaborateurs. Les artistes ne reconnaissaient plus le producteur jadis infatigable. Il était las. Seule sa passion pour sa belle découverte le motivait. Il laissait échapper les projets ambitieux qu'il continuait de développer pour les plus grandes stars, mais qui partaient se tourner ailleurs.

En 1946, DOS consacra toutes ses forces à la production de *Duel au soleil*, un film à grand spectacle avec Jennifer Jones, qui sera nommée aux Oscars pour son rôle, Joseph Cotten et Gregory Peck, réalisé par King Vidor... Le budget fut dépassé, Selznick s'épuisait. C'est le moment où il renonça à la production du film d'Hitchcock *Les Enchaînés*. Il continua à produire pour Jennifer Jones avec *Le Portrait de Jennie*, où elle jouait aux côtés de Joseph Cotten sous la direction de William Dieterle. Accueilli par d'excellentes critiques, le film ne trouva pas son public.

Vaincu par la lourdeur de sa propre équipe, il s'épuise en négociations artistiques et financières et se laisse déborder par son absence de sens de la gestion. Ses nombreux *memos* adressés entre autres à M.O. Shea en témoignent :

« 19 novembre 1945
Le retard apporté au nouveau contrat de Peck me désespère. Voudriez-vous, pour l'amour de Dieu, me dire ce qui bloque ? Encore une année qui est sur le point de se terminer - encore une année pendant laquelle nous avons mené les mêmes vieilles négociations sans parvenir à rien, à l'exception de Jennifer Jones… Donnons-nous encore un peu de temps et nous n'aurons pas une seule vedette. »

« 20 août 1946
Extrêmement confidentiel
Cherchant à découvrir ce qui ne tournait pas rond dans le fonctionnement de notre compagnie… je crois que notre première tâche est de revoir l'organisation de notre travail… Nous sommes dans l'obligation de faire faire des films par d'autres parce que je n'ai pas le temps et que je ne suis pas dans l'état d'esprit de continuer d'en faire… »

« 6 décembre 1946
« Je suis à deux doigts de l'effondrement et de perdre ma lucidité et je suis dans cet état pour avoir essayé de rafistoler et de récrire le scénario d'Hitchcock. Et les problèmes financiers s'aggravent chaque jour. Dans ces circonstances, je ne vois pas d'autre solution que de renoncer à produire un nouveau film après « Paradine », tant que nous ne serons pas capables de nous organiser... »

« 1er décembre 1947
Quand je pense que nous étions avec Kay Brown… et toute l'équipe qui nous ont conduits au premier rang de la profession, je commence à recouvrer un certain sens de la perspective et une certaine objectivité.
Tout se passe comme si tous ceux qui m'ont aidé à faire Selznick International Pictures devaient partir, et tous ceux qui m'ont aidé à dilapider les profits directs ou indirects de ces films devaient rester. Je ne le supporterai pas plus longtemps. » (133)

Finalement, DOS jette l'éponge pour sa société californienne : *« J'ai cessé de tourner en 1948 parce que j'étais fatigué »*.

Il fait un accord avec Warner et prête au studio toutes les stars qui sont encore sous contrat avec lui, vend ses équipements techniques, et épouse Jennifer Jones.

– 6 –
Amour et désenchantement professionnel

DOS et Jennifer Jones se marient en 1949. Ils partent à différentes reprises séjourner en Europe. Jusqu'à 1956, il fait des affaires de cinéma sur le vieux continent sans produire les films sur lesquels il intervient et, à Hollywood, se consacre presque essentiellement à la carrière de sa femme. Il suit en détail chaque film qu'elle interprète et intervient sans cesse même parfois à son insu :

*« À M. Buddy Adler (*producteur à la Twenthieth Century-Fox)
Urgent et Confidentiel
12 mars 1955

… Croyez-moi, Buddy, je n'aurais pas imaginé de vous faire des suggestions sur La Colline de l'adieu *(*« Love is a Many-Splendored Thing »*)* (134)…

… si vous n'aviez pas sollicité mon avis, ce qui est flatteur et dont je vous suis infiniment reconnaissant ; si vous ne m'aviez pas également proposé, ce à quoi j'ai fait chaleureusement écho, que nos contacts devaient rester strictement entre nous…

Après ce préambule, permettez-moi de vous dire que je m'inquiète d'un certain nombre de choses, importantes pour l'interprétation de Jennifer (et donc pour le film). La première concerne l'apparence physique de Jennifer. J'ai été stupéfait d'entendre dire qu'Henri King, votre équipe et vous avez décidé de ne pas modifier le visage de Jennifer pour lui donner l'air oriental (…) Il m'est certainement difficile d'admettre que son personnage est justement la seule demie-chinoise au monde qui ait l'air aussi américain que Jennifer Jones…

Ma seconde inquiétude vient de ce que j'ai entendu dire que sa coiffure devait donner à Jennifer, en plus et sans raison, un air mûr. Si cela la vieillit, vous nuirez à son histoire d'amour, et au lieu de le considérer comme une bonne interprétation, les gens diront : 'Mon Dieu, comme Jennifer Jones a vieilli !' (…)

Si vous abordez certains de ces problèmes, je vous en prie, faites le de vous-même, au lieu de le présenter comme venant de moi. Le fait est que j'en ai discuté avec vous sans même en parler à Jennifer, et je vous serais reconnaissant de ne rien lui dire de cette lettre… et de la déchirer après en avoir pris connaissance. Avec mes meilleurs sentiments,

DOS. » (135)

Mais il se mêle également des autres aspects de ces films sur lesquels il n'a aucun rôle officiel. Il est si désireux qu'elle n'apparaisse que sur des projets réussis qu'il ne peut pas s'empêcher d'inonder les producteurs et les réalisateurs de sa prose, tantôt avec humour et lucidité, tantôt avec insistance, toujours avec conviction :

« À King Vidor et Joseph Bernhard (producteur indépendant).

11 avril 1952

Chers King et Joe,

J'ai cru comprendre que Joe a trouvé ma note sur La furie du désir [136]*... plutôt longuette. J'en suis désolé. Celle-ci sera plus longue. Celles sur* Autant en emporte le vent *étaient plus longues encore. On considérait que celles sur* Rébecca *étaient dignes d'être publiées presque intégralement dans* The Saturday Evening Post*... Et celles sur* Tom Sawyer *furent envoyées dans le pays, avec des illustrations, par le Museum of Modern Art, où les étudièrent des milliers de gens. Après quoi d'autres firent la queue pour les lire, pendant des mois, à Paris où on les exposa, comme une sorte de cours sur le cinéma, dans un des plus grand musée français.*

J'aimerais vous conseiller de penser immédiatement à qui confier la musique. À ce propos, j'ai une suggestion à vous faire... » [137]

Pendant cette décennie de fréquents voyages en Europe, le premier film au parfum continental auquel DOS participe comme associé est *Le Troisième Homme*, (*« The Third Man »*) de Carol Reed, produit par le britannique Alexander Korda en 1949 avec Joseph Cotten et Orson Welles. Le film remporte le Grand Prix du Festival de Cannes et est nommé aux Oscars. La célèbre musique rapporte à Selznick une fortune.

Mais, assoiffé d'associer à nouveau son seul nom à un succès, il fait disparaître Korda de toute la publicité.

Dans les récits qu'Orson Welles aimait faire avec sa voix d'or à des interlocuteurs sous son charme, figuraient des anecdotes sur tous les personnages qu'il avait rencontrés le long de sa carrière. Son témoignage à propos du *Troisième Homme* montre la réputation de tueur que gardait Selznick auprès de ses confrères : *« Orson m'emmenait dans des restaurants, à Paris ou à Los Angeles. Je restais des heures à écouter cette voix somptueuse, tendre et chaude, qui ponctuait les plus belles histoires du cinéma mondial par un éclat de rire shakespearien (...) Il connaissait admirablement le monde des producteurs pour les avoir tous subis, combattus, charmés ; ainsi ce pauvre Alexander Korda, grand producteur anglais, avait dû vendre pour cause de faillite 'Le troisième homme' à peine terminé à David Selznick qui en avait fait un triomphe mondial sous son seul nom, sans mentionner une seule fois celui qui avait initié, enfanté véritablement le film. Orson avait organisé à la Tour d'Argent à Paris un dîner de réconciliation ; Korda ouvrait si peu la bouche qu'à la fin Selznick le supplia de dire quelque chose :*

'- J'espère que tu mourras avant moi !
Pourquoi dis-tu cela ?
J'aurais peur que tu mettes ton nom sur ma tombe !' » (138)

En 1957, Davis O. Selznick revient avec une production personnelle et hollywoodienne tournée en Italie, *L'Adieu aux armes* (*« A Farewell to Arms »*), réalisé par King Vidor avec bien sûr Jennifer Jones. Il avait souhaité produire le film au début de sa carrière, à une époque où les droits du livre de Hemingway étaient bloqués chez Paramount qui ne voulait pas les céder pour protéger une première version tournée en 1932.

C'est la réalisation d'un rêve pour Selznick.

Ben Hecht écrit l'adaptation. Jennifer Jones partage l'affiche avec Rock Hudson et Vittorio de Sica. John Huston qui devait réaliser le film se fait remercier par le producteur à la suite d'un différent artistique concernant l'image de Jennifer Jones... Hemingway contestait comme Huston, dès le début, le choix de l'actrice de 38 ans, pour jouer son héroïne, une infirmière âgée de 21 ans...

DOS n'est pas fier du résultat. Le film ne sera d'ailleurs pas un succès lors de sa sortie, ni auprès de la presse ni auprès du public.

L'Adieu aux armes est le dernier film signé Selznick.

L'adaptation du roman de Scott Fitzgerald, *Tendre est la nuit* (*« Tender is the Night »*) est son ultime grande tentative de production. Il s'y lance en 1959 mais revendra le projet sans le faire à Twentieth Century, trois ans plus tard, en 1962. Réalisé par Henry King, le film sera cependant interprété par Jennifer Jones.

Fragilisé par une série de malaises cardiaques, David O. Selznick meurt d'un infarctus à Beverly Hills le 22 juin 1965, à l'âge de soixante-trois ans, dans le bureau de son avocat Barry Brannen.

Jennifer Jones ne tournera que trois films après *Tendre est la nuit*. Elle survivra à DOS quarante ans, et mourra en 2009, à 90 ans, après une vie marquée par l'amour mais traversée par une série de drames.

Du vivant de Selznick, elle avait suivi le producteur dans tout ce qu'il voulait qu'elle fasse pour sa carrière, à la différence d'une artiste comme Ingrid Bergman qui lui résistait et finissait par imposer ses propres choix.

Déstabilisée par la disparition de son Pygmalion, Jennifer Jones fit une tentative de suicide en 1967.

Un industriel fortuné, philanthrope et amateur d'art Norton Simon, fasciné par sa beauté, souhaitait faire l'acquisition d'un portrait d'elle peint pour les besoins du film *Portrait of Jennie* en 1948. C'est ainsi qu'il la rencontra et l'épousa en 1971, peu de temps après avoir affronté le drame du suicide de son fils. Jennifer Jones à son tour connut ce chagrin. Mary Jennifer, la fille qu'elle avait eue avec Selznick en 1954, se suicida en 1976 le jour de la fête des mères. À la suite de cette tragédie, Jennifer Jones devint psychanalyste tout en partageant la vie de son troisième mari. Lorsqu'il disparut en 1993, elle prit la présidence du prestigieux musée de Pasadena en Californie, qui porte le nom de Norton Simon et abrite toujours aujourd'hui ses très riches collections.

Aussi fragile que ravissante, elle obséda littéralement les trois hommes de sa vie : Robert Walker ne se remit pas de son départ. Norton Simon la trouvait si belle qu'il voulait mettre son portrait dans son bureau avant même de la connaître. Quant à David O. Selznick, le producteur le plus prestigieux de son temps, abandonna peu à peu les plus grands artistes qu'il avait sous contrat pour se consacrer à Jennifer Jones, dans sa vie privée comme dans sa carrière.

– 7 –
L'alchimie improbable

L'homme qui a permis à un film tel qu'*Autant en emporte le vent* d'exister mérite de représenter aux yeux du public « le producteur » par excellence. En voyant le film, on imagine immédiatement un tournage plein d'aventures, comme celui de *Laurence d'Arabie* et de ces épopées grandioses à l'ancienne impossibles à réaliser à notre époque sans utiliser le numérique. Les enfants d'aujourd'hui continuent de découvrir avec émerveillement ce monument mythique du septième art, souvent sur les écrans plats modernes de leur domicile. Quant aux cinéphiles, ils sont nombreux à se souvenir du nom de David O. Selznick malgré le fait que les producteurs sont d'habitude vite oubliés, si tant est qu'ils soient un jour connus.

Car Selznick et ses *memos* obsessionnels ont donné une image vivante du métier de producteur. Bien sûr une personnalité si affirmée a engendré critiques et réticences : *« La vision des films de producteurs de prestige comme Samuel Goldwyn, Irving Thalberg et David O. Selznick, dans son ensemble, renforce l'impression de conformisme que nous avions alors »* note ainsi Bertrand Tavernier à propos du cinéma américain de l'époque. (139)

Mais les innombrables écrits de DOS consultés en miroir avec les réponses de ses interlocuteurs, les travaux des biographes des uns et des autres, les interviews réalisées auprès des protagonistes permettent de mieux comprendre la complexité de ce métier. Les récits que d'autres producteurs ont pu tenter de faire sur leur expérience paraissent bien fades et obscurs en comparaison.

Quel portrait de David O. Selznick garde-t-on en fin de compte ?

En quoi les qualités et les défauts dont il fait preuve nous apportent-ils une compréhension de son métier ?

Dans sa jeunesse, DOS a observé Lewis Selznick à l'époque où sa société de cinéma, World Pictures Corporation, était en plein essor. Au travail dès l'adolescence, il a participé très tôt auprès de son père aux tâches indispensables à la fabrication et l'exploitation d'un film.

Il a fait son miel de cette époque. Quand il se lance lui-même, il s'appuie sur cette expérience. Le fonctionnement du système lui est familier… Il a fréquenté des réalisateurs ; il connaît le rôle du distributeur, la gestion de la publicité, le placement des films en salles ; il sait ainsi quand et comment intervenir pour le bien de son film à chaque étape, depuis le moment de l'écriture jusqu'aux détails de l'exploitation.

En effet, le producteur a affaire à tous les métiers du cinéma. Pour pouvoir gérer le film de bout en bout depuis sa conception, il a intérêt à comprendre de l'intérieur le rôle et les objectifs de chacun des intervenants. Il va s'agir pour lui de vérifier le travail du distributeur et des exploitants ainsi que la publicité. Car si tous ont leur part d'intérêt au succès du film, lui seul a la vision de chaque niveau d'exploitation de l'œuvre dont il détient tout ou partie des droits.

Or un film dispose d'une très courte fenêtre d'exposition pour s'imposer auprès du public lors de sa sortie. Le succès doit intervenir tout de suite. À notre époque, la pression est devenue effrayante dans un marché où les places sont de plus en plus chères. La rotation s'est accélérée. Les « produits » se bousculent sur les écrans dans une concurrence sauvage.

Mais le temps était déjà compté à l'époque d'*Autant en emporte le vent.*

L'urgence de la réussite est une raison de plus en faveur du producteur qui sait contrôler de près tous les aspects de la sortie du film. Il a un avantage conséquent sur ses confrères parfois démunis devant les discours prometteurs des distributeurs, des exploitants et autres diffuseurs, sans compter les idées parfois farfelues des publicitaires, toujours très sûrs d'eux-mêmes.

De surcroît, l'image professionnelle du producteur est liée au sort de son film. C'est l'image des acteurs, qui s'exposent généreusement à chaque film, dont le public a conscience. Mais la crédibilité du producteur est essentielle à sa survie dans ce milieu impitoyable. Sa capacité d'accès autour de la table des négociations pour la suite de sa carrière dépend du succès, plus encore que de la qualité du film.

Il diffère en cela d'un distributeur ou un exploitant qui enchaînent les sorties les unes après les autres avec rapidité, et pour qui une seule réussite commerciale peut rattraper un ou même plusieurs échecs.

Le film est le « bébé » du producteur, comme celui du réalisateur qui, lui, n'a pas le temps de s'occuper de tous ces aspects dans le détail.

Or comme on l'a vu, le diable est dans les détails encore plus dans ce métier que dans d'autres car les périodes de gestation et les accélérations fulgurantes se succèdent avec une certaine violence. Les dérapages financiers comme artistiques menacent à chaque étape du développement et les risques d'échec suivent.

La polyvalence des compétences est donc un atout clef de Selznick.

D'autres qualités donnent à DOS une force unique :

Il est doué d'une grande prudence alliée à une obstination tenace. Il a appris à la dure que la compétence et le talent ne suffisent pas. Il a vu son père, un indépendant plein d'humour s'opposer sans cesse aux studios au temps de sa gloire. Il n'a pas oublié son rire quand il disait : *« There's no business in the world in which a man needs so little brain as in the movies. »* (140)

Mais Lewis finit par payer son arrogance au prix fort : David O. Selznick se souviendra de sa chute, de la faillite de sa société, World Pictures Corporation, et la période où les directeurs de studios tournèrent le dos au jeune producteur à cause de son seul nom.

L'expérience lui a appris qu'il vaut mieux éviter de se faire des ennemis chez les puissants du métier, en particulier, à l'époque, les studios. Les intervenants incontournables du secteur ne sont pas si nombreux. Un producteur ne peut pas se permettre d'hypothéquer ses chances auprès d'eux. Il doit pouvoir négocier et trouver des compromis avec plus gros que lui.

Aidé par son caractère spontanément aimable, DOS sait donc adopter une attitude de « diplomatie franche », faite d'un grand charme doublé de fermeté et parfois de ruse. Il évite au maximum de se fâcher en face de situations contrariantes ou d'agressions.

Il affiche sans difficulté sa chaleur humaine naturelle et son enthousiasme, le plus souvent qu'il le peut.

Cependant, il ne laisse pas se détériorer les situations sans intervenir, et n'hésite pas à exprimer ses désaccords. Il affronte avec vigueur les conflits, mais uniquement s'ils lui paraissent nécessaires à la qualité du film.

Car ce que DOS veut, il le veut avec ténacité. Et sans perdre de vue son objectif principal, il parvient à adapter ses priorités aux urgences qui bousculent sans cesse ses plans. Pragmatique, il est doué d'un excellent sens du timing.

Enfin, Selznick a des fulgurances de visionnaire, en particulier sur la commercialisation des films. Il est parmi les premiers à voir la nécessité d'ouvrir les sorties des films sur davantage de salles à travers le pays pour rentabiliser des frais de publicité de plus en plus lourds. Il comprendra aussi avant la plupart des professionnels du cinéma l'avenir de la télévision et ses possibilités de recettes pour le cinéma. [141]

D'autre part, Selznick est fidèle envers ses collaborateurs, dans les limites de l'intérêt de son projet qui prime sur tout. Il amène les gens à se surpasser pour aider à atteindre le but qu'il poursuit obstinément. Il les entraîne au-delà de la fatigue et de la raison, et eux le suivent, parfois comme des somnambules, parfois mécontents, mais toujours admiratifs au fond.

Ainsi, ceux qui ont travaillé avec lui ne se sont presque jamais brouillés avec lui malgré le rythme fou imposé par lui et son désordre chronique pour mener son monde et ses productions. Même les ruptures douloureuses, les incompréhensions et les déceptions que connurent certains artistes ne laissèrent que peu de trace en eux avec le temps. Le talent, le charme et la drôlerie de David étaient plus fort que tout. Des années plus tard, tous parlaient de lui avec affection et admiration.

Les livres, le passé, l'actualité, tout ce qui entoure DOS lui est source de curiosité et d'inspiration ; il s'intéresse aux personnes comme aux situations ; il recherche sans complaisance et sans cesse le talent, avec une sensibilité artistique et une capacité d'admiration de jeune homme, sans se départir de son exigence de qualité.

Il a le goût de l'aventure et du risque. Il aime le jeu et le fait de « relever le gant », de ne pas laisser la place à d'autres… surtout quand il estime que cette place lui est due par son statut et ses compétences. Il est d'une nature fière. Il ne s'avoue jamais battu, même au milieu des situations qui paraîtraient inextricables à d'autres. Il ne montre pas ses doutes sauf pour en tirer avantage ou se sortir d'une situation qu'il juge périlleuse ou négative.

Autre qualité fondamentale dans ce métier, Selznick a le sens de l'argent. Il a l'art de savoir à quel moment l'utiliser à bon escient, parfois à flots, sans pour autant le dilapider. Il sait optimiser la dépense et la qualité recherchée. Mais il ne lésine jamais sur la dépense quand il la croit utile, quitte à mettre en danger ses finances personnelles.

Ce sens de l'argent se fait parfois au dépens des relations humaines, comme on l'a vu à propos de Hitchcock ou d'Alexander Korda.

Cependant, comme pour la plupart des hommes animés par une passion, la richesse n'est pas une fin en soi pour lui. Il cherche le succès du film, qui lui apporte l'aisance au passage. Il réinvestit la plupart de ses gains dans des projets. Il connaît des fortunes diverses. Il n'a ainsi jamais acquis de grande fortune, à la différence de Lew Wasserman. (142)

Mais pour devenir ce personnage qui nous passionne, accomplir ces tâches épuisantes et stressantes, mener ces travaux sans fin, Selznick a payé un lourd tribut. Pris dans le tourbillon de ses projets, il s'est mis à absorber plus que de raison de la benzédrine, une amphétamine de la première génération qui lui permettait d'enchaîner des nuits blanches après des jours de folie qui seuls auraient déjà épuisé un individu résistant. Sa santé de fer l'empêchait de sentir le risque.

En permanence au bord de la rupture de ses forces, il s'usa sans s'en rendre compte, jusqu'à connaître des périodes de dépression qui provoquèrent des dissonances dans sa carrière à la fin de sa « décennie magique » 1930-40. DOS n'était pas un surhomme, juste un producteur *extraordinaire* au sens propre. Il se consuma avec passion pour les films.

Son envie de créer semble s'être concentrée par la suite exclusivement sur Jennifer Jones. Il guida sa carrière et contrôla en détail les films qu'elle tournait, en les produisant rarement lui-même.

La liste des films auxquels il a participé d'une manière ou d'une autre durant les vingt dernières années de sa vie témoigne de son talent inchangé, mais il avait changé ses priorités. De plus, chaque film qu'il produisait était inévitablement comparé à *Autant en emporte le vent* dont le triomphe toujours évoqué finissait par avoir un côté pesant.

Et le réalisateur face au producteur ?

Tout le monde connaît son rôle, même s'il est en réalité difficile de se rendre compte de l'ampleur de sa tâche de créateur et de l'épuisement tant physique que nerveux provoqué par le tournage… qui commence lui-même en général à l'issu d'une période de préparation et de discussions déjà exténuante.

Bien sûr, aujourd'hui plus qu'à l'époque de Selznick, les producteurs au caractère affirmé sont contestés par certains réalisateurs. Les rapports de forces ont changé. Les relations sont libres.

Mais il arrive que l'alchimie entre deux tempéraments de feu fonctionne tout simplement, pour le meilleur des films qui en résultent. Il arrive qu'un réalisateur se sente proche de son producteur. Il existe des producteurs qui fonctionnent en résonance avec un réalisateur.

Harvey Weinstein, le producteur, et Quentin Tarentino, le réalisateur, en sont un exemple. Écoutons Tarentino : *« Harvey est l'un des rares producteurs du XXIe siècle qui fonctionne comme Zanuck. Ce n'est pas un bureaucrate qui fait son boulot en attendant d'être viré ou de trouver mieux ailleurs. Quand il reçoit un scénario, il réagit au sentiment. »* (143) Tarentino a trouvé « son » producteur « idéal ».

Le « producteur idéal », complémentaire, si possible complice du réalisateur, sait où se situe son propre talent. Créatif, il laisse cependant au seul réalisateur son regard personnel sur le film, tout en donnant son avis (que le « réalisateur idéal » écoute avec attention).

Producteur presque tyrannique, Selznick était trop intelligent pour chercher à s'approprier entièrement l'œil artistique de réalisateur d'*Autant en emporte le vent* ; mais trop interventionniste pour accepter d'emblée l'originalité d'un génie comme Hitchcock.

En France, un réalisateur comme Claude Berri a souvent été producteur pour d'autres réalisateurs. Grâce à sa propre expérience de réalisateur, grâce à sa sensibilité, il s'est montré proche du « producteur idéal » et particulièrement ouverts au dialogue nécessaire. Son expérience d'artiste lui donna parfois l'envie d'intervenir sur le plateau d'un film qu'il produisait. Mais il sut respecter les choix de « ses » réalisateurs tout en les entourant avec vigilance. *« Un jour où j'assistais dans une forêt au tournage d'une scène d'amour entre Nastasia (*Kinski*) et Leigh Lawson, je me suis permis discrètement de donner une indication à l'acteur. Roman (*Polanski*) me fusilla du regard. Je n'ai pas recommencé. Malgré mes soucis financiers, je gardais mon calme. Je n'ai pas demandé à Roman d'accélérer. L'aurais-je fait qu'il ne m'aurait pas écouté. »* [144]

Comme il arrive dans ce métier à mi-chemin entre l'art et l'industrie, bon sang ne saurait mentir. Thomas Langmann, le fils de Claude Berri, élevé dans une famille de cinéma exceptionnelle entre sa mère Anne-Marie Berri, ses oncles Paul et Jean-Pierre Rassam et son frère Julien, liés au réalisateur Maurice Pialat, [145] encore tout jeune producteur (mais expérimenté), a remporté l'Oscar du meilleur film pour *The Artist*. Il a su être le producteur idéal pour Michel Hazanavicius, qui va continuer sa voie avec lui.

L'inverse est plus rare. Le désastre du producteur qui se met à la réalisation est un thème classique admirablement dépeint dès 1952 dans le chef-d'œuvre de Vincente Minnelli *The Bad and the Beautiful* (*« Les Ensorcelés »*), avec Kirk Douglas et Lana Turner. Dans la vie réelle, brillant producteur d'une série impressionnante de films à succès, Christian Fechner réalisa en 1993 une seule œuvre cinématographique, *Julien Trouvé ou le Bâtard de Dieu*, qui fut un désastre. L'exemple est d'autant plus intéressant que Fechner décida de se lancer dans l'aventure à la suite de ses conflits avec le réalisateur Léos Carax dont il venait de tenter de sauver le film, *Les Amants du Pont Neuf*. Sa réflexion sur la place du producteur et celle du réalisateur en était sans doute provisoirement troublée.

Quant à l'homme à tout faire réalisateur-producteur parfait, il en existe peut-être un, en deux personnes distinctes : les frères Joël et Ethan Coen, producteurs, réalisateurs, mais aussi scénaristes et même monteurs de leurs films sous un nom d'emprunt commun, Roderick Jaynes. Hollywood les a surnommés « The two headed director », le réalisateur à deux têtes, surnom lui-même réducteur car ils gèrent tous les autres postes clefs techniques… Chacun est le double de l'autre. De *Simple Blood* leur premier film en 1984, à *True Grit*, dix fois nommé aux

Oscars 2011, couronnés plusieurs fois au Festival de Cannes et aux Oscars, ils sont complémentaires et fusionnels. On voudrait lire des *memos* des frères Coen, s'ils éprouvaient le besoin d'en écrire. Mais ce n'est hélas sans doute pas le cas.

David O. Selznick nous a montré que le producteur est « l'entrepreneur » du film. S'il est vrai que, dans le contexte de l'époque, il considérait qu'il lui appartenait d'être responsable de tout, il a pu affirmer sans crainte d'être contredit dans le futur, à propos d'*Autant en emporte le vent* : *« … ni Victor Fleming ni moi-même n'aurions pu faire un aussi bon travail l'un sans l'autre ».*

Selznick nous fait comprendre le métier de producteur.

En prime, il nous fait encore rêver…

PARTIE II

Le Pouvoir à l'état pur : Lew Wasserman MCA - Universal

« Réussir à courtiser Lew Wasserman apportait la gloire, l'influence, l'argent. S'opposer à Lew Wasserman signifiait la fin de votre carrière.

Lew Wasserman. Qui connaît son nom en dehors du métier ? Ceux qui comptent, bien sûr… Quand le Pape Jean-Paul II vint en visite à Los Angeles, Lew était à sa droite tout au long du séjour. Les hommes d'influence - Henry Kissinger, Cyrus Vance, Robert Strauss et Warren Christopher - rappelaient immédiatement Lew s'il leur laissait un message téléphonique. Tous les présidents depuis Kennedy lui ont rendu hommage (…) Même Bill Clinton venait présenter ses respects aux Wasserman lors de ses longues visites en Californie. »

Dennis Mc Dougal
(*The Last Mogul : Lew Wasserman, MCA and the Hidden History of Hollywood,* Da Capo Press, 1998)

1938.

David O. Selznick a 36 ans. Il commence le tournage d'*Autant en Emporte le Vent.*

Lew Wasserman a 25 ans. Il rêve de *cinéma*. Il fait des étincelles à New York, dans l'équipe d'agents de MCA, Music Corporation of America, une société de représentation de musiciens de jazz. Créée en 1913 à Chicago par Jules Stein, l'entreprise place ses artistes dans les boîtes de nuit. Elle a pris de l'importance en passant des accords avec les stations de radio en plein développement et produit les premières retransmissions nationales de concerts et de shows sur les ondes. Stein envoie à Los Angeles un Wasserman déjà auréolé de succès prometteurs, avec pour mission de lancer une attaque foudroyante de MCA sur Hollywood.

Pendant près de six décennies de règne sur MCA, Lew Wasserman ne va rien moins que changer le système, bousculer les règles des métiers du cinéma, inverser les rapports de force des artistes face aux studios, imaginer des contrats novateurs, faire et défaire des carrières, devenir producteur et découvreur de talents. Il représente le Pouvoir à l'état pur dans une industrie en mutation qui devient la deuxième source de revenus de l'exportation des États-Unis… et, à partir des années soixante, c'est dans la vie politique américaine elle-même que son influence va s'étendre.

Durant toute sa longue carrière, il va éviter de s'exposer et fuir la presse, adoptant une attitude illustrée par la phrase clef qu'il devait répéter sans se lasser à ses collaborateurs : *« la publicité est pour les clients, pas pour nous. »* C'est pourquoi son nom n'est pas aussi connu que ceux de Sam Goldwyn, Louis B. Meyer, Jack Warner, les prestigieux *moguls* qui dirigent les studios à la même époque ; cependant c'est sur l'industrie toute entière que la puissance de Wasserman va s'exercer. Il sera sans contestation le dernier des légendaires « nababs » du cinéma, le « titan » le plus puissant de Hollywood pendant les cinquante ans qui suivirent la fin de la seconde guerre mondiale.

David O. Selznick nous a offert la possibilité de découvrir les talents du « producteur idéal ». Quand il disparaît en 2002, Lew Wasserman, lui, ne laisse pas une note derrière lui, pas un mot, juste quelques photos arrachées par des proches, l'image d'une longue silhouette maigre et de lunettes dévorant son visage, et de rares interviews calibrées pour délivrer un message calculé au cordeau. Il essaya de s'opposer aux biographies entreprises sur lui. Il recevait dans un bureau dont la table restait toujours vide, il ne signait aucun papier. Mais on ne peut pas parler du « système du cinéma » sans essayer de cerner ce personnage qui l'a transformé. Aidons-nous dans cette tâche de quelques biographes et historiens implacables et obstinés comme l'Amérique sait en produire…

– 1 –
Le père de MCA - « *Dress British, think Yiddish* »

L'histoire du cinéma regorge d'aventuriers talentueux. On ne peut aborder ce chapitre sans évoquer l'un des plus originaux d'entre eux, qui mena MCA à ses premiers succès, puis découvrit et forma le futur homme d'affaires génial qu'était Lew Wasserman : Le docteur Jules Stein, ophtalmologiste à Chicago, également passionné de musique et de business, et désireux de gagner beaucoup d'argent. Fils d'émigrants Juifs Lithuaniens installés dans l'état d'Indiana, Stein, prénommé à sa naissance Julius Caesar, était arrivé à Chicago en 1913 pour poursuivre ses études qu'il payait en jouant du violon dans l'orchestre de l'université, avec ses amis. Pendant six ans, ils animèrent des mariages et des *bar mitzvahs*. Jules n'était pas un grand musicien, mais c'était un organisateur remarquable. Il gérait les soirées du groupe, et répartissait la recette entre ses amis.

Un incident lui ouvrit de nouveaux horizons, le jour où il réserva deux concerts en même temps par erreur : faisant les comptes à la hâte, il s'aperçut qu'il serait plus lucratif de former un second orchestre pour l'occasion plutôt que d'annuler l'une des soirées. Renonçant à répéter des heures et même à jouer, il décida de se consacrer au planning des concerts et des tournées. L'affaire prenant de l'ampleur grâce à son habileté, il se vit confier par d'autres orchestres le soin de régler leurs engagements. Il commença à diversifier sa clientèle, et, de plus en plus connu, à travailler pour des boîtes de nuit. Or une époque favorable commençait pour les organisateurs de spectacles et les musiciens.

Le 16 janvier 1919, Jules Stein arrivait à la fin de ses études de médecine quand le dix-huitième amendement de la Constitution fut ratifié, puis promulgué sous forme de loi et appliqué un an plus tard.[(146)]

La Prohibition était née. Comme des milliers d'autres jeunes Américains, Stein passa la soirée du 15 janvier 1920 à boire jusqu'à l'ivresse, pour la dernière fois de façon légale...

Puisqu'il était interdit d'acheter de l'alcool et de le boire tranquillement chez soi, les boîtes de nuit attirèrent de plus en plus de clients assoiffés.

Les Blancs se grisaient en même temps de la musique syncopée que leur offraient ces *night clubs*, le jazz. La ségrégation qui régnait sur les États-Unis avait dans un premier temps limité l'accès à cette musique noire au public noir. Ainsi un génie musical comme Louis Armstrong avait-il atteint la notoriété auprès du seul public de couleur jusqu'à ce que la Mafia, par un effet inattendu de la Prohibition, profite de la relative impunité dont elle jouissait à ce moment-là pour l'inviter sur la scène d'un club de New York réservé aux Blancs où elle régnait, le Roseland Ballroom, sur Broadway.

La légende d'Armstrong était née et allait passer les frontières.

La ségrégation continuait cependant de battre son plein. Blancs et Noirs ne pouvaient se mélanger ni dans l'orchestre ni dans la salle. Les Noirs restaient sur scène, les Blancs dans la salle. Les Noirs ne pouvaient être clients. Les musiciens Noirs et Blancs n'avaient pas le droit de se produire ensemble. Des artistes aussi amis que Louis Armstrong et Bix Beiderbecke durent se cacher la nuit au fond de caves pour jouer et c'est la raison pour laquelle aucun enregistrement d'eux ensemble n'existe.

Né du chant triste des esclaves dans les champs de coton du Sud, le blues fleurit à la Nouvelle-Orléans dès le milieu du XIXe siècle, et s'épanouit dans le quartier de Redlight District, bordée de lumières rouges qui indiquaient l'entrée des bordels autour de Basin Street. On dit que le nom même du jazz viendrait du jasmin dont les prostituées se parfumaient. Cette musique addictive, enrichie d'influences d'Afrique, des Caraïbes (musique créole), du ragtime, et d'Europe, se propagea peu à peu vers le nord, et fit de ses artistes, essentiellement des Noirs, des stars. New York et Chicago en particulier en devinrent des centres passionnés.

Des boîtes de nuit comme le Cotton Club ou le *« speakeasy »* 21 Club à New York et le Green Mill à Chicago prospéraient en présentant aux Blancs les orchestres Noirs qui les envoûtaient. Le goût du public blanc pour ces soirées était tel que bien souvent les notables, clients eux-mêmes, couvraient les mafias qui s'étaient emparées de l'organisation de cette vie nocturne et décuplaient leur fortune dans le trafic de l'alcool. Mais peu à peu les gangs se décimèrent entre eux dans le sang.

Une décennie de violence avait commencé à Chicago, haut lieu de l'obsession nationale pour l'alcool, le jazz et l'argent du crime… Les concerts ne se payaient plus qu'en cash, car la confiance avait disparu. Jules Stein, comme tout les organisateurs du business de la musique, transportait ses valises de billets tous les soirs… Il était entraîné vers l'enfer. Ses musiciens étaient invités dans les *« speakeasies »* (les bars où l'on parlait facilement, la langue déliée par l'alcool) d'Al Capone, qui repéra son art de trouver les talents.

Mais l'autre aspect de la personnalité de Stein se trouvait intéresser aussi les mafias, soucieuses de cultiver des hommes respectables dans leurs relations : l'excellent ophtalmologiste voulait continuer à travailler la médecine en parallèle et aspirait à s'y faire un nom. Son ambition le portait vers un projet différent d'une réussite financière immédiate. Ce fut sa chance. Al Capone dont les hommes de la Mafia sicilienne avaient repéré le jeune médecin, estima qu'il représentait plus qu'un petit homme d'affaires ambitieux doué pour choisir des artistes dans la région de Chicago. Plus tard, il pouvait rapporter beaucoup. Il semble que Jules Stein fut très protégé. *« 'Mr Stein était un ami d'Al Capone' se souvient Charles Harris, maître d'hôtel et confident de Stein pendant quarante ans. »* (147)

Capone, lorsqu'il voulait séduire quelqu'un qui lui paraissait utile, avait l'art de montrer l'image d'un homme d'affaires puissant qui consacrait une partie de sa fortune à des œuvres charitables. Une partie de la population s'y laissait d'ailleurs prendre. Il jouissait d'une certaine réputation de bienfaiteur. Il se montra tous charmes dehors au jeune homme brillant. Tout le monde savait qu'il prenait pour le moins des libertés avec la loi… mais ce fait ne troublait pas tellement Stein lui-même !

Absence de curiosité extrême ou cécité, Jules Stein ne parut pas réaliser avant plusieurs années que Capone était capable de tuer de sang-froid. Ce ne fut que longtemps après, lorsque le chef mafieux fut arrêté et condamné en 1931, que Jules Stein prit vraiment ses distances personnelles avec lui, tardivement. Mais les liens qu'il avait tissés avec Al Capone pendant la période où MCA, son agence, commençait à se développer lui permirent de garder des relations de force avec les syndicats, qui continuèrent à le respecter toute sa vie. Parmi les relations de Capone figurait un avocat, Sidney Korshak, qui rencontra Stein à la même époque et resta toujours proche de lui, de Chicago à New York, Las Vegas et Los Angeles.

L'entreprise de Stein aurait pu réussir sous son unique responsabilité, entre les protections du gang, son art de choisir les artistes et le placement de ses orchestres. Mais il n'aimait pas travailler seul, et prit un associé, Ernie Young, avant que son frère Billie ne rejoigne l'équipe à son tour.

Ce trait de caractère peut expliquer comment Jules eut envie de prendre Lew Wasserman sous son aile plus tard, puis finalement de le laisser diriger ses affaires.

Young s'avéra trop différent de Stein, mais il était propriétaire de plusieurs noms de sociétés, qu'il avait déposés au cas où… Parmi eux, Music Corporation of America… MCA… Jules Stein lui racheta la marque et ils se séparèrent tous les deux contents. *« Jules déposa les statuts et avant de signer inscrivit dans la case ' durée de vie de la société' le mot ' perpétuelle' ».* (148)

Young n'avait pas perçu le talent de Stein, qui le remplaça par un étudiant en médecine frustré par l'échec à ses examens, Billy Goodheart. Billy se révéla rapidement un homme d'action utile et resta auprès de Stein vingt ans.

Début 1920, tandis que l'alcool circulait sous le manteau, la radio faisait ses grands débuts… Les stations se multiplièrent. Elles avaient besoin de programmes bon marché, pour remplir l'antenne non-stop du matin au soir et du soir au matin, et pour fidéliser leurs nouveaux auditeurs. MCA prit de l'ampleur… Stein passa des accords avec des boîtes de nuit pour enregistrer les concerts et les diffuser. Plus malin que ses concurrents qui se mettaient à proliférer, il sut utiliser des méthodes qui le rendirent populaire auprès de tous ses clients : il réglait d'avance les artistes avec les 50 % de la recette qu'il se faisait payer lui-même à 100 % au moment où il réservait la date du concert. Il gardait bien souvent la totalité de la différence en bénéfice. Sans doute n'oubliait-il pas d'en donner une partie aux gangs qui le protégeaient… Tout le monde était satisfait.

Diplômé de médecine en 1921, il jongla quelques années entre des activités de chirurgien apprécié et sa fonction d'entrepreneur. Placer ses artistes lui rapportait dix fois plus que pratiquer la médecine, et sa vie devenait schizophrénique. Il pouvait typiquement se retrouver face à un patient dont il vérifiait la vue, et recevoir un coup de téléphone. Le docteur Stein, ophtalmologiste, ajustait alors les lunettes de son patient tandis que Jules Stein, agent, murmurait dans le combiné : *« oui, un orchestre pour Baltimore samedi, pas de problème. »* (149)

Jules Stein resta longtemps ambivalent à propos des affaires, et ne s'éloigna jamais de son intérêt passionné pour la science. Il voulait à la fois l'argent de l'entrepreneur et le prestige de l'homme de médecine.

Dans les années 1920, au moment où MCA prenait de l'ampleur, il écrivit un papier scientifique remarqué qui fut repris par la société Zeiss Optique comme manuel d'instructions pour les optométristes.

Des années plus tard, en 1966, à Los Angeles où il vivait, riche et honoré comme président de ce qui était devenu la très puissante MCA, il devait créer le Jules Stein Eye Institute de l'Université de Californie qui reste aujourd'hui un centre de recherche sur la vue célèbre. Son nom allait ainsi être immortalisé comme bienfaiteur de la science grâce au financement généreux des célébrités de Hollywood. En tête de la liste des donateurs figurait évidemment son associé Lew Wasserman et sa femme Edie, accompagnés des noms des plus grands artistes et producteurs de cinéma de l'époque, de Walt Disney à Jack Warner, de Cary Grant à James Stewart. *« Même Alfred Hitchcock, connu pour une certaine pingrerie, se fendit d'un don de 150 000 dollars…* (plus d'un million de dollars en valeur de 2014) *Selon le chancelier de l'Université de Californie de Los Angeles (UCLA) Franklin Murphy, le 'fund-raising' de Stein dépassa en générosité tout ce qu'on avait connu à la fois dans l'histoire de l'ophtalmologie et dans celle de l'université de Californie. »* [150]

Al Capone avait vu juste : Jules Stein avait atteint le sommet de la respectabilité américaine.

Sa notoriété avait aussi fait disparaître envers lui toute trace de l'antisémitisme si répandu à Los Angeles.

1913, l'année où Stein se lançait en amateur dans le business de la musique à l'âge de 17 ans pour payer ses études, naissait Lew Wasserman, lui aussi fils d'émigrés Russes Juifs pauvres, installés à Cleveland dans le quartier de la prostitution, *« la porte vers tous les possibles ».* [151]

C'est cette même année que, fuyant les coûts de tournage qu'il considérait déjà comme trop élevés à New York, un producteur nommé Jesse L. Lasky, associé à son beau-frère, Samuel Goldfish, un marchand de gants qui avait réussi, décida d'envoyer une équipe filmer sur place *The Squaw Man*, l'histoire d'un vieux dandy anglais dans l'Ouest d'autrefois. Il mit tout le monde dans le train, sous la houlette d'un vétéran de la guerre Hispano-américaine nommé Cecil DeMille, en route pour Flagstaff, en Arizona. Mais à la gare, l'équipe, rebutée par un paysage désertique jusqu'à l'horizon, remonta dans le train, décidée à pousser jusqu'au Pacifique.

À l'arrivée, Cecil DeMille envoya à Lasky un télégramme qui devait devenir une référence historique du cinéma : *« Avons continué jusqu'en Californie. Je veux votre accord pour louer 75 dollars par mois une grange dans un endroit du nom de Hollywood. Mon meilleur souvenir à Sam. »*
« Sam » était Samuel Goldfish, qui allait devenir Samuel Goldwyn…

Dès 1907, la Selig Polyscope Company avait quitté les frimas de Chicago pour tourner à Los Angeles quelques scènes d'un *Monte-Cristo* mis en scène par Francis Boggs. Ce fut la première société à y implanter un studio de cinéma, au Sud de Hollywood, à l'emplacement actuel du centre-ville, mais ses succès restaient modestes.
Pour un budget minime, *The Squaw Man* de Cecil B. DeMille fut entièrement tourné au pied des montagnes de Santa Monica, dans le quartier aride qu'était Hollywood à l'époque, sillonné de routes poussiéreuses qui serpentaient entre les citronniers. Le nom du lieu venait, dit-on, de la femme de l'ancien propriétaire qui, le voyant par hasard sur une carte d'Écosse, l'avait trouvé pittoresque.

Le succès de *The Squaw Man* provoqua une véritable migration du métier qui quitta en masse les régions pluvieuses et éventées de la côte Est et partit à l'assaut de l'oasis de l'Ouest.

À partir de 1914, les films américains se mirent à prendre le *look* caractéristique et familier de Los Angeles : soleil, chaleur et sécheresse. On y avait la certitude de tourner avec la lumière du soleil, au moment où l'électricité en était à ses débuts. Une brochure publicitaire de la Chambre de Commerce promit bientôt 350 jours de soleil par an… Quant à la géographie, elle permettait, disait-on, de trouver les paysages de tous les pays du monde dans un rayon de 80 kilomètres ! *« Pendant qu'à New York, Chicago et Philadelphie où étaient installés les cinéastes jusqu'alors, il n'était pas rare d'interrompre les tournages plusieurs mois par ans à cause de la neige et de la pluie ».* [152]

Les *tycoons* hollywoodiens de la première génération furent des immigrants décidés à se battre pour réussir. C'étaient des hommes d'origine modeste, comme le fourreur venu de Hongrie, Adolf Zukor, Louis B. Mayer, un ancien ferrailleur Russe, ou même un escroc au verbe haut nommé Harry Cohn, élevé au Sud de Manhattan par des parents venus d'Allemagne.

À la fin du XIXe siècle, les États-Unis et le Canada connurent une forte vague d'immigration juive en provenance d'Europe centrale et de l'Est, en particulier de Russie et de Lituanie. Elle ne devait pas ralentir avant le début de la guerre de 14. Ces futurs Américains n'étaient pas persécutés comme dans leurs pays d'origine, mais mal accueillis, c'est le moins que l'on puisse dire. Dans le Middle West, il était très difficile d'être Juif à cette époque. Le Ku Klux Klan les harcelait. Ils étaient insultés, traités de *« Christ killers »* (assassins du Christ), de *« hebes »* (youpins), et, à cause de leurs noms aux sonorités en ki, de *« kikes »* [153].

La génération des parents, souvent dans l'impossibilité d'exercer leur métier de jadis, surtout les intellectuels, souffrait et se sacrifiait. Beaucoup d'entre eux étaient mal à l'aise avec la langue anglaise. Ils ouvraient des petits commerces comme ils le pouvaient et cherchaient à s'intégrer. Leurs enfants, scolarisés en Amérique, voulaient réussir. Ils avaient l'énergie et la détermination pour le faire.

Le cinéma naissant fut une force d'attraction immense pour eux. Cette industrie toute nouvelle, où ils n'avaient pas besoin de s'opposer à des intérêts existants hostiles, leur offrait la chance d'exploiter les diverses facettes de leur talent, en particulier l'imagination et le sens du commerce. Ils n'étaient pas indésirables car tout était à créer. Les barrières sociales n'étaient pas encore posées, seules existaient des opportunités pour des entrepreneurs décidés et talentueux. Ils avaient la possibilité de se battre pour trouver leur place dans la société américaine sans user leurs forces contre un *establishment* qui les repoussait.

On peut remarquer que, les mêmes causes ayant les mêmes effets, un grand nombre de Juifs doués récemment intégrés se dirigèrent vers les développements inexplorés de la médecine du XXe siècle, par exemple la cancérologie qui ouvrait de nouveaux espoirs et n'était pas encore une voie encombrée.

Considérant leurs origines, il n'est pas surprenant que les premiers chefs de studios, en particulier Adolf Zukor et Louis B. Meyer, aient engagé des auteurs et des réalisateurs qui débitaient à la chaîne pour eux des histoires de personnages modestes acharnés à faire leur place dans la société. L'exemple par excellence est *Le Chanteur de jazz*, le premier film parlant, dont le triomphe établit Warner Bros comme un des *« major »* studios en 1927.

Le jeune Lew Wasserman, à l'âge de 14 ans, adorait le film et se retrouvait dans le personnage du jeune musicien Jackie s'affrontant à son père, Cantor, traditionnel, pour suivre son propre destin.

Lew avait 17 ans de moins que Jules Stein. Il était né avec l'explosion du cinéma. Quatrième fils d'immigrants Russes Juifs orthodoxes arrivés sans un sou à Cleveland, qui ne parlaient que yiddish, le jeune Wasserman avait l'impression que les films racontaient l'histoire de sa vie. Son père avait été relieur de livres en Russie, mais aux États-Unis, il ne put trouver qu'un travail d'employé dans une épicerie, tout en rêvant d'ouvrir un restaurant. Peu doué pour les affaires, il échoua toujours dans ses tentatives. Lew observait ses parents trimer de l'aube à la nuit sans parvenir à devenir indépendants. Il réfléchit très tôt à la liberté que donnait l'argent. Il lui fallait éviter de rester un salarié. Mais pour commencer, il était obligé de travailler pour payer ses études. Dès l'âge de douze ans, il devint employé d'épicerie, puis vendit des friandises dans un théâtre burlesque.

Passé de mode depuis les années soixante, le théâtre burlesque américain connaît un retour en vogue anecdotique aujourd'hui aux États-Unis et en Angleterre. Spectacle de danse et de chant lascif interprété par des artistes atypiques, cet art, peu connu en France pendant longtemps, fut le thème du film de Mathieu Amalric *Tournée*, prix de la mise en scène au Festival de Cannes 2010. C'était jusqu'à après la guerre de 40 une des distractions bon marché les plus populaires outre-Atlantique. S'y côtoyaient quelques chanteurs de jazz, des femmes légèrement vêtues de voiles, souvent assez corpulentes et très maquillées, qui dansaient lascivement en s'effeuillant, des chansonniers en pantalons bouffants de clown qui racontaient des histoires lestes ou de lourdes blagues. Dans ces salles de spectacles, le bar et le strip-tease étaient connus pour délester les innocents du contenu de leur portefeuille…

Lew souhaitait s'échapper de cet univers. Même très jeune, il se disciplina pour ne jamais se laisser glisser vers la boisson ou subir l'emprise d'une femme. Il avait d'autres ambitions et se méfiait des addictions possibles.

C'est par le cinéma qu'il parvint à quitter son quartier. Il dévorait les magazines à quatre sous et connaissait tout sur la vie des stars. En même temps, il était bon élève, assez doué pour l'écriture et les maths…

la géométrie mais surtout le calcul mental… Ses amis du collège juif, pauvre mais très compétitif, de Glenville observaient que ses deux passions étaient d'aller au cinéma et de compter de l'argent à toute vitesse, sport dans lequel il excellait.

Lew trouva un travail d'ouvreur de cinéma, l'après-midi et le soir, au Keith 105th Street Theater. Il amenait les spectateurs à leur place et nettoyait les allées pleines de pop corn et de papiers de bonbons après la projection. Il allait à l'école à pied le matin, revenait au plus vite et enchaînait sur son travail. C'était épuisant.

« Je ne peux pas dormir, pour la bonne raison que quand j'allais à l'école à Cleveland, j'étais trop pauvre pour dormir » (154) disait-il des années plus tard.

Ses amis le surnommaient « le Vampire ».

Tout en bas de l'échelle, il tournait autour d'un métier qui l'attirait. Il emmagasinait les expériences, notait tout, remarquait chaque détail… Une de ses amies remarquera un jour : *« Aucun autre agent n'a les capacités de Wasserman. Il peut rentrer dans un cinéma et vous dire combien de pop corns contient chaque sac, combien de sacs ont été vendus, et si le cinéma a triché sur les ventes. Voilà ce qu'il peut faire ! »* (155)

Le directeur du Keith Theater faisait venir des chanteurs sur scène entre les séances de cinéma et Lew rencontra ainsi pour la première fois quelques artistes, dont un qui deviendrait son client bien plus tard, Bob Hope. Puis, abandonnant son uniforme rouge à boutons dorés d'ouvreur, il parvint à se faire engager par une agence de publicité, avant de rejoindre le service publicité d'une salle de spectacle appartenant à Warner Bros, dont le directeur avait tendance à boire. Sa sobriété et sa bonne gestion incitèrent son patron à lui laisser des responsabilités. Il avait maintenant un peu de pouvoir… et les moyens de prendre le bus qui longeait les belles demeures de Euclid Avenue. Il lisait la presse, s'intéressait à la politique locale, se familiarisait avec la carrière des propriétaires de ces riches maisons. L'un d'eux, Henry Beckerman, un avocat Juif originaire d'Europe de l'Est comme les Wasserman, était devenu une célébrité locale. Il avait une fille, Edith, qui faisait rêver Lew. C'était « la petite princesse » de son père, tout à fait inaccessible pour Wasserman.

En même temps, réunissant ses deux passions, il se mit à organiser des projections à l'heure du déjeuner dans son école. Il se tenait à l'entrée et ses camarades lui payaient au passage une petite somme qui était pur bénéfice pour lui, car de fait il empruntait une copie du cinéma où il travaillait...

Lew, poursuivait son ascension professionnelle. Il devint directeur de la publicité d'un cinéma de 2 500 places, le Circle Theatre, puis, en 1935, dans l'endroit qu'il convoitait, la plus grande boîte de nuit de Cleveland, le Mayfair Casino. Pendant ce temps, Henry Beckerman se trouva pris dans une affaire crapuleuse à sensation. Il avait perdu sa fortune dans la Grande Dépression. Lors de l'incendie d'un entrepôt arrêté à temps par les pompiers avant son explosion qui aurait menacé la moitié de la ville, on trouva dans le foyer encore brûlant des bidons d'essence qui n'avaient rien à y faire. Or cet entrepôt appartenait à la société de Henry Beckerman, Beth Realityn, qui avait arrêté de rembourser ses crédits bancaires en raison de ses difficultés. Mais l'immeuble était assuré pour un montant supérieur à la dette. Beckerman fut accusé d'escroquerie aux assurances. Cherchant à se défendre au cours d'un procès sans fin, il perdit son statut social et le reste de son argent. Sa fille Edith fut amenée à travailler dans un grand magasin de la ville et à découvrir les difficultés de la vie... Le rêve de Lew allait pouvoir devenir réalité !

La Prohibition était terminée. Mais la culture de l'époque en restait marquée. Le Mayfair Casino appartenait à un groupe de mafieux Juifs qui devait se rendre célèbre sous le nom de « The Silent Syndicate », le Syndicat Silencieux ou « The Jewish Mob », *« le Gang Juif, un groupe de quatre truands, Moe Dalitz, Lou Rothkopf, Morris Kleinman et Sam Tucker, tous membres du Mayfair Road Gang de Cleveland très connu à l'époque »* (156)

Dans les *night clubs* à la mode, on trouvait souvent des salles discrètes cachées dans des coins retirés de l'établissement. Les tripots avaient remplacé les trafics de l'époque de l'alcool interdit. Lew, très jeune, connut donc ce milieu de près, et ces mafieux de la région des Grands Lacs qui opéraient au Canada et aux États-Unis eurent de leur côté le loisir de l'observer.

Le directeur du club, un homme de paille du « Syndicat » du nom de Harry Propper, eut en effet tôt fait de remarquer que Wasserman avait le génie de la formule. Lew inventait des slogans publicitaires fracassants et se chargeait de séduire les journalistes, les invitant à boire et à s'amuser. Il parvenait à leur faire écrire presque ce qu'il voulait, réussissant parfois à rédiger lui-même leur papier. Il se révélait un artiste consommé de la manipulation et de la communication !

Quand la soirée s'avançait, Lew se promenait dans la salle, saluant les uns, plaisantant avec les autres, paradant dans l'uniforme des lieux, un superbe smoking. Pour la première fois, il se sentait à sa place. Il offrait une tournée aux clients qu'il voulait impressionner... parmi lesquels une jeune fille brune que les musiciens fascinaient, et qui adorait danser... Edith Beckerman, très gâtée, enjouée, brillante, astucieuse, arrivait au Mayfair Casino au volant d'une décapotable offerte par son père avant ses soucis financiers. Elle n'avait visiblement pas atteint les 21 ans requis pour entrer, mais personne ne s'opposait à sa venue...

Lew l'invita au Circle Theater ; elle accepta et vint avec une amie. Mais elle raconta plus tard qu'elle avait regardé Lew plus que le spectacle, et qu'ensuite elle avait passé une année entière à le séduire jusqu'à ce qu'il se décide à l'épouser. Elle le trouva immédiatement attirant et comprit qu'il pouvait lui apporter beaucoup.

Pendant cette année-là, elle fréquenta assidûment le club. Lew la présentait aux musiciens à sa grande joie et admirait son aisance.

« Lew venait du mauvais côté de la voie ; et moi du bon. Et les deux ont fini par se rencontrer » confia Edith dans une interview à l'auteur Dominick Dunne, soixante ans plus tard, ajoutant : *« Tout tournait autour du show business dans ma vie. Ma fascination pour ce milieu était naturelle car mon père était avocat du show biz et j'aurais voulu être danseuse. Mais à l'époque ce n'était pas considéré comme une carrière honorable pour une jeune fille de bonne famille. »* (157)

Lew Wasserman fit sa conquête, et avec elle celle de toute la famille Beckerman, Henry en tête, qu'il soutint pendant son procès. Il avait gagné sa compagne pour la vie, Edie, qui allait s'avérer précieuse à certains moments clefs de sa carrière. Ce couple ambitieux, non conventionnel mais inséparable, allait fasciner Hollywood.

Pendant ce temps, MCA était devenu incontournable dans le milieu musical. Jules Stein avait signé des contrats d'exclusivité avec des hôtels et des salles de bal. Il leur fournissait des artistes. Sa réputation croissant, les groupes qui n'arrivaient pas à trouver d'engagement par eux-mêmes lui proposaient de travailler pour lui. Sa liste d'affiliés s'allongeait ; il augmenta ses ambitions et varia ses prestations. Les directeurs de boîtes de nuit découvrirent que faire des affaires avec lui leur simplifiait la vie. Quand ils signaient un contrat pour un orchestre, Stein proposait en prime une gamme sans cesse grandissant de services annexe, des spectacles de danse, de l'alcool. Il acheta les concessions Rolls-Royce et Buick de Chicago et put offrir aux *night clubs* des voitures de location luxueuses bon marché pour leurs clients prestigieux…

Le succès de MCA fut ensuite décuplé grâce à la radio. Lorsque des annonceurs commencèrent à sponsoriser des programmes, Stein eut l'idée d'acheter la publicité de tranches horaires entières aux heures de grande écoute sur les postes nationaux, et d'y placer ses musiciens. Il expliqua que c'était pour mieux protéger les artistes, provoquant une vague de nouvelles signatures chez les musiciens de plus en plus désireux de rejoindre l'écurie MCA. Il commença à racheter d'autres agences de musiciens… Il avançait inexorablement.

Mais au Mayfair Casino, l'ambiance se gâtait. Des intérêts mafieux contradictoires s'affrontaient et rendaient l'atmosphère explosive. Harry Propper partit se faire oublier quelque temps. Wasserman dut gérer les situations les plus délicates en première ligne, ainsi que l'organisation des concerts du cercle. La vie nocturne de Cleveland justifiait la présence d'une équipe permanente d'agents de MCA, placée par Jules Stein pour faire tourner les musiciens de l'agence dans la région. L'un d'entre eux, Merle Jacobs, remarqua la créativité de Lew et son habileté. À la suite de commentaires particulièrement judicieux de Lew sur la gestion même de MCA, il décida de le présenter à Jules Stein. Stein lui fit une proposition qui lui sembla un pont d'or… et qui tombait fort opportunément à un moment délicat de sa carrière. Le Mayfair Casino s'apprêtait à fermer !

Lew Wasserman était engagé chez MCA à Chicago ! Enchanté et arrogant, il quitta Cleveland avec Edie en 1936 après avoir déclaré à ses amis qu'il allait prendre le pouvoir et remplacer bientôt Stein, « un vieux »… Jules Stein avait tout de même déjà 40 ans !! Lew en avait 23… C'était le début d'une relation ambigüe, faite d'admiration et d'exaspération réciproque, de confiance et d'incompréhensions, parsemée de quelques crises dont une fut presque fatale, finalement une *success story* à deux, avec ses moments d'harmonie sans nuage, qui allait durer jusqu'à la mort de Stein, près de quarante ans plus tard, en 1981 ! Le pouvoir du plus jeune devait dépasser son aîné définitivement quand Lew, presque seul à Hollywood, comprit le premier l'importance qu'allaient prendre les productions pour la télévision. Stein était son père d'adoption et avait tissé avec lui les sentiments complexes d'un homme brillant et son fils remarquable.

Chez MCA, tout le monde commençait de la même manière, par un stage au courrier ! Stein n'attendit même pas que Lew accède à ce purgatoire pour le critiquer. Dès la minute de son arrivée, il le pria vertement de filer d'urgence s'acheter des vêtements moins râpés. Mais les deux hommes voyaient tout à l'opposé, à l'exception des contrats ! Jules, petit et rond, avait une voix douce et des manières affectées. Il avait aussi sa propre définition de la classe. Il portait des costumes voyants à la dernière mode. À la suite d'une série de remarques directives de sa part, Lew abandonna ses vieilles hardes bon marché pour adopter une tenue qui lui paraissait l'image même de l'élégance : costume noir, cravate noire et chemise blanche. Très grand et émacié, il ne passait pas inaperçu. Si ces vêtements, quoique sévères, étaient adaptés à l'ambiance de la côte Est, ils allaient étonner à Hollywood, où il les porta imperturbablement au bureau toute sa vie, même sous le soleil californien le plus implacable.

Wasserman disait : *« Dress british, think yiddish »* (158).

Lew Wasserman avait le don de séduire, trouver des appuis, faire son miel des situations pour pouvoir ensuite révéler dans les meilleures conditions ses qualités de négociateur et imposer ses idées audacieuses. Il s'appuya sur un ancien de la maison, George Campbell, qui l'apprécia tout de suite à sa juste valeur. Il se laissa guider par lui le temps de comprendre les règles du jeu. Conscient de ce que lui apportait Campbell, il supportait ses conseils et même ses réprimandes. Ce fut sans doute la seule période de sa vie où il accepta de se faire remettre à sa place par quiconque, en l'occurrence par un homme animé de bonnes intentions à son égard, qu'il respectait car il se sentait reconnu par lui. Puis, envoyé à la Foire du Michigan la liste des talents de MCA en main, Lew revint en triomphateur, ayant signé beaucoup plus de contrats de musiciens que Jules Stein n'en espérait pour le premier essai de son poulain.

Très vite, il se fit apprécier des clients de l'agence. Sa réputation grandit dans le milieu du spectacle : lorsque Lew estimait qu'un artiste avait du talent, il considérait que son agent devait répondre à ses moindres demandes. Il se mettait à la disposition de ces artistes-là, souvent les plus difficiles. Il savait se montrer enjôleur et disponible pour les satisfaire, tout en faisant preuve d'une fermeté d'airain qui les rassurait. Certains des clients les plus connus de MCA vivaient à New York, et réclamèrent la présence de Lew. Jules Stein lui demanda donc de venir s'y installer avec sa femme.

MCA avait engagé la guerre contre l'agence William Morris. Outre des musiciens et des orchestres, l'agence de Stein représentait maintenant toute sorte d'artistes de music-hall. Un de ses agents, Irving Lazar, surnommé « Swifty » par Humphrey Bogart à cause de sa rapidité en affaire, avait quitté MCA pour devenir indépendant, laissant un vide derrière lui. Lew était vraiment attendu ! Son efficacité et son caractère affirmé semèrent vite la terreur chez les collaborateurs de la maison, qui le voyaient déjà comme le futur remplaçant du directeur, Billy Goodheart. Lew commençait à être craint. Il était capable d'être plein de charme, mais entrait dans de violentes colères en face d'erreurs ou de signes d'incompétence.

Mais sa femme et lui ne se plaisaient pas à New York. Lew n'était pas passionné par le milieu de la musique. Il regardait vers l'Ouest et vers le cinéma. Jules Stein l'envoya avec Edie à la conquête de Hollywood.

– 2 –
Los Angeles, enfin !

1938. Les studios sont tout-puissants. Louis B. Meyer règne sur MGM, Harry Cohn sur Columbia, Jack Warner sur Warner Bros, Adolf Zukor sur Paramount, David Sarnoff sur RKO. Outre les contrats d'exclusivités qui lient les talents à eux pour sept ans, outre la production et la distribution, toutes les salles de cinéma des États-Unis appartiennent aux cinq *« major »* studios, qui les ont ouvertes eux-mêmes ou rachetées à leurs propriétaires. Seul Columbia n'en a pas, ce qui le maintient à un niveau plus modeste.

À Washington, le gouvernement fédéral se préoccupe déjà de leur situation de monopole. Les représentants de tous les studios sont convoqués par le Président Roosevelt à la Maison Blanche en présence du ministre de la Justice. Un comité de réflexion sur l'industrie est formé. Des investigations ont lieu au Congrès sur les différentes pratiques du monopole. Les élus essayent de faire voter une loi interdisant la distribution de paquets de films groupés (*« Ban block booking »*) ou la vente de films non visionnés par le client (*« Blind selling »*). Mais la loi antitrust attendra 1948 pour être votée. Le pouvoir des « nababs » est au zénith. Rien ne paraît pouvoir l'atteindre.

Jules Stein vient d'ouvrir des bureaux à Los Angeles, où il mène grand train. Il veut que la ville comprenne qu'il arrive en conquérant. Il a fait construire le siège social de MCA, une clinquante maison à colonnades blanches de style georgien, et trône dans un bureau ovale auquel il accède par un ascenseur privé. Il a fait démonter en Angleterre les boiseries, les parquets et la cheminée du XVIIe siècle d'un bureau qu'il a fait transporter à Los Angeles pour lui. Une salle de projection et diverses luxueuses finitions achèvent de faire jaser les journalistes. Devant les bureaux, il placardera bientôt sans se gêner un écriteau proclamant « Square MCA », en remplacement du nom officiel de la rue, « Burton Way ». Stein veut se faire remarquer, il est volontairement voyant à l'extrême.

Jules et sa femme Doris ont loué l'ancienne maison de Douglas Fairbanks et Mary Pickford sur la plage de Santa Monica, avant d'acheter « Misty Mountain », une immense propriété qui domine toute la ville. Ils reçoivent le gratin de Hollywood, et se lient avec William Randolf Hearst, le magnat de la presse qui inspira Orson Welles pour son film *Citizen Kane*, et son amie l'actrice Marion Davies, avec qui Doris s'affiche quotidiennement dans les boutiques à la mode. Ils collectionnent les œuvres d'art et font parler d'eux. Jules apprend de Hearst comment utiliser la presse, y compris la rubrique people de l'époque, tenue par des journalistes spécialisées dans les rumeurs et ragots. Il n'hésite pas à confier à Hedda Hopper, l'une de ces *« gossip columnists »* redoutées : *« Je serai le roi de Hollywood un jour. »* (159)

Lew et Edie Wasserman s'installent dans une petite maison proche du bureau, où Lew travaille 14 heures par jour sept jours par semaine comme *« junior agent »*. À Cleveland et à Chicago, il a rodé avec succès ses dons pour la communication, il a fréquenté les politiciens, les hommes d'affaires, la presse ; il s'est montré disert, il a joué avec les formules choc de publicité qui lui viennent facilement, il a appris à placer les commentaires de son choix dans la bouche même des journalistes. Ses expériences, ses petits boulots de jeunesse, ses soirées au Mayfair Palace lui ont permis de sentir le public et de comprendre le business. Et sur les questions financières, il est le plus rapide de sa génération.

Depuis son enfance, il a suivi passionnément dans les magazines les récits sur les acteurs et la vie à Hollywood. Il est obsédé par ce milieu. Il est enfin là où il voulait se trouver. Il a toujours autant de charme quand il veut, mais il sait rester méfiant : Il a connu la Mafia juive de Cleveland, et a appris à être prudent et manipulateur autant que hardi.

Maintenant Lew Wasserman veut simplement réussir. Plus loin que quiconque ne peut l'imaginer. Il se concentre sur les objectifs fixés par Jules Stein. En plus de ses qualités et de son expérience, son intérêt sincère pour les personnalités de talent et sa capacité de travail hors du commun vont le servir.

En 1938, MCA produit 90 % des shows musicaux retransmis à la radio. Au bureau de Los Angeles, d'autres jeunes agents s'occupent des musiciens et des orchestres. Lew, lui, est venu pour le cinéma. La culture américaine des comédies musicales qui font fureur à Broadway comme à la radio, se prolonge vers le cinéma dès le début du parlant. L'agence de Jules Stein a commencé sa fortune avec la musique. Son ouverture vers le cinéma est logique. Les mêmes artistes peuvent chanter et danser à l'écran comme ils le font en scène, avant de devenir, on l'espère, des acteurs à part entière.

Mais dans ses débuts, Lew a peu d'acteurs comme clients personnels. Jules Stein souhaite utiliser la fortune déjà établie de MCA pour racheter des agences entières représentant des acteurs et des réalisateurs plutôt que de guetter des opportunités isolées et de chercher à attirer un par un les talents sous contrats avec les studios. Stein est un homme pressé. Pour réussir ces achats, il dépense sans compter et n'hésite pas à distribuer des titres ronflants au sein de MCA et des avantages conséquents aux concurrents qu'il neutralise ainsi. Hollywood est déjà une industrie prospère et le pas-de-porte est cher car les agences sont lucratives.

Lew s'immerge dans la politique de Jules. Comme tous les jeunes agents de Hollywood, plus qu'eux pour réussir plus vite, il n'a plus de temps pour sa vie personnelle. Il observe, apprend et entreprend une réussite discrète puis fulgurante. Ces premiers temps sont marqués par des difficultés et des frustrations en même temps qu'il réfléchit en permanence sur la stratégie à suivre.

Sur le plan familial, Edie Wasserman est bientôt enceinte de son seul enfant, une fille, Lynne Kay, qui naît le 18 octobre 1940. La petite princesse de Henry Beckerman ne se sent absolument pas l'âme d'une mère de famille. C'est son seul point commun avec la femme de Jules, Doris, qui elle, au moins, a les moyens de rouler en Rolls. Toutes deux cherchent en vain – et séparément – à se faire remarquer de la presse people. Edie engage un attaché de presse pour tenter de faire parler d'elle et de se faire accepter. L'échec de la démarche ne lui fait pas comprendre dans un premier temps une des caractéristiques de l'époque à Hollywood : la société huppée y est aussi antisémite, à sa manière, que celle des villes de la côte Est. Tous les country clubs chics de la ville excluent les Juifs. [160]

De plus, Edie a une immense impression de solitude, car elle ne voit quasiment pas Lew, qui travaille nuit et jour pour un salaire qui lui paraît médiocre… et enrichit Jules Stein ! Elle en veut à Stein, déteste sa femme qui le lui rend bien… Elle est encore loin d'avoir trouvé sa place dans le système de son mari.

– 3 –
L'agent dont on parle

Hollywood était donc avant-guerre une place forte antisémite, malgré la présence des *moguls* Juifs à la tête des studios.

De plus le monde du cinéma n'avait pas attendu MCA pour fonctionner. L'agence artistique était incontournable pour la musique, mais devait trouver sa voie pour s'imposer dans ce qui était déjà un bastion et éviter de se cantonner dans la clientèle des chanteurs éventuellement capables de faire une nouvelle carrière à l'écran.

Encouragés par leurs agents qui touchent des pourcentages, les acteurs sont attirés par les hauts salaires et la sécurité. Aussi ont-ils commencé par se précipiter sur les contrats traditionnels de sept ans que les studios leur offraient. Mais au fil du temps ils ont compris qu'en agissant ainsi, ils se mettaient entièrement dans les mains de « leur » studio qu'ils ne pouvaient défier sous peine de se retrouver boycottés par tout le métier. Impossible de refuser un rôle sans courir un risque. Impossible de tourner avec un acteur d'un studio concurrent. La rose a des épines !... Pourtant peu d'artistes remettent réellement en cause le système.

En effet, les studios, qui tiennent évidemment à ces longs contrats, ont compris qu'il fallait rendre la vie délicieuse à leurs stars et les satisfaire pour compenser la rigidité des accords, afin qu'elles donnent le meilleur d'elles-mêmes et signent à nouveau en fin de contrat. Le succès des films dépend de la présence des acteurs aimés du public. Les salaires ont donc monté en flèche, entre rémunérations et avantages dispendieux. Le *« star system »* coûte cher aux studios.

Des producteurs comme Irving Thalberg, à la MGM, traitent les acteurs comme des enfants qu'il faut gâter et dont on doit supporter les caprices avec grâce, compte tenu de leur émotivité. Thalberg pense également qu'il ne doit pas se mettre en valeur mais laisser les acteurs sur le devant : sa théorie est que si l'on est en position de donner la première place, c'est qu'on n'en a pas besoin soi-même.

Lew Wasserman va s'inspirer de ces réflexions qui correspondent bien au pouvoir de l'impresario tel qu'il le conçoit. Il se met entièrement à la disposition du moindre désir des acteurs qu'il souhaite amener à l'agence.

Betty Grable lui donne l'occasion de faire ses premières armes.

Jules Stein avait remarqué cette toute jeune chanteuse, dotée d'une jolie voix et d'un physique. Il eut l'intuition qu'elle pouvait devenir une star. Contrairement à sa stratégie habituelle d'achat d'agences entières, il décida de prendre sa carrière en mains. Elle n'avait aucun contrat pour le cinéma. Pendant un an, il lui fit faire des tournées avec un orchestre de jazz dont MCA s'occupait puis il la présenta habilement à Darryl Zanuck et confia ses affaires et la gestion de son image à Lew Wasserman.

Car Betty avait un problème : la réputation sulfureuse qu'elle avait acquise au cours des tournées risquait de casser sa carrière naissante si les *« gossip columnists »* s'en emparaient.

En effet, depuis 1930 était appliqué le « code de production Hays », du nom de son rédacteur William H. Hays, un politicien de Washington qui fut de 1921à 1945 le premier président de la Motion Picture Producers and Distributors of America (MPPDA). Une censure draconienne issue de ces préceptes, méticuleusement renforcée à partir de 1934, fut officiellement appliquée par les studios... jusqu'en 1968 !

Ce texte puritain était né en réaction contre le *« sex appeal »* que s'étaient mis à déployer généreusement les actrices dans des films où les histoires d'amour sensuelles captivaient les audiences. Des révélations de la vie privée de certaines stars achevèrent le scandale : le divorce de Mary Pickford pour épouser Douglas Fairbanks ainsi que l'assassinat d'un dénommé Taylor, réalisateur du studio de Jesse Lasky, crime de la jalousie contre un artiste dont la vie fort compliquée s'étalèrent dans la presse. Médisances et calomnies amplifièrent les passions. Le montant des cachets des vedettes à la vie dissolue devint un objet de débat... Le moindre potin prit de l'ampleur. Pasteurs et ligues de vertu féminines crièrent au scandale.

William H. Hays était donc entré en action. Le code de production à son nom commença bientôt ses ravages.

Trois principes généraux formaient l'armature de son texte :

« - Aucun film ne sera produit s'il doit amener à entamer les références morales de ceux qui le verraient. Ainsi la sympathie du public ne devrait jamais être attirée du côté du crime, des mauvaises actions, du mal ou du péché.

- Les standards de vie présentés seront corrects et limités aux besoins de l'action et du divertissement.

- La loi, de la nature ou établie par l'homme, ne sera pas ridiculisée, pas plus que sa violation ne devra susciter la sympathie. » [(161)]

Suivait un catalogue de 17 restrictions, les « applications particulières » imposées aux films. À sa lecture, on se demande comment on pouvait encore tourner des films attractifs. C'était le règne de la pure vertu...

La nudité était interdite, le mariage et le domicile étaient qualifiés de sanctuaire, les baisers « excessifs et sensuels » devaient être évités, l'homosexualité, qualifié de « perversion sexuelle », ne devait pas être mentionnée... Le drapeau américain devait être respecté, et les pays étrangers représentés de manière honnête... Bref, le « bon goût » était obligatoire, défini de façon puritaine et restrictive. L'adultère, « sexe illicite », bien que reconnu comme parfois utile au scénario, ne pouvait être ni explicite ni justifié, et ne devait en aucun cas être présenté comme une option attirante… Le monde était blanc et noir, le péché omniprésent, et la culpabilité inévitable.

La quintessence des valeurs appréciées par la commission Hays se retrouve par exemple dans certains films particulièrement bien pensants interprétés par Doris Day ou Rock Hudson.

Une commission épluchait donc scénarios et films, les ciseaux à la main… Des journalistes s'empressèrent de s'appuyer sur cette vague de puritanisme pour faire carrière dans la traque et l'exposition d'éventuels « dérapages » de la vie privée des stars. Le risque était grand pour un acteur, car si l'opinion publique le blâmait, sa carrière était affectée, voire compromise.

Bâtissant leur succès sur des indiscrétions assassines distillées dans un style accrocheur, Walter Winchell, Louella Parsons, Edda Hopper et une poignée d'autres chroniqueurs aussi puritains que mal intentionnés, semèrent littéralement la terreur dans les milieux artistiques pour le plus grand plaisir de leurs lecteurs… et des patrons de presse. Winchell proclamait que ses meilleurs scoops venaient de ceux qui avaient promis de garder un secret, et disait volontiers de lui-même : *« c'est vrai, je ne suis qu'une ordure »*, Louella Parson et Edda Hopper rivalisaient de méchanceté. Hopper, peut-être la plus sadique des deux, persécuta Charlie Chaplin sans répit dans les années quarante, tant sur ses idées politiques que sur sa vie privée, au point qu'elle porte une lourde responsabilité dans son choix de quitter les États-Unis en 1952.

Soucieux de protéger Betty Grable, Lew s'appuya sur ses expériences de presse de Cleveland, mais décida de changer d'attitude et de se faire discret. Il ne se mettait plus lui-même directement en première ligne, comme à l'époque des joyeuses soirées avec les journalistes qu'il invitait au Mayfair Casino. Sa nouvelle règle d'or était de rester dans l'ombre tout en intriguant. (*« La publicité est pour les clients, pas pour nous. »*) [162].

Il réussit. En 1940, Miss Grable, représentée par MCA, signa pour sept ans avec la Fox et devint la *pin up* chérie des Américains pendant toute la guerre, au-delà des écrans où elle connaissait le succès. Les GI's emportèrent ses photos avantageuses au front. Ses proportions magnifiques étaient affichées partout et ses jambes assurées un million de dollars !

D'une débutante tirée de l'ombre, Lew passe à une star au sommet de sa carrière. Utilisant MCA plus comme un bureau de renseignement et de manipulation que comme une agence artistique, Wasserman réussit à approcher Bette Davis et à gagner sa confiance. La nouvelle qu'elle devient sa cliente va faire de Lew l'agent dont tout le monde parle. Connue pour ses exigences financières autant que pour son extravagance, Miss Davis court en permanence le risque de voir sa vie tumultueuse attaquée dans la presse, et sa carrière gravement éclaboussée. Lew va la rassurer et la guider. Du jour où il devint son agent, en 1941, il se rendit toujours libre pour être à ses côtés quand il estimait qu'elle avait besoin de lui, sur les plateaux comme dans le bureau de Jack Warner avec qui la liait l'inévitable contrat de sept ans… ou, quand il le fallut, quelquefois, entouré des meilleurs avocats, devant la justice. Il lui consacrait des déjeuners amicaux pour qu'elle oublie la relation d'affaires et le considère comme son ami… méthode qu'il adoptera dorénavant avec tous les artistes de talent, ses clients… ou futurs clients.

– 4 –
La Cantine de Hollywood

Cependant la guerre menaçait. Paradoxalement, dans un premier temps, son imminence n'atténua pas l'antisémitisme à Hollywood : Les studios, dirigés par des Juifs, voyaient pourtant avec contrariété les marchés européens se fermer à certains films suspects aux yeux de nazis qui épluchaient les génériques.

L'attrait des recettes restant fort, les producteurs cherchèrent dans un premier temps à se justifier en réponse aux questions des censeurs allemands. Ils n'hésitaient pas à prétendre que tel ou tel acteur ou réalisateur était aryen, Écossais ou Canadien d'origine... (163)

Mais la situation devint intenable. La chape de plomb du nazisme s'étendit. Les tournées des chanteurs de la MCA en Europe se mirent à battre de l'aile. L'agence souffrait et dut fermer son bureau de Londres.

Il fallait aussi compter avec la conscription, qui commençait à priver Hollywood d'acteurs aimés du public qui garantissaient des entrées. L'ambiance était sombre.

Cependant la guerre allait donner à Lew Wasserman l'opportunité de prendre un pouvoir prépondérant et de « changer de catégorie sociale ».

Pour commencer, il signa son premier contrat d'un million de dollars (Plus de 14 millions de dollars en valeur de 2013) pour un acteur… Ronald Reagan, le futur Président des États-Unis, un de ses premiers clients personnels, et un homme de sa génération ! C'était un montant historique pour celui qui, au faîte de sa carrière d'acteur, devait être surnommé « l'Errol Flynn de la série B ». Lew lui avait conseillé entre autre de jouer dans un film de Sam Wood, *Kings Row*, où Reagan interprétait un jeune garçon amputé des jambes à la suite d'un accident, qui s'écriait en sortant du coma : *« Where's the rest of me »*… La réplique qui devint si célèbre que l'acteur l'utilisa comme titre de son premier livre, des mémoires de son métier de comédien... (164)

Le film connut un succès immense.

Reagan était réserviste depuis 1937. Suivant toujours les conseils de Wasserman, il jonglait entre les reports de conscription pour divers motifs : paternité, tournages commencés… De 1941 à 1942, Lew joua finement entre l'administration et Jack Warner pour garder Reagan sur les écrans. En 1942, Reagan tourna un dernier film, un sujet mélodramatique sur un blessé de guerre, qui fut un encore un succès.

Il partit pour l'armée sur ces entrefaites. Lew s'en fut aussitôt chez Jack Warner pour renégocier une nouvelle fois le contrat de son client, lui assurant une place de choix dans les productions d'après-guerre. Dans l'intervalle, bien sûr, le lieutenant ne pouvait pas tourner, mais la nouvelle du contrat fabuleux à sept chiffres allait se propager dans Hollywood. Lew gardait le goût de son enfance pour le calcul rapide. Le fin mot sur ce montant est raconté par Reagan lui-même dans son autobiographie d'acteur :

« Un point du contrat me tracassait. Tous les contrats sont pour quarante semaines par an. Le mien était pour quarante-trois. Cette demande spéciale de Lew tracassait Jack Warner aussi. Quand toutes les virgules furent en place, J. W dit à Lew : « Maintenant pouvez-vous me dire pourquoi j'ai signé le seul contrat de quarante-trois semaines de toute l'industrie ? » Lew fit une grimace comme un enfant pris les doigts dans le pot de confiture. « Je savais que vous n'iriez pas au-delà de 3 500 dollars (par semaine) », (soit 50 000 dollars en valeur de 2014) *dit-il, « et je n'ai jamais*

rédigé un contrat d'un million de dollars jusqu'à maintenant – alors trois semaines de plus pendant sept ans en font ma première vente d'un million de dollars. » [165]

Avec la guerre commença l'aventure étonnante de « La Cantine de Hollywood », une autre étape dans la carrière de Lew Wasserman. La légende veut que John Garfield et Bette Davis en soient à l'origine. John Garfield enrageait de ne pas pouvoir s'engager pour des raisons de santé, et Bette Davis trouvait amusante l'idée de danser aux bras de valeureux GI's en permission. Ils s'adressèrent à Jules Stein, qui accepta leur projet d'organiser des soirées de détente pour les soldats avec toutes les stars de Hollywood. Il comprit immédiatement l'avantage qu'allait en tirer MCA en termes d'image et peut-être au-delà… et il finança donc cette « Cantine ». Sa femme Doris prit même la tête du comité d'organisation et des hôtesses qui accueillaient les militaires.

Un règlement strict précisait que l'alcool était interdit et que les soldats n'étaient pas autorisés à voir les stars en dehors de la Cantine. Les soldats de couleur, Noirs, Philippins ou Latinos n'étaient pas admis, au prétexte que leur présence risquait de provoquer des rixes ! Ils pouvaient se faire tuer au front, mais n'avaient pas droit au repos du guerrier. Mais à cette époque de ségrégation, cela ne choquait personne. Les quelques acteurs noirs de Hollywood étaient rares, et il fallut attendre 1967 pour que Sidney Poitier puisse être à l'écran le héros d'une histoire d'amour interraciale dans *Devine qui vient dîner ce soir ?*, [166] dont le sujet provoqua une grande émotion aux États-Unis. Mais à la Cantine, tous les soirs sauf le dimanche, jusqu'à 2 000 personnes dansaient au son des meilleurs orchestres dans la salle aménagée en *saloon* traditionnel, après que 300 volontaires aient vérifié leurs identités…

La communication était surveillée comme le lait sur le feu, de sorte que, s'il y eut d'inévitables dérapages dans la chaleur de l'ambiance, la presse en donna toujours une version édifiante. Lew Wasserman veillait au grain sans se montrer, y compris en ce qui concernait sa vie personnelle et familiale dont il se mit à surveiller l'image avec attention.

Car s'il ne fréquentait pas souvent ces soirées, sa femme Edie participait avec plaisir à leur animation. Après ses premiers mois d'isolement et de frustration à Los Angeles, elle trouva à la Cantine la reconnaissance sociale, un divertissement, et une façon bien à elle d'aider à la carrière de son mari. Elle commença ainsi à trouver sa place dans la communauté de Hollywood, et même à sa tête, reconnue comme une puissance montante et joyeuse aux côtés de son mari qui la protégeait. Gaie, enjouée, excellente danseuse, elle y passait ses soirées et accompagnait les tournées de musiciens organisées à travers le pays pour la même bonne cause. Par la suite, devenue amie des artistes qu'elle connaissait si bien après ces folles années, elle continua à mener une vie sociale intense.

Lew y trouva grand profit. Edie était partout où il fallait être. Elle déjeunait et dînait avec des acteurs qu'elle amenait innocemment vers son mari. Lew consacrait sa vie entière à son travail, Edie y ajoutait sa manière d'être chaleureuse et son sens des relations. Le couple se mit à former une véritable équipe, non conventionnelle, mais redoutablement efficace et soudée, sans que les commères de la presse hollywoodienne y trouvent à redire. Ce n'était pas le moindre des miracles de l'habileté de Wasserman, dans cette ville où chacun épiait chacun en quête de ragots, prêt à casser les carrières au nom du puritanisme ambiant.

Car si Edie séduisait, elle se laissait aussi séduire. Son amour de la vie prenait le dessus après ces années de solitude à attendre en vain le retour de Lew du bureau et à essayer de s'occuper de leur fille qui l'ennuyait. Tandis que Doris Stein coupait les rubans d'inauguration, organisait le programme quotidien des réjouissances et posait pour des photos convenues, Edie s'amusait, dansait et entraînait les actrices à la rejoindre sur la piste avec les GI s, laissant sa petite Lynne Kay sous la garde de sa nurse. Elle s'afficha au bras de quelques amis lors de week-end à Las Vegas… Lew Wasserman la laissait faire et l'observait sans vouloir la quitter pour autant, loin de là. Mais il n'arrêtait jamais de travailler. Après ses journées de travail pour MCA, il enchaînait la nuit comme volontaire de la défense civile… Il ne participait pas intensément à l'effort de guerre. Cependant, il semblait établi aux yeux de tous que son exemption de service militaire actif était positive pour « la santé, la sécurité et l'intérêt général » !

La Cantine de Hollywood s'avéra extrêmement bénéfique pour tous ses organisateurs. Il devint évidemment impossible d'éviter le moindre débordement sensuel des soirées. Des romances se nouèrent entre des soldats et des stars, malgré la « règle du jeu. » Les GIs avaient du mal à résister à la taille fine de Paulette Goddard ou au décolleté de Lana Turner. Mais les actrices étaient triées sur le volet et les pestes, curieuses ou méchantes n'étaient pas conviées. Personne ne critiqua Bette Davis pour avoir payé de sa personne avec entrain tous les soirs quelques jours seulement après la mort subite de son mari Arthur Farnsworth, avant de tomber sous le charme du jeune Caporal Lewis A. Riley… La communication organisée de la Cantine laissa filtrer l'image de l'amour triomphant face à la guerre… Lorsque son beau militaire repartit vers le front, Bette Davis reprit son rôle d'animatrice avec cœur… *« La dernière chose dont Jules Stein avait besoin était que son entreprise soigneusement orchestrée soit présentée au public comme un sorte de bordel de célébrités, avec sa propre femme jouant le rôle de 'Madame'… »* (167)

Mais aucun dérapage n'eut lieu. Jules Stein se sentait l'âme d'un valeureux patriote, ce qui ne l'empêcha pas de gagner beaucoup d'argent. Tout était gratuit pour les participants, et le buffet abondant, fourni par des entreprises qui sponsorisaient la fête ; et sous couvert de participer à une action pour le moral des troupes, Jules obtint que le studio Columbia reverse une partie de ses recettes à l'édifiante organisation.

Deux ans après ses débuts, la Cantine était devenue un succès phénoménal.

De son côté, jouant sur l'image de l'effort de guerre, Lew Wasserman avait décidé exceptionnellement de s'exposer et posait pour des photos convenues. Il intrigua auprès de Warner et de la Screen Actors Guild (la SAG), le Syndicat des Acteurs, pour qu'un film soit tiré de l'aventure, réunissant toutes les vedettes qui venaient danser, avec publicité et fortune à la clef pour l'agence : en effet, Warner accepta et donna même une avance substantielle sur les recettes et la SAG les autorisa à céder leurs salaires à la Cantine pour la bonne cause… Réalisé par un scénariste metteur en scène de westerns, Delmer Daves, le film fut un succès. Le générique alignait une liste de noms si célèbres qu'il fallut les présenter par l'ordre alphabétique. En vérité, la Cantine de Hollywood était une mine d'or !

Après la guerre, il fallut bien arrêter cette fête permanente qui n'avait plus de raison d'être. L'abondance des fonds recueillis justifia la création d'une fondation financière qui disposa pendant des années d'une réserve conséquente à destination d'œuvres de charité…

Alors que Doris Stein et Edie Wasserman se détestaient plus que jamais, cette entreprise joyeuse et lucrative sur fond de patriotisme avait rapproché Jules Stein et son habile collaborateur, Lew. Ils étaient devenus inséparables. Les méthodes de prédateur de Stein et la rapidité de ses succès l'avaient fait surnommer par Hollywood « Octopus », la Pieuvre. Le surnom fut appliqué à MCA, et devint célèbre lorsqu'il fut repris en 1946 par un juge fédéral, Leonard Posner, dans ses conclusions contre la MCA, lors d'un procès historique en abus de position dominante qui allait profondément blesser Lew Wasserman et lui faire découvrir l'importance que pouvait avoir le pouvoir politique dans sa réussite personnelle. (168)

– 5 –
Agent et ami du roi de Hollywood

Conforté par les succès de la guerre et de la Cantine de Hollywood, apprécié par de nouveaux clients célèbres, intime de Jules Stein qui le consultait maintenant à propos de tout, Lew Wasserman se trouvait en position de donner sa mesure.

Nommé directeur général de MCA en 1946, à 33 ans, il allait initier l'ère des grands changements. Stein restait président, mais laissait Wasserman pratiquement diriger la compagnie. Lew était reconnu comme le plus grand agent de Hollywood. Mais il n'avait toujours pas accès au capital de MCA, qui restait dans les mains de Stein.

Pendant ce temps, parmi les agences artistiques concurrentes que racheta MCA à cette époque se trouvait l'agence Hayward-Deverich, créée par deux agents qui s'étaient associés pour absorber la célèbre agence de Myron Selznick, disparu brutalement en 1944. Ils représentaient bon nombre des plus grandes stars de Hollywood : Billy Wilder, Ben Hecht, Judy Garland, Henry Fonda, James Stewart, Fred Astaire, Gene Kelly… et Alfred Hitchcock, devenu l'un des réalisateurs les plus en vue au cours de ses années sous contrat avec David O. Selznick. Le maître du suspense régnait sur Hollywood par son talent, et était devenu une véritable coqueluche en raison de son charme ravageur et de son humour.

En fait, Hitchcock était hostile à l'idée d'avoir un agent. Déçu par Myron Selznick qu'il avait gardé jusqu'à sa mort en raison de la puissance de son frère David, il estimait qu'il n'avait plus besoin de personne maintenant qu'il avait créé sa propre société de production, Transatlantic Pictures, une association avec Sidney Bernstein. Il n'avait supporté que trop longtemps son agent, Myron, de moins en moins efficace, et son producteur, David O. Selznick, tyrannique jusqu'au bout malgré des efforts dans les dernières années pour s'améliorer… et garder le contrôle du réalisateur vedette ! Hitch n'aspirait qu'à l'indépendance, tant par rapport à ses agents qu'à ses producteurs, même s'il prolongea son contrat de plusieurs années avec DOS par prudence pour s'assurer de travailler dans les débuts de sa société qui ne fonctionnait pas encore selon ses espoirs. (169)

Mais Leland Hayward qui avait repris l'agence à la mort de Myron, à l'origine un agent littéraire, était un de ses bons amis et il appréciait Nat Deverich. Il avait donc laissé leur agence le représenter « en théorie ».

Lorsqu'en 1945, Hayward et Deverich décidèrent de vendre à MCA pour devenir producteurs à Broadway, Hitchcock voulut quitter l'agence. Mais il rencontra Wasserman, qui avait 32 ans (soit près de quinze de moins que lui), et vit en lui *« un semblable, un homme d'origine modeste qui se réinventait en homme de l'avenir ».* (1) Contrairement à la plupart des gens, Wasserman savait aussi bien écouter que parler, fixant ses interlocuteurs d'un regard intense. Il avait acquis une réputation d'homme raisonnable qui promettait beaucoup, mais honorait ses promesses. *« C'était un visionnaire dans son domaine, un homme puissant dont le pouvoir ne cessait de grandir. »* (170)

Hitch décida donc de rester chez MCA. Lew eut très vite l'occasion de lui montrer sa vraie personnalité : il se distinguait par une énergie sans pareille et une disponibilité totale pour ses clients, doublées d'une capacité de convaincre hors du commun et d'idées originales remarquables dont on ne comprenait généralement la portée que plus tard, lorsqu'on appliquait les accords.

Hitchcock produisait pour la première fois, avec sa propre société Transatlantic, en 1948, le film *Rope* (*« La corde »*) qu'il réalisait. Il souhaitait engager Cary Grant, qui déclina sa proposition. Les banques refusèrent de suivre l'artiste lorsqu'il proposa le nom de James Stewart, pourtant une immense vedette après un certain nombre de succès qu'il avait tournés avant de s'engager pour la guerre, comme *The Philadelphia Story* de George Cukor (*« Indiscrétions »*), qui lui apporta l'Oscar 1941 du meilleur acteur, ou *The Shop Around the Corner* de Lubitsch (*« Rendez-vous »*).

En 1946, Stewart était toujours l'une des plus grandes stars du *box office*. Il venait de triompher dans le film de Capra *It's a Wonderful Life*

(*« La vie est belle »*). Mais Hitch sentit que sa rude expérience de la guerre avait changé Stewart qui, *« marqué et sans illusions, n'était plus le même homme et avait besoin de rôles plus consistants que par le passé. »* (171)

Il lui proposa d'interpréter un personnage très différent de ceux qu'il avait joué jusque-là.

Quand ses financiers l'abandonnèrent, parce qu'ils ne voyaient le comédien que dans des rôles légers, l'artiste se trouva dans une impasse. Le film était menacé.

Stewart était client de Wasserman comme Hitchcock. L'agent réussit à convaincre l'acteur de renoncer à son cachet habituel, important, en faveur d'un pourcentage sur les recettes. Aujourd'hui plus répandue, (au moins pour une partie du cachet des stars), cette proposition était révolutionnaire.

*« Stewart, qui depuis peu de temps n'était plus sous contrat avec un studio, gagnait entre 175 000 et 200 000 dollars par film (*entre 2 millions et 2, 5 millions de dollars en valeur de 2014*). Ses pourcentages sur* La corde *atteignirent 300 000 dollars (*3, 6 millions de dollars en valeur de 2014*). C'était un coup de maître pour Wasserman qui prouvait ainsi à Hitchcock qu'il était un homme sur qui il pouvait compter. »* (172)

Ainsi commença une relation intense qui allait durer jusqu'à la mort du cinéaste. Le plus grand agent de la place, Lew Wasserman, avait pour client et ami le roi de Hollywood, Alfred Hitchcock… il allait devenir son conseiller omniprésent.

Prenant en main l'ensemble des discussions sur le film, Wasserman obtint de Warner Bros, le coproducteur distributeur, que le nom d'Hitchcock soit présenté au-dessus du titre du film. Le réalisateur, dix ans après son arrivée à Hollywood, put ainsi lire pour la première fois sur les affiches et les marquises des salles de cinéma américaines « Alfred Hitchcock's Rope » lors d'exploitation du film.

Ce n'était que le début des avantages de toutes sortes qu'allait lui apporter son nouvel agent, tout à sa dévotion.

– 6 –
Marilyn

En 1940, Betty Grable était au sommet de sa carrière. Sa jolie voix et ses jambes de reine avaient conquis le public. Pendant toute la guerre, ses posters accompagnèrent les GI's au front. Lew Wasserman, son agent, y était pour beaucoup. Il lui fit obtenir les meilleurs contrats et les rôles les plus prometteurs. Grâce à lui, elle évita les foudres des commères de la presse puritaine aux aguets de sa vie tumultueuse. Elle lui vouait une amitié qui paraissait sans faille.

Mais en 1949, assez mal remise de la naissance de ses deux enfants, elle perdit un peu confiance en elle. Elle n'avait que trente-trois ans, mais elle ne reconnaissait pas son corps auparavant parfait. Elle craignait le crépuscule de sa carrière de bombe sexuelle qui pourtant ne se profilait pas de façon nette, même si les résultats de ses films au *box office* se tassaient depuis deux ans. Elle se mit donc à blâmer Lew et à l'accuser d'être un mauvais agent, comme le font facilement les artistes qui rencontrent des difficultés.

Si la pile de son courrier de fans ne diminuait pas, Lew, lui aussi, avait remarqué le changement de la star et estimait que, comme il l'avait fait pour Bette Davis, il était temps de redonner du lustre à sa carrière. Il fallait une stratégie nouvelle et un projet adapté.

Mais tandis qu'il y réfléchissait, Fox enchaîna trois échecs avec Betty Grable. Furieuse, elle fit porter la responsabilité du choix des films à Lew et critiqua violemment la politique de MCA à son égard. Sur ce, elle le quitta avec fracas. Lew était prêt à endurer les fantaisies de ses stars et à les soutenir en toutes circonstances… sauf lorsqu'elles insultaient son agence. Il supportait encore moins qu'un acteur refuse de payer les commissions dues sur les contrats déjà signés. Miss Grable prétendait le faire. Il lui fit un procès, qu'il gagna.

Betty Grable revint à l'agence mais elle avait perdu une partie de son enthousiasme. Elle rêvait de retraite, de dîners de famille. Elle élevait des chevaux. Elle avait moins de temps pour travailler et ne se donnait pas beaucoup de mal sur les plateaux de cinéma. Seuls les films musicaux l'attiraient encore, car elle adorait chanter.

Cependant, son train de vie nécessitait de gros revenus, que son contrat Fox lui assurait. Mais la Fox s'impatientait ; Daryl Zanuck, le patron du studio qui la suivait depuis ses débuts, se lassait et regardait d'autres blondes… Lew Wasserman avait récupéré sa tête d'affiche mais il était lucide sur la situation.

Pendant ce temps, Norma Jeane Baker, future Marilyn Monroe, faisait encore ses débuts. Elle était représentée par William Morris où la soutenait un des agents de la maison qui était aussi son amant, Johnny Hyde. Elle eut une brève liaison avec Orson Welles, qui décela sa présence extraordinaire, mais ne réussit pas à la pousser vers le succès ni à intéresser Zanuck. *« C'était ma petite amie. Je l'emmenais à des réceptions avant qu'elle ne devienne une star (…) Je la montrais à Darryl en disant : 'quelle fille sensationnelle !' Il répondait : 'ce n'est qu'une actrice comme une autre. On en a une centaine comme elle. Arrête d'essayer de me caser tes conquêtes. On les a pour 125 dollars par semaine.' »* (173)

Elle avait cependant signé son premier contrat avec la Fox en 1948, grâce à la protection d'un vieux directeur de production du studio, Joe Schenck, à qui elle ne refusait rien pour la bonne cause. Il en profita mais la carrière de la future star ne décolla pas pour autant. Zanuck ne voyait toujours en elle qu'une beauté parmi tant d'autres.

Hyde aidait Marilyn de son mieux. Elle se fit remarquer dans des rôles que sa présence magnifiait. Sa prestation de starlette ambitieuse dans *All about Eve* de Joseph Mankiewicz, en 1950, la hissa d'un coup vers le statut de vedette.

On commença alors à la trouver dans les films des plus grands réalisateurs. John Huston la fit tourner dans *Asphalt jungle* où elle avait encore un rôle secondaire. En 1952, elle tourna dans cinq films. Fritz Lang la mit derrière Barbara Stanwyck dans *Clash by Night* (*« Le Démon s'éveille la nuit »*) mais son image figurait sur l'affiche au même niveau.

Un grand tournant se produisit avec *Monkey Business*, (*« Chérie, je me sens rajeunir »*), d'Howard Hawks. Marilyn y apparaissait comme la secrétaire de Cary Grant. Si Ginger Rogers avait le premier rôle officiel, Marilyn y rayonnait. *Niagara* de Henry Hathaway, avec Joseph Cotten, confirma son ascension. Pour la première fois, elle était en haut de l'affiche, et de plus elle chantait à merveille la chanson du film.

Joe Schenck partit à la retraite, remplacé par Spyros Skouras qui, en 1953, remarqua le talent qu'elle montrait dans ses derniers films et l'attrait de ses charmes auprès des hommes et du public. Il lui donna enfin une chance à son niveau face à Jane Russell dans *Gentlemen Prefer Blondes* (*« Les Hommes préfèrent les blondes »*). Marilyn retrouvait Howard Hawks. Son cachet, modeste, s'élevait à 1 500 dollars par semaine (13 300 dollars de 2014).

Betty Grable était l'actrice blonde toute désignée pour un tel film et son contrat Wasserman MCA/Fox, qui courait toujours, lui aurait rapporté 150 000 dollars (1 350 000 dollars de 2014) si elle avait eu le rôle… mais il ne lui fut pas proposé.

Hawks avait été très impressionné par Miss Monroe… Il donna le scénario à lire à Jane Russell alors que Fox l'avait déjà choisie. Il appréhendait sa réaction, car Marilyn, encore peu connue, était en permanence présente en même temps qu'elle à l'écran. Miss Russell ne comprit pas tout de suite l'hésitation du réalisateur, qui finit par lui avouer : *« attends de voir qui est en face ! »*

Le film fut un triomphe. Marilyn interprétait des chansons encore connues aujourd'hui, et elle avait éclipsé Betty Grable.

Les deux comédiennes se croisaient sans cesse au studio. Prétendant ne pas jalouser la nouvelle star, Betty se plaignit tout de même du fait que la jeune femme l'appelait toujours « Miss Grable » malgré ses efforts d'amitié. *« 'Bien sûr' lui répondit Skouras avec perfidie, jouant une blonde contre l'autre, 'elle pense que tu es une déesse' »* [174]

Le phénomène Marilyn était en marche. Aussitôt après, Fox lança la production de *How to Mary a Millionnaire*. Trois actrices allaient se partager l'affiche, Betty Grable (toujours rémunérée par son contrat en or MCA/ Fox), Lauren Bacall et Marilyn Monroe… *« Skouras les convoqua toutes les trois ensemble dans son bureau pour leur faire part de son désir de les réunir. Marilyn partit la première. Elle se pencha par-dessus la table en sortant. 'Ces deux vieux sacs sont finies', lui murmura-t-elle. À l'époque, en fait de vieux sac, Bacall avait deux ans de plus de Marilyn qui en avait 27 ! 'Les tiges et les montagnes ne font pas une actrice', grommela Bacall après que Marilyn ait refermé la porte derrière elle. »* [175]

Skouras savait bien ce qu'il faisait : il respectait ses engagements formels avec Miss Grable mais il tuait pour de bon sa carrière de super star. Elle ne s'y trompa pas, et quitta le bureau la dernière en disant : *« ce sera mon dernier film »*. [176]

Betty Grable, en effet, était perdue pour le cinéma. Fox lui refusa de remplacer Judy Garland qui se retirait du film *Annie Get Your Gun*, lui préférant Betty Hutton, pourtant moins célèbre. Spyros Skouras voulut prêter Betty à Columbia pour interpréter une comédie que MCA lui conseilla de refuser. Fox la suspendit pour non-respect de son contrat… Lew Wasserman n'attendait que cela. Suivant une technique qu'il utilisa également avec Bette Davis, James Stewart, Tyron Power et d'autres, il lui fit constater qu'elle était exploitée et que les conditions de travail prévues par la Fox dans son contrat n'étaient pas respectées… Il organisa la communication de la situation : après tant de belles années avec le Studio, Betty Grable fit un grand show pour annoncer qu'elle rompait les accords… Elle était libre… Et Lew avait trouvé comment la relancer. Le rebondissement de carrière qu'il voyait pour elle n'était pas sur le grand écran. Miss Grable avait toujours sa voix ravissante et savait occuper une scène. Il parvint à faire dérouler le tapis rouge devant elle au music-hall et à la télévision. Une seconde carrière commençait pour elle.

Marilyn Monroe n'était toujours pas chez MCA, une aubaine pour Zanuck qui, cette fois avait compris quel diamant son studio avait sous contrat depuis 1948. Or il craignait les négociations avec l'agence de Lew.

Mais, l'avenir de Betty Grable assuré, Wasserman voulait maintenant Marilyn, la nouvelle coqueluche blonde de Fox, dont Orson Welles pouvait maintenant dire : *« Darryl la payait enfin – les hommes la regardaient – parce qu'elle avait fait un succès ! »* (177)

Depuis la disparition de son amant Johnny Hyde, mort subitement d'un infarctus en 1950 après lui avoir recommandé de tourner le petit rôle de *All About Eve*, Marilyn avait passé ces deux dernières années sans réel soutien artistique d'un agent dédié à sa carrière. Elle était restée quelque temps chez William Morris sans y trouver sa place malgré son succès. Charles K. Feldman l'invita ensuite à rejoindre son agence, Famous Artists Agency.

Feldman était un personnage doué et mondain de Hollywood, un ancien avocat devenu agent et producteur de talent. Mais, contrairement à Jules Stein et Lew Wasserman, *« il était plus jouisseur que bâtisseur. Au lieu d'aller au bureau de Famous Artists sur Wilshire Blvd à Beverly Hills, il préférait traîner en cardigan chez lui dans sa célèbre maison hispanisante au 2 000 Coldwater Canyon où il donnait des fêtes légendaires. »* (178)

Il décida de produire *How to Marry a Millionaire*. Mais sa double position d'agent de l'actrice et de producteur d'un film où elle était la vedette suscita de la tension entre eux. Marilyn faisait part à la presse de ses critiques sur les projets que Fox lui proposait. Skouras conseillait à Feldman de la contrôler… Ce n'était pas facile…

C'est à ce moment-là que MCA se mit à faire la cour à Marilyn Monroe. Feldman allait lancer la préparation de *The Seven Year Itch* (*« Sept ans de réflexion »*). Wasserman se plaça délicatement en position de force avant même que le producteur ait officiellement choisi Marilyn pour le rôle principal. Lew savait par ses espions que Marilyn mourait d'envie de travailler avec un autre de ses clients, Billy Wilder, le réalisateur le plus « chaud » de Hollywood, pressenti pour faire le film. Lors des négociations entre MCA et Feldman autour du contrat de Wilder, l'agent exigea pour le réalisateur le contrôle artistique absolu sur le film. Feldman perdait son pouvoir s'il acceptait mais perdait Wilder s'il refusait. Dans ce cas il perdait Marilyn qui ne voulait faire le film qu'avec Wilder. Le producteur était piégé. Il choisit de faire le film et de perdre le pouvoir.

Au générique, Feldman apparaît comme producteur d'un film en réalité entièrement fait par Billy Wilder, Lew Wasserman gérant les questions pratiques à ses côtés.

En cours de tournage, Marilyn divorça du joueur de baseball Joe Di Maggio, lui-même une immense star médiatique. Le point de départ de la rupture fut la célèbre scène où la jupe de l'actrice est soulevée par le souffle du métro new yorkais. Bien qu'elle ait porté deux culottes l'une sur l'autre pour filmer ce moment audacieux, Di Maggio qui était sur place aperçut quelques détails intimes de sa belle… *« J'étais près lui et il se retourna, blanc comme un linge. Il me dit : 'je ne peux plus supporter ça'. »* (179)

Il entra en fureur et, le soir, lui administra une correction qui la rendit impossible à filmer pour toute une semaine. Le couple n'y résista pas.

À la fin du tournage, lassée de son image de *« sex symbol »*, elle décida de rester sur la côte Est, de s'installer chez son ami le photographe de mode Milton Greene et d'étudier le métier d'actrice tel qu'il était enseigné à l'Actor's Studio.

Suivant le conseil de Lew Wasserman qui ne perdait pas la belle des yeux et avec l'aide de Jay Kanter, un agent de MCA installé à New York, Greene créa une société de production pour elle, Marilyn Monroe Productions, pour permettre à l'actrice d'initier des projets plus adaptés à ses aspirations. Greene était partenaire minoritaire avec 49 % de parts tandis qu'elle en détenait 51 %. *« Elle était ravie. Elle se rengorgeait en disant 'je vais être le patron' ».* (180)

Milton Greene avait invité Marilyn à habiter chez lui où elle passa quelques mois heureux avec sa famille. C'est pendant ce temps qu'il fit d'elle les cinquante portraits restés parmi les plus émouvants qui existent d'elle. Il instilla à son oreille l'idée que son agent Feldman était en plein conflit d'intérêts lorsqu'il produisait un film interprété par sa cliente : Pourquoi un agent donnerait-il à une actrice le salaire qu'elle méritait en diminuant ainsi ses propres recettes de producteur ? Elle avait tout à perdre à travailler avec lui. Elle l'écoutait avec intérêt.

Pour Greene, il n'y avait qu'un agent digne de Miss Monroe : MCA !!

Marilyn fut facile à convaincre : au fond d'elle-même, elle était prête pour la grande agence qui n'attendait qu'elle. Lew Wasserman la conseillait depuis un moment sans la bousculer. Il la prenait maintenant sous son aile ! En moins de six mois, il lui obtint un contrat mirifique avec Fox, qu'elle signa le 31 décembre 1955. *« C'était le plus gros contrat jamais obtenu pour une actrice. Elle gagnait 100 000 dollars par film* (885 000 dollars en valeur de 2014), *des frais sans limite arrondis chaque semaine à 500 dollars supplémentaires, une femme de chambre à sa disposition au studio, son propre choix de vêtements, de metteur en scène et de scénario. En plus, elle avait droit à une maison mise à disposition par Jerry Wald, (*qui produirait plus tard *Let's Make Love*) *qu'elle rembourserait 'quand elle le pourrait'.*

Lors de la conférence de presse annonçant l'accord, un journaliste lui demanda ce que ce contrat représentait pour elle. Marilyn fit l'une des réponses les plus poignantes de sa carrière, mais l'une des moins connues : 'Cela veut dire que je n'aurai plus jamais besoin de sucer une queue.'

Le commentaire ne fut pas cité par la presse. » (181)

Selon son habitude, MCA se mit au service absolu de sa star, la plus grande star du moment. Ses moindres caprices devaient être exaucés. Plusieurs agents se consacraient à elle à New York. Lew était son ange gardien à Los Angeles, et son conseiller, y compris pour les basses besognes. C'est lui qui chassa littéralement de sa maison son coach, Natasha Lytess, qui l'accompagnait depuis le début de sa carrière et avait été son amante. Il estimait que Marilyn n'avait plus besoin d'elle. Marilyn était d'accord.

Miss Lytess le supplia de la laisser parler à Marilyn, de lui dire qu'elle avait un cancer, et qu'elle lui demandait au moins son aide pour garder son travail à la Fox. Bloquant la porte d'entrée, il l'empêcha de passer et *« lui dit alors de la voix glaciale qu'il savait prendre : ' Vos fonctions au Studio ne font pas partie des soucis de Miss Monroe'. »* (182),

Levant la tête, Lytess réalisa que l'actrice les écoutait et les regardait de ses yeux indifférents depuis la fenêtre du premier étage. Elle ne revit jamais Marilyn.

Lew régnait sur les choix de la super star. Il lui présenta un client de l'agence, scénariste, lauréat du Prix Pulitzer, Arthur Miller, qu'elle épousa… Il l'envoya à Londres tourner *The Prince and the Show Girl*, une comédie réalisée par un autre client fameux de l'agence, Sir Laurence Olivier.

En 1957, Lew vit qu'il serait sage d'écarter Milton Greene de la société de production de Marilyn, pour le remplacer par Arthur Miller. En effet, l'auteur, jaloux et ombrageux, dénigrait chaque idée du photographe et réclamait le contrôle de la société de production de sa femme. Greene n'avait pas démérité, loin de là. Son bilan était positif pour Marilyn. Mais sa présence devenait difficile à gérer. Il se retrouva *« seul dans le froid »* selon l'expression de l'agent Jay Kanter. Wasserman lui fit habilement savoir que le problème venait des exigences de Miller, pour qui le photographe et sa femme Anny n'avaient déjà pas de sympathie auparavant. *« Arthur était un coup de barbe… un fils de pute… un voleur. J'ai vu qui il était la première fois que je l'ai rencontré… C'est à cause d'Arthur que Marilyn Monroe Production fut cassé. Il n'était pas seulement jaloux de Milton, mais il était jaloux du temps qu'ils passaient ensemble. Arthur a dit : 'C'est lui ou moi.' »* [183]

Mais dès 1958, de premiers signes de désaccord entre la super star de MCA et son agent apparurent aux yeux de leur entourage. Capricieuse, blasée, elle s'était mise à éprouver la patience de Lew pourtant prêt à tout pour la satisfaire. Elle lui rappelait Franck Sinatra, avec qui elle était d'ailleurs très liée, dont Wasserman ne supportait pas les attitudes dans la vie. [184]

À l'automne de cette année-là, le tournage de *Some Like It Hot* marqua un virage dans les relations entre l'agent et sa belle cliente. *« 'Je me souviens que vers la fin du film, Lew Wasserman vint sur le plateau', raconte son partenaire Tony Curtis, 'et Marilyn se dirigea vers lui, et Lew lui dit : Bonjour Marilyn, comment ça va ? et elle répondit 'j'me sens moche' et ne cessa pas de se plaindre, sans lui dire un mot de remerciement ou quoi que ce soit d'aimable. J'ai compris que c'était le baiser de la mort. J'ai compris qu'elle n'allait pas rester à l'agence longtemps. »* [185]

La descente aux enfers s'annonçait rapide.

Pourtant Lew voulait garder la star des stars. Il lui avait fait signer deux contrats magnifiques de films qui devaient encore se tourner. Son prestige international était au zénith. Elle était une bonne publicité pour l'agence. Comment aurait-il pu vouloir se séparer d'elle ?

En 1960, malgré sa santé troublée, elle parvint à interpréter *Let's Make Love* avec Yves Montand, dirigé par George Cukor, puis *The Misfits* de John Huston avec deux partenaires, clients de MCA comme elle. Le trio de célébrités était en mauvais état, Montgomery Clift accroché à sa bouteille de vodka, et Clark Gable, épuisé et usé, approchait la soixantaine. Cukor raconte : *« Quand le film se termina enfin, Gable râlait ; 'Bon sang, quelquefois elle ne se pointait pas avant la fin du déjeuner ! Je suis content que ce soit fini. Putain elle a failli me donner une crise cardiaque !' Le lendemain, le 16 novembre 1960, il a vraiment eu une crise cardiaque et il en est mort. »* (186)

Après ce tournage éprouvant, Marilyn n'était pas en état de recommencer à travailler. Elle se montrait incapable d'honorer le nouveau contrat signé entre MCA et Fox, qui attendait. Il s'agissait d'un film réalisé une fois de plus par George Cukor, *Someting's Got to Give*, sur lequel Fox fondait de grands espoirs. C'était le remake d'une comédie populaire, *The Awful Truth*, réalisée pour la première fois dès 1929 et refait plusieurs fois depuis sous le nom de *My Favorite Wife*. Le sujet plaisait toujours. Cyd Charisse et Dean Martin étaient prévus pour jouer aux côtés de Marilyn.

Lew, Fox, Cukor, tout le monde patientait. L'année 1961 s'écoula pour elle entre des séjours dans les hôpitaux psychiatriques et le moment le plus chaud de sa célèbre aventure avec le Président Kennedy.

Si Lew Wasserman se montrait patient, lui qui avait parfois renvoyé sans états d'âme des stars au premier signe de déclin, c'est certes qu'il avait grand intérêt à ce que le film se tourne… Mais il y avait autre chose : En 1961, MCA était l'objet d'une enquête administrative menaçante dans le cadre de la loi antitrust. L'agence était devenue tentaculaire et ses agissements étaient passés au crible du ministère de la Justice sous la houlette de l'Attorney General, Robert Kennedy… L'enquête prenait une tournure qui semblait devenir grave pour Jules Stein et Lew Wasserman. (187)

Lew avait assez de soucis sans en rajouter en indisposant l'actrice de plus en plus difficile, qui s'était mise à le traiter très mal. Elle le critiquait auprès de tout le monde, à Hollywood et dans les milieux politiques. La liaison de Marilyn Monroe avec le Président la protégeait des foudres de son agent, qui encaissait sans paraître réagir, contrairement à ses habitudes.

Marilyn Monroe et John Kennedy s'étaient rencontrés en 1954, l'année du tournage de *Sept ans de réflexion*, chez Charles Feldman, son agent et producteur de l'époque. Leur relation sporadique et passionnelle inévitablement connue de beaucoup de monde autour d'eux durait depuis le début du second mandat de sénateur du Massachussetts du jeune politicien. Ils se retrouvaient de temps en temps à l'hôtel Carlyle à New York ou chez le beau-frère de Kennedy, l'acteur Peter Lawford qui les hébergeait dans sa maison de Malibu. L'affaire prit de l'ampleur lors du Congrès National Démocrate de Los Angeles, au cours de l'été 1960. Mais à partir de janvier 1961, cette aventure avec la star la plus médiatique de Hollywood, qui était de plus en plus instable, devenait périlleuse pour celui qui était maintenant Président des États-Unis…

Frank Sinatra, l'ami démocrate de John Kennedy, proposa de lui prêter sa maison de Palm Springs pour un week-end avec Marilyn. La date du 24 mars 1962 fut retenue longtemps à l'avance. Elle convenait à merveille. Jackie Kennedy, la femme de John, devait être en Inde pour un voyage officiel qui la passionnait. Le Président avait une activité sexuelle qu'aujourd'hui chacun connaît, mais il disposait rarement de deux jours complets officiellement libres de toute contrainte familiale. Sinatra, flatté, fit même construire un héliport pour l'hélicoptère présidentiel rien que pour l'occasion.

Mais le FBI avait réuni un dossier sur les activités mafieuses de Sinatra et le remit à la Maison Blanche au début de l'année… Il y était clairement relevé que le chanteur recevait souvent dans cette maison Salvatore Giancana, dit Sam, le chef de la Mafia de Chicago. Ce séjour chez Sinatra s'avérait compromettant pour Kennedy. *« Après avoir lu le rapport de Hoover, Bobby Kennedy dit au Président qu'il fallait aller chez quelqu'un d'autre à Palm Springs. Il ne voulait pas tenir compte du fait que ce changement de dernière minute allait endommager un lien politique ancien avec Sinatra qui non seulement avait fait une campagne intense pour Kennedy en 1960 mais avait fait des heures supplémentaires pour organiser le gala d'inauguration. La vérité est que Bobby n'avait pas le choix. Sinatra avait des contacts fréquents avec les dix plus grands noms du crime organisé... »* [(188)]

Pour ne pas renoncer à son week-end, Kennedy se rabattit sur la maison de Bing Crosby. Le crooner, un républicain de notoriété publique, était évidemment prêt à la mettre à sa disposition.

Sinatra, le démocrate engagé auprès de Kennedy, étouffait de fureur. Il était d'autant plus atteint dans son orgueil que Marilyn le fréquentait de longue date, lui et ses amis du célèbre « Rat Pack », Dean Martin et Sammy Davis junior, qui avaient tous soutenu la campagne présidentielle de 1960. Ils donnaient des concerts où elle apparaissait parfois à l'improviste pour les accompagner. On la surnommait même « Rat Pack Mascot », la Mascotte du Rat Pack. Sinatra se sentait humilié et doublement trahi. Il ne pardonna pas à Kennedy. Dans toute sa carrière, Bob Kennedy avait toujours cherché à confondre les chefs du crime organisé. Devenu ministre de la Justice, il continuait. Mais son frère le Président, au contraire, suivant l'exemple de leur père Joe, avait ménagé la Mafia. Pour la première fois, en se fâchant avec Sinatra, il contrariait ouvertement l'organisation.

Lew Wasserman passait tous ses week-ends à Palm Springs, dans sa propre maison. Il était brouillé avec Sinatra (189), mais Marilyn était toujours sa cliente.

Wasserman était l'homme le plus renseigné de Hollywood. Mais ni lui ni ses rares intimes ne s'exprimaient. On ignore donc s'il savait que le président et la star se trouvaient ces deux jours de mars dans la maison de Bing Crosby, proche de la sienne. Quoi qu'il en soit, la bonne nouvelle pour lui était que Marilyn était sortie de maison de santé et il la poussa à retourner au travail pour honorer le contrat de *Someting's Got to Give*, qui l'attendait maintenant depuis plus d'un an. Mais, malade et ayant perdu tout sens professionnel, elle l'indisposait plus que jamais…

Marilyn était entrée dans une sorte de rapport frénétique avec le Président. Le journaliste auteur de biographies controversées et de best-sellers Christopher Andersen raconte dans son livre paru en août 2013 qu'elle aurait même appelé Jackie Kennedy au téléphone pour lui annoncer qu'elle allait épouser Jack et devenir *First Lady*… (190)

Après le week-end de Palm Springs, la liaison présidentielle atteignit son apothéose de provocation lors de la célèbre soirée du 19 mai 1962 où il fêtait ses 45 ans au Madison Square Garden, en l'absence de sa femme Jackie, quinze jours avant la véritable date de son anniversaire. Il s'agissait d'une opération de début de campagne électorale pour le second mandat de Jack.

Marilyn Monroe apparut dans sa robe moulée cousue sur elle, et chanta d'une belle voix rauque l'inoubliable « Happy Birthday Mr President ».

La scène a fait le tour du monde. L'entourage politique était terrifié. Trop, c'était trop. Il se murmurait maintenant ouvertement que Marilyn elle-même était proche de certains chefs mafieux. Le président prit peur. Après une ultime soirée avec elle, il coupa court froidement et se rendit définitivement injoignable. *« Elle était devenue un handicap politique »* (191)

Dans les semaines qui suivirent, une rumeur se propagea dans le milieu proche du pouvoir de la Maison Blanche : Robert Kennedy, séduit à son tour par l'actrice, aurait une affaire avec elle. En tout état de cause, leur intimité était évidente.

La star ne se présenta presque jamais sur le plateau de *Something's Got to Give* ce printemps 1962. Le film ne fut pas terminé. Cukor confia par la suite qu'il pensait qu'elle aurait été plus à sa place à l'hôpital. Elle était devenue incapable d'assumer ses engagements.

Le 5 août 1962, la nouvelle de la mort de Marilyn Monroe éclata comme une bombe. Les médias s'étaient largement fait l'écho de ses dépressions et de ses addictions. Le grand public mit sa disparition brutale sur le compte de l'abus de substances. Dans un premier temps, cette version fut peu contestée. Mais assez vite, une rumeur se répandit : Marilyn aurait été assassinée par la Mafia. Sam Giancana se serait ainsi vengé des nombreuses investigations que menait Bob Kennedy contre les activités du crime organisé. *« Il comptait impliquer le ministre de la Justice dans le meurtre. Selon cette thèse, Giancana avait conspiré pour que Marilyn soit tuée par une équipe de quatre hommes qui entrèrent chez elle, lui bâillonnèrent la bouche, et lui mirent dans l'anus un suppositoire de barbiturique et d'hydrate de chloral. Cette méthode devait éviter les vomissements qui accompagnent une overdose prise par voie buccale. Le bâillon fut retiré après sa mort, et son corps lavé ».* (192)

Mais le plan des mafieux s'effondra car Bobby fut prévenu de la mort imprévue de Marilyn avant que la nouvelle ne transpire, et organisa immédiatement avec son beau-frère Peter Lawford la fouille minutieuse de la maison de la star par des privés qui firent main basse sur tous ses documents, à commencer par son journal intime. Il s'agissait de faire disparaître toute trace de lien entre la famille Kennedy et l'actrice la plus populaire de l'époque, et de protéger la campagne de second mandat du Président, qui jouissait en ce temps-là auprès des Américains d'une réputation de père de famille et de mari modèle.

Une autre version courut également à propos de la disparition subite de Marilyn : les Kennedy eux-mêmes auraient organisé son assassinat pour l'empêcher de parler à la presse à la suite de la rupture radicale que le Président avait consommée après sa mémorable soirée d'anniversaire. Le fait est que Marilyn était blessée et incontrôlable. De plus ses liens amicaux proches avec le chef mafieux Sam Giancana et avec James R. Hoffa, le président du Syndicat des Camionneurs, ennemi juré de Bob Kennedy, étaient maintenant connus de l'entourage du Président et pouvaient s'avérer plus que gênants dans le contexte.

Dimitri Logothetis, le réalisateur du documentaire sur Sam Giancana *Momo* en 2011, relate que Joe Kennedy, le père de John et Robert, lui-même connu pour sa proximité avec l'organisation criminelle avec qui il avait trafiqué l'alcool pendant la Prohibition, aurait sollicité le soutien du chef de gang de Chicago dans une occasion politique d'une grande importance : l'élection de son fils en 1960 ! En effet, la victoire s'annonçait difficile. Les états de la région des lacs allaient faire la différence. Joe souhaitait s'appuyer sur le réseau de Giancana pour faire campagne et rallier un maximum de voix à son fils. Ces élections furent d'ailleurs remportées d'extrême justesse par Kennedy face à Richard Nixon. (193)

Ces compromissions anciennes n'arrangeaient pas le dossier.

Les conseillers du Président en 1964, au courant ou non de ce fait, avaient maintenant peur de Marilyn au moment où la campagne présidentielle du second mandat se préparait. Certains proches de Bob Kennedy et de son beau-frère l'acteur Peter Lawford auraient-ils donc pu aller jusque-là ?

C'était la thèse du journaliste Anthony Summers : *« Si on accepte les conclusions à sensation de Mr Summer, alors, oui, Robert F. Kennedy a été impliqué dans la mort de Monroe. Selon la reconstitution de l'auteur, alors oui, l'Attorney Général (Procureur Général) de l'époque a été présent sur les lieux un certain temps cette nuit-là, pour s'assurer que certaines preuves de ses liens avec à la fois lui et son frère, le Président des États-Unis seraient détruites. Mr Summers suppose qu'il était extrêmement préoccupé que puisse être révélés ses fréquentations des Kennedy ou de certains de leurs ennemis comme le gangster Sam Giancana et le chef des camionneurs James H. Hoffa. »* (194)

En tout état de cause, les deux interprétations placent à la fois la Mafia et les Kennedy au centre de l'affaire, cependant que la thèse de l'assassinat semble acceptée depuis plusieurs années par des experts dont les recherches réfutent les résultats de la seconde enquête diligentée en 1982, qui concluait une seconde fois à un suicide faute de preuves convaincantes.

Parmi les plus sérieux figurait John W. Miner, disparu en 2011, qui occupait le poste de Deputy District Attorney (procureur adjoint) du County de Los Angeles lors de la nuit fatidique. Présent lors de l'autopsie de la star. *« Il était chargé de s'assurer de la conservation dans les meilleures conditions des prélèvements effectués sur son cadavre en vue du jugement du tribunal (…) Miner dit que c'était le cas le plus troublant de l'histoire américaine, où chaque spécimen disparut en une nuit, en particulier son foie, ses reins, son estomac et son contenu, qui auraient prouvé une bonne fois qu'elle ne s'était pas suicidée.*

Miner, qui croyait fermement que Monroe avait reçu un lavement au barbiturique « Nembutal », n'a jamais changé d'opinion sur le fait qu'elle ne s'était pas supprimée volontairement. Il était absolument convaincu qu'elle avait été assassinée. » (195)

Début août 1962, dès le lendemain de la mort de Marilyn, Bobby Kennedy, qui commençait la préparation de la seconde campagne de son frère, entreprit une sage machine arrière dans ses investigations anti-Mafia. En même temps il se découvrit une subite indulgence pour Hollywood et le pouvoir tentaculaire de MCA.

« Pas la peine de contrarier de vieux amis pour rien. » (196)

Quant à Lew Wasserman… La mort de Marilyn le tirait de bien des soucis.

Depuis longtemps, il était déçu qu'elle ne veuille pas tourner pour la télévision, ce qui lui aurait rapporté une fortune grâce à la société de production appartenant à MCA, Revue Studios, qu'il avait créée en 1952. (197)

Mais la situation s'était dégradée au point que l'actrice la plus médiatisée du monde était devenue incapable de travailler. Il savait depuis des mois que ce qu'il faisait pour elle ne servait plus à rien. Il n'avait plus aucune sympathie pour la star platinée qui avait tant rapporté à MCA, financièrement et en termes d'image. Elle était finie !

De plus, pire que tout alors qu'il n'osait pas la licencier, elle le critiquait ouvertement partout. Elle lui avait nui gravement vis-à-vis de Bob Kennedy. Il se sentait alors invulnérable, et, sous-estimant l'importance de la politique, il n'avait pas cru au danger de l'investigation menée contre son entreprise. Mais son empire était maintenant ébranlé…

Sa mort lui rendait service :

« Parmi des millions de mots qui ont été écrits sur les derniers jours pleins de mystère de Marilyn, personne ne s'est penché sur sa relation aigrie avec Wasserman et MCA. Quelle que soit la manière dont elle mourut – de sa propre main ou de celle d'un autre – la mort de Marilyn Monroe coïncida avec une solution rapide du problème de monopole de MCA. La semaine même de sa mort, des ordres arrivèrent du bureau de Bobby Kennedy priant Leonard Posner (le fonctionnaire du Département de Justice chargé de l'investigation sur MCA) *de terminer au plus vite l'affaire MCA. »* (198)

Marilyn enterrée, l'accord entre MCA et le ministère de la Justice fut signé en un temps record, avant la fin du mois d'août 1962…(199)

Wasserman se retrouvait, avec la Mafia et les Kennedy, la troisième partie proche de l'affaire Marilyn Monroe.

Chaque camp fit des concessions. La célérité de l'arrangement ouvre des interrogations dont les réponses ne sont pas toutes claires. La coïncidence des dates et la rapidité du dénouement pour mettre fin au conflit restent troublantes.

À son habitude, Wasserman ne fit pas de commentaire. Son habileté et ses vieilles relations avec la pègre n'avaient pas suffi à le protéger contre l'investigation redoutable soutenue par l'Attorney General. Il avait maintenant compris que son pouvoir devait s'appuyer sur les politiques et qu'il lui fallait se rapprocher de Washington.

– 7 –
Mafia, pouvoir et vie privée

Depuis 1946, Lew Wasserman avait pris son essor. Directeur général en titre de MCA, il travaillait de plus belle jour et nuit, ne connaissant ni samedi ni dimanche. Il laissait souvent Edie seule, et Edie n'était pas femme à rester seule. Elle menait de son côté une vie sociale intense à Hollywood, qui était loin de déplaire à Lew car elle lui rendait service et il était fier d'elle. Son habileté et son charme était un atout pour Lew. Il était clair aux yeux de tous qu'il écoutait Edie. Leur complicité était évidente. Il n'était pas forcément d'accord avec elle, mais tenait compte de ses avis si ouvertement que ses clients et les employés de MCA parlaient d'elle comme « du général ». Pendant des années, elle chapitra régulièrement son mari sur la pingrerie dont Jules Stein faisait preuve à son égard. La situation s'aggravait à ses yeux maintenant que Lew était reconnu, honoré, respecté et craint. Edie trouvait minable l'insensibilité de Stein qui « exploitait » Lew depuis près de vingt ans. Lew lui conseillait la patience.

Mais Edie se lassait de la vie trop occupée de Lew. Une fois, une seule, elle faillit le quitter pour de bon et partir avec un client de son mari, le réalisateur Nicholas Ray. C'était en 1954, alors qu'il dirigeait *Johnny Guitare*. Tout Hollywood savait aussi qu'Harry Belafonte et Frank Sinatra avaient également traversé la vie d'Edie. Elle resta d'ailleurs ensuite intime de Sinatra. L'artiste lui garda une fervente amitié malgré une brouille tonitruante avec Lew Wasserman qui tétanisa littéralement Hollywood.

Longtemps avant la relation entre Sinatra et Edie, Lew fut le premier agent du chanteur, qui lui rapporta rapidement des fortunes. Il le suivait depuis 1941, la première apparition de Frankie à l'écran comme soliste de l'orchestre de Tommy Dorsey, une gloire de l'époque, dans un film de Paramount, *La Vegas Nights*. Frank Sinatra avait alors 26 ans, et Lew Wasserman 28.

En 1946, au terme d'une des batailles juridiques dont il raffolait, Lew avait réussi à faire disparaître des contrats d'un Sinatra devenu une super star la « clause morale » qui autorisait traditionnellement les diffuseurs à licencier un artiste accusé de vivre de manière « immorale ». Ce que recouvrait le terme n'était pas précisé ! Les studios tenaient à cette clause, qui leur donnait une excuse facile pour se débarrasser sans raison d'acteurs sous contrat dont ils ne voulaient plus. L'affaire du contrat de Sinatra avait fait jurisprudence pour les autres clients de MCA, dont le pouvoir face aux studios ne cessait ainsi d'augmenter régulièrement.

Cependant, la personnalité de Sinatra déplaisait fortement à Wasserman. L'artiste lui tenait tête, imposait ses amis dans ses films et traitait mal les gens. Pour couronner le tout, il faisait sentir à son agent qui était le chef et contestait les commissions de l'agence.

Hollywood aimait les gangsters autant que les gangsters aimaient Hollywood. Les films noirs des années quarante ont trouvé une inspiration sans fin dans les histoires de la Mafia. Encore aujourd'hui, ces sujets attirent les scénaristes américains.

Sinatra affichait ses amitiés mafieuses plus ostensiblement que quiconque.

« Sinatra avait porte ouverte chez Charlie Fischetti, le cousin d'Al Capone, quand il venait à Chicago. Le chef de la Mafia du New Jersey, Willie Moretti, donnait au gosse de Hoboken du bon temps à New York. Et Meyer Lansky, le cerveau de la Mafia juive, déroulait le tapis rouge quand son Pote aux Yeux Bleus chantait dans l'un de ses casinos de Cuba. » (200)

Mais le patron de MCA n'avait rien à craindre de la Mafia que Jules Stein et lui-même avaient toujours ménagée dans l'intérêt des deux partis, depuis leur jeunesse l'un à Chicago et l'autre à Cleveland. Wasserman, comme Stein, avait tout au long de sa carrière laissé graviter dans son entourage des personnages que la rumeur qualifiait d'amis, voire de membres de la Mafia. Les affaires de Stein avaient commencé à prospérer pendant la Prohibition, lorsqu'il louait ses premiers orchestres tandis qu'il continuait avec passion ses activités de médecin en parallèle. Quant à Lew, il avait connu sa première expérience avec la Mafia tout jeune, au Mayfair Casino de Cleveland où il travaillait sous la direction du « Silent Syndicate » juif de Moe Dalitz avant de rejoindre MCA.

Mais quelle Mafia fréquentait Hollywood ?

Les organisations du crime installées à Los Angeles depuis le début du XXe siècle étaient originaires de Sicile. Le développement de Las Vegas attira vers l'Ouest différentes familles comme les Dragna qui régnèrent plusieurs décennies dans toute la région, affrontant divers conflits sanglants avec des bandes rivales. Des noms devenus mythiques comme Lucky Luciano, Benjamin « Bugsy » Siegel ou Mickey Cohen se croisèrent dans les épopées des gangs californiens jusqu'au début des années cinquante.

Le département de police du Shérif du Comté de Los Angeles était corrompu. Le maire lui-même, Frank L. Shaw, membre du Los Angeles City Council et du comité de surveillance de la ville, fut démis de ses fonctions en 1938, une première dans l'histoire de la Californie. Son administration était infiltrée. Il laissait faire, il aidait peut-être même. Rien ne fut prouvé directement contre lui, mais il se retira de la vie politique précipitamment.

En même temps, Earl Warren, l'Attorney General, ministre de la justice de l'état de Californie, lança l'assaut contre l'empire de Dragna, et le département d'élite de la police de la ville (L.A.P.D., le Los Angeles Police Department), qui était moins corrompu que les équipes du shérif, créa en 1946 une équipe de policiers spéciale pour harasser les gangs les plus violents et les éliminer. *« À partir de 1950, sous les ordres de William H. Parker, ces hommes réunis dans un groupe officieux de forces de l'ordre appelé 'The Gangster Squad' ('l'escouade des gangsters') se mirent à sévir efficacement contre la Mafia. Leur approche était 'la fin justifie les moyens'. Armés jusqu'aux dents, autorisés à tirer en toutes circonstances, leur mission était de nettoyer à tout prix la ville de la Mafia venue de la côte Est. Ils rendaient leur justice en toute liberté bien loin des tribunaux ! »* (201)

Cette guerre à armes égales, utilisant les méthodes illégales et violentes habituellement propres à la Mafia, donna dans un premier temps aux familles l'impression que des gangs rivaux d'autres régions voulaient s'introduire sur leur territoire. Les chefs de familles ne comprenaient pas qui les attaquait ainsi. Ils étaient déstabilisés. Par la suite, l'efficacité des moyens de la Police, le renseignement, l'organisation, combinés avec la méthode forte finirent par décimer les familles qui, affaiblies, se regroupèrent plus au Sud dans la région de San Diego. La ville de Los Angeles était nettoyée de la Mafia sicilienne.

« The Gangster Squad » est devenue une légende maintes fois racontée au cinéma. Les deux dernières versions, une série documentaire pour Warner Brothers et un film de Ruben Fleischer, interprété par Sean Penn qui connaît un grand succès, datent de 2013 !!

Il est intéressant de noter à propos du destin des chefs mafieux que si certains des dirigeants les plus puissants des familles furent arrêtés, les seules charges que la justice parvint à retenir contre eux furent essentiellement de la fraude fiscale qui, aux États-Unis est considérée comme un crime. En l'absence de témoins à charge prêts à parler lors de leurs procès, Al Capone et Jack Dragna furent emprisonnés un temps pour leurs fautes financières ! Jimmy Hoffa, le puissant président du Syndicat des Camionneurs, les Teamsters, fut condamné pour subornation de jury, tentative de corruption et fraude.

Tous furent graciés après quelques années. Cependant Hoffa ne devait pas connaître une mort paisible… Kidnappé, il disparut sans laisser de traces. Son corps ne fut jamais retrouvé.

Mais la Mafia a plus d'un visage. Les grands patrons des gangs recherchaient à la fois l'argent, la puissance et une forme de respectabilité une fois le succès atteint. Depuis les débuts de la radio et du cinéma, Ils s'étaient intéressés de près aux artistes et à leurs managers. Ils pressentaient la fortune à venir issue de ces nouveaux domaines. Aidés par la période de la Prohibition et ses effets pervers, ils avaient repéré et soutenu des talents naissants comme Jules Stein, et cherché à créer des liens avec eux. Le chantage et la terreur les préservaient des témoignages gênants, mais des alliés intelligents pouvaient leur donner accès à l'*establishment*.

Une catégorie de personnes fut ainsi étiquetée comme contacts de la Mafia à Hollywood, dans les syndicats de tout le pays et même dans le monde politique de Washington, jusque dans l'entourage direct de certains Présidents. Ces individus, qui faisaient un pont entre le *business* et le crime organisé, étaient bien trop habiles pour que puisse être démontrée leur appartenance au monde du crime. Ils ne cachaient pas leurs amitiés de part et d'autre de cette barrière sociale, mais ne mélangeaient pas leurs contacts. Si les exemples de leur efficacité à résoudre des situations complexes abondent, rien de grave ne put être prouvé contre eux. Ces talents d'un genre particulier prenaient d'ailleurs garde de ne pas compromettre leurs contacts honorables dans la société.

Certains eurent des parcours littéralement fascinants, comme Moe Dalitz, trafiquant de Chicago et Cleveland où il avait connu Lew avant de devenir une puissance de Las Vegas dans les années quarante. Lew continuait de le rencontrer au casino du Desert Inn où le « nabab » avait ses habitudes de jeu. *« Lew et Edie Wasserman séjournaient souvent au 'Desert Inn' où, selon Berle Adams, un des directeurs de MCA, Lew jouait gros. L'ex-gendre de Wasserman, Jack Meyers, raconte que Dalitz faisait sauter la fille de Lew, Lynne, sur ses genoux. 'Lynne l'appelait Oncle Moe' disait Meyers. »* (202)

Proche de Jimmy Hoffa, le président du Syndicat des Camionneurs ennemi juré de Bob Kennedy, Moe, lui, sut habilement basculer dans la respectabilité au fil des ans, vendant pour finir son célèbre Desert Inn Casino au magnat Howard Hughes en 1967 et consacrant une partie de sa fortune aux œuvres caritatives juives. Il mourut dans son lit, après avoir reçu le Torch of Liberty Award, le prix annuel de la puissante Anti-Defamation League, un organisme international vertueux destiné à défendre l'image des Juifs dans le monde contre toute diffamation. Ce parcours illustre les ambiguïtés de l'époque.

Un autre exemple type de personnage qui fut lui toujours soupçonné sans que quiconque ait apporté les preuves de sa réelle appartenance à la Mafia est l'avocat Sidney Korshak, l'ami de jeunesse de Jules Stein et d'Al Capone à Chicago. Il avait des liens proches avec les hommes d'influence de Hollywood, en particulier Lew Wasserman, et Ronald Reagan quand il fut président du Syndicat des Acteurs, la Screen Actors Guild (SAG). Lew le voyait tous les jours depuis ses débuts d'agent à Los Angeles et déclara à la fin de sa vie : *« Cela n'avait pas d'importance si Reagan gagnait deux cents dollars quand j'en gagnais trois cents et Sidney bien plus. On ne savait pas exactement ce que gagnait Sidney, ni ce qu'il faisait. C'était un bon avocat, bien intégré dans la communauté. Il a été un de mes bons amis pendant cinquante ans. »* (203)

« Un dossier du FBI signale que lorsqu'il était à Vegas dans les années quarante, Korshak séjournait soit au Desert Inn soit chez Dalitz. Quand ils étaient au DI, Korshak et ses amis ne payaient pas. Dalitz lui-même, dans un moment de candeur, avoua au FBI que Korshak non seulement représentait certains gros bras qui jouaient à l'hôtel, mais qu'il 'représentait aussi certains de ces truands de Chicago'(...) Quand la Commission de Contrôle du Crime de Californie publia son rapport en 1978, elle désigna Dalitz aussi bien que Sid Korshak comme des têtes du crime organisé en Californie ». (204)

Jules Stein quant à lui avait mis Korshak au centre de ses affaires dès leur jeunesse à Chicago. *« Korshak était le dernier initié du groupe. Il ne posséda jamais une action* (de MCA) *et n'attacha jamais son nom à un film, mais eut plus d'influence sur le destin de la société que quiconque d'autre à part Lew et le docteur Stein. »* (205)

Inscrit au barreau de Chicago, Sidney Korshak était un expert du droit du travail. À Chicago, il conseillait l'IATSE, (The International Alliance of Theatrical Stage Employees, Moving Picture Technicians, Artists and Allied Crafts of the USA, its territories and Canada), un puissant syndicat national dont la réputation de corruption était établie. On disait à Hollywood que l'IATSE s'occupait plus de politique que de la défense des employés syndiqués.

Korshak était également un conseiller direct du gang de Capone. Jeune, il retint l'attention de nombreux chefs d'entreprises lorsqu'il aida le propriétaire d'une chaîne de magasins, Joel Goldsblatt, à vaincre un syndicat qui le menaçait d'extorsion de fonds pour finir une grève. Dans l'année qui suivit, des entreprises de Chicago assaillirent l'avocat pour l'appeler à l'aide à leur tour. Mais il y avait une petite différence avec des demandes ordinaires : ces nouveaux clients ne voulaient plus avoir affaire aux syndicats du tout... Moyennant une avance conséquente, Korshak apportait les solutions...

Tout en conservant ses activités de Chicago, l'avocat s'était installé à Los Angeles sans avoir la patente requise. Il ne se donna jamais le mal de la demander. Personne ne le poursuivit pour cette infraction. N'ayant donc pas de bureau sur place, *« il donnait ses consultations autour de tables discrètes au fond des restaurants à la mode de Wilshire Boulevard et chez lui, dans la maison qu'il avait achetée à Beverly Hills. »* (206)

Longtemps soutien actif et généreux du parti démocrate aux côtés de Wasserman, il se promenait en ville chez tout le gratin qui oscillait à son sujet entre respect et inquiétude. Il rendait de grands services en utilisant ses propres méthodes et termina sa vie comme membre bienfaiteur actif des œuvres juives.

Ceux qui prétendirent le faire tomber ne s'en remirent pas. (207)

Wasserman ne craignait donc rien de la Mafia avec qui il avait été en contact depuis ses premières responsabilités à Cleveland.

Par ailleurs, il avait l'habitude de se mettre à la disposition de ses clients et d'accepter leurs fantaisies les plus folles quand ils avaient du talent. Mais Sinatra fut sa grande exception : son caractère indisposait absolument Lew. Il explosa plusieurs fois contre le chanteur, le menaça de l'exclure de l'agence. Sinatra lui répliquait avec insolence : *« On ne renvoie pas la poule aux œufs d'or. »*

C'était vrai en général. Mais en fin de compte, Lew le renvoya aussi brutalement que s'il avait été un vieil artiste sur la pente descendante. À la suite d'un clash financier, Wasserman annonça directement à *Variety* et au *Hollywood Reporter* que Sinatra ne faisait plus partie de MCA. Il n'avait pas prévenu le chanteur.

Sinatra ne pardonna jamais à Wasserman tandis que Lew affichait par la suite une indifférence hautaine à ce qui arrivait à son ancien client, à son habitude sans jamais faire le moindre commentaire.

Il avait cependant enseigné au passage à Sinatra la leçon que son propre exemple de travail montrait à ses stars. *« L'ancienne idole des teenagers en chaussettes blanches en avait tiré sa propre interprétation : 'les gens me disent souvent que j'ai de la chance' dit-il un jour au journaliste du* New York Times *Tom Pryor, 'mais je pense que la chance n'a rien à voir là-dedans. Il faut quelque chose de plus substantiel. La compétition est trop féroce.' »* (208)

Le 15 mars 1954, jour de ses quarante et un ans, Jules Stein se décida à accorder à Lew Wasserman 25 % de MCA.

Enfin actionnaire, Lew devenait l'incontournable puissance de Hollywood. Il était déjà considéré comme le plus efficace, le plus compétent. Il dépassait maintenant son maître Jules Stein, qui lui laissait les commandes. Il dépassait tout le monde.

Pourtant, Lew n'était pas loin de perdre sa femme à ce moment-là précisément.

Stein, Wasserman et leur équipe protégeaient les amours compliquées de leurs clients, n'hésitant pas à organiser leurs divorces et à travestir les situations pour leur éviter les foudres indiscrètes des commères de la presse, Louella Parsons et Hedda Hopper en tête. Mais au sein de l'agence MCA elle-même, les agents ne divorçaient pas. *« Chez MCA, le sexe semblait aussi réglé que la manière de s'habiller »* (209)

Edie Wasserman y songeait pourtant. Elle avoua à l'écrivain Dominick Dunne lors de l'unique confidence qu'elle fit jamais sur ses soucis conjugaux : *« Il y a eu de mauvais moments entre nos dix ans et nos vingt ans de mariage. Il n'arrêtait pas de travailler et je me sentais négligée. Mais nous avons résisté à tout cela ».* (210)

Lew de son côté était un bourreau de travail. Mais ses horaires effrayants ne lui servirent apparemment jamais à couvrir la moindre aventure. On ne lui connut pas de maîtresse.

Il tenait à sa femme.

Il prit un rythme de vie différent.

Il garda la réputation de se consacrer sans arrêt à son métier, mais en fait quelque chose avait changé avec l'acquisition de ces 25 % qui le rendaient invulnérable au sein de MCA. À la tâche jour et nuit pendant la semaine, il prit l'habitude de passer des week-ends de détente à Palm Springs, la ville du désert investie par le monde du cinéma et de la Mafia où il acheta une maison avec Edie. Ils se mirent à y accueillir leurs amis. Ils projetaient des films dans leur salle de cinéma privée aussi belle que celle de leur nouvelle maison de North Foot Hill Drive à Beverly Hills. Car Lew aimait regarder des films tous les soirs. On jouait au poker ; Edie comme lui adorait le jeu. On nageait, on buvait. *« Lew se montrait sous un jour différent, drôle, aimant rire, poussant les gens dans la piscine. Edie était à ses côtés. Elle avait érigé une règle d'or – et que Dieu garde ceux qui l'auraient outrepassée et auraient dû affronter son courroux – pas de discussion d'affaires. Pas d'aparté avec Lew pour parler contrat ou demander conseil. Ce paradis ne devait pas être dérangé. »* (211)

Maintenant entièrement aux commandes de MCA, Lew avait pris son envol. *« Il émanait de lui 'un air de complète confiance en soi et une aura de sagesse et d'assurance' selon les termes de Dore Schary »*, un producteur de la Metro Goldwyn Mayer. (212)

Il commença par changer l'image des agents. Il voulut les entraîner à adopter son style et il insista immédiatement auprès de ses collaborateurs pour qu'ils se débarrassent de ce qu'il appelait leur aspect de « marchands de chair fraîche ». Il voulait de la classe. Adieu costumes à carreaux et chemises criardes. Il imposa le nouvel uniforme, le sien, costume sombre, étroite cravate noire, chaussures noires de style anglais. Bientôt l'équipe se mit à imiter également ses longues journées de travail.

Comme un coach sportif, Wasserman organisa ses agents en équipe. Il voulait des rapports écrits tous les jours, qui circulaient au sein du groupe et étaient discutés dans des réunions stratégiques hebdomadaires. Chaque studio était mis sous la vigilance d'un agent confirmé qui y suivait les intérêts de la MCA en permanence.

Le mercredi matin était le jour du grand *brainstorming*, surnommé par tout Hollywood *« Fagin meetings »*, (« la réunion des Juifs ») (213), au cours de laquelle étaient échangées les dernières informations sur les castings et les scénarios des productions à venir que les espions de MCA, infiltrés partout, s'étaient procurés.

Certes, Wasserman attirait les acteurs à lui en les choyant, en défendant leurs intérêts avec une habileté de renard, mais il allait jusqu'à leur apporter une assistance en toutes circonstances. Ainsi, il parvint à éviter le moindre écho dans la presse un jour où Clark Gable fut arrêté en état d'ivresse. Un exemple parmi tant d'autres.

Le résultat ne se fit pas attendre. La liste des clients de MCA inclut rapidement presque tous les acteurs les plus connus, parmi lesquels Jack Lemmon, Fred Astaire, Bette Davis, Charlton Heston, Errol Flynn, Clark Gable, Lana Turner, Carry Grant, Tony Curtis, Audrey Hepburn, Carroll Baker, Rita Hayworth, Rock Hudson, Danny Kaye, Grace Kelly, Bob Hope qu'il avait connu à l'époque de Cleveland…

Par contre, Lew n'hésitait pas à prendre les décisions les plus radicales avec une efficacité glacée. Il laissait tomber le couperet sans états d'âme.

La première star qu'il remercia ainsi, avant Frank Sinatra et d'autres, fut Shirley Temple, l'enfant star la plus populaire de l'histoire, dont l'étoile pâlit vers l'âge de vingt ans. Elle a raconté la scène dans ses mémoires. *« Quand Lew me dit froidement que MCA ne me représenterait plus, j'ai répondu :*

'Une minute, ce sont les stars qui laissent tomber les agents, pas le contraire ! »

- Peut-être, dit-il d'une voix glaciale, mais cette fois c'est nous qui vous virons.

- Pourquoi ? ai-je glapi ?

- Parce que vous êtes finie. Ses yeux noirs comme de l'encre ne cillaient pas. Lessivée. Je commençais à pleurer.

- Voilà, dit-il en me tendant une boîte de kleenex à travers le bureau, prenez en un à ma santé !' » (214)

Tout charme ou dureté selon les circonstances, l'agent traquait uniquement le talent, sans pitié.

Mais ce fut l'assaut que mena et remporta Lew Wasserman contre le système des contrats de sept ans qui lui attacha la reconnaissance de la plupart des stars.

Il attaqua le dossier en soutenant Bette Davis dans sa décision de rompre son contrat en cours et de quitter Warner Brothers avec fracas en 1950. Jack Warner, le président du studio, menaça la comédienne de représailles. Il allait lui fermer les portes de Hollywood tout entier ! Bien au contraire, peu après, Lew réussit à négocier pour elle le contrat qui devait marquer le rebond fabuleux de sa carrière : Miss Davies signait à prix d'or avec la Fox le rôle de Margo dans *Ève* (*« All About Eve »*) de Joseph Mankiewicz. Et comme parfois la fortune sourit aux audacieux, le film, couvert d'Oscars, entra dans la légende.

Cette même année 1950, Lew Wasserman lança une nouvelle phase de « sa » réorganisation de Hollywood en négociant ce qui resta connu sous le nom de « l'accord Winchester 73 ». Après ses années brillantes jusqu'à 1941 et sa guerre héroïque, James Stewart peinait à retrouver de grands rôles depuis la fin de la guerre, malgré son nom et son talent. *La Corde* d'Hitchcock avait été un échec, et ce rôle différent des autres n'avait pas amélioré son statut. Mais Lew croyait en lui plus que jamais.

Profitant de la mauvaise situation financière de Universal, au bord de la ruine, Wasserman proposa à son président William Goetz un accord bon marché sur le papier pour deux films de Stewart, basé sur un pari. La star toucherait un salaire raisonnable pour *Harvey*, un projet prometteur, mais jouerait la même année dans *Winchester 73* à des conditions originales : James Stewart renonçait à tout salaire dans ce western classique, mais devait toucher la moitié des profits éventuels du film. Il devait être consulté sur le choix du metteur en scène et des autres acteurs. De plus, le nom de l'acteur apparaîtrait le premier sur l'écran, et serait seul au-dessus du titre du film sur les affiches.

Comme cerise sur le gâteau, Lew Wasserman ne manifestait que des exigences modestes sur *Harvey* : aucun contrôle d'aucune sorte n'était demandé par l'agent pour son client et le nom de Stewart apparaissait en plus petit que le titre, car, disait Lew, l'importance de l'histoire le justifiait…

William Goetz, heureux de pouvoir s'offrir James Stewart à bas prix pour deux films, accepta avec soulagement cet accord innovant et inespéré pour son studio chancelant.

À la vérité, James Stewart lui-même n'attachait pas grande importance à ces préséances, pas plus qu'aux génériques et à la publicité. Frappé par ce qu'il avait vécu au front pendant la guerre, il se demandait même s'il avait vraiment envie de rester acteur et fuyait les rôles légers qui avaient fait sa gloire avant-guerre.
Lew avait donc convaincu aisément Stewart de le suivre dans sa proposition qui paraissait si modeste… L'agent savait que son accord avec Universal venait de faire passer le pouvoir dans les mains de l'artiste et de son représentant. Le studio ne pouvait plus imposer ses souhaits sans tenir compte de ceux de la star, qui de son côté écoutait MCA.

Or, comme il arrive parfois lorsqu'on parie sur deux films, ce fut celui que l'on n'attendait pas qui marcha. *Harvey* fut un échec, *Winchester 73* un succès !

Louis Meyer, qui dirigeait la prestigieuse MGM, en meilleur état financier que Universal, ne pardonna jamais à Goetz (un de ses gendres !), d'avoir « livré les clefs du magasin » et hâté la fin du règne des studios en signant l'accord Harvey-Winchester 73.

L'âge d'or des studios avait déjà du plomb dans l'aile. À l'issue de près de dix ans de discussions et de procès, en 1948, la Cour Suprême des États-Unis avait jugé dans un arrêt historique que la possession de salles et la distribution de films par une même compagnie était une violation de la loi anti-trust Sherman. Ces deux activités étaient donc devenues incompatibles, et les studios, affaiblis, avaient dû se séparer de leurs salles de cinéma dès 1949.

Après le coup de maître de « Winchester 73 », conseillées par Lew Wasserman, les stars de MCA qui renonçaient au système des studios purent choisir leurs films, demander des changements dans le scénario, donner leur avis sur le choix du metteur en scène et même sur d'autres membres de l'équipe du film, et bien sûr exiger des recettes sur les revenus d'exploitation… Comme par hasard, les artistes engagés sur le projet, à talent égal, étaient souvent choisis chez MCA.

Ces nouvelles dispositions donnèrent à MCA beaucoup de pouvoir… et de revenus supplémentaires. Wasserman, en position de force, obtint des studios qu'ils versent à l'agence une rémunération sur les recettes en plus du pourcentage traditionnel de 10 % sur les salaires des clients de MCA. Connue sous le nom de *« packaging »*, cette pratique fut imposée également à la radio, car MCA continuait à gérer son impressionnant catalogue de musiciens.

Lew approfondit encore sa réflexion et expliqua bientôt aux artistes comment créer leur propre société et réduire ainsi leurs impôts personnels. Une révolution !

Restait un grand pas supplémentaire, que Lew franchit dès 1952 : il décida que l'agence s'investirait directement dans la production de films. *« Je sentais que MCA pouvait gagner plus de 10 %, et que nous serions plus efficaces en nous asseyant de l'autre côté de la table »*, confia-t-il plus tard au *New York Times.*

Pour réussir cette nouvelle révolution, Lew Wasserman obtint du Syndicat des Acteurs, la Screen Actors Guild (SAG), la signature d'un accord-cadre discret qui exemptait les agences artistiques des règles syndicales leur interdisant de produire. [(215)]

Sans un tel accord, l'agence MCA aurait pu être confrontée à une grève ou toute sorte de boycott de la part du puissant syndicat dont elle enfreignait les règles, car en tant que producteur, elle était en conflit d'intérêts avec ses fonctions de représentant des acteurs et des metteurs en scène lorsqu'elle négociait leurs contrats. Bien que cet accord ne fut pas à proprement parler secret, aucune autre agence artistique n'en eut connaissance jusqu'à 1961. C'était un accord-cadre… réservé à MCA !

En juillet 1952, Wasserman disposait d'un atout gagnant pour obtenir la signature de cet accord improbable : Ronald Reagan, doué pour la communication autant que pour ses prestations équestres pour les écrans, était son client et son obligé en même temps que son ami. Lew était fasciné par les personnages talentueux. Reagan en était un. Doué d'un bagout inné et d'un goût pour le sport et le spectacle, il s'était fait engager comme commentateur sportif à la radio dès sa sortie de l'université. Ses incroyables commentaires de faux direct, qu'il enregistrait sans voir une image de ce qu'il décrivait, lui avaient apporté une première célébrité. Devenu acteur, il fit son chemin rapidement dans des rôles d'action, où son physique et ses dons pour le sport le firent remarquer.

Membre, puis vice-président du Syndicat des Acteurs, Reagan s'en était fait élire président en 1947, encouragé dans cette voie par son agent et ami Lew.

Sa présence à la tête du Syndicat joua évidemment un rôle dans la faveur que le syndicat allait donner à MCA. L'homme avait été comblé par le célèbre contrat d'un million de dollars négocié par Lew. Par cet accord-cadre dérogatoire négocié entre deux amis, la SAG donnait à Wasserman carte blanche pour produire des films de cinéma mais aussi pour prendre position sur le marché de la télévision en produisant des téléfilms dont les droits allaient créer un catalogue sans concurrence pour des années, prêt à alimenter les nouvelles chaînes affamées de programmes.

Sans plus attendre, Wasserman créa Revue Studios, une société de production émanation de MCA dont il prit la direction lui-même.

Les autres producteurs et les studios ne croyaient pas à un tel besoin de fictions pour la télévision, un média un peu méprisé par les créateurs de « grands films ». Wasserman avait au contraire tout de suite vu l'avenir de ce média dévoreur d'images et la fortune qui s'y cachait. Les studios, restés aveugles à cette mutation, devaient vaciller de plus en plus à la suite de cette erreur fatidique.

Reagan, lui aussi, avait très tôt cru en la télévision. Il fut un des premiers acteurs à tourner dans une série, dès la fin des années quarante. De plus, il était ravi de rendre service à Lew à qui il devait tant.

« Point n'est besoin d'être cynique pour constater que Lew Wasserman, le président de MCA, allait être le principal bénéficiaire de l'accord, et voudrait sans doute remercier un client si généreux. Même moi, qui suis convaincu que Deutch (Reagan) est au-dessus de tout soupçon, je restai songeur devant la caricature de Paul Rae le lendemain de la signature. Elle montrait 'Ron et Lew' identiques dans des costumes noirs à fine cravate noire, dansant avec jubilation au 'Revue Club' – Revue étant le nom de la filiale de production de MCA.

Je repensai à ce dessin des années plus tard, quand Wasserman, riche au-delà de l'imaginable, se rendit à la Maison Blanche, accueilli par le Président Reagan par ces mots : 'Lew, avez-vous jamais pensé, quand vous étiez ouvreur de cinéma à Cleveland et moi lifeguard en Illinois, que nous finirions ici ?' Et, vêtus des mêmes costumes sombres, ils se dirigèrent vers le bureau ovale ». (216)

Dès la fin de la guerre, Ronald Reagan avait montré un intérêt pour la politique. Il avait commencé par embrasser les idées de gauche. Son nom figurait le 12 décembre 1945 en tête sur la publicité pour l'une des premières manifestations anti-nucléaires de Hollywood. L'une des affiches atterrit sur le bureau de Jack Warner qui, en conservateur convaincu, protesta avec véhémence contre la participation de Reagan à la manifestation. L'acteur reçut un télégramme du service juridique du studio le mettant en garde contre la violation à son contrat que représenterait une telle exposition publique. Mais Reagan avait encore besoin d'être convaincu… Wasserman, plus pragmatique que conservateur, s'en chargea avec un brin de paternalisme envers l'acteur qui lui devait son contrat à sept chiffres. Il put bientôt envoyer au studio l'assurance écrite que Reagan se retirait de l'affaire. Mais l'évolution politique du futur président fut un lent processus et il ne rejoignit le parti Républicain qu'en 1962.

Malheureusement, sa présidence de la SAG fut entachée par l'ardeur qu'il mit à partir de 1947 à fournir au FBI et à la Commission des activités anti-américaines de sinistre mémoire des informations sur les acteurs et les réalisateurs de Hollywood accusés de défendre des idées communistes. Les artistes désignés devenaient suspects et de fait rapidement mis au ban de leur métier. Cette « liste noire » fut la honte de Hollywood.

L'origine de cette terreur anti-gauche commença à Washington à l'occasion de la montée de la menace soviétique et fut amplifiée par la victoire de Mao Zedong en Chine puis la guerre de Corée. La défiance envers des Américains soupçonnés d'être traîtres à leur pays entraîna la répression.

Reagan ne fut d'ailleurs pas le seul futur président des États-Unis à soutenir cette *« Red Scare »* (Peur Rouge). *« Les Kennedy y étaient favorables (au nom du catholicisme anti-communiste) au point que, lors de l'élection sénatoriale du Massachussetts de 1952, McCarthy, sénateur républicain extrémiste au nom à jamais lié à cette sombre chasse aux sorcières, n'apporta pas son soutien au candidat de son propre parti, Henry Cabot Lodge Jr, protégeant ainsi la candidature de John Kennedy, démocrate, en remerciement pour l'attitude amicale de sa famille ».* (217)

Hollywood tout entier était plongé dans une sorte de terreur anti-gauche, obsédé par un soit-disant « patriotisme » dévastateur. Il y avait eu les films sur la seconde guerre mondiale, avec des héros vertueux luttant contre le nazisme. Il y eut des films de toute sorte où le danger venait du totalitarisme communiste jusqu'à la caricature. S'il est vrai que l'Histoire devait finir par révéler les horreurs de l'époque de Staline alors inconnues, il est certain que la chasse aux sorcières, en particulier à Hollywood, fut le fruit d'une absolue paranoïa. Des talents innocents durent fuir au Mexique. Un auteur comme Howard Fast, qui vendait chacun de ses ouvrages par centaines de milliers, trouva porte close chez tous les éditeurs et dut publier lui-même son nouveau livre, *Spartacus*, et le vendre de chez lui, dix ans avant qu'il ne devienne le sujet du film de Stanley Kubrick… Charlie Chaplin fut persécuté jusqu'à ne plus supporter les États-Unis, lui qui avait réalisé *Le Dictateur* en pleine guerre !

Quelle fut l'attitude du nouveau directeur général de MCA pendant cette période ? Pas d'interviews, pas de documents où le sujet soit évoqué. Le silence est parfois parlant. Wasserman, à la tête de la première agence de Hollywood, n'a pas laissé le souvenir d'avoir défendu ou protégé officiellement le moindre des acteurs et réalisateurs de MCA menacés.

Mais en pariant sur l'avenir de la télévision dès cette époque, il avait accompli un autre changement majeur. En quelques années, MCA allait posséder la majorité des films et des séries de prime time diffusés sur toutes les chaînes, plaçant au passage ses acteurs et ses réalisateurs (qui étaient les meilleurs). Enchaînant les productions, libéré du contrôle des studios, engrangeant des sommes colossales, MCA devenait un quasi-monopole. Les tentacules de la Pieuvre se multipliaient. Wasserman avait pris une avance presque impossible à remonter pour des concurrents.

Le remerciement de Wasserman à Reagan président de la SAG devait avoir une influence déterminante sur la vie des deux hommes désormais intimement liés. Au printemps 1954, MCA négocia pour son acteur un accord avec l'agence de publicité new-yorkaise BBDO, Batten, Barton, Durstine & Osborn, déjà célèbre à l'époque. Reagan acceptait de se mettre à la disposition de General Electric pour présenter tous les dimanche soirs une série de fictions dont la société de production n'était autre que Revue Studios. Il jouait parfois dans le film.

Le contrat précisait que Reagan, bon orateur, se rendrait également disponible pour faire le tour des usines de General Electric en dehors des périodes de tournage. Sa mission consistait à mettre du liant dans les usines, à faire des relations publiques et à vanter l'utilité de General Electric pour le bien être et l'avenir de l'Amérique… Par ailleurs, son contrat lui accordait 25 % des droits générés par la série phare de Revue Studios. La série, diffusée le dimanche, intitulée *The General Electric True Theatre*, fut immédiatement très populaire et produite sans interruption de 1954 à 1962… Rapidement surnommé « Mr Progress », applaudi partout, Reagan devint beaucoup plus célèbre qu'au temps de ses rôles pour le grand écran. En 1958, une enquête le désigna l'homme le plus facilement reconnu dans tout le pays. Mais il ne parlait pas encore de carrière politique.

Accédant à l'aisance grâce à ce généreux contrat, Reagan fit l'acquisition, pour une bouchée de pain, d'un terrain de 150 hectares le long du Pacifique, au nord de Los Angeles, à Malibu Canyon, un lieu à l'époque sauvage et isolé. Il le baptisa Yearling Row Ranch. Une modeste maison datant de 1918 s'y trouvait. Mais l'acteur espérait parvenir à y construire un jour le ranch de ses rêves. *« Lorsqu'il fit campagne pour devenir gouverneur de Californie, en 1966, Jules Stein vendit pour son compte 120 hectares de son terrain, à prix d'or, et organisa une fondation destinée à le financer, en se nommant lui-même gestionnaire du trust. Le terrain passa ainsi miraculeusement de 510 dollars à 16 500 dollars l'hectare en douze ans* (l'équivalent de 4 200 à plus de 120 000 dollars l'hectare en valeur de 2014*). La Fox était l'acquéreur. »* (218)

Le nouveau gouverneur était devenu richissime et gardait même pour lui une trentaine d'hectares, le tout grâce à un coup de baguette magique du créateur de MCA.

Cependant, le temps était encore loin où la région de Malibu, escarpée et proche du Pacifique, mais à bonne distance de Hollywood, allait attirer les stars. La Fox ne parvint jamais à valoriser son achat malgré son utilisation du terrain comme décors pour de nombreux westerns et films d'extérieur et elle finit par le revendre à l'État de Californie avec une perte substantielle, pour la somme de 3 599 dollars l'hectare (17 200 dollars de 2014), lorsque Reagan quitta son poste de gouverneur en 1974. Un scandale immobilier fut évité de justesse. Le juge assesseur du Comté de Los Angeles, Philip E. Watson, ouvrit une enquête. Fox augmenta légèrement son prix de vente, et l'affaire fut étouffée. L'État y créa Malibu Canyon State Park, un parc ouvert au public, aujourd'hui situé dans une zone peuplée de milliardaires et partiellement protégée de toutes constructions. (219)

Ronald Reagan, lui, acheta aussitôt un autre ranch près de Santa Barbara, dans la région de Santa Ynez, plus au Nord de la côte californienne, le célèbre Rancho del Cielo où toutes les personnalités politiques du monde défilèrent. Il le garda pendant sa présidence, et jusqu'à 1995.

Jules Stein continua à gérer les fonds de la fondation pour le compte de Reagan pendant des années.

La série de General Electric qui, de facto, devait lancer la carrière politique de Reagan, faisait donc partie des films que l'accord SAG rendait possible. Produite par Revue Studios, propriété de MCA, elle était interprétée par des acteurs représentés par MCA et diffusée sur Universal qui appartenait à MCA.

De leur côté, les studios continuaient de considérer la concurrence possible de la télévision avec une méfiance mêlée d'un reste de mépris. Ils refusaient toujours de vendre leurs films au nouveau média dans lequel ils ne croyaient toujours pas. Une nouvelle opportunité pour Wasserman, plus confiant que jamais : en 1957, il fit acheter par MCA pour 50 millions de dollars (plus de 414 millions de dollars en valeur de 2013) un catalogue de 750 films de Paramount datant d'avant 1948. Il allait en céder des droits de passage aux chaînes de télévisions avides de programmes, gardant soigneusement la propriété des films comme un trésor de guerre utilisable plusieurs fois.

C'était une nouvelle révolution qui augmentait encore le pouvoir de Lew Wasserman : Après avoir délivré les artistes des contraintes des studios, il se retrouvait à la fois producteur de ses propres films et ayant droit de catalogues de films achetés. Il était ainsi équipé pour fournir la télévision, qui devenait pour lui une machine à cash automatique pour des années. Hollywood avait tardé à se réveiller ; Wasserman avait été le plus rapide. : Sa clairvoyance en faisait un vainqueur sur tous les tableaux.

Sa grande fortune prospérait. MCA, dont il détenait 25 %, introduite à la bourse de New York en 1958, passa de 17 à 78 dollars l'action en trois ans… alors que Stein, qui avait gardé 50 % du capital, n'avait prévu « qu'un doublement » de sa fortune au plus fort de son optimisme !

La réorganisation de MCA en MCA Inc, annoncée le 15 mars 1954, le jour des 41 ans de Lew Wasserman, touchait toutes les filiales la société qui était devenue dans l'esprit de tout Hollywood « la pieuvre » : production de cinéma, de télévision, distribution à l'étranger, commissions d'agent sur les artistes, locations des studios… L'introduction en bourse avait commencé par appauvrir Stein en apparence, car la composition du capital limitait la part des investisseurs de Wall Street qui ne pouvaient accéder qu'au petit nombre d'actions disponibles pour eux, 400 000 sur 4 millions dans les mains de Stein, Wasserman et les « Neuf Sages », des fidèles que Stein voulait privilégier. Mais à la fin de la première année, les bénéfices avant impôts, d'un montant de 10, 6 millions de dollars (93, 3 millions de dollars en valeur de 2014), dépassaient tant les prévisions que les actions commencèrent à monter en flèche… d'autant plus que le Président Stein et son conseil d'administration décidèrent de les réinvestir pour commencer à constituer le trésor de guerre de MCA.

L'avenir était au beau fixe… Personne ne remarqua la réserve inscrite dans une petite note au dos du rapport aux actionnaires, glorieux pour l'équipe de Lew Wasserman. Elle concernait d'éventuels passifs : *« Une enquête sur les activités de la compagnie a été ouverte en 1959 par le Département américain de la Justice, à propos de violations supposées de la loi fédérale antitrust par l'agence artistique. De l'avis de la compagnie et de son avocat, aucune violation de ce genre n'a existé ni n'existe. »* (220)

– 8 –
Hitchcock et « Octopus »

Tout en accomplissant ces changements, Lew Wasserman, qui ne quittait la tâche qu'après 14 heures de présence au minimum à son bureau, continuait à choyer ses clients. Il suivait de près la carrière d'Alfred Hitchcock, qui, après l'échec de *La corde* en 1948, avait renoncé à sa société de production Transatlantic, ne gardant de l'expérience que son accord avec Warner. Ce contrat avec le studio était subi par Wasserman qui était entré dans la vie du réalisateur après sa signature et ne le trouvait pas favorable pour son prestigieux client.

1953 : le cinéaste vedette de MCA avait maintenant tourné quatre films Warner Bros, *Le Grand Alibi* (*« Stagefright »*), *L'Ombre d'un doute* (*« Strangers on a Train »*), *I Confess* et *Le crime était presque parfait* (*« Dial M for Murder »*) où Grace Kelly jouait pour la première fois sous sa direction.

Lew Wasserman acheta pour lui, pour 40 000 dollars (environ 355 000 dollars en valeur de 2014), une nouvelle de Cornell Woolrich qui allait devenir *Fenêtre sur cour* (*« Rear Window »*). Hitchcock souhaitait tourner ce sujet en réunissant Grace Kelly et James Stewart, qui de son côté avait signé un contrat pour plusieurs films avec Paramount. Lew obtint qu'en échange de certains droits de distribution, Warner Bros accepte de prêter Hitchcock au studio rival. C'est donc pour Paramount que Hitchcock allait diriger le film, en accédant à l'acteur qu'il voulait. [221]

Or la production du studio était dirigée depuis peu par un scénariste, ancien client de Wasserman, Don Hartman, associé à Y. Frank Freeman. Tous deux admiraient ouvertement Hitchcock. *« Stimulés par Wasserman, les nouveaux responsables lui offrirent un contrat à long terme novateur avec lequel Jack Warner n'essaya même pas de rivaliser. »* [222]

Paramount proposait en effet au réalisateur tout ce qu'il voulait sur un plateau d'argent : des conditions financières fabuleuses, la garantie de son autonomie, des pourcentages et de même l'accès à des recettes brutes qui placèrent Hitch à un niveau de rémunération aussi élevé que les plus grands réalisateurs américains. L'accord, rondement mené, portait sur neuf films à réaliser par Hitchcock, dont cinq qu'il produirait lui-même. Il possédait les droits des quatre premiers de la liste, *Fenêtre sur cour*, *Mais qui a tué Harry ?*, *La main au collet*, et *L'homme qui en savait trop*. [223]

Wasserman aimait travailler dans le secret. Les détails de ce contrat historique n'ont pas été rendus publics, mais ont été connus peu à peu. On sait que dès 1954, des sommes vertigineuses commencèrent à être payées à Hitchcock par Paramount.

Mais le véritable coup de maître de l'agent passa inaperçu lors de la signature avec le studio : *« une clause de réversion sans précédent accordait à Hitchcock la propriété des cinq films produits et dirigés par lui, huit ans après leur première sortie commerciale. Les implications futures de cette clause allaient se révéler astronomiques. »* (224)

Cependant, depuis 1951, Lew Wasserman n'avait cessé de développer Revue Studios, la société de production de télévision qu'il avait créée grâce à ses accords discrets avec le Syndicat des Acteurs. Comme il l'avait prévu, les grandes chaînes de télévision montraient un besoin croissant de programmes frais. Lew, en avance sur tout le métier, leur fournissait des comédies comme le *Ray Milland Show*, des séries policières comme *City Dectective*, ainsi que des séries musicales comme le *Rosemay Clooney Show* (225), qui permettaient de valoriser les clients de MCA, chanteurs et musiciens. Revue Studios tournait à plein régime pour la télévision affamée d'images. La société avait un quasi-monopole de fait sur ce nouveau marché.

En 1955, Revue Studios produisait déjà une quarantaine d'heures de spectacles par semaine pour les chaînes. Wasserman proposa à Hitchcock de passer à la télévision. La première réaction du réalisateur fut réservée. Comme beaucoup de ses confrères, il voyait la télévision comme une menace pour l'industrie cinématographique. De plus, aucun cinéaste connu de Hollywood n'avait osé sauter le pas. Mais il se laissa séduire par l'idée. Sous la houlette de son agent, une nouvelle société de production fut créée pour Hitchcock et sa femme, Shamley Productions, du nom de leur maison de campagne anglaise, qui s'associa avec Revue Studios pour signer un accord exceptionnel avec CBS.

La série *Alfred Hitchcock présente* était née. Jusqu'en 1962, Hitch allait introduire plus de 250 films de 30 minutes, puis d'une heure. Il avait dessiné lui-même sa propre caricature qui se profilait derrière lui pendant le générique, tandis qu'il présentait le sujet avec humour et sur un ton inquiétant, sur fond de musique de la Marche Funèbre d'une marionnette de Charles Gounod ! Il apparaissait à nouveau pour la conclusion de l'épisode. Toute une équipe de MCA travaillait sous le contrôle de Lew Wasserman pour lui proposer des sujets, des scénaristes, des acteurs et des réalisateurs. Hitch mit en scène lui-même 17 films de la série. Doué pour les langues étrangères, il enregistra ses prestations également en français et en allemand, pour l'exportation. La série eut un succès national et international historique. Elle accrut sa notoriété publique encore plus rapidement que ses succès au cinéma.

Lew Wasserman veilla à ce qu'Hitchcock, son réalisateur favori, ait un contrat en or. Il recevait des salaires plus importants que pour la plupart de ses films de cinéma (25 000 dollars pour une demi-heure, soit environ 220 000 dollars en valeur de 2014) et il devait récupérer les droits de la série après la première diffusion sur CBS, qui n'était donc pas propriétaire.

Revue Studios, coproducteur, prospérait en parallèle, ainsi que MCA qui représentait bon nombre des artistes engagés dans cette aventure. Lew gagnait sur deux tableaux : copropriétaire d'une série qui faisait travailler ses propres artistes, il touchait des rémunérations sur les employés de la série qu'il possédait… *« Sous l'impulsion de Wasserman, la compagnie devenait une super agence, une pieuvre aux longues tentacules. 'Je rentre à la télévision parce que je suis l'extrémité d'une vrille. Je suis l'esclave de MCA', plaisanta Hitchcock, interrogé par le* Los Angeles Times. *Mais* Alfred Hitchcock presents *allait accroître la célébrité et la richesse du réalisateur à un point que ni lui ni Wasserman n'aurait pu imaginer. »* (226)

La série générait des recettes en tout genre à côté de ses revenus de télévision : des jeux, des livres publiant les histoires de chaque séance, furent diffusés, ainsi qu'un mensuel qui existe encore aujourd'hui, le *Alfred Hitchcock's Mystery Magazine*.

Le succès de la série donna à Hitch une immense indépendance par rapport aux studios de cinéma. Il devint le *« premier réalisateur star de l'époque nouvelle de Hollywood, l'ère post Moguls »*. (227)

Wasserman veillait à chaque détail de la série et au bien être de Hitchcock, qui avait la meilleure équipe, fidèle au maître et d'une qualité sans pareille. Les acteurs, directeurs de la photo, les auteurs, monteurs, décorateurs, faisaient partie de MCA. Impresario, ami, Wasserman était en plus une sorte de super directeur de production pour son client préféré.

Le pouvoir de Lew Wasserman et de MCA continuait à croître. Wasserman entraînait d'autres réalisateurs vers la télévision, avec la formule : *« Si Hitchcock peut le faire, pourquoi pas vous ? »*

Les artistes les plus récalcitrants finissaient par vouloir rejoindre MCA, par efficacité et pour le confort que cela leur apportait. Kirk Douglas, après la production cauchemardesque du film de Stanley Kubrick, *Spartacus*, qui ne fut sauvé que par l'intervention de Lew, lui demanda d'être son agent et confia au journaliste Bill Davidson : *« Ils ont presque toutes les plus grandes stars et maintenant, je ne vais plus avoir à affronter tous ces tracas chaque fois que j'en veux une pour un film. »* (228)

Comme Hitchcock, Lew considérait certaines blondes distinguées et élégantes, « froides » selon les critères de l'époque, comme l'absolu de la sensualité, d'Eva Marie Saint à Grace Kelly. Lorsqu'il eut atteint sa huitième décennie, cet homme secret qui n'avait jamais fait le moindre commentaire à propos de quiconque, s'autorisa avouer quelle avait été l'actrice qui l'avait le plus impressionné : *« Il avait rencontré Grace Kelly quand elle avait dix-huit ans. 'La plus belle chose que j'ai jamais vue'. Il avait dit à l'agent de MCA en charge du théâtre, Edith Van Cleve, de lui trouver une pièce à jouer. Mais Van Cleve voulait comprendre. 'Que sait-elle faire ?' demanda-t-elle. 'Elle ne sait rien faire. Je veux juste qu'elle traverse la scène.' dit Wasserman. Ils la mirent sur une scène,* (le producteur) *Stanley Kramer la vit et l'engagea dans* Le train sifflera trois fois (« High Noon ») *avec Gary Cooper. 'Quand elle décida d'épouser le Prince Rainier', continua Wasserman, 'je lui ai demandé pourquoi elle abandonnait sa carrière. Elle me dit : 'Lew, je n'ai jamais joué une princesse'. Je l'embrassai sur le front et lui souhaitai d'être heureuse. Elle abandonnait la plus belle carrière féminine. Je pense qu'elle aurait été plus grande que Greta Garbo, Bette Davis, Betty Grable, Joan Crawford.' »* (229)

Lew relança la carrière de certaines de ces actrices, Lana Turner par exemple, ou Doris Day qui faisait figure de *« has been »* de plus de 30 ans quand elle rejoignit le tournage de *L'Homme qui en savait trop* en 1956. *« Les Blondes glaciales – glaciales s'il faut en croire les critiques. Glaciales en apparence peut-être, mais pas dans l'action. Quel autre mot que chaleureuse peut s'appliquer à l'interprétation sincère de* Que Sera Sera *de Doris Day et dans* L'Homme qui en savait trop, *de ce stratagème brillant pour retrouver son fils. »* (230)

Le 18 décembre 1958, « Octopus », La Pieuvre, fit l'acquisition d'un terrain de 150 hectares appartenant à Universal, au Nord de Hollywood. C'était une initiative historique, et, au prix de l'époque, 11 250 000 dollars (un peu plus de 92 millions de dollars en valeur de 2014), c'était une affaire immobilière prometteuse. Wasserman y fit établir des studios pour le tournage de ses films et de ses séries, créant au passage Universal Télévision qui travaillait main dans la main avec Revue Studios. Il entrait ainsi de plain-pied dans la production cinématographique. *« Cette acquisition achevait de faire de Lew Wasserman l'homme le plus puissant de Hollywood à la fois responsable de la plus grande agence de talents et propriétaire d'un 'major studio'. »* (231)

C'était l'apogée. Il décida de bâtir sur ce terrain qui avait encore des allures de campagne le nouveau building du siège social de MCA, une tour de 15 étages en glace fumée au sommet de laquelle se trouvait son bureau. Une véritable ville virtuelle, Universal City, se développa autour, avec une poste, des banques et des commerces. Une nouvelle généreuse source de revenus était née.

Tout en menant à bien ses projets grandioses, Lew Wasserman ne cessait pas pour autant de s'occuper de ses clients préférés avec dévotion. Hitchcock en particulier était toujours l'objet d'une attention extrême de sa part.

Six mois après *La mort aux trousses* (*« North by Northwest »*), avec Cary Grant et Eva Marie Saint, Lew Wasserman organisait habilement le transfert de l'artiste de Paramount vers Universal, à l'occasion de la production de *Psychose* : Son client souhaitait réaliser ce petit film bon marché qu'il paraissait impossible de lui refuser après le triomphe de son dernier film. Mais l'audacieux nouveau sujet de Hitch sema au contraire la panique chez les officiels de Paramount, comme l'artiste et son agent l'avaient prévu. Y. Frank Freeman, le chef du studio MGM, venait d'accepter la présidence de la Motion Picture Association of America, qui administrait le strict Code de la production. Il se trouvait dans une position impossible face à Hitchcock. *Psychose* était un véritable défi au code. *« La scène de la salle de bain, le travestissement du héros, la violence étaient destinés à être coupés… Les images ne passeraient pas en l'état. »* (232)

Hitchcock promit de tout faire pour franchir les obstacles de la censure. Il était absolument déterminé à tourner son film. Mais le studio ne bougeait pas. Lew eut une de ses idées géniales qui débloquaient les situations sans que personne n'en anticipe toutes les conséquences. Il fit la proposition suivante au studio :

« Le PDG de la Paramount, Barney Balaban, souhaitait revoir les obligations du studio vis-à-vis d'Hitchcock et Wasserman était prêt à faire une offre novatrice. ' Psychose, *proposait-il, pouvait devenir un film produit directement par la société d'Alfred Hitchcock – et non une production Paramount (…) Le réalisateur différerait*

son salaire… tout en maintenant le budget (imputé à Paramount) à un niveau modeste et établi d'un commun accord. En échange, Hitchcock aurait dans un premier temps 60 % de la propriété du film jusqu'à un certain montant garanti à Paramount… Une fois cet objectif réalisé, revenus et propriété du film reviendraient entièrement au réalisateur.'

Afin de séparer encore plus le studio de ce film à sensation incongru, Wasserman proposait qu'Hitchcock tourne à Universal, Paramount louant studios et équipements. (…) Agissant très vite, Wasserman avait arraché son client numéro un à la concurrence et se l'était revendu à lui-même, gagnant de l'argent sur les deux opérations. » [233]

Profitant du changement accepté par le studio, Wasserman, sous sa casquette d'agent chez MCA, obtint de nouveaux avantages pour Hitchcock : le nom du réalisateur apparaîtrait dorénavant en caractères à 100 % aussi grand que le titre du film sur le générique et dans toute la publicité. Cette nouvelle situation avait fait de l'artiste le producteur du film. Soutenu par son agent, il put exiger d'imposer à Paramount ses propres idées promotionnelles pour la sortie du film le plus provocant de l'époque.

Alors que Paramount se prononçait contre elles, *« Wasserman brandit le contrat, rappelant à Balaban* (le patron de Paramount) *les droits d'Hitchcock ».* [234]

L'exemple de *Psychose* montre la manière dont peu à peu, Universal, où tournait Hitchcock, tomba complètement sous le contrôle de MCA, qui élargit encore son empire en achetant les disques Decca.

Lew continuait à consacrer un temps infini à Hitchcock. Il était présent au propre et au figuré lors des choix les plus importants de l'artiste.

Ainsi en 1962, Hitchcock avait engagé une jeune actrice. Elle avait signé un contrat en blanc avec sa société, et croyait qu'elle allait tourner dans un film de télévision de la série *Alfred Hitchcock présente*. C'était une débutante du nom de Tippi Hedren qui faisait de la publicité pour des produits capillaires. À sa grande surprise, Hitchcock lui proposa le rôle de l'héroïne de *Birds* (*« Les Oiseaux »*) lors d'un dîner avec Alma. Lew Wasserman, qui avait confiance en elle, accompagnait une fois de plus son ami, et partageait ses sentiments : *« Personne ne mentionna* Les Oiseaux *jusqu'au jour où Hedren fut invitée au Chasen's avec les Hitchcock et Lew Wasserman. Hitchcock lui fit cadeau d'une broche ornée de trois oiseaux dorés en vol avec de très petites perles et lui demanda de jouer Mélanie, la jeune femme dont les visites à Bodega Bay coïncident avec les attaques d'oiseaux meurtrières. Hedren raconte : 'Eh bien j'ai pleuré, et Alma, la femme de Hitch, a pleuré – même Lew Wasserman avait des larmes qui coulaient sur ses joues. Ce fut un moment délicieux.' »* (235)

Hitchcock écoutait Lew, l'appréciait, passait des week-ends chez lui à Palm Springs, l'invitait chez lui, déjeunait avec lui au Studio… mais ne se départissait jamais de son humour. Il offrit à Wasserman, l'homme toujours vêtu de noir, un tableau qui trônait dans la luxueuse maison de Northfoot Hill Drive de l'agent, au milieu des peintures de Vuilliard, Degas et Soutine. C'était un portrait hyper réaliste de Lew, à l'allure sévère. Un collaborateur de MCA dans les années soixante raconte : *« Lew, sur ce tableau, ressemblait à une personnification absolument sinistre du mal. Je demandais un jour à Hitchcock : 'Mais il n'a pas compris le message ? ' Et il plissa les yeux comme s'il ne voyait pas bien ce que je voulais dire. Mais je suis sûr qu'il avait compris. »* (236)

En fait, Hitch adorait taquiner Wasserman, qui raconta quelques années avant de mourir, quand il s'autorisa à de rares confidences : *« Hitchcock, dit-il, était un génie et aussi un plaisantin permanent. Un soir, nous étions chez Chasen's, et quand le serveur m'a apporté mon verre de vodka, il était bleu. J'ai dit : 'c'est le verre de quelqu'un d'autre'. Puis on s'est assis pour dîner, et tout était bleu. Les pommes de terre étaient bleues ! Hitch a déclaré : 'je suis d'humeur bleue'. »* (237)

Cependant Lew régnait sur Hollywood. *« Autrefois, aucun des moguls ne s'inclinait devant l'un d'entre eux. Puis vint l'ère de Lew, quand tous s'inclinaient devant lui… »* (238)

Le projet Universal ne cessait de prendre de l'ampleur. Le regard tourné vers le succès de Disneyland, Lew compléta l'aménagement des terrains en construisant un parc d'attractions. Les hangars d'Universal contenaient encore des dizaines de vieux décors des films populaires des années trente : Les châteaux de *Dracula* et de *Frankenstein*, le champ de bataille de *À l'Ouest rien de Nouveau*, le théâtre du *Fantôme de l'Opéra*… De quoi faire rêver les spectateurs et attirer les touristes. D'abord réservé aux visiteurs de MCA qu'il impressionna dès 1962, le Universal Studio Tour ouvrit au public en juillet 1964. Cette nouvelle source d'abondants revenus fut bientôt complétée par toutes sortes d'attraction innovantes, des démonstrations de cascades, des séances de maquillage qui transformaient des figurants en monstres et mutants ou en beautés fatales. Lew alla jusqu'à encourager les stars à se laisser apercevoir dans leur loge au passage du tram des touristes... ce qui n'était pas du goût de tous les acteurs…

– 9 –
« Le sauveur de Hollywood ! »

De 1938 à 1948, Washington avait cherché à limiter les pouvoirs des studios, alternant concertation et menaces. Le pouvoir politique avait fini par réussir à leur appliquer les lois anti-trust. Mais en ce début des années soixante, la montée inexorable de Lew Wasserman suscitait évidemment des jalousies. MCA n'était pas un studio à proprement parler. Mais en réalité, dès 1959, un juge administratif de Los Angeles, Leonard Posner, entreprit une enquête sur les grandes agences et leurs pratiques du « *packaging* », qui, sous prétexte d'aider les producteurs à monter les films, arrivaient à placer sur un même projet toute une chaîne de leurs talents, du scénariste au réalisateur, en passant par les acteurs, décorateurs, etc. Les producteurs versaient à l'agence une commission sur chaque poste. Les deux principales agences auxquelles Posner s'intéressa étaient MCA et William Morris. Mais le succès de la société de production de télévision de MCA, Revue Studio, et l'arrogance de Lew Wasserman dans ses quelques rares interviews attirèrent particulièrement l'attention de Posner qui, classant le dossier William Morris, se déchaîna contre MCA.

Il entreprit une enquête approfondie et, en 1961, demanda à Bob Kennedy, l'Attorney General (ministre de la Justice) depuis l'arrivée de son frère à la Présidence, l'autorisation de diligenter un grand jury fédéral pour interroger toute la profession au sujet de l'agence…

Posner était un juge frustré qui voyait les avocats de Hollywood gagner 100 000 dollars par an quand il touchait un salaire de 5 000. Il proclamait qu'il continuait quand même son métier par conviction mais il était amer. *« C'est un sale type, souligna l'avocat de MCA, Arthus Park. Un sale petit bonhomme. Il a l'insulte aux lèvres et cherche à vous intimider. Posner a une grande gueule et c'est l'homme le plus impoli que j'ai jamais rencontré. C'est vraiment un bâtard mal élevé. »* [(239)]

Il portait des cravates criardes, fumait les cigares à la chaîne et se conduisait comme un bulldog *« dont il avait aussi le physique »*. [(240)]

Une enquête ? D'abord peu inquiet, Wasserman organisa sa défense, soutenu par une foule de plus de 20 000 employés de Hollywood, artistes et syndicats. Manifestations et pétitions se succédèrent dans un premier temps dans tous les métiers du cinéma.

Tandis que le grand public ne se rendait compte de rien, les journaux professionnels, *The Daily Variety* et *The Hollywood Reporter* en tête, suivaient la guerre avec passion. Ils anticipaient un succès de Wasserman, présenté comme *« un possible Moïse que les enquêteurs du gouvernement voulaient empêcher de conduire les enfants de Hollywood vers leur Terre Promise »*. Les spéculations allaient bon train : Lew était présenté dans la presse comme le personnage le plus influent du cinéma, celui qui jonglait avec les chiffres, qui savait comment limiter légalement les impôts de ses clients, qui anticipait les tendances, qui connaissait même d'avance la carrière des films…

Mais un grain de sable se glissa dans la stratégie bien huilée de MCA. Lew et Marilyn Monroe avaient maintenant de mauvaises relations. *« Même quarante ans plus tard, beaucoup des témoins de la guerre entre MCA et la ministère de la Justice insistent encore sur le fait qu'une vengeance politique et une femme magnifique détruisirent l'agence artistique que Jules Stein et Lew Wasserman avaient bâtie. Si Lew n'avait pas traité Marilyn de façon mesquine et si Bobby Kennedy n'avait pas été tellement séduit par Marilyn, MCA aurait continué à dominer Hollywood jusqu'à aujourd'hui. Dans ses mémoires, en 1955, Shirley MacLaine maintient elle aussi que (…) Marilyn alla se plaindre de Lew auprès de Bob Kennedy. »* [241]

Pour couronner le tout, à l'été 1961 Leonard Posner découvrit et rendit publique l'existence de l'accord de production entre la SAG et MCA. Les autres agents s'indignèrent de la situation et demandèrent immédiatement à en bénéficier. Le syndicat des acteurs et celui des scénaristes s'inquiétèrent à la perspective de voir leurs fonctions réduites à néant par une application de l'accord à la profession entière à qui, pourtant, il leur devenait impossible de refuser cet avantage plus longtemps.

Lorsqu'il prit connaissance du rapport de Posner, contrairement aux prévisions de Hollywood et même de ses propres collaborateurs, Robert Kennedy décida donc d'intenter un procès éclatant à MCA. Il fut poussé par Marilyn Monroe, dont la rancœur contre Lew fut peut-être attisée par son ami Franck Sinatra, toujours haineux contre son ancien agent. Mais il avait de multiples autres raisons pour attaquer MCA.

Comme son frère le président, Robert Kennedy, Bob, connaissait bien Hollywood où leur père Joe les avait souvent emmenés lorsqu'il menait sur la côte Ouest ses affaires de cinéma [242] en parallèle à ses lucratives affaires d'importation et de distribution d'alcools et spiritueux basées sur la côte Est.

Les amitiés de Joe Kennedy avec des personnages aussi variés que William Hearst ou le pape du puritanisme, Will Hays, tout en entretenant une liaison officielle avec la plus grande star de l'époque, Gloria Swanson, rendirent ses fils familiers du monde du spectacle et des médias. John et Bob descendaient dans la maison de Rodéo Drive où leur père avait installé sa maîtresse lorsqu'ils venaient sur la côte Ouest.

Mais la véritable passion de Bob était la justice. Il se sentait investi d'une mission pour défendre le droit. Avant l'élection de John Kennedy, il avait exercé des responsabilités au Racket Comittee du Sénat, et dans le cadre des auditions de témoins convoqués par ce « Comité sur les Escroqueries », il s'était affronté à Jimmy Hoffa, le Président du puissant Syndicat des Camionneurs, les Teamsters. [243]

À la suite de cette expérience, Bobby Kennedy avait publié en 1960 un livre sur la corruption au sein des syndicats et les liens entre la Mafia et Hollywood, *The Ennemy Within*, qui le rendit extrêmement populaire. [244]

Physiquement courageux, il refusait toute protection personnelle malgré l'agressivité à laquelle il était en but.

Joe Kennedy avait vendu les droits du livre de son fils à un producteur lié à Twentieth Century Fox pour en faire un film. Ce faisant, il se mettait dans une situation paradoxale car, en association avec les gangsters Frank Costello et Joe Reinfeld, il avait fait fortune dans la contrebande d'alcool pendant la Prohibition avant de devenir l'obligé du chef de la Mafia de Chicago Sam Giancana lors de la campagne présidentielle de son fils John. [245]

Cependant le projet ne se réalisa pas. Les pressions exercées ouvertement par le Syndicat des Camionneurs, à qui se joignirent les électriciens de plateau, les plâtriers et même les employés des cantines, firent capoter l'affaire. Même le puissant Joe Kennedy n'y pouvait rien : Hoffa avait bloqué le film. Pour maquiller sa faiblesse face aux menaces, la Fox finança l'écriture d'un scénario lamentable qui permit d'enterrer le film au prétexte que l'adaptation était ratée.

Son amitié avec Marilyn, son projet de film *The Ennemy Within* sur la Mafia et Hollywood bloqué, son obsession sincère de la justice, c'est donc un faisceau de raisons convergentes qui décida Bob Kennedy, à la surprise générale, à autoriser Posner à organiser le Grand Jury contre MCA.

Lew Wasserman de son côté, absorbé à Los Angeles par la réussite de son entreprise titanesque, n'avait jamais réellement entrepris de relations avec le pouvoir politique. Il n'avait pas de correspondant à Washington pour présenter son dossier de façon favorable. Son ami Ronald Reagan était à cette époque encore acteur et membre peu actif du parti démocrate, sans influence nationale. Il allait se tourner vers le parti républicain en 1962, et c'est en 1964 qu'il fut élu gouverneur de Californie.

Lew se trouvait sans appui politique face à Robert Kennedy. Mais tout Hollywood semblait derrière lui.

Pendant plusieurs mois, un jury populaire composé de 23 habitants de Los Angeles n'ayant aucun point commun avec le cinéma écouta les interrogatoires des plus grands acteurs et des responsables de l'industrie qui témoignaient sur Lew Wasserman et les pratiques de MCA.

Chez les acteurs, bien sûr, les stars favorites de Wasserman firent des témoignages dithyrambiques. D'anciennes stars de la maison dont la carrière s'essoufflait firent de même, telle Betty Grable, qui obtint aussitôt en remerciement un nouveau rôle dans une série télévisée.

Le passage rapide d'Hitchcock de chez Paramount à Universal, organisé de main de maître par son agent lors de la production de *Psychose* peu de temps après le rachat d'Universal par MCA, retint évidemment l'attention du ministère de la Justice. Le réalisateur fut invité à déposer, mais aucune irrégularité ne fut prouvée sur cette affaire.

Cependant le témoignage d'un Ronald Reagan entièrement amnésique sur ses actions en tant que président du Syndicat des Acteurs et dévoué à la cause de MCA resta particulièrement mémorable pour les jurés. Charmeur et plein d'humour bien que tendu dans un premier temps, il devint presque bègue quand l'affaire de l'accord SAG-MCA fut évoquée, répétant comme un leitmotiv « je ne me souviens pas ».

Il retrouva son aisance pour avancer l'argument que Lew Wasserman lui-même utilisa par la suite : la fuite de la production loin de Hollywood était responsable d'une crise économique grave. Si les studios n'avaient pas délocalisé les tournages à l'étranger, à Paris, à Londres et à Rome, si les chaînes de télévision ne s'étaient pas installées à New York, le

Syndicat des Acteurs n'aurait jamais octroyé d'accord particulier à MCA. Lew Wasserman en avait eu besoin pour pouvoir être… le sauveur de Hollywood.

Le « sauveur de Hollywood » comprit qu'il valait mieux pour lui négocier avec les pouvoirs publics pour arrêter ce qui devenait une réelle menace de désastre. Sortant pour une fois de son mutisme, retrouvant l'art de sa jeunesse de jouer avec les journalistes, il donna quelques interviews remarquées. Il ne coopérait avec la presse que suivant les besoins de son propre agenda de publicité. Son seul vrai souci était d'obtenir une déclaration publique politique disant que MCA n'avait ni détourné la loi ni agi de manière gravement répréhensible. C'est dans ce but qu'il chercha à introduire l'image du conglomérat MCA-Universal-Decca comme le sauveur logique de toute l'industrie.

L'été 1962 avançait.

Marilyn Monroe venait de mourir. De son côté, Bob Kennedy, rapidement mis en cause dans l'affaire qui virait au scandale, se mit à souhaiter la paix d'urgence avec l'empire artistique dirigé par Wasserman, le maître de Hollywood, l'agent de la star qui l'avait poussé à autoriser cette action judiciaire… En toile de fond rôdait une fois de plus la Mafia, cette Mafia qu'il abhorrait alors même que son père et son frère la ménageaient.

Avant même la fin du mois d'août 1962, quelques jours après la mort de Marilyn Monroe, Lew Wasserman, MCA et le gouvernement arrivèrent à un compromis.

MCA abandonnait son activité d'agent artistique en gardant Universal, Revue et les disques Decca. La filiale de musique avait pourtant été acquise en plein procès. Le groupe était autorisé à conserver le nom prestigieux de MCA. Lew Wasserman ne perdait que dix pour cent de ses recettes, tant les revenus de la production et des droits avaient explosé en quelques années.

Jules Stein qui avait passé la main mais restait le plus gros actionnaire de MCA, aurait sans hésitation abandonné la production pour garder l'agence artistique qu'il avait créée. Lors de sa dernière discussion sur le sujet avec Lew, après avoir lutté désespérément pour soutenir sa thèse plus sentimentale qu'économique, il quitta le bureau en pleurant.

En *« s'asseyant de l'autre côté de la table »* et en devenant producteur à part entière, Wasserman avait donc gagné son pari de décupler les recettes. Ce combat se soldait néanmoins par une reculade, même si elle était habile et d'un coût marginal. Mais tout en affichant son charme le plus exquis envers les juges qu'il invita à Universal après la fin des hostilités, Lew ne cacha jamais à ses proches qu'il n'oublierait jamais cet épisode amer de sa vie et ne pardonnerait pas. La blessure était profonde. *«* Vingt ans plus tard, il leur en voulait encore. '*Quand le gouvernement nous a traînés en justice pour monopole, cela a été la plus grande surprise de ma vie*', dit-il dans une interview en 1982. '*C'était un acte inutile, injustifiable' ».* (246)

Lew ne parla plus jamais de Marilyn. Rengainant son sentiment d'humiliation, il décida de se rapprocher des politiques pour consolider son pouvoir. Il se mit à les fréquenter et à les financer. Une nouvelle révolution dans sa carrière était en marche.

En France, l'industrie du cinéma investit environ un milliard d'euros dans la production. Elle est soutenue par un certain nombre de subventions, de prêts et d'avances de fonds gérés par le Centre National de la Cinématographie sous la double vigilance du ministère des Finances et du ministère de la Culture. Les recettes en provenance de l'étranger représentent 350 millions d'euros, les spectateurs en salle des films français ont été 75 millions en 2009 au niveau national. (247)

Le secteur du cinéma américain, lui, rapporte environ 180 milliards de dollars par an à l'économie de son pays. (248)

On n'imagine pas une société de production ou un particulier finançant lourdement une campagne électorale en France. Ils n'en auraient ni les moyens ni le droit, sauf dans les strictes limites prévues par la loi.

La situation est inverse aux États-Unis, où la culture est aussi différente que les possibilités financières. Les hommes politiques font appel aux entreprises comme aux citoyens pour financer leurs campagnes. Les contributeurs sont seulement tenus de rendre publique leurs financements, qui permettent aux candidats d'engager des dépenses colossales, telles l'achat d'espace et la production de spots de publicité diffusés en prime time à la télévision. Lors de sa première campagne présidentielle, Barak Obama avait touché, entre autres, des millions de dollars provenant de petites sommes d'innombrables citoyens modestes. Ils envoyaient avec enthousiasme leur obole comme les Français financent « l'opération pièces jaunes » ou le « Téléthon ».

En effet, l'attitude des Américains est traditionnellement libérale sur les financements politiques, au nom du premier amendement de la Constitution qui défend farouchement les libertés individuelles. En janvier 2010, à la suite d'un procès célèbre outre-Atlantique, la Cour Suprême a même poussé plus loin en autorisant les entreprises à financer des campagnes de publicité où elles-mêmes s'engagent et associent leur marque en faveur de tel ou tel candidat. C'est en vain que le Président Obama s'est insurgé contre cette décision lors de son discours annuel de l'état de l'Union quelques jours plus tard : Les décisions de la Cour Suprême sont incontestables. Les résultats de cette loi se remarquent pour la première fois à l'occasion de la campagne présidentielle de 2012. Les budgets effarants recueillis par les comités d'actions politiques (« Political action committees » ou « PACS »), produisent des dépenses somptuaires en tous genres, parmi lesquelles d'innombrables spots publicitaires à la télévision, souvent d'un contenu dégradant, car la publicité négative est autorisée. Finalement, Barak Obama, lourdement financé entre autre par Hollywood massivement engagé derrière lui, a bénéficié en 2012 du jugement qu'il avait combattu.

Dès 1963, Lew Wasserman, riche et puissant, premier producteur dont le nom n'apparaissait pas au générique, avait changé tout le système de Hollywood.

Mais *« La confrontation avec les Kennedy avait donné à Lew une leçon importante : elle lui avait appris que le vrai succès sur une large échelle a beaucoup à voir avec les protections politiques. L'important n'était pas le parti choisi. L'important était de se tenir au courant des projets de lois, de contribuer à financer les deux partis, et d'exiger en retour des avantages fiscaux et législatifs pour MCA en particulier et pour l'industrie en général. »* [(249)] Marqué à vie par l'attaque dont il avait été l'objet, il choisit donc de devenir un généreux donateur politique tout en développant de plus belle les affaires de MCA, qui devenait un empire.

– 10 –
Hollywood - Washington Politique et vie sociale

Décidé à ne plus jamais manquer d'appuis à Washington, Wasserman devint en moins d'un an l'un des plus grands soutiens financiers du parti démocrate et se rapprocha des Kennedy. Pour commencer à lever des fonds en vue de la réélection de John, il organisa un dîner où, moyennant le paiement d'une contribution élevée, les hommes d'affaires et les industriels californiens allaient rencontrer le Président des États-Unis. Toujours doué pour gérer les stars, Lew eut l'idée du système de la « onzième chaise » pour animer la soirée : chaque table, prévue pour dix convives, recevait à tour de rôle la visite de Kennedy. Tout au long du dîner, le Président passait de table en table en prenant un plat avec chacun. Les invités eurent tous l'impression de dîner avec le Président.

Ce fut un succès complet, qui donna à Lew une autre idée : avec l'aide d'Arthur Krim, président de United Artists et de Paul Ziffren, un avocat que les médias avaient qualifié « d'homme mystère » pendant la campagne de 1960, associé du sulfureux Sidney Korshak, il créa Le Club du Président, qui donnait aux hommes d'affaires un accès au Président en échange de contributions substantielles à un fond destiné à ses futures campagnes électorales. Une contribution de 1 000 dollars (8 000 dollars en valeur 2014) assurait à chaque membre du club une carte personnelle gravée à son nom, des invitations à des réunions de travail, au dîner annuel, et, plus important que tout, le label de l'appartenance au club. C'est ainsi que des concessionnaires automobiles, des entrepreneurs de l'industrie aérospatiale aussi bien que des agents de Hollywood pouvaient désormais parler de la soirée où ils avaient dîné avec Kennedy. À un moment où le Président était encore en train d'éponger péniblement le déficit de sa campagne de 1960, le succès instantané du Club du Président fit de Wasserman un héros aux yeux de l'administration Kennedy.

Dans le passé, en 1952, Lew avait fait partie du comité de soutien de Hollywood pour la campagne d'Eisenhower et Nixon, en compagnie de Sam Goldwyn, Jack Warner et Darryl Zanuck. Il était donc Républicain… et avait entraîné quelques clients célèbres de MCA à sa suite. Mais à l'époque, il n'avait pas de réel intérêt pour la politique, et se passionnait davantage pour sa négociation avec le président du Syndicat des Acteurs, Ronald Reagan, lui-même Démocrate à cette époque, que pour le Président des États-Unis.

Plus tard, il devint libéral et même champion des *« Civil Rights »*, un mouvement de gauche, ce qui ne l'empêcha pas de cultiver son amitié avec Reagan, devenu entre temps un vibrant Républicain. Les deux inséparables s'étaient croisés au niveau des idées…

Ce fut donc Jules Stein, un conservateur convaincu, qui se chargea d'organiser le financement de la première campagne de Reagan comme gouverneur de Californie, en 1966, tandis que Lew soutenait son malheureux rival Démocrate sortant, le sénateur Pat Brown. MCA finançait les deux partis !

Par la suite, Lew fut un ami proche de Lyndon Johnson, qui aurait voulu en faire un ministre, et il finança toutes les campagnes de Clinton, depuis les premières années en Arkansas jusqu'à ses deux élections à la Maison Blanche. Mais ses convictions démocrates ne l'empêchèrent pas de se lier avec des personnalités républicaines comme Henry Kissinger ou Warren Christopher, sans oublier Ronald Reagan, son ami intime.

De plus, il développa les échanges et menus services avec Washington, sachant offrir un emploi à un ministre désireux de quitter le gouvernement, ou ouvrant les portes de la capitale à une personnalité de Los Angeles reçu comme un VIP. Un *lobbyist* actif sur les deux côtes, Est et Ouest, familier des demandes d'introduction de part et d'autre, remarquait : *« Hollywood et Washington sont comme Troie. On ne peut pas s'y introduire sans l'aide d'un cheval. »* (250)

Lew, aussi à l'aise dans les deux métropoles, excellait dans l'art de tisser des liens avec des hommes d'autres horizons, au pouvoir complémentaire du sien.

Il pratiquait sans états d'âme le trafic d'influence.

Un parfait exemple illustre ces échanges : les relations entre Wasserman et Jack Valenti, conseiller du Président Johnson. Valenti, né au Texas huit ans après Lew, en 1921, de parents immigrés Siciliens, était passionné de cinéma et de politique depuis l'enfance. Stagiaire dans une chaîne de cinémas de Huston pendant ses études secondaires, il fit la guerre comme pilote en Europe, puis fut admis à l'université de Harvard grâce à une bourse réservée aux GIs. Jeune consultant politique à Houston, il se trouvait dans la voiture du Président Kennedy au moment de l'attentat qui lui coûta la vie. Présent à la demande de Lyndon Johnson dans l'avion Air Force One qui ramenait la dépouille de Kennedy à Washington, il se tenait aux côtés de Jackie Kennedy lors de la prestation de serment du nouveau Président, qu'il ne devait plus quitter jusqu'en 1966.

Lew Wasserman lui demanda alors de prendre la direction de la Motion Picture Association of America (MPAA), l'organe officiel de lobbying de l'industrie du cinéma. Lew trouva en lui l'allié idéal et le plus farouche avocat de la production cinématographique, sans arrêt en mouvement entre Washington, Hollywood et les grandes capitales du monde.

La première croisade de Valenti concerna le vieux code de censure Hays, toujours en vigueur et dramatiquement obsolète. La sortie du film d'Antonioni *Blow Up*, à qui l'approbation du Code de production avait été refusée en raison des scènes de nus, lui fit réaliser l'urgence d'agir. Il s'agissait d'éviter deux écueils, d'un côté le risque de ridicule en restant cramponnés à un puritanisme désuet, de l'autre les réactions ultra-conservatrices de certains politiciens locaux de l'Amérique profonde soucieux de leur électorat, qui pouvaient provoquer des blocages en cas de vide juridique. Dès 1968, le nouveau patron de la MPAA parvint à faire accepter par l'association des exploitants un système de notation des films d'après leur degré de violence ou d'érotisme. Après une série d'aménagements, le système fonctionne toujours à Hollywood aujourd'hui et s'échelonne de G *(« general audience » : all age admitted*) à NC -17 *(« no one under 17 admitted »)*, en passant par PG *(« parental guidance suggested »)*, PG -13 *(« parents strongly cautioned »)*, R *(« restricted » : children under 17 require accompanying parent or adult guardian)*.

Infatigable défenseur de ce dont il était convaincu, le Texan Sicilien balaya toujours les critiques de ce système en citant l'enquête annuelle, financée par ses propres services, qui montrait que les parents de jeunes enfants croyaient fermement en l'utilité de cette notation.

Jack Valenti et Lew Wasserman se rendirent des services mutuels pendant quarante ans. Valenti fit sans relâche le siège du Congrès pour protéger la propriété intellectuelle des cinéastes contre la piraterie et pour lever les obstacles au commerce à l'étranger. En 1983, à la demande de Valenti, Lew intervint auprès de Ronald Reagan, au plus fort d'une période de dérégulation intense. Il convainquit le Président, pour protéger les producteurs indépendants, de s'opposer à la Commission

Fédérale des Communications qui voulait lever les lois interdisant aux studios de produire directement. Les lois fédérales restèrent en place jusqu'en 1995, lorsque les fusions entre studios et chaînes de télévision les rendirent caducs.

À la tête de la MPAA jusqu'à l'âge de 83 ans, il ne pouvait envisager l'idée même de retraite, semblable en cela à son ami Wasserman. Il mourut en 2007 à la veille d'une tournée à travers le monde prévue pour promouvoir la sortie de ses Mémoires. Il avait survécu quatre ans à son *« suzerain »* dont il avait dit un jour : *« si Hollywood est le Mont Olympe, Lew Wasserman est Zeus. »* (251)

Quant à l'amitié de Lew et Edie Wasserman avec Ronald Reagan et sa femme Nancy, elle dura toute leur vie. Le 21 novembre 1988, quand Reagan, après avoir quitté la Maison Blanche, posa la première pierre de la future Reagan Library, à Simi Valley au nord de Los Angeles, Lew Wasserman, se tenait près de lui. Il finançait le projet. Reagan donna le nom de son ami à l'auditorium du musée.

Le 20 mars 2010, à l'occasion du début des célébrations du 100e anniversaire de l'ancien Président, les archives General Electric / NBC-Universal offrirent à sa veuve Nancy Reagan les 208 épisodes restaurés de *The General Electric True Theatre*, la célèbre série télévisée qui avait contribué à lancer Ronald en politique et elle déclara: *« l'opportunité que représenta General Electric dans les années 50 et les encouragements qu'il reçut de ses employés tout au long de cette aventure ont vraiment lancé la carrière de Ronnie dans le service public ».* (252)

Ces films sont désormais à la disposition des visiteurs dans la vidéothèque du musée.

Dès l'année 1963, Lew Wasserman, protégé par ses amitiés, désormais chez lui à Washington, au sommet du pouvoir à Hollywood, paraissait donc invulnérable.

Richissime, tout ce qu'il touchait semblait se transformer en or, des droits des films qu'il exploitait aux activités annexes qu'il imaginait, tels le parc d'attractions d'Universal Studios, la valorisation des terrains immobiliers d'Universal, ou même la création d'une société financière à Chicago. Il avait été jusqu'à fonder une société de cars pour promener les touristes qui effectuaient le tour d'Universal City. La ligne s'arrêtait au restaurant du studio pour le déjeuner, permettant ainsi à MCA de rentabiliser les cuisines, tandis que le personnel mangeait au snack, plus rapide, pour ne pas perdre de temps de travail… La société de bus ouvrit même pendant quelques mois une filiale à Washington sur la suggestion du Président Johnson, pour montrer aux touristes la Maison Blanche, le Congrès et autres monuments de la Capitale.

Lew avait fait fortune !

Pourtant, la rose ne tarda pas à montrer ses épines.

– 11 –
Producteur ?

Depuis qu'il avait dû renoncer à son activité d'agent en 1962, Lew s'était pris de passion pour la production. Universal et Revue prospéraient. Des séries comme *Columbo*, *Kojak*, *Magnum*, *Miami vice* virent le jour.

Doué pour découvrir les talents, Wasserman se servit avec succès de la télévision comme laboratoire pour donner leur chance à de jeunes réalisateurs, et, après leur avoir fait faire leurs armes sur des films à petit budget, les lancer vers le long métrage. Steven Spielberg devint ainsi sa plus belle découverte. Le jeune homme de 28 ans s'était introduit à Universal à l'issue d'une visite des studios. Il avait réussi à rester dans les locaux, cherchant à rendre de menus services et portant des cafés sur les plateaux. Il sut se faire remarquer. Il eut bientôt la possibilité de montrer ses dons et de réaliser des images pour un pilote de série de science-fiction et d'horreur, *Night Gallery*, puis quelques épisodes de séries, avant de tourner en 13 jours pour la télévision *Duel*, un des « Movies of the Week » que Lew avait créés. Il en refit le montage plus tard pour « tenter une distribution en salle » en Europe, puis dans le monde entier !

Ces films bon marché pour le petit écran étaient une pépinière de jeunes acteurs. Ainsi Universal lança la carrière de Rock Hudson, Clint Eastwood, Katharine Ross, Burt Reynolds, James Caan, Tony Curtis, et d'autres… Lew leur apportait tant d'opportunités de tournages qu'il réussit presque à recréer à son profit les contrats de sept ans des studios dont il avait débarrassé la génération précédente !

D'autre part, Wasserman continuait à consolider les actifs d'Universal auprès des talents établis. En 1964, le studio proposa à Hitchcock de racheter sa société, Shamley Production, en y incluant les droits de la série *Alfred Hitchcock présente* et ceux des films Paramount dont la propriété devait revenir dans le temps au réalisateur après les premières années d'exploitation. Universal disposerait ainsi de l'exclusivité commerciale du nom « Alfred Hitchcock ». Tous les futurs films de l'artiste seraient produits par Universal et appartiendraient au studio.

Hitchcock et sa femme acceptèrent et le contrat fut signé au mois d'août. *« Le salaire et les avantages consentis par le nouveau contrat faisait de Hitchcock, a-t-on dit, le réalisateur le mieux payé de l'histoire du cinéma. Mais plus important encore, ce contrat faisait de lui, avec Alma, le troisième plus gros actionnaire d'Universal ».* [253]

Quelques mois avant sa mort, David O. Selznick assistait à l'apothéose, sous la protection vigilante de Lew Wasserman, du réalisateur qu'il avait fait venir d'Angleterre vingt-six ans auparavant.

Wasserman et Hitchcock étaient plus inséparables que jamais. Ils se voyaient tous les jours, déjeunaient ensemble au moins une fois par semaine, dînaient souvent en ville avec leurs femmes.

C'étaient des stars. Leur vie sociale fascinait la communauté artistique de Hollywood à la mesure de leur pouvoir. Ils étaient l'objet de toutes les curiosités. Des ragots se mirent à courir à leur sujet, en particulier par rapport à leurs relations avec les femmes.

Monogames affichés, proches de leurs femmes qu'ils avaient épousées très jeunes au moment où ils avaient une vie difficile, ils étaient en permanence entourés des plus grandes beautés mais semblaient garder des relations platoniques avec toutes. Ils avaient beau aimer tous les deux les blondes « hitchcockiennes », une rumeur persistante se mit à courir sur une possible impuissance des deux amis.

Lew était un bourreau de travail notoire, et ne cachait pas que, le soir chez lui, il dormait sur le canapé du salon. Il ne partageait pas la chambre d'Edie, sa femme, la seule qui pourtant paraissait compter à ses yeux depuis leur jeunesse à Cleveland. Se souvenait-il des femmes qu'il avait évitées dans son jeune temps dans les bars, à l'époque où il observait des clients pris de boisson perdre la tête à leur contact ? Il était resté méfiant. Il avait été séduit par Edie, gaie, pleine de charme et d'amour de la vie, partageant le goût du jeu et de la musique avec lui. Elle avait eu des aventures multiples qui n'empêchèrent jamais son mari de s'appuyer sur elle, au temps de la Cantine de Hollywood comme par la suite. Il lui avait donné sa confiance et une complicité forte les unissait. Il avait voulu la garder et avait réussi.

Le week-end, ils recevaient les artistes qu'ils aimaient dans leur maison de Palm Spring et passaient des heures à visionner les nouveaux films dans leur salle de projection. Le reste de la semaine, il travaillait en permanence dans son bureau de l'aube à la nuit. On ne lui connaissait, on ne lui prêtait aucune aventure féminine.

Lew et Edie formaient un couple original, hors normes. Si le pouvoir de Lew n'avait pas été immense, la vie libre d'Edie aurait peut-être été critiquée par la communauté hollywoodienne. Entre puritanisme et goût des commérages, la société américaine aurait pu être prompte à réagir. Mais le monde du cinéma et la presse se contentaient de faire des commentaires somme toute discrets. Tout le monde craignait Lew.

Hitchcock travaillait avec Alma Reville, sa femme, sa collaboratrice, souvent son inspiratrice, épousée dans son extrême jeunesse, dont le nom figure sur presque tous ses génériques. Elle se tenait à ses côtés sur les plateaux, attentive à tout, et partageait ses amis les plus intimes en dehors des films. Il ne pouvait se passer d'elle. Il était obsédé par ses actrices, dont il savait mettre en valeur la beauté et le mystère. Il les cajolait ou les traitait durement. Il rêvait sans aucun doute à ces créatures sublimes qui lui paraissaient inatteignables sensuellement. Il se savait disgracieux physiquement et irrésistible en société. Il ne pouvait pas ignorer la force de son charisme sur les comédiennes, qui désiraient toutes tourner avec lui. Mais sa séduction restait intellectuelle.

Ses relations avec les stars féminines ont été disséquées par des générations d'observateurs et d'analystes.

Il aurait lui-même fait des confidences, et avoué son impuissance à sa scénariste Jay Presson Allen, qui rejoignait parfois les deux *tycoons* pour déjeuner pendant l'écriture de *Marnie. « Hitchcock avait avoué son impuissance à Allen, (raison pour laquelle elle ne crut jamais qu'il avait fait des avances à Hedren). »* (254)

Comme Wasserman, Hitch était avant tout obsédé sans répit par ses projets.

Qui aurait osé critiquer le roi des réalisateurs, même si tout le monde aurait voulu percer ses mystères ?

Si deux hommes étaient bien placés pour pouvoir accumuler une liste de conquêtes digne du catalogue de Don Giovanni, c'étaient bien

Wasserman et Hitchcock. Mais, pour des raisons différentes, il n'en était rien.

Hitchcock et Wasserman, les deux amis, étaient glorieux, intouchables et différents des autres. Ils n'en fascinaient que plus Hollywood.

Amis et plus qu'amis donc.

Mais le patron d'Universal était, de fait, devenu l'employeur de son réalisateur. Auparavant, quand il était son agent, il faisait bloc avec lui pour défendre ses intérêts contre d'autres. Puis, contraint d'abandonner les activités d'agence de MCA, il était devenu son producteur… Il était maintenant propriétaire de tout ce que faisait l'artiste, même de son nom. Le nouveau contrat d'Hitchcock faisait de lui, une fois de plus, un oiseau dans une cage dorée. À la différence de son contrat avec Selznick, *« il était désormais à l'abri de tout souci financier. Mais il avait sacrifié pour toujours son pouvoir et sa liberté créatrice ».* (255)

Wasserman et Hitchcock allaient rester proches, mais si le patron d'Universal gardait tout son respect pour son réalisateur, l'amitié avait perdu sa magie réciproque.

Lew était donc plus que jamais le grand patron d'Universal, « la Pieuvre », de plus en plus tentaculaire.

Sa nature autoritaire lui fit aussi prendre toutes sortes de décisions intempestives dans le domaine délicat de la création pour le grand écran, en homme habitué à commander sans partage.

Dans la plupart des situations, en tant que producteur, il déléguait peu, voulait tout contrôler et avait tendance à penser que les dépenses de tournage peuvent être comprimées sans dommage, avec brutalité, dans un métier qu'il estimait souvent plus préoccupé de frais généraux et de paillettes que d'efficacité. Il était convaincu que la présence de plusieurs stars dans un film de cinéma était un gage de succès. Il pensait en effet que, grâce aux ventes des droits de passage à la télévision, les dépenses entraînées par leurs salaires seraient toujours rentabilisées, à la différence des frais liés au contenu de certains scénarios.

C'est ainsi que plus tard, en 1984, il refusa *2001, l'Odyssée de l'Espace* à Stanley Kubrick, qui avait pourtant déjà réalisé *Les Sentiers de la Gloire*, *Spartacus*, *Lolita* et *Docteur Folamour*… Le budget, lui dit-il, était trop élevé pour un film dont la star était un ordinateur et dont la production devait durer près de trois ans.

Pour serrer les frais généraux, Wasserman décida de mettre les plateaux sous pression, sous la surveillance permanente de comptables de production qui espionnaient pour son compte. Il alla jusqu'à utiliser le même décor pour tourner deux films en même temps, par économie… Il n'acceptait de dépenser que pour engager des acteurs connus, qui lui paraissaient être le moyen sans faille de gagner de l'argent sur un film. Lui seul avait le pouvoir de donner le feu vert pour lancer la production d'un film (*« to greenlight a film »*). Ses collaborateurs n'étaient habilités à dire que « non ». Dans le building de verre fumé, il était Mr Wasserman, mais à l'extérieur on se mit à le surnommer « Lew-Baby ». Quant à Universal, c'était devenu « l'Usine ».

Dès les années soixante, les *« blockbusters »* de Wasserman, ces films chers et interprétés par des acteurs connus qu'il produisit à la chaîne, s'avérèrent parfois les moins bons films de grands metteurs en scène et de stars vénérées du public. Il savait repérer les artistes les plus originaux et talentueux, certains tôt dans leur carrière, mais avait du mal à ne pas les étouffer dans son système de production rigide. La liste des films réalisés par Universal entre 1962 et 1970 comptait ainsi *Une Comtesse à Hong Kong*, de Charlie Chaplin avec Marlon Brando et Sophia Loren et *Fahrenheit 451* de François Truffaut avec Julie Christie (qui venait de triompher dans le *Docteur Jivago*), leurs films les moins brillants. Lew connut bien d'autres échecs commerciaux avec des noms prestigieux.

Dans le même temps, deux films à petit budget tournés hors du système défrayèrent la chronique à Hollywood en pulvérisant les recettes du *box office* : *The Graduate* (*« Le Lauréat »*) en 1967 et *Easy Rider* en 1969. *Le Lauréat*, réalisé par Mike Nichols, avec Dustin Hoffman (pour la première fois à l'écran), était produit par une société indépendante, Embassy Pictures. *Easy Rider* était produit par Columbia mais en association avec Peter Fonda et Dennis Hopper, auteurs et acteurs du film que Dennis Hopper dirigeait, ainsi que Bob Rafelson et Jack Nicholson, tous très jeunes et inconnus du public. Ces deux succès abordaient des sujets insolents et dans l'air du temps. Ils étaient à l'opposé du spectacle tel que Wasserman le concevait.

Lew poursuivait sa politique de production, et avait tendance à hausser les épaules comme pour dire « et alors ? », puisque les droits de ses films figuraient aux actifs du catalogue Universal et ne devaient pas vraiment perdre d'argent à moyen terme. Mais Jules Stein commença à s'inquiéter devant la colonne en rouge. Il n'avait pas l'habitude des pertes, même provisoires. Il provoqua le départ de certains collaborateurs proches de Wasserman, qui sentit la menace. Stein avait choisi Lew entre tous, il voulait en faire son successeur, mais soudain le vieux créateur de MCA avait peur. Il perdait confiance. L'ambiance devenait lentement empoisonnée.

La crise entre les deux hommes fut à la fois violente sur le fond, et à fleuret moucheté en apparence. Des responsables d'Universal, compagnons de route de Jules et de Lew depuis des années, en firent les frais. Jules Stein les manipula, donnant quelques espérances aux uns, distillant quelques-unes de ses inquiétudes aux oreilles d'autres. Hollywood bruissait de rumeurs.

Lew avait prévu pour le mois de mars 1969 un congrès géant des responsables de MCA venus des 81 pays où il avait des bureaux. En même temps devait être inauguré l'hôtel Sheraton Universal avec ses 500 chambres de luxe, une autre diversification de MCA. Le Docteur et Madame Stein en avaient fait un événement mondain international avec des têtes couronnées européennes et des célébrités. Jules et Doris avaient passé des mois à organiser les festivités. La « crème de la crème » des hôtes devait descendre dans leur propriété de Misty Mountain. À cette occasion, un film adapté de la comédie musicale *Sweet Charity*, réalisé par Bob Fosse avec Shirley Mac Laine, devait être présentée en avant-première, lors d'une soirée exceptionnelle. Ce devait être le couronnement de MCA.

Mais la veille de la fête un responsable de MCA reçut un coup de téléphone d'Edie Wasserman : Lew avait eu une crise cardiaque ! Il était au repos chez lui pour plusieurs semaines.

En trente ans, Wasserman n'avait jamais eu un rhume. Il passait 14 heures par jour au bureau sans paraître jamais en souffrir. La nouvelle fit l'effet d'une bombe. Hollywood retenait son souffle.

Après enquête, il apparut qu'Edie avait lourdement exagéré le trait. Mais le fait est que Lew ne vint pas aux célébrations. Stein prépara un nouvel organigramme où deux de ses vieux fidèles devaient encadrer Lew. Lors d'une cession du congrès de MCA, l'un d'eux, Berle Adams, un peu grisé, décida de présenter son propre point de vue avec discours et séance de diapositives. On pouvait lire sur la première image : « *Les vents du changement soufflent* ». Le nom de Lew n'était pas cité une fois.

De son côté, Doris Stein se laissa aller à avouer à quelques intimes son soulagement à l'idée qu'Edie, qu'elle détestait, ne soit pas de la fête.

Mais en pleine convention, l'éditorialiste du *Los Angeles Herald Examiner*, James Bacon, publia un article incendiaire sur l'ingratitude de Jules Stein, qui s'apprêtait à remercier l'homme qui avait construit sa compagnie ! D'où venait la fuite ? Stein était tétanisé. Ces mots l'atteignaient en plein cœur. Une pétition se mit immédiatement à circuler au sein de MCA, signée par douze personnages clef de la société, annonçant qu'ils suivraient Lew s'il quittait la société.

« Jules avait pour Lew une affection ambiguë, à la façon dont le docteur Frankenstein devait aimer sa créature. » (256)

Il y avait quelque chose d'avide et d'extravagant chez *« le jeune homme maigre et affamé »* que Stein avait façonné pour en faire son héritier. Ses qualités indescriptibles devaient toujours finir par asticoter Jules, toujours jusqu'à son dernier souffle. Lew ne pouvait pas s'empêcher de se montrer un tout petit peu trop suffisant, un tout petit peu trop empressé, et en prime se conduisait en tyran derrière les portes closes de son bureau ; un agent parfait, qui en devenait imparfait faute de la moindre faiblesse. En somme, Jules avait trop bien appris la leçon à son protégé. *« Lew était un 'deal maker' qui faisait des contrats sans la moindre émotion, prêt à négocier même si l'homme assis en face de lui avait porté une cagoule noire et tenu une faux à la main. »* (257)

Mais Stein restait fier de lui. Il avait aussi toujours été subjugué par l'habileté de sorcier de Lew qui jouait avec les chiffres plus vite que tout le monde, sans jamais la moindre erreur. Sa réflexion fut de courte durée : MCA, décidément, ne pouvait pas se passer de lui.

Au plus fort de la crise, Stein afficha son soutien à Lew.

Lew Wasserman prétendit toujours que ces incidents s'étaient produits par hasard et avaient spontanément tourné en sa faveur. Mais son gendre, Jack Meyers, déclara que Lew avait été sur le point de poursuivre Jules en justice jusqu'à ce que mort s'ensuive… Deux semaines plus tard, Lew, en pleine forme, était de retour comme à l'ordinaire au sommet de sa tour de verre, de l'aube au coucher du soleil, assis derrière son bureau vide, sans un papier, sans même un crayon. Plus personne ne parla de son éventuelle succession. Un nouveau flop d'Universal était passé inaperçu dans la tempête : *Sweet Charity*, le *blockbuster* musical produit par Lew, présenté lors de la fameuse soirée de Jules Stein…

Jules Stein et Lew Wasserman étaient officiellement plus soudés que jamais. Mais au fond, Lew ne devait pas pardonner à Jules.

En quelques semaines, il transforma le conseil des directeurs à son idée, rétrogradant Berle Adams et ses soutiens à des postes subalternes et administrant au passage à certains d'entre eux une volée de bois vert sur un ton glacial, comme il en avait le secret.

Sur ces entrefaites, le 5 mars 1970, survint la sortie d'un film réellement produit par Wasserman, *Airport*, le *blockbuster* de George Seaton avec une pléiade d'acteurs connus, Burt Lancaster en tête. Un an après le plus fort de la crise, il permit fort à propos au « nabab » de connaître son premier vrai succès personnel de cinéma !

– 12 –
Un âge d'or : 1970-1985 - *Establishment* et ombre de la Mafia

Le ministère de Justice continuait d'exercer un barrage empêchant les studios de se regrouper pour la distribution des films sur le territoire américain. Mais il n'y avait aucune restriction anti-trust sur les pays étrangers. Pour renforcer sa force de vente, en 1970, MCA invita Warner Brothers à créer en Europe une société commune, Cinema International Corporation (CIC) pour partager les coûts, posséder des salles en commun, accélérer les remontées de recettes, et gérer les problèmes de change et d'impôts entre les différents pays. Mais Lew mit finalement son véto personnel à l'accord, car il n'avait pas grande estime pour le nouveau propriétaire de Warner, Steve Ross. Il proposa plutôt de s'associer à Charles Bluhdorn, un riche Autrichien, patron de Golf and Western, qui avait acquis les studios Paramount quelques années auparavant. MGM rejoignit à son tour CIC en 1973. Les *« majors »* américaines ainsi regroupées sur les marchés étrangers avaient inventé un nouveau jackpot. Les dirigeants des *« majors »* hollywoodiens, Lew Wasserman en tête, organisèrent chaque année une convention à Los Angeles pour les exploitants et les programmateurs de salles les plus importants du monde qui allaient traiter les films distribués par CIC dans leurs pays.

Cependant, Wasserman tirait les leçons des mauvaises expériences. Conforté par le succès d'*Airport*, mais pragmatique et finalement attentif à la carrière des « petits » films qui surprenaient Hollywood, il se mit dès 1970 à déléguer la production des films Universal à des producteurs indépendants plus compétents que lui, qu'il affilia à la maison. Il leur fit construire un immeuble réservé, séparé de la tour de verre.

Réalisés et interprétés par les nouveaux talents issus du vivier que Lew alimentait par la télévision, les films Universal connurent une époque d'or. La personnalité phare de cette nouvelle « *success story* » est sans aucun doute Steven Spielberg, qui, auréolé du succès de *Duel*, prit son essor vers les cimes les plus prestigieuses en réalisant *The Sugerland Express* puis *Jaws* (*« Les Dents de la mer »*) en 1975. Les deux films étaient produits pour Universal par David Brown et Richard D. Zanuck suivant la nouvelle méthode de Lew, qui considérait Spielberg comme son protégé tout en se retenant d'intervenir sur ses films. Pour lui, Wasserman inaugura à l'occasion de la sortie des *Dents de la mer* le concept de ce qui allait devenir *« the summer blockbuster »* (« le blockbuster de l'été ») : prenant le risque de sortir le film sur près de mille copies à la fois, au cœur des vacances d'été pour toucher le public jeune en vacances, il décida de créer ainsi un événement-choc et de tourner le dos à l'habituelle exploitation graduée des films, jusqu'alors présentés en première exclusivité à New York et Los Angeles puis peu à peu dans tout le pays au fur et à mesure des résultats et du bouche-à-oreilles.

Pour accompagner cette sortie nationale, Lew Wasserman lança une campagne publicitaire gigantesque et acheta de l'espace publicitaire de *prime time* sur les principales chaînes de télévision, pendant plusieurs semaines précédant la sortie du film. C'était le début des campagnes déferlantes d'Universal qui devaient accompagner des films comme *Les aventuriers de l'arche perdue*, *ET*... Les autres studios durent s'aligner sur ce nouveau type de marketing. Une nouvelle ère commerciale commençait à Hollywood ; elle entraînait des dépenses considérables en vue de recettes faramineuses.

Cette politique fut favorisée par la création des salles à plusieurs écrans, les multiplexes. Mais bientôt leur nombre, créant un appel d'air, rendit nécessaire la prolifération des copies. Les sorties d'exclusivité restreintes de jadis avaient vécues. L'exploitation avait radicalement changé.

Dès 1982, grâce à ses succès et à la nouvelle politique d'Universal, Spielberg put créer sa propre société de production, Amblin Entertainment, aux côtés d'Universal et de Lew. Il l'inaugura pour son film *ET*, multipliant depuis lors au sein de sa société des triomphes de réalisation tels que *Indiana Jones*, *Les Aventuriers de l'Arche perdue*, *La Couleur Pourpre*, *La Liste Schindler*, *Il faut sauver le soldat Ryan*, *Lincoln*… tandis qu'il produisait ou s'associait en parallèle à des dizaines de films aussi variés que *Mémoires d'une geisha*, *La Légende de Zorro*, *Men in Black*, *Retour vers le futur*, *Qui veut la peau de Roger Rabbit ?*, ou *Gremlins*. Président du jury du Festival de Cannes en 2013, il ne compte plus les honneurs.

Spielberg a toujours gardé ses bureaux sur Universal Plazza, au cœur du système de Lew. Comme presque tous les artistes, il a connu des crises avec certains dirigeants des studios, et changé de partenaires et d'alliés. Il est devenu une sorte de "*mogul*" lui-même, réalisateur et producteur à la tête de puissantes entreprises. Il a quitté Universal pour créer Dreamworks après la vente du studio aux Japonais en 1994. [(258)]

Mais il a continué à vouer une immense admiration à Lew Wasserman dont il disait : *« Il est si pointu qu'il m'appelle avec les chiffres de la première séance du jour de sortie et me projette avec précision les résultats de fin d'exploitation du film au box office. »* [(259)]

Au cours de ces années d'or, les productions de télévision continuaient à se succéder chez MCA, un succès après l'autre, *Alfred Hitchcock presents*, *Magnum P.I.*, *Colombo*, *Miami Vice*, *Kojak*, *L'Homme qui valait trois milliards*, *L'Incroyable Hulk*… Le département musique prospérait, avec les albums d'Elton John, des Who, de Neil Diamond… Les tournées de comédies musicales à travers le pays, comme *Jesus Christ Super Star*, augmentaient de 25 % par an…

Quant à la liste de films, elle est impressionnante. Pendant ces quinze ans, Universal affiche des titres qui restent dans les mémoires des spectateurs :

Trois films récompensés par l'Oscar du meilleur film :

The Sting (*« l'Arnaque »*) de George Roy Hill avec Paul Newman et Robert Redford (7 Oscars) en 1973,

The Deer Hunter (*« Voyage au bout de l'Enfer »*) de Michael Cimino avec Robert de Niro, Christopher Walken, Meryl Streep (5 Oscars) en 1978,

Out of Africa de Sydney Pollack avec Robert Redford et Meryl Streep (7 Oscars) en 1985…

… des triomphes mémorables tels que :

American Graffiti de George Lucas en 1973,

Earthquake de Mark Robson avec Charlton Heston et Ava Gardner en 1974,

La Bataille de Midway, de Jack Smight, avec Charlton Heston, Henry Fonda, James Coburn, Glenn Ford, Robert Mitchum en 1976,

Slapshot de George Roy Hill avec Paul Newman en 1977,

The Jerk de Carl Reiner avec Steve Martin en 1979,

The Blues Brothers de John Landis en 1980,

Le Choix de Sophie d'Alan Pakula avec Meryl Streep, et

Conan le barbare de John Milius avec Arnold Schwarzenegger en 1982,

Back to the Future (*« Retour vers le futur »*) de Robert Zemeckis avec Michael Fox, en 1985 ainsi que *The Breakfast Club* de John Hughes

Brazil de Terry Gilliam avec Robert de Niro, la même année…

… et encore : *Missing* de Costa Gavras, avec Jack Lemmon et Sissy Spacek, Palme d'Or à Cannes,

Casanova de Fellini avec Donald Sutherland,

Coal Miner's Daughter de Michael Apted avec Sissy Spacek,

On Golden Pond (*« La Maison du lac »*), de Mark Rydell, avec Katharine Hepburn, Henry Fonda et Jane Fonda,

The Electric Horseman (*« Le Cavalier électrique »*), de Sydney Pollack avec Robert Redford et Jane Fonda,

… pour ne citer que quelques-uns des succès commerciaux et des films ambitieux des « années Lew Wasserman »…

Jules Stein tomba très malade peu de temps après la crise de mars 1969. Rétabli, il prit cependant sa retraite en 1973 et se consacra de plus en plus à sa fondation ophtalmique de UCLA et au soutien du parti républicain, tout en découvrant la méditation religieuse.

Lew Wasserman décida d'éliminer complètement Berle Adams, le dernier représentant de la vieille garde de MCA, qui avait comploté son élimination. Berle avait été rétrogradé dès la prise de position de Stein en faveur de Lew, à l'issu de la crise de 1969. Wasserman n'avait rien de personnel contre Adams avec qui il avait travaillé des années ; il savait bien que c'était Jules Stein qui l'avait entraîné dans cette fâcheuse affaire. Mais Adams risquait de jouir du soutien de Doris Stein, héritière des parts de Jules s'il venait à disparaître. Lew se savait apprécié de Doris, mais il restait méfiant en raison de la violente animosité réciproque qui régnait toujours entre Edie Wasserman et la femme de Stein. Il craignait une ultime manipulation de Doris pour limiter le pouvoir absolu que Jules lui avait désormais laissé « de facto ».

Dès que Stein se retira, Lew appela auprès de lui Sid Sheinberg, un des directeurs de MCA qu'il avait remarqué alors qu'il était encore une jeune recrue brillante du service juridique, capable de défendre ses convictions affirmées même devant le terrible patron sans se laisser impressionner par ses colères. Lew avait alors 60 ans, et Sid 38. Le jeune « *executive* » avait fait son chemin depuis huit ans sous l'œil approbateur de Lew, devenant chef de la production télévision de MCA. Il avait favorisé et suivi les débuts de Steven Spielberg, lui confiant la direction d'un épisode de la série *Night Gallery*, en 1969, interprété par une Joan Crawford de 63 ans plus que réticente au premier abord face à ce jeune réalisateur de 22 ans à qui elle mangeait bientôt dans la main. Sheinberg aimait la production. Il suivait la vie politique avec passion, ce que son patron ne pouvait qu'apprécier… Il devint un dauphin respectueux mais hardi qui savait rester en retrait devant un « nabab » qui l'estimait sans lui faire de cadeau…

Lorsque Lew voulut le nommer président de MCA, au début contre son gré, il résista mais se laissa convaincre quand Lew accepta de lui laisser ses responsabilités sur les films.

Lew, qui était président du conseil d'administration et PDG du groupe MCA-Universal, avait trouvé son disciple. Sid n'hésita jamais à affirmer sa différence à l'occasion, avec respect, et lui resta fidèle dans les péripéties de MCA que devait traverser le vieux lion à la fin de sa vie. Wasserman de son côté, sans le ménager pas plus qu'il ne ménageait quiconque, le soutint lors de la difficile année 1995. [260]

Lew Wasserman resta jusqu'au bout dans la droite ligne de l'attitude de Jules depuis les années vingt à Chicago : le *« dernier mogul »* ne craignit jamais d'afficher sa cordialité avec ceux que la rumeur soupçonnait de représenter la Mafia dans le *business*. Parmi eux, son ami l'avocat

Sidney Korshak qu'il voyait tous les jours fut qualifié de *« conseiller spécial auprès des groupes d'organisations criminelles à Chicago, en Californie, à Las Vegas et à New York »* (261) par l'Avocat Général de Californie dans un rapport classé sans suite en 1978. Korshak connaissait une telle réussite dans ses affaires que tout le monde le fréquentait dorénavant sans se poser de questions. Bob Evans, le producteur du film *Le Parrain*, raconta dans son livre *The Kid Stays in the Picture* que le tournage du film de Coppola se présentait mal à New York, bloqué par les organisations du crime qui le menaçaient. *« Mais, continue Evans, un coup de fil de son ami Korshak rendit tout possible ; les menaces se changèrent en sourire et les portes closes s'ouvrirent avec des embrassades. »* (262)

Ces amitiés sulfureuses assumées ajoutées à l'habileté de Lew, son autorité naturelle et le charme dont il savait jouer faisaient de lui un expert dans l'art des négociations avec les syndicats. Les autres « *majors* », pragmatiques, préféraient le mandater pour maintenir la paix sociale sur le métier… une paix sociale de type mafieuse, murmurait-on. Sans que l'on puisse le prouver.

Wasserman était au faîte de son règne sur Hollywood. Ses détracteurs disaient que MCA ne signifiait plus Music Corporation of America mais « Muscle, Cash and Attorneys » (Muscles, Fric et Avocats). On lui imputait fortunes et déchéance des uns et des autres. Des haines se forgeaient contre lui, certains allèrent jusqu'à tenter de le faire assassiner par vengeance, lui attribuant leurs propres ennuis comme s'il avait fomenté leur perte.

Ainsi, en 1983, le patron des disques Brunswick, Nat Tamopol, au bord de la ruine, monta un complot mortel contre le patron d'Universal qu'il tenait pour le responsable de sa déconfiture. Il s'ouvrit du projet à Martin Bacow, responsable associé du puissant syndicat des Teamsters (camionneurs), qui le convainquit in extremis que la prison ou la chaise électrique ne seraient pas une consolation à sa déroute financière.

Ce n'était pas la première fois que Bacow entendait parler de menaces sur la vie de Wasserman. Mais ce ne serait pas la dernière. Les temps changeaient à Hollywood autour de Lew : Dans les années quatre-vingt, des « parrains » comme Sydney Korshak, qui maintenaient un délicat équilibre des pouvoirs entre Mafia, syndicats, politiques et médias, prenaient de l'âge. Personne n'ayant à la fois le profil et le niveau de l'avocat n'apparaissait à l'horizon pour régler ce type de conflits.

Sur le plan politique, après l'élection en 1976 du président démocrate Carter qu'il avait soutenu, puis de son ami intime républicain Reagan en 1980, le rayonnement de Lew à Washington était assuré.

Cependant les rumeurs sur les liens de la Mafia avec l'*establishment* politique et le monde du spectacle prenaient de l'ampleur. Elles allaient bon train à Washington, où un journaliste d'investigation, Dan Moldea dut surmonter d'énormes obstacles pour publier le livre que tout le monde s'arracha bientôt dans la capitale : *Dark Victory : Ronald Reagan, MCA and the Mob* (263) racontait l'ascension et les liens de Lew Wasserman, Sidney Korshak et Ronald Reagan. Le récit détaillait la dette de Reagan envers MCA et la dette de MCA envers la Mafia, depuis les années quarante.

Dan Moldea était un spécialiste des investigations et auteur d'ouvrages remarqués sur les milieux du crime et leur influence sur la politique. (264)

Il dit même s'être senti menacé pour la seule fois de sa vie lorsqu'il préparait sa documentation au milieu des pressions de ceux qui voulaient l'amener à renoncer à son projet : *« Lorsque j'ai écrit* Dark Victory, *ce fut la première fois que j'ai jamais craint pour ma carrière. J'ai senti le pouvoir brut se dresser contre moi comme un coup de fusil. »* (265)

Le milieu de la politique et de la presse de Washington se délecta un temps du livre, mais *Dark Victory* ne toucha pas le moins du monde la plupart des Américains. Personne dans le grand public ne connaissait le nom de Wasserman ou celui de Korshak, à peine celui de MCA… Et Reagan président, était un irrésistible communicateur qui tenait ses électeurs sous son charme.

Les médias abandonnèrent l'affaire.

Il était pourtant établi depuis longtemps à Hollywood que le pouvoir de Sid Korshak lui venait de la Mafia. Tout le monde le murmurait. Il imposait ses volontés avec un aplomb qui ne rencontrait pas de résistance et il faisait peur. On se couchait devant lui. Depuis des années, des journalistes avaient tenté de mener des enquêtes. Ils avaient été intimidés de la même manière que Dan Moldea. *« Le 15 septembre 1969, quelques jours après qu'une série d'affaires immobilières troubles aient été dénouées par l'avocat à l'avantage de ses clients, un portrait attendu depuis longtemps de Korshak parut dans le* Los Angeles Times, *intitulé 'Sydney Korshak, l'homme qui fait bouger les choses'. Dans l'article, écrit Paul Steiger, Korshak était décrit comme un courtier des puissances de l'ombre, contre qui rien d'illégal ne pouvait être prouvé, malgré ses liens évidents avec le clan Capone. »* (266)

Paul Steiger avait effectué des recherches difficiles à Chicago et à Washington pour essayer de nourrir son enquête. Partout il ne trouvait que des dossiers vides sur son client. Lorsqu'il parvint à se renseigner sur ses comptes en banque personnels et découvrit qu'ils étaient innombrables, il reçut un coup de téléphone de Gene Wyman, un autre avocat de Hollywood ami proche de Korshak et de Lew Wasserman. L'avocat l'invita à déjeuner dans un restaurant célèbre de Beverly Hills, fréquenté par des stars, et là, entreprit une offensive de séduction envers le très jeune journaliste peu habitué à des endroits pareils, et un peu grisé par la compagnie alentour. Wyman lui chanta les louanges de son cher ami Sidney Korshak, *« si injustement victime de rumeurs fausses et mal intentionnées. »* (267)

Le journaliste resta cependant sur la réserve, et entendit bientôt parler d'une intervention venue de plus haut niveau contre son investigation. Lew Wasserman avait appelé le patron de Steiger pour lui signaler que ce jeune blanc-bec de la page *business* posait des questions calomnieuses sur son ami Korshak, *« un membre important de la communauté »*. Enfin, Walter O'Malley, le puissant président de l'équipe de baseball des Brooklyn Dodgers dont Korshak était l'avocat, passa un coup de téléphone d'intimidation à Steiger lui-même, hurlant dans le récepteur *« Vous ne savez pas à qui vous avez à faire, innocent ! »* (268)

L'article parut, censuré et allusif au point qu'il servit plutôt à la notoriété de Korshak, qui suscitait la curiosité de tout le monde.

Ce n'est qu'en 2004, huit ans après la mort de Korshak en 1996, lorsque son dossier auprès du FBI fut déclassé, que Steiger, alors directeur du *Wall Street Journal*, se sentit libre de le qualifier publiquement de *« sale type soutenu par la Mafia »*. (269)

Mais de toute sa vie, Korshak, en butte à la curiosité et aux enquêtes, ne fut jamais inquiété. Il avait soutenu le parti démocrate longtemps, et participé à la création des Clubs du Président de Lew Wasserman lors de la campagne pour la réélection de John Kennedy. Mais il avait renoncé à ses engagements par la suite. (270)

Cependant, comme Wasserman, il gardait son intérêt pour Washington et cultivait ses relations dans les deux camps, républicain et démocrate. *« Son plus proche associé, le démocrate Paul Ziffren, devint partenaire de l'avocat William French Smith, qui devint lui-même ministre de la Justice de Reagan un peu plus tard. »* (271)

Cependant, si l'habile Lew Wasserman était connu pour ses connexions avec les milieux troubles autant qu'avec l'*establishment* le plus huppé, il avait toujours fait preuve de générosité envers les communautés les plus diverses, ce qui lui valut de recevoir en 1974 l'Oscar humanitaire Jean Hersholt, un prix attribué par le très prestigieux Conseil des gouverneurs de l'Academy Of Motion Pictures, une assemblée rassemblant quarante-cinq des plus grandes figures des métiers du cinéma.

Parmi les bénéficiaires des largesses du *tycoon* figuraient des écoles de confession catholique autant que juive.

Soucieux de son image dans tous les cercles du pouvoir, il s'arrangea pour que le Pape Jean-Paul II, en visite à Los Angeles, vienne prononcer un de ses discours dans un hôtel d'Universal City. Ainsi, le maître de Hollywood, qui devait voir défiler les fondamentalistes catholiques protestataires devant son domicile lorsqu'Universal produirait La *Dernière Tentation du Christ* de Martin Scorsese l'année suivante, se tenait-il assis ce jour de 1987, triomphant, à la droite du saint-Père lors de son prêche dans la « Cité des Anges »…

« Lew est l'homme qui a reçu le Pape », écrivit à cette occasion l'éditorialiste du *Los Angeles Herald Examiner*, Jim Bacon, « *Voyez-vous cela ! Un bon petit garçon juif comme Lew !* » (272)

Fidèle aux talents qu'il avait suivis pendant des décennies, il organisa en 1973 chez lui une réception pour les 75 ans d'Alfred Hitchcock, et, en 1979, participa activement au dîner de gala de l'American Film Institute au cours duquel, après John Ford, Orson Welles et quelques autres, le maître du suspense reçut un prestigieux Life Achievement Award. Mieux que cela, Wasserman laissa Hitch développer des projets tout en le sachant trop fatigué pour les mener à bien. Il cultivait l'amitié avec le génial réalisateur dont le nom plus que jamais était un atout pour le studio. À la mort de l'artiste, il lui revint naturellement de prononcer son éloge funèbre.

Jules Stein mourut au lendemain de l'arrivée de Reagan à la Maison Blanche, en 1981. Wasserman, qui restait malgré tout reconnaissant au créateur de MCA, ne put s'empêcher de se sentir enfin libre, délivré d'une sorte de père éternellement présent. Quant à Edie, plus radicale, une de ses phrases le jour de la cérémonie en dit plus long qu'un discours : « *Il est bien temps !* » (273)

– 13 –
Wall Street

Cependant le nouveau besoin de Hollywood de produire des *blockbusters* dans une spirale vertigineuse de coûts de production et de distribution, initiés par Lew Wasserman, amena des séries de regroupements et de prises de contrôles dont la conséquence fut curieusement à l'origine de son propre déclin. Il refusa le plus longtemps possible qu'Universal aille trop loin dans cette stratégie de rapprochements car il n'avait aucune envie de s'allier à d'autres. Responsable du début de l'inflation des coûts, il voulait garder l'indépendance de sa société malgré les risques des investissements trop hauts répétés à chaque film.

Les sociétés multi-médias concurrentes se multipliaient à côté d'universal : l'achat de Fox en 1985 par le groupe australien de Rupert Murdoch, News Corporation, l'achat de Columbia par Sony Corporation et la fusion Time Warner en 1989, donnèrent le jour à des structures audio-visuelles géantes créées en partie pour parvenir à suivre le système de production initié par Wasserman.

La dernière révolution commerciale de Lew se retournait en boomerang contre lui. Son image de gagnant depuis cinquante ans ne parvint pas à l'immuniser lorsque les bénéfices se mirent à décroître. En 1983, les actions de MCA se mirent à baisser en bourse alors que le magnat atteignait l'âge de 70 ans. Des rumeurs se mirent à courir une fois de plus. L'ère de Lew Wasserman allait-elle s'achever pour de bon ? Lew plannait toujours au sommet de la gloire, même si insidieusement, impressionné par ces nouveaux mastodontes à la mode, Wall Street perdait lentement confiance en MCA dont il ne voulait pas changer les structures.

Pourtant la liste des succès de ces années est impressionnante. Y figurent entre autres *La Dernière Tentation du Christ* de Martin Scorsese qui fit un triomphe en 1988 malgré le scandale et les pressions des intégristes, et *Retour vers le futur I, II et III*, entre 1985 et 1990, tous les trois réalisés par Robert Zemeckis et produits par Steven Spielberg avec des bénéfices historiques... Mais Wall Street a sa propre logique, ses méthodes et connaît des modes et des tendances. L'époque était aux regroupements monstrueux.

Dès 1985, les offres de rapprochement se multiplièrent autour de MCA. Disney fut le premier à s'approcher de son concurrent. Le banquier d'affaire Félix Rohatyn, dirigeant de Lazard Frères & Co à New York, avait été nommé depuis peu administrateur de MCA-Universal par Lew, qui estimait son jugement et son habileté. Il était convaincu du bien fondé de ce rapprochement : *« je n'avais pas de doute sur leur capacité à garder le contrôle de la nouvelle compagnie. Le statut de Lew dans l'industrie était impossible à changer… Il était 'Mr Hollywood'. 'Où que vous vous asseyez', lui dis-je, 'le siège du président sera le vôtre'. Il serait toujours le décideur. »* (274)

Toutefois, Rohatyn émettait une réserve, estimant que l'offre financière de Disney était insuffisante. La négociation s'annonçait serrée. Wasserman, au fond, ne tenait pas à cette fusion, car il craignait de perdre une partie de sa chère indépendance. Il s'appuya sur la réticence de son conseiller pour refuser de s'engager. L'affaire ne se fit pas.

D'autres propositions suivirent. Mais Lew ne les trouva pas convaincantes.

1990 allait être l'année du bouleversement.

1990 : Michael (Mike) Ovitz, âgé de 43 ans, est à la tête de l'agence artistique CAA (Creative Artists Agency) depuis 1975. Il l'a créé à Hollywood suivant le modèle de l'ancienne agence MCA des années soixante. Il est entré dans le show biz par la petite porte, en 1965, à 19 ans, comme guide pour les touristes d'Universal City, le parc d'attractions créé par Lew Wasserman. Mike est hanté par le succès et le pouvoir de celui qui est son modèle de façon obsessionnelle.

Fasciné par l'histoire de l'ascension du jeune Lew Wasserman, il porte comme lui costume noir, chemise blanche et cravate noire. Pour lancer CAA, il a étudié et appliqué le système mis au point par Stein et Wasserman lors des débuts de MCA à Hollywood : donner le pouvoir aux stars, faire pression sur les producteurs et les studios pour placer plusieurs clients groupés autour d'un nom célèbre (*packaging*). De plus, il a acquis la maîtrise des techniques de publicité rodées cinquante ans plus tôt par Jules et Lew…

Il a réussi… et dirige CAA en tyran…

Comme Lew, Mike aime les contrats préparés en secret, les « coups » inattendus qui prennent ses adversaires par surprise. Il enchante ses clients étonnés par la subtilité de ses idées, parfois déroutés jusqu'à ce qu'ils en comprennent toutes les conséquences. Mike Ovitz n'a jamais fait mystère du fait qu'il admire Lew et l'envie. Il rêve de le dépasser. Mais comment ? Lew est peut-être un vieux lion, mais il reste le roi de Hollywood. Un jour, il a dépassé Jules Stein… Pourquoi Ovitz ne réussirait-il pas à son tour à se pousser au-dessus de Wasserman ?

Mike Ovitz pense comme d'autres que le moment est propice pour créer un rapprochement entre MCA-Universal et un groupe financier attiré par le show business. Mais il va être le seul à monter un plan susceptible de séduire son modèle. Oui, il ambitionne à la fois de décupler la fortune personnelle de Lew, de redorer le blason d'Universal sur la place financière de Wall Street et de lui apporter un flot de trésorerie bienvenu pour son développement. Pour couronner le tout, Ovitz sera ainsi plus que jamais placé lui-même sous les *sunlights* et considéré comme le nouveau génie de Hollywood, un faiseur de contrats aussi remarquable que Lew… sans oublier la rémunération conséquente qui ne manquera pas de lui être attribuée au passage… [275]

1990 : le Japon est le pays le plus puissant d'Asie. Depuis les années quatre-vingt, il connaît une réussite économique phénoménale. L'ouverture à la modernité dont il avait fait preuve depuis la fin du XIXe siècle a permis à son peuple désireux de retrouver son rang après la défaite de 1945 de retrouver la fortune par son travail acharné. Le Pays du Soleil Levant connaît une croissance fulgurante.

Pendant ce temps, son voisin rival chinois ne connaît pas encore le développement. La brève période de détente qui a suivi la chute de la Bande des Quatre en 1976, qualifiée d'« années folles » par les Chinois, s'est achevée dans la répression et, en 1989, le massacre de Tien'anmen. La Chine est en retard.

La gloire du Japon rayonne sur tous les continents. Le groupe d'entreprises multinationales Mitsubishi achète même en 1989 le Rockfeller Center, ce trésor national américain de New York, symbole depuis les années trente de la puissance de la finance et de l'industrie yankee. L'événement suscite d'ailleurs outre-Atlantique des réactions mitigées. Cependant, dans cette euphorie expansionniste, les recettes astronomiques de Hollywood et le pouvoir politique du monde du cinéma attirent les convoitises des Japonais.

Ce jour de septembre 1990, l'aventure Matsushita-MCA Universal commence à New York. Félix Rohatyn est convié à déjeuner par un ami pour faire la connaissance de Mike Ovitz à la demande de ce dernier. L'ami se retire dès les présentations faites. Le banquier et l'agent restent face à face.

Sous le sceau du secret absolu, Ovitz fait part au financier du désir du conglomérat japonais : il voudrait sonder Lew Wasserman sur un éventuel rapprochement ente les deux groupes. Rohatyn s'étonne de cette démarche indirecte. Mike Ovitz a tous les moyens de rencontrer Lew. Les deux magnats sont à Los Angeles, où ils ont bien des occasions de se voir. Pourquoi passer par la côte Est et un banquier d'affaires ?

Mais Ovitz a peur de la réaction de Lew qui, au fond, l'impressionne toujours. Il préfère laisser Félix aborder le sujet le premier. Il aligne tous ses arguments. Les discussions avec les Japonais, si elles doivent avoir lieu, passeront de toutes façons par l'intermédiaire de banquiers d'affaires. Rohatyn, avec son siège au conseil de MCA, serait parfait pour représenter MCA-Universal dans une négociation. Lew considérera avec plus de sérieux une proposition présentée par Félix…

Or Rohatyn regrette l'échec du *deal* Disney et pense que Wasserman est prêt à réfléchir. Il accepte.

En effet, Lew fait bon accueil à son administrateur. La discussion avec Matsushita s'engage à travers le Pacifique.

Mais les conversations s'enlisent. Ovitz joue les intermédiaires pour le compte des Japonais et passe son temps entre Tokyo et Los Angeles, sans que quiconque de Matsushita ne se décide à venir voir Lew… jusqu'au jour où le *Wall Street Journal* publie une indiscrétion.

Mike est catastrophé.

Or, à la surprise générale, Matsushita, qui exigeait le secret, réagit positivement et confirme son intérêt publiquement. Wall Street s'emballe, le cours de MCA-Universal monte en flèche, l'enthousiasme saisit le marché…

Cependant la première rencontre se produit enfin. Un dîner est organisé à New York, en novembre 1990, et s'avère un désastre humain total. *« Ce fut le dîner le plus étrange, le plus inconfortable auquel j'ai jamais assisté.*

Wasserman se leva pour dire quelques mots d'accueil aux Japonais. Nous attendîmes le temps de la traduction…

Puis ce fut le tour de Hirata … puis de son traducteur…

Un silence suivit. Un long silence… Finalement, Sheinberg prit la parole. Il pointa sa fourchette vers le premier plat - du melon au prosciutto - et fit remarquer : 'J'ai entendu dire que vous avez d'excellents melons au Japon'.

Nous attendîmes la traduction.

Puis le silence revint.

Enfin Hirata trouva une réponse appropriée : 'Oui, nous avons de merveilleux melons parce que nous avons des serres chauffées électroniquement.'

Le repas se traîna ainsi bizarrement, pendant trois heures. Je rentrai chez moi plein de doutes et de mauvais présages. Si nous ne pouvions pas communiquer de façon significative autour d'une table, comment les représentants des deux compagnies pourraient-ils travailler ensemble pour faire fonctionner un studio de cinéma et de télévision ? Peut-être, commençais-je à me demander, la fusion n'était-elle pas une bonne idée. ». [(276)]

Pourtant la discussion avance poussivement puis accélère, menée par Rohatyn, (qui garde pourtant ses premières réticences) pour MCA et Ovitz (très enthousiaste) pour Matsushita et leurs aides. À ce moment-là, un nouveau studio de Hollywood tombe dans des mains étrangères. Giancarlo Paretti, un aventurier italien, achète MGM /UA. Lew, soucieux de ne pas déplaire aux politiques, craint que Washington ne prenne ombrage de ce qui commence à ressembler à un dépeçage de la puissance américaine audio-visuelle.

C'est vrai, et Bob Strauss, l'ancien président du Comité National Démocrate, consulté, acquiesce, soulignant au passage que le style si différent de gestion de Matsushita et MCA amènera sans aucun doute des frictions graves. Mais le pouvoir américain, dit-il, laisserait faire à condition que l'offre soit « raisonnable » (c'est-à-dire extrêmement élevée). [(277)]

Cependant les actionnaires historiques de MCA se font tirer l'oreille à leur tour pour céder leurs actions. Mais Lew se laisse rassurer par les promesses des Japonais maintenant prêts à tout pour obtenir le studio, et il assure à ses associés que *« traiter avec ces Japonais serait différent… Il compte sur eux pour se montrer aussi visionnaires que lui-même. »* [(278)]

Matsushita jure que le studio gardera son indépendance artistique, monte son offre de plus en plus haut… Lew Wasserman peut ainsi régler avec générosité les demandes de ses associés et éviter les procès dont il est menacé par les plus mécontents…

Finalement, il accepte de vendre MCA-Universal à prix d'or (6,6 milliards de dollars de l'époque, soit près de 10 milliards de dollars en valeur de 2013) au groupe d'électronique Japonais. La discussion, si elle a été âpre et tendue, n'a duré que trois mois. La signature a lieu le 29 décembre 1990.

***

C'était la prise de contrôle la plus importante d'une société américaine par un investisseur Japonais et le plus grand *deal* de toute l'histoire de Hollywood, qui donnait naissance à un conglomérat du spectacle d'une taille sans précédent.

À titre personnel, en plus des 327 millions de dollars en actions (l'équivalent de 581 millions de dollars en valeur de 2013) et d'un dividende annuel supplémentaire de 8,75 % qu'il recevait, à l'âge de 77 ans, Lew Wasserman signa avec Matsushita un accord lui laissant la direction du groupe pour cinq ans, accompagné d'un salaire. Il était précisé qu'il gardait les coudées franches. Il y crut. À la tête d'une entreprise largement capitalisée par ses nouveaux partenaires, il avait confiance dans sa capacité à faire revenir MCA au premier rang du show business, en faisant comme les autres conglomérats les investissements qui rassureraient Wall Street.

Lew était un stratège et un joueur de casino. Il avait l'habitude de consulter ses associés, mais de décider seul. Il ne s'alarmait pas des alternances du succès et de l'échec, inhérentes à ce métier et qu'il pensait savoir compenser. Il jonglait avec des risques calculés et, si un film ne marchait pas, faisait confiance à l'avenir pour gagner de l'argent tout de même avec les droits annexes générés plus tard. Il n'était jamais perdant à long terme. C'était une de ses spécialités, et il ne donnait guère d'explications sur sa manière de travailler. Il imposait ses célèbres contrats subtils et ne rendait de compte à personne.

Par ailleurs, avec une armée d'avocats, Wasserman avait mis au point au fil du temps une comptabilité très créative depuis qu'en 1962 il avait perdu le statut d'agent pour rester producteur. Lancée par Universal, son système était devenu une référence à Hollywood, qui l'avait reprise à son compte.

Les contrats de MCA attribuaient ainsi des pourcentages de recettes nettes de frais aux ayants droit des films. En fin de compte, le calcul grugeait les artistes, acteurs, réalisateurs, auteurs, en paraissant les protéger. En effet il incluait les dépassements des films, les frais généraux du studio, les dépenses imprévues et toutes sortes de cadeaux susceptibles de plaire aux stars pendant la période de production du film, sans compter les frais de sortie, publicité et tirage de nombreuses copies du film, pharaoniques et presque impossibles à vérifier.

Peu à peu, ces textes avaient servi de prototypes pour les contrats de toute l'industrie. *« La comptabilité de Hollywood est une des formes d'art la plus permissive jamais utilisée pour compter les sous. L'armée d'avocats de Lew avait changé cette forme d'art en science (…) 'C'est un jeu de dupes, Tanii, fais-moi confiance ! '»* (279)

Cette mise en garde d'un journaliste américain au moment de la signature de l'accord ne fut pas pris en compte par Akio Tanii, le président de Matsushima, qui nomma un seul vice-président nippon à Los Angeles, et choisit de rendre visite à Mike Ovitz avant même de se rendre chez Universal lors de son unique séjour en Californie.

Mais les malentendus commencèrent vite entre les nouveaux associés. Malgré leurs promesses, les Japonais souhaitèrent imposer dans quelques films les valeurs phares de leur pays : l'humilité, la supériorité du groupe sur l'individu… Mais MCA évita la plupart de ces pressions et parvint à garder son image de fier producteur responsable. Lew continua sa gestion régalienne. Il ne réalisa pas que les Japonais se mettaient à observer de près la situation, sans comprendre la manière dont il travaillait.

Ils s'inquiétèrent. Ils s'étaient fait des idées fausses sur Hollywood, venant d'un pays où les décisions se prennent par consensus après d'interminables concertations. Ils étaient par tempérament partisans d'une politique conservatrice éloignée de celle de l'audacieux Lew.

Sur le plan humain, la situation devint étouffante. Wasserman fut bientôt traité ouvertement avec mépris. On lui fit perdre son temps avec de jeunes cadres japonais maladroits qui se présentaient dans la tour noire en escouade, la calculette à la main. Les grands patrons de Matsushita ne lui adressaient que rarement la parole. Le moins que l'on puisse dire est que l'homme aux colères célèbres n'avait pas l'habitude de telles relations. Il était riche mais, au fond de lui-même, se sentait offensé en permanence. C'était une pilule amère à avaler pour un homme habitué depuis cinquante ans à diriger le cinéma. Cependant son image à Hollywood restait forte et son influence à Washington inchangée.

Par contre, les Japonais continuaient de développer un lien intense avec Ovitz. *« Les Japonais avaient confiance en Mike Ovitz, le jeune tyran flagorneur de Creative Artists Agency. »* (280)

Et Mike Ovitz sentait son ambition grandir, tout en restant prudent vis-à-vis de Lew.

En 1993, Universal finança *Jurassic Park*, un des plus grands succès cinématoraphique de tous les temps, réalisé par Steven Spielberg, le protégé de Lew, la star qui, depuis *Les Dents de la mer*, *E.T*, *La Liste Schindler*, apportait le plus à l'image comme aux finances du studio. En apparence, Wasserman rayonnait, suzerain dans son bel immeuble de verre fumé.

Mais il ressentait la présence des Japonais de plus en plus pesante près de lui. Leurs interventions se multipliaient. L'ambiance était délétère et finit par indisposer les artistes.

La politique nipponne n'allait pas tarder à avoir une première conséquence funeste : Spielberg décida de quitter le studio en 1994 pour créer sa propre société de production, Dreamworks SKD, en association avec Jeffrey Katzenberg, qui dirigeait les studios Disney, et un grand agent musical de Hollywood, David Geffen. C'était une perte inestimable.

D'autres talents suivirent. Les Japonais apprenaient chèrement que *« le talent n'appartient à personne, il est immatériel. Nul ne peut prétendre négocier les forces de l'esprit, les posséder, les racheter, les revendre »*. (281)

À la suite de ce séisme et de disputes permanentes, Lew Wasserman déclara aux responsables de Matsushita qu'il ne renouvellerait son accord avec eux que s'ils lui rendaient le vrai pouvoir de décision promis. Une discussion agressive s'engagea entre eux.

Mais les Japonais commençaient à soupçonner qu'ils avaient acheté un catalogue et le droit de dépenser de l'argent à Hollywood, dans un monde dont ils ne connaissaient ni les règles ni la mentalité. Secrètement, Tanii, le patron de Matsushita exaspéré et inquiet se tourna vers Ovitz et lui demanda de trouver un acheteur pour MCA dont ils voulaient se séparer.

Ce qui devait rendre cette initiative particulièrement choquante aux yeux de tout Hollywood était que Matsushita n'en informa pas Lew Wasserman, qui depuis plus d'un demi-siècle avait la réputation de connaître les événements du monde des médias avant même qu'ils ne se soient produits, et de conclure les meilleurs *deals*.

Vue côté américain, la différence entre l'ambition d'Ovitz face à Wasserman et l'ambition de Wasserman face à Stein allait éclater bientôt : *« Ovitz n'avait pas de respect pour ceux qui avaient réussi avant lui. MCA pouvait se montrer impitoyable mais au cœur de l'entreprise existait une tradition et un travail d'équipe entre des chefs qui étaient aussi soudés que dans une famille mafieuse (...) Mais en face, Creative Artists ressemblait plus à un vulgaire gang de rue, avec Ovitz comme casseur en chef. »* (282)

Seagram, l'entreprise familiale canadienne des Bronfman, s'intéressait à Hollywood. Héritier de l'empire fondé par son grand-père Samuel au Canada en 1924, basé sur le commerce de l'alcool, Edgar Bronfman Jr. était un bel homme barbu de 39 ans attiré par les stars de cinéma et rêvant de succès féminins à la manière de son modèle, Warren Beatty, le Don Juan notoire de Hollywood. Il était travaillé depuis son adolescence par l'envie de mettre son nom sur des génériques de films. Quand il avait 17 ans, son père Edgar Miles Bronfman, qui ne lui refusait rien, lui avait offert cette possibilité en finançant pour lui une comédie romantique, *Melody*. Ce film ne laissa pas un grand souvenir dans les annales, mais le jeune garçon avait attrapé le virus.

En ce début d'année 1995, Seagram avait fait un pas vers Hollywood en achetant 15 % des actions de Time Warner Inc. Mais ce studio bloqua ses ambitions. Sans espoir de pouvoir obtenir la majorité, Edgar Bronfman Jr., directeur général du groupe depuis quelques mois, se mit en chasse d'une autre proie. Avec l'accord de son père, il se prépara à vendre les actions que Seagram détenait dans le groupe de chimie DuPont pour avoir la trésorerie prête.

Une discussion, vraiment secrète celle-ci, s'engagea sous la houlette de Mike Ovitz. Matsushita très désireux de vendre et Seagram qui rêvait d'acheter étaient faits pour s'entendre. Le prix était le seul réel enjeu.

L'ère de l'esprit conquérant et de l'euphorie du Japon vers l'international s'achevait. Un retournement conjoncturel grave était amorcé. Le début d'une stagnation apportait au Pays du Soleil Levant une ambiance de morosité et d'inquiétude. Toutes les raisons poussaient Matsushita, déçu et inquiet, à vouloir sortir de l'aventure du cinéma.

C'est alors que se produisit la catastrophe *Waterworld*, le fiaso qui balaya dans les esprits de la presse, de Wall Street et de Hollywood tous les souvenirs de succès des films passés d'Universal… Un tremblement de terre qui allait tout changer.

L'acteur vedette Kevin Costner menait une carrière exemplaire depuis le début des années quatre-vingt. Comédien charismatique et populaire, il enchaînait rôles remarqués et lauriers. Il avait déjà sa place sur la « liste A » des artistes de Hollywood, qui regroupe la poignée de stars dont le nom permet de lancer la production d'un projet, quand il connut la véritable gloire en 1990, avec le film *Danse avec les loups*. C'était pour lui la réalisation d'un rêve. Il tenait le rôle principal, mais il était aussi, à la fois, metteur en scène et producteur du film. L'homme-orchestre d'un triomphe qui reçut sept Oscars. Encensé, admiré, filmé dans des dizaines de documentaires sur le cinéma, il avait atteint le Panthéon du métier. L'année suivante, il interpréta avec grand succès un *Robin des Bois* réalisé par son ami Kevin Reynolds.

Dans ce métier superstitieux, on ne refuse rien à un tel gagnant. Il proposa à Universal le projet titanesque de *Waterworld*, et Universal accepta avec empressement et reconnaissance. Qui ne recherchait alors la collaboration avec un tel artiste ? Hélas son ambition se mua en mégalomanie et avant même que le film ne s'avère un échec retentissant, sa production devint l'histoire d'un cauchemard absolu.

Le metteur en scène Robert Zemeckis avait été pressenti pour diriger le film. Il venait de réussir *Forest Gump* et *Qui a peur de Roger Rabbit ?* et Universal avait grande confiance en lui. Mais Kevin Costner, qui voulait influencer la mise en scène tout en interprétant un rôle écrasant, avait imposé Kevin Reynolds qu'il pensait manipuler plus facilement. Costner avait perdu la tête.

Beaucoup plus cher que *Heaven's Gate*, (*« La porte du paradis »*) le film au nom devenu synonyme d'échec qui tua la carrière de Michael Cimino à Hollywood, le tournage de *Waterworld* et ce qui s'ensuivit fut un enfer sans fond. Les méchantes langues qui se multipliaient au rythme des nouvelles le surnommèrent « Kevin's Gate », en référence.

L'eau, la montagne, le feu et les enfants sont les terreurs du cinéma. Bien sûr, il y avait un enfant à l'écran en prime… On ne tournait que sur l'eau ou sous l'eau, tout était détrempé. Le scénario, bancal, n'avait pas été amélioré.

Ce ne fut qu'une succession de désastres, l'un après l'autre.

Les informations qui venaient du plateau parvinrent rapidement à la presse qui rendit la catastrophe mythique dès les premiers jours de tournage. Le Wall Street Journal publia début 1995 en première page un long récit effarant et ironique des déboires en cours sous le titre de *« 'Star-poisson' ? Pourquoi* Waterworld*, avec Costner à la dérive, est le film le plus cher de l'histoire du cinéma »* :

« Si quiconque travaillant sur le film Waterworld *avait un doute sur le fait que le projet soit dans le souci, il n'avait qu'à attendre que la star Kevin Costner fasse son premier arrêt pour se 'laver les mains'.*

Il se trouve que la plupart du tournage se passait au milieu du port de Kawaihae au large de la grande île de Hawaï. Mais personne n'avait organisé de toilettes sur les bateaux prévus pour l'équipe ou sur le plateau, un atoll de 1 000 tonnes d'acier qui était supposé servir de maison à Mr Costner et aux plus importants personnages du film.

Aussi, quand ils avaient des besoins naturels, les acteurs et l'équipe devaient affréter un bateau pour les conduire près du rivage sur une barge où l'on avait installé des toilettes provisoires. La lamentable affaire des toilettes n'était que l'un des nombreux problèmes, petits et grands, qui avait criblé de soucis le plateau de Waterworld.

Il fut bientôt certain que le budget pharaonique de plus de 100 millions de dollars prévu (150 millions de dollars en valeur de 2014) *serait presque doublé et le temps de tournage prévu de 96 jours dépasserait 150 jours. Aujourd'hui, le budget moyen d'un gros film de studio est de 30 millions de dollars… »* (283)

Les accidents, le temps exécrable, les prévisions erronées, les dépassements de durée de tournage, les problèmes logistiques dantesques, tout jusqu'aux détails convergeait vers l'abîme. Un des décors, un atoll flottant immense, coula par le fond avant même le premier tour de manivelle. À un moment, le destin lui-même sembla s'en mêler. À côté de la mégalomanie de Costner et des graves erreurs d'une équipe sans leader responsable, les éléments se déchaînaient comme par fatalité. Il y eut même une menace de tsunami. Pour finir, le coût du film fit plus que doubler.

Sid Sheinberg, le collaborateur de Lew Wasserman, faisait face à l'adversité de son mieux. Mais il n'avait ni la volonté ni le pouvoir d'un David O. Selznick face à l'artiste. Il avoua qu'il dormirait mieux si Universal ne s'était pas lancé dans l'aventure *Waterworld*. Le studio, pour sauver quelque chose, proclamait son espoir que, peut-être, le film finirait par marcher… plus tard, grâce aux produits dérivés, à la vidéo, aux jeux… Il fut même envisagé de produire un film sur la production devenue mythique de cette catastrophe, un *making of* qui pourrait avoir du succès et remonter l'image de l'ensemble auprès du public…

Mais *Waterworld* était et allait rester une « bombe », comme on dit à Hollywood, la plus grande bombe de l'histoire. Un bide noir, historique, qui marquait le studio de Wasserman d'un sceau catastrophique.

Les actions d'Universal s'effondraient. Les Japonais affolés n'en étaient que plus pressés de vendre discrètement.

C'est ainsi que dans la nuit du 31 mars 1995, Lew Wasserman l'insomniaque pouvait prendre connaissance de la première page du Wall Street Journal :

« La maison mère de MCA-Universal, Matsushita Electric Industrial Company, céderait MCA à Seagram. »

C'était la veille du jour que les Américains appellent « *April Fool's Day* », mais ce n'était pas un poisson d'avril. Matsushita venait de vendre dans le plus grand secret 80 % de MCA, à perte, pour 5, 7 milliards de dollars (soit 8, 6 milliards de dollars en équivalent 2013). L'acquéreur était Seagram, la richissime société canadienne de boissons alcoolisées de la famille Bronfman.

Edgar Bronfman Jr. avait profité de la panique des Japonais pour exiger que toutes les pertes de *Waterworld* restent à la charge de Matsushita. Au moment où l'accord fut signé, elles étaient encore incalculables. Seagram fut la seule compagnie à gagner un peu d'argent sur le film, car chaque dollar qui rentrait chez Universal devenait un bénéfice pour qui n'avait rien payé… Mais la valeur des actions de DuPont qu'avait vendues Bronfman pour s'acheter une part de Hollywood doublèrent en quatre ans, tandis que son investissement californien, plus passionnel que financier, allait stagner pendant plusieurs années et que le jeune magnat continuait à dépenser des millions dans le show business.

Aucun des dirigeants d'Universal n'était au courant de ce qui s'était tramé. Lew Wasserman avait été entièrement tenu à l'écart de la négociation. C'était la première fois qu'une chose aussi inconcevable lui arrivait. À son habitude, il resta muet comme une statue de sel sur le sujet face à la presse, même s'il passa la fin de la nuit et la journée à répondre aux coups de téléphone de ses proches de Hollywood, incrédules qui voulaient tous savoir la même chose : est-ce que c'était vrai ? Et la rumeur au sein d'Universal se répandit, selon laquelle il n'avait même pas reçu de coup de fil de courtoisie de Matsushita.

Mike Ovitz était le seul réel gagnant des opérations de 1990 et de 1995… dans l'immédiat.

– 14 –
« Mon nom est sur l'immeuble »
(Lew WASSERMAN)

Edgar Bronfman Jr., l'héritier de Seagram, devenait donc le nouveau président de MCA dont il changea le nom en Universal Studios.

La fortune de sa famille remontait au début du vingtième siècle. Samuel Bronfman, le grand-père d'Edgar Jr. arriva au Canada avec ses parents, Mindel et Yechel, un couple de Juifs Russes de Moldavie, qui fuyaient les pogroms. Ils quittèrent leur pays au début du XXe siècle comme les parents de Lew Wasserman. Mais à la différence de Isaac et Minnie Weisman, qui ne parlaient que yiddish et avaient tout perdu, les parents de Samuel avaient du bien. Ils s'installèrent avec leurs huit enfants dans le Manitoba, à Brandon. Après s'être essayé à différentes activités, Mindel acheta un hôtel-bar qui connut un grand succès.

En 1950, l'enquête du Sénateur Estes Kefauver, un Démocrate du Tennessee soucieux d'abattre le crime, a partiellement aidé à éclairer l'activité des grandes familles du crime, aussi bien la branche de Chicago d'origine sicilienne, la Mafia la plus connue, que la branche dite « le Gang Juif » (« The Jewish Mob ») ou « le Syndicat silencieux » qui étendit sa domination dans la région des Grands Lac, Cleveland, Detroit et des villes canadiennes comme Toronto et Montréal. Cette dernière n'était pas moins redoutable.

En mai 1950, le sénateur avait constitué le « Kefauver commitee » en compagnie de quatre autres collègues, un groupe supposé mener l'enquête sur « Le crime organisé dans le commerce entre États ». Il s'agissait de comprendre la situation présente et ses racines dans le passé.

L'action du comité fut cependant entravée par les incidents qui se multiplièrent au cours de ses travaux. Par exemple, alors que Kefauver venait de proclamer qu'il était sur le point de pouvoir prouver l'appartenance à la Mafia de Chicago de l'avocat Sidney Korshak, le conseiller et ami de Lew Wasserman, il fut pris dans un chantage qui le ramena à la discrétion. *« Selon un reportage du* New York Times *publié près de trente ans plus tard,* [284] *la perte d'intérêt soudaine de Kefauver pour Korshak coïncida avec une nuit qu'il passa dans le luxueux Hotel Drake à Chicago. D'une manière ou d'une autre, Korshak s'était procuré des photos infrarouges du sénateur, ne portant rien d'autre sur lui que son sourire du Tennessee, faisant la joie de deux jeunes femmes employées du night club Chez Paree connu pour appartenir à la Mafia. Après avoir appris l'existence de ces photos, le sénateur perdit tout intérêt pour le témoignage de Sidney Korshak qu'il avait ardemment souhaité. »* (285)

L'incident marqua tout de même la fin du soutien de Korshak pour le parti démocrate.

Le nom de la famille Bronfman se trouva souvent cité par les personnalités interrogées par le comité Kefauver, mais aucun membre de la famille ne fut jamais appelé à témoigner. Kefauver voyait en eux des piliers du « Gang Juif » et cherchait à les débusquer. *« Au cours de l'investigation du comité à New York, Kefauver lui-même eut la curiosité de presser de questions un ancien associé de Bronfman, James 'Niggy' Rutkin,* (286) *au sujet du mystérieux clan canadien de contrebande d'alcool, qui avait fini par faire son chemin jusqu'à Hollywood comme Stein et Wasserman l'avaient fait en leur temps :*

'Parlez-nous des Bronfman. Je m'intéresse beaucoup à eux.

– Eh bien les Bronfman sont quatre frères de Montréal, au Canada. Ils ont des petits hôtels là-bas. Maintenant, si vous voulez en savoir plus sur les hôtels, vous pouvez demander à la Police Montée canadienne. Ils vous raconteront les petits hôtels ; et vous pouvez aussi imaginer vous-même.

- Est-ce que c'est comme certains types de camps pour touristes du Sud ? Est-ce que c'est le même genre d'hôtels ?

- Eh bien je ne sais pas trop comment sont ceux du Sud. Mais rien que d'après ce que j'ai lu sur ces hôtels, les gens y ont le sommeil rapide. Ils louent les chambres pas mal de fois par nuit.'

Sous la houlette du plus jeune frère, Sam, choisi par les Bronfman pour diriger le clan dans les années vingt, ils évoluèrent du business de l'hôtel de passe à la fabrication, la mise en bouteilles et la vente de boissons alcoolisées distillées. » (287)

Dès que l'État canadien avait déclaré que l'alcool était une drogue, en 1919, Harry Bronfman avait pris une licence de pharmacien et renommé la société familiale The Canada Pure Drug Company. Malgré les dénégations toujours maintenues des Bronfman, des gangsters reconnus comme Frank Costello, le chef de la Mafia new yorkaise, confièrent au comité Kefauver qu'un flot de whisky s'était bien écoulé des distilleries de la famille canadienne en direction des buveurs américains pendant toute la Prohibition. Mais Kefauver ne pouvait plus rien contre le passé de citoyens canadiens honorablement connus en 1950. À cette époque, les Bronfman avaient déjà fait des accords avec les grandes marques de whisky anglaises, souvent dirigées par des Lords anglais de la meilleure société, et avaient acheté l'usine du premier fabriquant de whisky de seigle canadien, Joseph Seagram and Sons. Reprenant son nom pour toutes leurs affaires, ils avaient continué à racheter peu à peu leurs concurrents.

Avec le temps, après la Prohibition, cette famille, fortune établie, était devenue respectable. Ils diversifièrent leurs activités dans la finance, l'immobilier. Leurs enfants fréquentaient les meilleures écoles, ils finançaient généreusement les œuvres juives. Le comité Kefauver arrivait bien trop tard avec ses soupçons sur un clan qui avait si bien réussi.

Après les Japonais, Edgar Bronfman Jr., le chef de la troisième génération familiale, prenait donc à son tour possession de la tour en glace fumée de Universal City. Il offrit à Lew Wasserman un titre de consultant sans responsabilités définies, moyennant un salaire d'un million de dollars par an (soit 1, 55 million de dollars en valeur de 2013).

On peut imaginer sans trop se tromper que dans son jeune temps, au Mayfair Casino de Cleveland, Lew Wasserman avait reçu des livraisons d'alcool envoyées par la famille Bronfman à travers le lac du Canada aux États-Unis. Mais cela n'aida pas l'arrière-petit-fils de Mindel Bronfman et le fils d'Isaac Weisman à s'entendre. Né en 1955 quand Lew était déjà au faîte de son pouvoir, Edgar Jr. avait quarante ans. Inexpérimenté, armé de sa fortune et de sa passion pour le spectacle, il ne connaissait pas grand-chose aux véritables règles du jeu de Hollywood.

Wasserman ne faisait pas que connaître les règles du jeu : il les avait façonnées pendant un demi-siècle. Il était une légende vivante bien encombrante.

Le « jeune » Bronfman tolérait péniblement à ses côtés le vieux roi de Hollywood plein d'expérience et de renom, aussi respecté à Washington que sur la côte Ouest. Il désirait plus que tout le pousser vers la sortie, mais n'osait pas s'en débarrasser car sa notoriété le rendait intouchable. Il chercha à placer Mike Ovitz comme chef du studio, en mettant Wasserman délicatement sur la touche. Le patron de CAA en rêvait. Avait-il autre chose en tête depuis 1990 ?

La réaction de colère de Lew fit comprendre à Edgar qu'il allait se faire un ennemi encore trop puissant pour ne pas être terriblement dangereux. Il recula. La chance d'Ovitz de régner sur un grand studio de Hollywood s'évanouissait pour l'heure. Elle ne se reproduirait jamais. Ses manœuvres n'avaient servi qu'à l'enrichir. Pour ménager sa susceptibilité, Bronfman fit courir le bruit qu'il demandait un salaire trop élevé dans la situation financière de MCA.

Ovitz partit chez Disney, à un poste de numéro 2.

Bronfman garda lui-même les rênes d'Universal. Lew Wasserman acceptait avec humour sa nébuleuse mission de consultant, reconnaissant qu'il ne faisait pas grand-chose pour un tel salaire… Il consacra du temps et de l'argent à la politique, soutenant les campagnes de Bill Clinton, recevant toutes les célébrités de Washington, de Los Angeles et d'ailleurs… Il finança la Ronald Reagan Presidential Foundation and Library de son ami à Simi Valley, au nord de Los Angeles. (288)

Lew continua à se rendre à son bureau, au sommet de l'immeuble de verre fumé qui portait son nom. Il déclara ainsi dans une interview à *Variety* en 1998 : *« Je suis sous contrat ici pour le reste de ma vie, et je ne pense pas qu'ils me chasseront de mon bureau : mon nom est sur l'immeuble… »* (289)

En 2001, La Générale des Eaux, le groupe français alors dirigé par Jean-Marie Messier, déjà propriétaire de Canal +, fut rebaptisé Vivendi et, dans sa grande frénésie de créer une multinationale des médias, acheta Seagram. La brève aventure Vivendi Universal était née. Quels fantasmes pouvaient caresser Jean-Marie Messier et son directeur général Pierre Lescure le jour où, prenant possession du domaine d'Universal City, ils s'installèrent dans les bureaux mythiques à côté de Lew ? Ils commençaient un rêve américain qui allait leur coûter cher. (290)

Lew Wasserman mourut un an plus tard, le 3 juin 2002. *« Le Mogul de Hollywood et le faiseur de rois meurt à 89 ans »* titrait le *Los Angeles Times* en première page le lendemain.

« Le Président Bill Clinton prit la parole lors d'un hommage à sa mémoire, quelques jours plus tard, déclarant : 'C'était un des hommes les plus intelligent que j'ai jamais rencontré, et pas seulement du point de vue intellectuel. Il est arrivé juste au bon moment, comme quelqu'un qui comprenait ce qu'était la vie et se dépensait pour que les gens aient une bonne vie. (…) Lew m'a aidé à devenir président et à le rester. Il m'a aidé à être un meilleur président, et n'a jamais rien demandé pour lui.'

Spielberg (…) parla à son tour pour dire : 'Pendant des décennies, il a été le juge de paix en chef de l'industrie cinématographique – équitable, déterminé et novateur. Je ressens que nous avons tous perdu notre parrain bienveillant' » (291)

Wasserman avait permis à des centaines de films d'exister, il avait guidé les artistes les plus prestigieux dans leur carrière, acteurs et réalisateurs, toujours en quête du talent. S'il n'était pas producteur lui-même, il avait su trouver les bons, leur avait donné la chance de réussir et les avait soutenus. Il avait transformé les mentalités et le système de Hollywood.

Le pouvoir, l'argent, la lumière… Lew aurait pu posséder les trois. Il gagna les deux premiers avec une volonté d'airain. Mais il fuit toujours le premier rang. À la tête d'une immense fortune, vénéré par les uns, haï par d'autres, il est resté un inconnu pour les spectateurs, la plupart des cinéastes français, et même certains artistes américains. Avec son style et ses méthodes, il représente une facette du cinéma absolument ignorée du grand public, le pouvoir à l'état pur.

Lew Wasserman a simplement révolutionné Hollywood et marqué soixante ans de l'histoire du cinéma.

Sur le Hollywood Walk of Fame, le trottoir des Stars de Hollywood Boulevard, une petite étoile brille au nom de Wasserman depuis le 5 octobre 2007. Seul signe extérieur de notoriété.

PARTIE III

Le pouvoir fracassé : Gérard Lebovici
ArtMedia - AAA - Champ libre - Guy Debord

– 1 –
1980 : qui peut résister à Gérard Lebovici ?

Quinze ans se sont déjà écoulés depuis que David O. Selznick est mort prématurément, victime d'un infarctus.

Lew Wasserman, 67 ans, connaît un âge d'or à la tête d'Universal. L'idée de prendre sa retraite n'est pas près de l'effleurer ! Il n'envisagera la vente de son empire que dix ans plus tard, et restera au centre de la table de jeu jusqu'à l'âge de 82 ans, en 1995. Le temps aura été l'ami de cet homme-là.

En France, l'agence artistique ArtMedia est au zénith. De Jeanne Moreau à Romy Schneider, de Gérard Depardieu à Costa Gavras, d'Alain Corneau à Jean-Loup Dabadie, la liste des stars, acteurs, réalisateurs et scénaristes qu'elle représente est impressionnante. Ses réseaux avec les impresarios (ou impresarii…) d'autres pays comme l'Italie en font de plus la première agence européenne.

Gérard Lebovici, son fondateur, a 48 ans.

Le métier d'agent est le même en France qu'aux États-Unis : l'agent ou l'impresario négocie les contrats des artistes en se rémunérant sur un pourcentage de leurs gains, généralement 10 %. Il les représente dans toutes sortes de situations professionnelles qui peuvent s'étendre à la carte selon son propre tempérament et les souhaits de leurs clients. On peut le voir comme un avocat sans titre négociant pour leur compte ou un proche conseiller, parfois même l'imaginer comme un ange gardien impliqué dans leurs vies personnelles. Il peut aussi être un gestionnaire qui materne les talents ravis de se décharger de leurs corvées administratives.

Certains impresarios aiment s'exposer à la manière de Jules Stein, d'autres sont obsédés de secret, comme Lew Wasserman. Mais même au faîte de leur puissance, leurs deux noms n'évoquaient rien au grand public, pas plus que celui de MCA, leur agence. En 1980, en France, le nom d'ArtMedia n'est pas connu non plus en dehors du métier. Les spectateurs et les lecteurs de magazines se passionnent pour les acteurs. Les cinéphiles s'intéressent à leurs réalisateurs préférés. Mais qui retient le nom des producteurs ? Quant aux agents, qui ne figurent ni sur les génériques ni sur les affiches, on n'imagine tout simplement pas leur importance.

Cette discrétion convient à Gérard Lebovici, qui la recherche. Il souhaite l'efficacité dans l'ombre. Il sera livré aux débordements des médias quatre ans plus tard, en raison de son assassinat. À cette occasion, les journalistes découvriront son visage sur quelques photos glanées ici ou là. Mais à l'époque, seuls ses intimes savent que sa vie a commencé par une autre tragédie. Et seuls les initiés aux arcanes complexes du métier savent qu'il a modernisé les règles du jeu du cinéma français et qu'il a, comme Lew Wasserman, fait basculer le pouvoir en faveur des créatifs français.

Parmi les points communs entre les deux agents : une rapidité diabolique de réflexion et de calcul mental, et un sens aigu de l'intérêt de leurs clients (et du leur) doublés d'un pouvoir de séduction irrésistible. Lorsqu'ils s'intéressent à quelqu'un, ils savent le captiver, leurs yeux au regard soudain intense fixé sur l'interlocuteur, tous charmes dehors, tour à tour attentifs au moindre propos de l'autre et diserts. Leur classe naturelle est soulignée par une haute taille et un même uniforme austère : chemise blanche, costume, pull, et cravate noirs, que Gérard Lebovici cache souvent sous un imper' Burberry ramolli par les ans. Ils sont Juifs ashkénazes, nés dans des familles émigrées au début du XXe siècle. Mais celle de Lebovici, originaire de Roumanie, est aisée et se sent intégrée en France jusqu'aux persécutions de la guerre. Les premières années de Gérard sont heureuses et faciles.

Cependant Lebovici est bien différent du président d'Universal, tant par le caractère que par les aspirations personnelles. Certes, il a imposé ArtMedia et ses méthodes en France et en Europe à sa manière et à son rythme ; son ascension n'a pas pu se produire sans qu'il se heurte à des oppositions aussi fortes que son aîné américain, car là où sont l'argent et le pouvoir, on trouve aussi les jalousies, les haines, et les passions.

Certes, il jouit lui aussi d'un pouvoir considérable dans les milieux du cinéma de toute l'Europe. Sa personnalité riche de facettes variées fascine, séduit ou agace ceux qui le rencontrent. Son charisme retient l'attention immédiatement : *« Gérard Lebovici avait le regard tendre et acéré des loups (…) Un homme s'est levé à son tour pour nous saluer, grand, poli, immédiatement attentif. C'est l'homme au regard de loup (…) Ses yeux gris-bleu se posent tranquillement sur nous, sans scruter, ils sentent, avec la tranquillité d'un seigneur de ce monde. »* (292)

Mais là où Lew Wasserman se montre un homme du sérail entièrement dédié au succès financier et au prestige de son entreprise, Gérard Lebovici, lui, possède des centres d'intérêts divers, tournés vers toutes les formes de beauté, de culture et de talent. Il évite de se faire connaître publiquement, mais ne craint pas d'afficher en privé des choix intellectuels susceptibles de provoquer la société bien pensante. Il se passionne particulièrement pour la culture dont la guerre et ses conséquences pour sa vie personnelle l'ont privé dans son adolescence.

Les deux hommes de cinéma français présentés ici, Gérard Lebovici et Daniel Toscan du Plantier, le directeur général de Gaumont pendant la décennie 1975-1985, ne consacreront jamais leur énergie au seul cinéma. Ils sont en cela fort différents de David O. Selznik et de Lew Wasserman. Lebovici est captivé par la littérature et les livres au point de créer une maison d'édition, Champ libre, cependant que Toscan, amoureux de la musique, réussit la gageure de faire d'une petite société d'édition musicale, Erato, la seule grande société de disques classiques française rentable qui sera rachetée par une « *major* » américaine.

De l'autre côté de l'Atlantique, Lew fait carrière chez MCA, l'agence artistique crée par Jules Stein. Pendant de nombreuses années, il rend compte de son action à un patron qui a su détecter son talent. Ce n'est que peu à peu que Stein lui laisse « les clefs du magasin ». Wasserman aime l'argent et le pouvoir. Il veut devenir riche. Il est heureux lorsqu'il fréquente le Président des États-Unis à la Maison Blanche ou lorsqu'il accueille le Pape Jean-Paul II à Los Angeles. Dès sa jeunesse, il se méfie du sexe et du pouvoir des femmes sur la sensualité des hommes, et forme une véritable équipe avec la sienne, Edie, exclusivement. Il travaille de l'aube à la nuit, sans arrêt, consacrant tout son temps à sa seule réussite.

Gérard Lebovici au contraire est un indépendant qui a créé ses outils de travail de sorte à être libre de toute contrainte par rapport à autrui.

Malgré le succès, il ne devient d'ailleurs pas riche au fil des années. Il réinvestit ses gains dans sa société pour en assurer la solidité, puis le développement. *« Si l'agence est devenue si importante, c'est (…) aussi parce que au lieu d'acheter des maisons de campagne ou des voitures, Gérard réinvestissait l'argent qu'il gagnait dans l'agence. »* [(293)]

Il ne recherche pas l'argent pour accumuler des biens ou mener une vie luxueuse. Il l'utilise pour permettre aux films qu'il veut d'exister et pour faire tout ce qui l'intéresse. C'est pour lui un moyen, comme le pouvoir dont il minimise d'ailleurs l'importance au profit du charisme. Il ne se donne même pas de titre et dit *« mon nom sur une carte de visite, c'est déjà beaucoup ».* [(294)]

Il est ravi que son visage reste inconnu du public comme des médias.

En même temps, il adore les femmes, la vie, le jeu, la gaîté, l'humour, la provocation… et la ville de Paris, où il aime flâner dans les cafés et les librairies.

En 1950, quand Lew, âgé de 37 ans, libère les artistes du carcan des studios, il est convaincu de pouvoir toujours leur imposer les films des vedettes qui ne leur « appartiennent » plus. Il n'a confiance que dans les stars reconnues pour entraîner le succès des films et pense que les studios en ont un besoin absolu. Il ne voit pas venir le flux de cinéma d'auteur américain à la fin des années soixante et doit effectuer un rétablissement pour comprendre l'évolution du marché.

Lorsque Gérard crée sa première agence en 1960, il a 28 ans et pas un sou en poche. Il démarre avec des clients aussi inconnus, jeunes et pauvres que lui. Son succès sera le leur. Il commence sa carrière parmi ses amis journalistes, comédiens du Conservatoire et aspirants artistes qui lancent la Nouvelle Vague en opposition à un système de production ancien qui leur paraît rigide et corporatiste. Il soutient l'arrivée de nouveaux réalisateurs. Toute sa vie, il s'intéressera à différentes sortes de films, les plus évidemment attractifs mais aussi d'autres difficiles à vendre sur le papier. Il choisira les artistes, confirmés ou débutants, selon son appréciation de leurs dons ; il soutiendra avec détermination ceux en qui il croit, adoptant parfois une véritable attitude de mécène lorsqu'un créateur le captive et entraînant les financiers derrière lui. Il gardera une façade de réserve et de prudence, mais ses opinions seront tranchées car ses critères personnels de talent entreront seuls en ligne de compte.

Lew s'est opposé aux contrats de sept ans des studios pour transférer le pouvoir à ses clients, et par là à lui-même. Tout en poursuivant un objectif parallèle, Gérard, lui, estime de son intérêt de se tenir proche des structures institutionnelles du cinéma, très encadré par la loi en France ; il assure ainsi le financement des projets de ses poulains auprès de partenaires réguliers qui prennent une grande partie du risque. Personne dans notre pays n'ayant de droits exclusifs durables sur tel ou tel artiste, il met en concurrence les chaînes de télévision, les distributeurs et donne habilement à chacun le sentiment qu'il développe un lien particulier avec lui, *« intuitu personae »*. Agent, puis distributeur et producteur, il cultive ces relations avec des pouvoirs financiers dont il connaît la valeur. Ainsi René Bonnell qui fut le premier directeur du cinéma de Canal + raconte un déjeuner avec lui quelques semaines avant le lancement de la chaîne qui allait devenir un soutien incontournable du cinéma, à une période où presque personne ne croyait vraiment dans son avenir. Lebovici avait tout de suite vu l'avantage de la formule inédite Canal +, la première chaîne cryptée :

« Les professionnels du cinéma totalement convaincus (par le succès possible de Canal+) sont rares. En janvier 1984, je déjeune avec Gérard Lebovici qui a cédé les rênes d'ArtMedia, première agence artistique de la place, pour œuvrer désormais dans la distribution (...) et la production. L'homme a conservé son influence sur le cinéma. Il m'annonce : 'Votre formule, c'est l'avenir. Vous allez révolutionner le financement de la production'... Ces paroles m'encouragent... ». (295)

En 1980, rien ne paraît pouvoir arrêter l'étendue de l'influence sans cesse grandissante de Lebovici. Un arrêt sur image des films de l'année donne la mesure de la réussite d'ArtMedia, qu'il a créé en 1972 :

C'est l'année de la sortie fracassante du *Dernier Métro*, dont les principaux acteurs Catherine Deneuve, Gérard Depardieu, Jean Poiret, sont tous les trois clients de Lebovici, ainsi que François Truffaut, son ami intime.

C'est aussi l'année de :

La Banquière, de Francis Girod, avec Romy Schneider, Jean-Claude Brialy, Jean-Louis Trintignant, Claude Brasseur,

La Cage aux folles 2, réalisé par Édouard Molinaro, écrit par Jean Poiret avec des dialogues de Francis Veber,

La Boum de Claude Pinoteau qui lance la carrière de Sophie Marceau,

Je vous aime de Claude Berri avec Gérard Depardieu, Jean-Louis Trintignant et Catherine Deneuve qui chante avec Serge Gainsbourg *Dieu est un fumeur de havanes*,

Le Guignolo de Georges Lautner écrit par Michel Audiard avec Jean-Paul Belmondo,

On a volé la cuisse de Jupiter, de Philippe de Broca, avec Annie Girardot et Philippe Noiret.

Tous les artistes de cette liste prestigieuse sont représentés par ArtMedia.

Au Festival de Cannes de cette année-là, Alain Resnais remporte le Grand Prix avec *Mon Oncle d'Amérique*, interprété par Gérard Depardieu et Nicole Garcia, Maurice Pialat présente *Loulou* avec Gérard Depardieu et Isabelle Huppert, Bertrand Tavernier, *Une semaine de vacances* avec Nathalie Baye, Gérard Lanvin, Yves Montand, Jean-Luc Godard représente la Suisse avec *Sauve qui peut la vie*, interprété par Isabelle Huppert et Nathalie Baye. Seuls parmi ces noms célèbres, Tavernier et Godard ne sont pas chez ArtMedia !

L'agence de Lebovici représente la majorité des artistes français vedettes du *box office* et par là même des films dits « commerciaux ». Il est l'agent entre autre de la plus grande star de l'époque, Jean-Paul Belmondo, avec qui il est lié depuis le Conservatoire.

Mais la présence de *Mon Oncle d'Amérique* d'Alain Resnais sur la liste ArtMedia de Cannes 1980 est un bon exemple de l'éclectisme de son créateur.

À l'issu d'une période marquée par plusieurs échecs dans sa carrière, Resnais signe là un film audacieux dont Lebovici a personnellement monté le tour de table financier et la distribution. Outre le talent de Resnais, le pari risqué du sujet du film, développé par l'artiste avec le neurologue philosophe Henri Laborit, plaît à cet agent atypique susceptible de s'intéresser à l'aspect intellectuel le plus sophistiqué d'un film autant qu'à un spectacle purement distrayant. Le Prix Spécial de Cannes est une première satisfaction, mais le succès immense et inattendu de ce film dit « difficile » auprès d'un public populaire comblera Gérard Lebovici autant.

En 1980, qui peut résister à Gérard Lebovici ?

Le 31 janvier 1981, *Le Dernier Métro* de François Truffaut, sorti en salles quatre mois auparavant, distribué par Gaumont, monopolise les distinctions aux Césars du cinéma, couronné dix fois. Lebovici, qui est sorti exceptionnellement de sa réserve, accompagne Catherine Deneuve à la cérémonie. Il arrive à son bras au dîner qui suit.

Quelques mois plus tard, Gaumont sort un film d'auteur terminé depuis trois ans, dont la notoriété sera inversement proportionnelle au nombre de spectateurs, *In Girum Imus Nocte et Consumimur Igni*, réalisé par Guy Debord trois ans auparavant, en 1978, produit par Gérard Lebovici qui fait figurer volontairement son nom sur l'affiche et le générique pour la seule et unique fois de sa carrière. *«* In girum imus nocte et consumimur igni… *sort sur les écrans le mercredi 6 mai 1981, en plein milieu de la campagne électorale... »* (296)

Le fait que Nicolas Seydoux, le propriétaire de Gaumont depuis 1975, si soucieux de l'image de sa société, ait accepté d'apposer le logo de la marguerite sur ce documentaire provocateur terminé depuis trois ans, dont personne ne voulait, est une manifestation supplémentaire du pouvoir de Gérard Lebovici, qui détestait le conformisme. Il se trouvait dans la situation d'imposer le plus extrême des artistes, son ami, qu'il estimait à une époque où son talent était loin d'être reconnu et où ses idées révolutionnaires suscitaient plus de sourires dédaigneux que d'admiration au sein de l'intelligentsia parisienne.

Comment la Gaumont aurait-elle pu lui refuser une modeste sortie pour *In Girum…* après le triomphe du *Dernier Métro*, dont Lebovici avait personnellement apporté le projet à son directeur général, Daniel Toscan du Plantier, qui affichait sa volonté de travailler avec Truffaut ?

« Un jour, son agent, le célèbre Gérard Lebovici, est venu nous voir avec un scénario… C'était bien que Truffaut soit là… C'était tellement bien que Truffaut vienne qu'il fallait prendre le pari que c'était le bon Truffaut. » (297)

Toscan du Plantier avait entrepris une ambitieuse politique d'auteurs et souhaitait que tous les grands noms du cinéma national et international soient associés à celui de Gaumont. (298)

Il n'avait pas de sympathie pour l'agent. Il le qualifiait de *« maître du cinéma, dans l'ombre, et qui, derrière l'étiquette modeste d'agent, centralisait autour de lui un certain nombre de forces créatives et commerciales affrontant Gaumont ».* (299)

Il n'y avait pourtant pas d'affrontement réel entre ArtMedia et Gaumont. Des artistes proches de Gaumont comme Maurice Pialat ou Gérard Depardieu étaient représentés par l'agence de Gérard Lebovici. Mais Toscan craignait Lebovici, précisément pour son pouvoir et ses liens proches avec des talents qui suivaient ses avis et le respectaient.

Sans Lebovici, Toscan le savait, Truffaut ne serai pas venu chez Gaumont.

L'entretien décisif qu'il eut avec Gérard Lebovici, qui « tenait » la décision de Truffaut dans ses mains, l'a frappé au point qu'il l'a évoqué dans deux livres différents :

« Dans la politique de reconquête des auteurs que nous menons depuis quelques années, il ne peut être question de refuser quoi que ce soit à François Truffaut. Il ne nous sert donc à rien de juger ce manuscrit qu'il faut, de toute façon, accepter. Parlons plutôt de ce que vous attendez de nous : combien ? » (300)

Et encore, trois ans plus tard : *« C'est un film de François Truffaut, le premier chez Gaumont, on va le faire… Je ne peux pas être celui qui aura dit non (…) Cela me plaît que François Truffaut soit chez Gaumont. Ce fut* Le dernier métro, *son plus grand succès. »* (301)

Face à Gaumont, le pouvoir de Lebovici se trouvait encore renforcé par le pari réussi de *Mon Oncle d'Amérique* dont il négocia la distribution en même temps que celle du *Dernier Métro*. L'originalité du film provoqua une inquiétude à posteriori de Toscan, qui regretta un moment d'avoir donné son accord. Mais le directeur de la programmation, Denis Chateau, sauva la situation en prenant le risque sur les salles Gaumont-Pathé au moyen d'une garantie d'entrées. Ainsi Lebovici réussissait son doublé chez Gaumont et Toscan associait l'emblème de la Marguerite à de grands artistes auxquels elle n'avait pas eu accès jusque-là.

À la suite des succès très médiatisés de ces films, rien ne semblait faire obstacle au talent et à la chance du créateur d'ArtMedia.

Le choix de 1980, un cru mémorable pour le cinéma, s'est aussi imposé à moi pour commencer ce portrait de Lebovici, pour une raison qui m'est propre.

En effet les trois personnes qui ont marqué mes débuts professionnels, Gérard Lebovici, Daniel Toscan du Plantier et Denis Chateau, se sont croisés dans ma vie cette année-là.

Celui qui n'a pas connu quelqu'un en parle en s'appuyant sur des témoignages et des documents. Jamais il ne connaîtra son charisme et sa personnalité qui font la vie et s'en vont avec elle. Après la mort de quelqu'un qui les intéresse, le journaliste d'investigation, le biographe qui l'étudie pourront évaluer, faire leurs choix et leurs interprétations. À travers l'étude de documents, ils se tiendront forcément à distance ce qui ne les empêchera pas de réagir personnellement à la vie de celui qu'ils étudient. Mais ils parviendront peut-être à l'objectivité et à une certaine « vérité historique », à l'issu de leurs recherches.

Au contraire, la subjectivité est inévitable lorsqu'on se penche sur des personnalités qu'on a connues. Le témoignage est cependant parfois une forme importante de vérité.

C'est pourquoi je vais certes tenter d'écrire sur Lebovici, puis sur Daniel Toscan du Plantier comme sur un Selznick ou un Wasserman. Mon choix de parler d'eux n'est pas lié au fait que je les ai rencontrés. Il correspond à l'importance que tous deux ont eue sur le cinéma européen, d'une manière opposée l'un à l'autre car ils ne s'aimaient pas. J'ai simplement eu la chance de bien les connaître et, avec le filtre du temps, j'ai pu m'appuyer sur les sources fiables existantes.

1980 : Carine Rueff, responsable de la filiale cinéma de France 3, me fait rencontrer Gérard Lebovici, quelques semaines avant la sortie du *Dernier Métro*. Je travaille chez Gaumont, où je suis encore novice, et je m'accroche pour trouver ma place, aspirant à rester dans ce métier où Daniel Toscan du Plantier m'a donné ma chance en m'engageant sur la production du *Don Giovanni* de Mozart, mis en scène pour le cinéma par Joseph Losey, tourné à Venise, à Vicenza et dans les villas de Palladio. Je viens de vivre une période exceptionnelle qui s'est achevée.

Gaumont est entrée dans une phase d'internationalisation intense, créant des filiales aux États-Unis, en Italie et au Brésil. En effet, *« l'année 1980 marque l'apogée de Gaumont. Reine incontestée de la place, sortant d'un événement cinématographique d'une grande audace,* Don Giovanni, *où le prestige rejoint le succès public, Gaumont domine le marché dans tous les domaines ».* (302)

Dans l'enthousiasme ambiant, Daniel Toscan du Plantier décide de venir au secours de Téléfrance USA, une chaîne de télévision destinée à diffuser des programmes français sous-titrés, qui passe sur le câble à New York. Son créateur, Jean-Claude Baker, un des enfants adoptifs de Joséphine Baker, a une personnalité bouillonnante, mais ce n'est pas un gestionnaire. Il est en perdition. Gaumont prend 50 % de sa société, Europe 1 la rejoint pour 25 % et une société d'État présente à l'époque dans l'audio-visuel, la Sofirad, 25 %. Toutefois Téléfrance reste une petite entreprise pauvre entourée de ses riches actionnaires. Ils la considèrent comme un laboratoire expérimental qui ne doit rien coûter, mais améliorera l'image du cinéma français auprès des new yorkais, et à terme gagnera de l'argent. Personne au conseil d'administration ne veut investir, ce qui n'empêche pas les parrains de croire au succès de l'aventure. Europe 1 est chargé de trouver de la publicité, Gaumont des programmes, la Sofirad assure la gestion…

Daniel Toscan du Plantier me propose une mission : il s'agit de se procurer ces programmes à très bas prix, si possible gratuitement, en jouant sur l'aspect promotionnel de la démarche. J'accepte évidemment. Un argument est supposé convaincre les ayants droit de céder leur bien précieux pour quasiment rien : cette diffusion en Amérique les fera connaître outre-Atlantique. Jean-Claude Baker, de New York, demande avec insistance à Toscan des films et des séries de qualité, et promet de son côté une publicité exemplaire en retour.

Mais les producteurs français savent bien que l'audience du câble américain sur lequel est diffusé Téléfrance est infime à l'époque. Ils préfèrent garder leurs films pour les exploiter dans quelques salles ou dans le circuit des universités organisé depuis le consulat de France à New York. Berkeley, Harvard et autres campus accueillent à bras ouverts les tournées des cinéastes européens, qui viennent présenter leurs films au cours de soirées très courues.

Donc personne ne s'empresse pour donner des films de cinéma à Téléfrance. À défaut, pour essayer d'obtenir des séries, je rends visite sans relâche aux producteurs de télévision de Paris, accueillie avec une sympathie que je sens bien sans lendemain. À ma première demande, c'est parfois oui. Mais la seconde s'annonce difficile. Téléfrance n'a pas les moyens de faire sous-titrer les séries comme il le faudrait. Pour les producteurs, un tel investissement technique nécessite un espoir sérieux de rentabilité. Or pas un seul ne croit qu'une diffusion sur notre petite chaîne entraînera une vente à un circuit commercial américain. Leur « bonne action » une fois accomplie vis-à-vis de Gaumont, Europe 1 et la Sofirad, ils se défilent tous.

Au conseil d'administration de Téléfrance auquel j'assiste sur un strapontin, les discours des trois actionnaires m'apparaissent vite déconnectés du réel. Ils rêvent de réussite facile et consultent peu Jean-Claude Baker qui se marginalise à New York, loin du centre de décision. Pour couronner le tout, ma tâche me tient éloignée de mes aspirations pour le cinéma auxquelles je ne cesse de penser, nostalgique du tournage de *Don Giovanni*.

Pour sortir de l'impasse où je me sens entraînée, je propose d'apporter un programme que je produirais moi-même, un court métrage, *Le French Cinéma*, destiné à la chaîne de Baker. Le sujet : notre cinéma vu par les Américains. Daniel Toscan du Plantier accepte mon idée à condition que je trouve le financement.

Aussitôt dit aussitôt fait. Carine Rueff, la fille de l'économiste préféré du Général de Gaulle et proche amie de Gérard Lebovici dont je n'ai jamais entendu parler, me reçoit dans son bureau de France 3 où elle est responsable du cinéma. Elle s'intéresse au projet du *French Cinéma* et m'obtient une diffusion en France dans une émission de Pierre-André Boutang, *Ciné-Regard*, qui dispose de moyens techniques pour ses tournages. C'est un petit miracle, car le film doit être tourné en anglais pour Téléfrance, et passera donc en VO sous-titrée sur la chaîne publique française ! Le coût de production ainsi couvert, me voici au Festival de Cannes 1980, à la tête d'un minuscule budget et d'une équipe bilingue, pour tourner ce documentaire de montage et d'interviews. Il comprendra des extraits de films français ayant connu le succès outre-Atlantique et des interviews des stars concernées, le tout réalisé dans l'ambiance bon enfant qui régnait à l'époque sur la Croisette pendant le Festival.

Intrigué par mon initiative, Toscan fut le premier spectateur du documentaire. La chance voulut qu'il lui plût. Après les trois mois de stimulation et d'excitation de la production, il me paraissait au-dessus de mes forces de retourner quémander des programmes pour Téléfrance. Mais grâce à ce petit film, mon exil était fini : DTP me proposait de rejoindre Gaumont.

Pour célébrer la nouvelle, Carine Rueff m'invita à dîner chez elle. Autour de la table le chef monteur de mon film, Georges Klotz, Gérard Lebovici venu en voisin (il habitait la maison d'à côté), Carine et moi. Carine fit tomber le plat de spaguettis dans la cuisine, Georges se précipita pour l'aider. Je restai avec Gérard Lebovici : il fallait cuire d'autres pâtes, mitonner une nouvelle sauce… la cuisine était trop petite pour quatre…

Brillant, extrêmement drôle, très attentif… C'est ainsi que m'apparut Lebovici. Mes quelques idées toutes faites sur les impresarios furent ébranlées, mais je ne réalisai pas pour autant son importance. L'arrivée des pâtes de Carine nous trouva en pleine hilarité, ayant oublié le dîner qui reprit des plus joyeusement.

À l'issu de la soirée, Gérard demanda à voir mon film, mais seul. Carine, qui avait tant soutenu le projet, était enchantée. Quant à moi, j'étais surtout étonnée car des projections de presse étaient organisées. En évoluant parmi les intervenants de ce métier qui, en majorité, cherchaient à se faire valoir, mes surprises allaient souvent venir de ceux qui se montraient discrets.

Mais s'il y avait une chose facile chez Gaumont à l'époque, c'était de réserver la salle de projection. J'organisai la séance dans la petite salle du sous-sol sans préciser pour qui elle était. Lebovici aima le film. Je le raccompagnai dans le hall au moment où entrait dans l'immeuble Denis Chateau, le directeur de l'exploitation, une star de Gaumont qui régnait sur la programmation des quelque 700 salles de Gaumont, Pathé et les indépendants associés, un silencieux lui aussi discret que je connaissais peu et qui m'intimidait terriblement. Il me jeta un regard surpris, salua Gérard avec chaleur… Dix minutes plus tard, mon téléphone sonnait. Denis voulait me voir. Quand j'entrai dans son bureau, la question partit comme une fusée : *« Que faisait Gérard Lebovici dans la salle de projection avec vous ? »* Je sentis d'un coup que je ne savais décidément rien des impresarios, ni du cinéma.

Denis Chateau voulut voir mon film aussi… Daniel Toscan du Plantier, Gérard Lebovici et Denis, les « Parrains » qui ont tous joué un rôle si important pour moi, allaient ainsi se succéder à tour de rôle pour voir mon petit documentaire, en spectateur solitaire dans la salle de Gaumont… Trois personnalités qui m'ont donné le privilège de bien les connaître et m'ont généreusement offert leur expérience dans ce métier.

– 2 –
Agent… et bien plus !

On a beaucoup écrit que Gérard Lebovici était secret. En fait, la guerre avait fait basculer sa vie jusque-là heureuse et aisée. Il était né à Neuilly en 1932. Sa nombreuse famille juive avait émigré de Roumanie en vagues successives à partir de 1904. Leur nom, du russe Liobovitch, se traduit au choix par « celui qui aime » ou « celui qui est aimé », Liobov signifiant « l'amour ». À son arrivée à Paris, son père Jacob choisit le prénom de James et il se mit au travail dans une petite entreprise familiale.

Méfiant et discret jusqu'à l'obsession, Lebovici portait depuis son enfance la blessure inguérissable de la disparition de sa mère, Marie, arrêtée à Paris pendant l'occupation par des miliciens venus la chercher à son domicile sous les yeux de ses enfants, Gérard et sa petite sœur Nicole. Marie Lebovici ne devait jamais revenir.

Gérard Lebovici avait une dizaine d'années au moment du drame. Son père, caché chez les voisins du dessous lors de la rafle, ne se remit pas de son chagrin et disparut quelques années après la fin de la guerre. Adolescent, Lebovici se retrouvait orphelin avec charge d'âme. Contrairement à l'apparente sûreté de lui-même qu'il affichait, à son charisme, sa gaîté et sa curiosité insatiable, il conserva de cette tragédie la conviction qu'il n'avait pas de chance dans la vie et attendait toujours une catastrophe… tout en gardant au fond de lui une inépuisable réserve d'énergie pour la combattre et se relever.

C'est sans doute cette douleur secrète et cette inquiétude qui le rendaient attentif aux plus faibles, dans sa famille puis autour de lui tout le long de sa carrière. S'il n'affichait pas ostensiblement sa sensibilité et sa tendresse pour ceux qu'à tort ou à raison il ressentait comme vulnérables ou rejetés, il se souciait d'eux et les protégeait. La réserve derrière laquelle il abritait ces traits de caractère et ses cicatrices le fit parfois taxer de dissimulation par ceux qui ne soupçonnaient pas la faille venue de l'enfance et la compassion qu'il abritait au fond de lui. Des relations qui découvrirent ces chagrins de jeunesse sans l'avoir bien connu, lorsque son assassinat enflamma la presse, se risquèrent à des interprétations hasardeuses : *« Sujet tabou. Obsession intérieure. Son jardin secret est désormais celui d'un claustrophobe. Plus tard, il aura toujours en horreur que l'on mette en avant sa qualité de Juif. »* (303)

En fait, il se sentit toute sa vie cet orphelin à qui sa mère fut arrachée en quelques instants. C'est l'émotion qui l'empêchait d'en parler. Il relevait tout antisémitisme autour de lui, ce qui n'empêchait pas ce provocateur de ne jamais se laisser enfermer dans une attitude politiquement correcte. (304)

Après la mort de son père, il fut brièvement tenté de rejoindre Israël avec sa sœur sur les injonctions d'un actif recruteur de jeunes émigrants. Il réalisa avant de s'embarquer que l'organisateur du voyage s'apprêtait, lui, à rester vivre en France. Il rejeta donc immédiatement ce projet avec méfiance. *« Comment suivre les conseils de quelqu'un qui agit en contradiction avec ce qu'il dit ? »* (305)

Autodidacte, il racontait avec humour qu'il avait passé son bac à Strasbourg parce que les statistiques de succès y étaient supérieures au reste de la France.

Il désirait devenir comédien et entra au cours Simon où il rencontra la génération de jeunes acteurs, futur vivier de la Nouvelle Vague. Il fut reçu au Conservatoire (306) mais, *« brusquement, après six mois de Conservatoire, il a décidé de tout abandonner. Pourtant ça bougeait, on parlait de lui… Il était considéré comme un des meilleurs élève du cours… C'était un très, très bon acteur. Son problème, c'est qu'il était parti pour être reconnu vers quarante ans, et qu'il n'avait peut-être pas la patience d'attendre. »* (307)

Impatient certes, il l'était. Il renonça cependant à ce métier surtout parce que la disparition de ses deux parents le contraignait à se lancer dans le commerce, reprenant l'entreprise familiale pour des raisons de survie financière. Il était obligé de consacrer trop de temps à développer l'affaire pour se permettre de suivre le Conservatoire. Elle ne le passionnait pourtant pas… *« Je vendais des brosses ! »* (308)

Mais il resta à la périphérie de cette ambiance qu'il aimait : pétillant d'intelligence et de drôlerie, doué et adorant s'entourer de talents, il garda des liens proches avec son groupe d'amis artistes qui, séduits par la rapidité de son esprit et appréciant sa pugnacité, se mirent à lui demander des conseils pour leurs carrières. Claude Berri, son ancien camarade du cours Simon, est alors acteur, ainsi que Serge Rousseau, le meilleur ami de Gérard qui a trouvé un accueil familial chez ses parents. Ils lui suggèrent de devenir impresario ce qui lui plaît immédiatement.

Lebovici saute le pas en 1960 et s'associe avec une jeune actrice, Michèle Méritz, pour créer sa première agence artistique. Prudent, il attend toutefois que l'affaire fonctionne pour vendre la petite entreprise familiale qui les faisait vivre, sa sœur et lui. Il commence son métier au moment d'une mutation artistique qu'il va accompagner : La Nouvelle Vague, ainsi baptisée dès la fin des années cinquante par Françoise Giroud dans une série d'articles de *L'Express* (309) qui décrivaient un mouvement de société en train d'éclore dans tous les arts, en particulier la littérature avec Françoise Sagan et un cinéma libéré, né de l'exaspération d'un groupe de nouveaux réalisateurs lassés des films dits de « réalisme poétique » de leurs aînés.

Les Enfants du Paradis peut être pris comme un des exemples les plus réussis de ce réalisme poétique : mise en scène de Marcel Carné, scénario et dialogue de Jacques Prévert, décor de Trauner. Pas une image, pas un mot ne laissent la moindre place à l'improvisation dans ce film inoubliable tourné en 1944 qu'on peut revoir et étudier sans fin. *Les Enfants du Paradis* est encore aujourd'hui un des films préférés des Français.

Mais tous les films des années 40-50 ne sont pas aussi inspirés. Cet art aux canons devenus rigides paraît lourd aux jeunes cinéastes venus de la critique comme François Truffaut, Claude Chabrol, Éric Rohmer ou Jacques Rivette. Ils s'élèvent contre les scénaristes au style classique, et *« la sclérose du cinéma français de cette époque »* car « *il n'y a pas de mauvais films, il n'y a que des réalisateurs médiocres ».* (310)

Venus de la critique, ils jugent sans pitié un certain cinéma de leurs aînés. Leurs articles dévastateurs dans l'hebdomadaire *Arts* et dans les *Cahiers du Cinéma* ont fait date. Ainsi par exemple peut-on y lire dans *Arts*, dont le directeur, Jacques Laurent, a confié la page cinéma à Truffaut, ces propos au vitriol du futur réalisateur des *Quatre cents coups* : *« Dans la traversé de Paris, on ne voit pas le metteur en scène. (*Claude Autant-Lara*) C'est normal, il est dans la valise. »*

Avec ces jeunes contestataires, beaucoup d'acteurs, d'auteurs désireux de réaliser leurs propres images brûlent de bousculer ces codes qui leur pèsent. Ils se consument d'envie de travailler dans la liberté, en décors naturels, caméra sur l'épaule s'il le faut, semblables en cela aux peintres impressionnistes lorsqu'ils délaissèrent le travail exclusif en atelier pour partir planter leur chevalet « sur le motif », selon l'expression du peintre Auguste Renoir.

Ils souhaitent écrire leurs histoires, souvent très personnelles dans les premiers temps. La Nouvelle Vague est un cinéma d'auteurs.

Profitant de l'évolution technique des années soixante, caméras plus légères, enregistrements du son amélioré, sensibilité de la pellicule, le « cinéma vérité » de ces cinéphiles boulimiques qui fréquentent sans fin la cinémathèque puise aussi ses racines dans les films de certains de leurs aînés. Ces films, tournés en décors naturels extérieurs, les inspirent malgré tout et restent pour eux des références.

D'ailleurs l'esthétique la plus soignée est déjà, présente dans leurs films. Nouvelle vague ne signifie pas toujours facilité. Ainsi par exemple, les plans du générique de début du premier long métrage de François Truffaut, *Les Quatre cents coups*, sont d'une sophistication parfaite.

Truffaut justement, qui s'est beaucoup exprimé sur ce sujet, revendique l'influence déterminante sur lui de deux réalisateurs dont il connaît l'œuvre par cœur, Jean Renoir et Roberto Rossellini. Il a vu *La règle du jeu* et *Le carrosse d'or* de Renoir plus de 15 fois, et en connaît chaque image. *« Ainsi on voit comment c'est fait »* mieux qu'en travaillant sur un tournage comme assistant du metteur en scène. (311)

C'est pour lui *« un cinéaste libre, jamais enfermé dans un système, le seul metteur en scène infaillible dans ce sens qu'il ne s'est jamais trompé ; un réalisateur qui a recours à des solutions de simplicité sans chercher à avoir un style. »* (312)

Il appellera d'ailleurs sa société de production Les Films du Carrosse en hommage à Jean Renoir et son *Carrosse d'Or*.

Quant à Rossellini, Truffaut le qualifie de *« prodigieux et inexplicable, extraordinaire à force de renoncement. C'est cette somme de renoncement qui en fait une œuvre magnifique. »* (313)

Il admire également chez le maître du néo-réalisme italien le cinéaste de l'enfance, comme il va l'être lui-même. (314)

Des producteurs passionnés tels Georges de Beauregard ou Pierre Braunberger accompagnent cette génération de créateurs. Ce qui n'empêche pas certains de ces jeunes épris d'indépendance de créer leur propre structure. François Truffaut est un des premiers ; il crée sa société de production dès le tournage de son court métrage *Les Mistons* en 1957. Après le succès de *Baisers volés* en 1968, sa société lui permet de plus en plus d'autonomie dans ses films. Il se libèrera d'ailleurs entièrement des producteurs au fil des ans, ne gardant pour seul proche conseiller dans ses affaires que Lebovici.

Cependant, si la Nouvelle Vague apporte le souffle que l'on sait au cinéma, on peut relever une autre raison au style de ses premiers films : ces jeunes talents en rupture avec le système en place doivent affronter pour commencer l'absence de financement que suscitent leurs méthodes de travail. Le succès leur apportera les moyens d'une ambition plus vaste, et du même coup, avec les années, leurs films reprendront le chemin des tournages classiques, parfois même en studio : L'exemple de Truffaut qui mène son œuvre des *Quatre Cents Coups* à des films tels que *Le dernier Métro* ou *Vivement dimanche* en est une illustration parlante.

D'ailleurs, ces nouveaux réalisateurs sont également férus de cinéma américain. Ces jeunes critiques de cinéma à la langue souvent acérée vénèrent les œuvres d'Hitchcock, de Chaplin, de Fritz Lang, de Lubitsch, de Howard Hawks, dont ils connaissent les films, plan par plan. Éric Rohmer estime que si l'on n'aime pas les films de Hawks, on ne peut pas aimer le cinéma. Jacques Rivette quant à lui écrit en 1953 un essai intitulé *Le génie de Howard Hawks*. André Bazin, fondateur des *Cahiers du cinéma*, le magazine où ils s'expriment, donne à son équipe de journalistes le surnom de « Hitchcoco-Hawksiens ».

Enfin derrière la caméra eux-mêmes, ils rendent hommage à leurs idoles dans leurs films. C'est dans cet esprit que Jean-Luc Godard tourne *À Bout de Souffle*, coécrit avec François Truffaut, interprété par Jean Seberg et Jean-Paul Belmondo, un camarade du Conservatoire de Lebovici :

« On a oublié…
… pourquoi Janet Leigh
s'arrête au Bates motel
on a oublié
de quoi Henry Fonda
n'est pas entièrement coupable
et pourquoi exactement
le gouvernement américain
engage Ingrid Bergman…
mais
on se souvient
d'un sac à main…
… mais on se souvient d'un verre de lait,
d'une paire de lunettes
parce qu'avec eux

et à travers eux
Alfred Hitchcock réussit
là où échouèrent
Alexandre, Jules César
Napoléon
Prendre le contrôle de l'univers
... c' est un milliard
de spectateurs
qui se souviendront
du briquet
de l'inconnu du Nord Express... » (315)

Les noms de réalisateurs de la Nouvelle Vague en route vers la célébrité s'affichent à des fonctions diverses dans les films qu'ils s'entraident à faire :

Ainsi Godard est producteur du court métrage d'Éric Rohmer *La Sonate a Kreutzer* avant que Rohmer ne devienne scénariste du film de Godard, *Tous les garçons s'appellent Patrick.*

Alain Resnais redevient monteur pour Agnès Varda, réalisatrice et auteur de *La Pointe Courte.* Truffaut écrit pour Godard l'histoire d'*À bout de souffle* et dans le film apparaissent Jean-Pierre Melville au talent déjà confirmé, le scénariste Daniel Boulanger et la silhouette de Philippe de Broca, qui est aussi assistant-réalisateur de Claude Chabrol pour *Les Cousins.* Michèle Méritz joue dans le film.

De son côté, Jacques Rivette réalise *Paris nous appartient*, produit par la société de Truffaut, Les Films du Carrosse, avec la collaboration de Chabrol, qui produit également *L'Américain* d'Alain Cavalier... Les exemples de ces participations croisées foisonnent.

Jean-Pierre Cassel, le premier client de Gérard Lebovici et Michèle Méritz, a déjà une notoriété naissante quand il signe avec l'agence en 1960, en compagnie de Philippe de Broca *« Il* (Gérard) *s'est tout de suite formidablement débrouillé »* (316) confiera-t-il à Jean-Luc Douin en 2004.

Beaucoup de ces talents nouveaux se regroupent autour de l'agence, à commencer par Claude Berri qui a poussé Lebovici et Michèle Méritz à ouvrir leur agence.

Dès le début, Gérard s'intéresse à tous les genres du 7e art. La Nouvelle Vague, le cinéma populaire... En 1970, cet assoiffé de culture créera une maison d'édition élitiste et provocatrice, Champ libre, et certains le verront comme un gauchiste méprisant les films populaires qui font vivre son agence. Cette réputation grandit lorsqu'il affichera ses liens avec Guy Debord, le réalisateur situationniste. Elle lui restera par la suite : Ainsi Jean-Luc Douin écrit en 2004 dans sa biographie très documentée sur Gérard Lebovici : « … (dans les années soixante) *Lebovici, qui n'a toujours pas rencontré Debord, orchestre tout un système produisant des films qui, dans leur majorité, ne correspondent pas à ses idéaux artistiques et révolutionnaires.* » (317)

Pourtant Douin se trompe sur ce point. En fait Lebovici a toujours trouvé un réel plaisir dans la diversité des talents qui l'entouraient et bientôt se mirent à le rechercher. Il est heureux d'être l'agent et l'ami de Belmondo, non seulement quand où il jouait pour Godard ou Melville mais à l'époque de ses films d'action, passant parfois même des vacances avec lui ; aussi bien soutient-il Alain Resnais en toutes circonstances. Il est passionné par les acteurs, les scénaristes, les réalisateurs, dès qu'il les admire. Au fil du temps, Il ne s'occupe d'ailleurs personnellement plus que de ceux-là.

Il a un réel plaisir à se rapprocher de l'agent de Jean Gabin, André Bernheim, qui lui confie son souhait de se consacrer à la direction du théâtre de la Madeleine. Ayant gagné sa confiance, il rachète sa société en 1965. Le pas est important. Bernheim est une célébrité à Paris.

Puis, pratiquant la même politique que Jules Stein à Los Angeles dans ses premières années à Los Angeles, Lebovici acquiert également l'agence Cimura et devient du même coup l'agent de Françoise Dorléac qui l'enchante par sa beauté, sa grâce et sa gaîté autant que par son talent de comédienne. Jean Marais, Yves Montand et Simone Signoret avec qui il se lie d'amitié, passant des week-ends dans leur propriété d'Autheuil, sont chez Cimura… Quand Costa Gavras réalise son premier film, *Compartiment tueur* avec Yves Montand, Simone Signoret, Jean-Louis Trintignant, tous sont des clients de l'agence… La liste s'allonge. L'autorité, l'habileté, le charme de Gérard font merveille. Les amis de la première heure, François Truffaut, Claude Berri, sont là bien sûr, plus proches que jamais.

Jean-Louis Livi, le neveu d'Yves Montand, s'intègre à l'équipe des agents et devient le bras droit de Gérard Lebovici. Plus jeune de neuf ans, de formation comptable mais doué pour l'écriture, il se passionnera toujours pour le théâtre en parallèle à son activité d'impresario.

L'agence prend le nom d'ArtMedia en 1972. Serge Rousseau a abandonné sa carrière d'acteur pour se consacrer à la recherche des jeunes acteurs aux côtés de son ami. Passant des soirées dans les cafés-théâtres naissants, il découvre la génération des Depardieu, Miou Miou, Jacques Villeret, Patrick Dewaere. Ils rejoignent l'agence, dorénavant la plus importante de France… La diversité des agents qui la composent, fédérés et unis autour de Lebovici, en fait une force de frappe d'une immense efficacité.

Les artistes y sont conseillés et entourés.

Conscient de la dureté du métier de comédien qui l'expose à chaque nouvelle apparition au jugement de la presse et au verdict du public, Gérard Lebovici, lorsqu'il voyait arriver dans son bureau une jeune et belle actrice ou un acteur plein d'espoir, adaptant les mots de Rilke à la situation, (318) lui demandait tout de suite s'il pouvait envisager une autre carrière. *« S'il s'avère qu'ils vont mourir s'ils ne deviennent pas acteurs, alors seulement je leur conseille de persévérer. »* (319)

Parmi les clients de l'agence, les réalisateurs et les acteurs les plus brillants sont poussés à garder leur indépendance par rapport aux producteurs. Gérard les incite à créer leur société, à la manière de François Truffaut. ArtMedia les aide dans l'organisation et la gestion de leurs affaires, se retrouvant ainsi en position d'agent des structures de production de ses clients, sinon de producteur en parallèle.

On retrouve un cheminement intellectuel parallèle à celui de Lew Wasserman. Mais là où Wasserman parvient à obtenir du Syndicat des Acteurs, la SAG, un accord discret mais officiel qui lui permet de créer la société de production Revue, c'est sans concertation avec la profession que, d'agents, Gérard et une partie de ses associés d'ArtMedia sont devenus producteurs aux côtés de réalisateurs qui leur sont proches.

Ainsi apparaissent sur certains génériques de films français les noms des nouvelles sociétés de production Simar, puis Soprofilms, directement affiliées à Lebovici, qui s'associe à des films dits « difficiles » (à produire en tout cas !) comme *La Maman et la putain* de Jean Eustache en 1973 et plus tard *La société du spectacle* de Guy Debord.

Mais c'est dès 1962 que Simar figure au générique du film de François Truffaut, *La peau douce*, avant d'accompagner Alain Resnais, Claude Zidi, Alexandre Arcady et d'autres réalisateurs suivant leurs besoins.

Les acteurs les plus en vue sont eux-aussi incités s'ils le souhaitent à créer leur société qui leur permet de devenir coproducteurs en investissant une partie de leur salaire en participation. Ils pèsent ainsi de plus de poids sur le projet. Ils en sont même parfois à l'origine.

Cependant, la distance que Lebovici garde par rapport à la plupart des intervenants du métier, son brio alternant avec ses silences, ce que beaucoup appellent son « mystère » qui l'amuse, entraînent des jugements erronés sur sa personnalité, que sa fin tragique ne feront qu'accentuer : *« Autant que j'ai pu appréhender une personnalité aussi mystérieuse, il m'a toujours donné le sentiment de ne pas se départir d'une froide lucidité, pour ne pas dire d'une distance parfois cruelle, vis-à-vis de ses clients, à l'exception de Truffaut et de Resnais. Il semblait utiliser le pouvoir d'influence qu'il avait forgé pour subvertir une société qu'il ne portait pas dans son cœur. »* (320)

Le succès triomphal d'ArtMedia en fait la première agence française et bientôt européenne. Dans les années 1960, 1970 et 1980, des films initiés par ses proches sont financés directement par les Artistes Associés qui ont installé une filiale à Paris. L'agence crée aussi des alliances entre cinéastes et acteurs italiens et français. Ainsi, dans ces années où le cinéma italien connaît un âge d'or, enfin reconnu en dehors de ses frontières et parfois même aux États-Unis, Marcello Mastroianni, Philippe Noiret, Annie Girardot, Andrea Ferréol et d'autres se retrouvent ensemble au générique de films de réalisateurs italiens aussi bien que français, produits ensemble d'un côté ou de l'autre des Alpes.

Par ailleurs, Gérard Lebovici cultive d'autres goûts à côté du cinéma. Autodidacte irrésistiblement attiré par la vie culturelle dont il a été privé par les circonstances de sa jeunesse, il dévore littérature et essais historiques. Amoureux de Paris, il fréquente les librairies et les bouquinistes au fil de longues promenades. Il feuillette les livres, achète, se passionne. Toute sa vie, il voudra apprendre, toujours apprendre.

– 3 –
Champ libre au temps de l'amitié

En Mai 68, le Festival de Cannes fut interrompu dans la liesse des événements. La période qui suivit fut marquée par le débat politique et la liberté de pensée, même si le pays avait rapidement repris un gouvernement stable voire rigide en apparence. La jeune génération débattait de tout ce qui était auparavant l'apanage de quelques intellectuels de la rive gauche. On s'autorisait à exprimer toutes les idées, même les plus excessives. En parallèle, on vit fleurir des modes et des manières de vivre libres, rejetées par les jeunes d'aujourd'hui, élevés au « politiquement correct » et préoccupés par leur avenir. L'insouciance régnait. Le mouvement n'était pas propre à la France. Pour avoir vécu en Californie à l'époque, il me semble même que notre vieux continent qui vivait en paix resta plus modéré que les États-Unis secoués par la guerre du Viet-Nam. Mais la France était tout de même en ébullition.

Lebovici vit cette période avec enthousiasme. Il s'amuse. Les débats sont pour lui une stimulation pour l'esprit et une fête permanente. Il est l'ami de l'avocat Georges Kiejman, un proche admirateur de Pierre Mendès France. Kiejman lui a fait connaître Floriana Chiampo, une ravissante Italienne qui gravite dans les milieux de l'édition et deviendra bientôt sa femme. Elle lui présente un intellectuel militant d'extrême gauche brillant, Gérard Guégan. Lebovici est un curieux avide de connaissances doublé d'un entrepreneur. Gai et pétillant, il a également le goût de la provocation et l'amour du beau. Il est prêt pour une nouvelle aventure. Son agence artistique, qui n'a pas encore pris le nom d'ArtMedia, a déjà acquis un renom européen. Il lui consacre une énergie jamais démentie, mais peut faire de la place pour ses nouveaux centres d'intérêt.

C'est ainsi que va naître Champ libre, la maison d'édition de Gérard Lebovici, inspirée par sa passion pour la culture, l'histoire, les idées, les livres, la société… et issue des circonstances spéciales d'une époque agitée. Considérée par les premiers observateurs comme « une danseuse », cette activité intellectuelle va prendre une importance considérable dans sa vie et une position remarquée dans le milieu des lettres parisiennes.

Champ libre, dirigé par Floriana Lebovici sous la houlette d'un Gérard très présent, s'ouvre aux « pensées dissidentes » et démarre en publiant des œuvres délaissées par les autres éditeurs, dont bon nombre d'ouvrages tombés dans le domaine public. Commencé par le *Rapport secret de Krouchtchev sur Staline au XXe congrès du PC soviétique*, le catalogue comporte bientôt des auteurs aussi divers que Boris Souvarine, George Orwell, Mikhail Boulgakov ou le mouvement Dada, sans oublier l'hilarante correspondance de Groucho Marx...

Georges Kiejman est l'avocat de la maison d'édition. Intime de Floriana et de Gérard, il est leur témoin de mariage le 24 avril 1971.

Jorge Semprun, qui écrit pour Alain Resnais le scénario du film *La guerre est finie*, a rencontré Gérard Lebovici chez Montand et Signoret. Il préside aux premiers pas de Champ libre. *« … Je lui ai fait découvrir George Orwell… Il n'était pas très cultivé, mais il avait un flair inouï… »* (321)

Gérard Guégan et Alain le Saux, rejoints plus tard par Raphaël Sorin, participent activement aux premières années.

Amoureux des livres, Gérard et Floriana Lebovici, ce couple d'esthètes, ont choisi une maquette originale au format assez étroit, devenue « classique ». Le papier est épais. Les couvertures élégantes ont été étudiées avec un ancien maquettiste du très raffiné éditeur milanais Adelphi, avec qui Floriana avait travaillé dans le passé. Les livres de Champ libre se remarquent tant par leurs sujets que par leur aspect.

Comme l'écrira beaucoup plus tard l'historien de l'art Marc Dachy dans un hommage à Floriana Lebovici après sa mort : *« Couture au fil de lin, rabats, impression couleur sur canson, reproductions, typographie au plomb : sa conception du livre de qualité relance le désir dans un métier qui l'oublie (…) En réagissant, sur le mode éditorial, à l'aliénation générale mortifère, au conditionnement médiatique de l'être et à l'inculture générale obligatoire, à la tentation d'écarter de notre histoire des moments passionnants de l'art et de la vie, et plus globalement à la dégradation de la qualité de l'existence, le catalogue des éditions Lebovici (ex Champ libre) inaugurait un concept neuf et crucial, noble et indispensable contrepoint à l'industrialisation de l'imprimé. »* (322)

Mais un malentendu couve. L'équipe éditoriale qui l'entoure va découvrir que Gérard n'est pas un mécène qui se contente d'assurer les finances de la maison en leur laissant les coudées franches. C'est un patron qui intervient. L'éditeur, c'est lui. Ses collaborateurs, s'ils acceptent ses idées dans un premier temps, ne l'ont pas compris.

En 1971, Guy Debord apparaît dans la vie de Champ libre. *« J'ai connu les Éditions Champ libre assez tardivement, vers l'été 1971, parce qu'elles avaient déjà un certain prestige moderne et subversif, et parce qu'elles m'ont fait proposer de rééditer le Spectacle contre le maspérisateur Buchet. »* (323)

Il vient de se brouiller avec son éditeur, Buchet/Chastel. Après une décision de justice emportée de haute lutte par Georges Kiejman, l'avocat de Champ libre, Lebovici décide de rééditer le livre culte de Debord, *La Société du spectacle*, paru en 1967 une année avant les « Événements ».

De plus, tout de suite séduit par sa personnalité, Gérard le prend comme conseiller.

Le catalogue s'enrichit d'œuvres marquées par le début de la complicité entre les deux hommes. Fasciné par la pensée stratégique dont il discute avec son nouvel auteur, Lebovici publie Clausewitz. Debord, amoureux de la civilisation espagnole, lui fait découvrir le poète Jorge Manrique ; libertaire et buveur, il l'introduit au poète persan du XIe siècle, Omar Khayyam. *Les Habits neufs du Président Mao*, de Simon Leys, révèlent à une intelligentsia parisienne stupéfaite une Révolution culturelle chinoise moins idéale que la mode de l'époque ne la dépeint.

En 1973, à la demande de Debord, Gérard Lebovici accepte de produire un film adapté de *La Société du spectacle*. Un directeur de production proche de François Truffaut, Marcel Berbert, assurera le titre de producteur pour le compte de la société de Gérard, Simar.

Mais, bien qu'auteur et réalisateur, Debord occupe dès leur rencontre une place à part dans les centres d'intérêt de Lebovici. Leurs liens commencés au sein de Champ libre ne vont pas passer par ArtMedia. Au contraire, le rapprochement entre les deux hommes et leur estime réciproque, s'ils n'ont rien d'un secret, apparaissent comme un mystère aux relations et aux amis de Gérard dans le milieu du cinéma. Il n'en parle pas dans ce cercle. Il cloisonne ces deux mondes qui ne se comprendront jamais.

Le conseiller est devenu ami, et omniprésent au sein de Champ libre où pourtant il ne se rend pas physiquement. En 1974, une rupture fracassante intervient entre Lebovici et la première équipe de Champ libre, Gérard Guégan et Raphaël Sorin, Jean-Yves Guiomar et Alain Le Saux. Ils ont finalement compris que le propriétaire de la maison d'édition avait ses propres idées sur la ligne éditoriale. Indisposés par les interventions de Lebovici et la présence de Debord, ils réclament tout le pouvoir. En réponse, Gérard les licencie. Mais, déçu et choqué, il est hospitalisé d'urgence et doit subir une grave opération.

Dans les années 1975-1980 du siècle dernier, les livres et les films de Debord n'avaient aucun succès public… le « grand public », d'ailleurs, ne le connaissait pas. La plupart des intellectuels formant « l'intelligentsia parisienne » étaient quant à eux exaspérés par son personnage d'artiste et de penseur provocateur et misanthrope. La mode était de le critiquer et de le bouder, même si certains admiraient ses idées ou pouvaient aller jusqu'à être fascinés par lui. Cause ou effet ? Il déclarait aimer susciter le rejet, se situant à un niveau supérieur à autrui. Quelques exceptions trouvaient grâce à ses yeux. Mais il avait le mépris facile et regardait de haut les auteurs qui cherchaient à plaire, tout en faisant jouer son charme auprès des très rares personnes qu'il voulait séduire.

Cependant, Lebovici, sa santé rétablie, prend le destin de Champ libre en main avec Debord à ses côtés. Les années de liberté commencent tandis que s'épanouissent leurs relations.

Car Gérard Lebovici avait tout simplement de l'amitié pour Guy Debord. Il l'admirait et voulait exposer son talent. Il se plaisait en sa compagnie. Des goûts communs rapprochaient les deux hommes, qui avaient le même âge (Debord était né en 1931, Lebovici en 1932). Ils partageaient un amour nostalgique pour le Paris de leur jeunesse, où ils marchaient sans fin autrefois, et qui disparaissait peu à peu. La théorie qu'exposait Debord dans *La Société du spectacle* en 1967, pillée et déformée par des hommes politiques et des journalistes quelques années plus tard, passionnait Gérard. Ils discutaient des heures. Ils visitèrent l'Andalousie ensemble, Lebovici fit des séjours à la campagne chez Debord qui descendit chez Lebovici lorsqu'il venait d'Arles où il habitait passer quelques jours à Paris. Intimes, ils se vouvoyèrent pourtant toujours, de même que Gérard Lebovici vouvoyait François Truffaut, le plus proche de ses amis artistes. Gérard et Guy aimaient tous deux cultiver le paradoxe et recherchaient parfois les conflits, qui les stimulaient. La provocation les amusait, et ils la pratiquaient sans se priver de rire et de boire du vin ensemble.

Naturellement brillant, Gérard Lebovici trouvait dans la personnalité de Guy Debord une profondeur et une stimulation intellectuelle qui lui avaient manqué. Comme Lebovici, Debord était un autodidacte curieux qui aimait jouer avec les idées. Ils poursuivaient ainsi un dialogue permanent qui leur plaisait infiniment. Les mêmes auteurs les enchantaient, les mêmes œuvres d'art, les mêmes lieux. Debord avait vécu de peu entre vingt et trente ans et s'était laissé entretenir par un entourage aisé. Il n'avait donc pas été obligé de « *perdre son temps* » à gagner de l'argent. Ayant passé sa jeunesse à réfléchir, lire et parler quand il ne marchait pas dans Paris entre librairies et bars, il avait de l'avance sur Gérard dans le domaine de la culture. Lebovici lui, fascinait Debord par sa rapidité et sa finesse.

Le même sens de l'humour les rapprochait, ainsi que des préoccupations écologiques dont peu de monde se souciait à l'époque. Dans ce domaine, ils étaient des précurseurs. Déjà à l'époque ils se méfiaient de l'industrie agro-alimentaire qu'ils soupçonnaient de sacrifier la santé des consommateurs au profit de l'argent. La nourriture des animaux destinés à la consommation humaine les inquiétait particulièrement. Joignant la pratique à la théorie, Gérard conduisait régulièrement de Paris jusqu'au Mans pour acheter sa boucherie « bio » chez un éleveur « sûr », ce qui faisait rire les rares personnes en dehors de sa famille à qui il le disait. La vache folle était encore bien loin de menacer ! Guy Debord, lui, ne buvait que du vin « bio »… en grande quantité. L'amour de Lebovici pour le bon vin et son habitude de traiter généreusement ses invités le préservaient néanmoins de cet excès lorsqu'il n'était pas en compagnie de Debord… Il s'en tenait aux grands crus.

À l'opprobre que suscita peu à peu cette amitié qualifiée de mystérieuse, Gérard Lebovici opposait donc un silence satisfait. Au fond l'idée du mystère l'amusait. Les deux hommes représentaient le contraire du « politiquement correct » (terme qu'on n'utilisait pas encore) et recherchaient la liberté d'expression la plus absolue. Guy Debord est l'exemple extrême de la défense obstinée dont Lebovici pouvait faire preuve envers et contre tous pour les artistes qu'il aimait. S'y ajoutait le plaisir réciproque d'être ensemble.

Lebovici trouvait dans le développement de sa maison d'édition une profonde satisfaction. L'entreprise, bien que déficitaire, l'enchantait. Tout comme Debord, il refusait de se compromettre auprès de la presse littéraire, allant jusqu'à déclarer que *« l'éditeur n'aurait plus aucun commerce avec les journalistes ». « En effet, les Éditions Champ libre ont cessé d'adresser des 'services de presse' à quelque journal ou journaliste que ce soit : considérant que cette tradition de l'information objective n'avait plus de raison d'être maintenue, survivant à toute signification dans un temps où il n'existe même plus l'apparence d'une presse libre ; c'est-à-dire qui s'abstiendrait de se soumettre à une seule des impostures dominantes. Les Éditions Champ libre ont donc cessé de reconnaître l'existence de la presse… »* (324)

À un journaliste qui demandait malgré tout le service de presse d'un ouvrage à l'éditeur, prêt à *« en vanter les mérites en retour »*, Lebovici répondit typiquement :

« Le 26 juin 1979
Monsieur,
Comme tous les professionnels de la presse et de l'édition, vous savez que nous avons pris la décision, il y a quelque temps déjà, de ne plus adresser d'ouvrages à un journaliste : bien sûr, cette résolution vaut également pour vous.
La flatterie plus ou moins sincère les éloges que vous proposez de nous attribuer d'avance et 'en retour' n'y changeront rien.
Veuillez agréer, Monsieur, mes salutations distinguées.
Gérard Lebovici » (325)

En même temps ArtMedia, qu'il avait créée, était LA grande agence artistique française. Gérard Lebovici, avec tout son talent, faisait partie du système économique normal du cinéma. Il avait donc besoin de la presse dans ce cadre et savait la ménager, s'il ne s'en approchait pas personnellement.

Il passait du bras de Catherine Deneuve aux Césars, mal à l'aise sous les flashs des photographes people, à un discret séjour chez Guy Debord à Arles où tous deux discutaient mille sujets, entre autre le cinéma, un art qu'ils qualifiaient entre eux de « mort »... Mais si Lebovici ne craignait pas les propos provocants, il respectait et admirait ses clients talentueux et garda toujours une profonde amitié pour certains d'entre eux ainsi que pour ses associés, Serge Rousseau, Jean-Louis Livi et bien sûr Michèle Méritz.

Comme la plupart des hommes, il était contradictoire. Mais contrairement à l'attitude courante dans la société, il ne s'en cachait pas. Il se contentait d'assumer ses convictions sans les afficher, puisqu'il ne s'exprimait ni en public ni dans la presse.

Champ libre faisait vivre Debord à une époque où les grands éditeurs de la place le considéraient comme un horrible gauchiste et ne l'auraient édité sous aucun prétexte, pas plus que Debord n'aurait daigné frayer avec un éditeur de cet *establishment* qu'il exécrait, incapable selon lui de comprendre son génie. Lebovici le rémunérait pour des œuvres qui ne faisaient pas recette et pour des conseils. Il était son mécène, l'admirait et aimait passer du temps avec lui et sa femme Alice.

Au fil du temps, la gêne grandissait dans le milieu du cinéma à propos de la petite maison d'édition et surtout de Debord. Personne ne comprenait comment un homme aussi intelligent que Lebovici pouvait occuper une position incontournable d'un côté et perdre son temps et son argent de l'autre. Gérard restait muet sur le sujet ; personne n'osait vraiment l'interroger. François Truffaut s'y risqua, manifestant sa réprobation avec franchise et même véhémence… mais il n'insista pas. Il se confia à Georges Kiejman : *« Je m'inquiète pour notre Orgon »* (326)

Mais Truffaut tenait à leur relation à la fois intime et basée sur le respect, et craignit de la compromettre. De même Gérard Lebovici ne voulait à aucun prix se brouiller avec Truffaut. Une profonde estime réciproque et un besoin lucide d'unir leurs talents les scellaient.

Cependant l'affection entre Gérard et Georges Kiejman, son propre témoin de mariage, le brillant avocat de Champ libre, n'y résista pas. Car à la différence de Truffaut, Kiejman fut amené à travailler directement avec Debord.

En 1977, à l'occasion de la publication de *La Société du spectacle*, le ton monte entre Kiejman et Debord, alors que Champ libre peine à récupérer les droits et les exemplaires du livre auprès de son ancien éditeur, Buchet Chastel… Des échanges épistolaires entre l'avocat et l'auteur virent à l'aigre. Debord ne supporte pas les conseils de Kiejman qui, pragmatique et habile, suggère des solutions simples. Contre toute logique commerciale, Debord préfère l'affrontement avec son ancien éditeur. Il envoie quelques lettres mordantes à Kiejman pour railler son avis avec dédain.

Lebovici prend parti pour Debord et tourne le dos à son ami et défenseur : *« … Mieux vaut en rester là dans nos relations. »* (327)

Kiejman, exaspéré, lui expédie un mot définitif sur une carte de visite : *« Pauvre con »*, (328)

Ce bristol paraîtra dans la correspondance de Champ libre surmonté du commentaire suivant : « Autographe de Me Kiejman, avocat à la cour, adressé à Gérard Lebovici, vers la fin août 1977. »

« Il ne pouvait pas rompre avec quelqu'un de plus proche. » (329)

Cette rupture ne sera pas sans conséquences malheureuses pour Floriana Lebovici après l'assassinat de son mari, car elle la privera dans les premiers temps des conseils de l'un des personnages les plus influents du monde de la justice.

Il faut dire que les controverses ravissaient Lebovici et Debord, qui échangeaient avec leurs détracteurs des lettres passionnées voire violentes, souvent d'un humour corrosif, allant parfois jusqu'aux insultes ciselées.

« La lettre d'injures est une sorte de genre littéraire qui a tenu une grande place dans notre siècle, et non sans raison. Je crois que personne ne peut douter que moi-même, sur ce point, j'ai appris beaucoup des surréalistes (...) La seule chose difficile, c'est d'avoir l'assurance que l'on est soi-même en droit de les écrire à l'occasion, pour certains correspondants précis. Elles ne doivent jamais être injustes. » (330)

En 1978, la publication de ces lettres dans les deux volumes de la *Correspondance* de Champ libre qui leur est consacrée suscita une stupeur pétrifiée parmi les professionnels du cinéma qui dans le même temps rêvaient tous de déjeuner chez Marius et Jeannette, le restaurant situé au pied des bureaux d'ArtMedia, avec celui qu'ils considéraient comme le pape du cinéma, qu'ils l'apprécient ou non...

On ne peut citer ici toutes ces lettres, souvent savoureuses. Mais la lecture d'un extrait de la réponse de Champ libre à une lettre indignée de Hanna Mittelstadt, des éditions (allemandes) Nautilus, est un exemple caractéristique de leur style :

« Le 11 septembre 1980.

Madame,

Vous avez été bête en m'envoyant votre circulaire racoleuse du 25 avril 1980. Et je ne vous aurais jamais répondu – que répondre à la bêtise ? – si vous n'aviez été plus bête encore, vous et les pauvres diables des Éditions Nautilus, en insistant...

Je dois donc vous répondre avec une simplicité que j'espère accessible à vos esprits (...) Votre bêtise n'est nullement améliorée à mes yeux parce que vous mélangez aux écrits de l'immonde Dupuy-Vaneigem cinq ou six auteurs que vous piratez dans le catalogue de Champ libre ; en ayant d'ailleurs la sotte désinvolture de ne même pas leur envoyer un seul exemplaire pour qu'ils puissent constater la carence de vos traductions.

Vos prétentions sont bêtes. Ne rêvez pas de faire croire à quiconque que vous avez avec nous la moindre relation. Si quelqu'un pouvait le croire, on comprend combien cela vous ferait plaisir, pauvres bêtes. Mais cela nous attristerait. Aussi, nous supprimerons toute possibilité d'une si fâcheuse erreur en publiant la présente lettre dans le prochain volume de notre correspondance.

Broutez en paix.

Gérard Lebovici » (331)

La *Correspondance* de Champ libre présente avec autant de liberté et d'humour parfois cruel les lettres adressées à la maison d'édition que les réponses de Gérard Lebovici.

Ainsi peut-on lire par exemple le 4 août 1980 sous la plume de l'éditeur ce début de lettre de refus d'un manuscrit proposé par Julien Loiseau :

« Monsieur,

Je viens de lire votre manuscrit. Je vous dirai simplement que vous êtes un farceur, bien sûr (…) Je n'ai certainement pas l'intention de soutenir l'hypothèse aventurée que tous les éditeurs savent lire. Et votre opuscule pourrait constituer une très bonne plaisanterie du moment qu'il serait publié chez un éditeur crétin…

(…) Bien sincèrement.

Gérard Lebovici »

Tandis que l'auteur répondait :

« Le 26 août, en rentrant de vacances, Lebovici,

J'ai peu à faire de tes conseils pour savoir à quel éditeur m'adresser maintenant (…) ton conseil méprisant de m'adresser à un 'éditeur crétin', je m'en tape.

J'ai pu voir dans ce mépris, tu t'en sers facilement, croyant ainsi imiter le grand Debord. Tu n'as ni sa verve, ni son style d'écriture (…)

J'ai toujours depuis l'âge de 17 ans, emmerdé les crapules et cela me suffit.

Cela m'étonnerait que tu puisses publier cette lettre dans le tome II des Correspondances, *tome que le prolétariat mondial attendra encore quelque temps, certainement (…)*

Ne t'en fais pas, de mon côté, je ferai tous les efforts pour qu'elle soit lue par un maximum de gens.

Julien Loiseau » (332)

Toutes sortes de lettres furent ainsi publiées par Lebovici, qui nota dans de brèves réflexions personnelles écrites de sa main, trouvées plus tard dans ses papiers : *« ce n'est pas parce que je publie les insultes contre moi que cela m'est favorable. »* (333)

Les commentaires de la presse après sa disparition allaient donner raison à ce propos.

La première personne à me parler de cette correspondance fut mon patron de l'époque chez Gaumont, Denis Chateau. Il me mentionna avec prudence *« ces petits brûlots gauchistes »* que Gérard s'empressa de m'offrir dès que je l'interrogeai à leur sujet, visiblement amusé de « faire parler » dans le métier et ravi du commentaire de Denis.

Dans la foulée, pour mon édification intellectuelle et comme preuve d'amitié, il m'invita à une projection du nouveau film de Guy Debord qu'il avait produit, *In Girum Imus Nocte et Consumimur Igni*. Ce titre latin, que l'on dit extrait d'un poème de Virgile, signifie : « Nous marchons en rond dans la nuit et nous sommes consumés par le feu… » Comme chacun semble le savoir aujourd'hui, ce titre est un palindrome, qui peut se lire également de droite à gauche ou de gauche à droite.

Nous étions tous les deux seuls dans la salle de projection des films Ariane, aux Champs-Élysées. Le projectionniste devait peu de temps après être inquiété pour piratage des films qu'il dupliquait avant leur sortie pour le compte d'escrocs à la vidéo. Malgré la forte impression que me fit *In Girum…*, lorsque j'appris la nouvelle, je me doutai immédiatement qu'on ne risquait pas de retrouver le film parmi les titres piratés !

Denis Chateau quant à lui vit le film dans la grande salle du Colisée (800 places) où Gérard prit place à ses côtés pour visionner son film fétiche une fois de plus seul avec son spectateur du jour !!

Quoi qu'il en soit, Gérard désirait réellement faire reconnaître les idées et la culture de Guy Debord, qui, lui, prétendant ne plus vouloir affronter la bêtise humaine, recherchait l'isolement. Il se brouillait régulièrement avec ses disciples et amis. Gérard faisait figure d'exception. Mais il est vrai que son ami était aussi un bienfaiteur providentiel dont les subsides permettaient à Debord de mener une vie extrêmement plaisante et confortable entre Arles, la Haute-Loire et des voyages en Espagne. On ne pouvait pas ne pas le relever, quelle que fut la qualité des liens unissant les deux hommes. Lebovici ne s'en cachait d'ailleurs pas.

La sortie commerciale d'*In Girum Imus Nocte et Consumimur Igni…* fut un échec encore plus retentissant que ce à quoi Gérard Lebovici s'attendait. *« C'est peu dire qu'*In girum *ne rassemble pas les foules ».* (334) Preuve de la puissance du patron d'ArtMedia, on a vu que le film fut finalement distribué en mai 1981 par Gaumont, sans espoir de succès, *« alors qu'il avait été tourné dès 1978 »* (335).

L'affiche, crée par Lebovici lui-même et Guy Debord, était entièrement noire. Outre le titre figuraient en lettres blanches les deux noms, « un film de Guy Debord », bien sûr, et « Gérard Lebovici présente » (fait unique dans sa carrière. Son nom ne figurera sur aucun autre film avec son accord).

« S'il est un film dont Lebovici est fier, c'est bien celui-ci. » (336)

Malgré son pouvoir, Lebovici ne pouvait pas imposer longtemps aux salles la programmation à perte de *In Girum…* Facétieux et convaincu à la fois, il décida en 1983 d'acheter le studio Cujas au Quartier Latin exclusivement pour passer le film dont aucun exploitant ne voulait. L'idée était de projeter éternellement les œuvres cinématographiques de Guy Debord.

Le film tournait en permanence devant les sièges vides, en respectant les horaires des séances. L'exploitation parvint-elle à la centaine de spectateurs au total de sa carrière ? Je ne suis pas sûre. Lebovici affichait sa joie et persistait.

Sans doute est-ce l'impression qu'avait faite sur moi *In Girum…* qui amena Gérard à me parler de la vie qu'il menait avec Debord et de ses aspirations. Je l'écoutais, frappée par le fait qu'à l'évidence, après des années agitées, Guy Debord coulait maintenant des jours paisibles à l'ombre de la protection admirative de Gérard. Lui-même l'a écrit en 1985 dans ses *Considérations sur l'assassinat de Gérard Lebovici* : *« Je ne suis pas plus situationniste qu'un autre. J'ai été situationniste pendant tout le temps qu'a duré l'I.S. et je m'en félicite… On savait bien que l'Internationale situationniste était finie depuis douze ans… »* (337)

Debord avait tourné ce qu'il estimait être son dernier film, *In Girum…*, et avait fait paraître chez Champ libre le volume de ses Œuvres Cinématographiques Complètes dès 1978. Épistolier redoutable comme à l'accoutumé, il était le conseiller de Gérard pour sa maison d'édition et avait créé un jeu stratégique, le Jeu de la Guerre, dont Lebovici avait fait fabriquer quelques exemplaires en métal fin. Guy réfléchissait longuement devant l'échiquier au cours d'interminables parties avec sa femme Alice, tout en relevant les positions des forces, qui seraient publiées plus tard dans une élégante plaquette par son éditeur…

À l'époque de la sortie de son film *In Girum…*, en 1981, Debord, libertaire et ex-révolutionnaire apaisé, vivait agréablement et voyait son éditeur/producteur le plus souvent possible. Il descendait chez lui à Paris ou le recevait à Arles et dans sa ferme de Haute-Loire, à Champot.

C'est alors que Debord, changeant d'avis, décida de réaliser un nouveau film sur l'Espagne, que sa femme et lui-même adoraient. Lebovici voulait le produire en 1984.

Cette vie de bien-être luxueux dans une apparente simplicité n'émoussait en rien la sévérité des jugements de Debord sur ses contemporains et sur la société de son temps. Gérard Lebovici le stimulait, et c'était réciproque :

« Ce siècle n'aime pas la vérité, la générosité, la grandeur. Il n'aimait donc pas Gérard Lebovici, qui attirait encore un peu plus l'envie haineuse par sa liberté d'esprit et sa culture. Il avait donc beaucoup d'ennemis ; puisque aussi « longtemps que le monde renversé sera le monde réel » (Marx), les plus rares qualités passeront pour les pires défauts. » (338)

Champ libre prospérait sous la gestion attentive de Lebovici. Ses succès cinématographiques lui permettaient une ambition d'éditeur grandissante. Il finançait les déficits de l'un avec les bénéfices de l'autre ; des *Remarques sur la langue française* de Vaugelas à George Orwell ou Georg Groddeck, il affichait l'éclectisme de ses choix.

Me limitant à ne parler que de ce que j'ai connu directement, je crois pouvoir dire qu'en marge de la maison d'édition et du cinéma, les années 1980-1984 furent heureuses pour Gérard Lebovici comme pour Guy Debord.

Heureuses au point qu'après le drame, Floriana Lebovici choisit de faire graver sur la tombe de Gérard une strophe des *Stances sur la mort de son Père* du chevalier et poète castillan du XVe siècle, Jorge Manrique, que Guy Debord avait fait connaître à son mari. Éditées par Champ libre en double version, originale et admirablement traduite par Debord lui-même, les Stances étaient également appréciées par les deux amis :

« Quel ami pour ses amis,
Pour ses gens et parent, quel
Seigneur ! Quel
Ennemi pour l'ennemi !
Quel chef pour les intrépides
Et constants !
Quel jugement, pour les sages !
Pour les plaisants, quelle grâce ! Quel grand sens !
Bénin pour ses dépendants
Mais, pour les méchants hardis,
Quel lion ! » (339)

– 4 –
La crise
Nouveaux succès -Tragédie

Dès 1981, une rumeur se mit à courir dans le milieu du cinéma : Gérard souhaitait arrêter ses activités cinématographiques traditionnelles et se consacrer à sa maison d'édition et aux œuvres de Debord. Il y a du vrai dans ces affirmations, qui avaient été lancées en partie par Lebovici lui-même parce que le désir de développer Champ libre le tentait, mais aussi par provocation ludique. Cependant, il serait faux de penser qu'il était prêt à se retirer du monde du cinéma à court terme. La cinquantaine à peine entamée, en plein succès, Lebovici se projetait encore à la tête d'ArtMedia, et à l'origine de nombreux films ambitieux.

ArtMedia régnait, et avec elle un puissant « *star system* » à la française qui s'étendait sur l'Europe et en particulier l'Italie. Outre les réalisateurs soutenus par Lebovici à travers les sociétés Simar et Soprofilms, les artistes représentés par l'agence valaient de l'or. Quelques producteurs avaient eu le don de particulièrement bien utiliser le système et de séduire Lebovici et ses associés pour avoir un meilleur accès aux stars de la maison. Ils voyaient ainsi leur société se développer très vite et ils permettaient en échange à ArtMedia de parrainer des films produits aux conditions qu'elle voulait ! Le jeu était gagnant des deux côtés.

Certains de ces producteurs bénéficiaient d'une image favorable. Ainsi Philippe Dussart fut pour le compte de Gérard Lebovivi le producteur de trois films de Resnais parmi les plus difficiles : *Mon oncle d'Amérique*, *La vie est un roman* et *L'amour à mort*. À l'abri des risques grâce au protecteur de Resnais qui lui confiait le projet mais assumait les montages financiers, Dussart ne mettait aucun argent sur le film. Il gérait la fabrication et signait la production du film au générique. Lebovici et Dussart s'estimaient : *« Des rapports de confiance jamais altérés. Il ne m'a jamais proposé que des projets avec lesquels j'étais en osmose. »* (340)

Lebovici lui confia dans les mêmes conditions en 1982 *Tout feu tout flamme*, un film écrit et réalisé par Jean-Paul Rappeneau, un des artistes préférés d'ArtMedia. Le projet, interprété par Isabelle Adjani et Yves Montand en pleine gloire, était moins dangereux que les films de Resnais sur le papier. Mais le film était cher. Assuré de la collaboration d'un producteur de terrain sérieux, Lebovici avait sa méthode pour trouver le financement de son côté.

Pour permettre à ses réalisateurs de développer un projet ambitieux en toute liberté, le patron d'ArtMedia entretenait des rapports avec des sociétés de production amies susceptibles de lui apporter l'investissement nécessaire au bouclage du financement de films hors norme. Le système consistait la plupart du temps pour ces producteurs à tirer sur le « fonds de soutien » abondant qu'ils avaient gagné lors de précédents succès. (341)

Ils pouvaient ainsi devenir coproducteurs minoritaires financiers sur des projets prestigieux auxquels ils n'auraient pas eu accès autrement. Ils n'utilisaient que des sommes issues de leur argent bloqué par le Centre du Cinéma, destiné à être réinvesti dans le secteur sans faire courir de nouveau risque pour leur société.

Félix Sélinger, fut un coproducteur de ce type sur *Tout feu tout flamme*. Il est un excellent exemple du système. À la tête de sa société Filmédis, fin comme l'ambre, amusant, Félix partageait avec Denis Chateau et Gérard Lebovici la faculté d'analyser les chiffres avec une rapidité diabolique. Il avait quitté son Autriche natale à l'époque nazie. Il en gardait un léger accent et un charme fou qui agissait en miroir sur Lebovici. La confiance entre les deux hommes était totale.

D'autres noms revenaient encore plus fréquemment en tête des génériques de ceux qu'on surnommait les « films ArtMedia » : André Génovès, Raymond Danon, Alain Sarde par exemple.

Producteurs favorisés ? Affiliés ? La question se posait dans Paris. Ils avaient en tout cas des personnalités habiles, jonglaient avec les chiffres et montraient souvent en prime des qualités d'humour qui ne pouvaient que plaire à Lebovici, ainsi qu'aux réalisateurs et aux comédiens à qui ils consacraient beaucoup de temps.

Indépendants ? Sur le papier, oui. Mais certains en doutaient. Des rumeurs malveillantes et jalouses sur eux couraient au sein de la profession.

Le producteur « indépendant » français qui n'est pas appuyé sur une société plus importante le protégeant financièrement se trouve dans une position risquée. En effet, il est supposé donner la garantie de bonne fin, c'est-à-dire financer les dépassements éventuels du budget du film, alors qu'il n'en a presque jamais les moyens propres suffisants.

Les banques du secteur, contrairement à l'idée qu'on s'en fait, ne prêtent pas d'argent directement aux producteurs sur les films en cours. Elles escomptent des contrats déjà signés par ailleurs ou investissent à travers de fonds levés par des avantages fiscaux réservés à leurs clients, les Soficas, qui touchent sur les premières recettes du film. Or le producteur est supposé apporter une proportion des fonds, et pour ce faire déclare mettre son salaire et ses frais généraux en participation sur le film sans les toucher. Donc comment peut-il vivre jusqu'à l'éventuel succès du film ? Quand on réalise qu'en 2010, année favorable pour le cinéma, seuls trois films français [(342)] ont été rentabilisés par les seules recettes en salles, tous les autres ayant eu besoin des recettes vidéo, ventes TV futures et autres exploitations annexes pour gagner de l'argent, on comprend le problème…

À l'époque de Gérard Lebovici, soit le producteur indépendant avait une activité complémentaire pour assurer sa sécurité, souvent dans le domaine de la publicité, soit le budget était gonflé par nécessité, pour qu'au minimum il puisse discrètement vivre sur le film alors que son salaire et ses frais généraux étaient supposés mis en participation. Chacun déclarait la main sur le cœur financer son film en partie. Toute la profession savait qu'il s'agissait d'une fable, mais les partenaires des films, des banquiers aux chaînes de télévision coproductrices, affectaient d'y croire dans un ensemble parfait. Ils assuraient leurs recettes en se réservant la majorité des premières recettes par contrats.

Je pense que presque tous les budgets de ces années-là étaient gonflés. Toutefois certains l'étaient plus que d'autres… Les projets prometteurs sur le papier étaient les moins contestés, d'où la liberté des producteurs qui avaient un accès privilégié aux artistes les plus populaires.

Les stars elles-mêmes avaient intérêt au système dans la mesure où leur rémunération était organisée par leurs agents en tenant compte de la situation. Les budgets des films avaient donc tendance à augmenter régulièrement… d'autant plus que certains producteurs pouvaient être tentés de créer des comptabilités particulièrement inventives à leur avantage, vu l'absence de contrôle réel.

Cette profession est certes encadrée par le ministère de la Culture et le ministère des Finances, tous deux présents au sein du Centre National de la Cinématographie qui fixe les règles et donne les autorisations de tournage après examen de dossiers détaillés par une « commission d'agrément ».

Sans doute, les exigences d'investissement imposées par les pouvoirs publics aux producteurs avaient été prises par l'organisme de tutelle dans le souci de sélectionner des entreprises solvables. Le CNC devait veiller à la transparence des montages, soumis à une autorisation de tournage. Mais ses moyens d'évaluer les devis avant tournage puis de vérifier le coût réel des films après tournage étaient faibles. Seuls quelques films subventionnés étaient parfois audités. Dans les faits, l'obligation d'investissement des producteurs était une fiction entretenue avec la complicité de tout le système.

Aujourd'hui, on proclame que la transparence des budgets des films est acquise. Mais si la situation financière du cinéma s'est relativement assainie grâce à certaines réformes favorables aux films tournées sur le territoire français même, il n'y a pas de transformation de fond. Les producteurs sont encore obligés de tricher, au moins sur leur apport financier supposé, et le secret de Polichinelle perdure.

Au début des années quatre-vingt, la rumeur que certains producteurs privilégiés avaient des arrangements particuliers avec ArtMedia se propageait tout à loisir. Mais même parmi les jaloux, personne ne sortait du bois pour accuser l'agence ouvertement. De nouveaux entrants parvenaient à faire leur place au soleil par habileté, talent et acharnement. C'était difficile. Les sociétés soupçonnées de proximité particulière avec ArtMedia, elles, étaient regardées qui avec envie qui avec désapprobation, mais les commentaires passionnés qu'elles suscitaient ne dépassaient guère les trottoirs des Champs-Élysées, du bar du Fouquet's à celui du Deauville, hauts lieux de rendez-vous de la profession.

C'est alors qu'un producteur vieillissant, Pierre Braunberger, président de la Chambre Syndicale des Producteurs, déposa plainte contre Lebovici. Il entraîna derrière lui une partie des professionnels frustrés devant le pouvoir de l'Agence.

La plainte accusait Lebovici d'enfreindre le droit du travail en produisant des films indirectement depuis son bureau de l'agence artistique ArtMedia, agissant ainsi en infraction avec son activité d'impresario.

Braunberger avait accompagné avec talent la Nouvelle Vague et connaissait Lebovici depuis ses débuts. Il avait reçu un César d'honneur en 1980 pour l'ensemble de sa carrière. Son revirement aigre choqua plus d'un de ceux qui avaient partagé cette époque difficile et excitante. La plupart de ses anciens amis étaient ulcérés. Serge Rousseau disait encore des années plus tard : « *Je ne pardonnerai jamais à Braunberger.* »[(343)]

Certains disent cependant que Braunberger n'en voulait pas personnellement à Lebovici, mais qu'il était passé à l'action seulement pour protéger le métier de producteur d'une prise de pouvoir des agents à la façon de Lew Wasserman aux États-Unis. Il n'aurait pas craint les dérives de Gérard Lebovici, qu'il pensait trop talentueux pour abîmer la profession. Mais il aurait craint la contagion plus tard, venue d'agents moins scrupuleux que lui.

Quoiqu'il en soit, malgré de nombreux soutiens et témoignages des plus grandes sociétés de la place, Gérard Lebovici fut contraint d'abandonner l'agence qu'il avait créée. On pense à l'action introduite par Robert Kennedy contre MCA en 1961. Mais quand Lew Wasserman renonçait à ses activités d'agent pour se consacrer à la production, ne perdant au passage que 10 % de son chiffre d'affaires, il ne renonçait pas à « son bébé ». Sa société gardait d'ailleurs son nom, MCA. Si son orgueil de vedette incontesté de Hollywood fut atteint, c'est le vieux Jules Stein, le créateur de l'agence initiale, qui ne put retenir ses larmes devant le choix inévitable de son directeur général.

Gérard, lui, était le créateur d'ArtMedia. Il est indéniable que son système permettait à sa société de toucher des rémunérations à la fois sur les cachets de ses artistes et sur les revenus de la production. Mais au moment où il était contraint de quitter son agence en plein épanouissement, il ne pouvait que souffrir profondément.

Heureusement pour lui, il laissait l'agence aux mains expertes de son ami et associé depuis des années, Jean-Louis Livi. ArtMedia gardait son nom et pouvait continuer et prospérer avec plus de prudence. Mais, affecté par l'agressivité d'une partie du métier qui, dans un premier temps, paraissait gagner contre lui, affaibli par une décision qui le touchait en plein cœur, il tomba malade et dut subir pour la seconde fois une grave opération au printemps 1982. C'était plus que les larmes de Jules Stein.

Certaines personnes ont l'art de transformer les crises en opportunités.

Lebovici rebondit immédiatement, et créa dès 1982 une nouvelle structure, Acteurs Auteurs Associés (AAA). Il devint distributeur, puis un peu plus tard producteur. *« Si je perds tout, je m'installe dans une chambre de bonne et je redémarre… »* [344]

Mais il n'avait pas tout perdu. Sa réputation et son crédit restaient intacts auprès des professionnels et des financiers.

La Balance produit par les Films Ariane, fut le premier film distribué par AAA, en novembre 1982. Alexandre Mnouchkine et Georges Dancigers, ces seigneurs de la production française, d'origine russe tous les deux, créateurs de la société Les Films Ariane, avaient fait des dizaines de succès et avaient bien sûr collaboré avec Gérard Lebovici lorsqu'il dirigeait ArtMedia. Originaux et habiles, ils ne devaient cependant leur réussite qu'à eux-mêmes et à leur sens du public, et personne ne les soupçonnait d'être des producteurs protégés par ArtMedia. Une profonde estime et une admiration réciproque réunissait les producteurs et Lebovici.

Ils lui confièrent donc la distribution de *La Balance*, un policier réalisé par Bob Swaim, metteur en scène américain habitant Paris, qui n'avait rien fait depuis *Les Nuits de St Germain des Prés*, en 1978, un échec. C'était un projet risqué. Dancigers et Mnouchkine, tous deux âgés de 75 ans, ainsi que Lebovici, firent confiance au metteur en scène tout en l'encadrant de leurs conseils. Le triomphe du film dépassa leurs espérances les plus optimistes et renforça leur amitié à tous les trois. Le film fut couronné par les trois Césars les plus importants, meilleur film, meilleur réalisateur pour Swaim, et meilleure actrice pour Nathalie Baye. Mnouchkine et Dancigers reçurent un César d'honneur pour leur carrière prestigieuse. Le public vint au rendez-vous, nombreux. À peine créée, la nouvelle société de Lebovici, AAA, se positionnait en acteur essentiel du secteur.

Or au-delà de sa société de production personnelle, Soprofilms, Gérard cherchait à se rapprocher d'une structure de production prestigieuse pour alimenter la distribution de AAA. Producteurs audacieux depuis le milieu des années quarante, Mnouchkine et Dancigers, toujours entreprenants mais conscients du temps qui passe, furent intéressés par sa proposition de faire entrer AAA dans Les Films Ariane. Ils pouvaient ainsi céder en douceur les droits de plus de 60 films qu'ils avaient produits, de *Préparez vos mouchoirs*, de Bertrand Blier couronné aux Oscars de Hollywood en 1978, aux premiers grands succès de Belmondo : sans doute le plus beau catalogue de la place appartenant à une société indépendante. Les deux producteurs savaient que leurs films allaient rester dans les meilleures mains.

De plus la proposition de Lebovici leur laissait la liberté de continuer à produire ce qui les tentait à ses côtés. Un accord fut conclu en 1983, à la grande joie des trois hommes. Mnouchkine et Dancigers commençaient à lever le pied. Lebovici se rapprochait de la production à part entière.

Coup de tonnerre dans le quartier des Champs-Élysées : Tout de suite, Jean-Paul Belmondo, la star des stars du *box office*, proche ami et client de Lebovici à ArtMedia, fidèle au producteur Alain Poiré et à Gaumont International avec qui il venait d'enchaîner quatre triomphes, décidait d'abandonner la brillante filiale de Gaumont au profit de la société de Mnouchkine et Dancigers, qui lui ouvrait les bras pour *Le Professionnel* de Georges Lautner.

Belmondo avait espéré que sa venue dans le nouveau groupe lui permettrait d'y prendre une participation auprès des trois associés avec sa société Cérito. L'affaire ne se fit pas et il en fut fort déçu, irrité un temps contre Lebovici. Mais les deux amis se réconcilièrent rapidement et Belmondo tourna avec Ariane son film suivant, *Le Marginal*, de Jacques Deray, puis avec la société personnelle de Gérard, Soprofilms, *Les Morfalous* d'Henri Verneuil, un sujet initié par Tarak Ben Ammar, le président de Carthago films, producteur tunisien fortuné très proche du président au pouvoir à l'époque dans son pays, qui aspirait à prendre une position prépondérante dans le cinéma mondial.

Les Films Ariane devinrent également dès cette date les partenaires de production des films distribués par AAA, *Pauline à la Plage* de Rohmer produit par Margaret Ménegoz et *La Vie est un Roman* de Resnais produit par Soprofilms et Philippe Dussart. Gaumont qui n'avait pas démérité lors de la distribution de *Mon Oncle d'Amérique* perdait ainsi l'un des réalisateurs préférés de Lebovici.

Ces nouvelles firent grand bruit dans le métier.

D'autre part, fidèle au système qu'il avait instauré chez ArtMedia, Lebovici avait gardé ses liens avec ses amis producteurs minoritaires prêts à compléter les budgets des films qu'il leur recommandait. Deux ans après avoir investi dans *Tout feu tout flamme*, la société de Félix Selinger, Filmédis se retrouva donc au générique de *La Vie est un roman*.

Sur le même principe, le fondateur de AAA proposa à certaines sociétés de production qu'ArtMedia avait aidé à créer, appartenant à des réalisateurs ou des acteurs, d'investir sur les films d'autres réalisateurs lorsque leurs projets personnels leur laissaient des disponibilités de fonds de soutien. C'était le cas de Pierre Richard, coproducteur de *La Chèvre*, le récent triomphe de Francis Veber où l'acteur jouait avec Gérard Depardieu. C'est ainsi que Pierre Richard et sa structure de production, Fideline, se joignirent également à la production de *La vie est un roman*, permettant le bouclage du lourd budget du film d'Alain Resnais. Pierre Richard continua d'ailleurs à collecter au sein de Fideline les parts producteurs des succès qu'il interpréta dans les années quatre-vingt, avant de vendre à prix d'or sa société devenue fort riche à Claude Berri. Le système Lebovici était gagnant pour les artistes talentueux.

François Truffaut tourna *Vivement dimanche !* fin 1982. Il le produisit lui-même par l'intermédiaire de sa société personnelle, Les Films du Carrosse. Le film était coproduit par Soprofilms et distribué par AAA. Truffaut laissa comme d'habitude le montage financier entre les mains de Gérard Lebovici, qui négocia entre autres l'apport de la chaîne de télévision, selon sa méthode bien rodée.

C'était un projet original, auquel le réalisateur tenait et qu'il souhaitait tourner en noir et blanc contrairement à ce que préféraient évidemment les exploitants. De plus il arrivait deux ans après *La femme d'à côté*, qui fut une déception commerciale malgré la présence du couple Fanny Ardant / Gérard Depardieu. La décision était importante pour Truffaut, déterminé à défendre son projet, mais qui avait ses inquiétudes d'artiste. Les lettres échangées avec Lebovici à cette occasion sont une illustration du soutien absolu que ce dernier lui manifesta en toutes occasions. Truffaut lui écrit :

« ... c'est avec mon film noir et blanc, L'Enfant sauvage, *que j'ai commencé ma collaboration avec Nestor Almendros, et c'est à lui que j'ai demandé de diriger la photo noir et blanc de* Vivement dimanche !, *que je vais tourner en novembre.*

Vivement dimanche ! *s'efforcera de restituer l'ambiance nocturne, mystérieuse et brillante des comédies américaines policières qui, autrefois, nous enchantaient. Je crois que l'utilisation du noir et blanc nous aidera à retrouver ce charme disparu, je crois surtout que personne au monde ne réussira à me prouver que le noir et blanc est moins culturel que la couleur !... Voilà mon point de vue, cher Gérard, celui que vous partagez, j'en suis certain, et que vous saurez, mieux que moi, faire valoir à nos partenaires.*

Amitiés, françois. » (345)

Réponse de l'agent, producteur : *« ... Vous seriez fou de ne pas le faire. Ce n'est pas le point de vue de l'homme d'affaires, mais celui d'un ami connaisseur... »* (346)

Dans Paris, le flottement qui suivit le départ de Lebovici d'ArtMedia n'avait pas résisté plus de quelques mois. Le succès de *La Balance* avait balayé jusqu'aux murmures des derniers soutiens de Braunberger. L'image de l'ancien agent n'était pas entachée. Les talents qu'il avait soutenus pendant des années le suivaient. D'autres se pressaient à sa porte… Prudent mais déterminé, il n'étoffa que lentement sa nouvelle équipe, jeune et enthousiaste, qu'il avait installée dans un hôtel particulier de la rue Kepler, près de l'Étoile. Le succès de *Vivement dimanche !* renforça dans ce métier superstitieux l'idée qu'à côté de son talent, il avait retrouvé sa « baraka » d'antan.

Un autre projet ambitieux occupait son esprit : Peu de temps après la sortie du livre d'Umberto Eco *Le nom de la rose*, alerté par sa femme Floriana, Gérard Lebovici s'était rendu discrètement en Italie en 1982, pour acheter en secret les droits de ce policier médiéval pour le cinéma alors même que le sujet qui devait passionner la France était à peine traduit.

Il le proposa à Jean-Jacques Annaud qui accepta immédiatement l'opportunité d'un tel film. C'était son premier tournage après *La guerre du feu*. Annaud avait accepté début 82 de travailler avec Renn Productions, la société de Claude Berri, sur un projet de film différent et audacieux, *L'ours*, qu'il devait commencer à préparer. Mais son agent Jean-Louis Livi trouvait qu'Annaud aurait intérêt à ne pas enchaîner deux projets muets et l'expliqua à Berri. La proposition de Gérard tombait bien.

S'estimant trahi par Lebovici, son ami de longue date, Berri en fut profondément affecté et mit du temps à lui pardonner. Quatre ans plus tard, bien après la dispartion de Lebovici, Annaud « *avouera la vérité* » (347) à Berri : il avait découvert le roman d'Umberto Eco le premier…

Quel que soit le premier lecteur du prodigieux roman, dès 1982, Annaud se vit attribuer par Lebovici sans plus attendre un budget de développement impressionnant pour l'époque. Gérard mit à sa disposition un des plus beaux bureaux de AAA et finança l'écriture du scénario. Avant même de lire une ligne du script, il lui fit faire les premiers repérages pour trouver les lieux du tournage. Bientôt les murs du bureau du réalisateur, situé à côté de celui de son producteur, furent recouverts de photos de monastères et de paysages escarpés, quatre ans avant la sortie du film qui allait enflammer le public.

Entreprenant, plus que jamais plein d'humour et d'énergie, Gérard Lebovici bouillonnait de projets de films. En 1983, AAA distribua *Merry Christmas Mr Lawrence* (*« Furyo »*) du réalisateur japonais Nagisa Oshima. À la suite de l'immense succès du film, le producteur anglais du film, Jeremy Thomas, lui apporta son projet titanesque du *Dernier Empereur* de Bernardo Bertolucci, auquel Lebovici accepta immédiatement de s'associer. Le film ne serait achevé qu'en 1987 !

La seule grande ombre à ce tableau était la santé de Truffaut, atteint d'une tumeur au cerveau après la sortie de *Vivement dimanche !*, dont Gérard appréhendait vivement la disparition. Il rendait visite à son ami hospitalisé et voyait avec grand chagrin l'évolution de son mal. C'est lui qui allait le précéder de quelques mois.

Lebovici développait ses films en parallèle avec ses réflexions sur la politique éditoriale de Champ libre et des périodes de détente, qui étaient bien souvent des séjours en compagnie de Guy Debord. On est loin de la description d'un homme en rupture avec la société qu'allait bientôt faire de lui la presse.

L'ouverture du Studio Cujas, consacré aux œuvres cinématographiques de Debord, eut lieu le 23 octobre 1983. Quelques mois plus tard, le soir du 5 mars 1984, Gérard Lebovici était assassiné, laissant dans le désarroi les nombreux artistes qu'il soutenait.

Au premier rang de ceux-ci, Alain Resnais était en train de réaliser *L'Amour à Mort*, film que, malgré son talent reconnu depuis des années, il n'aurait pas pu monter sans l'audace et l'admiration de son producteur : *« À son retour des États-Unis (après l'échec de* Je t'aime je t'aime *en 1968), Gérard Lebovici prend son destin en mains : 'Il avait décidé que, même à perte, certains cinéastes, dont j'étais, devaient pouvoir coûte que coûte tourner des films : Qu'il fallait leur assurer une existence !' Pendant quatre ans, Lebovici lui donne des coups de main financiers, une sorte de salaire qu'il justifie par des travaux prétextes (…) Resnais est formel : 'Sans Gérard Lebovici, ma carrière professionnelle se serait arrêtée en 1969. (le film)* Stavisky *a été un tournant pour moi. Après, il a toujours décidé de tout pour moi. Tout en respectant mes désirs.' »* (348)

Debord n'aimait pas Resnais, et en général, à part le réalisateur gitan Tony Gatlif, il rejeta tous les artistes que Gérard avait soutenus. Jalousie ? Peut-être. Avec l'accord de Philippe Dussart, Resnais choisit de mettre Gérard Lebovici en première ligne sur la publicité de son film

L'Amour à Mort en hommage posthume à son producteur. *« … on n'allait pas le renier sous prétexte qu'il était mort ! C'est la seule fois qu'on a inscrit : Gérard Lebovici présente. On a même décidé de lui dédier le film… »* (349)

Lebovici n'aurait peut-être pas accepté. C'est même vraisemblable. Il ne s'exposait pas. Le seul film auquel il eut jamais décidé d'associer son nom, sur le générique et les affiches, était *In Girum…* Mais Debord, furieux, devait réagir à cette initiative sur un ton courroucé et passionnel, traitant Resnais d'« *indélicat* » et ajoutant : *« Prétendre faire présenter un film par un mort, c'est la plus grande originalité du cinéaste Resnais depuis* Hiroshima mon amour. *»* (350)
Cependant, une période sombre commençait pour les proches de Gérard Lebovici, faite de chagrin et d'inquiétude. De gêne aussi chez certains d'entre eux, car curieusement, la victime est souvent assimilée au coupable, tous deux liés dans les images banalisées et choquantes dont une presse avide de sensationnel distille les détails vrais ou faux. Et des amis d'hier, en nombre, se cachèrent et restèrent silencieux, mal à l'aise.

Qu'allaient-ils faire de son héritage ?

Un bref texte écrit à la main par Lebovici fut trouvé dans ses documents personnels peu de temps après l'assassinat :

« G.L.
(tout sur le personnage)
- toutes les injures par ordre chronologique avec références.

- présentation
c'est mon caractère

- ce n'est pas toute la vérité sur moi mais c'est au moins ce qui est exposé comme la vérité sur moi !

- rendre la honte encore + honteuse en la livrant à la pub. La honte de qui.
-----
en jugeant on se juge

conscience qu'on a c'est les autres
-----

aux autres de considérer en regardant ce que j'ai fait et ce qu'on dit.

- ce n'est pas parce que je publie les insultes contre moi que cela m'est favorable

-----

ce que j'ai fait par rapport à mon projet, à ce que j'ai prétendu – et les moyens que j'ai eus à ma disposition

-----

Si je me présente au public
- Liste chronologique des jugements dépréciatifs ou insultants écrits et publiés sur G.L. »[351]

Ces mots n'étaient pas être destinés à la publication en l'état de la part d'un homme qui avait soigné le style de ses moindres écrits. Ils le furent cependant, suivis d'une exégèse des éditeurs, sous la plume de Guy Debord avec l'assentiment de Floriana Lebovici. Le tout précédait une sélection de correspondances et d'articles de presse.

Les premiers cités reprenaient des correspondances déjà publiées par Champ libre. Mais les plus infamants des commentaires avaient été publiés dans les mois suivants l'assassinat du producteur. On y constate que beaucoup de grands journaux honorablement connus s'étaient livrés au jeu de massacre, d'insinuation et de contre-vérités sur le disparu devenu célèbre malgré lui…

– 5 –
L'enquête…
Floriana Lebovici, Guy Debord, la police, la presse…

7 mars 1984. Le nom de Gérard Lebovici, inconnu du public jusqu'à ce jour, s'affiche dans les gros titres des journaux. Il a disparu depuis le 5 mars au soir ; son corps vient d'être trouvé à l'aube dans le parking Foch, à Paris, tué par quatre balles.

La proximité de Lebovici avec les stars les plus célèbres et sa personnalité réservée en font tout de suite un personnage de roman pour les journalistes. Le dernier livre publié par Champ libre, préfacé de sa main, est une réédition de *L'Instinct de Mort* de Jacques Mesrine qui donne dans un premier temps du grain à moudre aux enquêteurs.

Mais en vain : Lebovici s'est certes rapproché de Sabrina, la fille de Mesrine et la soutient dans la vie. Mais le sujet de la vie de ce grand bandit est tout simplement populaire. Le livre avait déjà dans le passé suscité de l'intérêt pour une adaptation pour le cinéma par des vedettes du niveau de Jean-Paul Belmondo. Un malfrat connu tué sous les balles de la police ne peut que fasciner les artistes qui recherchent les caractères hors du commun pour attirer le public. En 2008, le projet verra finalement le jour, sous forme d'un film en deux parties, *Mesrine l'instinct de mort* et *Mesrine l'ennemi public n°1* réalisé par Jean-François Richet. Il vaudra à Vincent Cassel dans le rôle titre et à son réalisateur le César 2009.
La piste Mesrine semble s'effondrer rapidement aux yeux des enquêteurs.

Cependant il faut noter que Gérard Lebovici s'était impliqué personnellement pour aider un distributeur d'Art et Essai, les Films Molière, à sortir en salles un mois avant sa mort, en février 1984, un documentaire, *Jacques Mesrine, ennemi public n°1*, réalisé par Hervé Palud, le compagnon de Sabrina Mesrine. Ce fait n'a rien de surprenant dans le contexte, entre son soutien pour Sabrina Mesrine et la parution de *L'instinct de Mort* aux éditions Champ libre. Mais Denis Chateau remarqua au moment de l'attribution des salles au film un fait tout à fait inhabituel de la part de Lebovici, toujours flegmatique dans les affaires. Le lundi précédant sa sortie, lors de la mise en place de la programmation, Denis crut ne pas pouvoir s'en tenir au nombre de salles prévu à l'origine pour le film (un incident classique pour des hommes habitués à ce dialogue du lundi matin). Il reçut alors de son ami un coup de téléphone l'implorant sur un ton proche de la panique « *de ne pas faire cela* ». [352]

Après l'assassinat, tout de suite, c'est l'amitié de Lebovici avec un homme au passé « sulfureux » qui intrigue le plus la police comme la presse. Les médias à la suite du juge d'instruction font le rapprochement entre le drame et la personne de Guy Debord. Cet auteur mystérieux retient toute leur attention, tandis que les comédiens aux photos exposées en permanence dans les magazines ne semblent pas les intéresser.

L'image de Lebovici en restera marquée pour toujours.

C'est pourquoi pour écrire sur ce producteur talentueux fauché en plein vol, sur son œuvre et les traces qu'il a laissées, il faut parler à la fois de sa vie, de son action et du milieu du cinéma, mais aussi de Guy Debord, de l'enquête policière et de sa famille.

Le 7 mars 1984 au matin, dès l'annonce de l'assassinat, Guy Debord, accompagné de sa femme Alice, quitta Arles pour Paris et s'installa chez Floriana, la femme de Gérard Lebovici. C'est là que je le rencontrai le 9, Floriana m'ayant transmis son souhait de me voir.

À priori, rien ne me destinait à un entretien de ce genre. Debord rejetait le milieu du cinéma en bloc. Je pense que c'était un peu accidentellement, à la suite de cette projection *In Girum…* où il m'avait conviée, que Lebovici s'était mis à me parler de lui. Les propos de Gérard à son sujet me l'avaient rendu plus attirant qu'inquiétant. J'étais intriguée par sa culture, impressionnée par sa traduction des *Stances pour la mort de son père* de Jorge Manrique, j'appréciais ses goûts musicaux qui transparaissaient dans ses films, son écriture élégante, un peu précieuse… Cependant sa pensée politique restait absolument étrangère à mes centres d'intérêts, et Lebovici, s'il évoquait toutes sortes de talents de son ami, ne me paraissait pas spécialement lui-même convaincu par ses idées les plus extrêmes… Encore moins était-il militant !

« Parce que c'était lui, parce que c'était moi » disait Montaigne pour définir son amitié avec La Boétie. Une séduction réciproque de cet ordre rapprochait Lebovici et Debord, qui écrivit après l'assassinat de son ami : *« Gérard Lebovici a su me charmer comme très peu de gens ont pu le faire. »* (353)

Les jours qui ont suivi la mort de Gérard m'ont laissé des souvenirs d'une précision chirurgicale, des sentiments, les entretiens avec ses proches, les contacts avec la police… Mais la mémoire a aussi sa zone de brouillard et d'impressions floues. Je ne crois pas que quiconque puisse traverser un tel choc et des turbulences si intenses et prétendre ne se tromper sur aucun détail des années après.

Parmi les souvenirs les plus précis figurent les rencontres et les entretiens avec Guy et Alice Debord.

Je n'avais donc jamais vu Guy Debord avant le 9 mars 1984. Ce jour-là, Floriana Lebovici accueillait chez elle les rares visiteurs avec sa grâce, son chagrin, et une simplicité désarmante Elle semblait forte et décidée ; elle tenait sa famille en main.

Très rares visiteurs… Dès la mort de Gérard, Floriana et ses fils furent seuls ou presque. Il n'est pas étonnant que Guy Debord ait pris un tel ascendant sur la femme de son ami. Elle écoutait en lui un homme que son mari aimait, d'autant plus qu'elle était peu entourée par ailleurs…

Par la suite, des conseillers se sont pressés autour de l'héritage, et quelques fidèles ont tenté de l'aider. Mais j'ai assisté dans ce bel appartement en mars 1984 à des scènes de dérobade inoubliables. Tel le coup de téléphone de la femme d'un producteur proche de Gérard, envoyée en mission par son mari pour dire qu'il était *« trop bouleversé pour faire une visite, trop ému même pour parler directement (*à Floriana*), car le chagrin lui coupait la voix »*. Parfait exemple de l'ambiance.

De même, vingt ans plus tard, Jean-Luc Douin devait relever dans son livre *Les Jours obscurs de Gérard Lebovici* que la plupart des relations de Gérard ne se bousculaient pas pour répondre à son enquête : *« il est un fait notable, c'est la dérobade, ou la prudence, de nombre de ses contemporains. Ceux qui ne veulent rien dire, ceux qui veulent bien témoigner sans être cités, ceux qui voudraient bien mais… la peur rôde. « Lebovici ? Rien à dire. » Tout le monde a ses raisons. »* [354]

Pendant ces jours sombres, Floriana Lebovici se tenait debout, on se demande comment… Les enquêteurs ne l'épargnèrent guère. Elle me confia sa profonde déception face au juge d'instruction chargé du dossier, Alain Verleene, en qui elle avait d'abord fondé des espoirs.

Ce juge d'instruction avait ses propres a priori, qui ne débouchèrent sur rien. Floriana me disait comprendre que la justice n'était pas curieuse de tout ce qui concernait son mari et ne suivait que quelques pistes. Elle se mit à soupçonner qu'elle n'avait pas grand-chose à attendre de ces investigations, qu'elle essayait pourtant de toutes ses forces de favoriser ! La suite devait lui donner raison. Les pistes de la police n'aboutirent nulle part. En plus du chagrin et des humiliations, elle pressentait que la trace des assassins de son mari ne serait jamais trouvée.

Dès le 15 mars 1984, le Commissaire Genthial, alors en charge, fut dessaisi de l'enquête sur l'assassinat. Sa mission avait duré deux semaines. Pierre Joxe, alors ministre de l'Intérieur, l'avait précédemment nommé sous-directeur de la police technique et scientifique. Dans le passé, il avait donc pu faire preuve des qualités nécessaires pour diriger les limiers de la Crim' dans cette affaire…

Après son passage éclair à la tête de l'investigation, les recherches entrèrent dans une sorte de torpeur. Le chef de la brigade criminelle,

Jean Dufour, et ses inspecteurs, peu stimulés par leur hiérarchie, mettaient des gants pour interroger les célébrités qui avaient connu Lebovici, sans même leur demander de se présenter en personne au quai des Orfèvres. On aurait dit qu'ils avaient honte de convoquer des personnes qui les intimidaient, et n'osaient pas poser les questions les plus simples, en particulier financières. Ils semblaient craindre que le seul fait de voir des innocents connus franchir la célèbre porte de bois eût risqué de salir leur réputation d'honnêtes gens. Ils ne les convoquaient pas. Ils venaient leur poser quelques questions à domicile. Curieux policiers ! Ils avouaient ingénument leur gêne quand, tout de même stupéfaits, on leur posait la question.

À la différence de l'acharnement que peut montrer la brigade financière dans les affaires de cols blancs, la brigade criminelle était… timide face ce milieu qui l'impressionnait ! De fausses pistes filandreuses en impasses évidentes, l'enquête, peu crédible, fut perdue à tout jamais. Sauf confession tardive d'un repenti au bord du trépas, aujourd'hui, trente ans plus tard, il est vraisemblable que personne ne saura jamais rien.

Floriana Lebovici ne trouvait un semblant de réconfort qu'auprès de Guy Debord, qu'elle vénérait comme l'ami fidèle de son mari. Quant à lui, ayant perdu son éditeur en même temps que son ami, il s'inquiétait du destin de Champ libre autant que du crime. De conseiller actif de Floriana, il devint un guide de plus en plus directif. Rongée, épuisée, elle ressentait le besoin de la présence de Debord. Elle se retrouvait responsable de AAA, la société de cinéma de Gérard, et de Champ libre. Et il suffit d'ouvrir un journal de l'époque, de lire certains livres écrits depuis, pour mesurer la tornade qu'elle vivait au quotidien.

Un homme aurait pu l'aider : Georges Kiejman. Mais depuis plusieurs années, il s'était brouillé avec Gérard, donc avec elle. De plus, il la savait très proche de Debord, qui était à l'origine de la rupture de cette amitié. La situation n'était pas favorable pour des retrouvailles, bien que Kiejman y ait songé malgré tout, touché par la mort tragique d'un homme dont il avait été l'ami. Mais il attendit.

Au moment du drame, Georges Kiejman était devenu une des plus grandes stars du barreau de Paris. En 1990, le Président Mitterand allait le nommer ministre délégué auprès du Garde des Sceaux. Il aurait accès aux dossiers de la justice, à la police… Il allait finir par se rapprocher de Floriana Lebovici, quelques mois après l'assassinat de son mari. Elle avait alors réalisé tardivement que son avocat, le pénaliste

Thierry Lévy, ne lui était d'aucune aide dans sa quête et se sépara de lui. Mais comment Kiejman aurait-il pu remettre en route une enquête égarée depuis si longtemps dans un dossier désordonné, parmi toutes les fausses pistes possibles qui se contredisaient ? Il retrouva l'amitié de Floriana trop tard pour remettre les recherches dans une dynamique positive et efficace.

Guy Debord, lui, me parut lors de notre première rencontre chez Floriana, un homme très atteint. Désespéré. Il dit attendre de moi qu'au nom de mon amitié pour Gérard Lebovici, je lui confie mes éventuels soupçons sur la culpabilité des gens du cinéma. En tant qu'ami le plus proche de la victime, il se sentait responsable de mener sa propre enquête. Il tenait pour acquis que Gérard aimait me parler. Cela lui suffisait pour penser que je devais avoir une piste, de préférence ramenant les soupçons vers un milieu qu'il exécrait.

Devant tant de violence, il s'efforçait de rassembler ses idées pour revenir à son investigation personnelle sur la question qui nous obsédait tous, amis comme ennemis de Gérard : Qui avait commis ce crime, et pourquoi ?

Mais la peine le rattrapait et tout ce questionnement ne faisait que tourner en rond. Ce qui apparaissait clairement était son mépris et sa méfiance pour tous « ces gens-là ». Il était obsédé par l'idée que des proches de Gérard dans l'univers du cinéma, intéressés à prendre sa place, l'avaient fait tuer. Il fallait les démasquer. Il voyait l'argent et le pouvoir [355] pour mobiles possibles et, malgré ce qu'il prétendait, cherchait à me faire adhérer à ses raisonnements plus qu'à m'interroger sur ce que j'aurais pu savoir. Je n'avais aucune idée sur l'identité des assassins, mais il ne pouvait s'empêcher d'avoir des à priori. Sa liste de suspects, peu rationnelle, n'épargnait pas grand monde.

J'ai découvert plus tard en lui rendant visite à Arles et à Champot que son mode de raisonnement procédait toujours par cercles, en élargissant la réflexion peu à peu. Mais lors de cette première entrevue, le cercle tournait sur lui-même en raison de son trouble, ce qui arriva aussi par la suite lorsqu'il buvait sans cesse, peut-être plus qu'il ne l'avait jamais fait ; ou alors il supportait moins l'alcool qu'auparavant.

Ce 9 mars, il était bouleversé. Il me parut l'illustration vivante du titre qu'il avait choisi pour son film : *In Girum Imus Nocte et Consumimur Igni*… Nous tournons en rond dans la nuit et nous sommes consumés par le feu.

Quant à l'« enquête » personnelle de Guy Debord, dont il me livrait des bribes pour voir ma réaction, je remarquai vite qu'elle débouchait sur des considérations embrouillées et presque délirantes. En 2004, bien des années après le drame, la lecture du livre de Jean-Luc Douin me donna un exemple du trouble et de la confusion dans lesquels était plongé l'artiste pendant les mois qui suivirent le drame :

« Guy Debord, qui n'avait tout de même pas attendu la mort de Gérard Lebovici pour boire, craint pour lui, et dans les jours qui suivent la mort de son ami, il rédige une lettre qu'il distribue à quelques proches, au premier chef à sa femme Alice. Tapé à la machine, daté du dimanche (jour rajouté de sa main) 11 mars 1984 à 23 heures, ce texte fait état de ce qu'il avait entendu, de ce qu'il pensait savoir, de ce qu'il jugeait utile de porter à la connaissance de la justice à un moment où la dépression, des accès de paranoïa lui faisaient craindre de devenir une cible à son tour. Intitulé 'sur le témoignage de Marie-Christine de Montbrial', ce texte est le suivant :

'Marie-Christine de Montbrial, travaillant à la Gaumont, collaboratrice de Monsieur Denis Chateau, a déposé au domicile de Floriana Lebovici, auprès du commissaire Dufour, collaborateur du commissaire Genthial ; laquelle a témoigné de différentes confidences de Gérard Lebovici dans les mois précédents. Elle dit que Denis Chateau se propose de faire une déposition demain à 15 heures sur le même sujet et dans le même sens. Dans ces confidences répétées, Lebovici lui aurait évoqué de très graves conflits d'intérêts dans des affaires concernant Soprofilms, la société AAA, ou d'autres connexes. Ce témoignage désignait Jean-Louis Livi, René Chateau et d'autres personnes qu'il estimait hostiles et éventuellement menaçantes (…)'

Guy Debord semble persuadé que c'est lui qu'on visait en tuant Gérard Lebovici. Celui que des proches accusent d'avoir manipulé son éditeur et qui affichait une tendance à tout ramener à son auguste personne (comme le prouve son ouvrage Considérations sur l'Assassinat de Gérard Lebovici, *où la réfutation des articles de presse ne s'accompagne d'aucun hommage chaleureux à son ami, hormis ce bref coup de chapeau à 'sa liberté et sa culture') est obnubilé par cet argument : Lebovici avait 'l'impardonnable tort de connaître' Guy Debord.*

A-t-il perdu pied ce soir-là, du 11 mars, au point de prêter à d'autres des propos révélateurs de ses propres soupçons ? Invitée par Floriana Lebovici à venir la rejoindre à son domicile où il était lui-même venu manifester son désarroi, et où le commissaire Dufour n'était pas, Marie-Christine de Montbrial n'a fait aucune déposition. Elle s'est rendue plus tard au quai des Orfèvres avec Denis Chateau, et son témoignage ne fait aucune mention à ce qu'avance Debord. Pourquoi d'ailleurs aurait-elle compromis (…) Jean-Louis Livi avec lequel ses relations étaient des plus amicales ? Sans citer personne, elle a dit aux enquêteurs qu'elle n'avait aucune idée de l'identité du criminel mais que Gérard Lebovici avait suscité tant de jalousies qu'ils ne pouvaient exclure aucune piste. » [356]

Lors de ma rencontre avec Jean-Luc Douin en 2003, j'en avais déjà appris suffisamment sur l'étrangeté de certaines attitudes de Guy au cours des dernières années pour ne même plus m'étonner d'apprendre qu'il avait écrit un texte aussi extravagant ce 11 mars 1984.

Mais je ne faisais évidemment pas partie des destinataires de sa note à l'époque. Je continuais donc à voir Debord en toute innocence. Ulcéré par cet *« assassinat prémédité par guet-apens »* (357), il me semblait simplement vouloir percer le secret de la mort intolérable de son ami.

Les mois qui suivirent le 5 mars, Guy Debord se mit donc à me rencontrer régulièrement avec sa femme Alice, jusqu'à janvier 86, chez eux à Arles et à Champot. Je fis de courts séjours chez eux, parfois avec Floriana Lebovici qui me transmettait ses invitations. D'autres fois, Guy m'envoyait des petits mots.

« Arles, 3 septembre 84

Nous sommes revenus ici, sans rien noter d'inquiétant. Nous espérons avoir bientôt le plaisir de votre visite.

On vous embrasse.

Guy » (358)

Chez les Debord, le vin « bio » coulait en abondance, les bouteilles se vidaient à la chaîne. Guy seul buvait en grande quantité. Je n'ai pas de souvenir qu'Alice, très fine cuisinière, ait jamais beaucoup bu. Elle fumait de petits cigares. On restait à table longuement, surtout lors des séjours à Champot, où l'on ne quittait guère la salle à manger. À Arles, on allait parfois s'asseoir dans un salon un peu froid qui me paraissait inhabité. Tel que je l'ai vu, Guy était un homme fait pour être attablé. J'imaginais sans peine ses virées dans les bars parisiens et les bars à Tapas andalous qu'il décrivait avec fougue, désireux de faire partager son amour pour l'Espagne. Il m'enveloppait dans les volutes de son esprit. Il me décrivait « son » Gérard, leurs affinités profondes.

Chagriné, il l'était sans aucun doute, en tout cas je le percevais comme tel. Sans espoir d'avenir.

En même temps, une énergie furieuse le tenait debout : La soif de savoir qui avait commandité le crime, le désir de lutter contre les calomnies, les passions intellectuelles le soutenaient. Il lui arrivait de se détendre, et de se montrer disert, drôle, caustique et capable de tendresse. L'homme qu'avait connu Gérard Lebovici apparaissait alors, avec son charme, son éloquence, sa capacité d'écoute, tel que le décrit un de ses amis artiste, Bessompierre : *« Guy nous accueille avec la joie retenue de ses gestes, comme à son habitude, je veux dire plutôt avec une économie de déplacement, mais avec un bonheur évident sur son visage. Cette allure de collégien, de grand enfant, ne se départit jamais de lui, en toutes circonstances (…) L'audace et la naïveté de mes propos rencontrent sa curiosité et une juvénilité retrouvée (…) Il marche avec l'imperceptible balancement d'un buste fort sur des jambes légères. Les éléphants se déplacent avec légèreté dans la ventilation de leurs oreilles.*

Les hommes forts dansent souvent très bien. Mais cet homme-là a, en plus du balancement de son corps, la vivacité du serpent… Il parlait volontiers, doucement, presque à voix basse, ne se laissant jamais couper la parole, mais accordait une grande place aux propos des autres et au silence. » [359]

Pourtant, en général, il était négligé. Sa corpulence accentuait son aspect âgé. Il marchait fort peu et avec difficulté. Quelques années auparavant, il avait aimé parcourir Paris la nuit. Récemment encore, avec Alice et Gérard, il avait arpenté villes et villages andalous. Supportait-il mieux le vin alors ? Quand avait-il pris du poids ainsi ? Cette période perturbée marqua en tout cas son virage définitif vers la vieillesse.

Tandis qu'il écrivait une étude sur Guy Debord, le journaliste Andy Merrifield a interrogé à de multiples occasions sa femme Alice. Il témoigne dans le même sens : *« Cela aura été une triste période : dévasté de chagrin après la perte d'un ami, harcelé par les médias, assailli au vitriol. Il était souvent estropié par la goutte et aussi en proie à l'insomnie. Des relations qui l'ont rencontré ont visiblement été choqués par son aspect désastreux pour son âge… une cinquantaine qui paraissait bien dépassée. On ne peut pas minimiser l'effet que tout cela a dû avoir sur les nerfs et le caractère de Debord. C'était assez pour mener n'importe qui à la boisson et au choix de l'exil… La mort de Lebovici marque la fin de la maturité, le début de la vraie fin pour Debord, le gris sur la grisaille de la vieillesse. »* [360]

Le départ du commissaire Genthial fut un coup terrible pour Floriana Lebovici qui avait mis des espoirs en lui. Chez Guy Debord, il suscita la conviction que quelqu'un « en haut lieu » ne voulait pas que l'on trouve les assassins. D'autre part, sa personnalité intriguait tant les journalistes avides de sensationnel que la presse se concentra sur lui d'une manière abjecte, allant jusqu'à le désigner comme coupable direct ou au moins partiellement responsable de l'assassinat de son ami. Ainsi pouvait-on lire dans le magazine *Paris Match* trois semaines après le drame :

« Qui a tué Gérard Lebovici ? Pour beaucoup de policiers, qu'ils appartiennent à la DST, aux Renseignements Généraux ou la Criminelle, une des pistes les plus sérieuses conduit vers l'entourage de Guy Debord, l'énigmatique gourou du producteur assassiné

dans le parking de l'avenue Foch. Écrivain confidentiel, cinéaste obscur, philosophe nihiliste doublé d'un antisoviétisme déclaré, ce redoutable agent de déstabilisation était en relation avec des intellectuels italiens, allemands, qui étaient eux-mêmes très proches des groupes révolutionnaires, Brigades rouge, Bande à Baader. (…) Aujourd'hui que Lebovici son mécène est mort, Debord, qui a déjà été entendu au Quai des Orfèvres 'sans résultat', mène une vie de reclus à Arles, derrière les volets de son appartement. C'est là que Paris Match *l'a retrouvé, replié sur son mystère. Au premier étage d'un immeuble du* XVIIIe *siècle, en plein centre-ville d'Arles, Guy Debord et sa femme ne sortent plus. Ils fréquentent peu de monde et sont perpétuellement aux aguets. »* [361]

Les rumeurs et les insinuations continuaient à se répandre comme une traînée de poudre dans la presse : *« Le mauvais ange de Lebo : Guy Debord, dans la vie de Lebovici, c'est la part des ténèbres. 'le diable'… un Méphisto de pacotille pour une vraie tragédie : celle de l'envoûtement d'un homme (…) quel maléfice lie l'ex- soixante-huitard dérisoire et le roi du cinéma parisien ? »* [362]

Guy Debord écrivit à ce sujet : *« … On m'attribue un rôle de démiurge, d'autant plus surprenant qu'en principe je ne devrais pas exister. »* [363]

Cet ami qui le séduisait, le protégeait et l'admirait, avait été victime d'un crime sordide. Tous deux se retrouvaient traînés dans la boue par la presse. Il m'apparaissait évident qu'il avait connu une insouciance joyeuse pendant quelques années auprès de Lebovici, et qu'il avait maintenant perdu la paix pour toujours. *« Je suis tout à fait sûr que je n'ai jamais acquis d'aucune manière la sécurité et la quiétude… ; certes maintenant moins encore que jamais. »* [364]

Le souvenir proche et nostalgique de jours heureux était pourtant parfois encore perceptible lorsqu'il évoquait Gérard sur le même ton dont Lebovici parlait de lui jadis. Mais le chagrin amenait la colère, attisée par les journalistes qui se répandaient en romans indécents.

Debord finit par attaquer quelques journaux en diffamation, et son avocat gagna chaque procès intenté : *« La calomnie faisant boule de neige, et personne ne disant un mot en ma faveur, les journaux en seraient peut-être venus à transformer le sujet en rubrique permanente si je ne les avais fait taire d'un coup (…) On n'avait jamais dit que j'avais assassiné, ou fait assassiner, un ami. On a eu tort d'aller jusque-là (…) J'ai donc assigné quelques journaux en diffamation. Ils ont tous à l'instant cessé de faire la moindre insinuation de ce genre. Par la suite, j'ai naturellement gagné, ou plutôt mon avocat a gagné ces procès, à mesure qu'ils viennent. »* [365]

La presse se fit discrète. Les calomnies cessèrent. Mais au-delà de l'image de Debord qui pouvait se défendre, elles avaient atteint la réputation de Lebovici.

La diffamation n'existe pas pour les morts, sauf dans de rares cas qui ne se rapportent pas au disparu lui-même. (366)

Les balivernes de toutes sortes qui avaient été écrites à la suite de l'assassinat de Gérard Lebovici ont laissé des traces. À leur suite, à diverses occasions, dates anniversaires, séries policières de l'été et autres, des journaux continuent de publier en toute liberté mensonges et approximations le concernant.

Des décennies plus tard, des récits calomnieux viennent encore ternir l'image de cet immense talent du cinéma. On pouvait ainsi lire dans le supplément du *Nouvel Observateur* du 14 mai 2011, un article écrit à l'occasion d'un hommage rendu à Jean-Paul Belmondo au Festival de Cannes, qui évoque Lebovici : *« Dès le début des années 1970, son agent Gérard Lebovici, l'homme clé du cinéma français, le pousse à monter sa maison de production : Cerito Films. Inlassable force de propositions et personnalité sulfureuse - il mourra exécuté de 4 balles dans la nuque le 5 mars 1984 dans un parking de l'avenue Foch - Lebovici, un sauvage qui n'a pas de sympathie particulière pour les acteurs même s'il les sert, tombe sous le charme ».* (367)

« Une personnalité sulfureuse » (parce que victime ?), *« un sauvage »* (pourquoi ?) *« qui n'a pas de sympathie particulière pour les acteurs »* !… C'est bien l'agent et ami de Françoise Dorléac, de Catherine Deneuve, de Jeanne Moreau, le producteur d'Alain Resnais, l'intime de François Truffaut dont des journalistes qui ne l'ont pas connu dressent le portrait, avec l'assurance de l'impunité depuis le 5 mars 1984.

– 6 –
L'héritage : Les Films Ariane - AAA

Floriana Lebovici ne s'était jamais occupée d'affaires de cinéma. Elle avait besoin d'urgence d'un soutien pour prendre la responsabilité de AAA alors que, héritière de son mari avec un fils mineur, Nicolas, elle se trouvait propulsée à la tête de la société. Les accords de 1983 entre AAA et les Films Ariane lui donnaient également des droits sur la grande société de production.

Dans la panique de ce début du mois de mars 1984, Floriana se tourna vers Pierre Hebey, l'avocat de son mari lorsqu'il était chez ArtMedia puis chez AAA. Elle le connaissait bien. Il avait les compétences et l'entregent nécessaires pour dénouer l'imbroglio juridique de contrats en cours et calmer les inquiétudes des partenaires. Il se sentit indispensable. Cependant, quelle ne fut pas la surprise de Floriana de recevoir à son domicile, dès le surlendemain de la découverte du corps de son mari, un contrat déjà rédigé par Hebey, prêt à signer, porté en main propre par le chauffeur de l'avocat. Un contrat dont elle découvrit le contenu en le lisant. Il exigeait les pleins pouvoirs et une rémunération canonique.

Dans l'état de choc où la tragédie l'avait mise malgré le calme apparent qu'elle affichait, Floriana Lebovici signa le tout sans discuter. Le contrat lui revint le lendemain avec la prière de l'avocat de rajouter un mot aimable à son endroit auprès de la signature qu'elle avait apposée… ce qu'elle fit… (368)

C'est ainsi que Pierre Hebey prit les rênes de la maison dont elle était propriétaire, avec les mains libres pour agir.

Le destin de AAA allait se jouer entre 1984 et 1986.

Brillant, florentin, expert dans les plus délicates négociations, amateur d'art éclairé, parisien jusqu'au bout des ongles, ami de célébrités du cinéma et d'autres milieux, exécuteur testamentaire de Max Ernst, Hebey se sentait mûr pour quitter sa robe d'avocat et devenir producteur. Il abandonna sa charge et se prit de passion pour ce nouveau métier qu'il connaissait si bien… de l'extérieur.

Pierre Hebey avait été observateur et conseiller de Gérard Lebovici, qu'il impressionnait par sa culture et son raffinement et qui aimait se joindre parfois aux hôtes venus des arts et de la politique, régulièrement reçus à Biarritz dans la villa de l'avocat. Mais cet esthète prêt pour l'aventure n'avait jamais mis les mains dans le « cambouis » des responsabilités des films. Il voulait être producteur, avec son nom sur le générique, libre de décider quels films se feraient, comme Gérard ! Il était assoiffé de faire ses propres choix artistiques, ce que Lebovici appelait « la décision-film ». Il avait certes vu que celui qui s'engage sur un projet le porte des mois, voire des années, intellectuellement, affectivement… et financièrement. Mais tout cela lui semblait léger et excitant. Et puis il y avait de l'argent dans les caisses de AAA.

Deux jours après la signature de son contrat, Hebey assistait à la projection du dernier film de Jean-Paul Belmondo, *Les Morfalous* de Verneuil, coproduit par Soprofilms, Carthago films, la société de Tarak Ben Ammar, et Cerito, la société de Belmondo, et distribué par AAA. L'avocat se trouvait au milieu d'une quarantaine de professionnels parmi lesquels Ben Ammar, chez qui le film avait été tourné en Tunisie. Tous, livides, se regardaient les uns les autres, avec la même question au fond des yeux, « *qui a tué Gérard ?* » L'ambiance était surréaliste. Seul Belmondo, le troisième producteur du film, bronzé et détendu, gardait son glamour.

Le film était une déception. Lebovici le savait depuis des semaines et l'avait confié avec contrariété à l'oreille de ses intimes avant sa mort. Mais même si Verneuil n'avait pas signé là son meilleur film, cela restait un Belmondo très attendu… Une valeur sûre à terme qui se vendrait bien à la télévision et dont le montage financier mené de mains d'experts avait été assemblé avec beaucoup d'habileté.

À côté des projets initiés par Gérard, Pierre Hebey signa une série de films qui s'avérèrent au mieux payés trop cher et au pire des échecs coûteux tant financièrement qu'en termes d'image.

C'était le début d'une chute rapide de AAA, dont personne ne se rendit compte dans un premier temps, Floriana moins que quiconque. L'argent peut filer très vite dans cette industrie. Les en-cours des banques, les différents systèmes de financements et d'aides (remboursables ou non), la présentation particulière des bilans peuvent cacher un temps la réalité des comptes. La prometteuse société crée par Lebovici allait s'effilocher malgré quelques perles, sources de recettes colossales. Parmi ces succès, *Le Dernier Empereur* le film prestigieux de Bernardo Bertolucci acquis par Lebovici en 1983 auprès du producteur anglais Jeremy Thomas, allait enfin être prêt quatre ans après son assassinat.

Le 5 mars 1984 avait mis fin brutalement à l'organisation de production que Gérard Lebovici avait imaginée avec Les Films Ariane. L'accord entre Mnouchkine, Dancigers et Lebovici ne pouvait évidemment fonctionner que si ce dernier était aux commandes au moins quelques années.

Pierre Hebey souhaitait l'honorer, mais il y eut nécessairement des discussions car les deux vieux producteurs connaissaient son inexpérience du terrain. Quelques mois plus tard, un arrangement semblait conclu. « … *les héritiers de Gérard Lebovici ont acquis en mai le contrôle définitif des Films*

Ariane… Georges Dancigers, Pierre Hebey et Alexandre Mnouchkine composent un « trumvirat informel » à la tête des Films Ariane. Le groupe que dirige Pierre Hebey s'organise donc désormais autour de deux pôles : Les Films Ariane pour la production, AAA pour la distribution. » (369)

Mais l'improbable « triumvirat informel » annoncé dans la presse ne pouvait pas marcher… Mnouchkine et Dancigers étaient les plus fins producteurs de la place, Pierre Hebey, un homme de conseils et de contrats. Des métiers et des tempéraments trop différents.

Tout de suite, la production du *Nom de la rose* enflamma Pierre Hebey. Avoir son nom en tête du générique du film de Jean-Jacques initié par Lebovici était évidemment très tentant. Il était fasciné par le projet. Mais en découvrant les coûts à investir pour avancer, il décida sagement de chercher des partenaires susceptibles d'assurer une partie du risque. Aux États-Unis, en Allemagne… Il fit un accord avec la Twentieth Century Fox qui apportait aux Films Ariane de l'argent frais et la future distribution du film aux États-Unis.

Cependant, Hebey, malgré la manne américaine, ne put maîtriser le film et le monter depuis la France. Il était difficile de porter un tel projet en face d'un réalisateur tel qu'Annaud, exigeant et en pleine ascension dans sa carrière. L'affaire se mit à patiner et à s'enliser, véritable feuilleton international. La production devint une saga au centre des ambitions des sociétés de cinéma de l'Europe entière qui convoitaient ce projet ambitieux issu d'un livre à succès et dirigé par le réalisateur de *La guerre du feu*.

Le nom de la rose finit par se faire après deux ans de tergiversations et de luttes, quatre ans après que Lebovici ait acheté les droits du livre. Ce fut un succès mondial grâce au talent de Jean-Jacques Annaud, de ses acteurs et de ses scénaristes qui avaient dû batailler avec le texte foisonnant du roman, difficile à adapter. Le film n'aurait pas existé sans l'énergie, le talent et la volonté de son réalisateur. Mais entre temps, les droits avaient échappé aux Films Ariane qui ne restaient qu'associés minoritaires dans le tour de table, détenteurs d'une petite part française rétrécie à côté d'une coproduction italienne. Les Allemands de Neu Constantin films étaient devenus producteurs, à la tête d'un budget important.

C'est sans doute cette production pénible qui permit à Jean-Jacques Annaud de déclarer au micro de différentes radios à la sortie du film en 1986 qu'il s'était toujours battu seul contre tous pour que le roman d'Umberto Eco devienne un film. Il raconte aujourd'hui encore sur son site internet sa version personnelle du développement du projet : pour lui, aucune société française n'a eu le moindre rôle dans l'achat des droits du *Nom de la rose*, ni dans le développement du film…

Le nom Lebovici n'apparaît même pas !

Il est clair qu'à fortiori, il ne cite pas non plus le nom de Pierre Hebey…

AAA restait distributeur du film pour la France. Le film y réunit près de cinq millions de spectateurs, et plus encore en Allemagne. À ce jour il totalise environ 77 millions de dollars de recettes.

Gérard Lebovici ne s'était pas trompé dans son ambition, ni sur le choix du sujet, ni sur celui du réalisateur. Mais le tour de table, la nationalité du film et peut-être même la carrière du film auraient été différents s'il avait pu mener à bien son projet : on a vu souvent combien la passion de cet homme de l'ombre talentueux put avoir d'influence sur la vie d'une œuvre.

Mais tous les nouveaux films de AAA n'étaient pas des succès, tant s'en faut. La liste des films acquis par l'équipe de distribution et Hebey s'avéra un désastre. Les titres lancés par Lebovici avant sa mort arrivaient peu à peu dans les salles pour sauver la face, mais sans suffire à remonter la situation financière. Les recettes des succès ne couvraient pas les dépenses engagées par les échecs.

Floriana ne mesurait pas la vitesse de la chute du côté de la production comme de la distribution AAA.

Cependant elle ne se sentait plus du tout à l'aise avec Pierre Hebey. Quelques mois plus tard, elle demanda à Denis Chateau de quitter ses fonctions chez Gaumont pour prendre en charge la direction de la société de distribution. Elle savait par son mari combien Denis était estimé en France comme à l'étranger par les distributeurs, les producteurs et les réalisateurs eux-mêmes pour son expertise et son amour du cinéma.

Elle savait surtout combien Gérard l'appréciait personnellement, ce qui était fondamental pour elle. Il hésita quelque temps puis finit par accepter de rejoindre AAA en 1985, dix huit mois après la tragédie… Il laissait derrière lui un poste où son habileté et sa sagesse le rendaient intouchable, pour aborder une aventure compliquée…

Malgré son expérience de vingt ans dans le cinéma, Chateau n'avait pas pu mesurer de l'extérieur l'ampleur des problèmes financiers de AAA, accumulés en si peu de temps.

« Quand je suis arrivé, la société était au bord du dépôt de bilan à la suite d'une série de mauvais films. » (370)

Un « petit film sympathique » acquis à l'arrivée de Denis Chateau et dont on attendait au mieux un succès raisonnable allait sauver la situation et redorer l'image de la société. *Trois hommes et un couffin* la comédie de Coline Serreau, sortit sur les écrans le 18 septembre 1985. Son démarrage doux ne laissait en rien présager une suite aussi brillante. Tous les jours, les recettes montaient. C'était ce que l'on appelle un *« sleeper »*, un dormeur qui se réveille doucement. De plus en plus vite, de plus en plus haut. Son producteur, Jean-François Lepetit, qui avait connu de graves inquiétudes financières pour terminer le film, devenait un des professionnels les plus fortunés. Le film marchait triomphalement vers le César, une nomination aux Oscars. Les droits de remake furent vendus à un niveau historique aux États-Unis, à Disney, donnant à Lepetit une notoriété exceptionnelle dans la communauté de Los Angeles…

Le distributeur du film en France, AAA, voyait l'argent affluer dans ses caisses. L'ambiance était à la joie.

Il n'empêche : Denis Chateau voyait que *Le couffin* arrivait tout juste à redresser les comptes déficitaires de la maison. Le trou était gigantesque ! Des films acquis à prix d'or par Hebey avant son arrivée comme *L'unique* de Jérôme Diamant Berger, *Aldo et Junior* de Patrick Schulmann (qui perdit à lui seul plus de 20 millions de francs, soit 6 millions d'euros en valeur de 2013), ou *Une femme ou deux* de Daniel Vigne, plombaient les finances de la société qui était au bord du ravin.

De plus, à part le phénomène rare du *Couffin*, tous les films souffraient d'une baisse des entrées qui marquaient le pas après l'arrivée sur les antennes de deux chaînes commerciales : La Cinquième et TF1 privatisée par Francis Bouygues. Leurs programmes attaquaient directement le public populaire avec des émissions différentes de celles du service public. À ce moment délicat, le marché du cinéma connut une crise.

Chateau mis à part, Floriana avait peu de professionnels sur qui s'appuyer. Dès son arrivée, elle lui avait confié la signature de la société, et l'en avait fait le gérant. Hélas, l'impression rassurante mais un peu vertigineuse de posséder une entreprise qu'elle croyait prospère, le tout sans rien comprendre au droit ni à la gestion, la poussa à imposer à

AAA des dépenses personnelles déraisonnables voire dangereuses car contraires aux statuts de sa société, comme l'achat d'une librairie rue Saint Sulpice pour abriter les bureaux de la maison d'édition et vendre ses ouvrages.

Plusieurs proches de Gérard dont elle avait espéré recevoir un soutien s'étaient fondus à l'horizon, terrorisés par la situation judiciaire. Certains avaient pris leur distance dès le lendemain du drame. Comme si la victime risquait de contaminer son entourage, ils préféraient se tenir au loin. En fait, l'idée de répondre à des questions de la police faisait apparemment peur à beaucoup de monde.

On peut cependant noter qu'un petit nombre de personnalités des métiers du cinéma réussirent le tour de force de s'approcher des affaires financières de « l'héritière » tout en se protégeant de l'enquête de la justice. Les ambitions grouillaient donc autour de Floriana, mais avec prudence. « L'affaire » faisait peur.

La solidité du catalogue des films Ariane était l'élément positif qui pouvait permettre à Chateau de laisser passer l'orage. Mais pour assurer la survie de la distribution AAA qui était revenue à l'équilibre sans vraiment reprendre son souffle, Floriana parvint à la conclusion qu'il serait bon de se séparer de la pépite de la production, Ariane justement ! À ses côtés un nouveau conseiller, que lui avait présenté Hebey juste après la mort de son mari, lui soufflait cette idée : Gérard Voitey, un notaire passionné par l'édition qui se mit à s'intéresser aux affaires de cinéma quand il se rapprocha d'elle. Elle l'écouta.

La vente eut lieu un peu plus tard, début 1986, contre l'avis de Chateau, consterné, qui pensait comme Gérard Lebovici en son temps que l'avenir de AAA passait par Ariane et la production. Il dut tenir la plume pour signer cette cession, qui intervint Quai Voltaire dans les bureaux de la maison d'édition de Voitey (371).

Le groupe des Éditions Mondiales était l'acquéreur. L'affaire conclue, Denis Chateau traumatisé s'en fut acheter une bouteille de vodka, rejoignit Floriana Lebovici à son domicile et assis en face d'elle, lui déclara abruptement sur un ton qu'il n'aurait jamais songé employer un jour avec cette femme qu'il respectait : *« J'ai fait beaucoup de conneries dans la vie. Mais là vous m'en avez fait faire une qui les bat toutes »*. Puis il but à lui tout seul le contenu entier sans prononcer un mot de plus. (372)

Les films Ariane furent bradés 40 millions de francs (un peu plus de 11 millions d'euros de 2013), en dépit des recettes de *Trois hommes et un couffin* qui continuait sa folle carrière. Non sans que Floriana se sente obligée de distribuer une partie du produit de la vente à des « amis » sans scrupules, anciens proches de Gérard. Car l'obsession généreuse qu'elle avait de tenir les engagements oraux de son mari, liée à son ignorance des promesses réelles qu'il avait faites, l'amena à accepter de donner des sommes considérables à des personnages pour lesquels Gérard avait eu de l'estime, avec qui il avait travaillé, mais qui ne figuraient nullement dans le moindre accord écrit. Elle ne savait pas s'il était vraiment prévu de les intéresser à une cession, et à quelle hauteur. Mais Gérard avait des relations de confiance avec quelques personnes proches de lui, et la parole comptait pour lui. Elle choisit donc de donner entièrement satisfaction à leurs demandes. Plus de 20 % du montant de la vente fut ainsi dispensé de droite et de gauche. Outre les montants à revenir aux plus proches de son mari, d'autres sollicitations furent honorées dans le doute, parfois à la grande surprise de Chateau qui ne pouvait rien face à ces arguments « affectifs » non vérifiables. [(373)]

Le catalogue Ariane valait en réalité de l'or pour la télévision, la vidéo, l'étranger. Certainement beaucoup plus de quarante millions. À titre de comparaison, à la même époque, les droits de la société de Pierre Richard, moins importante qu'Ariane, furent vendus à Claude Berri pour plus de cent millions de francs.

La nouvelle parut dans la presse professionnelle : *« Les Éditions Mondiales viennent de prendre le contrôle de la société Les Films Ariane, qui appartenait au Groupe Gérard Lebovici. (…) Antoine de Clermont Tonnerre devient président directeur général d'Ariane, Alexandre Mnouchkine et Georges Dancigers restent membres du conseil d'administration. Ils continuent comme par le passé leur activité au sein d'Ariane même si le programme de production 1986 n'a pas encore été déterminé… Pierre Hebey conseillera les Éditions Mondiales dans le domaine de la production. »* [(374)]

Ainsi Hebey retournait à son activité de conseil. Il abandonna de fait la production cinématographique en même temps qu'il quittait le fauteuil de Gérard Lebovici. Il s'éloigna même rapidement des Films Ariane et disparut tout à fait du métier quelque temps plus tard.

Les interventions de Voitey, absolument opposées aux avis de Denis Chateau, furent ensuite déterminantes dans les dernières décisions que prit Floriana concernant le produit de la vente des droits des Films Ariane et le destin de AAA.

Claude Berri a fait le résumé le plus concis de cette débandade : *« Ce fut une succession de mauvais choix… Vendre Ariane était une erreur. »* (375)

Chateau était impuissant à empêcher ce fiasco voulu par son actionnaire qui ne l'écoutait plus. Toutes dettes vraies ou imaginaires réglées, le solde de la somme touchée par AAA grâce à la vente d'Ariane était en réserve dans la société, alors que le notaire conseiller voulait que Floriana en dispose entièrement tout de suite. Ses interventions intempestives auprès des banques et de la justice amenèrent un blocage général de la trésorerie. À la suite d'Ariane, AAA était donc destinée à être vendue également, et avec elle une des sociétés que Gérard avait constituées dans son jeune temps pour soutenir les productions de certains films, Soprofilms. (376)

C'est le groupe des montres Ebel, dirigé par Pierre-Alain Blum conseillé par un financier suisse, Francis Von Büren, qui se porta acquéreur de AAA et Soprofilms. Ouvert et enthousiaste, Blum était par ailleurs un « trader fanatique » dont une partie de l'activité consistait à négocier l'achat et la vente de tonnes d'or en suivant les cours heure par heure… Il avait les moyens de permettre à la société de vivre correctement pendant quelques années.

Chateau resta encore neuf mois pour aider la nouvelle équipe dirigée par Xavier Gélin à se mettre en place, puis quitta AAA, appelé par Pierre Vercel, le directeur général de Pathé, pour dénouer un vaste jeu de Monopoly entre Pathé et UGC. Il retrouvait des fonctions de programmateur qui lui rendaient une grande partie de son pouvoir d'antan.

Floriana Lebovici, en son nom et celui de son fils Nicolas, avait disposé pour son usage du produit de la vente des Films Ariane puis de AAA. Elle avait choisi, avec l'aide de Gérard Voitey, de soutenir les éditions Champ libre rebaptisées Éditions Gérard Lebovici dans le courant de l'année 1984… ce qui lui permettait en particulier de continuer à entretenir Guy Debord. Sa fidélité à ce qu'elle pensait être la volonté de son mari ne lui permettait pas d'alternative. Elle-même adorait le métier d'éditeur. Mais la source des financements était tarie. Gérard Lebovici avait fait le projet de faire grandir Champ libre et de créer un groupe d'édition viable. Viable… tel n'était plus le cas en 1986.

Ce n'était que le début des ennuis financiers de Floriana.

Debord, extrêmement proche de Floriana pendant cette période, suivait toutes ses affaires du regard, même les affaires de cinéma auxquelles pourtant il ne connaissait rien. Peut-être cherchait-il à l'influencer ; il était en tout cas à l'affût d'éventuels indices sur l'assassinat de son ami. Il connaissait le parcours de Denis Chateau, il savait quelle estime personnelle et professionnelle Gérard lui portait et il chercha plusieurs fois à le rencontrer, ce qui ne se fit pas. Il ne se méfiait pas de lui « à priori ». C'était une exception. Ses critiques sur la quasi-unanimité du milieu du cinéma étaient féroces. Il soupçonnait tout le monde du pire et, quand je le voyais, me posait des questions sur chacun.

Il ne me parlait pas argent sinon d'une manière détachée, sans sembler y attacher d'importance, sur le ton dédaigneux dont il traita ces questions dans son œuvre, ou pour se demander si les succès fulgurants de AAA n'avaient pas entraîné la perte de Lebovici.

Pourtant, à la différence de Lew Wasserman qui avait traversé des zones d'ombre en côtoyant des mafieux considérés comme notoires, Gérard Lebovici, dans ses activités cinématographiques, semblait jouer dans les règles. Certes le système de production français, bien qu'en principe contrôlée par les pouvoirs publics, permet aux plus malins de donner libre cours à leur imagination, de monter des réseaux avantageux et de jongler avec des comptabilités « créatives ». Mais les dérives restent limitées, sans comparaison avec les organisations du Crime outre-Atlantique.

Cependant Guy Debord pensait que quelqu'un de ce milieu pouvait avoir trouvé un profit à assassiner son ami.

Et le fait est qu'il avait été assassiné.

– 7 –
« Nous marchons en rond dans la nuit… »

À Champ libre, la situation était très différente des affaires de cinéma.

Le rôle de Floriana Lebovici était déjà actif du vivant de Gérard. Mais s'il est incontestable qu'elle avait sa zone d'influence, en particulier dans le domaine des choix de maquette et de l'élégance des livres, la ligne éditoriale de la maison était dirigée par son mari, qu'elle suivait en tous points. C'est donc naturellement qu'elle se mit à écouter les conseils de Guy Debord. Elle respectait l'amitié des deux hommes au point de ne pas oser mettre en perspective un seul des propos de Guy, qui régnait maintenant sur la société d'édition. Il me semble que, s'il ne fut pas un gourou pour Gérard Lebovici, il le devint pour Floriana.

Le malheur voulut que Debord, dévasté par la mort de Lebovici et préoccupé de ses propres droits d'auteur, n'en acquit pas pour autant des qualités d'éditeur. Auteur, réalisateur, il avait été le conseiller de Gérard Lebovici. Artiste, il dépendait financièrement de sa maison d'édition, la Maison comme il l'écrit avec une majuscule quand il évoque Champ libre dans sa correspondance pendant cette période. Lebovici avait entouré son ami d'égards particuliers et onéreux qui culminèrent avec l'achat du Studio Cujas pour sa seule gloire. Debord en avait pris l'habitude. Il n'avait aucune idée de la gestion et comptait sur la fortune supposée de Floriana pour continuer l'œuvre d'éditeur de Gérard.

Cependant, la presse avait cessé de s'acharner sur l'artiste depuis les diverses condamnations de justice qu'il lui avait fait subir. Libéré de cette pression, il se mit à écrire un ouvrage en hommage à son ami, *Considérations sur l'assassinat de Gérard Lebovici*, publié onze mois après sa mort, en février 1985, aux Éditions Gérard Lebovici.

Dans une langue *« d'une extrême beauté, un français d'une rare pureté »* [377], comme le note Christophe Bourseiller, Debord commençait par un éloge de son ami : *« Ce siècle n'aime pas la vérité, la générosité, la grandeur. Il n'aimait donc pas Gérard Lebovici, qui attirait encore un peu plus l'envie haineuse par sa liberté d'esprit et sa culture. Il avait donc beaucoup d'ennemis, puisqu'aussi longtemps que 'le monde renversé sera le monde réel ' (Marx), les plus rares qualités passeront pour les pires défauts. »*

Plus loin : *« Enfin on m'attribue un rôle de démiurge… J'aurais tout fait, j'aurais ensorcelé et toujours seul principe actif, mais inexplicable : comme si l'autre était moins qu'une bête, un objet. La vérité est évidemment toute différente. Gérard Lebovici a su me charmer comme très peu de gens ont pu le faire. Cela doit être ajouté à ses mérites, non à mes crimes. »* [378]

Au cours du livre, il se mettait à évoquer la possibilité d'avoir été lui-même visé à travers la suppression de Gérard. Sa fixation sur l'idée d'un assassin originaire du milieu du cinéma ne disparaissait pas, mais il se sentait visé lui-même en raison de ses idées libres et provocantes.

Cette théorie se transformait en obsession au fil des pages. C'est parce qu'il était son ami que Lebovici aurait été assassiné.

Debord tournait et retournait dans sa tête les raisons de l'agressivité dont il était l'objet. Il pensait en être victime depuis sa jeunesse. Les circonvolutions de son esprit le rendaient par moment épuisant, quand ses raisonnements circulaires dérapaient de la sorte. Car… c'est tout de même Gérard Lebovici qui avait été tué.

Debord trouvait dans sa théorie une justification supplémentaire de sa vieille haine de la presse. Citant une sélection d'articles qui le choquaient particulièrement, il revenait sur l'affaire en se faisant lui-même le sujet de l'ouvrage. Il se posait en victime autant que son ami disparu. Lebovici devenait le prétexte à une méditation de Debord sur sa propre personne, sa vie, son œuvre, son génie et ses ennemis : *« … et de tant de reproches, celui qui a été avancé le plus constamment et le plus violemment, et le seul qui était vrai, c'est qu'il (Gérard) avait l'impardonnable tort de me connaître (…)*

Il faut dire que l'on rencontre là une loi constante du milieu cinématographique français. On y conteste franchement mon existence (…) et c'est pour une très bonne raison. Si j'avais existé, beaucoup d'autres auteurs de films auraient perdu une certaine part de leur réputation de novateurs ; et quelques-uns l'auraient perdu absolument (…) On compte les siècles de mes domiciles (…)j'ai habité longtemps à Florence une maison du XIVe siècle. Pourtant la vie de Château n'est pas exactement mon fait. J'ai vécu aussi à l'aise dans les bas-fonds, chez les kabyles de Paris, entouré de gitans, toujours en bonne compagnie. Bref, j'ai vécu partout sauf parmi les intellectuels de cette époque. C'est naturellement parce que je les méprise ; et qui donc, connaissant leurs œuvres complètes, s'en étonnera ?

Comme on a vu, je figure sur les listes de proscription de mon temps. Partout ailleurs, on a effacé mon nom, dans l'art, dans l'histoire des idées, dans l'histoire des événements contemporains. » (379)

Cette obsession de soi-même me déconcerta. Certes Debord, toujours paradoxal, continuait parfois à tourner dans sa tête des soupçons sur des personnalités liées au monde du cinéma. Mais le centre de ses préoccupations était dorénavant tourné vers lui-même. Il m'adressa son ouvrage *Considérations sur l'assassinat de Gérard Lebovici*, qui en fait ne parlait que de lui-même, accompagné d'un billet :

« 21 mars 85 – Chère Marie,

Gérard n'est apparemment pas au centre de ce livre, puisque ses assassins, hélas, n'ont pu y prendre place. Mais j'espère que vous reconnaitrez encore assez, dans une posture latérale, dans une attente pleine de menaces, celui pour qui le monument a été fait.

À bientôt.

Guy » (380)

Je ne voyais pas d'attente pleine de menaces alors que l'enquête plafonnait. Et un doute sur cette amitié indéfectible s'était introduit en moi. Debord n'aurait-il aimé que Debord et éventuellement celui qui lui tendait un miroir ? Il m'apparaissait maintenant obsédé par lui-même, jusque dans cette idée récurrente qu'il était personnellement menacé par les assassins de Gérard. Mais mon malaise ne résista pas à la fidélité confiante que Floriana Lebovici affichait pour Guy. Elle ne pouvait pas se tromper !

Cependant dès le début de l'affaire, quelqu'un de l'entourage de Gérard avait immédiatement retenu l'attention de Debord. Il s'agissait d'un auteur talentueux, Francis Ryck, dont de nombreux romans policiers étaient adaptés pour le cinéma. Outre l'écriture, ce personnage haut en couleur aimait raconter qu'il avait exercé une activité d'agent secret.

En 1981, Gérard Lebovici m'avait fait lire un de ses livres, *Le Piège*, dont il hésitait à acquérir les droits. Envisageant de confier la réalisation d'un film tiré de cette histoire à un jeune réalisateur, il m'avait fait rencontrer Ryck lors d'un déjeuner à trois, puis une autre fois. Ryck avait un aspect frappant, avec un visage ridé de pirate encadré de cheveux retenus par un bandeau. Il ressemblait à un vieux hippie assez excité… Rien ne m'avait vraiment inspirée dans ce contexte, ni l'idée de travailler avec ce personnage exalté ni son livre excellent mais d'une violence extrême. Gérard aurait pu basculer et décider d'acheter le livre. Mais il n'était pas entièrement convaincu lui-même. Par contre, il était intéressé et amusé par Ryck.

Debord me fit part de son admiration pour Ryck, qui de son côté m'appela plusieurs fois dans les mois qui suivirent l'assassinat de Gérard Lebovici, insistant pour me rencontrer puisque nous avions parlé avec lui d'un projet de film qui évidemment ne se ferait plus. Quand je le revis, il me fit une impression désastreuse. Sous prétexte de parler du livre, il voulait en réalité faire des « révélations sur l'affaire ». Il se lança dans une histoire confuse que je m'empressai de répéter à Guy Debord pour voir comment il réagirait. Je dois dire que si les livres de Ryck avaient été aussi embrouillés que ses propos ce jour-là, je doute qu'il ait jamais connu le succès…

Guy s'échauffa en m'écoutant et me recommanda de ne plus jamais revoir ce « dangereux individu… », une décision que j'avais déjà prise dès que je m'étais retrouvée à la terrasse du restaurant chez Francis en face d'un Ryck parti sur la piste d'hypothétiques assassins !

Je découvris des années plus tard que Debord fit à Floriana le récit de mon rendez-vous dans une lettre d'une confusion révélatrice que je pense utile de la citer presque in extenso malgré sa longueur… :

« À Floriana Lebovici - 15 octobre 84

Chère Floriana,

Marie-Christine est passée ce week-end, et m'a communiqué une seule nouvelle, mais selon moi très importante. Francis Ryck, qu'elle rencontrait parfois pour des motifs professionnels, lui a dit qu'il venait de rencontrer par hasard, et aussi sous des prétextes de travaux cinématographiques, le fameux capitaine Barril (gendarme de l'Élysée, officier traitant d'Action directe, provocateur dans l'affaire des Irlandais de Vincennes, etc.) Ce capitaine, l'officier le plus déshonoré de toute l'armée française (…) dirait aux « naïfs » qui veulent bien l'entendre qu'il en sait long sur l'assassinat de Gérard. Ceci est dit, manifestement, pour nous revenir aux oreilles. Il est possible qu'il en sache long, mais plus probable que ce manipulateur dirait tout autre chose ; et en échange de quoi ?

Ryck, parlant pour impressionner ce qu'il espérait être une jeune ignorante, s'est déclaré quelque peu impressionné par la personnalité de Barril, l'atmosphère 'romanesque' autour (gardes du corps, etc.) Notez que Ryck, ayant été ce qu'il a certainement été dans sa jeunessse, et, surtout, ayant écrit ce qu'il a écrit il y a près de vingt ans, s'il avait la moindre sincérité, dirait que Barril est le plus maladroit et le plus ridicule des agents 'secrets', un malheur pour ceux qui l'emploient (…) ou si vous voulez l'équivalent d'Attali comme penseur. J'en déduis donc ***avec certitude*** *que Ryck a gardé des relations avec des collègues de sa jeunesse, aussi 'fou' et hippie qu'il veuille paraître (et même qu'il puisse être aussi) (…) on ne sort jamais complètement de ce métier. Ainsi Ryck était déjà, quand il a fréquenté Gérard, quelqu'un qui s'intéressait à Gérard lui-même encore plus qu'à la mise en scène.*

J'ai tout à fait l'impression que nous n'avons pas affaire là à des gens qui ont trempé dans la décision et l'exécution du crime, mais certainement dans ***l'exploitation****, normale, de certains services étatiques apprenant l'événement (…) Le retard et la grossièreté de leurs tentatives donnent une grande probabilité pour cette explication.*

J'ai dit à Marie-Christine que Barril ne peut être comparé, au temps de l'affaire Dreyfus, qu'au commandant Henry. La différence, dans un temps tout de même plus raisonnable, est qu'Henry a été retrouvé égorgé avec son propre rasoir après la première nuit passée dans une prison militaire. Pourtant le 'faux patriotique' dont il était finalement convaincu n'était pas plus grave que l'affaire de Vincennes, sur laquelle Genthial les a tous fait tomber.

Ainsi donc Ryck est quelqu'un avec qui il faut éviter tout contact, un homme dont il ne faut écouter aucun conseil, ni aucune recommandation (…)

Vous vous souvenez que je vous disais récemment que j'étais un peu surpris que personne ne soit encore venu, de haut ou le prétendant, pour essayer de négocier des informations sur les assassins. (…) Cet homme là est le moins qualifié de tous. Mais on est sûrs maintenant qu'il s'en manifestera d'autres. C'est la première fois que les choses commencent à bouger… » (381)

Si les propos de Francis Ryck m'avaient paru abscons, les commentaires de Guy Debord ne risquaient pas non plus d'éclairer Floriana ! On voit à quel point son esprit pouvait être compliqué dès que l'on touchait à l'assassinat de Gérard… La comparaison avec l'Affaire Dreyfus et les Irlandais de Vincennes ne me semblait guère susceptible d'aider à la compréhension…

En fait, Guy se trompait. Personne ne chercha à rentrer en contact avec lui ou la famille Lebovici pour proposer la moindre information. Non, « les choses » n'avaient pas commencé à bouger.

Mais paradoxalement, après m'avoir recommandé d'éviter Ryck, Debord continua à me pousser à lire ses œuvres, ainsi qu'en témoigne ce petit billet, postérieur à l'incident, qui accompagnait un envoi de livres :

« 13 novembre

Voilà un vieux Ryck gentil. Mais j'espère que vous avez pu lire Le Compagnon indésirable. *(…)*

Mardi *est le plus beau Melville, à mon avis.*

À bientôt. On vous embrasse.

Guy » (382)

Outre sa culture immense, Guy Debord avait le sens du verbe. Il était pédagogue, drôle et capable de se montrer extrêmement séduisant. Il était aussi ravagé. Lorsqu'il tentait de classer les pistes de l'assassinat de son ami, lorsqu'en buvant il reprenait l'enquête et s'y perdait, il devenait un vieux monsieur soupçonneux aux propos dépourvus de vraisemblance.

Mais ces rencontres avec lui m'ont permis de comprendre l'attrait réciproque qu'avaient exercé Gérard Lebovici et Debord l'un sur l'autre. Quand Debord se tenait du côté de la vie, il était facile de les imaginer ensemble, discutant sur le film que Guy voulait faire sur l'Espagne… Parfois, Paso, le chat noir, venait gracieusement déposer en hommage une souris, aux pieds de son maître et de Gérard, ravis...

Pendant cette période où Debord consacrait ses réflexions à son « enquête », il m'invitait régulièrement, m'envoyait des livres, et acceptait de lire, pour le plaisir d'en parler, certaines œuvres qu'il avait rejetées à priori :

« 7 novembre 84
Chère Marie,
Merci pour les livres. J'ai lu L'Amant. *Malgré mes préventions très justifiées contre l'auteur, je vois dans son style des beautés. Et son histoire (clairement l'origine du thème d'Hiroshima) est en fin de compte émouvante. Je ne l'aurais pas lue sans vous.*
J'espère vous revoir bientôt.
On vous embrasse.

Guy » (383)

« 20 juillet 85
Chère Marie,
Nous serons à Champot jusqu'à septembre. Si vous pouviez passer autour du 20 août, nous en serions ravis.
On vous embrasse.

Guy » (384)

Ces visites m'éclairèrent sur la manière dont Gérard Lebovici et Debord s'étaient influencés l'un l'autre. Guy évoquait leurs goûts et leurs jeux intellectuels partagés. Ce qu'il racontait ne m'étonnait pas ; ses descriptions rejoignaient l'image que Lebovici avait donnée à ses proches.

Pendant ce temps, les rumeurs nuisibles se déployaient à l'envie dans la presse. Tandis que Debord apparaissait comme « le gourou », Lebovici était présenté comme un homme sous influence, ayant abdiqué sa personnalité.

Ainsi certains voulaient reconnaître le style de Guy Debord dans la correspondance de Champ libre signée par Gérard.

« ... (Gérard Lebovici) soudain paraît victime d'un curieux cas de dédoublement : dans ses lettres, il parle avec la voix de Guy Debord (...) des lettres dans la veine de Saint-Simon (...) elles sont signées Lebovici, et pourtant les experts n'ont aucun mal à y reconnaître la patte de Debord... » (385)

Debord constate à la suite : « *D'après les définitions qui auraient bien convenu à certains, l'éditeur n'aurait pas dû savoir écrire, ni lire d'ailleurs.* » (386)

En réalité, l'influence de ces deux autodidactes doués et curieux s'exerçait dans les deux sens. Ils se stimulaient l'un l'autre.

Par exemple, Guy et Alice Debord aimaient la culture gitane. Ils fréquentaient les gitans avec Gérard, en Espagne et à Arles, en particulier à Beauduc, à l'époque un endroit retiré du monde, perdu au bout d'un chemin sablonneux de Camargue, au-delà des étangs peuplés de flamants roses. Là, parmi les cabanons et les roulottes posés depuis près d'un siècle sur une plage sans fin, ils mangeaient du poisson grillé *« au bord de la mer, chez Marc et Mireille, qui tiennent un resto de planches et de poissons aux cabanes de pêcheurs, petit village de baraques de toutes sortes, planté sur le littoral entre la mer et le marais à l'arrière. »* [387]

Mais c'est Gérard Lebovici, éternel découvreur de talents, qui avait remarqué et soutenu le réalisateur d'origine gitane andalouse Tony Gatlif en 1983, tandis qu'il terminait son film *Les Princes*. Il décida de produire son film suivant, *Rue du Départ*, et commença par financer son écriture en donnant à l'auteur une liberté absolue, ainsi qu'en témoignèrent la presse et Gatlif lui-même :

*« '*Les Princes, *c'est un mot. Le film montrait des gens qui sont des princes intérieurement, pas des pourris, des gens beaux, bons, qui ont une grandeur. C'est ces gens-là dont on parlait avec Lebo.'*

Gatlif avait rencontré un Prince. L'inoublié Gérard Lebovici, qui distribue le film et veut produire Rue du Départ. (…)

'Quand il est mort, je me suis retrouvé tout seul, vraiment sans personne. J'ai perdu mon seul allié dans le cinéma. Après, je ne savais plus, je n'aimais plus la violence, je me suis planté pendant six mois dans la réécriture du scénario. C'est rare qu'un mec te dise d'écrire le scénario de tes rêves. (…) Quand Les Princes *n'ont pas fait d'argent, Lebovici m'a dit, on s'en fout, on va faire un autre film, on dira la même chose et s'il ne marche pas, on en fera encore un et on redira la même chose.' »* [388]

Tony Gatlif, comme Resnais et tant d'autres, fut un des artistes soutenus sans restriction par Lebovici dans une période difficile. Aidé par Denis Chateau et Floriana, il devait parvenir à terminer son film *Rue du Départ* en 1986. Il dédia son film à Gérard Lebovici. Ce n'est qu'après sa sortie que Debord allait à son tour chercher à rencontrer Tony Gatlif :

« 4 février 87.

Cher confrère, J'étais un ami de Gérard Lebovici qui m'a parlé de toi. Je m'appelle Guy Debord. J'ai admiré Rue du Départ. *Pourrait-on se voir un jour prochain, avec discrétion ?… Amicalement.*

Guy Debord » [389]

Cet exemple présente l'avantage d'être explicite grâce à la lettre de Guy Debord. Tony Gatlif resta pour Debord un artiste gitan que le système aurait rejeté sans l'obstination de Lebovici. Fait exceptionnel, il le garda toute sa vie sur la courte liste des personnes à qui ses éditeurs envoyèrent ses livres.

On peut aussi citer le cas du « poète, boxeur et conférencier » surréaliste, Arthur Cravan, de son véritable nom Fabian Lloyd, né en Angleterre en 1887 et mystérieusement disparu au Mexique en 1918. Dans son livre *Les Jours obscurs de Gérard Lebovici*, Jean-Luc Douin, pourtant habituellement exact, attribue à Debord l'initiative de la publication de ses œuvres par Floriana en 1987. Mais ce n'est pas le cas, même s'il est possible que Debord, admirateur de Cravan depuis sa jeunesse, l'ait fait découvrir à Lebovici.

Lebovici aimait offrir à ses amis un livre de Cravan en cadeau, la reproduction de la collection complète de la revue *Maintenant*. Entièrement rédigée par Cravan sous de multiples pseudonymes, cette revue parut en France entre 1912 et 1915. Poèmes, critiques, publicités, humour Dada… Les éditions Michel Place en avaient publié la réimpression en 1977, dans une collection consacrée aux anciennes revues littéraires d'avant-garde.

Cravan était un auteur dont Lebovici souhaitait publier les œuvres complètes chez Champ libre. Mais l'absence de certitudes sur certains de ses écrits et sur sa vie demeurée mystérieuse lui avait fait renoncer à son projet. Il aurait voulu vérifier des faits auprès de la fille qu'avait eue Cravan avec Mina Loy, et il avait cherché en vain à la joindre. Son sérieux dans la véracité des textes qu'il publiait lui fit renoncer à son projet.

Ses vœux furent réalisés trop tard, peu de temps après son assassinat. Un hasard de la vie me fit rencontrer Fabienne Benedict à Aspen aux États-Unis où elle vivait avec son mari architecte. Dotée d'une ressemblance frappante avec son colosse de père dont elle portait le véritable prénom, Fabian, elle avait en sa possession tous les documents et les témoignages qu'avait recherchés Gérard.

Elle nous reçut Floriana Lebovici et moi alors qu'elle séjournait en France à St Jean Cap Ferrat, et donna les éléments pour publier le livre complet sur Cravan que Gérard souhaitait. Les documents qu'elle apporta étaient incontestables et inédits. Floriana décida immédiatement de faire le livre.

Le Cravan des Éditions Gérard Lebovici comporta, outre les cinq numéros de *Maintenant*, des poèmes, des articles et des entretiens de Cravan ainsi que sa correspondance et des témoignages de Francis Picabia, André Breton, Blaise Cendrars, Marcel Duchamp, Léon Trotsky entre autres. Il parut en 1987, sans intervention de Debord. L'édition fut établie par Jean-Pierre Begot, un spécialiste du mouvement Dada. Floriana était heureuse de cette réalisation, comme en témoigne le mot qu'elle m'adressa avec le livre lors de sa parution :

« Chère Marie-Christine,
Le premier exemplaire de Cravan est pour vous.
Avec mes sincères remerciements et bien affectueusement.

Floriana » (390)

Les nombreux exemples de ce type et les rencontres avec Guy Debord m'apportèrent la conviction définitive que, non, il n'y eut pas de « gourou » auprès de Lebovici. Les deux hommes avaient des goûts communs et s'inspiraient réciproquement.

Cependant tout au long de sa vie, Guy Debord eut tendance à se fâcher avec son entourage, y compris ses plus proches amis pendant un temps. D'une susceptibilité rare, il considérait soudain des personnes qu'il avait appréciées ou même admirées comme infréquentables. Il perdait son intérêt ou pire ressentait un manquement à son égard. La lecture de sa correspondance en multiplie les exemples souvent violents, parfois cocasses : il précipitait l'élu d'une époque du Capitole à la Roche tarpéienne. (391)

Christophe Bourseiller décrit un exemple de ce phénomène de rejet brutal : *« De ce jour, elle (*Michèle Mochot, une proche amie de Debord*) n'a plus jamais revu Guy Debord et s'interroge encore sur les véritables motifs d'un rejet aussi brutal et traumatisant. Tout au long d'un parcours ponctué de rencontres riches et variées, Debord répète ainsi un scénario immuable. Autour de lui, sans fin les êtres se suivent et se remplacent comme autant de denrées périssables, en une longue sarabande d'amours blessées, d'amitiés brisées, de froides vexations et de mortelles humiliations. »* (392)

J'avais conscience de ce trait de caractère et, tout en voyant Debord régulièrement, je le considérais avec prudence. Bien qu'ignorant les divagations qu'il avait écrites en 1984 sur mon soit-disant « témoignage », découvertes en 2004 à la lecture du livre de Jean-Luc Douin, je m'étonnais de sa constante gentillesse à mon égard, en contradiction avec la sévérité qu'il affichait en ma présence envers le monde entier…jusqu'au jour où je reçus inopinément une lettre marquant la fin de notre dialogue. Contrairement à sa manière abrupte et passionnée habituelle dont témoigne sa correspondance publiée plus tard, sa rupture avec moi fut douce, sans aucune agressivité. Mais comme pour d'autres, elle fut pour le moins inattendue…

« 28 janvier 1986

Chère Marie-Christine,

Comme vous devez le penser, quelque chose m'empêche malheureusement de rester en contact avec vous. Il s'agit du fait que vous fréquentiez encore le personnage qui se fait appeler Francis Ryck. Bien sûr, ses écrits ne sont pas en cause. Mais c'est par votre propre témoignage que j'ai su, en 1984, l'attitude manifestement louche qu'il a adoptée une fois, autour de l'affaire Lebovici. Je vous ai dit alors qu'il fallait cesser de lui parler ; et vous n'y avez rien objecté. Dans quelques circonstances, il y a des conseils que je ne veux pas avoir à donner deux fois.

Bien sincèrement.

Guy » (393)

Francis Ryck, que je n'avais pas revu depuis qu'il m'avait fait ses déclarations exaltées au restaurant « Chez Francis » – mais dont Guy m'envoyait toujours les livres – fut donc la cause officielle de l'arrêt de nos relations, jusqu'à la veille des plus cordiales. Je ne répondis pas. Que dire ? Ces deux années m'avaient permis de comprendre bien des choses que je recherchais et de connaître cet homme exceptionnel et étrange. J'avais aussi désormais la conviction qu'aucune piste sur la mort de Gérard Lebovici ne viendrait par l'intermédiaire de Debord, ce qui aurait pu être le cas. Or, comme tous ceux qui étaient proches de Lebovici, je cherchais à comprendre.

Cette rupture en douceur eut lieu alors que les Éditions Gérard Lebovici préparaient la publication du livre de Cravan. Debord était toujours omniprésent auprès de sa « Maison », comme il l'appelait. Mais je restai en relations avec Floriana Lebovici dont l'attitude ne fut pas influencée par le changement de Guy à mon égard et ne changea jamais. Cependant, après la vente de AAA, son ami et conseiller le notaire Gérard Voitey devint incontournable dans la maison d'édition, jusqu'à prendre le pouvoir en se rapprochant de Debord tandis que Floriana luttait contre le cancer qui devait l'emporter dès février 1990.

Après sa mort, j'ignorais comment Voitey, Debord et les fils de Floriana menaient leurs affaires… jusqu'au jour où, début 1993, je reçus une lettre de Nicolas Lebovici, désireux de me revoir.

– 8 –
« Que sont mes amis devenus ? … »
(Rutebeuf)

Neuf années s'étaient écoulées depuis la disparition de Gérard Lebovici, trois depuis celle de Floriana. Les Éditions Gérard Lebovici avaient disparu. Absorbée par mes combats de producteur de cinéma indépendant, j'avais noté avec étonnement sans m'y attarder la réédition chez Gallimard de deux livres de Debord, *La Société du spectacle* et *Commentaires sur la société du spectacle*… Gallimard, que Debord honnissait !

Le message de Nicolas Lebovici me fit plaisir. Je le rencontrai donc, et fut frappée de ce que sa ressemblance avec son père s'était accentuée, physiquement comme dans les attitudes.

Dessinateur et musicien depuis son enfance, d'abord attiré par le violon à la suite de son père qui lui avait fait cadeau de son propre instrument, il était devenu pianiste. Il me raconta comment, après la mort de sa mère, Floriana, Guy Debord avait tenté de le persuader de continuer à lui verser une rente en souvenir de son père. Mais il résista à ce que Floriana s'était imposée jusqu'au bout malgré ses difficultés financières grandissantes, par respect pour ce qu'elle pensait un désir posthume de son mari. Cette amitié, légère et excitante quand Gérard était vivant, s'était avérée peu à peu un lourd devoir de mémoire.

Nicolas, silencieux sur ses propres affaires comme son père, artiste et sensible, ne s'était exprimé publiquement ni sur sa rupture avec Debord ni sur la fin de la maison d'édition. Il n'avait jamais exposé son point de vue personnel aux journalistes et aux écrivains qui s'intéressaient à Debord et à Gérard Lebovici, mais qui d'ailleurs, pour la plupart, n'avaient rencontré ni l'un ni l'autre.

Un auteur passionné par Guy Debord lui a consacré un ouvrage documenté dans lequel il fait une description idyllique des relations de l'artiste avec les deux fils de Floriana. Christophe Bourseiller, qui a passé des années à faire des recherches sur Debord, estime qu'en 1990, après la disparition de leur mère, *« aux yeux de Lorenzo Valentin et Nicolas Lebovici, l'auteur a presque les traits d'un père. Les deux jeunes gens lui vouent une passion quasi filiale. »* (394)

Le récit que me fit Nicolas Lebovici dégageait pourtant un parfum d'authenticité. Après l'assassinat de Gérard, son fils avait connu l'ignominie de la presse, l'abandon des proches, l'indifférence de la justice, les mauvais conseillers déguisés en sauveurs providentiels, les hésitations de Floriana sur la marche à suivre pour les affaires, et pour finir l'agonie de cette femme si séduisante dévastée par le chagrin et les soucis.

Fou de tristesse, il l'avait sans doute été. Mais c'est un homme serein qui me parlait ce jour-là.

Tandis que j'écoutais, je pensais au style de vie de Guy Debord et à la générosité avec laquelle Gérard l'entretenait. Derrière le charme des relations entre les amis, y aurait-il déjà eu à l'époque contradiction entre les idées affichées et une réalité somme toute prosaïque ? La personnalité de Debord me laissait désormais une forte impression de malaise et l'envie d'en savoir plus.

Début 2004, bien après cet entretien avec Nicolas, la rencontre avec Jean-Luc Douin et les informations contenues dans son livre *Les Jours obscurs de Gérard Lebovici* m'apportèrent un éclairage nouveau. Les exigences de Debord avaient fini par accélérer la disparition de la maison d'édition de Lebovici. Puis l'auteur avait rejoint Gallimard par l'intermédiaire de l'éditeur Jean-Jacques Pauvert, avant de mettre fin à ses jours fin novembre 1994.

Fayard avait entrepris de publier sa correspondance. Désireuse de mieux cerner la personnalité de Lebovici face à Debord, je me plongeai avec attention dans ces épais volumes. Ce n'est qu'en 2008 que parut enfin le dernier volume, couvrant la période de janvier 1988 à novembre 1994, les dernières années de la vie de Debord. Cette correspondance est « en creux », car il n'existe que peu de réponses publiées aux lettres de Guy. Lui gardait copie de ses propres lettres à des fins littéraires. Toutes ne figurent d'ailleurs pas dans les nombreux volumes de cette abondante correspondance.

Au fil de ses lettres enlevées, amusantes ou amères selon son humeur, Debord ne cherche pas à se cacher. Il se révèle tel qu'il se voit. Son talent est grand, mais son orgueil est tel qu'il expose son personnage comme s'il ne pouvait être qu'admirable. À moins que son mépris pour autrui ne soit si abyssal qu'il l'indiffère d'être compris jusque dans ses zones les plus sombres.

Certaines de ses lettres à Gérard Lebovici lui-même étonnent. Car s'il est vrai que Lebovici soutenait les réalisateurs et les auteurs qu'il estimait, suivant en cela ses seuls critères personnels, Debord jouissait d'une situation financière unique : il fut le seul artiste à avoir semble-t-il vécu des subsides de Champ libre pendant plusieurs années. Or les nombreuses lettres qu'il a adressées à Gérard Lebovici entre 1977 et 1984, réunies dans les différents volumes de correspondance, formulent autant de demandes d'argent qu'elles parlent de littérature. Elles sont explicites sur les privilèges dont il jouissait, qu'il entendait garder. Elles forment un témoignage irréfutable. (395)

« Il me faudrait un chèque équivalent cette année, en tant qu'avances dans toute la mesure où les droits eux-mêmes restent malheureusement ce que vous savez : pour faire honnête auteur et contribuable. » (396)

« … Je vous prie de m'apporter des finances, car elles commencent à manquer. À bientôt. Amitiés.

Guy » (397)

Gérard accepta même la requête de Debord de rémunérer sans raison autre que l'amitié certains des proches de l'auteur qui se trouvaient dans le besoin. L'appui financier de l'éditeur était total mais on peut considérer à la lecture de certaines lettres que Debord n'avait guère de scrupule à en abuser :

« 'Détail annexe : vous m'aviez dit que la question des fiches de paye allait être arrangée.' (À la demande de Guy Debord, les éditions Champ libre rétribuaient la fille spoliée du milliardaire Gruet, pour lui permettre de justifier d'une activité professionnelle.) » (398)

Cependant, au fil des lettres, s'il est vrai que Debord parle souvent d'argent, on sent l'amitié s'installer progressivement. Gérard Lebovici était réservé. Guy Debord, s'adaptant à son éditeur, gardera dans leurs échanges un style cordial puis chaleureux, toujours naturel. De « cher ami » à « cher Gérard », de « bien à vous » à « amitiés », l'évolution des formules dans le temps et le ton général sont parlants.

D'ailleurs Lebovici lui-même était attaché à la notion de mécénat. Il se disait fier de soutenir les artistes qu'il estimait, allant jusqu'à déclarer à propos d'Orson Welles qu'il admirait : *« je me ruinerais pour lui ».* (399)

Mais il avait montré qu'il n'attendait pas de recevoir des suppliques lorsqu'il estimait nécessaire d'aider quelqu'un. Les lettres de Debord me choquèrent.

Le chagrin réel qui atteignit Debord le 5 mars 1984 transparaît peu dans ses écrits. Les *Considérations sur l'assassinat de Gérard Lebovici* sont d'une sécheresse frappante, comme l'a remarqué Jean-Luc Douin : « *la réfutation des articles de presse ne s'accompagne d'aucun hommage chaleureux à son ami...* » (400)

Ses lettres sur le sujet sont de la même froideur. Mais c'est lorsque Floriana va mourir, en février 1990, qu'un nouveau personnage se révèle en lui. Debord ne manifeste aucun sentiment à cette occasion : *« ... Je vous avoue que j'avais été surpris par votre article dans* Le Monde, *après la si regrettable mort de Floriana... »* (401)

Mais, ignoré par Debord jusqu'au moment de la fin de Floriana, le notaire Gérard Voitey devient en quelques semaines « cher Gérard » à qui il envoie ses amitiés et d'incessantes invitations à dîner. C'est que Maître Voitey joue un rôle clef dans la succession, et, avec un titre de « médiateur », se met à gérer les Éditions Gérard Lebovici qui appartiennent pourtant par succession aux deux fils de Floriana.

C'est lui à qui Debord demande de l'argent maintenant :

« 19 décembre 1990. Cher Gérard, comme nous touchons au mois de décembre, je vous rappelle que j'attends encore 150 000 francs, sur la somme que je vous ai demandée avant la fin de cette année. Veuillez me faire envoyer un chèque... » (402)

Il est troublant de voir combien le style de Debord devient en peu de temps plus chaleureux et familier dans ses lettres à Maître Gérard Voitey que dans celles écrites à son ami Gérard Lebovici. Bientôt, il inonde Voitey de sa correspondance.

Par hasard, les deux hommes portent le même prénom. Le malaise du lecteur en est accentué.

La préoccupation financière n'est jamais loin. Debord entend garder ses privilèges. Tandis qu'il demande « naïvement » à Voitey en juin 1990 : *« ... je retrouve cette lettre, à tant d'égards devenue si émouvante, de Floriana. (datée du 23 décembre 1988, faisant état d'« une police d'assurance dont vous et Alice êtes les bénéficiaires, a été souscrite auprès du cabinet Legros »). Que pensez-vous que nous devions faire à ce propos ? »* (403), il lui réclame par ailleurs : *« … en tout cas, il me faudrait des Éditions une somme de 250 000 francs, à déclarer à titre d'avances pour cette année 1990. »* (404)

Cependant, flatteur pour la main qui le nourrit, il ne se montre pas avare de compliments et d'amabilités pour le notaire :

« 16 mai 90 : … au merveilleux changement de ton des Américains, on voit bien la valeur de votre avocat ».

« 27 septembre 90 : Vos célèbres auteurs se feront une joie de vous revoir, le 8 octobre… »

« 19 novembre 90 : … je suis sûr que vous avez trouvé quel cadre serait convenable pour la suite de nos contrats. Je suis impatient de le connaître. Dites-moi quel jour de la semaine prochaine vous conviendra pour venir dîner ?

Amitiés.

Guy » (405)

La même année, Debord écrit avec un humour cynique à un ami, Pierre Besson, à la suite de la mort de Floriana : *« 14 mars 1990 (…) Mon éditeur, une fois de plus est mort. Mais je ne pense pas que l'on puisse prétendre que c'est encore un de mes crimes. »* (406)

Quant à Nicolas Lebovici, que Guy appelait affectueusement « Nico », à qui il écrivait le 7 novembre 89, deux mois avant la mort de sa mère, *« nous nous réjouissons beaucoup de ta lucidité, de tes talents, de leur résultat… »* (407), il reçoit avec son frère Lorenzo une lettre de condoléances qui contient peu de réconfort et ne laisse présager rien d'encourageant : *« il vous sera difficile de vous montrer dignes de parents si admirables ».* (408)

Cependant, les héritiers légaux de Floriana sont ses fils, Nicolas Lebovici et Lorenzo Valentin. Or l'argent se fait rare sous la gestion de Voitey. Sans doute Debord commence-t-il à en sentir les conséquences pour lui-même. Sa confiance en Voitey ne l'empêche pas de comprendre que les deux jeunes gens deviennent incontournables.

Le premier dérapage violent contre Nicolas, dont il vantait tous les dons il y a peu, se trouve dans une lettre adressée à Marc Dachy, un historien de l'art spécialiste du mouvement Dada, proche des Éditions Gérard Lebovici :

« 10 décembre 1990 : … Je vous avoue que j'avais été surpris par votre article dans Le Monde, *après la si regrettable mort de Floriana. L'idée que Nicolas Lebovici, dément ignare, pourrait prétendre « continuer le travail entrepris pas sa mère » m'a paru d'un ton humoristique assez déplacé en la circonstance… »* (409)

Grâce à Dachy qui a rendu sa réponse publique, nous savons qu'il réagit à cette attaque par une mise point envoyée à Debord quelques mois plus tard :

« 31 août 1991 : … Cette ignorance que vous évoquez au sujet de Nicolas (qui transpose parfois avec talent sa 'démence' sur le clavier) n'empêche rien. Les éditeurs, vous le savez bien, il faut les former (…) il ne s'agissait pas seulement de faire pièce à ceux qui se frottaient les mains à la disparition prochaine de Champ libre mais aussi aux prétentions d'un notaire qui convoitait la maison. Il a dû y renoncer…

Il semblait que vous avez été en relation de confiance avec ce notaire (qui avait eu, mais pas jusqu'au bout, celle de Floriana) dans le même temps où les enfants Lebovici – Valentin déclaraient (à la faveur du règlement de la succession) que celui-ci n'en était pas digne, sans savoir au juste depuis quand (…) En matière de désinformation, il a paru que le notaire en était plus à l'origine, par sa valse-hésitation devant le refus de Champ libre de lui céder, que quiconque d'autre. Car de fausse nouvelle, pour reprendre vos termes, il n'y en eut véritablement qu'une, l'annonce (sur votre injonction fut-il dit) dans la presse professionnelle de la cession de Champ libre à ce notaire… » (410)

L'année 1991 commence mal. Les finances sont en berne. Le notaire-homme d'affaires veut se retirer… Il est question de fermer la maison d'édition.

Cependant, Guy Debord, toujours lyrique lorsqu'il s'adresse à Gérard Voitey, lui écrit encore : *« 19 janvier 91… en tout cas, je vous remercie vivement de tout ce que vous avez pu faire pour retarder l'issue. »* (411)

Mais faute d'argent, le ton monte : Le 4 février 91, Guy se lance dans une missive agressive aux deux garçons mis en position d'accusés, bien qu'ayant été écartés de la gestion de l'affaire :

« Vous avez pris sans trop de gêne la dangereuse responsabilité de vouloir déshonorer vos respectables parents »… (412)

Il continue pour un temps quelques amabilités envers Gérard Voitey :

« 5 février 91 : … je vous réitère l'assurance de ma reconnaissance pour le temps de votre courageuse médiation dans cette sombre affaire ; avec mes amitiés.

Guy » (413)

Mais sa confiance est-elle réelle ou feinte alors qu'il écrit le 6 février, le lendemain donc, à son ami le médecin et essayiste Michel Bounan cette charge accablante contre le même Voitey ?

« … Nicolas s'est trouvé isolé au centre d'un complot extrêmement grossier (le notaire en faisant partie). Il faut porter plainte au pénal en captation d'héritage… » (414)

Parallèlement, il cherche à monter une manipulation pour séparer les deux frères et rallier à sa cause Nicolas, le fils biologique de Gérard Lebovici, contre Lorenzo, le fils du premier mariage de Floriana, élevé par Gérard avec Nicolas… Il envisage même de faire neutraliser le fils de son ami médicalement s'il le faut !!

6 février, à Michel Bounan : *« Il se pourrait qu'on arrange un complot 'familial' ou non, afin de faire passer Nicolas pour fou, délirant et 'manipulé' par de mauvais génies qui déjà auront tant nui à la génération précédente des Lebovici (il y a un psychiatre dans la famille, lequel sera sans doute contre Nicolas, suivant les mensonges de l'aimable demi-frère). Soyez donc, formellement, son médecin traitant. Faites-lui déjà une ordonnance.*

Je lui conseille d'épouser au plus vite une fille, charmante et intelligente, avec qui il vit depuis assez longtemps. Ils y consentent. J'ai plus de mal à le convaincre qu'il ne doit pas garder en ce moment chez lui une vieille amie de passage… » (415)

«13 mars 91 : … Cher Nicolas, Il faut que ce déplorable frère ait circonvenu ta pauvre mère, profitant de ses souffrances, dans l'unique intention d'assouvir à n'importe quel prix la morbide jalousie qu'il te vouait secrètement. L'explication est simple ; et si elle peut suffire, il devra seul en porter la responsabilité (…) Voyons-nous… Nous t'embrassons.

Guy » (416)

Jusqu'à l'ultimatum final, enrobé dans l'apparente affection :

« 23 mars 91 : Cher Nicolas, Sachant bien que tu n'es pas seul en cause, nous attendrons donc le règlement de cette déplaisante affaire jusqu'au lundi 8 à 19 heures.

Mais n'oublie rien.

On t'embrasse.

Guy » (417)

Les manœuvres de Debord ont échoué. Nicolas n'a pas apporté d'argent, n'a pas signé de papier. Il a décidé avec son frère Lorenzo de fermer la maison d'édition. Dépité, Debord se confie à Michel Bounan :

« le 12 avril 91 : (…) il est bien vrai que le conflit avec les dégénérés néo-Leboviciens est arrivé où il devait aller (…).

Guy » (418)

Dernière lettre à Nicolas, sous le couvert de l'amitié :

« 17 avril 91 : Cher Nicolas, la fin que tu m'annonces sera peut-être ce qui peut arriver de moins mauvais pour tout le monde ou presque.

Viens m'apporter les précisions vendredi à 16 h. Chez moi.

On t'embrasse.

Guy » (419)

Mais Nicolas ne subventionnera plus Guy Debord. Il ne le verra même plus. Une époque s'est achevée.

Dépité, Guy Debord adresse ensuite ses commentaires insultants sur Nicolas Lebovici à l'éditeur Jean-Jacques Pauvert, rentré en contact avec lui.

« le 9 septembre 91 … Plusieurs signes (et je vous assure que ce ne sont pas des signaux de Sade) m'ont donné à penser que la nouvelle génération des malheureux Lebovici n'était constituée que de simples marionnettes, manipulées par qui aurait pu le souhaiter ; C'est d'abord pour cette raison que je voulais me délivrer au plus vite de tels personnages… » (420)

… Plus tard, il lui fera part de sa méfiance envers Voitey… La roue tourne :

« Je crois que vous gagnerez sans doute à prendre une certaine distance avec Gérard Voitey »… (421)

Talentueux lui-même, Jean-Jacques Pauvert a de l'estime pour l'auteur Guy Debord et souhaite le publier en association avec Gallimard. On ne sait pas s'il réagit à ces insultes concernant Nicolas Lebovici, mais on peut penser qu'il se contenta de les ignorer avec prudence. C'est du moins ce qui ressort de l'extrait suivant d'une longue lettre que lui envoie Debord, déchaîné :

« 5 janvier 92 - cher Jean-Jacques. (…) Vous ne m'avez pas dit ce que vous pensiez de mes considérations sur la psychologie ? (de la psychologie, note confidentielle datée du 27 novembre 1991) Ne croyez-vous pas que c'est une stratégie valable, dans les circonstances où nous sommes ? Pensez combien il est facile d'établir le crétinisme intégral du jeune Nicolas par la façon dont il s'est trouvé incapable de comprendre le moins du monde qu'il était spolié de son héritage. Je précise que cela s'est fait à mon insu… Floriana Lebovici m'avait un seul jour, vers la fin, mis en garde contre Nicolas, lui faisant grief, en termes assez obscurs, de n'être pas « humain »…

Guy

(…) PS « cette lettre n'est pas confidentielle. Vous pouvez donc la communiquer à toute personne concernée. » (422)

Jean-Jacques Pauvert, restant sur le terrain littéraire, cherchera et réussira à récupérer les droits de Debord auprès des Éditions Gérard Lebovici où le conflit risquait de les bloquer. Il parvint à obtenir de la part de Debord une attitude raisonnable. Guy lui écrira ainsi le 24 juin 92, dans son style insultant, mais rendu à la raison de son propre intérêt :

« Je serais tout à fait d'accord pour une renonciation simultanée, entre Valentine dit Valentin et le taré Lebovici d'une part et moi d'autre part, à toute revendication sur nos propriétés ou dommages du passé. » (423)

Debord va récupérer ses droits, et, dans un paradoxe final, Gallimard deviendra le dernier éditeur de cet auteur qui le méprisait et le vilipendait si ostensiblement auprès de ses proches !

Cependant le niveau de ses rémunérations n'est plus le même. Privé des subventions Lebovici, Debord doit abandonner son appartement de Paris et se replier pour toujours dans sa maison de Champot, en Haute-Loire, un pays superbe et austère, plus attrayant en été que dans les frimas qu'il n'aime pas. Il continue de s'acharner sur Nicolas dans ses écrits. Il est aigri mais garde son style élégant. La méchanceté se distille dans ses lettres. Mais il sait toujours être aimable envers certains interlocuteurs. Il est en pleine entreprise de séduction envers son nouvel éditeur, et espère trouver en lui un ami et un admirateur de son œuvre. Un refrain qui rappelle quelque chose !

Je ne sais pas si, lorsque Nicolas Lebovici souhaita me voir en 1993, il avait conscience de ce que Debord racontait à son sujet depuis la mort de Floriana. Aucun des ouvrages citant ses propos n'était encore paru.

Le fils de Gérard ne mentionna rien de tel au cours de notre entretien. Il m'expliqua combien il était déçu et conclut qu'il ne reverrait jamais Guy Debord. Puis, serein, il m'interpréta au piano les variations Goldberg qu'il répétait pour un concert. Il avait encaissé ces coups comme Gérard Lebovici l'aurait fait.

Champ libre et ses projets de développement ambitieux ne pouvaient pas survivre à Lebovici. La maison d'édition était trop liée à la personnalité de son fondateur, quand il fut assassiné. Tandis que son frère est un artiste, Lorenzo Valentin, le fils aîné de Floriana, est devenu éditeur à son tour, et avocat. Il a fondé Ivrea, qui publie de la poésie et a repris une partie du catalogue de Champ libre avec les auteurs que Lebovici lui avait appris à aimer.

C'est ce qu'il gagnait dans le cinéma qui donnait à Gérard Lebovici la liberté de faire une politique d'édition audacieuse chez Champ libre. S'il n'accumulait pas l'argent, il le considérait comme un outil. Il savait qu'une certaine fortune lui permettait de faire vivre les valeurs qu'il défendait dans ses choix artistiques comme personnels. L'argent issu de ses entreprises alimentait ses projets.

Doué, il paraissait transformer ce qu'il touchait en succès. Pourtant, ses positions tranchées l'avaient parfois mis en danger financièrement, même à ArtMedia, jusqu'à ce que la taille de l'agence lui permette d'être enfin à l'abri des revers. C'était un véritable entrepreneur, qui n'hésitait pas à risquer.

Cependant, peu après la mort de Gérard Lebovici, Guy Debord, révolté contre la presse, écrivait :

« Gérard Lebovici ne s'intéressait aucunement à l'argent. Moi non plus, on le sait ; et ceci n'est qu'un des nombreux points par lesquels nous nous ressemblions (…) L'inconcevable manière dont les journaux ont commentés son assassinat m'a conduit à décider qu'aucun de mes films ne sera plus projeté en France. Cette absence sera un plus juste hommage. » (424)

Or Debord se trompe pour une fois sur son ami : Gérard Lebovici respectait le travail et n'avait aucun mépris pour l'argent.

Guy Debord, lui, s'est honoré jusqu'au bout de ne jamais avoir travaillé. Après avoir été entretenu par sa première femme, Michèle Bernstein, après son divorce il avait été subventionné par son ami Gérard Lebovici : quelques semaines avant sa mort, il écrivait encore :

« Cher Marc Dachy, Je vous donne volontiers l'autorisation de reproduire ce que je considère comme la plus belle de mes œuvres de jeunesse, » (l'inscription murale « ne travaillez jamais ») *« et en tout cas celle qui s'est toujours confirmée comme la plus sérieuse. »* (425)

On ne peut pas imaginer que Debord n'ait pas décidé lui-même de la publication de sa correspondance avant de se donner la mort. Il s'est donc dévoilé volontairement dans ses lettres où le débat intellectuel et une réalité sordide s'affrontent de plein fouet. Il refusa de travailler, mais il avait pris goût à être entretenu par des amis qui, eux, travaillaient. Des amis… tant que l'argent était présent… Car, en l'occurrence, plus d'argent, adieu l'amitié !

Admirateur d'Orson Welles, il avait inséré dans son film *In Girum Imus Nocte Et Consumimur Igni* un extrait de *Monsieur Arkadin*, la scène célèbre où Orson Welles raconte de sa voix profonde l'histoire du scorpion qui voulait traverser une rivière sur le dos de la grenouille, et « logiquement », ne devait la piquer s'il voulait garder la vie sauve… Mais, abandonnant toute logique, le scorpion pique la grenouille… *« c'est mon caractère »*, déclare le scorpion à la grenouille agonisante… Welles conclut en levant son verre : *« buvons au caractère »*.

Guy Debord connaissait donc sans doute l'histoire de l'amitié que Gregory Arkadin raconte dans la séquence précédente du film, debout, masqué, dominant de toute sa stature ses invités :

« J'ai fait un rêve. Je me trouvais dans un cimetière où toutes les pierres tombales portaient de curieuses inscriptions. 1822-1826, 1930-1934 ; toutes étaient ainsi, sur toutes figurait une période très brève entre la naissance et la mort. Le fossoyeur était un très vieil homme. Je lui demandai comment il se faisait qu'il ait vécu si vieux quand tout le monde dans son village mourait si jeune. Mais non ; il me répondit ceci : « ce n'est pas que nous mourons jeunes, c'est seulement qu'ici, sur nos tombes, nous ne comptons pas les années de la vie d'un homme, mais plutôt combien de temps il a gardé un ami. »

Et Arkadin lève son verre : « *buvons à l'amitié* ». (426)

L'amitié de Guy Debord pour Gérard Lebovici a duré jusqu'à son assassinat. L'homme s'est ensuite desséché jusqu'à la mort de Floriana, qui ne l'a guère affecté. Ensuite, toute trace de sentiment disparaît…

Même si Guy Debord avait eu le désir de collaborer à la succession de Gérard Lebovici à la tête de Champ libre, il lui manquait le généreux talent et l'habileté grâce auxquels son ami retournait les difficultés en sa faveur, ainsi que le soutien des succès de Lebovici au cinéma.

Gérard Lebovici avait créé Champ libre en 1969.

Quinze courtes années de vie auront suffi pour que la Maison existe au Panthéon des maisons d'éditions et reste une référence au XXIe siècle.

AAA et son groupe de production structuré autour des Films Ariane n'avait pas acquis la maturité pour continuer longtemps sans Lebovici. En 1984, son projet d'adosser la distribution des films au système de production était en cours de réalisation. Il prenait seul la responsabilité stratégique du choix des projets. C'est pour travailler avec lui que des partenaires les plus prestigieux se bousculaient, producteurs et artistes. Son assassinat a coupé net son ambition. Après lui, ceux qui ont voulu chausser ses bottes n'avaient pas la pointure.

Gérard Lebovici n'a donc pas eu le temps d'aller au bout de ce projet artistique.

Mais auparavant, il avait fait d'ArtMedia une forteresse, une véritable puissance européenne toujours solide. L'empire américain, MCA-Universal, perdit pour des années une grande partie de sa toute puissance lorsque Wasserman le vendit aux Japonais, avant de rebondir. L'agence française de stars, « l'agence star » pourrait-on dire, continue de fonctionner selon les méthodes conçues et imposées en France par Lebovici. Il l'avait mise sur orbite durablement, appuyé sur une équipe soudée et des partenaires proches.

Son associé depuis les premières années, Jean-Louis Livi, prit le relais lorsque Lebovici dut quitter l'agence sous les attaques. D'un tempérament différent mais proche de la sensibilité de Gérard, formé auprès de lui, habile, attentif aux talents et talentueux lui-même, Livi dirigea ArtMedia jusqu'à ce que ses goûts l'entraînent à devenir producteur de films et de théâtre après avoir écrit lui-même pour la scène. Bertrand de Labbey, l'actuel patron, avait rejoint l'équipe à l'époque de Lebovici pour créer à sa demande ArtMedia Variétés, la branche qui représentait des musiciens et des chanteurs. Il est aujourd'hui le propriétaire de l'agence, plus que jamais la première d'Europe, et, dans un style très différent de son créateur, il tient la barre d'une main de fer.

Aimée ou détestée, la citadelle ArtMedia voulue par Lebovici reste aujourd'hui incontournable. L'industrie s'est cependant durcie, et avec elle l'agence : disparue la gentillesse de Serge Rousseau, disparu le charisme et la gaîté de Gérard Lebovici. Disparu le temps où la production d'un film se montait dans une atmosphère ludique en dépit des difficultés récurrentes à toutes les époques du cinéma. Disparues les heures de détente sur les terrasses de Cannes, dans l'ambiance d'un Festival moins stressé qu'aujourd'hui, où le personnage le plus important du 7e art s'écriait dans un grand rire : « *j'ai rien à faire* » ...

Mais le système Lebovici fonctionne, l'entreprise et le prestige demeurent.

Les années passent. Les ravages de la presse et l'opacité d'un assassinat non élucidé ont entaché l'image d'un homme, mais les rumeurs nuisibles disparaîtront. Elles ne proviennent déjà plus que de rares journalistes en quête d'un éventuel scandale. Il faut espérer que Gérard Lebovici reprendra alors le statut qui était le sien lorsqu'il régnait sur le métier du cinéma.

En attendant, Resnais, Truffaut, Rappeneau, Costa Gavras, Corneau, tous les artistes qui avaient choisi Lebovici sont célébrés et étudiés. Leurs films sont autant d'hommages à leur agent, producteur, conseiller, éditeur, ami...

Guy Debord quant à lui avait pris le temps d'organiser la reconstruction de son personnage après le cyclone médiatique de l'année 1984, avant de se donner la mort le 30 novembre 1994. [(427)]

Contrairement à ses proclamations de jeunesse, l'auteur de *La Société du spectacle* avait toujours été, au fond, désireux de la reconnaissance et de l'admiration de tous. *« Debord a voulu marquer son époque, et il y a réussi »* [428], écrit son biographe Anselm Jappe.

Mais voici que dépassant la reconnaissance intellectuelle que voulait Lebovici pour son ami, un phénomène de mode s'est peu à peu créé autour de Debord.

Longtemps après sa décision de ne plus jamais les projeter, ses films sont à nouveau exploités en France et à l'étranger. Le 3 octobre 2008, *In Girum Imus Nocte Et Consumimur Igni* a été présenté au New York Film Festival.

À Paris, l'intelligentsia lui a pardonné ses insultes d'antan. Il est fêté. Le succès amène à des situations paradoxales… Des intellectuels aux « people », voici Debord à la mode.

Samedi 7 juillet 2009 : Le magazine *Le Figaro Madame* affiche les sujets de saison. Entre deux articles *« Autobronzants : les meilleures astuces des tricheuses »* et *« Icône : Jackie O. la scandaleuse »*, dans une rubrique people intitulée *« Le carnet de Stéphane Bern »*, la photo de deux visages souriants retient l'attention. Sa légende : *« L'épouse de Guy Debord, Alice, et Antoine Gallimard ».*

Un article développe l'événement : *« Debord et Sollers, des honneurs à la BNF » :*

« À l'instar des grands musées nationaux, la Bibliothèque nationale de France François Mitterand a sollicité ses amis – constitués en association sous la présidence d'Olivier Sichel – pour enrichir ses collections. À l'initiative de Bruno Racine, président de la BNF, de sa directrice générale, Jacqueline Sanson, et du président du cercle de la BNF, Jean-Claude Meyer, un grand dîner a permis aux mécènes de se mobiliser pour acheter les archives de Guy Debord, auteur de La Société du spectacle. *Réuni autour de Christine Albanel, alors ministre de la Culture, le monde des arts et lettres a profité de l'occasion pour remettre le tout nouveau prix du jury de la BNF à Philippe Sollers pour l'ensemble de son œuvre. »* [429]

Pour qui a connu l'auteur de *La Société du spectacle*, Debord, à l'époque où Gérard Lebovici était son éditeur, son mécène et son ami, c'est la stupeur. Voici réuni ce jour-là à la Bibliothèque Nationale de France François Mitterrand, pour célébrer Debord, tout ce qu'il a vilipendé sa vie entière. Le lieu même de l'hommage rendu est ironique : lui qui détestait les constructions nouvelles qui « défigurent Paris », voit son bureau et ses archives exposés dans cette bibliothèque à la froide architecture qui porte le nom d'un homme qu'il abhorrait.

Le journal *Le Monde*, que Debord appelait « L'Immonde », évoque lui aussi l'événement parisien. Alain Beuve-Méry évoque le faste annoncé à la veille de la soirée dans un article intitulé *« Deux cents personnes dînent ensemble pour garder en France l'œuvre de Debord »*. Il note tout de même dans un bel euphémisme que « *c'est peu dire qu'entre ces mécènes et la pensée anticapitaliste et anticonsumériste de Debord, il y a un fossé culturel »*. (430)

En 2009, plus d'un million d'euros étaient près d'être dépensés pour acquérir le fonds Debord. Tournant le dos à ce que l'auteur voulait être, les organisateurs de ce panthéon mondain firent peu de cas de ses choix proclamés, tandis que Bruno Racine, le directeur de la BNF, se faisait *« un point d'honneur à tenir les engagements moraux que j'avais pris auprès d'Alice Debord »*. (431)

Des engagements moraux ? Il est possible que, malade, lassé de la solitude, soucieux d'un héritage matériel pour sa femme, Guy Debord se soit lui-même volontairement rapproché de ce qu'il avait méprisé, avant de se supprimer. Il est possible qu'il ait cherché à organiser une vie facile pour sa compagne…

Cependant, en pleine négociation des droits du « Fonds Debord », certains proches de la BNF, hommes de culture et bibliophiles impliqués dans le mécénat du dossier, posaient eux-mêmes la question en privé : *« Debord est-il le plus grand génie intellectuel français du XXe siècle pour que se mobilisent de telles sommes et une telle campagne et en faveur de cet artiste-là, préféré à tout autre auteur ? »*

En tout état de cause, en mars 2013, le dossier Debord bouclé et payé, la Bibliothèque Nationale a inauguré une exposition très médiatisée du fonds de l'artiste. *« À partir du 27 mars, les visiteurs pourront donc déambuler dans l'exposition «Guy Debord, un art de la guerre». Des centaines de fiches de lectures, des cartes, des photos, des revues, des correspondances sont agencées comme un vaste jeu de piste autour des stratégies mises au point par Debord dans sa lutte contre l'aliénation contemporaine. Le tout prélevé dans le fonds acheté par la BNF, en 2011, à la veuve de Guy Debord, pour la somme astronomique de 2,7 millions d'euros. »* (432)

Le montant mobilisé a tout de même presque triplé en un peu plus de trois ans, en faisant une des sommes les plus élevées consacrées par un organisme public à un fonds quasiment contemporain.

L'auteur de *La Société du spectacle*, l'ami de Gérard Lebovici, aurait-il aimé voir sa table de travail et son Jeu de la Guerre exposés au public dans des lieux portant un nom honoré de beaucoup, mais qu'il ne prononçait qu'avec mépris ?

Aurait-il vraiment aimé finir dans les pages d'un quotidien qu'il honnissait et dans la rubrique mondaine d'un magazine de mode ?

Le jeune Guy-Ernest Debord, le fier contestataire, n'hésita jamais à proférer un trait assassin. Dès sa jeunesse, il écrivit toutes sortes de formules excessives qu'il ne renia jamais. On trouve par exemple sous sa plume en 1952, à propos de Charlie Chaplin : *« Les feux de la rampe ont fait fondre le fard du soit-disant mime génial et l'on ne voit plus qu'un vieillard sinistre et intéressé. »* (433)

Comment Debord aurait-il jugé ce déploiement et cet argent autour de sa propre dépouille ?

Il reste l'image de deux amis marchant dans Séville. L'un a changé le statut des artistes du cinéma français. Il a métamorphosé tout un système, Il a fait basculer les pouvoirs. L'autre a marqué la société par sa vision critique et percutante. Tous deux aimaient bousculer les certitudes et déstabiliser par leurs interrogations. Et ils s'aimaient.

Sans nous en rendre compte, nous avons adopté beaucoup des idées de ces hommes cultivés à l'esprit créatif, inséparables, qui se stimulaient l'un l'autre.

Une main qui reste inconnue a placé Gérard Lebovici sous les feux d'une actualité destructrice, lui qui aurait voulu connaître une réussite aussi discrète que celle de Lew Wasserman et ne recherchait la lumière que pour les artistes dont il admirait le talent. Un soir d'hiver, des années après les événements tragiques de son adolescence, cette main a fait rentrer à nouveau le malheur dans son destin sans parvenir à l'effacer des mémoires.

Si un jour Paris décidait de dédier une avenue au cinéma, au modèle du Hollywood Walk of Fame de Los Angeles, une petite étoile au nom de Gérard Lebovici mériterait d'y briller. En hommage. Seul signe extérieur de notoriété.

PARTIE IV

Daniel Toscan du Plantier

– 1 –
« Tel qu'en lui-même enfin l'éternité le change… »
(Mallarmé)

Église de la Madeleine, samedi 15 février 2003.

Sur le parvis se pressent les familiers du Festival du Film, mais la montée des marches est bien différente de celle de Cannes. David Toscan du Plantier, le fils de Daniel, accueille chacun d'un mot chaleureux avec émotion, à côté du maître de cérémonie des pompes funèbres aux allures de chef du protocole.

L'atmosphère pourrait être guindée et convenue. C'est le contraire. Un chagrin authentique se dégage en cette matinée fraîche et ensoleillée où le métier du cinéma tout entier accompagne Daniel Toscan du Plantier. Il est mort foudroyé d'un arrêt du cœur, au Festival de Berlin, le 11 février.

Il avait 61 ans. Producteur de cinéma au style et à l'ambition uniques, il a marqué trente ans de la vie artistique française en France et à l'étranger. Seuls les États-Unis lui ont résisté.

Sa dévotion pour les plus grands réalisateurs l'a parfois entraîné au-delà du raisonnable, avant qu'il ne devienne au fil des ans une figure de référence du métier de producteur.

Le monde du cinéma, de la musique, de la politique a appris la nouvelle avec stupeur, en France et dans bien d'autres pays. Depuis trois jours, le cœur de chacun semble battre au ralenti, le cœur de sa famille, ses amis, ses admirateurs et de ceux qui lui devaient beaucoup. Les autres, ses détracteurs qu'il agaçait, ses opposants qui le contestaient et les jaloux ne sont peut-être pas venus. Mais les participants à cet hommage vont tous être emportés par l'émotion de la cérémonie.

Car dans cette église à l'architecture pompeuse qui a abrité les enterrements les plus mondains, il s'est produit ce jour-là une fusion, comme s'il s'agissait d'un événement familial, comme si la nef n'était pas pleine à craquer de célébrités.

Ce matin-là, confrontés à l'absence, tous vont commencer à mettre en perspective l'œuvre et la personnalité de Toscan. Car Daniel Toscan du Plantier, est incontournable, et en évoquant sa vie au service du cinéma, ceux qui l'ont connu sont saisis de sentiments où la nostalgie semble toujours avoir sa part. Les réalisateurs mythiques avec qui il a travaillé et les tentatives artistiques audacieuses qu'il a risquées restent dans les mémoires.

Quant à moi, j'ai passé sept ans chez Gaumont sous sa direction, de 1978 à son départ en 1985. Il m'a donné ma chance, comme il l'a donnée à d'autres de ma génération qui ont été formés dans cette grande maison alors en ébullition. Écouter et regarder cet homme brillantissime qui testait sa stratégie sur ses collaborateurs et semblait ne jamais arrêter son discours a été un apprentissage unique. Il ne se taisait que devant ses quelques maîtres, et devant les œuvres, films ou musique. Accessible, curieux, accueillant, il ne se montrait pas toujours fiable et n'hésitait pas à se détourner de qui le décevait ou ne l'intéressait pas. Mais en contrepartie il appréciait l'autonomie et l'esprit critique, et même l'insolence. Il m'a fait rencontrer des créateurs dont je rêvais depuis l'adolescence, m'a fait découvrir l'opéra autrement. Quelle école ! …

Toscan au travail était un spectacle permanent en lui-même. Drôle et rapide, parfois il ne résistait pas l'attrait d'un « bon mot » assassin, qu'il acceptait aussi chez les autres.

Mais, ouvert au monde et enthousiaste, il a donné sa vie à l'art sans compter. Il a été adulé, admiré, critiqué, détesté… Il a été accusé de mille défauts et de fautes de gestion coupables mais il a permis à des œuvres exceptionnelles d'exister. Il était de son propre aveu, amoureux de la musique par-dessus tout : *« J'ai toujours été très mélomane. La musique m'a plu avant tout, plus que tout, plus que le cinéma. »* [434]

Réputé peu soucieux des finances, il reçut comme indemnité de licenciement en 1985 de la part de Nicolas Seydoux la seule société de musique classique française qui vivotait encore avec peine à la fin du XXe siècle, Erato, que Gaumont avait acheté pour produire la musique du film de *Carmen* ; et il la mena à la surprise générale au plus haut niveau international.

La musique est également essentielle pour lui au cinéma, où il considère qu'elle *« participe à l'image »*. (435)

Dans la seconde partie de sa carrière, son dévouement à l'intérêt général suscita un plus grand rayonnement du cinéma français dans le monde.

La liste de son générique personnel – les films et les œuvres musicales qu'il a initiés – mérite que même les plus sévères s'y attardent : En fin de compte, c'est ce qui reste !

Contrairement à Lew Wasserman et à Gérard Lebovici, Daniel Toscan du Plantier a ouvert sa vie personnelle aux yeux de ceux qui l'approchaient, sans ostentation mais sans protection, librement liée à son art et exposée. Séducteur dans le sang, ce n'est pas par hasard qu'il a choisi de produire *Don Giovanni* réalisé par Joseph Losey comme premier film d'opéra, suivi plus tard de *Carmen*, son équivalent en jupons, confié à la caméra de Francesco Rosi.

Il a aussi su garder les modèles de sa jeunesse en référence, et l'amitié, l'affection et l'amour de ses proches tout au long des années. Confronté à une tragédie personnelle, il a réussi à reprendre goût et foi en la vie…

Ces pensées traversaient mon esprit ce matin de février dont le souvenir reste fort. Depuis lors, loin de diminuer mon intérêt pour Toscan, le temps a apporté une distance qui m'aidera, je l'espère, à montrer le plus d'objectivité possible en écrivant ce portrait.

– 2 –
Gaumont 1975 : Nicolas Seydoux, Daniel Toscan du Plantier, Jean-Pierre Rassam

Vingt-six ans auparavant, en novembre 1976, Jean-Claude Brialy avait eut l'idée qualifiée par la suite de malencontreuse, d'organiser, au profit d'une œuvre de bienfaisance du spectacle, un Gala de L'Union des Artistes exceptionnel à Los Angeles, retransmis sur la chaîne CBS. Malgré les exploits périlleux réalisés sous le chapiteau par des acteurs français incroyables d'audace, jouant des rôles de clowns, d'acrobates et de dompteurs, le spectacle se transforma en une morne attente entre chaque numéro, saucissonné de longues interruptions, car il était soumis au rythme de la télévision américaine entrecoupée de spots publicitaires. Un grand nombre de stars venues par avion spécial de France, se déclarèrent lassées et déçues, voire exaspérées. Au-delà des polémiques, me reste de cette soirée l'image inoubliable de Jean Marais, seul dans une loge, hiératique, visage de statue antique, dominant cette faillite de sa beauté éternelle et sereine.

Les invités du monde artistique et politique français séjournèrent 48 heures au Beverly Hills Hotel, assistant à une série de manifestations annexes somme toute agréables sous le chaud soleil typique de l'été indien à Hollywood. Les artistes étaient tout de même heureux de se trouver dans la patrie du cinéma. Les invités politiques dont la présence était destinée à donner un lustre différent à l'événement s'avérèrent les plus compliqués à gérer. Ève Barre, la femme du premier ministre de l'époque, voulait absolument rencontrer Alfred Hitchcock, alors occupé à tourner *Complot de famille* dans la région de San Francisco. Lequel n'avait aucune envie d'une envahissante visite sur son plateau... Elle demandait avec insistance un hélicoptère pour aller le voir... Quant à Françoise Giroud, ministre de la condition féminine, elle se fit cambrioler ses bijoux à l'hôtel... Jean-Claude Brialy et son équipe n'étaient pas à la fête, d'autant plus que son équipe ne comprenait qu'une personne bilingue, Yvette Mallet, responsable du cinéma aux Services Culturels de New York, que le Quai d'Orsay avait heureusement mise à la disposition de l'acteur.

Marie-Christine Barrault, auréolée par le récent succès américain de *Cousin cousine*, le film de Jean-Charles Tacchella où elle interprétait le rôle principal, présenta un numéro de trapèze impressionnant lors de la soirée controversée. Elle n'en était qu'au début des honneurs, quelques jours avant l'attribution au film du prestigieux Prix Louis Delluc, « le Goncourt du cinéma », et sa sélection aux Oscars du meilleur film étranger de 1977 à Hollywood, tandis qu'elle-même se verrait propulsée sur la liste des meilleures actrices nommées de l'année.

Une des personnalités les plus en vue de l'équipée française à Los Angeles était Daniel Toscan du Plantier, le mari de l'héroïne du jour, coproducteur du film, rayonnant et disert. Son ami Nicolas Seydoux, un banquier de la famille Schlumberger, était devenu l'année précédente, en 1975, l'actionnaire majoritaire de Gaumont, la société dont le premier logo de Marguerite fut choisi en 1903 par Léon Gaumont, son créateur, en hommage à sa mère : Gaumont, « *une maison aussi vieille que le cinéma* » (436).

Seydoux avait nommé Toscan directeur général.

Leur ancien camarade de Sciences Po, Jean-Pierre Rassam, leur avait transmis son obsession pour le septième art. Rassam, « *un grand producteur aventurier* » comme le présente justement Wikipédia, originaire du Liban, appartient à une des familles les plus prodigieuses du cinéma français, qui domine le métier de son talent et de son instinct depuis les années 1960, et où l'on retrouve entre autre Claude Berri, son beau-frère. La liste des films produits et réalisés par les membres de cette lignée d'artistes, de *Tess* de Polanski à *The Artist* d'Hazanavicius, ne peut que susciter la fascination et l'envie d'en savoir toujours davantage à leur sujet.

En 1968, Rassam et son frère Paul avaient fait passer la frontière au jeune réalisateur Milos Forman. Caché dans le coffre de leur voiture, il avait fui Prague et l'invasion militaire russe. Claude Berri avait produit son premier film hors de son pays, *Taking off*, et Jean-Pierre Rassam, en 1974, avait en mains la possibilité d'une participation française de 50 % sur son projet *Vol au-dessus d'un nid de coucou*, mais Gaumont n'y crut pas.

À cette date, producteur inspiré, Rassam avait déjà au palmarès d'une carrière commencée quatre ans plus tôt une huitaine de films de Jean-Luc Godard, Barbet Schroeder, Robert Bresson, sans oublier le triomphe de Jean Yanne, *Tout le monde il est beau, tout le monde il est gentil*, *Nous ne vieillirons pas ensemble* de Maurice Pialat, et *La Grande Bouffe*, de Marco Ferreri, où Philippe Noiret accueillait ses amis à un « séminaire gastronomique » qui suscita un scandale au Festival de Cannes 1973. Ce film, après avoir choqué la Croisette par son sujet – tous les plaisirs de la chair culminant dans le désir collectif des quatre héros de manger à en mourir – devint un succès populaire à la surprise générale… y compris celle de son producteur qui, dit-on, avait distribué plus de 100 % des parts producteurs à ses financiers pour mieux couvrir son risque, certain qu'il était de ne pas voir remonter de recettes avec une œuvre si dérangeante… Pas de recettes, pas de répartition… Mais l'argent affluait malgré les commissions de censure à travers le monde. Il avait bien fallu s'arranger, et on peut mesurer le pouvoir de séduction de Jean-Pierre Rassam au fait qu'aucun de ses investisseurs ne lui en voulut !

Rassam se voyait bien à la tête de Gaumont. Brillant et extrêmement drôle, il était adoré des artistes. Son audace et son flair paraissaient sans limites. Il avait une ambition culturelle de qualité. Une structure sur laquelle s'appuyer lui aurait peut-être permis de produire des chefs-d'œuvres. Il rencontra des financiers intrigués par ses récents succès. Parmi eux Jean Riboud, le président de la société pétrolière Schlumberger, un mécène marié à Krishna, issue d'une noble famille du Bengale, l'arrière-petite-nièce du poète Rabindranath Tagore, prix Nobel de Littérature.

Schlumberger détenait 40 % des actions de Gaumont.

Rassam eut une idée.

Riboud aimait les arts, mais ne croyait pas à l'avenir économique du cinéma. Il était prêt à se défaire de ces actions. Rassam organisa leur vente à Nicolas Seydoux, héritier justement d'une partie de la fortune Schlumberger. Une habile acquisition complémentaire d'actions Gaumont appartenant à Paramount permit à Seydoux de prendre le contrôle de la société.

Rassam était plein d'espoir, conseillait Nicolas Seydoux et se sentait bien placé pour participer à l'affaire. Mais ses excès, son caractère fragile et son goût pour les substances chimiques suscitèrent la méfiance de ses amis. Meilleur gestionnaire de ses films qu'il n'en avait la réputation, il ne se présentait cependant sûrement pas comme un manager d'entreprise.

Nicolas Seydoux, le nouveau propriétaire de Gaumont, choisit Daniel Toscan du Plantier, « DTP », l'autre ami de Sciences Po, pour occuper le poste de directeur général. Jean-Pierre Rassam espérait être leur proche conseiller, mais il fut évincé. Après sa série de succès, l'échec successif de plusieurs de ses films tels *Lancelot du Lac* de Robert Bresson ou *Maîtresse* de Barbet Schroeder, créa un doute supplémentaire autour de lui.

Il ne s'en remit pas. Sombrant dans la dépression mais gardant son humour, il continua à fasciner les créatifs et le monde du cinéma en général. Il participa à *Tess*, de Polanski, produit par son beau-frère Claude Berri. Il resta producteur de Jean-Luc Godard, son ami. (437)

De même que David O. Selznick accompagna la carrière de Jennifer Jones, Rassam s'impliqua dans les films où jouait sa compagne Carole Bouquet. De tempérament fougueux, il gifla, dit-on, Toscan en plein Carlton lors du Festival de Cannes 1975. (438) Mais il se consuma dans la drogue, tout en proférant plus que jamais des critiques acerbes et des vérités corrosives : *« Peu de temps avant de disparaître, Rassam déclarait* : '*Ils disent que le cinéma est en crise alors que jamais à aucune époque autant de gens n'ont vu autant de films ; ils disent que la télévision tue le cinéma alors que jamais à aucun moment ils n'ont tenté de s'emparer de la télévision, d'y faire des films. Des cocus pleurnichards, voilà ce qu'ils sont'. ».* (439)

Toscan avait lui aussi connu l'héritier de la famille Schlumberger à Sciences Po. Puis, tandis que Nicolas Seydoux commençait sa carrière comme banquier, Daniel partait auprès de Pierre Lazareff à France-Soir avant que Marcel Bleustein Blanchet, le créateur de l'empire Publicis, ne l'engage en 1970 dans sa filiale Régie Presse où il l'avait nommé directeur général en 1974. Proche collaborateur de son génial patron dont il ne cessa de parler toute sa vie, Daniel était en pleine ascension au sein du prestigieux groupe de publicité.

Pouvait-il quitter une carrière qui le propulsait dans la modernité, dans un domaine en mutation comme il l'avait recherché, et se séparer d'un homme de talent qu'il considérait comme un véritable père ?

Mais le mari de Marie-Christine Barrault, le neveu de Jean-Louis Barrault, le cinéphile, l'homme de culture n'allait pas résister à une proposition pareille.

« En ce temps-là, j'avais un bon départ de carrière dans la publicité auprès de Marcel Bleustein-Blanchet à la régie de presse. J'aurais pu y rester. Mais non, je rêvais d'entrer dans le monde du cinéma, je voulais devenir producteur, contre l'avis de mes amis qui me répétaient sans cesse : 'pourquoi quittes-tu ce qui marche pour aller vers ce qui ne marchera plus ?' » (440)

Rejetant tous les donneurs de conseils qui lui peignaient le mur en noir, il choisit le cinéma.

Le nouveau directeur général de Gaumont faisait figure de sage auprès de la personnalité extravagante de Jean-Pierre Rassam. Cependant, Daniel Toscan du Plantier n'était pas moins éblouissant que Rassam. De ses années auprès du roi de « la réclame », Marcel Bleustein Blanchet, Toscan gardait le sens des formules et le goût de l'expression choisie qui frappe l'interlocuteur. La presse, découvrant ce jeune homme de 34 ans qui s'exprimait si bien, multipliait les interviews où il affichait ses ambitions. On parlait de lui dans tout Paris. Il se retrouvait responsable de la « politique films » de la maison avec toute la confiance de Nicolas Seydoux, qu'il épatait aussi. C'était la lune de miel au septième étage de l'immeuble Gaumont où les deux amis avaient leurs bureaux l'un près de l'autre.

Aussi, en ce mois de novembre 1976, à Los Angeles, peu importaient à Toscan les malheurs du Gala de l'Union, même s'il en critiqua par la suite l'organisation, même s'il devait en tirer une partie des impressions personnelles fortes qu'il afficha plus tard sur les Américains : Il se trouvait alors lui-même en représentation. Il lui semblait apporter le cinéma français aux États-Unis avec le succès de *Cousin, Cousine*... et il voulait se faire connaître du même coup, tout en rencontrant les gloires du passé installées à l'Ouest, comme Jean Renoir à qui fut remise la Légion d'Honneur.

Daniel Toscan du Plantier mobilisait l'attention générale, mais ce voyage était surtout un déplacement de la communauté française qui restait centrée sur elle-même. L'*establishment* de Hollywood n'était guère présent au Gala.

Cependant, peut-être le nouveau producteur rêvait-il déjà d'Amérique pour Gaumont... En tout cas le succès outre-Atlantique de *Cousin, Cousine* n'avait rien rapporté financièrement à sa société, et le jeune directeur général, déçu sur ce plan, commençait sans doute à réfléchir à un possible accès au contrôle de la distribution de ses films aux États-Unis pour être à l'abri de la comptabilité « créative » des *major studios* qui ressemblait à une sorte de détournement légal des recettes : ils accumulaient les frais, justifiés comme improbables, ces derniers restant à déduire des revenus des producteurs... pour l'éternité....

En marge de l'ennuyeuse soirée du Gala, quelqu'un d'autre tissait sa toile vers le succès : Anne d'Ornano, la femme du maire de Deauville, était en Californie pour promouvoir le Festival du Film américain que son mari et elle avaient initié l'année précédente. Pour faire mieux connaître le jeune Festival de Deauville, elle avait organisé un déjeuner champêtre où elle avait convié les principaux producteurs américains. Elle souhaitait les convaincre de l'intérêt de présenter l'avant-première européenne de leurs films dans sa ville de Normandie, plutôt qu'à Venise, dont le Festival du Film, la Mostra, se situait à des dates voisines. Elle semblait la seule de ce groupe bien français à essayer d'atteindre le « vrai monde » de Hollywood. La conquête de l'Ouest était son but…

Pour l'aider dans sa tâche, elle avait placé quelques bonnes volontés dûment mandatées à côté des producteurs ciblés. C'est ainsi que je me retrouvais assise à une table d'une dizaine de personnes, à côté d'un producteur californien ne parlant qu'anglais. Ma mission était claire et divertissante : avant la fin du repas, il fallait l'avoir décidé à apporter son prochain film à Deauville. Absorbée par mon petit défi personnel, j'attaquai le dossier avec conviction, en réalisant tout de même vaguement que les autres convives étaient captivés par un flamboyant moustachu qui, à ma droite, n'arrêtait pas de discourir sur la culture et le cinéma… en français. Ce n'est qu'au dessert qu'il me donna un petit coup sur le bras *« pour me signaler »* que j'avais un autre voisin.

La chance venait de passer pour moi : C'était Daniel Toscan du Plantier, et je l'avais involontairement intrigué. Il m'interrogea sur mon ambition, qui était à l'époque de devenir critique de cinéma et s'exclama : *« vous critiquerez toujours mieux le cinéma en apprenant d'abord à en faire. Venez un peu chez nous. »* (441)

À la même époque, René Bonnell, auteur d'un recueil théorique remarqué, *Le Cinéma exploité*, accepta le poste de directeur de la distribution à la suite d'une saillie de Toscan dans le même style : *« Vous nous critiquez ! Sortez de votre confort universitaire et venez donc mettre la main à la pâte ».* (442)

Comme tous les artistes, producteurs, réalisateurs, acteurs, Toscan se méfiait des critiques à la plume assassine et facile. Il ne les respectait que cultivés et ouverts, une denrée rare, surtout s'ils étaient prêts à courir eux-mêmes le risque de la création, tels François Truffaut ou Bertrand Tavernier. (443)

Dix-huit mois plus tard, je rentrais chez Gaumont. Des années de formation et de rencontres artistiques allaient commencer pour moi. Avec le privilège d'observer Toscan au quotidien. Et le plaisir, dans un premier temps, de travailler à New York avec Yvette Mallet que Toscan avait décidé d'engager, ayant remarqué sa personnalité et son bilinguisme… également au Gala de l'Union des Artistes.

– 3 –
Né avec une cuillère en argent dans la bouche

Daniel Toscan du Plantier est un des seuls personnages marquant du cinéma français et américain à ne pas avoir connu des débuts rudes. Rien ne semblait le prédisposer à consacrer sa vie à l'art. Second fils d'une famille de hobereaux provinciaux conformistes et nostalgiques de leur fortune passée, il semblait destiné à couler une existence bourgeoise, assis sous le portrait poussiéreux des ancêtres, réussissant une carrière industrielle et consacrant ses loisirs à des goûts culturels convenus. Mais il se vit très tôt comme un mouton noir dans sa tribu.

Ce milieu n'était pas pour lui. Il y étouffait.

« Je me suis senti vieux dès le départ, vous savez. C'est le propre des vieilles familles qu'on naît vieux. » [(444)]

David O. Selznick était fils d'un distributeur de cinéma Juif en faillite.

Lew Wasserman, fils d'émigrés Juifs Russes, était trop pauvre pour aller à l'école en bus, trop pauvre même pour dormir à l'heure où les autres enfants se couchent, obligé de gagner sa vie à son retour de classe.

Gérard Lebovici, adolescent orphelin d'une famille dévastée par le nazisme, se retrouva entièrement démuni à la fin de la guerre, seul et responsable de sa petite sœur.

Leur énergie et leur intelligence furent décuplées par la nécessité qui les poussa à réussir.

Animé par la même énergie vitale que ces grands producteurs, Toscan sentit malgré sa vie facile qu'il lui fallait se construire autrement, quitter les sentiers battus qui l'attendaient et aller vers le modernisme.

« Ce qui m'a poussé vers le cinéma, comme auparavant vers la publicité, la presse et la communication, c'est le besoin d'appartenir à la modernité. » (445)

Cependant ces années de jeunesse sans soucis lui avaient donné accès à une formation intellectuelle unique aux côtés de Philippe, un philosophe, un mentor, « *un frère plus âgé qui m'a servi de moteur, de tracteur peut-être même* ». (446)

À deux, ils se construisirent très tôt une sorte de bulle, leur monde de culture dont Toscan se sentit issu toute sa vie. Ils partageaient débats philosophiques (sous la houlette de Philippe) et musique (la passion personnelle de Daniel).

Cette évasion intérieure au-delà de la province terne qui l'entourait permit à DTP de développer des caractéristiques fondamentales de sa personnalité :

Il était et resta marqué par la vie intellectuelle, forgé par l'étude des philosophes. Le véritable cadeau que sa naissance apporta à Toscan fut un accès immédiat à la culture.

Gérard Lebovici, privé de ce privilège par les épreuves de sa jeunesse, assoiffé de culture au point de créer plus tard une maison d'édition, Champ libre, avait découvert le plaisir d'apprendre comme un luxe. Il avait dû se forger tout seul les moyens d'y accéder, après ses années noires.

Daniel Toscan du Plantier, lui, avait la même aspiration, mais la culture, reçue dès son plus jeune âge, lui était une seconde nature.

Tous deux étaient des dialecticiens qui ne cessaient de jongler avec les idées. La mise en perspective permanente de tout ce qui leur arrivait les menait souvent à adopter des attitudes paradoxales.

À la différence des producteurs américains concentrés sur le résultat de leur action et le métier du cinéma, David O. Selznick et Lew Wasserman, les deux Français poursuivaient d'autres ambitions. Ils étaient de ces hommes « *qui ont d'autres priorités que l'argent et le pouvoir* ». (447)

Ces traits communs ne les rapprochèrent cependant guère. Le patron de Gaumont, né en 1941, craignait le créateur d'ArtMedia, de neuf ans son aîné, que son influence sur les artistes mettait dans une position centrale dans le monde du cinéma. Daniel le trouvait mystérieux et cachottier, le comprenait mal et se méfiait de lui. Il s'agaçait des films français traditionnels produits par Alain Poiré, qui dirigeait la célèbre filiale de production de Gaumont depuis 1942 et travaillait avec de nombreux talents populaires représentés par ArtMedia. Tout cela lui était étranger.

Toscan était directeur général de la prestigieuse société, et se concentrait sur son ambitieuse politique. Mais Poiré jouissait d'une indépendance que rien ne pouvait entamer, car il enchaînait un succès après l'autre depuis plus de trente ans, sur un registre qui paraissait à l'époque à Toscan sans intérêt réel. *Le grand blond avec une chaussure noire* n'était pas son modèle pendant ces dix années.

Quant à Gérard Lebovici, s'il reconnaissait le brio de Toscan, il l'estimait superficiel et déconnecté des réalités économiques. Il voyait en lui un homme gâté par l'accès facile à l'argent, qui ne connaissait pas les vraies difficultés de ce métier. De plus, subtil et moqueur, fulgurant derrière sa lenteur un peu lourde de façade, Lebo avait l'art de tourner les situations à son avantage en peu de mots face à un Toscan impatient et prolixe. Toscan avait raison de s'inquiéter face au créateur d'ArtMedia.

La mort prématurée de Lebovici en 1984, les priva de l'opportunité de se découvrir mutuellement comme cela aurait pu arriver lorsque DTP affronta avec succès des temps plus difficiles après son départ de Gaumont en 1985 (448).

Toscan aimait plus que tout admirer et se laisser submerger par l'émotion que lui apportait la beauté.

C'est pourquoi pendant la première partie de sa vie de producteur de cinéma, facile sur le plan matériel, il recherchait plus que des réalisateurs, mais d'immenses artistes et des maîtres qui l'inspiraient : Roberto Rossellini, Ingmar Bergman, Federico Fellini, Maurice Pialat, Michel Deville, Luigi Comencini, Francesco Rosi, Andreï Tarkovski… Nicolas Seydoux allait lui donner les moyens de les faire tourner : *« Le capitalisme, sous peine de se saborder (…) est utopie, pari sur demain. Nous ne nous sommes pas retrouvés dans de grands projets financiers, dans la volonté de puissance ou dans l'appât du gain, mais sur le terrain de l'utopie et de la morale. »* (449)

Une autre caractéristique de Toscan remontait à son adolescence : il préférait la négociation à l'affrontement.

Daniel fuyait le conflit.

C'est ainsi qu'il mena toutes ses entreprises professionnelles. Il évita les positions rigides en cas de crises avec les artistes avec qui il travaillait, et parvint à rester proche des plus difficiles d'entre-eux dans les situations les plus tendues. Il évitait les discussions, n'aimait pas dire non, et préférait se dérober quitte à ne pas donner suite. Avec ses collaborateurs, il ne prenait pas de postures d'autorité mais savait parfaitement mettre mal à l'aise celui qui avait manqué à son attente, qui allait comprendre tout seul le souci qu'il avait à se faire.

Son père n'était pas content de ses passions. Il qualifiait les métiers artistiques de *« peu estimables »* (450)

Mais contrairement à son frère aîné rebelle, dès son plus jeune âge, Daniel temporisait face à l'autorité paternelle : *« J'ai tout de suite eu la conviction que le moteur c'était la négociation. Je ne veux pas d'attaque frontale. Non, ça ne sert à rien parce qu'on a toujours affaire à plus fort que soi. Le père est toujours plus fort que l'enfant, un certain temps en tout cas. Moi j'ai toujours été réformiste plutôt que révolutionnaire. »* (451)

Clin d'œil du destin, le seul film que Toscan voit au cours de ses années d'enfance savoyardes, est *La symphonie fantastique*, de Christian-Jaque de 1942, avec Jean-Louis Barrault dans le rôle de Berlioz, une rencontre prémonitoire entre la musique, le cinéma et sa future famille… Car dès son arrivée à Paris à quatorze ans, il fait la connaissance de Marie-Christine Barrault, la sœur d'un camarade de lycée, Alain. Elle est déjà actrice dans l'âme à onze ans. Il l'épousera plus tard. Ce sont les neveux de Jean-Louis Barrault. Avec eux il découvre les acteurs et sa propre soif de vie artistique. Comment s'en rapprocher ?

En attendant, il poursuit ses études et, en compagnie d'Alain Barrault, il « fait Sciences Po » comme on dit, cette université *« épicentre des certitudes bourgeoises, des destins calqués, là où les désirs les plus fous se transforment en carriérisme étriqué. Comme toujours, j'acceptais de bon cœur, limitant ma participation à l'école au minimum, réduite à sa plus simple expression par la pratique de la dialectique qui me faisait presque toujours retomber sur mes pieds, malgré l'ignorance. »* (452)

Étudiant dans cette université, *« peine infamante »* à laquelle il est « *condamné* », c'est cependant là qu'il rencontre Nicolas Seydoux et Jean-Pierre Rassam. Puis, curieusement, il tente le concours de l'ENA, l'École Nationale d'Administration, pépinière de la fonction publique et du monde politique français… Peut-être se laisse-t-il séduire parce que c'est le parcours fléché des étudiants littéraires brillants… Une facilité de parole telle que la sienne a dû encourager les professeurs à le pousser dans cette voie où une importance considérable est donnée à la forme et à l'expression.

Mais Daniel Toscan du Plantier échoue et rentre dans la vie active, s'éloignant une bonne fois de l'*establishment* bourgeois parisien. Il n'est plus soucieux que de modernisme et de communication, tout en gardant la culture et l'intellectualisme très français de sa jeunesse comme références permanentes toute sa vie. Il a besoin de brasser des idées et d'admirer des hommes qui lui paraissent hors du commun. Engagé à la régie de la revue d'aéronautique *Air et Cosmos*, il se révèle un génial publicitaire. Philippe Boegner, mélomane comme lui et patron de presse, et Pierre Lazareff, le charismatique patron de *France-Soir*, lui confient la gestion de diverses régies. Quand Marcel Bleustein Blanchet, le fondateur de Publicis, le débauche pour prendre la direction de Régie Presse, son nouveau patron va devenir sa référence absolue. Puis commence l'aventure Gaumont, dix ans de pouvoir flamboyant avant de perdre la confiance des actionnaires. Mais, licencié aussi violemment qu'il avait été soutenu avec enthousiasme, il repart vers la création en indépendant, plus conscient des risques, et il réussit à entraîner les artistes derrière lui.

– 4 –
« Mamma Gaumont » - Maîtres et malédictions

Daniel Toscan du Plantier a joui pendant une décennie d'une liberté de produire unique dans l'histoire du cinéma. De 1975 à 1985, sous l'œil bienveillant de Nicolas Seydoux, il a eu les moyens de son audace et a donné aux réalisateurs qu'il admirait la possibilité de créer sans contrainte. Sous son impulsion, Gaumont est devenu un luxueux laboratoire où il a consacré son talent à faire exister des films exceptionnels sans subir directement les revers normalement liés à un éventuel échec. Il a attiré les Maîtres du 7e art qui le fascinaient et a associé le nom de la maison à leurs œuvres. Pour le meilleur et pour le pire :

« L'émotion, l'admiration, l'étonnement… Le cinéma suscite d'étranges sensations… Jusqu'à ces dernières années, j'ai toujours eu devant moi un sujet d'admiration. Il serait plus exact de dire : un objet pour nourrir mon absolu désir d'admirer. Un à la fois, avec quelques fausses pistes… » (453)

Très vite, dès sa prise de fonction, de nombreux talents qui en temps ordinaire dépensent leur énergie à essayer de faire vivre leur projet accourent vers lui, séduits par son charme et éblouis par les facilités qu'il leur accorde dans ce nouveau centre de création du cinéma qui finance bientôt des artistes du monde entier, à l'exception des États-Unis. (454)

Toscan lui-même est une star médiatique. Tout lui semble possible : *« En ce temps-là, je me prenais pour un Médicis, un souverain de cour au XVIe siècle, je finançais aveuglément, généreusement, dans l'adoration des artistes... »* (455)

Roberto Rossellini est l'un des premiers cinéastes prestigieux à se manifester auprès de Daniel. Il va être un de ses maîtres les plus révérés. *« Il y a un Monsieur Rossellini pour vous au téléphone »* (456), lui annonce sa secrétaire quelques semaines après son arrivée. Est-il parent du célèbre réalisateur ? lui demande Toscan dès qu'il entend sa voix. *« Hélas le réalisateur lui-même »* répond l'artiste. (457)

Pour le nouveau producteur, l'auteur de *Rome ville ouverte*, *Stromboli*, *Voyage en Italie*, ces films du néo-réalisme italien, *« a été probablement le personnage qui a fait basculer le cinéma dans sa modernité, » « … celui qui m'a de loin le plus passionné, c'est Roberto Rossellini. Ah, « Padre Padrone », c'est le père… C'est le parrain. C'est le père et le parrain de nous tous qui faisons ce métier. C'est une grande figure, c'est une figure de l'humanité, hein, ce n'est pas du cinéma… »* (458).

Le cinéaste va en effet devenir pour lui un véritable père, stimulant, exigeant, brillant. Toscan était heureux de leur différence d'âge. Il disait : *« je suis né de et avec Roberto Rossellini (…) Je ne l'aurais pas aimé à quarante ans de la même façon. Mes maîtres, je les aime bien mûrs. Quand je vois leurs photos de jeunesse, déguisés en 'jeunes', je les préfère vieux. Jeunes, je leur trouve l'air arrogants, avec une volonté de puissance, une énergie, une séduction trop manifeste. Alors qu'après tant de souffrances, ces gens-là ont un point commun, c'est d'en 'avoir pris plein la figure'. C'est d'avoir encaissé la vie. Les plus doués en 'prennent' plus, c'est naturel ; aux avant-postes de la société, ils sont moins protégés quand ils n'en sont pas morts. »* (459)

Une relation intense et brève d'une confiance absolue les lie jusqu'à la mort subite de l'artiste à 71 ans, à Rome, quelques jours après la fin du Festival de Cannes 1977 dont il préside le jury.

Toscan a vénéré en lui l'humaniste, l'analyste du désarroi de l'Europe qui perd ses valeurs. Il acceptait les leçons de l'artiste, qui le traitait comme un disciple. Radical dans ses jugements, Rossellini lui reprochait sa recherche du compromis, ses attitudes prudentes de producteur responsable d'une entreprise, qui évite de se faire des ennemis. Daniel l'admirait tant qu'il a parlé de lui en d'innombrables occasions, avec des mots à vous rendre nostalgique de ne pas avoir eu le privilège de le connaître.

« …C'est bien vrai que Rossellini, c'est comme Curie… des bienfaiteurs de l'humanité, c'est qu'ils ont porté une idée de l'homme et l'ont fait porter, et nous l'ont transmise, et qu'on vit avec, quotidiennement. » (460)

L'intelligence fulgurante de son premier maître, son sens de la dialectique imparable, son message extrême et moderne, son honnêteté, son désintérêt pour le pouvoir et l'argent, ainsi que son charme et son absence de complaisance face au milieu du cinéma jouèrent certainement un rôle essentiel dans la passion que Toscan entretint pendant des années avec l'Italie.

Le seul film achevé en collaboration entre les deux hommes, *Le Messie*, sortit peu de temps avant la disparition de Rossellini. Il fut rejeté en Italie. Mais le réalisateur n'avait jamais recherché le succès qu'il avait cependant connu dans le passé. Il était admiré dans le monde entier. Un succès commercial comme *Le Général della Rovere*, en 1959, produit par la Gaumont d'avant Nicolas Seydoux, couronné au Festival de Venise, montre que Rossellini pouvait faire cohabiter pédagogie et divertissement dans ses œuvres. Il ne souhaitait que capturer la réalité. Rossellini *« est l'homme contre toutes les aliénations, du totalitarisme au christianisme, il ne participait ni à l'un ni à l'autre, mais c'était le message de l'homme, de l'homme par la connaissance »*. (461) Mais, moderniste sans complexe, il s'était mis à travailler pour la télévision alors que la majorité des cinéastes s'y opposaient. *« C'est dans ce contexte de crainte de la télévision que le cinéma a expulsé Rossellini. Le cinéaste de* Rome ville ouverte *n'a pas quitté le monde cinématographique, c'est ce monde qui l'a rejeté. »* (462)

Car Roberto Rossellini était convaincu que les images gagnaient à être montrées sur de multiples supports, *« au cinéma et à la télévision, puisqu'il aimait les deux et qu'il les confondait, le premier qui les ait confondus, comme le moyen de dissimuler les malentendus. L'image pour éclairer le monde, l'image pour qu'on se comprenne »*. (463)

Il se servait donc en alternance du petit écran et des salles obscures, du documentaire et du récit de fiction pour éduquer ses spectateurs et les captiver. *« Roberto rejetait autant le mercantilisme aveugle des exploitants que l'esthétisme et l'abstraction des intellectuels, dont il redoutait la pusillanimité et la lâcheté. À l'inverse d'eux, la télévision lui apparaissait porteuse de toutes les expériences trahies par le cinéma qui, en privilégiant l'esprit de spectacle et le seul divertissement, avait abandonné en route l'immense potentiel éducatif et scientifique qui restait le sien – comme si, disait-il, pendant le premier siècle après l'invention de l'imprimerie, les héritiers de Gutenberg n'avaient fait que des livres de sexe, de violence et de farce. »* (464)

C'est ainsi que Rossellini affichait ses idées humanistes dans des films à vocation pédagogique. Il amena Toscan à signer le projet de film qu'il voulait entreprendre ensuite, une biographie de Karl Marx. Mais la mort le frappa avant le tournage.

De cette intimité de deux ans, Toscan ressortit choqué par la disparition violente de l'artiste mais mûri par les réflexions et la philosophie du maître. Sa foi en l'avenir du cinéma à une époque, où, comme souvent, on parlait de crise plus que d'espoir, s'en trouva confortée. L'amitié de Rossellini et le souvenir de ce génie *« tendre et souverain »* le rendirent plus entreprenant que jamais dans ses projets de production.

Peu avant la mort de Rossellini, Toscan avait rencontré Fellini, lorsque Gaumont avait décidé de distribuer son film *Casanova* pour la France. Le coup de foudre entre eux fut d'une autre nature.

Séducteur absolu, aussi manipulateur que génial, ce géant du cinéma entraîna un Toscan fasciné dans une ronde infernale et irrésistible. *« Produire Fellini, c'est comme rester sur ces manèges qui tournent de plus en plus vite jusqu'au moment où la force centrifuge vous expulse, »* [(465)] écrira Toscan, qui, après avoir produit trois de ses films, garda un amour mêlé d'amertume pour le maestro, *« le compagnon le plus glorieux, le plus dangereux aussi »*. [(466)]

Car Fellini, parfaitement à l'aise face au gouffre financier que ses œuvres épiques suscitaient, estimait que les producteurs étaient tout simplement faits pour cela. Il le fait dire à un de ses personnages de *Huit et demi*, le critique de cinéma Carini : *« perdre de l'argent fait partie du métier de producteur… Il a eu ce qu'il méritait. »* [(467)]

Sans regrets ni remords, ingénu et roué à la fois, il écrivit d'ailleurs à Toscan plus tard : *« Caro Toscanino, mon travail m'oblige à haïr les producteurs et j'ai beaucoup souffert avec toi puisque je n'arrivais pas à te mépriser. Tu sais comme ma vie est douloureuse, au milieu de tant d'échecs, seul face à la renommée. Explique-moi ce que me veut le monde, pourquoi on me demande des choses incompréhensibles sur le déclin du monde occidental que soi-disant je dépeindrais dans mes films. Comment avouer que je voulais seulement m'amuser un peu ? »* [(468)]

Commentaire du producteur en bas de page : *« Fellinissime »* !

Fellini faisait partie des quelques génies du cinéma tout à fait incontrôlables, comparable en cela à Orson Welles. Mais à la différence de Welles, il garda toujours le sens de son intérêt et parvint à captiver les producteurs les uns après les autres pendant toute sa carrière. Il se sentait entraîné au-delà de lui-même lorsqu'il entreprenait un film. Il disait lui-même : *« Dès que je commence à travailler, quand je deviens cinéaste, quelqu'un prend ma place. Je deviens possédé par un mystérieux envahisseur ; un envahisseur que je ne connais pas prend les rênes du spectacle. Il dirige tout à ma place. J'apporte juste ma voix, mon sens artisanal, mes tentatives de séduction, mes idées ou mon autorité. Mais c'est un autre en vérité, pas moi, un autre avec qui je cohabite, mais que je ne connais pas ou que je ne connais que par ouï-dire. »* (469)

Toscan commença par *Prova d'orchestra* (*« La répétition d'orchestre »*), en 1978 ; un moyen métrage. La musique jouait un rôle essentiel dans cette fiction de Fellini destinée à la télévision nationale italienne, un hommage au musicien Nino Rota, le complice fidèle de Fellini depuis *Le Cheick blanc* en 1952, dont ce fut le dernier film. Cette première expérience enchanta Toscan qui qualifiait le film de *« soixante-dix minutes d'éblouissement, de poésie, de dérision »*, faisant partie de son *« florilège d'images que les génies du cinéma nous ont à jamais imprimés dans la rétine »*. (470)

En même temps, désireux de produire des talents du monde entier tout en contrôlant la distribution des films Gaumont à l'étranger (donc les recettes) pour éviter la déconvenue de *Cousin, Cousine* aux USA, Toscan avait convaincu Nicolas Seydoux de se lancer dans la création de filiales dans différents pays

Le choix de l'Italie s'imposa donc dès 1978, à la suite de la réalisation de *Prova d'orchestra* et à l'occasion de la production d'un film qui allait faire couler beaucoup d'encre et susciter des débats passionnés : *Don Giovanni*. (471)

Ce *Don Giovanni*, l'opéra de Mozart adapté au cinéma par Joseph Losey à la demande de Daniel Toscan du Plantier, fut tourné dans les décors fastueux de Venise et Vicenza et dans les villas de Palladio disséminées dans la région. C'était le premier contact réel direct de Toscan producteur avec l'Italie.

Une filiale italienne de Gaumont vit donc le jour à cette occasion, baptisée Opéra films, en l'honneur à la fois du film et de la passion du producteur pour cet art.

À l'enterrement de Roberto Rossellini, Daniel avait rencontré sa famille, entre autres son fils Renzo et Isabella, sa fille née de son mariage avec Ingrid Bergman. (472)

Renzo fut choisi comme directeur d'Opéra films. Drôle, nonchalant, Renzo charmait Daniel et jouissait auprès de lui d'un crédit illimité parce qu'il était le fils de Roberto. *« Son fils Renzo nous apprit la nouvelle à Nicolas Seydoux et à moi, faisant par la mort de son père son entrée dans la maison Gaumont et le début de nos malheurs. »* (473)

Ce sont sûrement les circonstances dramatiques de la disparition de Roberto qui amenèrent Toscan, sous le coup de l'émotion, à engager peu de temps après avoir fait sa connaissance ce fils *« dont il (Rossellini) me parlait souvent, inventeur des radios libres avec la célèbre Radio Citta Futtura en hommage à* Rome ville ouverte *de son père ».* (474)

Mais Renzo était un patron laxiste tant sur le contrôle des productions qui allaient se succéder que sur la tenue de la distribution organisée en parallèle. Son ami Sandro Silvestri, aussi utopiste que lui, complétait l'équipe. Le tandem au *look* à la Laurel et Hardy, Renzo petit et fin, Sandro grand et enrobé, s'avéra aussi peu adapté que possible à la gestion d'une entreprise. Gaumont acheta un circuit de trente-deux salles pour compléter son intégration en Italie. Mais la billetterie n'était pas vérifiée par l'État. La fourniture aux spectateurs de tickets numérotés « à la française » n'existait qu'en théorie. Une partie de la recette pouvait ainsi disparaître à l'insu des ayant-droits des films et même des propriétaires des salles ! En peu d'années, la filiale entière allait tourner au désastre financier, engloutissant des milliards de lires.

En 1980, Gaumont et Opéra films crurent consolider leurs liens avec Fellini en produisant *La Cité des femmes*. L'expérience s'avéra une équipée effrayante pour Toscan, en première ligne cette fois face à l'artiste. Le producteur partageait son temps entre Cinecitta et Paris où l'attendait un bureau surchargé d'autres responsabilités. Il vécut une des aventures les plus extrêmes de sa carrière.

La Maison, à Paris, était tombée en amour avec le pays de Fellini. Toscan était devenu aveugle. Pour couronner le tout, Fellini, l'artiste au génie reconnu de *huit et demi*, *I Vitelloni*, *La Dolce Vita* et tant de chef-d'œuvres, avait été co-scénariste et assistant réalisateur de Roberto Rossellini sur *Rome ville ouverte* et d'autres de ses films. (475)

Comment résister à un tel homme, qui déclara un jour à Toscan : *« nous devrions choisir d'être les enfants d'Al Capone ou de Rossellini »* ? (476)

Ses demandes les plus folles étaient acceptées par Daniel.

Fellini, jamais à cours de formules-choc, appela bientôt la société de son généreux producteur « Mamma Gaumont ». Le surnom resta, repris par tout le métier des deux côtés des Alpes.

Trois producteurs figurent au générique de *La Cité des femmes*, Renzo Rosselini, son cousin Franco et Daniel Toscan du Plantier lui-même, pourtant rarement nommé sur les films qu'il a produits et initiés. En principe les trois produisaient… Mais tandis que Toscan courait de Rome à Paris, en son absence Renzo n'avait aucune influence sur Fellini qui l'ignorait, régnait en maître absolu sur son plateau de Cinecitta et laissait filer les heures et les jours supplémentaires. Toscan essaya à sa manière douce d'éviter le désastre, mais le Maestro n'en avait cure. Pour compliquer encore la situation, un de ses comédiens, Ettore Manni, se tua d'un coup de feu de sa propre arme en pleine production. Interrompu quelque temps à la suite de l'accident, l'interminable tournage finit par durer plus de six mois, dans des décors hyperréalistes dispendieux créés par Dante Ferretti qui occupaient une grande partie des studios. L'escalade du budget se poursuivait sans fin.

Malgré l'accueil décevant du film au Festival de Cannes 1980, tant auprès de la presse que du public, et la perte abyssale qui résulta de sa commercialisation, Toscan recommença à produire Fellini en 1983. Il semblait comme hypnotisé par le grand artiste. Le scénario de cette nouvelle œuvre, *E la nave va* (*« Et vogue le navire »*), aurait pu être écrite par le cinéaste spécialement pour toucher Daniel tant elle correspondait à des thèmes qui lui étaient chers : En 1914, l'immersion en pleine mer des cendres d'une Diva, Tetua, réunit ses amis musiciens et artistes à bord d'un paquebot. L'action se situe en 1914. Des réfugiés de guerre Serbes occupent bientôt le bateau…

Entièrement tourné en studio à Cinecitta, dans un riche décor reconstituant le début du XXe siècle imaginé une fois de plus par Dante Ferretti, le film présentait la mer sous forme d'une bâche mouvante dont les vagues étaient actionnée par des machinistes. L'immense maquette du paquebot était supposée flotter sur cette mer artificielle… Le propos de Fellini n'était pas réaliste, mais philosophique.

E la nave va fut présenté à la 40e Mostra de Venise, en 1983. À posteriori symbole de la ruine de Gaumont en Italie, la « Ca Dario », louée par Toscan, abritait ses invités pour la durée du festival. Ce palais du Quattrocento orné de médaillons de marbre situé sur le Grand Canal inspira à Monet un de ses plus beaux tableaux de Venise. Daniel avait traité par le mépris la réputation du lieu de porter malheur à ses habitants depuis sa construction. Bâtisse un peu penchée, la maison maudite porte en effet sur son frontispice une inscription en latin à la louange de son commanditaire : *« urbis genio Ioannes darius »* [477], qui peut se transformer en un anagramme lourd de menace : *« Sub ruina insidiosa genero. »* [478]

Son interprétation exacte varie suivant les traductions, mais le sens général indique indéniablement un fort risque de catastrophe pour l'habitant des lieux. Or le fait est que les propriétaires successifs de ce palais connurent à travers les âges des fortunes tragiques allant de la banqueroute à l'assassinat en passant par le suicide… Toscan devait y repenser souvent par la suite.

Cette année-là, Venise s'annonçait un Festival exceptionnel pour Gaumont qui présentait sous ses couleurs rien moins que Fellini et Bergman à la fois ! L'ultime chef-d'œuvre du Maître suédois, *Fanny et Alexandre*, obtint le prix FIFRESCI (prix international de la presse) [479]

La dernière œuvre du génial italien, *E la nave va*, était projetée hors compétition. *« Vous imaginez qu'il y avait une compagnie de cinéma au monde qui, un lundi, avait Bergman, et le mardi, avait Fellini… Probablement qu'il (ne) fallait pas d'ailleurs. »* [480]

Le festival se déroulait au moment de la célèbre régate historique annuelle, la traditionnelle *regata storica*, qui existe depuis 1494. (Par hasard à la même époque, l'architecte Pietro Lombardi venait de terminer la construction du Palais maudit loué par Toscan.) Cette course de gondoles passionne les vénitiens. Précédée d'un défilé d'embarcations décorées dont les rameurs sont vêtus à la mode de la Renaissance, elle a lieu le premier dimanche de septembre. La circulation moderne est interdite sur les canaux, soulignant l'authenticité de ce spectacle chamarré. Les bateaux passent sur le Grand Canal, et, en ce dimanche 4 septembre 1983 magique, les invités de Gaumont au Festival se pressaient donc aux fenêtres et aux loggias de la « Ca Dario », aux meilleures places pour voir cette scène inoubliable tout droit sortie d'une peinture de Guardi. Comme toujours, Daniel avait généreusement mélangé invités prestigieux et collaborateurs de la maison éblouis. Akira Kurosawa, le Maître japonais, était du nombre, venu demander à Daniel de produire son prochain film, *Ran*, que les sociétés de cinéma de son pays ne voulaient pas financer sans le soutien d'un homme tel que lui. Toscan était au faîte de la gloire. C'était pourtant son dernier festival de Venise.

Bergman, qui assistait à la Régate, en eut l'intuition. Prenant à part le producteur dans le salon, sous les plafonds de Véronèse : *« Sans vous, je n'aurais jamais fait ce film* (Fanny et Alexandre) *qui est la somme de ma vie et de mon œuvre, dit-il en me fixant de son regard profond et perturbant (à la fois prêtre et psychanalyste) ; je ne connais rien au monde du cinéma mais je sens sur vous une menace… »* (481)

Le film de Fellini marqua en effet la fin de l'aventure de Gaumont en Italie et, au-delà, la montée des inquiétudes graves de Nicolas Seydoux, qui allaient peu à peu entraîner le licenciement de son directeur général et ami moins de deux ans plus tard.

Auparavant, Toscan eut le temps d'imprimer sa marque et de participer à l'œuvre, parfois tardive, des meilleurs réalisateurs transalpins : Ettore Scola, Michelangelo Antonioni, Marco Bellochio, Marco Ferreri, Mario Monicelli, Luigi Comencini, Francesco Rosi…

Mais les années d'or d'une Italie terre bénie du cinéma s'achevaient. Les comédies et les films de ces grands artistes, à la suite du néo-réalisme de Rossellini, Fellini ou des chefs-d'œuvres de Visconti, avaient été découverts auparavant par le public français, soutenus par le travail de presse sans relâche d'hommes passionnés comme Simon Mizrahi. Les réalisateurs de ces vingt glorieuses étaient servis par une génération de comédiens inoubliables tous à peu près du même âge : Marcello Mastroiani, Vittorio Gassman, Alberto Sordi, Ugo Tognazzi, Nino Manfredi, parfois rejoints par des acteurs français comme Philippe Noiret, Michel Piccoli ou Annie Girardot qui participaient à des co-productions entre les deux pays.

L'ambition internationale de Gaumont visait à l'établissement d'une société italienne intégrée et puissante, aussi solide que la maison mère en France. Le choix d'un tel pays pour s'implanter paraissait se justifier dans les années 1970. Le cinéma avait explosé après la guerre : *« … Écoutez, on va prendre le cas d'un pays où on produit presque plus qu'en France. Regardez comme ça a été important le cinéma italien dans l'image que l'Italie a projetée d'elle-même après la guerre. L'Italie est un pays détruit, pauvre, et d'un seul coup, on a vu arriver, à travers le néo-réalisme, puis à part cela avec sa continuation, le passage de de Sica à Antonioni, d'un seul coup on a vu le changement. On a vu une image formidable. »* (482)

En 1978, à Paris, le conseil d'administration de Gaumont notait : *« en additionnant les deux marchés, on totalise les deux tiers du marché américain. »* (483)

Les chiffres du métier étaient encore bons dans la péninsule à cette époque. Pourtant dès 1983 Gaumont Italie s'apprêtait à fermer ses portes, dans un désastre financier historique, tandis que le pays découvrait depuis 1980 Sylvio Berlusconi, l'industriel dont la politique audiovisuelle commerciale agressive et bas de gamme allait entraîner la destruction du cinéma italien pour des années. Gaumont Italie était ruinée, la production terminée, puis les salles vendues au groupe américain Cannon en avril 1985. Une triste époque s'annonçait pour le cinéma italien. Seuls allaient réussir à faire des films quelques jeunes réalisateurs talentueux et obstinés, souvent acteurs eux-mêmes, comme Roberto Benigni et Nanni Moretti, ou Giuseppe Tornatore.

Gaumont Italie et Opéra Films étaient arrivés trop tard, avec une politique grandiose et mal gérée qui avait abouti à cette catastrophe, malgré la production d'un catalogue de films italiens impressionnant avec le recul.

Dans ce pays séduisant dès le premier regard, mais dur comme l'airain dans la réalité, Toscan, tombé sous le charme, paya au prix fort son apprentissage du métier de producteur d'artistes italiens :

« ... ce qui depuis m'a été confirmé par la pratique des grands : leur cinéma se fait envers et contre tout, souvent contre tous, et d'abord les malheureux producteurs qui paient cher leur petite vanité. C'est une école de sang-froid, de cynisme sans équivalent dans les périodes de paix civile : quoi qu'on fasse, on est toujours surpris par les trésors coûteux de l'imagination perverse de ces génies, si charmants avant le tournage, ouverts à tous, soucieux des économies, infiniment raisonnables, et qui, dès le premier jour de tournage, deviennent des fauves sans pitié. C'est une cruauté nécessaire et sans doute le seul moyen de surmonter les contingences sans fin de toute production, les obstacles matériels, financiers, humains qui font de la réalisation une toile d'araignée asphyxiante dont ils ne peuvent garder le contrôle qu'à travers un mélange, à réinventer tous les jours, de ruses, de menaces, de séduction, de crises, de ruptures, de défis, de chantages incessants (...) – 'Les artistes ont toujours raison, me dis-je souvent, même quand ils ont tort !' – Mais c'est plus facile à affirmer qu'après à vivre, quand tout fout le camp et que nos maîtres ne me laissent que mes yeux pour pleurer et leurs factures à payer (...) On comprendra que j'ai du mal à sortir de l'aéroport de Rome. » (484)

« ... L'Italie, faut y aller comme touriste, et encore sans carte de crédit parce qu'on vous la pique Piazza Navonne. » (485)

En 1984, juste avant la fermeture d'Opera films, Daniel Toscan du Plantier produisit pour la dernière fois un film d'un réalisateur italien, Francesco Rosi, avec qui il avait travaillé deux fois dans le passé, sur *Le Christ s'est arrêté à Eboli* en 1979 et *Trois frères* en 1981. Il s'agissait cette fois d'un film signé par la filiale italienne, en co-production avec Gaumont Paris et les productions de Marcel Dassault, en majorité financé par la France : *Carmen* d'après l'opéra de Georges Bizet, tourné en Espagne.

La filiale italienne de Gaumont avait ainsi commencé et terminé ses productions par deux grands opéras produits par Daniel, *Don Giovanni* et *Carmen.* (486)

Mais dorénavant les dés étaient jetés ; le lien était déjà dénoué. Le triomphe commercial de ce film ne pouvait plus rien changer sur le fond. Toscan ne travaillerait plus jamais avec des réalisateurs italiens. Il ne fit qu'une seule exception à cette nouvelle règle de vie, pour un film de sa femme Francesca Comencini, *La lumière du lac*, tourné en France en 1988.

– 5 –
Gaumont : les années Toscan

Quand Nicolas Seydoux et Daniel Toscan du Plantier s'installent au 7e étage de l'immeuble de la Gaumont en 1975, c'est une « vieille dame » dont ils ont désormais la responsabilité. Elle a déjà un passé prestigieux.

À l'aube du cinéma, dès 1897, Gaumont se mit à produire les premières fictions, réalisées par Alice Guy, la secrétaire de Léon Gaumont, un ingénieur qui commercialisait des caméras et cherchait simplement à les promouvoir… Les succès et la créativité enthousiaste d'Alice poussèrent le jeune chef d'entreprise vers la production de films. Léon Gaumont choisit le logo d'une marguerite pour sa société, en hommage à sa mère dont c'était le prénom. Puis, continuant la diversification, il ouvrit en 1906 sa première salle de cinéma, sur le boulevard Poissonnière à Paris, le Gaumont Théâtre. En 1913, Louis Feuillade créait le personnage populaire de Fantômas pour Gaumont. La société n'allait plus cesser de se développer.

Daniel Toscan du Plantier arrivait donc à la tête d'une entreprise ancienne qui avait ses habitudes et ses hommes déjà en place. Deux branches étaient particulièrement puissantes.

La force de frappe de production de la maison, Gaumont International, était dirigée par Alain Poiré depuis les années quarante. À 58 ans, il affichait un palmarès remarquable. Son talent à faire exister le cinéma traditionnel français et en particulier les comédies à succès le plaçait très haut dans le métier, parmi les quelques producteurs ayant un accès permanent aux stars les plus recherchés. Bien que producteur pour le compte de Gaumont, il avait droit à un pourcentage personnel de 7 % sur les recettes de ses films. En prime, il avait gagné le respect des artistes, de leurs agents et aussi des exploitants car ses films remplissaient les salles.

Depuis ses débuts trente ans plus tôt avec la série des *Caroline* interprétée par Martine Carol, mais aussi bien *La Poison* de Sacha Guitry ou *Les Casse-pieds* avec Noël-Noël et Bernard Blier, Poiré avait produit près de cent films avec toutes les vedettes populaires de l'époque. Les gloires du cinéma français, de Jean Gabin à Bourvil, de Jean Rochefort à Annie Girardot, figuraient tous sur ses génériques. Parmi ses titres des années 1960-1970, on retrouve des triomphes du *box office* aux répliques et aux gags mémorables comme *Le grand blond avec une chaussure noire* d'Yves Robert avec Pierre Richard, *La folie des grandeurs* de Gérard Oury avec Louis de Funès et Yves Montand, ou *Les Tontons flingueurs* de Georges Lautner avec Lino Ventura, Bernard Blier, Francis Blanche, Claude Rich (et les autres)… dont le dialogue de Michel Audiard est encore aujourd'hui récité par cœur par des afficionados de toutes générations. [(487)]

Au moment de l'arrivée du tandem Seydoux - Toscan, Alain Poiré venait de produire un nouveau succès, *La Gifle*, un film de Claude Pinoteau écrit par Jean-Loup Dabadie, avec Isabelle Adjani, Lino Ventura et Annie Girardot : des poids lourds pour la plupart représentés par ArtMedia, comme beaucoup des talents qu'il faisait tourner. Poiré était donc un bon client de Gérard Lebovici, avec qui il entretenait des relations cordiales d'intérêt mutuel, sans être vraiment proche de lui.

Daniel Toscan du Plantier se situait à un autre niveau. À l'époque, il méprisait un peu les succès commerciaux qu'il voyait comme des films faciles, en particulier les comédies, malgré le plaisir que venait de lui procurer la réussite de *Cousin, cousine*. Tout plein de son projet personnel, il entendait produire les artistes qu'il considérait comme les plus grands réalisateurs du monde. [(488)]

C'est pourquoi, dans un premier temps, il ne s'intéressa pas beaucoup à Poiré et à ses productions populaires qui rapportaient d'abondantes recettes. Toscan sous-estima le pouvoir d'Alain Poiré au sein de Gaumont et ne chercha pas du tout à s'en rapprocher.

La société reposait sur un autre socle, particulièrement solide : ses salles de cinéma et leur programmation. Depuis 1967, Gaumont s'était même associée avec Pathé pour l'exploitation conjointe de leurs salles au sein d'un Groupement d'Intérêts Économiques (GIE). C'était un véritable empire, géré de manière autonome, face à son concurrent, UGC, qui n'était privatisé et organisé que depuis 1971. Tout ce métier vivait sur des structures récentes. Nicolas Seydoux, convaincu de l'importance du circuit, se mit rapidement à moderniser ses salles et les équiper des meilleures technologies, tout en complétant l'omniprésence de la société par l'achat de quelques beaux emplacements.

En plus de leurs propres écrans, Pathé et Gaumont assuraient la programmation de nombreuses salles associées, propriétés d'exploitants indépendants, qui bénéficiaient ainsi d'un accès aux films facilité par le poids de leur GIE.

Le président de ce groupement était Nicolas Seydoux, et le directeur général, Pierre Vercel, un dirigeant de Pathé au *look* de colonel.

Derrière lui, Denis Chateau était directeur des programmes. Il était entré chez Gaumont en 1965, après avoir été assistant de production sur le premier film de Costa Gavras, *Compartiment tueur*. La majorité de l'équipe dirigeante avant l'arrivée de Nicolas Seydoux, assez endormie, était en place depuis la fin de la guerre, les années quarante-cinq. Peu à peu, les directeurs partaient à la retraite. Denis, réussissant dans toutes les missions qui lui étaient données, prit du pouvoir au fur et à mesure de leurs départs. Mais il prétendait avec humour que personne n'avait été engagé pendant dix ans après son arrivée et que le champ était libre car il n'avait pas eu de concurrent… *« Le meilleur de ma génération ? Le seul !... »* (489)

Lorsque deux ans après l'arrivée de Nicolas Seydoux, début 1977, le directeur de la distribution, Antoine Messina, partit lui aussi à la retraite, Chateau, bien assisté pour le GIE par un jeune programmateur habile qu'il avait engagé, Ariel Zeitoun, cumula tout naturellement les responsabilités du GIE et de la distribution Gaumont.

Cependant, cet homme tranquille que rien ne paraissait pouvoir troubler s'opposa avec fermeté à Daniel Toscan du Plantier à l'occasion de la sortie de *L'œuf du serpent* de Bergman. Pour être susceptible d'obtenir le César du film étranger en 1978, l'œuvre du réalisateur suédois film devait être en salle avant la fin de l'année 1977. Or la version française du film n'était pas prête. Chateau était convaincu qu'un tel film ne pouvait pas connaître de succès sur la version originale seule. Il pensait que cette exploitation tronquée exigée par Toscan allait saborder la carrière du film.

Ce qui fut le cas…

L'œuf du serpent n'obtint pas le César convoité par Toscan, et fut l'échec commercial craint par Chateau, à une époque où les versions originales ne fonctionnaient sur le public que dans quelques quartiers élitistes.

À la suite de cet incident, Denis décida de partir. Nicolas Seydoux, conscient que la nouvelle équipe risquait de perdre un collaborateur expérimenté, lui offrit la programmation et les salles du GIE, ainsi que de facto un regard sur la publicité des films Gaumont, fonction non officielle mais qui lui donnait un poids supplémentaire. En effet, les salles devaient à l'époque payer la publicité des films dont elles annonçaient la sortie prochaine. Leur empressement à déployer les affiches de certains films dans les halls d'entrée pouvait aider à leur démarrage… Chateau, par ailleurs collectionneur d'affiches anciennes, avait vite prouvé à la nouvelle équipe son goût sûr et créatif dans le choix de cette publicité si essentielle.

Le réel patron du GIE était donc maintenant Denis Chateau, qui régnait sur plus de 700 salles avec une bonhommie apparente et une compétence reconnue. C'est lui qui dirigeait le circuit et la programmation de l'ensemble, après avoir négocié chaque film avec son distributeur longtemps avant sa sortie. Il donnait son avis sur tout, et décidait des emplacements et du nombre final des salles.

Son succès dépassa les espérances.

Cinéphile depuis son plus jeune âge, d'un abord discret, inconnu de la presse, redouté ou adulé des professionnels selon leurs relations personnelles avec lui, Chateau augmenta rapidement la puissance de l'empire Gaumont Pathé. Il prenait connaissance des films des mois à l'avance, avant même leur tournage, pour préparer sa grille de la saison suivante. Il se tenait au courant de la production en cours dans le monde entier.

Chaque semaine, le lundi matin, jour de la programmation, il alimentait les salles en nouvelles sorties et estimait la carrière encore à venir des films déjà en exploitation suivant leurs résultats. Il pouvait ainsi prolonger ou raccourcir la vie d'un film sur ses écrans, et portait une partie substantielle de sa carrière commerciale sur les épaules.

Les films étaient issus de toute l'offre proposée par le marché français. Le GIE Pathé-Gaumont s'approvisionnait auprès de la distribution Gaumont, mais également des autres distributeurs, américains et français concurrents des films au label Gaumont. Ces distributeurs de leur côté cherchaient à placer leurs films dans les meilleurs cinémas dont les salles du GIE représentaient le fleuron aux côtés du circuit UGC.

De manière moins connue, le pouvoir de Denis lui permettait aussi de garantir à des producteurs français une sortie en salle pour un projet de film alors qu'il n'était pas encore réalisé. De ce fait il avait parfois un rôle clef dans l'existence même de certains films qui semblaient difficiles « sur le papier », par exemple des premiers films. Sans être impliqué en titre dans la production, il arrivait à en faire tourner certains par sa seule signature. La garantie de sortie dans le circuit qu'apportait Chateau et l'influence qui était la sienne dans le métier étaient une aide considérable pour les artistes et producteurs français qui réussissaient à capter son intérêt. Car le nombre de salles et d'écrans du GIE Pathé-Gaumont lui permettait de trouver toujours un espace pour ces films d'auteurs sans avoir à diminuer le nombre de copies des films dits commerciaux.

C'est ainsi par exemple que se monta le premier film de Bertrand Tavernier, *L'horloger de St Paul*, appuyé sur une garantie de 100 000 entrées sur Paris donnée par Chateau en 1974.

Par ailleurs, les salles Gaumont et Pathé ainsi que celles des associés programmés par le GIE bénéficiaient d'emplacements exceptionnels à Paris et en province. À cette époque, les grandes façades des cinémas étaient décorées de toiles peintes géantes pour annoncer les films importants. Ces panneaux situés au-dessus de l'entrée des salles prestigieuses étaient uniques au monde, et bien connus des réalisateurs du monde entier, passionnés par les Champs-Élysées, Montparnasse, les Grands Boulevards, et autres lieux mythiques de la fréquentation. Denis Chateau était aussi responsable de cette publicité.

Il était donc logique que Chateau, en plus des distributeurs français, soit courtisé par les grands distributeurs américains qui négociaient la sortie de leurs films dans le circuit, car la France représentait pour eux à l'époque le second marché en termes de recettes, après les États-Unis, avant que la Chine ne la devance depuis maintenant quelques années. Il était invité chaque année à Los Angeles à la convention organisée par la puissante association des *« major »* distributeurs américains, CIC, Cinema International Corporation, et rencontra Lew Wasserman lors de ces rencontres. (490)

Si l'on considère, qu'en France, environ 50 % de la recette des films en salles reste acquise à la salle elle-même, on mesure la puissance de la machine que dirigeait Chateau et l'étendue de son pouvoir auquel il paraissait pourtant ne pas attacher d'importance personnelle.

Les bureaux du GIE Pathé Gaumont occupaient le sixième étage de l'immeuble Gaumont, juste en dessous de ceux de Toscan et Seydoux. Mais leur position géographique était trompeuse : l'indépendance du groupement, ses liens commerciaux avec des concurrents de Gaumont, et le flux d'argent que générait cette association de salles en faisait une puissance à part qui échappait à l'autorité de Gaumont comme à celle de Pathé.

Devant ce succès, certains cadres de Gaumont se mirent à trouver donc que ce GIE disposait d'une position ambiguë par rapport aux intérêts des films de la maison.

En effet, la commercialisation du cinéma présente une caractéristique paradoxale qui étonne dans un premier temps : le distributeur représente le film, le programmateur la salle. Un film est distribué par une société qui finance sa sortie, sa publicité, ses copies. Il porte sa marque, Gaumont, UGC, Pathé…

La salle, de son côté, peut être indépendante ou appartenir à un circuit. Elle défend son nombre d'entrées et non pas un film directement. Les mauvaises langues disent même que certains directeurs de salles s'intéressent plus aux ventes de confiserie de l'entracte, fort lucratives, qu'aux films.

Si la salle ou le circuit de salles appartient à une société de distribution, il peut y avoir conflit d'intérêts. La salle peut être tentée de retirer un film qui ne marche pas, même si le film est distribué par sa société mère. Le nombre de salles gérées augmente le pouvoir du programmateur, donc paradoxalement le risque éventuel couru par certains films distribués par la maison mère, qui pourtant touche les recettes de la salle aussi.

Chateau, par ses fonctions à facettes, était donc supposé défendre les salles parfois contre les films s'ils ne marchaient pas… y compris contre les films Gaumont… Mais il adorait le cinéma et les talents, de sorte qu'il se sortait des situations les plus délicates par son habileté, en ménageant ses interlocuteurs sur le long terme en même temps que les intérêts du GIE.

Flegmatique et même à l'aise comme un poisson dans l'eau face aux crises et aux passions, il avait un art tout particulier de renvoyer le problème dans le camp de son adversaire, comme le joueur de tennis qu'il était renvoyait la balle de l'autre côté du filet.

Réservé à l'extrême, il se laissait découvrir sans se révéler et pouvait se montrer très silencieux. Cela le rendait intimidant. Mais il avait ses inconditionnels. Un homme comme Frédéric Mitterrand, alors producteur, qui connaissait des jours parfois difficiles, allait jusqu'à le surnommer affectueusement « Papa ». Lorsque je fus amenée à travailler avec lui, j'ai eu le loisir d'apprécier ses compétences et son humour et de découvrir son extrême humanité et sa chaleur… toutefois il faut avouer qu'il me fallut d'abord surmonter une période d'inhibition paralysante.

Il n'empêche, l'entourage de Daniel Toscan du Plantier lui attribua rapidement une réputation quelque peu sulfureuse, à la fois à cause de ses fonctions et de son caractère opposé à la fougue de leur patron. Toscan lui-même, déconcerté par le caractère discret de Chateau ne savait trop comment le situer à la suite de leur unique clash initial.

Pour couronner le tout, Denis Chateau ne cachait pas son amitié pour Gérard Lebovici, qui l'estimait et adorait discuter avec lui. Ces deux taciturnes avaient mille choses à se dire. Le patron d'ArtMedia s'appuyait sur lui lors de la sortie des films de ses poulains. Or on le sait, Toscan se méfiait de Lebovici, puissance établie du métier… Il pensait que l'alliance du programmateur et de l'agent pouvaient présenter un risque pour ses propres films.

« D'après Toscan, Lebovici trouve des appuis à sa politique au sein même du GIE Gaumont-Pathé. Il existe, selon lui, un axe Lebovici-Denis Chateau, maître tout puissant de la programmation du groupement, seul détenteur du sésame des salles. Gaumont nourrit un contre-pouvoir machiavélique qui mine ses initiatives ! Querelle

de sourds ! Le GIE, comme la plupart des exploitants, apprécie peu les initiatives de Toscan. Le personnage est jugé séduisant, mais incapable de fabriquer un succès. Il faut donc bien diversifier les fournisseurs. Les productions d'Alain Poiré et les initiatives de Lebovici sont à cet égard moins décevantes. Nulle duplicité à préférer Belmondo à Martha Meszaros, Verneuil à Carlos Diegues : le tiroir caisse émet tout simplement une musique différente. » (491)

Mais Denis Chateau restait imperturbable et Daniel Toscan du Plantier ne pouvait rien reprocher à ce gestionnaire amoureux du cinéma dont la filiale marchait si bien.

Toscan avait établi son mode de fonctionnement, une politique ambitieuse, économiquement périlleuse, ouverte sur le monde pour attirer les meilleurs projets. Il faisait le pari que la qualité paierait. Il travaillait avec des services divisés entre eux sur lesquelles il régnait avec charisme, mais sans créer de liant entre les responsables qui communiquaient mal entre eux. Il en résultait une atmosphère parfois au bord de l'explosion, des clans et des rivalités internes.

Chateau au contraire dirigeait une équipe jeune et enthousiaste dans une ambiance détendue. Il ne paraissait jamais contrarié, même lors d'orages inévitables, par exemple certains lundi matins de folie où les distributeurs finissaient parfois par hurler au téléphone pour essayer de garder leur film sur les meilleurs écrans quand il fallait faire la place pour d'autres. Son expression récurrente face à des situations de crise ou à des choix difficiles, *« je ne suis pas nerveux »*, correspondait à une réalité. Il restait calme. Il réussissait de même à faire disparaître les frustrations des propriétaires des salles programmées qui, gâtées par leur accès facile aux films grâce à la force de frappe du GIE, en réclamaient toujours plus, car : *« ils recevaient de l'or à la cuillère et se plaignaient de ne pas le recevoir à la pelle. »* (492)

Le succès sans faille du GIE n'allait d'ailleurs pas tarder à susciter les foudres politiques du nouveau pouvoir dès l'arrivée du Président Mitterrand… En 1981, le groupement serait cassé par le ministre de la Culture, Jack Lang, soucieux de protéger les petits contre les gros. Pathé et Gaumont seraient sommés de se séparer. Denis Chateau resterait le programmateur des salles Gaumont et de ses indépendants affiliés. (493)

Ce n'est que quelques années plus tard, que Daniel Toscan du Plantier, secoué et même mis en danger par son expérience italienne, réalisa le risque qu'il courait face aux actionnaires de Gaumont. Il comprit que Denis Chateau pouvait être un allié fiable surtout s'il le consultait, et voulut l'impliquer en amont dans le choix des films produits et distribués sous le logo de la Marguerite. Il espérait ainsi que son programmateur veillerait avec bienveillance dans les salles, plus tard, sur ces films sur lesquels il aurait donné son avis.

Mais en 1977, quand Denis Chateau quitta brutalement la distribution Gaumont après l'affaire Bergman / *L'œuf du serpent*, Daniel dut engager un nouveau directeur pour le remplacer. Il choisit René Bonnell sur un coup de foudre, à la suite d'une émission de télévision où les deux hommes avaient été invités ensemble pour parler de cinéma. Bonnell était un universitaire passionné du septième art. Étudiant, il avait réussi à convaincre un professeur d'accepter de patronner sa thèse d'économie peu orthodoxe, intitulée « Le Cinéma exploité ». Ce sujet atypique avait été auparavant refusé par plus d'un barbon choqué par son choix. Cette thèse fut éditée sous forme d'un recueil théorique et c'est en discutant à son propos sur un plateau de télévision qu'il rencontra Toscan, tout de suite séduit par lui. (494)

Cependant, toute nouvelle recrue n'a pas le statut privilégié du fils de Rossellini, imposée au sein de la Maison avec l'immense ardeur de Toscan. Bonnell a droit à une grande offensive de charme du directeur général, qui ne défend pas pour autant son choix auprès de Nicolas Seydoux. Le président est surpris par le profil du nouvel entrant. *« Nicolas Seydoux me reçoit avec amabilité mais sans conviction. Je le quitte avec le sentiment que je ne suis pas près de revoir la couleur de sa moquette. »* (495)

Toscan le laisse faire ses armes. Mais tout juste nommé chargé de mission dans un premier temps, puis enfin adoubé « directeur de la distribution Gaumont », René Bonnell est dès son entrée dans la Maison moins consulté sur les choix des films Gaumont qu'il ne l'avait imaginé en acceptant ses fonctions. Malgré sa cinéphilie qui l'avait amené, en 1967, à être le plus jeune juré du Festival de Cannes et le seul étudiant jamais convié dans ce cénacle, malgré son image d'économiste du cinéma venue d'une précédente carrière d'universitaire, les personnalités de Daniel Toscan du Plantier et d'Alain Poiré lui laissent peu d'espace (voire quasiment aucun, la courtoisie mise à part) dans les décisions d'acquisition.

D'autre part, fidèle à sa méthode de gouvernement par la division, Toscan ne va pas donner à Bonnell un des outils nécessaires à un vrai directeur de la distribution, la main sur la presse et la publicité.

Martine Offroy, qui dirigeait ce service, garda une position ambiguë mais bien établie entre les deux hommes, tout en augmentant sa stature dans l'ensemble du métier par un poste saisonnier qui la mettait en vedette, l'accueil et la gestion des personnalités invitées au Festival de Cannes. Le décalage de ce poste par rapport aux lourdes fonctions de la jeune femme chez Gaumont était soutenu par Daniel Toscan du Plantier et Nicolas Seydoux, car Martine Offroy pouvait leur rendre bien des services en travaillant au cœur d'un Festival si fondamental pour les films de la Maison. Pour couronner le tout, René Bonnell et Martine Offroy devaient tous les deux également compter sur l'avis consultatif mais écouté de Denis Chateau sur la publicité.

Bonnell devait donc présider comme il pouvait à la carrière des films au label de la Marguerite, origine « DTP » aussi bien qu'Alain Poiré. Il était dans la position inverse de Denis Chateau : Il traitait les films en vue de leur sortie en salles, tant celles du GIE Pathé Gaumont que toutes les salles concurrentes de France, par exemple les salles UGC.

Il se retrouvait donc en face de Chateau. Une certaine opposition entre un directeur de la programmation et un directeur de la distribution Gaumont paraissait inévitable. Leurs fonctions leur donnaient des motifs de rivalité objectifs. Mais leurs caractères n'allaient pas les aider à s'intéresser l'un à l'autre, malgré une cinéphilie commune qui aurait pu les rapprocher. Toscan observait.

Les négociations de programmation des salles françaises avaient lieu, comme encore aujourd'hui, tous les lundis.

Elles doivent être terminées à 13 h 30 heures pour Paris et la province, pour communiquer à temps les programmes et les horaires des films aux hebdomadaires de spectacles. Les discussions ont lieu au téléphone et virent parfois à la violence verbale entre distributeurs et programmateurs, l'appareil collé à l'oreille toute la matinée. Les arguments de part et d'autre s'appuient d'une part sur les résultats de la semaine écoulée, de l'autre sur les promesses faites précédemment pour la sortie des nouveaux films.

La publicité de ces films est déjà mise en place depuis la semaine précédente, ce qui interdit un décalage de date de dernière minute sous peine de préjudice grave.

Il arrive que certains lundis, dans une ambiance de drame, le programmateur prenne une décision « au chalumeau » à 13 h 29, laissant un distributeur frustré et éructant de ne pas avoir obtenu ou gardé les salles convoitées pour son film. Le distributeur se trouve alors dans un état de stress augmenté par le fait qu'il va rendre compte au producteur et même parfois aux acteurs du film éconduit de l'échec de son combat défensif.

Mais distributeur et programmateur doivent faire refroidir leur passion bien vite : chacun sait que l'on se retrouvera dès les premiers chiffres du démarrage des films le mercredi, pour parler de l'avenir, proche et lointain, de la semaine suivante, de la saison suivante, pour le film du jour, pour un autre. Les réconciliations sont rapides après les énervements. Nécessité fait loi. C'est le souk… Le lundi matin n'est au fond qu'un acte spectaculaire du jeu complexe et sans fin de la programmation des salles de cinéma.

Dans ce débat, on comprend que lorsque le programmateur est amené à contrarier gravement un distributeur, son habileté et les relations personnelles qu'il a nouées avec son interlocuteur dans le passé ainsi que l'intérêt commun futur des deux protagonistes face aux futurs films puisse détendre l'atmosphère. C'est un métier où les occasions de renvoi d'ascenseur sont fréquentes.

Mais la place complexe et discrètement royale de Denis Chateau au sein de la Maison rendait René Bonnell tout simplement malade. Tout directeur de la distribution Gaumont à la place de Bonnell n'aurait pu que ressentir une certaine frustration face au pouvoir de Denis Chateau. La différence de tempéraments des deux hommes faisait le reste. Entre-eux régnait une animosité feutrée, sans que l'agressivité n'éclate jamais au grand jour, car Denis évitait les conflits tout en manipulant les situations ; mais René avait en charge la sortie de l'imposante quantité de films acquis par Toscan, sans compter les films produits par Poiré. Aussi Chateau avait-il beau jeu de lui distiller quelques formules telles que *« Combien de films cette semaine ? Indiquez-moi les films Gaumont que je dois débarquer pour placer vos nouveautés. »* (496)

Brillant, discrt, accueillant, avide de reconnaissance personnelle, René Bonnell recevait dans son vaste bureau, assis sous un arbuste imposant dont les branches retombaient au-dessus de son crâne. Tel Saint Louis sous son chêne, il évoquait l'image de la justice et de la sérénité. Il assénait de sages conseils, commentait les résultats des films et parfois, épiloguait sur les dernières intrigues de la Maison en se laissant aller à s'épancher auprès de ses visiteurs… Il se plaisait au contact des artistes auprès de qui il était populaire grâce à sa gentillesse et à son titre de distributeur des films Gaumont… sauf les jours d'amertume… Car les lundi matin un peu chauds, il pouvait se trouver dans une position difficile par rapport à un producteur ou des artistes dont le film avait été maltraité. Violence verbale… Violence de fait, parfois... Telle cette arrivée remarquée de Jean-Pierre Rassam dans le bureau du directeur de la distribution : *« En novembre 1982, il dévastera mon bureau en mon absence sous prétexte qu'il se sentait insulté par la date de sortie du* Jour des Idiots, *film de Werner Schroeter qu'il a coproduit. C'est ce que m'annonce une feuille de papier fixée avec un coupe papier sur le tronc d'un caoutchouc prospérant dans la pièce. Façon western. »* (497)

Toscan avait engagé Bonnell à un poste mal défini et tronqué. La Maison tournait à plein régime et sortait un film après l'autre à un rythme qui de toute façon mobilisait ses journées. Même quand il eut droit au titre de directeur de la distribution, il n'avait en réalité la mainmise sur rien. Coincé entre le pouvoir des autres, Toscan, Alain Poiré, Denis Chateau et Martine Offroy, Bonnell était condamné à la frustration mais il gardait une disponibilité d'esprit pour son engagement politique. Soutenant la gauche de Mitterrand comme Chateau et bien des responsables du cinéma, il fut le seul de la Maison à user de son influence en 1981 auprès de Jack Lang, le ministre de la Culture, pour pousser l'idée qu'il fallait casser le GIE Pathé Gaumont. Véritable fer de lance de cette campagne, il menait un combat qui fut considéré contre les intérêts de Gaumont, avec ses convictions et sa bonne foi d'économiste intellectuel issu de la fonction publique : *« … je défends mon point de vue : la position dominante du GIE Pathé-Gaumont est préjudiciable au bon fonctionnement de la concurrence… »* (498)

Plus tard, devenu le premier directeur du cinéma chez Canal + dès sa création en 1984, il avait dépassé ses préjugés. Il allait voir défiler tout le cinéma français en quête du financement devenu incontournable de la chaîne cryptée dans la production. Un métier entier avait pour lui les yeux de Chimène ; Toscan, devenu producteur indépendant, le premier…

Car ouvert et attentif, Bonnell n'allait pas manquer de dépasser souvent les obligations d'investissements de Canal pour sauver des films en situation difficile par une rallonge financière. Plus d'un producteur parisien de cette génération pourrait aujourd'hui accrocher le portrait de René Bonnell dans son bureau en signe de reconnaissance envers celui à qui ils doivent d'exister encore.

En 1978, le pouvoir de Toscan était bien établi et relayé par une presse fascinée. Il jouissait d'un tel soutien de Nicolas Seydoux que personne ne songeait encore à critiquer ouvertement sa politique. Le septième étage de l'avenue Charles de Gaulle parlait d'une seule voix, très médiatisée, celle de Daniel. Ni Denis Chateau ni Alain Poiré ne donnaient d'interviews sur leur politique. Seydoux cultivait la discrétion. René Bonnell et Martine Offroy suivaient Toscan, qui prenait des décisions à plein régime, fait unique, sans que les scénarios soient même lus. Il ne recherchait que l'artiste, le Maître. Seydoux était derrière lui, accordant sa confiance et son porte-monnaie, plus ou moins grand ouvert selon la notoriété du réalisateur et l'envie du directeur général de travailler avec lui. *« … J'avais le sentiment d'être davantage un éditeur qu'un producteur. Il y avait des œuvres et j'étais là. J'étais le « rien » de l'œuvre et j'en étais le tout puisque mon désir la rendait possible. En même temps, elle m'échappait absolument. D'ailleurs, je me moquais totalement du sujet, je ne m'intéressais même pas au scénario. Oui, oui, au point de refuser de les lire. »* (499)

Le cinéma d'auteur français avait trouvé un appui enthousiaste.

C'est ainsi que dans ses premières années au pouvoir, à la suite du succès de *Cousin, Cousine* de Jean-Charles Tacchella, Daniel mit en chantier des films de Robert Bresson, Bertrand Tavernier, Alain Corneau, Jacques Deray, André Delvaux, Costa-Gavras, entre autres artistes… *« … des dizaines d'œuvres dont je ne suis jamais l'auteur, souvent l'initiateur, toujours l'organisateur… »* (500)

Cette série où figurent les noms de Patrice Chéreau, Francis Girod, Éric Rohmer, Jean-Jacques Annaud, connut une fortune inégale. Les plus grands films de ces réalisateurs ne sont pas toujours sur la liste. Mais certaines œuvres remarquables restent dans les mémoires, tel le film *Série noire* de Corneau avec un Patrick Dewaere bouleversant.

Le producteur s'appuyait sur une de ses théories : *« Ce qu'il y a de passionnant dans le cinéma français, c'est une idée du cinéma. Le cinéma français, bon, il y a d'autres cinémas, mais c'est une idée du cinéma qui est originale, l'idée que c'est une œuvre. »* (501)

***

En plusieurs occasions, les sentiments personnels de Toscan se mêlèrent à son sens artistique et à ses envies pour produire des réalisations exceptionnelles.

Il initia ainsi une série de dix films qui révélèrent puis confirmèrent l'immense talent d'Isabelle Huppert dont il était tombé amoureux, commençant par *La Dentellière* de Claude Goretta en 1977, puis *Violette Nozière* de Claude Chabrol en 1978, qui amena à la jeune actrice le Prix d'interprétation féminine à Cannes. [502]

Séduit par le charme de Michel Drach comme par ses projets, il produisit trois de ses films, *Le Passé simple* en 1978, *Le Pull-Over rouge* en 1979 et *Guy de Maupassant* en 1982, avant de pleurer son ami disparu très jeune : *« Il disait toujours : Daniel m'aime mais n'aime pas mes films. J'ai aimé l'incroyable sincérité qu'il mettait dans tout, la simplicité qui lui faisait choisir ses histoires comme ses amis, ses combats, sa femme (…) Il nous manque. Au Père Lachaise, après Signoret, avant Montand, ses amis, nous étions désespérés d'avoir à vivre sans lui, avec tous ces morts du cinéma, Truffaut, Rassam, Dewaere, Lebovici, fauchés au milieu de leur chemin. »* [503]

Une autre des fidélités indéfectibles de Toscan l'attacha à un auteur talentueux et une personnalité discrète dans ce métier, Michel Deville. Ce réalisateur charmant dans la vie, économe sur les plateaux, original mais parfois audacieux, n'aurait eu besoin d'aucun autre producteur que sa femme Rosalinde à ses côtés, sinon pour l'encourager à s'autoriser à encore plus d'ambition. Deville fut (à ma connaissance) le seul metteur en scène que l'on pouvait pousser à la dépense sans risque.

« Avec Pialat, Deville est le réalisateur avec lequel j'ai le plus travaillé : ils ont en commun d'incarner une idée française du cinéma, l'un dans la tradition réaliste qui va des Lumière à Jean Renoir, l'autre dans une direction plus artificielle et sophistiquée, ludique, du côté de Feuillade et de Cocteau. » [504]

Cette fidélité fut réciproque. Après la série de films produits par Gaumont, *Le Dossier 51* en 1978, *Le Voyage en douce*, en 1979, *Eaux profondes* en 1981, *La Petite bande* en 1983, et *Péril en la demeure* en 1985, Deville décida d'abandonner la Grande Maison au départ de Toscan qu'il choisit de suivre après son licenciement. Il lui demanda de produire *Le Paltoquet* en 1986 dans la nouvelle société créée par Daniel dans les difficultés, Erato films : *« Quelques jours après mon départ de Gaumont, il m'a proposé de commencer un autre film, comme si de rien n'était. »* [505]

Deville avait apporté à Toscan le scénario du *Dossier 51* en 1978. Il était alors connu comme un bon directeur d'acteurs, qui faisait des films légers et aimés du public. Malgré son envie de travailler avec lui, le nouveau directeur de Gaumont fut saisi de crainte devant le sujet sévère du nouveau projet : *« La première fois, j'ai refusé, je l'ai supplié de ne pas s'aventurer dans ce* dossier 51, *dans l'histoire impossible de ce personnage qu'on ne voit pas. Il ne m'a pas écouté, et quand il m'a montré les premières images tournées, je me suis excusé ; depuis ce jour-là, je l'ai suivi dans tous ses films sans discuter. Bien m'en a pris : tous ont fait mon bonheur et celui du public. »* [506]

Fidélité, fascination, passion… Maurice Pialat lui aussi joua un rôle immense dans la vie de Daniel Toscan du Plantier.

En 1980, *Loulou* commence la série de films que l'artiste et le producteur vont faire ensemble. Ils marquent la carrière du producteur et de deux des acteurs qui lui sont les plus proches, Isabelle Huppert et Gérard Depardieu. [507]

Avec lui, tout est différent pour Daniel de ses relations avec Fellini et Rossellini, ses *« pères inventés »*, [508] des géants d'une autre génération, déjà au sommet de leur carrière lorsqu'il les rencontre. Ils ont influencé sa réflexion et son évolution. Toscan, depuis son adolescence, réfléchit en toute occasion sur l'art, la musique, la philosophie. Il rationalise ses émotions et ses plaisirs. Ces maîtres ont été nécessaires à son évolution. *« J'ai immensément aimé la position de disciple devant un maître. Mieux, j'ai aimé penser que l'artiste à qui je confie les commandes avait forcément raison, y compris contre moi. »* [509]

Pialat, lui, certes de quinze ans l'aîné de Toscan, est un maître dans son art mais il a un besoin d'être aimé et soutenu malgré ses contradictions. C'est un homme vulnérable, avec une volonté d'airain... La proximité artiste-producteur est intense entre les deux hommes, plus comme deux frères qu'un père et son fils. *« Moi… je suis producteur d'auteurs… Il y a des producteurs qui sont très actifs, qui sont là, refaite moi une prise… Moi je ne vois même pas. Je passe comme ça, vous savez, simplement pour dire que je n'ai pas oublié qu'ils tournent. Mais… une fois que c'est parti, c'est parti. Et puis je ne me demande pas si j'aime tout. D'ailleurs peut-être que je n'aime pas tout. … Moi, je voulais que ça ait lieu. Je ne voulais pas que ce soit moi, voilà. Je manie tous les compromis pour arriver à faire les œuvres. Je suis prêt à tout pour que se fasse ce qui doit se faire. Pour que l'utopie soit réalisée. Ça s'appelle très précisément produire des films : transformer l'utopie en réalité. »* [510]

Leur duo passionné et souvent difficile donnera cinq films à partir de 1980, dont une palme d'Or en 1987, attribuée à l'unanimité dans une ambiance houleuse à Cannes, *Sous le soleil de Satan.* [511]

Cette déclaration de Toscan s'applique tant à Pialat qu'on ne peut que se demander s'il ne l'a pas écrite en référence à lui : *« Dans la chaîne inventée par les Lumière, je ne me sens qu'un maillon nécessaire, complice, affectueux ; c'est un métier qui ne peut cacher longtemps sa seule raison d'être : l'amour. »* [512]

Mais cet amour fidèle est réservé à quelques artistes. Toscan n'est pas un producteur fiable dans ses propositions. Il n'aime pas se battre pour défendre quiconque. Il lui arrive de faire des promesses et de disparaître au moment de les honorer… Le réalisateur Fernando Solanas fit face à un abandon de ce genre. En 1983, exilé argentin menacé de mort dans son pays, il prit pour de l'argent comptant le soutien que lui faisait miroiter Toscan pour réaliser son projet français, *Tangos, l'exil de Gardel.* Après deux ans d'angoisse et de pauvreté, proche du désespoir, un Solanas épuisé parvint à financer son film grâce aux appuis du ministère de la Culture mobilisé par Denis Chateau et son équipe. Pour finir, *L'exil de Gardel* fut distribué in extremis par Gaumont, bien inspiré de rejoindre la production (en dernier partenaire) car l'œuvre remporta le grand Prix Spécial du Jury à la Mostra de Venise en 1985…

***

Cependant, en parallèle au développement spectaculaire de Gaumont en France et en Italie, Daniel Toscan du Plantier se lançait dans une ambitieuse internationalisation de la Maison. *« Quand je suis arrivé, dans les années 1970, ils étaient tous en chômage, les génies du cinéma mondial, en déshérence, abandonnés… Renoir, abandonné à Los Angeles, etc. Donc, j'ai pu faire un travail avec des maîtres. Gaumont, c'est l'entreprise de tous les cinémas… J'ai un rapport privilégié avec Nicolas Seydoux (…) On s'est fixé une politique ambitieuse géographique, à la conquête du monde, le Brésil, les États-Unis, l'Italie, des projets en Espagne, des idées au Japon (…) Tous les grands réalisateurs du monde, les auteurs-réalisateurs avec comme seul critère commun : pas les américains, voilà, parce qu'ils n'ont pas besoin de nous. »* [513]

À la suite d'Opéra Films à Rome [514], Daniel créait en 1977 Gaumont Inc. à New York, dirigé par Yvette Mallet. Puis il décidera de lancer une société de distribution de films européens d'« art et essai » à Los Angeles, Triumph Films, en association avec Columbia Pictures. La *« major »* américaine inaugurait ainsi une des premières filiales d'art et essai des studios. Mais cette expérience hybride ne convint pas aux Américains et se termina dès 1985. (515)

Poursuivant la même politique, Toscan développe Gaumont do Brasil à Rio. De Paris, il produit aussi des artistes allemands comme Werner Herzog et des réalisateurs d'Europe de l'Est, le russe Andreï Tarkoski, le polonais Andrzej Wajda, le hongrois Zsolt Kezdi-Kovacs dont les voix peinent à se faire entendre sous les régimes totalitaires. *« Ce qui fait l'art, c'est l'universalité des émotions, ce n'est pas la couleur des passeports. »* (516)

Avant que le désastre italien d'Opera Films ne se déclenche, le film de Joseph Losey *Don Giovanni*, en 1980, est un succès national honorable. Mais son dépassement de budget le rend impossible à rentabiliser à court terme sans recettes à l'étranger, même si la perception du problème est occultée par le brio de la sortie du film en France. Cette œuvre est le premier vrai film d'opéra jamais produit comme un spectacle à part entière. Tout le monde en parle à travers le monde de la musique et du cinéma, pour le louer ou le critiquer. L'aventure ne laisse personne indifférent. (517)

C'est le moment de tous les possibles pour Toscan. Oubliée, l'image de Gaumont comme celle d'une vieille dame. C'est désormais, aux yeux de tous, une entreprise jeune et hardie. Les espoirs d'une grande partie des cinéastes du monde convergent vers le bureau du septième étage de l'avenue Charles de Gaulle où Toscan les accueille. Même René Bonnell, bien placé pour constater de près que les recettes de la distribution sont parfois insuffisantes, confirme encore en 2011 : *« l'année 1980 marque l'apogée de Gaumont. Reine incontestée de la place, sortant d'un événement cinématographique d'une grande audace,* Don Giovanni, *où le prestige rejoint le succès public, Gaumont domine le marché dans tous les domaines. »* (518)

Car en 1980, outre Losey, Pialat, Resnais, Gaumont connaît également le triomphe du *Dernier métro* de François Truffaut. Gérard Lebovici avait rendu lui-même visite à Daniel Toscan du Plantier fin 1979 pour lui apporter le projet, se montrant pour la première fois tous charmes dehors envers le tandem Seydoux-Toscan. Il avait déjà des assurances auprès de Denis Chateau pour que les salles du GIE Pathé Gaumont assurent au film une exploitation de qualité. Mais il voulait davantage, il voulait la plus belle des sorties pour ce *Dernier métro* sur lequel il fondait de grands espoirs. Il voulait que la société la plus prestigieuse de la place, Gaumont, s'engage à fond derrière Truffaut.

Sa démarche montrait d'ailleurs l'estime dans laquelle il tenait la maison, au-delà de ses réticences personnelles envers Toscan.

Autour de ce sujet considéré par Lebovici comme un des plus forts jamais écrit par son ami Truffaut, tout était réuni pour créer l'événement : Catherine Deneuve était d'une beauté à couper le souffle, Gérard Depardieu, Jean Poiret et l'ensemble du casting, tous étaient exceptionnels. La popularité des acteurs choisis par Truffaut était au zénith. Et en prime pour Lebovici, tout le monde était représenté par ArtMedia !

Lebovici vendit en même temps à Toscan le projet de Resnais, *Mon oncle d'Amérique*, beaucoup plus difficile sur le papier. Il avait déjà en tête la sortie de *In Girum Imus Nocte Et Consumimur Igni*, l'œuvre de Guy Debord, dont le tournage était terminé depuis plus de deux ans et que personne ne voulait distribuer. (519)

Mais pour obtenir le logo de la Marguerite sur ce film-là, il lui faudra attendre 1981. Le triomphe de ses deux artistes favoris, Truffaut et Resnais, ouvrira les portes de Gaumont à Debord…

Toscan rêvait de voir figurer Truffaut dans la liste des « ses » réalisateurs et ne croyait pas que Lebovici le lui amènerait jamais. Il exulte, et déploie le grand jeu face à son impresario, lui déclarant qu'il ne lira mêle pas le scénario. Est-ce qu'on lit un texte de Truffaut avant de décider de le produire ? Pas Toscan… Il le répétera ensuite en de multiples circonstances : *« C'était bien que Truffaut soit là… C'était tellement bien que Truffaut vienne qu'il fallait prendre le pari que c'était le bon Truffaut. »* (520)

« Comme il ne faut pas mentir, si jamais le scénario ne me plaisait pas, je ne serais pas à l'aise ; tandis que là, jusqu'à nouvel ordre, cela me plaît que François Truffaut soit chez Gaumont. » (521)

***

C'est à la fin de l'année glorieuse 1980, après le triomphe du *Dernier métro* qu'arrive au 7e étage de Gaumont un scénario de 500 pages en anglais, *Fanny et Alexandre*, d'Ingmar Bergman. Le maître suédois a écrit à la main, en quelques mois, cette histoire en partie autobiographique si dense qu'elle ne peut être calibrée que pour la télévision. Son manuscrit, terminé depuis fin 1979, avait mille pages avant d'être tapé. Plus de cinq heures de film sont prévues.

Mais il s'agit bien d'un film de plus de cinq heures aux yeux de Bergman, et non d'un projet de télévision ordinaire, même s'il l'a divisé en chapitres pour moins effrayer les financiers. Cette « série de télévision » est pour lui une œuvre majeure. Il veut évidemment la tourner avec les moyens de ses meilleurs films et son équipe de cinéma, en tête le grand chef opérateur Sven Nykvist, qui le suit depuis le début des années soixante. (522)

Très vite, Bergman a compris qu'il ne pourrait pas refuser à des producteurs de monter une version courte pour le cinéma. Dans le passé, il a été un des seuls réalisateurs à avoir jamais réussi une œuvre en deux versions, cinéma et télévision, *Les scènes de la vie conjugale*, en 1973. Mais ces six épisodes d'un budget très raisonnable présentaient en tout et pour tout deux personnages principaux, un couple. Avec une maîtrise incroyable, l'artiste avait réduit les quatre heures cinquante de télévision à un film d'une exceptionnelle intensité de presque trois heures, gardant la quintessence du drame.

Fanny et Alexandre présente une toute autre série de difficultés. Film d'époque en costume représentant une famille nombreuse du début du XXe siècle, une soixantaine de comédiens, un millier de figurants, tourné dans des décors fastueux, le projet fait vraiment peur. Financer les cinq heures trente-cinq de film est déjà une gageure, réussir une réduction de cette histoire à trois heures pour l'exploitation en salle est un pari fou. Soit la série allait tirer en longueur, soit des scènes essentielles allaient manquer au film.

Bergman cherche donc beaucoup d'argent quand il envoie son épais scénario à Toscan. Car ses producteurs britanniques et français de *Sonate d'automne*, son film précédent, l'anglais Sir Lew Grade et le français Félix Sélinger ont été sollicités les premiers. Mais ils se sont retirés devant l'ampleur du projet. L'artiste veut tourner en Suède, avec le soutien insuffisant mais nécessaire de l'Institut Suédois du Film. La société allemande Tobis complétera le financement. Mais Bergman voudrait que Toscan soit un des producteurs en titre, et il a besoin des fonds de Gaumont.

Toscan ne va pas lire le scénario. D'abord il se proclame encore dans sa phase de fascination pour les « maîtres » reconnus, qui lui interdit tout jugement artistique sur leur projet. Mais il est tout de même inquiet devant le pavé qui trône sur son bureau, pour lequel on lui demande une fortune. Or il a déjà dépensé des fortunes sans retour dans l'immédiat, avec Fellini entre autres… Cependant, *« Je vais dire la vérité : quand j'ai reçu le scénario de* Fanny et Alexandre *de Bergman, à la page dix il m'est tombé des mains : cette histoire de famille me barbait. »* (523)

Toscan est indécis et tenté. Une anecdote sur ce chef-d'œuvre mérite d'être brièvement racontée, car elle dépeint l'enthousiasme, l'imprudence et en fin de compte la générosité dont il était capable.

Alors que j'étais depuis peu collaboratrice de Denis Chateau, en charge de la recherche de jeunes réalisateurs, Toscan me convoque et me confie le lourd scénario de Bergman. Sa conviction de la nécessité de lire les œuvres de qualité en alternance avec les scénarios « tout venant » (souvent très mauvais) l'amenait à me donner régulièrement les textes des réalisateurs confirmés pour ne pas perdre le sens du niveau nécessaire des œuvres à produire.

Mais son commentaire, ce jour-là, est inhabituel, alors qu'il me tend l'épais document : *« je suis troublé. Il faut vraiment lire… Lisez-le… Est-ce qu'on doit s'embarquer dans cette aventure ? »* (524)

Le scénario de Bergman s'avéra envoûtant. Lecture achevée, je me précipitai dire mon éblouissement à Toscan, qui répondit, rêveur et assez réservé : *« Mais, c'est très cher !! »*. Avec toute mon admiration, le feu de la jeunesse et l'irresponsabilité qui allait avec le peu de poids de ma voix dans la décision, je m'écriais que tout cela n'avait aucune importance, qu'un tel film ne pourrait que se rentabiliser et trouver la gloire : *« Un chef-d'œuvre… Voilà ce que Bergman allait réaliser. Peu m'importait le format, télévision, cinéma… Il fallait le faire… »*

Toscan me laissa partir, pour une fois silencieux. Une semaine plus tard, la décision était prise : Gaumont produisait *Fanny et Alexandre*. Je ne sus pas s'il l'avait fait lire à d'autres… Longtemps, je n'entendis plus parler de l'avancement de ce projet interminable, tourné au rythme des saisons en temps réel de septembre 1981 à fin mars 1982, pendant plus de six mois…

À la fin de 1982, Toscan m'appela dans son bureau et m'accueillit avec ces simples mots : *« Votre film est en bas* (dans la salle de projection). *Allez le voir maintenant. Oui, tout de suite ! Annulez le reste. »* (525)

Comme je ne saisissais pas, il me précisa qu'il s'agissait de la copie d'un film qui durait cinq heures et demie. J'avais compris… Je serais la première à le voir. En suédois non sous-titré… *« Prenez le script et une lampe de poche pour suivre le dialogue, puis revenez me voir »*, me dit-il. [526]

Nous étions deux dans la salle de projection pour découvrir *Fanny et Alexandre*, le film en version complète, Michel Pascal, alors directeur de la publicité, et moi. L'œuvre de Bergman nous bouleversa au point qu'aujourd'hui encore, lorsque nous nous rencontrons, nous évoquons cette journée avec émotion. Tel était aussi Toscan, capable d'un cadeau si inattendu et généreux.

Sortie en salles au printemps 1983, la version courte fut pour moi une vive déception après cette immersion magique dans une telle œuvre. Elle reçut toutefois le César à Paris et l'Oscar à Hollywood en 1984, après avoir obtenu le prix FIPRESCI de la Mostra de Venise en 1983… [527] et bien d'autres lauriers à travers le monde.

Toscan disait : *« J'y suis pas allé mollo sur la difficulté dans le cinéma… Bergman, c'est grandiose. »* [528], et il ajoutait : *«* Fanny et Alexandre *est un de ces films qui me donnent encore envie de me lever le matin. »* [529]

Cependant Ingmar Bergman n'aimait que sa version longue. Il avait fait les concessions promises en montant un film pour les salles d'une durée de 188 minutes, un peu plus de trois heures, mais disait qu'il *« avait dû couper dans les nerfs et la vie même de son œuvre »*. Épuisé par des efforts de plus de deux ans qui devaient le mobiliser encore deux années de plus, il avait pris au cours de son tournage la décision que *Fanny et Alexandre* serait son dernier film.

Aujourd'hui la version in extenso du réalisateur est enfin exploitée en DVD par la Criterion Collection aux États-Unis, et depuis 2013, par Gaumont en France. L'accès au chef-d'œuvre complet de Bergman ne fait que commencer.

L'« effarant » budget de l'époque se montait à 6 millions de dollars soit environ 14 millions de dollars d'aujourd'hui, sur lesquels Gaumont devait apporter environ un million de francs soit 4 millions d'euros d'aujourd'hui en réactualisant la monnaie dans le temps. Lorsque l'on regarde le coût des films tournés maintenant, ces montants paraissent bien raisonnables pour un chef-d'œuvre dont un critique résume ainsi le sujet : *«* Fanny et Alexandre *est une somme de l'œuvre d'Ingmar et aussi une rupture car l'auteur aborde l'enfance, un thème inédit dans sa longue filmographie. L'angle choisi est le regard de son jeune héros, Alexandre, et de sa sœur cadette, Fanny, qui vivent et subissent le remariage de leur mère avec un prédicateur tyrannique. L'aspect initiatique, picaresque du film comme le dénouement féerique de l'intrigue participent de sa singularité dans la carrière du cinéaste mais aussi de son caractère testamentaire. L'issue est en définitive la sublimation des tourments au travers de l'imaginaire de l'enfant, soit de la création. »*

***

À côté des talents reconnus qui l'attiraient irrésistiblement, Toscan avait l'ambition de découvrir des jeunes. C'est du moins ce qu'il laissait entendre dans ses séduisants discours lorsqu'il prit le pouvoir chez Gaumont en 1975. Une de ses priorités était de leur donner leur chance. La conséquence de sa présence dans les médias fut donc une augmentation impressionnante des scénarios d'inconnus qui arrivaient par la poste. Leurs auteurs, désireux de se lancer, envoyaient même parfois des textes écrits à la main, et attendaient impatiemment une réponse. Gaumont était envahi de textes comme une maison d'édition. Chez les jeunes désireux de s'exprimer, le fantasme de réaliser un premier film avait rejoint et peut-être dépassé le désir de publier un premier roman.

Mais il faut bien reconnaître que, s'il eut toutes les audaces pour se lancer avec les artistes qui le fascinaient, Toscan adopta une attitude plus que réservée envers les jeunes réalisateurs. S'il fut prudent dans un domaine, c'est celui-là. Il n'y eut au sein de Gaumont dans la décennie Toscan, que de rares premiers ou seconds films. Les deux œuvres les plus importantes de jeunes artistes furent portés par Denis Chateau et ne se seraient pas faits sans lui.

La pression de ces jeunes auteurs associée à celle des nombreux solliciteurs et clients qui cherchaient à parler aux collaborateurs de cette société à la mode se manifestait par un afflux de coups de téléphones. Le standard, alors artisanalement géré par une personne délicieuse mais débordée, s'engorgeait. Cela devint un lieu commun de dire qu'il était difficile de joindre Gaumont… Cette réputation resta tenace si longtemps qu'en 1998, quand Jean-Luc Godard reçut un César d'honneur pour son œuvre, il remercia *« la standardiste de la Gaumont pour sa patience et son accueil réconfortant »*, provoquant l'hilarité de l'assistance.

Heureuse élue de la Maison, Diane Kurys remporta en 1977 le prestigieux Prix Louis Delluc pour son premier film, *Diabolo menthe*, un film Gaumont. Elle avait 29 ans, et une petite carrière d'actrice, mais n'avait jamais tourné un mètre de pellicule avant de commencer le film. Daniel Toscan du Plantier la découvrit lors du Prix, et serra la jeune femme dans ses bras, émerveillé que Gaumont ait participé à la découverte du jour. Il l'avait pourtant reçue quelques mois auparavant à la demande de Bertrand Tavernier, pour *« la dissuader de poursuivre son entreprise désespérée ».* [530]

Comment la jeune actrice parvint-elle à ses fins malgré une fin de non-recevoir si définitive ? Comment une inconnue pouvait-elle espérer montrer son talent et son caractère dans le labyrinthe Gaumont et emporter l'adhésion au sommet ?

La vérité oblige à dire que, malgré le déferlement des manuscrits, peu de personnes lisaient ceux qui n'arrivaient pas avec une recommandation particulière ou un auteur connu. Toscan, on l'a vu, ne lisait même pas les scénarios des artistes qu'il voulait produire.

Le plus grand lecteur de la maison était certainement Denis Chateau. Il emportait tous les week-ends une pile de scénarios chez lui. Comme il ne pouvait pas tout écluser, les scénarios s'amoncelaient pour un temps dans son entrée.

Sa fille Anne, une étudiante, aimait elle aussi la lecture. Elle s'empara un jour d'un texte intitulé « Laisse flotter les rubans », le dévora et le déposa au sommet de la pile, le premier… Place stratégique s'il en est… Denis le lut à son tour, l'apprécia et décida de recevoir l'auteur. Il arriva en retard à son bureau le jour du rendez-vous ; son collaborateur, à l'époque John Simenon, qui partageait son bureau comme Denis aimait le faire, était en train de cuisiner une très jeune personne :

« Avez-vous déjà fait un court métrage ? :

- Non !

- Avez-vous déjà tenu une caméra ?

- Non !

Intervention du patron dans un rire :

- Avez-vous déjà pris une photo ? ». [531]

Mais Diane Kurys pouvait se joindre à ce rire, car elle savait que Chateau avait aimé son scénario, il le lui avait dit au téléphone… Elle arrivait de plus avec une bonne nouvelle à annoncer : l'obtention de l'Avance sur Recettes pour financer une partie de son film. Elle avait aussi pour elle une forte force de persuasion et devait montrer rapidement une capacité de travail entraînante pour ses équipes.

Denis avait le pouvoir de s'engager à garantir la sortie de son film au sein du puissant GIE Pathé Gaumont qu'il dirigeait. Il n'avait pas besoin de la distribution Gaumont : il lui suffisait d'accorder une garantie sur ses salles pour aider au montage financier d'un film au budget si modeste. C'est ce qu'il fit, convaincu par la personnalité de Diane et par son texte.

Au passage, leurs discussions amenèrent le changement de titre du projet, qui quitta ses rubans flottants pour *Diabolo Menthe*.

Mais Denis ne pouvait pas produire le film physiquement lui-même en raison de ses fonctions. Qui pouvait se charger de cette responsabilité ? Tous les producteurs, les distributeurs et même les réalisateurs, de Stanley Kubrick à Woody Allen en passant par Michel Deville et les Français, le courtisaient pour ses salles et leurs façades mythiques, et aussi pour sa cinéphilie, sa gentillesse tranquille et son humour. Mais aucun producteur connu de la place, de Serge Silberman à Alain Sarde en passant par Michèle de Broca, ne voulut s'intéresser à ce film d'une inconnue sans expérience. L'un d'entre eux finit par accepter de se charger du travail et pour une bouchée de pain obtint 100 % des droits du film : Serge Laski.

Le projet ainsi monté, Gaumont en acquit finalement la distribution sans grand risque. Guidée par Denis Chateau, Diane Kurys, avec *« l'obstination enfantine qui à la longue nous a fait céder »* dont Toscan parle, avait trouvé le montage financier complet du film, les acteurs, la musique. Le film labellisé Gaumont fut un succès fracassant, en France et à l'étranger, États-Unis compris où il sortit sous le nom de *Peppermint Soda* en 1979, distribué par New Yorker films

Ce fut le premier « premier film » de l'époque Toscan.

Parmi les autres jeunes réalisateurs que Daniel cite à son palmarès de producteur dans son livre *Bouleversifiant* figure André Téchiné. Cependant, l'artiste avait déjà plus de trente-cinq ans et il avait réalisé plusieurs films appréciés [(532)] lorsqu'il mit en scène pour Gaumont *Les sœurs Brontë*, avec Isabelle Adjani, Isabelle Huppert et Marie-France Pisier, en 1979. La réunion des trois actrices les plus prometteuses de la nouvelle génération autour d'une œuvre littéraire connue était pour Daniel une forte motivation pour se lancer à un moment où il cherchait des projets exceptionnels pour Isabelle Huppert après son Prix d'interprétation à Cannes dans le film de Chabrol *Violette Nozière*. Mais le film fut une déception.

En 1983, Jean-Jacques Beineix avait trente-quatre ans et un passé d'assistant-réalisateur imposant avec Claude Berri et surtout Claude Zidi. Le succès de *Diva*, l'enthousiasme de la productrice

Lise Fayolle et l'engagement de Gérard Depardieu entrainèrent Gaumont dans la production de *La lune dans le caniveau*, dont l'échec allait évidemment ralentir les velléités de découverte de plus en plus minces de Toscan. (533)

C'est dire si Luc Besson n'était pas attendu quand il apporta son premier texte de *Subway* dans la maison en 1983, l'année de la catastrophe Beineix. Les jeunes réalisateurs faisaient plus peur que jamais dans la grande maison. Pour l'anecdote, mes nouvelles fonctions annoncées dans le journal professionnel *Le Film français* incluaient la recherche de jeunes talents, mais comme me le fit remarquer un journaliste perspicace, il y avait un côté « alibi » dans l'intitulé.

Denis Chateau accepta de visionner un court métrage de science-fiction muet et en noir et blanc, présenté par l'acteur Pierre Jolivet, *Le dernier combat*. Le film, réalisé par Luc Besson, montrait des talents de mise en scène. Besson avait écrit un projet de long métrage, *Subway*, attrayant et original. Le ton du récit, les personnages décalés, l'ambiance et le lieu – le métro parisien – donnaient envie, même si le scénario n'était pas abouti. Le budget ne pouvait qu'être important, avec son tournage dans le métro et beaucoup de personnages. Le jeune réalisateur avait un enthousiasme communicatif, « le feu sacré ».

À la différence de *Diabolo Menthe*, il fallait des partenaires financiers conséquents. Hélas, présenté par Gaumont (officieusement à ce stade mais quand même !) auprès de tous les financiers capables de se joindre à la production, le film fut rejeté partout. L'avance sur recettes, nécessaire pour un tel premier film, lui fut refusée. Les chaînes de télévision n'en voulurent pas. C'est ainsi que le tout jeune Luc Besson (24 ans) connut une minute de découragement dans mon bureau : *« Tout le monde refuse mon film alors que Gaumont veut le faire ! »* (534)

Mais il ne se laissa pas abattre longtemps : pragmatique, il écoutait. Oui le projet était très cher pour un premier film, sans acteurs connus, et le scénario nécessitait un travail complémentaire. Il allait falloir trouver des comédiens porteurs et améliorer l'écriture. Le mieux paraissait donc que *Subway* devienne son *second* film, s'il réalisait un premier film bon marché. Luc me quitta songeur

À ma stupeur, il revint quinze jours plus tard avec un scénario développé du *Dernier combat* dont il avait décidé de faire son premier long métrage avec un budget minuscule. Il avait déjà une partie des images.

Il voulait se débrouiller pour produire au sein de sa société fraîchement créée, les Films du Loup ! Il ne demanda presque rien : juste l'accord de quelques salles du GIE Pathé Gaumont pour garantir la sortie du film, même pas d'accord de distribution…

Denis Chateau signa le papier…

Peu de temps s'était écoulé quand j'entendis sa voix joyeuse au téléphone : *« Veux-tu voir mon film chez Gaumont ou à Avoriaz ?* [535] *Il est sélectionné ! »*

Quelle vélocité ! C'est ainsi que dans la salle bondée d'une station de montagne, sous les ovations d'un public professionnel enthousiaste, le prix spécial du Jury fut attribué au *Dernier combat*, de Luc Besson, un film muet en noir et blanc rythmé par la musique de son ami Éric Serra qui ne l'a plus quitté depuis. Les spectateurs présents, Français mais aussi Américains, éblouis, manifestaient soudain l'envie de travailler avec lui.

Il devenait évident et même urgent de signer *Subway* en distribution et coproduction… Au retour d'Avoriaz, il ne fut pas difficile de faire accepter le projet dans la foulée. Gaumont était maintenant officiellement d'accord pour faire réécrire le texte et distribuer le film. Mais ce n'était pas si simple. Le contrat était arrivé à la signature de Nicolas Seydoux, qui, de semaine en semaine, posait la même question lors de la réunion hebdomadaire du « comité film », quand nous rappelions notre projet à son bon souvenir : *« Mais qui est ce Luc Besson ? »* demandait-il d'un air sceptique. Il avait à nouveau oublié…et Denis Chateau, imperturbable, l'œil pétillant d'humour, me faisait signe de recommencer la présentation de *Subway*…

On voit l'envie que suscitaient les jeunes réalisateurs chez Gaumont où Toscan, maintenant absorbé par la production de *Carmen* de Francesco Rosi, se remettait douloureusement des aventures felliniennes et de la déception de Beineix tout en pariant sur *Fanny et Alexandre* Bergman.

La signature du contrat obtenu à l'arraché et la suite de la production de *Subway* furent une succession de moments stimulants : travail sur le scénario, casting éblouissant de jeunes acteurs inconnus que Luc allait faire émerger, organisation de la rencontre de Luc avec Isabelle Adjani, tournage de son clip *Le Pull marine*, acceptation par la star du rôle féminin… Pour couronner le tout, Christophe Lambert, choisi par Luc, explosait dans *Greystoke*, le film américain de Hugh Hudson. On ne parlait que de lui au moment où *Subway* entrait en préparation… Puis le décorateur des *Enfants du Paradis*, Trauner, métamorphosait le métro comme il avait rendu vivants les villas endormies de Palladio pour *Don Giovanni*, le film de Joseph Losey… (536)

L'aventure Besson ne faisait que commencer…

« Il y a dans Subway *un éclat, un rythme, une direction d'acteurs jusqu'au plus petit rôle qui annoncent le tempérament d'un maître. »* (537)

Subway sortit sur les écrans le 10 avril 1985, quelques mois avant que Daniel Toscan du Plantier ne quitte Gaumont brutalement. Sa décennie d'or s'achevait.

– 6 –
Don Giovanni

« Don Giovanni *a changé ma vie »* écrivait Toscan en 1992.

Dans les années soixante-dix, un tel film paraissait tout simplement un pari fou. La tradition des films musicaux était certes bien établie, surtout en Amérique ; mais l'opéra était considéré comme un art de scène statique et cher, servi par des voix au physique à l'époque rarement compatible avec celui d'acteurs de cinéma. À Hollywood, les acteurs chantaient pour le cinéma. Mais comment faire jouer des chanteurs d'opéra dans un film ?

Rolf Liebermann, le compositeur suisse alors « patron souverain » de l'Opéra de Paris, eut cependant le premier cette idée en 1977 et il se proposa lui-même à Toscan pour assurer la direction artistique de l'entreprise. À la tête d'un établissement connu pour la difficulté de sa gestion, il avait réussi en quelques années à attirer les voix les plus éblouissantes du monde et les chefs les plus prestigieux. Il avait monté des spectacles d'un modernisme insolent, d'autres classiques, tous si brillants que certaines mises en scènes sont encore reprises quarante ans plus tard, suscitant la même passion du public (538).

Il avait pour amis toute une nouvelle génération de chanteurs qui s'étaient mis à interpréter les opéras de manière vivante, en bougeant sur scène, et il invitait des metteurs en scène modernes à les diriger.

Toscan, qui disait *« C'était du côté de Mozart plutôt, de Wagner, que je voyais ma vie. »* (539), fut évidemment tenté tout de suite par une telle proposition de la part de quelqu'un qu'il connaissait bien et qu'il estimait.

L'ampleur et la difficulté du projet allaient le mettre *« au centre de mes préoccupations pendant de longs mois. »* (540)

Un des arguments en faveur de la production était son sujet, la conquête amoureuse et le personnage traditionnel de « Don Juan » dont DTP espérait qu'il attirerait les gens. Il voyait également là la possibilité de réunir ses deux passions, ses arts d'élection, le cinéma et l'opéra, en une même œuvre. Car les deux hommes projetaient de produire un véritable film où les chanteurs transformés en acteurs de cinéma chantant évolueraient en situation dans les lieux réels de l'action, en extérieur comme dans des décors naturels intérieurs. Il existait déjà quelques spectacles lyriques tournés pour la télévision. Ainsi, depuis 1973, le metteur en scène d'opéra Jean-Pierre Ponnelle s'était mis à filmer son travail de scène sous forme de captations de qualité.

Mais le résultat était tout ce à quoi Toscan rêvait de s'opposer avec ce *Don Giovanni*. Il était convaincu que l'on pouvait casser l'image immuable de l'opéra de scène, ce qu'aucun enregistrement de spectacle vivant ne pouvait réussir. Il voulait arriver à toucher le public des cinéphiles et des salles populaires, intimidés ou rebutés par ces traditions culturelles d'un autre âge.

En suggérant cette petite révolution, Liebermann se montrait audacieux face à ses clients traditionnels. Les élites privilégiées qui avaient accès aux salles d'opéra prestigieuses – Garnier à Paris, Le Met à New York, La Scala à Milan, Covent Garden à Londres – risquaient de grincer des dents. Mais il avait l'habitude de se montrer créatif et novateur et il ne redoutait pas de choquer par ses choix comme il ne cessa de le montrer en tant que directeur de l'Opéra.

Sa présence sur le projet assurait à Daniel Toscan du Plantier la meilleure distribution artistique. C'était un lourd souci épargné à Gaumont.

En effet, pour commencer, l'emploi du temps toujours surbooké des chanteurs paraissait plomber l'affaire d'avance. Entravés par un programme organisé plusieurs années à l'avance, ils ne disposaient pas à priori de la durée de disponibilité nécessaire pour tourner un film entre deux engagements sur scène. Mais Liebermann avait le charisme de donner la motivation aux artistes pour chercher à aménager ce dédale.

Il pouvait les convaincre « à l'impossible » et rassurer Seydoux et Toscan sur ce point clef de l'aventure.

Un autre problème immédiat se posait dès la première réflexion sur les images mêmes du film : comment tourner de façon séduisante les gros plans de ces artistes, la bouche largement ouverte dans l'effort du chant ?

En vérité, ce n'était que le début : chaque décision à prendre allait révéler un défi de production.

Quel réalisateur pouvait porter un tel film ? Toscan le proposa à Patrice Chéreau. Liebermann l'avait invité à diriger une mise en scène des *Contes d'Hoffmann* à l'Opéra, bientôt suivie d'une production moderne de *Lulu* d'Alban Berg sous la direction musicale de Pierre Boulez, qui allait provoquer l'événement… Mais l'absence d'expérience de la caméra qui était alors la sienne le poussa à refuser.

Chéreau apporta cependant sa contribution : l'idée de situer l'œuvre en Italie, dans les villas de Palladio, l'architecte vénitien du XVIe siècle, qui les avait bâties autour de Vicenza pour servir de résidences d'été à des nobles de la région.

La suggestion de Chéreau séduisit Toscan, en pleine période d'amour pour l'Italie, et lui donna l'idée de proposer le film à Joseph Losey, qui avait tourné les images mémorables de son film *Eva* à Venise. L'artiste avait su allier l'expression de son goût pour la cité des doges, sa maîtrise de réalisateur accompli et un sens sépulcral de la morbidité qui convenait au sujet de *Don Giovanni*. Il accepta le projet et, en américain pragmatique, se définit aussitôt comme un réalisateur de commande, invité à diriger *« un film du producteur Daniel Toscan du Plantier. 'Your movie', me disait-il »*, raconte Toscan. (541)

Mais Toscan ne souhaitait pas s'impliquer trop dans les choix de mise en scène, même si la nouveauté du genre le poussait à entrer dans toutes sortes de détails et de décisions qu'il évitait d'habitude pendant la production d'un film sous sa responsabilité (à commencer en l'occurrence par le choix du metteur en scène). Par nature et par respect pour l'auteur, il était curieux de la vision de l'artiste, et respectait l'expérience et la créativité du maître qu'il invitait. Il aimait être surpris, espérait être émerveillé.

Joe Losey s'empressa donc de s'emparer du sujet à sa façon. À la différence d'Ingmar Bergman, déjà spécialiste confirmé de la scène en 1975 lors de sa transposition de *La Flûte enchantée* pour le cinéma (à l'origine destinée à la télévision), Losey n'avait aucune expérience lyrique. Il n'avait même jamais vu d'interprétation de *Don Giovanni* sur scène et il préféra s'en abstenir pour se préserver de toute influence artistique étrangère. Il voulait garder sa vision originale de cinéaste et intégrer la musique de Mozart à sa propre mise en scène, après avoir adapté lui-même le livret de Da Ponte en scénario.

Pour éviter toute expression exorbitée des visages, il fut décidé unanimement par Toscan, Liebermann et Losey que les principaux arias seraient enregistrés d'avance, et interprétés à mi-voix (*« mezzo vocce »*) par les chanteurs en action. Chaque « grand air » résonnerait donc dans les décors de Palladio en accompagnement du tournage, déversé en boucle par de puissants haut-parleurs, selon la nécessité des scènes.

Mais Losey exigea que les récitatifs soient filmés en son direct. Il comptait ainsi préserver la véracité des émotions dans l'action, arguant que les chanteurs n'ont pas besoin de monter leur voix ni d'ouvrir grand la bouche dans ces passages de mélodies à demi-écrites par Mozart et accompagnées par le seul clavecin. Aussi cet instrument devait-il par la suite faire son apparition sur le plateau, véritable personnage délicat et capricieux.

Personne ne se rendit compte avant le tournage des complications qu'allait apporter ce choix. L'humidité de la région de Venise à l'automne allait fausser à chaque instant le bel instrument, qui, entre chaque prise, posé sur le gazon, demandait plus de temps à être réaccordé qu'un chef opérateur pour régler une lumière complexe. Chef de chant à l'opéra, ancien *coach* de Maria Callas et confidente des chanteurs qu'elle faisait répéter, Janine Reiss veillait sur le fragile clavecin tandis que l'équipe attendait ! Puis quand le son sonnait juste à nouveau, elle se mettait au clavier et interprétait l'accompagnement des récitatifs.

Ce choix musical de Losey apporta en effet une émotion intense aux scènes intimes de récitatifs. Mais à quel prix ! Il entraîna un cauchemar de production et contribua lourdement à l'explosion du budget du film, déjà effarant dès le départ avec ses costumes et décors d'époque, et la gestion humaine de talents multiples réunis sur un même plateau.

Le projet prenait corps, mais face à ce budget imposant, le financement posait immédiatement problème : les partenaires possibles refusaient tous les uns après les autres de s'engager aux côtés de Gaumont, après avoir montré de l'intérêt dans un premier temps. À la réflexion, ils fuyaient.

Tout le monde avait peur. Les entreprises de musique contestaient le choix de Losey. Seule la chaîne de télévision française de service public, Antenne 2, signa un accord de co-production. Cela ne suffisait pas pour limiter le risque de Gaumont et de sa filiale italienne, Opéra Films, dont *Don Giovanni* était le premier film.

Tandis que Toscan cherchait désespérément à convaincre chaque société susceptible de participer au film, en Europe et dans le monde, la préparation et les dépenses se poursuivaient. Comme Selznick lancé dans *Autant en emporte le vent*, comme tous les producteurs de grands projets, Toscan s'engageait de plus en plus sur les frais de développement de *Don Giovanni* qui mobilisait son enthousiasme, entraînant celui de Nicolas Seydoux avec lui.

Mais jusqu'où aller sans la moindre collaboration financière ? Ils débattaient du sujet au quotidien. Pendant ce temps, le frère de Nicolas, Michel Seydoux, rejoignit l'aventure avec sa société Camera One, pour assurer la production exécutive du film, c'est-à-dire sa fabrication. La machine s'était mise en marche.

La sélection des chanteurs revenait à Rolf Liebermann. Malgré une certaine inquiétude, il recommanda Ruggiero Raimondi pour le rôle titre, n'ayant pas beaucoup de choix car il ne trouvait personne d'autre de ce niveau libre pour une telle entreprise. Daniel Toscan du Plantier réagit avec perplexité, car il n'avait pas imaginé le séducteur à l'image de *« ce grand garçon dégingandé qui bougeait sur scène de façon peu concluante, et semblait trop pâle et trop maladroit pour incarner un rôle aussi lourd ».* (542)

Sa voix était magnifique, mais Toscan se faisait du souci : *« je me disais : c'est terrible de penser qu'on va faire cet opéra sans être content de Don Juan lui-même. »* (543)

Heureusement la beauté et la présence de Kiri Te Kanawa emportaient l'adhésion générale. Invitée à Paris par Liebermann, la cantatrice néo zélandaise avait ravi le Palais Garnier en 1975, dans le rôle de Dona Elvira qu'on lui proposait cette fois pour le film. Sa voix, sa stature, ses yeux splendides de métisse Maori promettaient de faire merveille sur l'écran. Elle commençait à faire rêver le public des grandes scènes lyriques, et elle plaisait à Toscan comme à Losey. Quant au choix de José Van Dam, le meilleur Leporello de l'époque, il s'imposa à tous sans débat, voix et physique parfaits pour ce rôle qu'il aimait interpréter sur scène.

La musique fut enregistrée à Paris en vue d'un disque qui sortirait avec le film, produit par CBS Records, sous la direction musicale de Lorin Maazel. Gaumont ne racheta que deux ans plus tard, en 1980, Erato, la petite société française d'édition phonographique de la famille Costallat, qui s'était mise à dépérir après plus d'un siècle d'existence prestigieuse. Le succès commercial du disque de *Don Giovanni* échappa donc aux producteurs au profit de la « *major* » américaine. Toscan devait s'en souvenir plus tard. (544)

Pendant ce temps, Joe Losey travaillait à l'adaptation du livret de Da Ponte avec sa scénariste habituelle, sa femme Patricia. Frantz Salieri, un artiste qui avait mis au point la mise en scène d'une scène de cabaret dans son film précédent, *Monsieur Klein*, les rejoignit comme consultant. Ce personnage créatif devint également le conseiller artistique de Joe pour les costumes de *Don Giovanni*, bientôt mis en fabrication chez le grand costumier de cinéma romain, Tirelli.

Et voici qu'une équipe considérable était peu à peu engagée, et rejoignait Vicenza où la production s'était basée, à proximité des lieux de tournages repérés autour de Venise…

Voici que le décorateur Alexandre Trauner, le compagnon de Billy Wilder, de Jacques Prévert, de Marcel Carné, commençait à déployer sa magie, rendant les villas palladiennes et leurs environs à leur vie du XVIIe siècle, aménageant intérieurs, paysages et canaux vénitiens…

Toscan savait le coût de tout cela, mais voulait encore croire au fond de lui qu'il pouvait arrêter le film s'il ne trouvait pas de partenaires financiers. Il prit la décision finale de lancer la machine officiellement, seul à son bureau de Paris un vendredi soir où il apprit que Nicolas Seydoux ne pouvait pas être joint avant le lundi. Les dés étaient jetés. *Don Giovanni* était plus que jamais « son » film. *« Ce jour-là, à cet instant-là, se fixait, bien malgré moi, ma façon de produire, le style même qui serait blâmé par ceux, nombreux, qui y voient l'essence de mon irresponsabilité, loué par quelques-uns qui savent par expérience la part d'aveuglement nécessaire à la création. »* (545)

Gaumont prenait donc la quasi totalité du risque financier.

Toscan se retrouvait ainsi l'interlocuteur en dernier recours de Joe Losey qui, anxieux et exigeant, connaissait bien les rapports de force avec les producteurs. Pendant le tournage, Daniel se rendit donc peu sur le plateau, pour ne pas affronter les demandes et les pressions de Joe au quotidien. De toutes façons, les plus importantes d'entre elles remontaient vers lui. Car le film ne rencontrait que des problèmes à son échelle, démesurés, qu'il devait en fin de compte affronter tous les jours.

Cependant même face aux pires incertitudes de ce tournage diabolique, les angoisses croissantes de DTP ne s'apparentaient pas à un sentiment de danger existentiel comme peuvent en connaître des entrepreneurs responsables de leurs finances sur leurs propres biens. Il ne sentait pas de menace. Gaumont venait d'initier sa nouvelle stratégie d'ouverture vers l'étranger et semblait disposer de ressources illimitées à cette fin. Nicolas Seydoux suivait son directeur général sans états d'âme. Opéra films, la filiale italienne créée à l'occasion de *Don Giovanni*, allait bientôt commencer la production des films de Fellini. L'optimisme sur l'avenir de la société régnait même si l'inquiétude autour des dérapages du film montait en flèche.

Le tournage s'éternisait. L'été s'achevait. Le froid et l'humidité arrivaient. Les scènes de nuit devenaient éprouvantes. Losey, massif et peu loquace, se réchauffait à la vodka, et faisait sucer des glaçons aux pauvres chanteurs pour éviter la buée de leur souffle à l'image. Il grognait à tout propos, agressait parfois certains représentants de la production et créait des tensions entre les talents multiples réunis sur un même plateau.

Les retards décalaient le plan de travail des chanteurs, établi au cordeau, qui devait leur permettre de respecter leurs engagements de scène à travers le monde. Les changements de dates obligèrent la production à emmener l'un ou l'autre rejoindre son spectacle en avion privé puis le ramener au plus vite à Vicenza. Le budget explosait.

Mais même ravagé par les soucis, chaque fois qu'il vint sur le plateau gérer des situations de plus en plus préoccupantes, Toscan ressentit une joie et une fierté : *« … Je me débarquai un matin sur la place des Seigneurs et (…) je me retrouvai dans un café visiblement débordé par la longue nuit de tournage. Seul avec le directeur de production, nous recomptions lamentablement les milliards qui s'envolent. Une fille balaie la salle à manger, elle chantonne 'laci darem al mano'. Elle semble heureuse. Mozart a gagné, nous aussi.* Don Giovanni *a changé ma vie. »* (546)

Ce tournage reste une expérience inoubliable pour tous ceux qui y ont participé. J'ai eu cette chance et j'en ai été marquée comme chacun. Losey me confia à la fin du tournage, alors que l'équipe errait un peu déstabilisée dans l'aéroport en attendant l'avion du retour à Paris : *« Vous avez du mal à descendre sur terre. Moi aussi. Nous sommes en manque, intoxiqués. On ne quitte pas Mozart comme cela !* » (547)

Le souvenir de cette beauté et d'une sorte de folie reste mêlée à un sentiment de perfection qu'on ne reverrait pas : cette atmosphère d'un autre monde était créée par un mélange improbable et entêtant ; la musique de Mozart accompagnait le tournage en permanence, centrale, rythmant l'activité dans des lieux de rêve rendus à la vie (548)

Les scènes se succédaient : dans la villa Rotonda et la villa Foscari aux fresques admirables, dans le théâtre Olympique de Vicenza, trois chefs-d'œuvres de Palladio, sur la place de la Seigneurie et le long des canaux embrumés, les notes magiques du plus bel opéra du monde retentissaient, chantées par des artistes qui paraissaient vivre l'intrigue, magnifiquement dirigés par Losey.

La fragilité du son du clavecin et la douceur des récitatifs alternaient avec les *arias* tour à tour entraînants ou bouleversants. L'émotion de l'équipe devenait parfois palpable ; tous étaient saisis aux tripes par un spectacle tel qu'aucun d'entre eux n'en avait jamais vu.

Souvenir d'un petit matin, à l'hôtel : les chanteurs chauffaient leur voix doucement et leurs vocalises résonnaient dans la fraîcheur de l'air. Ces divas de scènes ne se conduisaient pas en vedettes blasées, mais se révélaient pour la plupart des artistes simples et perfectionnistes, émerveillés comme des enfants par l'aventure.

Le charisme un peu pataud de Losey et ses bougonnements, et la personnalité imposante de Rolf Liebermann qui ne quittait guère le plateau, donnaient à l'ambiance du tournage quelque chose de solennel bien symbolisé par l'alignement des fauteuils au nom des stars du film, rangés derrière la caméra, dans la grande tradition du cinéma, un peu cliché. Personne ne se serait assis sur un fauteuil destiné à un autre ! La notoriété, la stature physique et les cheveux blancs des deux artistes imposaient le respect et cela leur plaisait visiblement. Les chanteurs les rejoignaient entre deux prises, dans les moments d'interminable attente propres au métier du cinéma.

Mais l'égo de ces hommes de talent savait parfois s'effacer devant d'autres talents, et admirer. Ainsi quelle ne fut pas ma surprise d'assister un jour à un hommage, en plein tournage : dans la cour de la ferme de la villa Rotonda, la concentration sembla soudain se désagréger au milieu de la préparation d'une scène délicate qui réunissait de nombreux figurants. Ruggiero Raimondi, pourtant toujours miné par le trac, se tourna vers quelqu'un qu'on ne voyait pas encore et quitta sa place en pleine répétition… Losey, loin de se fâcher de ce désordre, se leva prestement de son fameux siège… aussitôt imité par Rolf Liebermann… pour saluer un tout petit homme aux yeux plus bleus que le ciel qui apparaissait en souriant au fond du plateau.

Ils se levaient pour accueillir Trauner, sans doute le plus grand décorateur du monde, (549) dont Billy Wilder (550) disait, après des années de collaboration : *« Toute nouvelle distinction décernée à Trau est méritée et je m'en réjouis. Il a eu l'Oscar, le César, une exposition de ses maquettes a fait le tour du monde… Et après ? Le Prix Nobel, j'espère… »* (551)

Avec un retard considérable, le tournage se termina enfin, en présence de Toscan. *« Lorsque vint enfin le dernier jour de tournage, j'assistai, désespéré, à une fête de fin de film dont je me serais passé. »* (552)

Le film se transportait à Paris pour la post-production. Les soucis ne faisaient que commencer. Les critiques et les réflexions acerbes pleuvaient de toutes parts sur le producteur, basées entre autre sur le dépassement abyssal du budget dont les professionnels ricanaient d'autant plus qu'ils ne croyaient pas au film. DTP était assailli d'angoisse et de doute. *« Paris commençait à instruire le procès de cette aventure démente dont nul en vérité, moi-même inclus, ne connaissait tout à fait le sens et le contenu. »* (553)

Mais Losey avait commencé le montage. Le choc des premières images rendit bientôt à Toscan son enthousiasme initial. *« Quand j'ai commencé à voir les premiers rushes de* Don Giovanni, *lorsque j'ai découvert la tête de Ruggiero Raimondi, cela a été une surprise bouleversante. Mais toute l'histoire de la production de ce film relève de la surprise. »* (554)

Stupeur en effet, car personne ne s'attendait à la présence intense de Raimondi en Don Giovanni à l'écran. Lui-même était le premier à ne pas l'espérer, miné qu'il était par son tempérament anxieux et perfectionniste. Lorsqu'elle le faisait répéter, Janine Reiss le taquinait sans cesse à ce sujet, lui disant que si un train sifflait par hasard gare Saint-Lazare, il l'entendrait depuis la scène de l'Opéra et le prendrait pour un lazzi… Convié par Losey à la projection d'un premier montage, *« dès que la lumière se ralluma, après son dernier cri 'corragio', les larmes qui coulaient sur son visage disaient mieux que toute phrase l'émotion de Ruggiero découvrant avec effarement le masque diabolique que lui avait inventé Losey (…) »* (555)

La surprise était moins bonne du côté de Kiri Te Kanawa. Il faut dire qu'au milieu de tant de beauté, Donna Elvira n'avait pas été gâtée pour sa scène d'apparition : Frantz Salieri, le conseiller artistique de Losey, avait imaginé pour elle un costume engonçant de couleur crème dans lequel elle avait l'air d'une tour. Pour couronner le tout, il avait rehaussé la vilaine robe d'une sorte de turban en forme de corne d'abondance ou de *« cornuto »* (censé représenter le côté « femme abandonnée » de son personnage). Le symbole était lourd et la coiffe imposante. Comment Joe s'était-il laissé convaincre, lui qui appréciait les femmes ? Entre Don Giovanni et Leporello, favorisés dans leurs costumes raffinés, Dona Elvira entrait dans le cadre de dos en chantant sa superbe aria de douleur. Elle se retournait… et on la découvrait ensevelie dans ses fronces chantilly au milieu desquels son visage et même ses yeux semblaient avoir perdu leur célèbre éclat. Déjà consternante à regarder sur le tournage, dans le vaste jardin de la villa Rotonda, la tenue de Kiri Te Kanawa, en gros plan sur l'écran, la massacrait. Daniel était déçu dans les espoirs qu'il avait fondés sur la superbe cantatrice.

Un film terminé garde scellés pour toujours ses moments de grâce comme ses défauts. En outre, le souvenir de l'impression ressentie au premier regard ne s'efface pas facilement de la mémoire. Dona Elvira est magnifique dans la suite de l'opéra. Mais la déception visuelle de sa première scène était et reste sans doute pour toujours une gêne pour le spectateur, même s'il n'en réalise pas l'origine.

C'est d'ailleurs la raison pour laquelle Toscan considérait le fait de revoir les œuvres qu'il avait produites comme un des cauchemars de ce métier. Il en avait horreur car les défauts sont figés. Dans ses années Gaumont, soucieux du respect de l'auteur et du maître, il ne songeait jamais à intervenir sur les choix esthétiques des réalisateurs. Il se voyait à l'opposé des producteurs américains omniprésents, en particulier du plus célèbre d'entre-eux : *« Je n'ai pas le fantasme de Selznick… on va virer le metteur en scène, je vais faire seul* Autant en emporte le vent. *De toute façon, c'était probablement un auteur, Selznick. Moi… je suis producteur d'auteurs. »* (556)

Pour *Don Giovanni*, DTP se conduisit de façon plus directive que sur les films d'auteurs des maîtres qu'il produisait chez Gaumont à la même époque. Il était tellement à l'origine de ce projet original qu'il y était contraint. Mais son attitude réservée face à la création persévéra au moins en partie, même si c'étaient vraiment « son film » comme il l'avouait.

Cependant plus tard, devenu producteur indépendant, plus soucieux du public et du succès commercial, sa réflexion sur le rôle de chacun évolua. Il devint plus présent sur tous les films qu'il entreprenait et se mit à se pencher sur les détails, se rapprochant de Selznick… (557)

Mais il n'avait pas imposé entièrement son point de vue sur le tournage de *Don Giovanni*, pas fait preuve de tout son pouvoir face aux artistes et voici que les mêmes scènes l'ennuyaient pour toujours, lui-même… et les spectateurs, il l'avait vérifié aux projections... Il le regrettait. *« J'ai toujours le même malaise en revoyant* Don Giovanni. *Il y a un an, le film est passé sur France 3 à minuit : je ne l'avais jamais vu sur un écran de télévision. Je regarde, je constate que ce n'est pas si mal, et puis j'arrive au deuxième acte, où je retrouve le fameux problème des deux airs de ténor qui s'enchaînent… saleté de Mozart ! J'avais complètement oublié ces deux airs-là. J'avais passé des heures avec Rolf Liebermann, Lorin Maazel et Joseph Losey pour leur expliquer que le public ne peut pas regarder deux fois sept minutes de ténor. C'était une discussion laborieuse, terrible (…) Ce n'est pas possible que deux airs s'enchaînent sans que les spectateurs meurent d'ennui, même à l'opéra ; les génies font aussi des fautes ! Le ténor s'égosille, nous donne mal au ventre, il dit des choses ridicules, que les sous-titres ne font qu'empirer… Mais les musiciens n'en démordaient pas et Joseph Losey ne voulait rien faire sans l'approbation de Maazel et Liebermann. Les deux fois sept minutes existent dans notre* Don Giovanni. *Dès que j'ai vu le film, à la première projection, j'entendais l'ennui des autres autour de moi. Je le vivais comme une chape de plomb, une culpabilité, alors que j'ai tout fait pour éviter ce tunnel… Mais non, je n'ai pas tout fait, puisque les deux airs y sont (…) J'ai cédé et j'ai eu tort ! (…) J'aurais dû exiger de l'enlever au montage, ou le couper sans rien dire. Il y a sûrement des gens que cela a découragés. »* (558)

Cependant, entre angoisse et enthousiasme de son producteur, *Don Giovanni* s'achevait, attendu à la fois avec curiosité et sans indulgence par les critiques, les cinéphiles et les amateurs d'opéra, tous sceptiques pour les raisons opposées. Malgré son implication absolue, le nom de Daniel Toscan du Plantier ne figurait pas au générique. Il lui fallut attendre deux ans plus tard, la production de *La Cité des Femmes* de Fellini pour sauter le pas, exceptionnellement. Mais Daniel incarnait tant Gaumont dans l'esprit de tous que personne n'avait le moindre doute sur son rôle.

Le 14 novembre 1979, un peu plus d'un an après son tournage, *Don Giovanni* sortit en France, marquant pour toujours l'image ambitieuse de la société. Le film fit des entrées honorables. *« … Pour nous tous, ce*

Don Giovanni *a pesé lourd par ce qu'il a créé de différence, de distance avec les autres ; d'envie, de haine parfois, par la référence insupportable installée dès le départ dans nos vies définitivement bousculées. D'autant que le film a eu quelque mal à s'imposer, avant de devenir le classique que l'on connaît. Les gens de cinéma n'y voyaient qu'un film plus ou moins raté, ceux de l'opéra se gaussaient de contresens qu'ils percevaient partout (…) Avec l'aventure de* Don Giovanni *a commencé la longue lamentation de ceux qui dénoncent mon goût pour les productions dispendieuses, les paris insensés. »* [559]

La durée du film ne permettait que trois séances par jour dans les salles de cinéma. Pour les compléter, Toscan suggéra de programmer *Prova d'Orchestra*, le premier film de Fellini auquel il collaborait. En pleine réflexion d'ouverture sur l'étranger, il vivait sa passion pour l'Italie et nourrissait les espoirs les plus ardents pour Gaumont aux États-Unis où une filiale venait d'ouvrir à New York. L'aventure américaine allait commencer avec la sortie de *Don Giovanni* à New York et à Washington en même temps qu'à Paris. C'était un pari risqué mais nécessaire car le budget colossal du film rendait nécessaire le succès à l'étranger. Le film ne pouvait pas se rentabiliser à court terme sur la France. [560]

Don Giovanni a changé la vie de Daniel Toscan du Plantier, considéré à la suite de ce film comme un producteur d'une audace sans bornes. Il produisit six films d'opéra par la suite, malgré l'angoisse qu'il ressentait devant ces entreprises si lourdes, une angoisse bien cachée derrière son aisance et ses convictions affichées. L'aventure le poursuivit au point qu'il s'éloigna un jour de son rôle de producteur pour se retrouver lui-même *« à l'opéra de Monte-Carlo pour mettre en scène réellement le plus bel opéra, le plus difficile, avec mon ami Ruggiero Raimondi »* donnant ainsi à son tour sa propre vision artistique de l'opéra de Mozart…

Don Giovanni a changé la vie de Losey, l'a obligé pour la première fois à créer ses images au rythme d'un art pré-existant, la musique. L'expérience de cette contrainte l'intéressa, et il accepta bientôt l'invitation de Rolf Lieberman pour mettre en scène *Boris Godounov* de Moussorgski à l'Opéra de Paris, un Boris interprété par Ruggiero Raimondi, dans des décors de Trauner…

Don Giovanni a changé la vie de tous ceux qui ont approché le tournage, et même la distribution et l'exploitation du film, marqués par l'intensité de cette période si particulière.

Il a changé la vie de certains spectateurs qui ont découvert l'art de l'opéra auquel ils n'avaient jamais eu accès. [561]

Il a bien sûr changé la vie de Ruggiero Raimondi, métamorphosé par son image en format géant réfléchie dans le miroir tendu par Joseph Losey. Il est devenu le personnage de Don Giovanni de référence, le baryton que l'on s'arrache. *« C'est encore aujourd'hui un mystère que d'observer le faciès tragique, l'expression grandiose et mortelle d'un brave garçon de Bologne emporté par la musique et par son propre talent dans une aventure qui le dépasse, aux limites périlleuses de l'humain, par la seule magie de la lumière. Il est devenu pour moi un compagnon, et de tous peut-être celui qui sent le mieux comment la vie nous emmène au-delà de ce qu'on croyait, de ce qu'on souhaitait. »* (562)

Ami jusqu'à la mort de Daniel, Ruggiero Raimondi se montre toujours aujourd'hui ému et joyeux au moindre souvenir évoqué de ce temps qui reste magique pour lui.

Toscan a subi des réactions passionnelles opposées, violentes, positives ou haineuses à la suite du film de Joseph Losey. Certains projets exceptionnels ont ce pouvoir troublant sur les émotions des spectateurs comme des journalistes et des professionnels du cinéma. Mais peu à peu, *« avec le temps, le concert de l'envie et de la délation s'estompe devant la sympathie chaleureuse de ceux qui me sont reconnaissants de leur avoir offert le meilleur : le public aime celui qui l'aime et l'estime. Il est vrai que ce pari était difficile à tenir. »* (563)

Le film est devenu un classique, vendu dans le monde entier avec succès en DVD. *« Il aura fallu plus de dix ans pour que* Don Giovanni *me donne un certain sentiment de bonheur, et je dis un certain sentiment, pas un sentiment certain. Fier, je l'ai été, assez vite, car du moins ce* Don Giovanni *était fait. Mais heureux d'un film ? Je préfère garder le mot fierté. Le mot 'heureux' exprime un sentiment de plénitude et d'harmonie ; dans la fierté, au moins reste l'angoisse. »* (564)

– 7 –
Le premier cercle

À la différence de certains esprits brillants égocentriques, Daniel Toscan du Plantier était curieux des autres. Il est vrai que, causeur éblouissant, il donnait l'impression de ne jamais arrêter de parler.

Il testait ses nouvelles idées sur chaque interlocuteur, provoquant l'ébahissement par son esprit original et aigu, comme il savait jouer les conteurs et livrer pendant des heures ses expériences passées à un auditoire suspendu à ses lèvres.

Mais il prenait plaisir à admirer et aimait être séduit autant que séduire.

Il recherchait donc le talent et la compagnie de ceux qui l'étonnaient ou l'enchantaient, et créait des liens indéfectibles. *« Je suis je crois très fidèle en amitié. J'ai des amitiés très anciennes… C'est la base. Nous sommes dans des métiers familiaux, que ce soit la musique ou le cinéma (…) des gens que j'aime comme Gérard Depardieu, Ruggiero Raimondi… ce ne sont que des familles ; mais ce qu'il y a de vrai, pour beaucoup, dans le talent. »* [565]

Dès son arrivée chez Gaumont, c'est sur un film étrange de Barbet Schroeder produit par Jean-Pierre Rassam, *Maîtresse*, en 1975, qu'il rencontre Gérard Depardieu. L'acteur qui a été révélé peu de temps auparavant par *les Valseuses* de Bertrand Blier. Âgé de 26 ans, il a le rôle principal dans ce film dont le sujet mêle érotisme, amour et prostitution. *« Ce film surprenant fit entrer dans ma vie l'immense Gérard Depardieu, base fondatrice de mon travail et de tout le cinéma français. »* [566]

L'enthousiasme réciproque est immédiat. Au point que Depardieu entraîne Toscan bien vite dans une aventure mémorable avec Marguerite Duras, qui réalise elle-même l'adaptation cinématographique de son roman *Le Camion*. Présenté par Duras, Toscan et Depardieu au Festival de Cannes 1977 sous les quolibets d'une salle bientôt désertée, le film est un échec absolu. Mais il rapproche le producteur et l'acteur, qui, au-delà des grands projets accomplis ensemble, ont en commun *« ce sentiment qu'il nous faut refaire le plein, retrouver les sources de l'intelligence et de l'esprit en dehors des critères du spectacle et du box office. C'est ça aussi le cinéma. »* [567]

Toscan sentit tout de suite à quel point Gérard Depardieu possédait plus que quiconque cet art du grand acteur d'offrir à son public un talent nourri au fil des ans par les émotions intenses qu'il traverse dans sa vie : exposé à l'attente d'être choisi pas un metteur en scène, au jugement du public, il se remet en cause à chaque nouveau rôle qu'il enrichit de son mélange unique de fragilité et de puissance. Au-delà du personnage qu'il incarne, Depardieu s'expose et nous livre son expérience humaine personnelle sans que nous nous en rendions compte. Sur les plateaux, s'extrayant soudain des présences autour de lui, il devient son personnage incarné. Un exemple mythique de ce pouvoir reste dans le métier à travers les âges. Sur le tournage de *Cyrano de Bergerac*, insouciant, badin, turbulent, Depardieu chahutait avec l'équipe. Mais au signal de Jean-Paul Rappeneau, en un instant, Cyrano, sous les projecteurs, amenait des larmes aux yeux des techniciens médusés.

Ensemble, Toscan et Depardieu vont faire chez Gaumont plus de dix films en dix ans, parmi les plus marquants de Depardieu, dont *Le dernier Métro* de François Truffaut et *Mon Oncle d'Amérique* d'Alain Resnais. La situation est souvent délicate car Gérard Depardieu est représenté par l'agence artistique ArtMedia, au faîte de son pouvoir. L'associé de Gérard Lebovici, Jean-Louis Livi, agent de Depardieu, propose à celui qui est devenu la grande vedette de sa génération les meilleurs films produits par d'autres producteurs, et il les accepte bien sûr. Une star est une star.

D'ailleurs les films de Truffaut et de Resnais sont des films montés par ArtMedia, qui ne vont chez Gaumont que parce que Lebovici en a besoin à ce moment-là. (568)

Les relations tendues entre Gérard Lebovici et Daniel Toscan du Plantier ne facilitent pas le rapprochement professionnel de Depardieu et Toscan, malgré leurs affinités. Mais la rencontre avec Maurice Pialat (également représenté par ArtMedia) va sceller leurs liens pour toujours, Au-delà de la relation professionnelle intense. L'acteur et le producteur vont être unis par une amitié profonde.

Quant à Pialat, on ne peut pas l'avoir rencontré et l'évoquer avec distance. Il ne laissait pas indifférent. L'homme plaisait, déplaisait, tour à tour charmeur ou agressif. Son intelligence et son don pour la manipulation n'avaient d'égal que son art de réalisateur. Rude avec les acteurs, rude avec les producteurs, il n'était pas plus simple dans ses relations avec l'Agence ArtMedia qui le représentait. Gérard Lebovici disait en riant : *« quand je vois rentrer Maurice dans mon bureau, je me dis : 'les ennuis commencent' ».* (569)

Mais cet artiste était aussi capable de dégager une chaleur désarmante et même une certaine douceur presque timide.

En voyant la lumière dans les images de Pialat, on ne s'étonne pas d'apprendre qu'il avait été artiste peintre avant de s'ouvrir vers le cinéma. Il commença par tourner des documentaires, puis à partir de quarante-cinq ans se mit à réaliser ses grands films de tradition réaliste, dans la lignée des frères Lumière et de Jean Renoir.

Le cinéaste faisait vivre le moment. Il traquait le regard, filmait au plus près la réalité de ses personnages, souvent pris dans des sentiments dont l'intensité ne leur épargnait pas de rentrer en conflit. *« Pialat utilise une expression juste et très imagée concernant sa méthode de tournage : filmer, c'est 'entrer dans le chou du plan'. Ce qui veut aussi dire entrer dans le chou des personnages, les bousculer, les prendre sur le vif, les déstabiliser pour leur voler un moment de vérité. »* (570)

La justesse et la force de son propos donnaient au passage un coup de poing au spectateur captivé.

« Ce qu'il y a d'admirable chez Maurice (…) il dit la chose qui est indicible. » (571), commentait Toscan.

La rencontre entre DTP et Pialat eut lieu en 1980, par l'intermédiaire d'Isabelle Huppert à qui le réalisateur souhaitait confier le rôle de Nelly dans *Loulou.*

Gaumont vint se substituer financièrement au producteur suisse Action films qui connaissait des difficultés.

Rapidement, Toscan ressent l'immense talent de ce cinéaste inclassable et attachant. *« Le point tournant de ma vie s'appelle Maurice Pialat. Si Pialat me dit qu'il va raconter l'histoire de sa mère qui faisait des ménages quand il avait quinze ans, je suis d'accord. Il va raconter son enfance, la France de la guerre de 39-45, j'imagine d'avance, j'acquiesce, avec enthousiasme. D'emblée, Pialat a raison à mes yeux. Tandis que si c'est un autre, n'importe quel autre, et qu'il me demande de faire un film sur le même thème, je réponds qu'on a déjà beaucoup vu de misérabilisme. Je ne 'vois' rien, je n'ai pas de vision, il me faut un sujet… »* (572)

Loulou, le héros du film, est un loubard sans emploi dont la bourgeoise Nelly tombe amoureuse, abandonnant son ami André pour lui.

Patrick Dewaere refusa le rôle. Gérard Depardieu le remplaça, initiant ainsi une série de quatre films avec le réalisateur, dont les trois plus importants furent produits par Toscan.

Pourtant ce premier tournage se passa mal entre l'acteur et son metteur en scène. Au fil des années, leurs relations furent toujours passionnelles, chacun décidant plus d'une fois qu'on ne le reprendrait pas à travailler avec l'autre. Mais au-delà des crises et des critiques acariâtres, Pialat et Depardieu s'admiraient infiniment et s'aimaient.

Isabelle Huppert, elle, endura un calvaire face à Pialat qui la tourmenta pendant tout le tournage, d'autant plus qu'elle vivait avec Daniel Toscan du Plantier qui produisait le film. Sur le tournage, le cinéaste qui l'avait choisie pour son talent avant même d'avoir rencontré Daniel, se mit à jouer de sa situation personnelle avec perversité pour la déstabiliser, la rendant vulnérable comme son personnage Nelly, déstabilisée par son attirance pour Loulou. Cependant, à la réflexion, elle garda un bon souvenir de *Loulou* et de la direction de Pialat : *« Pialat aime les accidents que peuvent lui offrir les acteurs. J'ai des souvenirs extraordinaires de tournage avec lui. Je pense notamment à la scène de la boîte de nuit avec Guy Marchand ; on a l'impression de basculer, de plonger en eau chaude avec l'éternité devant nous. Avec Pialat, il n'y avait jamais de 'coupez' ni de 'action' puisque tout consistait justement à abolir les indices habituels de ce rituel, pour que, insensiblement, la fiction vienne se lover, ou se loger au cœur du réel. C'est ce qui procure une sensation extraordinaire dans les films de Pialat, cette absence de frontière entre la fiction et le réel. Nous, acteurs, nous l'éprouvions physiquement. »* (573)

Pialat créait dans la douleur, effectuant pourtant un travail précis et sensible qui emportait toute son équipe derrière lui malgré les colères et les insultes. Les passions autour du film étaient d'autant plus vives que le scénario, écrit par Arlette Langmann, la compagne de Pialat, contenait des éléments autobiographiques inspirés par leur couple pour les personnages de Nelly et d'André, l'homme qu'elle quitte pour Loulou.

La rencontre passionnée de Loulou et Nelly buttait sur un obstacle insurmontable de classe sociale. L'incompréhension entre bourgeoisie et milieu populaire dont ils étaient issus entraînait des moments d'incommunicabilité et une violence morale et parfois physique. Ils s'affrontaient sans que leurs différences ne diminuent la force de leur amour.

L'univers de Pialat touchait forcément Toscan, pour qui les acteurs les plus puissants étaient des lutteurs qui avaient dû avoir faim et combattre un destin contraire pour s'imposer. *« Il faut n'avoir rien à perdre probablement pour devenir une vedette. Il faut une sorte de liberté, il faut comme on dit, il faut galérer… Faut se défoncer. On se défonce la tripe parce que… la vie comme elle est donnée, elle n'est pas jouable. Voilà. Faut quelqu'un qui a du désir. Donc quand elle n'est pas jouable, on prend le risque de tout casser, y compris sa propre vie, pour passer. »* (574)

Aussi Depardieu, avec sa présence écrasante à l'écran et dans la vie, était-il dans l'esprit de Toscan comme dans celui de Pialat l'acteur par excellence : *« Gérard Depardieu, c'est une sorte de prince prolétaire comme ça, hein… C'est-à-dire que lui, il a la grâce et la volonté. Et puis c'est le cas précis : ça passe ou ça casse. Ça passe. Voilà. Ça passe en cassant d'ailleurs. »* (575)

Cependant Daniel venait de la bourgeoisie, et comme lui des actrices magnifiques comme Isabelle Huppert ou Catherine Deneuve. Il analysait leur marche vers le succès à l'image de sa propre carrière, un refus de l'univers enfermé d'où elles étaient issues : *« Faut bien dire que le privilège social est rarement le gage du talent. C'est une chose même troublante de voir à quel point par exemple la bourgeoisie, la grande bourgeoisie en particulier, n'est pour ainsi dire pas arrivé à faire une seule grande vedette. C'est impressionnant même (...) quand parfois il m'est arrivé de voir une vedette d'origine bourgeoise, c'était pas vrai, c'était... oui il y avait une famille bourgeoise, mais c'était la rupture... La vedette est toujours l'enfant d'une rupture avec cette bourgeoisie, puisque les stars, c'est des êtres libres. »* (576)

La personnalité même de Maurice Pialat touchait aussi Toscan. Malgré le mélange de maladresse et de subtilité de Pialat, ses angoisses, son besoin de reconnaissance maladif, ses manipulations, DTP persévéra dans la collaboration pendant onze ans. Ayant fait le tour de tous les défauts de Pialat, malgré les moments de tension inévitables avec le cinéaste, il l'admirait. Il se mit à participer à la naissance des projets de Pialat. *« C'était toujours le grand casse-tête avec Maurice : trouver le sujet du prochain film. Il n'y avait rien d'écrit dans les tiroirs. Il fallait l'amener vers un sujet et c'est là que le tandem que Maurice formait avec Daniel Toscan du Plantier fonctionnait à plein. Maurice pouvait avoir une vie assez contemplative. Il était important pour lui de tourner (...) mais il aimait aussi ne rien faire. Il fallait trouver un truc ! Nouer des conspirations. »* (577)

Au cours de ces années, Toscan et Pialat devinrent intimes. Pialat s'installa dans une maison en Haute-Garonne à proximité d'Ambrax, le château de Toscan qui aimait y passer l'été... DTP produisait ses films l'un après l'autre et lui pardonnait tout car *« il est râleur, il est lâche, il est menteur, il est paresseux, il est parano, il est brutal et plein de choses encore (...) seulement c'est le plus grand, il n'a jamais fait un mauvais film et il n'y a aucun film qu'il n'ait pas terminé. »* (578)

« Le problème de Maurice, c'est que il a toujours tort comme il le fait, il a toujours raison sur le fond. Il n'y a pas une chose qu'il m'ait dite dans la vie où je ne me suis pas dit : c'est vrai ! » (579)

Le cinéaste était épuisant. Il pouvait tourner en boucle ses frustrations en se mettant dans des états affreux. Conscient de son propre talent, critique de ses collaborateurs, il était toujours insatisfait : *« De toute façon, avec la condition qui m'est faite dans le cinéma français... vous allez peut-être dire que c'est un manque de modestie de ma part et pourtant je suis le premier à reconnaître que mon travail ne vaut pas grand-chose, encore que j'ai fait deux ou trois choses qui me plaisent, enfin qui me plaisent… c'est beaucoup dire, disons qu'elles ne sont pas trop déshonorantes par comparaison avec les autres qui sont encore plus nuls, mais même ça, ça ne veut pas dire grand-chose puisqu'on ne trouve plus de professionnels, regardez la prétention de tous ces chefs opérateurs, alors que, : qu'est ce que c'est, un chef op ? un technicien qui n'a gagné qu'une arrogance, un artisan qui (…) n'est jamais prêt quand il le faudrait, eux qui travaillent des heures dans une journée, ce qui ne me laisse travailler, moi, que quelques minutes par jour, et après on me reproche de m'énerver ou d'être en retard… »* (580)

Vénéré par DTP, le talent de Pialat fut longtemps inégalement reconnu. En 1980, *Loulou*, sélectionné au Festival de Cannes, fut totalement exclu du palmarès au profit de *Mon Oncle d'Amérique* d'Alain Resnais, *All that Jazz* de Bob Fosse et *Kagemusha* d'Akira Kurosawa.

Toscan le produisit à nouveau trois ans plus tard pour *À nos amours*, prix Louis Delluc, César du meilleur film et révélation de Sandrine Bonnaire, jeune étudiante découverte à sa sortie de cours par le producteur Dominique Besnehard, alors directeur de casting, à la recherche d'une inconnue pour le rôle. Elle fut tout de suite choisie par Pialat. Le film connut le succès.

Après *Police*, en 1985, qui apporta à Depardieu à la fois une réelle complicité avec Pialat après des moments de tension et même d'agressivité dans le passé et le prix d'interprétation à la Mostra de Venise, DTP quitta Gaumont. C'est en indépendant qu'il se lança dans la production de *Sous le soleil de Satan*, réalisé par l'artiste en 1987, d'après le roman de Georges Bernanos.

Depuis deux ans, Toscan n'avait plus l'appui de Nicolas Seydoux pour garantir les finances de ses films. Gaumont allait distribuer cette œuvre magistrale moyennant un apport limité.

Pour boucler son budget, Toscan trouva le concours de Jean-François Lepetit, dont la société Flach Film disposait de fonds importants à la suite du succès de sa comédie *Trois hommes et un couffin*. Tenu par la loi fiscale du cinéma français de réinvestir une partie de ces sommes dans un film dans un délai rapide, sous peine de les perdre, il était un partenaire idéal. La filiale de télévision publique France 2 se joignit au financement, pour la première fois associée à un film de Pialat…

Produit plus que jamais dans la douleur par un Toscan parfois démonté devant les angoisses de Pialat qui le rendaient impossible à fréquenter, le film fut interrompu et repris, de crise en crise.

Il est interprété par Sandrine Bonnaire et Maurice Pialat lui-même, magistraux, et Gérard Depardieu au sommet de capacités qui paraissent sans limites dans ce rôle. Depardieu y est l'abbé Donissan, obsédé par le Diable. Là où Bernanos avait décrit un prêtre frêle possédé par un feu intérieur, le colosse Depardieu emporte le personnage au plus haut, avec son propre feu intérieur et ses doutes bouleversants.

Le film fut sélectionné au Festival de Cannes. La projection eut un accueil houleux…Mais le jury à l'unanimité, présidé par Yves Montand, lui décerna la Palme d'Or. L'annonce provoqua une bronca dans la salle très excitée et des sifflets mêlés à quelques applaudissements. Pialat monta sur scène, reçut le prix, et, tourné vers le public, leva son poing vers le ciel en disant : *« Je ne vais pas faillir à ma réputation. Je suis surtout content ce soir pour tous les cris et les sifflets que vous m'adressez. Et … si vous ne m'aimez pas, je peux vous dire que je ne vous aime pas non plus. »* (581)

Il provoqua aussitôt un tonnerre d'applaudissements et la fureur éternelle de bien pensants choqués prêts à le blâmer pour toujours. Sélectionné à toutes les nominations importantes des César 1988, il n'en obtient aucun… Pialat dérangeait toujours.

En 1991, six ans après avoir quitté Gaumont, Toscan produisit un dernier film de Maurice Pialat, *Van Gogh*. Ce fut au fond, le vrai testament du cinéaste même s'il réalisa un ultime film, *Le Garçu*, quelques années plus tard. *«* Van Gogh*, c'est un film sur l'artiste, sa mort, son achèvement, et… qu'est ce qu'on fait après* Van Gogh *? C'est sûrement la question que se pose Maurice depuis, et moi-même je me la suis posée. »* (582)

Les difficultés que connut Daniel sur le film furent effrayantes. Ce fut le moment de sa vie où il sentit vraiment le risque de l'entrepreneur, et faillit ne pas réussir à terminer le film. Le nom de Jacques Dutronc dans le rôle titre pour porter un projet si ambitieux suscitait la méfiance. Mais la production parvint jusqu'à son terme et, malgré une durée de plus de deux heures et un sujet qui pouvait paraître austère, ce chef-d'œuvre connut un succès honorable. Dès les premières images, la lumière et les couleurs éclatent sur l'écran, évoquant Van Gogh de manière stupéfiante comme seul un amoureux de la peinture, artiste lui-même tel que Pialat pouvait réussir à la faire. Il emporte le spectateur dans ses images avant même le moment où la narration le touche.

Alors qu'il était loin d'être achevé, Toscan et Pialat décidèrent d'apporter *Van Gogh* au Festival de Cannes sur une copie de travail à peine améliorée. *« Si les mauvais coucheurs ont trouvé à redire, l'immense majorité sortit enthousiasmée, bouleversée, d'une projection particulièrement intense* (...) *C'était retrouver confiance en nous, en notre travail commun, notre cinquième enfant. À mes amis qui me font jurer de ne pas recommencer, je ne peux répondre qu'en énonçant la liste glorieuse de nos 'méfaits' :* Loulou, À nos amours, Police, Sous le soleil de Satan, Van Gogh. *En regrettant de ne pas avoir été dans le cinéma au temps de* L'enfance nue, La Maison des bois, Nous ne vieillirons pas ensemble, La Gueule ouverte, Passe ton bac d'abord... *Avec seulement une dizaine de films, Pialat a construit l'œuvre la plus importante du cinéma français de notre temps, retrouvant par-dessus les afféteries de la Nouvelle Vague l'essence du réalisme poétique des grands d'avant : Renoir, Carné, Prévert, Grémillon, le plus beau cinéma du monde. »* [583]

« Si Maurice le veut, nous vieillirons ensemble », [584] disait Toscan l'année suivante, prêt à oublier tous les soucis pour suivre le grand réalisateur qui, pour finir, ne l'avait jamais trahi à la différence d'un Fellini.

Ce fut pourtant leur dernière collaboration. Daniel Toscan du Plantier et Maurice Pialat disparurent tous les deux en 2003, l'un le 11 février et l'autre le 11 janvier, à un mois d'écart, laissant Gérard Depardieu dans le chagrin.

Depardieu, colosse au rire gargantuesque, doué d'une subtilité de Stradivarius, semble jouer avec les mots et les situations. Il sert magnifiquement la langue française, les grands classiques comme les textes modernes les plus audacieux. Issu d'une famille populaire où il n'eut pas accès à l'enseignement, il a découvert la culture avec le théâtre, et n'a cessé depuis d'apprendre avec passion. Toscan l'admirait plus que tout autre acteur, persuadé qu'il pouvait tout interpréter. L'amitié qui les unissait depuis leur première rencontre ne fit que croître pendant près de trois décennies. *« Gérard Depardieu, je crois, est du monde l'interprète qui m'est le plus proche, le plus fraternel. »* [585]

Pendant les dix premières années suivant leur rencontre, DTP était responsable de la politique de Gaumont. Depardieu a toujours pu et su choisir ses films et passer des films d'auteur les plus pointus aux comédies bien françaises, italiennes ou même américaines, comme il continue à le faire dans sa maturité. Les films de Toscan/ Depardieu couvrent tout le spectre des genres du cinéma à l'exception de la franche comédie, que Toscan n'eut jamais envie de produire.

Maîtresse de Barber Schroeder en 1975, *Le Camion* de Marguerite Duras en 1977 et *Rêve de singe* de Marco Ferreri 1978 avec Marcello Mastroianni, commencent la série de leur collaboration, films plutôt surprenants et assez peu accessibles au grand public à priori, suivis d'un policier de Jacques Rouffio, *Le Sucre*.

Des années de « grands crus Depardieu », de 1979-82 réunissent les deux hommes sur des films prestigieux, autour de Pialat avec *Loulou*, puis *Mon Oncle d'Amérique* de Resnais et *Le Dernier Métro* de Truffaut, qui enchaîne aussitôt après son triomphe avec La Femme d'à côté. Le Danton produit par Gaumont, réalisé par Andrzej Wajda amène au réalisateur polonais comme à l'acteur une moisson de prix, en 1982 le Prix Louis Delluc, en 1983, César du meilleur réalisateur, prix du meilleur acteur des National Society of Films Critics Awards aux États-Unis, et au festival de Montréal, BAFTA du meilleur film étranger à Londres…

Depardieu est devenu incontournable. En parallèle avec ses films Gaumont, à la même époque, il enchaîne les films de Bertrand Blier, (dont *Préparez vos mouchoirs*, couronné par un César à Paris et un Oscar à Hollywood), Corneau, Zidi, partageant l'affiche avec les autres vedettes les plus populaires, Patrick Dewaere, Coluche, Yves Montand…

En 1983, Toscan et Depardieu repartent ensemble dans l'aventure de *La Lune dans le caniveau*, de Jean-Jacques Beineix.

C'était le second film de ce réalisateur dont les débuts avaient fait grand bruit de façon atypique : Son premier film, *Diva*, était sorti début 1981, produit par Serge Silberman, célèbre et respecté pour ses collaborations, entre autres, avec Luis Buñuel. Le vieux producteur avait négocié la sortie du film avec Denis Chateau, qui aimait bien le film. À l'époque, les exploitants s'engageaient sur des contrats d'avance, et *Diva* fut signé pour quatre semaines dans seize salles. Mais malgré les critiques favorables, Denis vit immédiatement dès le jour de sa sortie que les résultats décevants n'allaient pas permettre de garder une telle présence. Le public ne se pressait pas. Chateau, toujours créatif pour trouver des solutions souvent inattendues pour sauver les films, proposa à Silberman d'inverser la proposition et de programmer *Diva* seize semaines dans quatre salles. C'était original et assez risqué sur la longueur alors que le début de carrière du film n'avait montré aucune capacité de durer. Mais peu à peu le 'bouche-à-oreille' se mit à fonctionner. La presse soutenait toujours le film, qui parvint à gagner le César du Meilleur premier film en 1982, un an après sa sortie. Il se mit à récolter des prix à l'étranger, et fut sélectionné pour le prestigieux National Society of Films Critics Award (NFSC) dont le jury réunit les plus grands critiques américains. La rumeur s'était mise à enfler partout. C'était devenu une *« success story »*, également musicale, car la musique de La Wallie chantée par la diva du film, qui accompagnait l'un des héros, un postier à bicyclette, fut remarquée dans les radios comme par le public.... Bientôt tout le monde l'écoutait...

La productrice Lise Fayolle, amie de DTP à qui elle avait amené *Le Sucre*, était parmi les admiratrices de *Diva* depuis le début. Elle croyait au génie de Beineix dont elle voulait produire un film, mais il n'était pas question de se lancer tant que sa première œuvre n'était pas reconnue. Usant de tout son bagout, elle participa au battage sur le film et se réjouit ostensiblement de son succès, qui lui permit d'entraîner Toscan dans le second film de Beineix, *La lune dans le caniveau*. Ayant donc fait partager ses convictions à Daniel Toscan du Plantier Toscan et avec lui à Gérard Depardieu, elle pouvait entreprendre le film, qu'elle produisit pour le compte de Gaumont et de sa filiale Opéra Films.

Le réalisateur s'était rapidement habitué aux hommages de sa nouvelle promotrice et de toute la profession.

Le tournage de *La Lune dans le caniveau* eut lieu pour la plupart en studio, à Rome, dans l'excitation et l'espérance. Tout le monde affichait de grandes ambitions. Nastassja Kinski et Victoria Abril se partageaient l'affiche aux côtés de Depardieu. On annonçait une scène d'un érotisme torride qui faisait déjà jaser… On vantait les décors de Hilton Mc Connico, construits à Cinecitta. Gabriel Yared composait la musique… Les journalistes se pressaient avec curiosité pour faire des reportages sur le plateau.

Entouré de Toscan, de Depardieu, encensé après s'être cru maudit, généreusement financé pour ce projet dont le métier tout entier bruissait, Beineix tournait son film en montrant beaucoup d'exigences et de prétention.

Lise veillait maternellement sur l'équipe. Elle avait loué une grande maison et, fine cuisinière, se mettait au fourneau pour régaler tout le monde… Quelques drames personnels vinrent plomber l'ambiance. Depardieu les assainit à la serpe avec la franchise brutale que Toscan aimait chez lui sans la pratiquer quant à lui : *« en quelques minutes, tout est dit de façon définitive entre deux, trois fous rires qui dissimulent la gravité pour vous dire quelque chose qui vous concerne… Un soir, Gérard monta lentement l'escalier de la villa ; ouvrit la porte de la chambre dans laquelle elle sanglotait : 'Ton Jacquot, il est parti pour toujours', hurla-t-il après quelques secondes, elle apparut en haut des marches, assommée, libérée… »* (586)

Au milieu de ces passions exacerbées, Beineix, gâté par sa productrice éperdue d'admiration pour son poulain, sans connaître la moindre contrainte, entraînait le budget du film vers des hauteurs d'autant plus regrettables que le film fut accueilli sévèrement au Festival de Cannes. L'attente trop grande fut déçue, la presse fut cruelle, le refus du public complet… *« Échec commercial total, je ne sais toujours pas aujourd'hui s'il s'agit d'un chef-d'œuvre incompris ou d'un monument nombriliste insupportable »* écrivit Daniel au sujet du film. (587)

Œuvre ratée ou injustement rejetée ? Le passage d'un film à Cannes peut s'avérer une chance, mais c'est toujours un risque, souvent dangereux et parfois mortel : *« Le Festival de Cannes, ou l'ouverture de la chasse (…) Quand les médias me demandent quel est mon sentiment à l'ouverture du festival, je leur réponds toujours de la même façon : 'celui du lapin avant l'ouverture de la chasse' (…) Chose singulière, à Cannes, les films boucs émissaires sont presque toujours des films français. »* (588)

Au même moment, l'amitié entre Toscan et Depardieu amena la star à accepter la plus improbable mission de leur collaboration : prêter sa voix à un acteur italien, Vittorio Mezzogiorno, à qui le réalisateur Patrice Chéreau souhaitait donner le physique d'un de ses héros mais sans vouloir son accent italien dans son film, *L'homme blessé*. Cette voix si reconnaissable sur un visage complètement différent participa au choc de la salle du Festival de Cannes lors de sa projection en 1983. Toscan, coproducteur du film, donna ce soir-là une de ses fêtes traditionnelles à la villa Gaumont. Le film, une dramatique histoire d'homosexualité, traitée par Chéreau avec audace et réalisme, avait frappé les esprits. Tard dans la nuit, devant les derniers convives, Depardieu sauta sur une table, empoigna Chéreau comme une plume, le hissa à sa hauteur et l'embrassa sur la bouche avant de s'écrier, « *c'est bon !* » en le reposant tout étourdi. Émotions cannoises… Depardieu…! Toscan était ravi !

Il faut ajouter à sa collaboration avec Gaumont en 1984, *Le Tartuffe* de Molière, où Depardieu interprète brillamment le rôle titre tout en réalisant le film, inaugurant une série de rôles classiques où il sert à merveille des héros d'Edmond Rostand, Marcel Aymé, Pagnol, Zola, Balzac…

Car le pouvoir de séduction de Depardieu et celui de Toscan agissaient l'un sur l'autre en miroir. Mais alors que l'acteur a toujours donné libre cours à ses impulsions, généreuses ou débridées, Daniel restait toujours contrôlé, relativement prudent dans ses propos, tant par tempérament qu'à cause de ses responsabilités de producteur. *« Un acteur, c'est comme le courant d'un fleuve. On ne peut pas le changer »* disait Pialat à propos de Depardieu.

Une anecdote personnelle illustre l'irrésistible force dégagée par la volonté de Gérard Depardieu quand il décide d'intervenir sur quelque chose qui lui tient à cœur. En 1995, le dernier jour de tournage du film *Le Colonel Chabert* dont il interprétait le rôle titre, il demanda à me rencontrer pour aider au montage du film ambitieux d'une de ses amies que j'envisageais de produire. Il me convia sur le tournage. Son programme était chargé ; les derniers plans, les scènes à reprendre devaient être terminés pour le soir… Installé face à moi à la cantine après son déjeuner en attendant d'être appelé sur le plateau, il commanda pour moi un plat de spaghettis et me demanda de lui résumer la situation du projet. Tandis que je m'expliquais, la star, attrapant mes couverts, se mit à dévorer le contenu de mon assiette à travers la table avec un appétit qui n'avait d'égal que l'acuité de son attention.

Puis, ayant terminé mes pâtes, il décida de téléphoner immédiatement à Pierre Lescure, alors patron de Canal +, pour le convaincre de participer généreusement au projet. Après un moment de doute sérieux en entendant son nom, sa secrétaire restait partagée. Était-ce bien lui en ligne ? *(« oui c'est Gérard, c'est moi »… (rires) … « Où est Pierre ? Je veux lui parler tout de suite ! Oui, tout de suite… »).* Elle finit par lui donner l'adresse d'une salle de projection où Lescure visionnait un film. L'instant d'après je me retrouvais littéralement aspirée, casquée, sur la moto de l'acteur, accrochée à son vaste dos qui formait un coupe-vent d'une efficacité absolue… en route pour mobiliser « *Pierre* » !! Comment oublier la tête stupéfaite de mon ami Jean-Louis Livi, le producteur du *Colonel Chabert*, arrivant en sens inverse sur la route du plateau et croisant sa vedette en train de partir au moment de tourner, une productrice en croupe…

Professionnel avant tout, Depardieu revint très vite terminer sa journée, mission accomplie… Depardieu…

La dernière année de Daniel Toscan du Plantier chez Gaumont, 1985, fut celle de *Police* de Pialat, interprété toujours par Gérard Depardieu, avec Sophie Marceau. À la suite des pertes colossales générées sur l'étranger, DTP fut licencié juste avant la sortie réussie du film cette année-là.

L'intimité et la complicité entre Toscan et Depardieu se renforcèrent encore le jour du renvoi du producteur signifié violemment un beau matin de 1985 par Nicolas Seydoux.

Toscan raconte cette journée qui illustre parfaitement cette amitié et la force d'intervention de la star. *« On m'a dit ça vers 9h du matin, qu'il fallait que je parte (…) Et puis le soir même – y avait à cette époque-là une émission vers 7 h sur Canal + – j'ai vu arriver dans mon bureau Gérard Depardieu qui, je crois est du monde l'interprète qui m'est le plus proche, le plus fraternel, qui m'a dit : viens avec moi.*

Et puis… il n'a pas dit un (mot). Je dois dire qu'en fin de journée, je me disais, quand même, j'ai fait 10 films avec lui, ça valait bien un petit coup de fil parce que si j'étais tombé, c'est aussi à cause, et avec tous ceux qui avaient fait des films avec moi.

Il m'a emmené à cette émission qu'il avait organisée dans l'après-midi. Il avait mis des extraits d'une trentaine de films auxquels j'avais été mêlé. Et puis il a passé des extraits comme ça, et puis en partant il a… à la camera il a dit comme ça : Ben voilà, sans lui, y aurait pas tout ça.

Et puis l'émission s'est terminée. Il me dit : salut. À bientôt. Et je me suis dit que c'était un professionnel, évidemment, qu'au lieu de me faire le numéro au téléphone « quelle émotion quelle tristesse, comme on était de votre côté, mais on sera toujours un ami… Non, il a pensé qu'au boulot, hein (…) Donc il est allé dire au public, lui l'artiste, l'autre client, que ce type-là était nécessaire.

Et je dois dire que ça a suffi, puisque c'est à partir de ce moment-là qu'on a décidé avec Pialat de faire Sous le soleil de Satan, *que Michel Deville m'a apporté mon premier film produit indépendant, comme on dit, sans Gaumont,* Le Paltoquet. *Et qu'ils n'avaient pas, entre nous, ils n'avaient pas besoin de moi. Ils avaient probablement eu besoin de moi à un moment donné dans leur vie, mais plus à ce moment-là. »* [589]

Depardieu défendit Toscan contre toutes les attaques, conscient que tant de films importants devaient leur existence à son audace et son goût. Leur amitié et leur respect réciproques ne faiblirent jamais. Mais *Sous le soleil de Satan* fut la seule participation de l'acteur à un film produit par la nouvelle société de DTP. Ce sont d'autres qui produisirent les succès de l'acteur dans les années qui suivirent le départ de Toscan de Gaumont, où il interpréta des personnages rabelaisiens à sa mesure aussi bien que des auteurs classiques, de l'insolent *Tenue de Soirée* de Bertrand Blier qui incendia le Festival de Cannes en 1986 à *Cyrano de Bergerac* d'après Edmond Rostand, sous la direction de Jean-Paul Rappeneau, *Uranus* d'après Marcel Aymé sous la direction de Claude Berri, ainsi que des esthètes délicats comme le musicien Marin Marais dépeint par Corneau dans *Tous les matins du monde*. Il continua à briller dans des films français, italiens, américains et anglais, des classiques, des comédies, et il connut quelques échecs, toujours avec panache…

Cependant l'admiration de Toscan pour Depardieu continua à s'affirmer au fil du temps. Le producteur était fasciné par l'artiste. *« Le cinéma français a trouvé son maître et son symbole dans la personnalité de Gérard Depardieu qui (…) a cassé les barrières, brouillé les pistes tracées par ce conflit entre le cinéma des exploitants, populaire et souvent faible de contenu, et celui de la Nouvelle Vague, intelligent et cérébral(…). Gérard, justement, a fait le pont entre Marguerite Duras et Louis de Funès : du* Camion *à* La Chèvre, *il a renversé de ses larges épaules la frontière des interdits… Nul n'est plus populaire, nul n'est plus sophistiqué… Sans lui, les meilleurs films de notre cinéma n'existeraient pas, non seulement parce qu'il est irremplaçable mais parce que beaucoup ne se seraient pas imaginés, décidés, financés sans lui : de* Tenue de soirée *à* Sous le soleil de Satan, *de* Danton *à* Cyrano *(sans omettre son premier film américain,* Carte verte, *de Peter Weir, dont il est l'acteur et le sujet). Par sa présence, son charisme, son intelligence, sa sensibilité, il est plus que l'interprète : la matière première fondamentale. À notre cinéma fatigué, intellectualisé, banalisé, il a apporté sa verdeur, sa puissance, son ironie, sa fragilité (…) il peut tout faire, tout être ; par sa générosité, il a entraîné ses partenaires… en les rendant meilleurs qu'ils n'avaient jamais été. Michel Blanc, Catherine Deneuve, Pierre Richard, tous ont été propulsés sur le devant par ce soleil qui ne fait pas d'ombre. »* (590)

Leur amitié ne cessa de croître. S'ils ne tournaient plus ensemble, le goût commun de Toscan et de Depardieu pour les artistes exceptionnels et leur amour de la beauté les entraînèrent tous les deux en Inde, à Calcutta, dans l'univers de Satyajit Ray dont Toscan avait amené à Cannes, en 1984 le film, *Ghare Baire* (*« La Maison et le Monde »*). Ensemble, ils produisirent en 1990 et 1991 *Shakha Proshakha* et *Agantuk*, les deux derniers films de l'artiste indien, pour qui Toscan avait fait partager à Depardieu son admiration. C'est Jean Renoir, en 1951, qui avait détourné le futur réalisateur bengali de son métier de publicitaire vers le cinéma, alors qu'il effectuait les repérages du *Fleuve*. *« Cette influence fut décisive et lui donna le premier élan, conforté par les découvertes du néo-réalisme italien et du cinéma américain. »* (591)

Définissant lui-même son cinéma comme *« un mélange mi-occidental mi-indien »,* (592) Satyajit Ray garda la grâce et la culture indienne dans ses images et ses histoires, composant la musique de ses films lui-même comme Charlie Chaplin. Disciple de Renoir et de Rossellini, le réalisateur avait naturellement trouvé sa place parmi les maîtres par Toscan, suivi dans sa découverte par son ami Gérard à qui le chagrin faisait s'écrier le 15 février 2003 dans l'église de la Madeleine, alors qu'un mois après Maurice Pialat, Toscan disparaissait à son tour : *« Mon Dieu. Daniel, comme tu me manques... Merci d'avoir donné à tes amis du cinéma et de l'opéra, l'envie de croire.* »

– 8 –
Amoureux

Daniel Toscan du Plantier aimait les femmes. Il se plaisait en leur compagnie. Les femmes avec qui il partagea sa vie, ses femmes, avaient le teint des blondeurs vénitiennes, à l'exception de Francesca la belle Romaine. Elles avaient en commun la beauté et l'intelligence.

Quand il était à leur bras, il aimait que puisse se mêler en lui sa fierté de leur succès, sa propre passion pour le métier du cinéma, ses sentiments intimes... Actrices, réalisatrice, ou simples cinéphiles, leurs personnalités éclairent et expliquent Daniel et son évolution, cependant que de son côté il mettait parfois en valeur leurs dons et leur charisme. Cependant, *« ... être la femme de Toscan n'était pas une sinécure ».* (593)

Il avouait que le succès d'une actrice qui vivait avec lui influait sur ses relations avec elle ; il avait besoin que son talent soit reconnu par d'autres pour l'admirer sans craindre de se tromper, leurré par l'amour... Nerveux, il racontait lui-même volontiers qu'il était insupportable à vivre, dormait peu et ne pouvait pas voir dormir une femme à côté de lui sans la réveiller, braquant une lampe dans ses yeux…

En société, il prenait la lumière sur lui avec son charisme et ses discours permanents. Pour trouver sa place auprès de lui et exister par elle-même, une femme devait dégager une aura tranquille et radieuse suffisamment forte. Mais en fin de compte, il ne se fâcha durablement avec aucune de ses compagnes, leur conservant dans le temps affection et respect.

À son arrivée à Paris, tout jeune adolescent, Toscan rencontre Marie-Christine Barrault, en 1955.

Sœur d'un camarade de lycée, Alain, elle est aussi la nièce de Jean-Louis Barrault qui a impressionné le jeune Daniel peu de temps auparavant, dans un film diffusé au ciné-club du lycée de Chambéry, *La Symphonie fantastique*. L'acteur y interprétait le rôle de Beethoven ! Jean-Louis Barrault et Madeleine Renaud règnent sur le spectacle parisien, en pleine gloire à la tête d'une troupe qui joue les plus grands succès classiques et modernes au Théâtre Marigny.

Toscan est bouleversé, et ressent un attrait violent pour la vie d'artiste, bientôt invité par ses nouveaux amis, *« … sur un strapontin, au premier rang du théâtre Marigny (…) En quelques jours, je devins l'intime de cette famille dont je décidai derechef qu'elle serait la mienne.*

Une solide petite fille blonde m'ouvrit la porte : je résolus de la choisir pour femme plus tard, comme actrice tout de suite… Je m'engageais immédiatement dans l'entreprise de concevoir moi-même un spectacle (…) pour mettre en valeur le talent des autres, celui surtout de Marie-Christine qui, à presque onze ans, avait appris par cœur le rôle de Roxane.

M'avaient plu par-dessus tout la fréquentation intime de cette petite famille, l'honneur incommensurable de pénétrer dans la loge des Barrault quand, excités et épuisés, ils enlevaient leurs perruques et leurs costumes pour préparer le difficile retour à la réalité. Je me suis juré ce jour-là d'être à eux, avec eux, pour eux, à la fois leur enfant aujourd'hui, (…) plus tard leur partenaire, protecteur irremplaçable. » (594)

De son côté, Marie-Christine tombe sous son charme. *« … Apparaît un soir un nouveau visage qui va rapidement revêtir à mes yeux l'éclat d'un astre solaire : Daniel Toscan du Plantier. »* (595)

Mais quand elle épouse Daniel quelques années plus tard, en 1965, la passion intellectuelle fusionnelle partagée de leur adolescence s'est déjà transformée. Car Toscan, alors publicitaire, réussit dans un monde où la jeune actrice s'ennuie. Elle n'est pas encore assez connue pour intéresser les milieux parisiens qui gravitent autour de son brillant mari. Lui craint qu'elle n'ait pas assez d'ambition. *« Daniel qui avait illuminé ma vie d'écolière, qui avait tant contribué à faire tomber les murs qui nous tenaient isolés du monde, est en train de m'enfermer dans une autre sorte de prison où je n'ai aucune place. Je suis contente pour lui qu'il réussisse, (...) mais je dois avouer que ce qu'il fait ne m'intéresse en rien, et qu'au fond je suis assez déçue que le jeune homme éblouissant ait accouché de ce bavard imbu de lui-même et prétentieux. Il m'agace, je l'agace en retour par la lenteur que je mets à démarrer dans mon métier. Je pressens qu'il aurait besoin du regard des autres sur moi pour être sûr d'avoir fait le bon choix, être sûr de m'aimer peut-être (...) Il me cite Catherine Deneuve, qui fait déjà les couvertures de magazines, ou telle autre comédienne de ma génération dont on parle partout quand mon nom ne dit encore rien à personne.*

- 'Je n'ai pas choisi d'être comédienne pour faire la couverture de Jours de France.

- Les autres non plus mais elles ont compris que c'était indispensable à leur carrière.'

Où sont donc nos belles discussions sur Rilke, sur la culpabilité chez Claudel, tiens, le soir où nous venions de voir le Partage de midi *et que nous tremblions ensemble d'émotion. »* (596)

Au milieu de ces passions et déceptions en alternances, Marie-Christine et Daniel ont deux enfants, David et Ariane. Marie-Christine se montre une mère attentive et heureuse tout en enchaînant des rôles au théâtre et à la télévision puis au cinéma. Toscan rejoint Nicolas Seydoux chez Gaumont tandis que Marie-Christine est choisie par Rohmer pour interpréter *Ma nuit chez Maud*, dont le succès l'amène à un autre niveau de notoriété.

Toscan, attiré par d'autres femmes, tient à sa famille malgré sa vie compliquée. En 1975, un des premiers films qu'il produit est *Cousin, cousine* de Jean-Charles Tacchella, dont sa femme est l'héroïne. Le triomphe français de cette comédie originale fait d'elle une star dont le public découvre la sensualité et la liberté. Mais le film ne s'arrête pas en chemin. Lors de sa sortie américaine, le cinéma le Plazza à New York est complet de dix heures du matin à minuit tandis que *« les critiques y voient l'illustration la plus révolutionnaire de la libération de la femme dont la France se trouve en première ligne. J'incarne la femme de demain, résolue à jouir de la vie et de son corps sans le plus petit soupçon de culpabilité... »* (597)

Daniel, enfin fier de sa femme glorieuse, espère la garder. Mais c'est trop tard pour tous les deux. L'attachée de presse américaine du film décide de monter toute une campagne pour la sortie du film aux États-Unis sur *« le couple extraordinaire (...) moderne et conquérant, que nous formons, Daniel et moi, le producteur et sa femme comédienne à l'origine de ce film insolite, décoiffant, inséparable à la ville comme au cinéma. Suffisamment libérés dans nos têtes pour porter* Cousin, Cousine *tout en demeurant amoureux comme au premier jour (…) Quand je débarque à New York au bras de Daniel, je suis en pleine recherche d'appartement pour m'en aller et lui démarre une idylle avec Isabelle Huppert que je lui ai présentée. »* (598)

Marie-Christine est nommée sur la liste des meilleures actrices aux Oscars de Hollywood 1977, prenant rang parmi quelques rares actrices françaises à travers l'histoire. Le film, prix Louis Delluc en France (« le Goncourt du cinéma »), est sélectionné aux Oscars du meilleur film étranger.

Mais Marie-Christine et Daniel se quittent, tous deux séduits ailleurs. Il reste que ce couple très jeune, glamour et attirant, ne s'oublie pas. Ce n'était pas qu'une image : Bien des années plus tard, le soir des Césars 2003, tandis qu'Isabelle Huppert prononçait sur scène un hommage émouvant à Daniel Toscan du Plantier quelques jours après sa mort, la caméra indiscrète de la télévision capturait les visages attentifs des artistes présents. Là, au second rang, assise derrière son fils David, Marie-Christine Barrault écoutait et pleurait.

Daniel est bien installé à la tête de Gaumont quand il tombe amoureux d'Isabelle Huppert, une jeune actrice déjà remarquée pour son jeu distancé, tout en nuance, par des réalisateurs aussi importants que Bertrand Tavernier et Bertrand Blier et par la critique à qui elle plaît. Elle a 24 ans lorsque *La Dentellière*, un film de Claude Goretta que Toscan a produit pour elle, est présenté au Festival de Cannes 1977.

Le film repose sur les épaules de la jeune femme. Elle interprète pour la première fois un rôle principal : une petite coiffeuse nommée Pomme.

« Lors d'une visite sur le tournage, à Cabourg, le risque de cette aventure m'était apparu disproportionné. Cette petite Isabelle Huppert m'avait imposé ce film et je me trouvais dans la situation minable et banale d'un producteur trop vite séduit. Après des semaines de silence et de rancune muette, je décidai sans joie de voir le premier montage, mais dès les premières minutes, je ressentis un malaise vite transformé en bouleversement. Je me retrouvai devant sa porte, qu'elle mit longtemps à m'ouvrir. Elle avait le même visage d'enfant assassiné qu'à la dernière image du film : 'Tu as vu le film'. Persuadé que mon émotion n'était liée qu'à notre relation personnelle, je demandais à une collaboratrice de le voir et de me dire la vérité. Voyant son air bouleversé après la projection, je lui expliquai : 'Enfin ce n'est que l'histoire d'une shampouineuse tombant amoureuse d'un bourgeois en vacances qui la quitte en rentrant à Paris

– Oui, mais c'est une shampouineuse qui se prend pour la princesse de Clèves.' Isabelle et moi avons fait dix films ensemble après La Dentellière. *»* (599)

Le film sera une révélation et un événement sur la Croisette. Il marquera l'intensification de la relation personnelle et professionnelle entre Toscan et celle qui va s'affirmer au fil de ses apparitions comme une des plus grandes comédiennes françaises. D'autant plus que, comme le dit Marie-Christine Barrault, comme DTP le confesse lui-même, il est terriblement sensible au succès : *« Il m'est arrivé, souvent et longtemps, de vivre avec des actrices qui interprétaient des films que je produisais : avouerai-je que mon amour se ressentait quelque peu des résultats du ciné-chiffres !* (600) *Mais l'argent n'est que l'apparence d'une vérité plus tangible, plus violente (…) à mi-chemin de la vie et de la mort qui s'affrontent en nous sous le déguisement de la théâtralité. »* (601)

Le jury de Cannes ne couronne pas Isabelle Huppert. Pourtant, aujourd'hui encore, des journalistes de Hollywood mentionnent le rôle de Pomme comme un des cinq rôles de sa carrière qui aurait mérité l'Oscar de la Meilleure Comédienne. (602)

Mais cette année-là, en 1977, Roberto Rossellini s'est laissé convaincre de présider le Festival de Cannes et s'y épuise au milieu des intrigues du palmarès qui ne sont pas son style. Isabelle perd le Prix d'Interprétation dans la bagarre politique de la délibération. Et Rossellini va mourir quelques jours après son retour à Rome, laissant Daniel et Isabelle dans le chagrin. *« Je le retrouvai à Rome, tendre et souverain, m'emmenant chez un bijoutier de la via Condotti pour offrir à Isabelle une abeille en diamant : 'le prix du président du jury', me dit-il. Elle la porte encore (…) j'entendrai toujours les sanglots d'Isabelle Huppert qui, sortant du cinéma Marignan, son abeille toute neuve à la boutonnière de sa veste, lut la manchette de* France-Soir *: 'Rossellini est mort'. Et n'eut que la force de faire mon numéro de téléphone. »* (603)

Claude Chabrol propose aussitôt *Violette Nozière* à Isabelle Huppert. C'est ce rôle qui lui apporte son premier Prix d'Interprétation à Cannes, l'année suivante jour pour jour. Le film est distribué par Gaumont. Le pouvoir de Toscan lui permet de proposer à Isabelle une série de rôles magnifiques dans la décennie où il règne sur Gaumont, et les choix qu'elle peut faire suscitent alors parfois des commentaires envieux. (604)

Mais on peut mettre au crédit d'un producteur talentueux d'avoir permis à Isabelle Huppert de prendre son envol, peut-être seulement un peu plus vite. Le génie d'actrice d'Isabelle n'a fait que se confirmer depuis trente ans, avec ou sans Daniel.

Il reste qu'en 1979, le tournage des *Sœurs Brontë* d'André Téchiné, qui réunissait Isabelle Huppert après son prix de Cannes, Isabelle Adjani et Marie-France Pisier, s'avéra compliqué de l'aveu même du réalisateur et scella une véritable inimitié entre les deux Isabelle.

De son côté, Maurice Pialat, à qui il était exclus d'imposer ou même de conseiller un acteur, se montra également détestable envers Isabelle Huppert sur le plateau de *Loulou* deux ans plus tard, alors que c'est lui seul qui avait voulu absolument – et avec raison – l'engager pour son talent. Il n'empêche : lui aussi faisait payer à son actrice sa relation avec le producteur…

Quelques propos désobligeants persistèrent un temps à propos des dix beaux films qu'elle fit avec Gaumont sous la houlette de Toscan. (605)

Tandis que certains voyaient dans la relation amoureuse producteur – actrice de Daniel et Isabelle un cliché hollywoodien qui les gênait ou attisait leur envie, Toscan a raconté après leur séparation combien leur enrichissement était mutuel : *« J'ai une conviction un peu particulière, c'est qu'on dit toujours que les producteurs font les actrices. Il y aurait l'hypothèse aussi que les actrices font les producteurs. Moi j'ai beaucoup appris en travaillant et en vivant avec Isabelle Huppert. Je l'ai connue au départ de sa carrière et nous avons fait ensemble une dizaine de films. Moi je suis à peu près persuadé que ces films ont autant fait pour ma formation de producteur qu'ils ont travaillé à sa formation de star… Je trouve que quand on fait ces métiers-là, tout est imbriqué. Pour moi, j'adore quand tout est imbriqué ».* (606)

Mais les critiques se firent rares avec le temps, vaincus par le talent de la star qui s'affirmait de film en film. Et encore, sa carrière ne faisait que commencer ! Même en croyant connaître bien sa filmographie et sa carrière au théâtre, on reste confondu en regardant la longueur et la qualité de la liste… Isabelle a tourné, entre autres, avec Jean-Luc Godard, Bertrand Blier, Bertrand Tavernier, Claude Chabrol (six films…), Jacques Doillon, Benoît Jacquot, Olivier Assayas, Michael Haneke, les frères Taviani, Andrzej Wajda, Joseph Losey, Marco Ferreri… plusieurs cinéastes américains… Elle a plus de soixante-dix films à son palmarès. Elle a présidé le jury de Festival de Cannes en 2009. Elle a remporté deux fois le Prix d'Interprétation. Et aucune actrice n'a eu autant de films sélectionnés en compétition. *« Isabelle Huppert a un art très sophistiqué de nous convier au plus près d'elle, tout en nous maintenant à distance. Elle ne confond pas l'intimité avec la familiarité. »* (607)

Sans doute Daniel Toscan du Plantier n'avait-il pas pu mesurer l'immensité du talent d'Isabelle Huppert lorsqu'il en tomba amoureux, encore toute gamine : *« Je manie des idées, mais je suis avant tout un sensuel (…) c'est évidemment mon fantasme avec les femmes qui s'exprime avec Isabelle Huppert (…) Ces petites femmes qu'on traîne derrière soi et qui n'ont l'air de rien et qui sont des impératrices. »* (608)

La jeune fille dont je me souviens, à Cannes, en plein succès, en 1978, portait des petits blazers sans apprêt ; elle semblait avoir 16 ans, avec ses yeux intelligents dans un visage expressif ; réservée au premier abord, elle vous faisait bientôt cadeau de son sourire éclatant et de son naturel irrésistible. Elle était déjà magnifique, pas « installée », mais prête à s'envoler au gré de sa carrière.

Cependant Daniel avait rencontré Isabella Rossellini à l'enterrement de son père, à Rome, en juin 1977. Fille d'Ingrid Bergman et de Roberto, deux légendes, la gracieuse jeune actrice, également un mannequin à la mode, ne pouvait que le fasciner. Comme Toscan, elle vénérait son père, si proche de lui qu'elle déclarait plus tard : *« il n'y a aucun doute pour moi à propos du complexe d'Électre. Vous savez, l'amour exagéré pour le père. Je l'ai, ou j'en ai une version. J'ai aimé ma mère, mais j'étais la fille de mon papa. »* (609)

Toscan, sous le choc de la disparition de son Maître, s'attache à elle et passe des jours et des jours en Italic, une période d'intimité avec elle et son frère Renzo, devenu directeur d'Opéra films, une année *« de clochardisation »* à Rome *« pour y voir clair et comprendre ce qui nous arrivait… »* (610)

Il est à la fois amoureux et subjugué par l'environnement familial d'Isabella.

Mais elle épouse Martin Scorsese en 1979 et s'installe à New York. Daniel gardera toujours pour elle affection, admiration, respect...

Il semble que les images du film de Chabrol, *Violette Nozière*, en 1978, furent à l'origine de l'invitation d'Isabelle Huppert à interpréter le personnage féminin principal de l'aventure de *Heaven's Gate* (*« la Porte du paradis »*) de Michael Cimino. On a raconté mille fois le désastre absolu de la production de ce film qui amena la faillite d'Artistes Associés et l'arrêt de la carrière de Cimino pour des années : la plus grande catastrophe de l'histoire du cinéma à l'époque. Depuis quelque temps, une version remontée du film suscite l'intérêt de cinéphiles qui ne sont plus influencés par le poids d'un passé de plus de trente ans.

Quoi qu'il en soit, juste après le triomphe de *Deer Hunter* (*« Retour vers l'enfer »*), sorti en 1978, couronné par plusieurs Oscars en 1979, Cimino jouissait d'une telle réputation qu'United Artists le laissa prendre le mors aux dents dans des proportions jamais atteintes pour sa *Porte du paradis*. Il perdit la tête au-delà de l'imaginable.

Mais quelle actrice française n'aurait pas rêvé d'être à la place d'Isabelle Huppert quand il l'appela pour tourner pour lui ? Cimino dans son délire la filma magnifiquement. Elle est d'une beauté rayonnante au milieu de ce film qui a viré au fiasco commercial. Immobilisée plus de six mois aux États-Unis pour ce tournage sans fin, d'avril à novembre 1979, au milieu des exigences folles du réalisateur, elle était séparée de Toscan qui, exactement en même temps, vivait en Europe le cauchemar du tournage de *La cité des femmes* avec Fellini. La concordance des dates et des désastres de production est étonnante !

Les sentiments de Daniel Toscan du Plantier variaient au rythme du ciné-chiffes, il l'a avoué. On peut penser que la catastrophe de *Heaven's Gate* eut un effet négatif sur les relations amoureuses de Toscan et Isabelle Huppert. Mais ils restèrent proches et continuèrent à faire des films ensemble tant que le producteur resta à la tête de Gaumont. Parmi eux, *Eaux profondes* de Michel Deville avec Jean-Louis Trintignant. Le dernier, *Coup de foudre* de Diane Kurys avec Miou Miou, salué à la fois par la critique et le public, fut nommé pour l'Oscar du meilleur film étranger 1984.

Mais Isabelle s'éloignait de Gaumont et dès son retour d'Amérique, s'ouvrait à des réalisateurs de grand talent dont les films n'affichaient pas la Marguerite Gaumont. Elle montrait par la même occasion de nouvelles facettes de son talent dans un genre nouveau pour elle, que Toscan ne savait pas produire, la comédie au ton décalé, l'humour noir, avec Bertrand Tavernier (le *Coup de torchon*, sélectionné pour les Oscars du meilleur film étranger à Hollywood en 1983) et Bertrand Blier (*La femme de mon pote*). Elle toucha même à la comédie pure avec Josiane Balasko (*Le sac de nœuds*). Elle continuait avec son élégance discrète sa carrière prestigieuse en France et à l'étranger.

Luigi Comencini est un artiste connu pour la sensibilité de ses films, en particulier des drames concernant des enfants. *L'Incompris* avait suscité le paroxysme de l'émotion au Festival de Cannes en 1967 et fit sa gloire en France. Seconde de ses quatre filles toutes devenues réalisatrices,

Francesca fut une adolescente rebelle. Elle n'avait pas vingt ans quand son père, mortellement inquiet de ses fréquentations, décida de la protéger comme un père italien ou sicilien sait le faire. Il se mit personnellement à veiller de près sur elle en la coupant de ses *« vitelloni »*. (611)

La sérénité revenant peu à peu dans la famille, Luigi Comencini emmena Francesca à Paris où elle fit la connaissance de Toscan. La brune italienne et son histoire séduisirent Daniel qui décida tout de go de l'épouser en 1982. Son premier film, *Pianoforte* fut produit par Opéra films et Renzo Rossellini, avec Marie-Christine Barrault, tandis que Toscan réalisait avec elle *« ma plus belle coproduction jusqu'à ce jour : notre fils Carlo »*. (612) Ils divorcèrent en 1987, Francesca continuant sa carrière en Italie.

Né aristocrate, élevé parmi les bourgeois, Toscan avait décidé dès son arrivée à Paris de se choisir une nouvelle famille, *« le parti de l'avenir : les artistes (…) et les créateurs. J'avais trouvé une autre aristocratie. D'ailleurs ma famille, mes enfants, mes petits enfants, tous sont héritiers de sang d'artistes, Jean-Louis Barrault, Luigi Comencini … »* (613)

Mais la lumineuse Sophie Bourniol ne venait pas d'un milieu artistique. Elle travaillait à Unifrance Films, dont Daniel avait accepté de devenir président, pour promouvoir le cinéma français à l'étranger. Elle évoquait le soleil et la joie de vivre. Daniel est tombé fou d'amour pour elle. Ils se sont mariés en 1990.

La tragédie très médiatisée de l'assassinat de Sophie Toscan du Plantier projette une telle ombre sur elle que l'on revient toujours sur cette abominable fin quand on évoque sa personnalité. La peur et le dégoût provoquent cela.

Je la revois radieuse, toute dorée de son hâle de blonde, en short blanc, au Festival de Sarasota aux États-Unis. Elle applaudissait Daniel qui venait de présenter un film. Gaie, irrésistible. Élégante aussi, telle que Gilles Jacob, le Président du Festival de Cannes, l'évoque : *« Sophie, la femme de Toscan, si jolie avec sa figure souriante et douce semée de taches de rousseur, Sophie que j'aimais tendrement (…) La blondeur de Sophie… Des photos de Sophie, à Cannes sur le grand escalier. Elle monte les marches, différente des autres. Habillée très sobrement, comme une princesse discrète. Si discrète. Juste un bijou ancien que lui avait donné Daniel, sur une robe de velours marron foncé. Elle monte les marches, elle me sourit. »*

Mais Gilles Jacob écrit aussi l'horrible réalité d'un soir d'hiver : *« quelques jours en Irlande, dans la petite bergerie que Daniel lui avait offerte. En plein vent, même pas isolée. Elle y allait pour écrire, pour courir sur la lande, pour travailler. Pour souffler : être la femme de Toscan n'était pas une sinécure. Elle devait rentrer ce soir-là… On entendait mais on ne réalisait pas… Une jeune femme foudroyée. Si belle. Un corps battu, saigné. Assassiné. Une pierre qui défonce un crâne. Sophie qui agonise par terre. Longtemps. Est-ce qu'un être humain peut faire ça ?… La mort de Sophie… Elle a lutté… Elle a griffé, elle s'est débattue. Elle a couru, il l'a rattrapée et puis l'horreur. La barbarie. Daniel n'a pas voulu aller la voir comme ça, défigurée. Il n'a pas pu… »* (614)

Après la tragédie, Daniel confiait au journaliste Paul Amar :

« Rien ne peut arriver de pire (…) C'est vrai que c'est une épreuve inimaginable, voilà. Il n'y a pas de… Puis alors on ne voit plus jamais les choses pareil. Par exemple, moi je n'aime pas beaucoup la violence au cinéma et à la télévision. Maintenant je ne peux plus la supporter. Parce que, lorsque vous tournez le bouton tard le soir, il y a toujours ces étranges (…) téléfilms, il faut bien dire souvent américains, où l'on voit des maisons sur les falaises, avec des jeunes femmes blondes qu'on assassine. Qu'est ce que vous voulez que je pense, moi ? Après cette tragédie, j'ai continué à travailler, qu'est ce que vous voulez. Tout de suite, intensément. Porté par beaucoup d'amour je dois dire, dans ce métier qui n'est pas toujours… Mais d'un coup, … cette tragédie était presque collective. Quel scénario d'horreur. » (615)

Toscan était frappé de plein fouet par l'horreur, lui qui n'avait même jamais aimé le cinéma violent, qui avait toujours choisi de produire des films différents. Lui qui regrettait l'évolution des images, filmées de façon de plus en plus agressive pour retenir un spectateur happé par les sollicitations des chaînes de télévision en concurrence. Le producteur préférait se référer à une époque où « *le cinéma avait le monopole du spectacle d'images, sans éprouver comme aujourd'hui le besoin de faire appel à la stupidité, à la violence humaine pour gagner sa place au soleil* ». (616)

« Daniel a continué à vivre pendant six ans… » (617)

La musique l'a apaisé. « *Je ne suis pas croyant dans la vie. Mais la seule existence de Dieu que j'ai trouvée, c'est la musique de Jean-Sébastien Bach parce qu'alors je pense que lui y croyait vraiment, voilà (…) Parce que là, il y a quelque chose sur un sentiment d'éternité… au fond de moi-même, l'art c'est ça… Le cinéma a cette vertu inouïe, c'est de parler au monde… mais la musique parle à soi… C'est la source de toute intimité… C'est la seule chose qui m'apporte tout à fait toute sérénité. Je trouve que la musique, c'est comme… un visage d'enfant.* » (618)

Une enfant, Tosca, va naître très peu de temps après le drame. C'est la fille de Melita Nikolic et Toscan qui se marient quelques mois plus tard. Les parents de Sophie découvrent la nouvelle avec stupeur. Ils n'étaient pas au courant. Beaucoup des proches de Daniel sont abasourdis. Melita sera sa compagne du Festival de Marrakech, créé en 2001 au moment des attentats de New York… Melita et les enfants, car Maxime agrandira ensuite le cercle de vie autour de Toscan. Tout est dit dans la lettre que Daniel envoie à Melita peu de temps avant d'être foudroyé par un infarctus au Festival de Berlin. Il lui écrit de l'un de ses voyages où une fois de plus il est parti vendre le cinéma français :

« Melita cara, Ce matin je me sens fatigué et un peu seul avec devant moi une semaine éprouvante. Heureusement que vous êtes là tous les trois à m'attendre (j'espère) affectueusement.

Il faut m'envoyer par tous les moyens cette énergie, la tienne encadrée par celle des marmots. Si tu m'aimes, sois forte et sereine et montre-le : tu as tout pour toi, la beauté, l'intelligence, l'amour, ajoute la confiance et la tranquillité qui vient avec.

Et moi.

D. » (619)

– 9 –
Musique ! Les opéras

« L'histoire des films d'opéra est évidemment au cœur de ma singularité. »
(Daniel Toscan du Plantier in *L'émotion culturelle-Flammarion*, 1995.)

La carrière de Daniel Toscan du Plantier est jalonnée de films d'opéra, qu'il a produits dans ses années Gaumont mais aussi par la suite.

Don Giovanni, le premier, n'aurait pas vu le jour sans le soutien indéfectible de Nicolas Seydoux. Mais après son départ de Gaumont, Daniel a réussi à continuer de produire ces films si particuliers et risqués dont il avait inventé le concept avec Joseph Losey. Il ne pouvait s'empêcher d'avoir toujours un nouveau projet musical en tête, tout en sachant dans quelle folie il se lançait s'il y donnait suite.

Il eut beau proclamer *« rien ne m'énerve davantage que d'être étiqueté comme producteur de films d'opéra »*, il s'empressa d'ajouter « *pourtant ce sont bien mes films, ceux que j'ai choisis de produire, ceux dont j'ai voulu transmettre l'émotion culturelle. »* [(620)]

Ces films d'un nouveau genre sont les premières œuvres de cinéma dans lesquelles Toscan s'investit personnellement en décidant du choix du réalisateur et, d'un projet à l'autre, en intervenant de plus en plus dans les choix artistiques. Abandonnant son attitude de mécène en face de « maîtres » vénérés, il devient un producteur plus directif: *« C'était le cas de cette filière singulière que je me suis inventée, celle des opéras filmés, que je proposais toujours aux réalisateurs. C'était mon opéra, mon metteur en scène, si je puis dire, en tous les cas mon choix. Joseph Losey, Francesco Rosi, Luigi Comencini, Andrzej Zulawski, Frédéric Mitterrand… »* [(621)]

Don Giovanni est un succès en France et une déception totale aux États-Unis alors que Gaumont comptait sur les recettes de l'étranger. Avec le temps, on peut qualifier le film de réussite différée, mais sur le moment, les finances de la maison avaient encaissé le coup (et le coût). Le disque s'était bien vendu, mais la musique avait été enregistrée par CBS et Gaumont n'avait rien touché des droits musicaux.

Cependant, dès la sortie du film, Toscan pense à produire *Carmen*, l'opéra le plus populaire du répertoire, l'histoire d'une séductrice, un *Don Giovanni* en jupons. Il a tiré les leçons du film de Losey : *« je m'étais juré de ne continuer le film-opéra qu'à deux conditions : choisir une œuvre très populaire et devenir éditeur phonographique… Jean-Philippe Lecat, ministre de la culture d'alors, me mit en rapport avec l'équipe d'Erato qui, après un siècle vaillant au service de l'édition musicale française – la famille Costallat éditait Berlioz au siècle dernier ! – se trouvait alors sans ressources (…) Ce lieu privilégié, quelques années plus tard, deviendrait mon refuge et ma survie avant que je sois contraint, pour assurer mon avenir, de le céder au puissant groupe Warner. »* [(622)]

Carmen est l'opéra le plus souvent représenté dans le monde, en 1980 comme aujourd'hui. Daniel propose son projet à Sergio Leone mais le roi du western spaghetti et du film d'action refuse, déconcerté par le sujet, bien que Toscan lui ait clairement exprimé son désir de produire un film spectaculaire comme l'Italien les aime.

Francesco Rosi, lui, est napolitain, son univers est *« le Sud (…) la sensualité et la fatalité de la chaleur et du soleil »*. [(623)] Il a déjà fait deux films avec Daniel Toscan du Plantier, *Le Christ s'est arrêté à Eboli* en 1979 et *Trois frères* en 1981. Pas plus que Leone, Rosi n'a particulièrement filmé d'histoires avec des héroïnes féminines.

Mais il se laisse convaincre par Toscan après avoir vu les essais de la Carmen que lui suggère Gaumont, Julia Miguenes. Chanteuse et danseuse, américaine d'origine latino, elle interprète la « Salomé » de Maurice Béjart à Genève. Pétulante, brûlant les planches avec un physique aussi éloigné des stars de la scène d'opéra qu'il est possible, elle vient de Broadway où elle a joué des comédies musicales, *West Side Story*, *Le violon sur le toit*…

Ruggiero Raimondi, bien sûr, et le ténor espagnol Placido Domingo rejoignent l'aventure, qui sera tournée en Andalousie, dans une petite ville peu accessible, Ronda, et dans la sierra environnante : le tournage est un double défi financier et d'organisation auquel viennent s'ajouter les exigences d'un réalisateur rusé et perfectionniste. *« Après des mois de recherche en Espagne, Francesco m'explique qu'il a enfin trouvé où situer le troisième acte de* Carmen *: à quelques heures de marche, à dos d'âne, de Ronda, où se tournent les scènes de corrida. Nous partons à la nuit tombante et je vois avec consternation des dizaines de porteurs transportant à pied le matériel de tournage, de nuit évidemment. 'C'est impossible à atteindre autrement, même l'hélicoptère ne peut se poser.' Nous arrivons éreintés dans une espèce de grotte, au fond d'un canyon où s'agitent techniciens et chanteurs, accrochés au flanc du ravin. Francesco, serein, m'installe à côté de lui sur une sorte de promontoire, avec un carton à dessins d'où il sort une gravure de Gustave Doré qui, étrangement, représente un lieu parfaitement similaire. Être allé si loin pour cela ! 'C'est ta faute, conclut-il, tu n'avais qu'à pas prendre un cinéaste réaliste'. »* (624)

Pendant que Daniel poursuit son aventure espagnole, deux autres films d'opéra sont annoncés dans le petit monde du cinéma. L'exemple *Don Giovanni* fait école chez les producteurs européens.

D'abord le réalisateur allemand Hans-Jürgen Syberberg tourne une version complète de scène, de plus de quatre heures, du *Parsifal* de Wagner, qui sera présentée lors d'une séance historique au Festival de Cannes en 1982. De minuit à l'aube, des aficionados assistent à ce spectacle. Au fil des heures ils se raréfient cependant… Les quelques rescapés restés jusqu'au bout de la nuit prennent le petit déjeuner ensemble sur la plage, à l'aube… Mais cette œuvre difficile ne peut pas prétendre toucher un vaste public. C'est une expérience artistique élitiste extrême. Gaumont s'associe au film et le sort dans sa salle hyper sophistiquée des Champs-Élysées, le « Gaumont Champs-Élysées ». Les spectateurs ne se bousculeront pas !

Mais une des sociétés qui avait refusé de participer à *Don Giovanni* a initié la production un autre film d'opéra, *La Traviata*, réalisé aussi par un Italien, Franco Zeffirelli. Le film a pris de l'avance sur *Carmen.* Dès qu'il est prêt, il est proposé à Gaumont pour une distribution en France. Daniel a l'œil sur ce concurrent qui pourrait s'avérer dangereux et s'empresse de le signer pour en garder le contrôle. Il veut protéger sa *Carmen* et choisir la date de sortie de *La Traviata* en conséquence, en laissant un intervalle suffisant entre les deux films. Le mélodrame d'Alexandre Dumas mis en musique par Verdi est mis dans les salles le plus tôt possible, treize mois avant *Carmen.* C'est un succès.

L'équipe de Gaumont s'en sert comme d'un galop d'essai pour peaufiner la stratégie de sortie de sa *Carmen*, préparée avec l'efficacité d'une lame de fond. Le film de Francesco Rosi est prêt... Il est exceptionnel, et la publicité est à la hauteur de l'œuvre et du besoin de résultat. Le public est au rendez-vous. En mars 1984, c'est le triomphe à la fois pour Gaumont et pour Erato. *Carmen* remplit les salles obscures, et deux millions de disques sont vendus. Gaumont a *« réussi à ne pas laisser échapper une partie des précieux bénéfices qui permettront de continuer une politique et de faire vivre l'entreprise ».* [625]

Le pari est gagné. Le DVD et la musique du film se vendent encore aujourd'hui. La *Carmen* de Rosi est devenue un classique.

« L'efficacité n'est pas le critère de tout. J'ai le goût de faire des films artistiques pour un public populaire. Cette distinction est étrange et ne veut pas dire grand-chose, parce que par exemple, pour prendre quelque chose que j'ai réussi, la Carmen *de Francesco Rosi, j'espère bien que c'est aussi populaire. »* [626]

Couronné par les Césars en France et les prestigieux BAFTA anglais, [627] le film sera distribué aux États-Unis par Columbia Tri Star, sera nommé pour le Golden Globe du Meilleur Film étranger ; toutefois il sera mal reçu. La presse lui est hostile et le public le rejette. La cause en est une scène réaliste de corrida, avec mise à mort d'un taureau dans l'arène de Ronda… Cette corrida, dispendieuse et épouvantablement compliquée à tourner en raison du danger pour Ruggiero Raimondi qui interprète le matador Escamillo, suscitera le rejet de l'Amérique. Elle aura décidément coûté cher. [628]

Les Américains sont scandalisés par le sang de l'animal versé sur le sable de la *« plaza de toros ».* Le succès dans d'autres pays est tel que l'on s'en remet. Mais les griefs de Daniel Toscan du Plantier contre l'Amérique et son cinéma s'accumulent à la suite des critiques virulentes contre ses deux films d'opéra, *Don Giovanni* et *Carmen.* [629]

Mars 1984. Toscan est encore à la tête de Gaumont pour un peu plus d'un an. *Carmen* est accueilli si chaleureusement par le public en France et dans de nombreux pays que le producteur se laisse aller à un peu de satisfaction. Il ne sent pas monter les tensions et les reproches à son sujet au sein de la famille Schlumberger et du conseil d'administration. On ne lui laissera plus le temps de produire d'autre film d'opéra avant son licenciement en 1985.

Cependant, à peine deux ans plus tard, alors que la période de turbulence de sa carrière se calme à peine, Daniel Toscan du Plantier a déjà créé une structure de cinéma adossée à la société musicale qu'il dirige, Erato Films. [630]

Il décide de s'engager dans un nouveau défit : produire pour le cinéma l'opéra de Giacomo Puccini, *La Bohème*. Le sujet tragique et la musique tour à tour légère et bouleversante devraient attirer le public. Mais les deux opéras les plus populaires, les seuls vraiment accessibles à des spectateurs non initiés, *Don Giovanni* et *Carmen*, sont déjà en boîtes.

Malgré la passion qui anime Toscan, les budgets des films d'opéra qu'il prévoit seront dorénavant plus raisonnables. Avec l'indépendance, il a acquis une certaine prudence et le sens de la gestion. Il a aussi appris avec ses premières expériences que *« quand on fait ces films, il ne faut pas s'y tromper, on a contre soi en général deux publics. Enfin pas le public. Tout sauf le public. Les professionnels du cinéma qui disent : c'est pas du cinéma. Et surtout les professionnels de la musique qui détestent les films d'opéra, puisque ces œuvres qu'ils ont bien à eux, bien gardées, bien protégées, les voici d'un seul coup répandues sur le trottoir du grand public (…) C'est très difficile. On s'était d'ailleurs juré qu'on en ferait plus, parce que, quand on sort du film, on est dans un état… Lessivé, dans tous les sens du mot d'ailleurs, physiquement, financièrement. Donc on se dit, on ne refera pas, parce que c'est trop de boulot. »* [631]

Pourtant il veut persévérer à faire exister ces films qui réunissent les deux arts qu'il aime, la musique et le cinéma. *« On peut dire qu'on a commencé avec moi la volonté à la fois économique et artistique de mettre en œuvre un catalogue. C'est ce que je fais depuis maintenant dix ans. »* [632]

Toscan espère confier la réalisation de *La Bohème* à Woody Allen. Il le rencontre à New York, au célèbre Russian Tea Room, lieu à la mode depuis des lustres dans le milieu des artistes, par l'intermédiaire de Marie-Christine Barrault qui a tourné dans *Stardust Memories* en 1980. Mais c'est une fois de plus un réalisateur italien avec qui il va lancer son nouveau projet, Luigi Comencini. Le discret metteur en scène de *L'Incompris* filme avec émotion le mélodrame interprété par Barbara Hendricks et José Carreras. *« La cohérence toujours recherchée entre l'œuvre, le metteur en scène et l'interprète, fut idéale avec* La Bohème *; Luigi Comencini et Barbara Hendricks. »* (633)

Le film enchante Daniel par sa délicatesse et sa qualité musicale et, malgré le peu d'intérêt que lui portent les médias, son succès est suffisant pour qu'il puisse continuer sa collection de productions musicales.

Le producteur a en tête un sujet russe élitiste et difficile, *Boris Godounov*, que Moussorgski a mis en musique d'après la nouvelle d'Alexandre Pouchkine. Daniel Toscan du Plantier a vu l'opéra représenté dans la grande salle londonienne, Covent Garden, en 1983. La mise en scène était signée Andreï Tarkovski, le réalisateur du chef-d'œuvre cinématographique *Andreï Roublev*. L'envie de Toscan est née immédiatement. Il veut travailler avec ce metteur en scène, qu'il admire depuis leur rencontre en 1978. Ils ont connu ensemble des tensions politiques lors de la sortie à Paris de son film *Le Miroir*, bloqué en Russie par le pouvoir soviétique depuis trois ans. Aidé par la France, Gaumont, la presse, le ministère de la Culture, l'artiste a obtenu de venir tourner à l'Ouest, où il est installé.

Les événements dramatiques contés dans *Boris Godounov* concernent une période troublée de l'histoire de la Russie au XVIIe siècle. Dans la tradition des grandes voix russes, le héros chante une partition de basse profonde. Toscan retrouve une troisième fois pour ce nouveau défi son ami Ruggiero Raimondi, dont le physique est taillé pour interpréter Boris à l'écran et la voix de baryton arrive à descendre jusqu'aux tréfonds du rôle. Mais Tarkovski, comme souvent les Russes exilés, supporte mal de vivre loin de son pays. Les valeurs de l'Ouest l'étouffent : l'argent, la réussite... Il abandonne le projet et décide de retourner chez lui où se trouve son inspiration, malgré les brimades qui l'attendent. Il mourra, épuisé, l'année suivante, à 56 ans.

Le film n'a plus de réalisateur. Daniel espère attirer le polonais Andrzej Wajda avec qui il avait tourné un *Danton* mémorable incarné par Depardieu au début des années quatre-vingt. Il décide de faire enregistrer la musique sans attendre son accord, sous la direction de Mstislav Rostropovitch.

1987 : Wajda refuse, et Toscan présente à Rostropovitch un autre réalisateur polonais, Andrzej Zulawski. Il a réalisé pour Gaumont *Possession* en 1981, qui a amené le Prix d'Interprétation de Cannes et le César de la meilleure actrice à Isabelle Adjani. Talentueux et controversé, ce Polonais-là séduit le Russe autour de quelques verres de vodka.

Le projet prend corps cependant dans une certaine inquiétude de Toscan, qui sait que son réalisateur est parfois rejeté par le public français en raison de sa démesure. Il est même sur le point de renoncer. *« Finalement Zulawski, mais enfin j'avais beaucoup d'appréhension à faire ce film… Et un moment donné, je l'ai dit clairement à mes partenaires financiers, j'ai dit : 'écoutez, vous avez le droit de m'arrêter, comme l'alcoolique (…) bon c'est vrai que c'est un opéra somptueux, mais grave, dur… Il faut reconnaître que là je me suis dit tranquillement, vous savez les bonnes décisions qu'on croit prendre, 'je le fais pas'!… Puis les gens ont commencé à me dire, 'non mais attendez, on ne veut pas payer tout ce que vous demandez, mais il faut continuer, ce serait absurde'… Alors j'ai dit 'écoutez là, c'est extraordinaire. Vous encouragez à boire. Il faut me désintoxiquer' (…) Mais finalement tout le monde voulait que je continue. J'ai été très surpris parce que je pensais que vraiment, c'était seulement mon obstination. »* [634]

Mais Zulawski rassure Toscan et aborde l'œuvre avec respect, *« décidé à trouver enfin l'estime et la considération du plus grand nombre. »* [635]

Lors de l'enregistrement de la musique, la soprano Galina Vishnevskaya avait prêté sa voix magnifique au personnage de l'ambitieuse et sensuelle Marina. Outre son talent, elle est la femme de Rostropovitch. Mais elle n'a plus l'âge du rôle et tout naturellement, Zulawski choisit une jeune comédienne ravissante pour le film, sans se poser de questions. Le couple de musiciens stars est choqué et furieux en découvrant lors de la première projection les images érotiques d'une jeune créature qui chante avec la voix de Galina. Ils attaquent pour demander des coupes, mais la justice donne raison à l'auteur du film, le réalisateur, libre de ses choix selon la loi.

Il n'empêche ! La fascination médiatique qu'exerce Rostropovitch, connu pour son charme, se retourne pour une fois en pouvoir de nuisance. Avec acharnement, il s'applique à détruire la carrière du film dans le monde entier, payant de sa personne et montrant un caractère autoritaire. Le désastre est complet, la perte financière totale.

Malgré son attirance intacte pour le genre, Daniel Toscan du Plantier est blessé et connaît des difficultés. Il mettra longtemps à remettre un film d'opéra en chantier. Ce sera *Madame Butterfly*, de Giaccomo Puccini, sept ans plus tard. Le mélodrame, supposé se passer au Japon, pays pluvieux, au milieu des cerisiers en fleurs, sera tourné en Tunisie dans une région aride transformée par la magie que le cinéma parvient à créer, faite d'imagination créatrice et de finances... Toscan choisit pour réalisateur Frédéric Mitterrand, un artiste aux talents variés qui s'est fait remarquer depuis longtemps dans de nombreuses activités du cinéma et de la télévision. La finesse de son documentaire réalisé dans les années quatre-vingt, *Lettres d'amour en Somalie*, jouera sans doute un rôle important dans le désir de Toscan de lui confier cette œuvre d'émotion. Une « *petite Chinoise de génie* » inconnue, Ying Huang, (636) interprète le rôle titre. Ce film sans stars et d'un budget plus réduit est le premier opéra de Toscan à connaître une bonne distribution américaine d'art et essai, modeste mais réelle, par Sony qui en a aussi les droits musicaux. Paradoxes de la vie du producteur.

Daniel se lance donc dans un nouveau projet, brillant, *Tosca* de Puccini, en 2001, l'année de la naissance de la petite fille qui le ramène vers l'espoir. Il se tourne vers une distribution éblouissante de stars avec son ami Ruggiero Raimondi, qui est la voix basse de l'odieux Scarpia. Mis en scène par Benoît Jacquot qui avait réalisé *Les Ailes de la colombe* avec Isabelle Huppert dans la décennie Gaumont de Daniel, le film est interprété par Angela Gheorghiu et Roberto Alagna, la Tosca et Mario, couple passionné à la scène comme à la ville. Toscan et sa femme Mélita prénomment leur fille Tosca, et Daniel lui dédie le film. EMI classics produit la musique.

Toscan a toujours ressenti que ses films d'opéra dérangeaient les professionnels. Mais il savait qu'il avait changé l'image d'un art poussiéreux qui s'étiolait et que le public l'avait suivi ! *« Quand j'étais tout petit, que je commençais à aller à l'opéra, il n'y avait que de vieilles personnes… Bon, ça allait mourir, quoi ! C'était un truc pour vieux. Encore une ou deux générations, et c'était terminé. Pourquoi 50 ans après, c'est moderne ? Pourquoi les jeunes veulent tous y aller ? Pourquoi quand je vais à Bastille, je tombe dans l'escalier sur des filles modernes et pour qui l'opéra n'est pas une vieille cérémonie ? Et alors que finalement, j'ai fait moins d'une dizaine de films d'opéra dans la vie, sur deux cents films auxquels j'ai participé. Pourquoi on ne me parle que de ça ? (…) Parce que quand on fait ces films, on a contre soi les professionnels du cinéma qui disent : 'c'est pas du cinéma' » et surtout les professionnels de la musique puisque ces œuvres qu'ils ont bien à eux, bien gardées, bien protégées, les voici d'un seul coup répandues sur le trottoir du grand public. Heureusement. »* (637)

À l'époque de *Tosca*, Daniel Toscan du Plantier n'est plus guère contesté. Le film conforte encore son image de producteur exceptionnel : c'est un succès, dont l'interprétation musicale devient une référence. Le DVD est aujourd'hui un classique.

Depuis qu'il a quitté Gaumont, tout en produisant ses propres films, il a tant donné de son temps et de son énergie à l'image du cinéma français dans des actions collectives, Unifrance Films, les Césars, que même ses détracteurs lui reconnaissent des qualités. Le financement de ses films s'avère toujours difficiles, mais des partenaires réguliers font confiance. Il est fatigué, mais il envisage d'autres projets de films d'opéra, hésite, parle de *La Vie parisienne*. Il n'est pas sûr. Il n'aura pas le temps.

– 10 –
Impitoyable Amérique : Passion - Déception New York - Hollywood

Il arrive fréquemment que des producteurs européens accomplis rêvent de produire au moins un succès aux États-Unis. Hollywood ! Irrésistible attrait de « Tinseltown », la ville qui scintille, peut-être un miroir aux alouettes, mais tellement tentante !

Pourquoi ne pas essayer ? Pourtant, longue est la liste de ceux qui, partis joyeux pour l'Amérique, ont dû se replier en laissant une fortune derrière eux. *« L'Amérique, L'Amérique, je veux l'avoir et je l'aurai… » !* [638] dit la chanson.

Bien des grands noms français ont succombé à la tentation.

Quand Toscan prend le pouvoir chez Gaumont, il ne fait pas exception. Très vite, à la suite du premier grand succès de la maison, *Cousin, Cousine* de Jean-Charles Tacchella, qui traverse l'Atlantique en 1976, il rêve à l'Amérique. Il ne la connaît réellement qu'à travers ses films. Il ignore à quel point les règles du jeu, les codes et la culture de Hollywood sont différents des nôtres. Gaumont ne parvient à toucher aucun revenu de la distribution de la comédie de Tacchella aux États-Unis, et Daniel pense que s'installer sur place permettrait à Gaumont d'y contrôler la commercialisation de ses futurs films. Cinq ans plus tard, il décrira encore son projet avec flamme malgré de premières expériences décevantes :

« Les États-Unis sont certainement le pays qui nous fascine le plus en tant que marché potentiel (…) La vraie concurrence, aujourd'hui, au cinéma, c'est Paramount, Universal, Artistes Associés, Warner, Columbia, Metro Goldwyn Meyer et Fox

(…) Si nous voulons imposer notre conception du cinéma face à l'énorme machine des majors américaines, si nous voulons exister au niveau économique et faire passer nos créations culturelles, nous devons nous donner des moyens économiques de lutter contre les grandes firmes internationales. L'un des drames du cinéma européen actuel réside dans son incapacité à contrebalancer la force des produits américains. » (639)

Ce n'est pas la double nomination de *Cousin, Cousine* et de Marie-Christine Barrault pour les Oscars 1977 qui va calmer l'euphorie du jeune producteur. Les recettes du film continuent à ne pas rentrer, mais la petite notoriété hollywoodienne qui s'ensuit est excitante. Lors du Gala de l'Union des Artistes à Los Angeles, il fait la connaissance d'Yvette Mallet, responsable du cinéma aux Services Culturels de New York. Elle est en train de tenter de son mieux de limiter le désastre de l'équipe de Jean-Claude Brialy, l'organisateur du gala qu'elle a accepté d'aider. Bilingue, pleine d'humour et d'un caractère charmant, elle a fait la conquête de nombreux artistes dans le cadre de ses activités et elle impressionne Toscan. Quand il décide d'ouvrir un bureau de New York, Gaumont Inc, il lui propose de quitter l'administration pour le diriger.

Toscan se lance en Amérique en 1977, au moment même où Denis Chateau vient de signer un accord de programmation national avec la Twentieth Century Fox. La Fox va sortir ses films dans le circuit Pathé Gaumont et Associés dans toute la France. Le premier film de l'accord ne passe pas inaperçu… C'est *Star Wars*, qui triomphe aux États-Unis depuis le mois de mai 1977. Il est présenté par George Lucas en compagnie de Harrison Ford au Festival de Deauville, en septembre. Cette association remarquée des deux noms de Gaumont et de Fox n'est que le début des ambiguïtés et des confusions qui vont émailler l'image de Gaumont aux États-Unis. La société est perçue comme un exploitant français exceptionnel. Mais sa présence et ses films sur le territoire américain ne sont pas reconnus.

Le projet dans lequel Toscan entraîne Gaumont à New York et en Californie sera une déception qui l'amènera à des réflexions définitives sur le cinéma américain et la politique de ceux qui le font, et sur la culture en général… Son action internationale en restera marquée toute la suite de sa carrière. Car le voyage allait s'avérer pour le moins chaotique. L'aventure américaine de Toscan allait être une désillusion.

Pour l'heure, ce sont les grandes années de l'internationalisation de Gaumont, la période où Toscan ne connaît pas le doute et entraîne

Nicolas Seydoux derrière ses convictions. Ils ouvrent la maison aux talents européens les plus divers. Ensemble, ils viennent de créer Gaumont Italie et sa filiale de production Opera Films. Ils veulent organiser la distribution de leurs films eux-mêmes dans des pays cinéphiles pour tenir la chaîne des remontées de recettes. Ils dégagent une image de jeunesse, de pouvoir et d'enthousiasme.

Yvette Mallet accepte la mission proposée à New York. À la tête d'une petite équipe féminine qu'elle couve en grande sœur indulgente, elle installe le bureau Gaumont de New York au 54e étage d'un somptueux building ultra moderne sur la 57e rue, donnant d'un côté sur Central Park de l'autre vers le Sud de Manhattan et sa forêt de gratte-ciels célèbres, de l'Empire State Building aux tours du World Trade Center encore récentes… Elle ne prend pas d'appartement et habite l'hôtel Mayflower, sur Central Park West près du Lincoln Center, à cinq minutes à pied des bureaux, une bâtisse typique de New York, construite en 1925, réputé pour un supposé « charme intime » et une « ambiance européenne ».
Yvette occupe une suite avec terrasse au 17e étage, dominant le parc. L'hôtel, souvent fréquenté par les artistes qui se produisent au Lincoln Center, présente ce côté un peu déprimant de certains immeubles new-yorkais, avec ses moquettes fleuries à dominante marron et rose, et ses chambres des premiers étages sur cour, sinistres, où la lumière ne pénètre pas. Les « penthouses » du 17e étage, bien que refaites, ont l'aspect vieillot elles aussi, mais la vue fait tout oublier. Les collaborateurs de Gaumont, les acteurs, les réalisateurs et tous les invités de passage s'y sentent chez eux, accueillis par Yvette après les heures de bureau…
Lors de ses fréquents séjours à New York, Toscan réserve la suite voisine, la 17E devenue elle aussi familière à ses nombreux visiteurs. Les Français envahissent Gaumont New York avec joie. C'est une période d'effervescence et d'espoir.

La première grande affaire de Gaumont aux États-Unis est le *Don Giovanni* de Losey. Daniel sait qu'il a besoin du succès outre-Atlantique de son film d'opéra si ambitieux. *« J'attendais beaucoup de la sortie en Amérique, le seul espoir d'amortir le film, dont le coût démesuré ne pouvait se contenter d'un seul succès français. »* (640)

Sa stratégie pour y arriver consiste à intéresser à sa production les directeurs des deux salles d'opéra prestigieuses de la côte Est, le Met (Metropolitan Opera) de New York installé au Lincoln Center, et le

John Kennedy Center for the Performing Arts à Washington. Il attire l'attention de ces institutions estimées sur le projet de film et invite leurs dirigeants au tournage. Il voudrait les convaincre d'organiser des avant-premières de *Don Giovanni* dans ces salles et ne doute pas que ce serait le lancement idéal du film.

C'est là ma chance : Toscan me confie cette première mission à la suite de notre rencontre à Los Angeles lors du déjeuner d'Anne d'Ornano pour le Festival de Deauville. (641)

Le tournage en Italie séduit les deux directeurs et leurs familles, qui reviennent chez eux sous le charme. Ils ont découvert les villas de Palladio et la Vénétie, le clavecin joué en direct dehors, les chanteurs d'Opéra qu'ils connaissaient dans un contexte traditionnel, devenus acteurs de cinéma dans des lieux enchanteurs.

Au retour, chacun s'empresse de défendre l'idée d'un gala prestigieux dans sa ville à l'occasion de la sortie du film de Losey. On s'active à Washington et à New York avec une certaine émotion mais beaucoup de confiance ; et en septembre 1979, en présence du réalisateur et des interprètes, les afficionados d'opéra et les critiques de cinéma de l'Amérique un peu snob du monde des Arts, découvrent le précieux *Don Giovanni*, tour à tour dans les deux villes…

Mais, *« malgré un dispositif promotionnel énorme, il suffit de la première et de la lecture du New York Times pour déchanter : son critique, Vincent Canby, trouvait Ruggiero 'ugly' ('horrible') et recommandait aux éventuels spectateurs d'écouter le disque.*

Il paraît toujours étrange qu'aux États-Unis, la critique puisse ainsi faire vivre ou mourir nos films sans autre procédure d'appel (…) Un mauvais papier suffit à tuer un film. » (642)

Vincent Canby est alors un véritable pape à New York pour juger les films étrangers. Gaumont a engagé un budget publicitaire important sur les deux seules villes où le film sort. Mais la parole assassine du critique est fatale au film. *« De fait,* Don Giovanni *a été outre-Atlantique un échec à peu près complet. »* (643)

Le problème spécifique du film d'opéra qui risque de déplaire aux amateurs de musique comme aux cinéphiles joue comme facteur aggravant. Mais Toscan découvre surtout la violence sans appel de l'exploitation des films étrangers en Amérique. Violence à la hauteur de l'ambition affichée de l'œuvre mais aussi de l'attitude de ses producteurs.

Car il ne sait pas encore combien son allure qualifiée d'arrogante, son humour corrosif, son brio nuisent tant à lui-même qu'à la réputation de Gaumont aux États-Unis.

En parallèle, Toscan se rapproche de Dan Talbot, un passionné de films européens, distributeur et importateur respecté de films d'art et essais. Créateur de la société de distribution New Yorker Films, en 1965 et propriétaire d'une petite salle d'art et d'essai modeste mais prisée des cinéphiles, le Cinema Studio, qui passe les films en version originale sous titrée, Dan est un homme estimé et même adoré dans le métier. Il possède la meilleure adresse pour faire marcher des films à priori difficiles, en particulier français, Godard et Rivette en tête… C'est chez lui que plus tard, en 1985, après la fin des accords Gaumont, les huit heures et demie de projection de *Shoah* de Claude Lanzmann connaîtront le succès. Dan Talbot est aujourd'hui une célébrité new yorkaise depuis plus de quarante-cinq ans.

Le Cinema Studio est situé sur Broadway, près du Lincoln Center et présente à l'époque exclusivement des films souvent dits « difficiles ». Une salle jumelle en double bientôt la capacité. Gaumont prend une participation dans ces salles. En choisissant de s'associer avec Dan Talbot, Toscan renonce à passer ses films les plus accessibles dans une salle mieux située et prestigieuse comme le Paris, qui appartient à l'époque à Pathé et exploite des films européens. Pierre Vercel, le directeur de Pathé, ne s'en plaint pas, car il craint de se trouver envahi par la production Gaumont au détriment de ses autres choix.

Toscan, lui, se réjouit : *« Ainsi nous sommes-nous associés avec un distributeur new-yorkais indépendant, Dan Talbot, sorte d'intellectuel à la manière de Woody Allen, prodigieusement sympathique et efficace. Avec lui, nous avons acquis, à Broadway, une salle de cinéma. La présence française à New York est ainsi affirmée et devrait être économiquement gratifiante. »* [(644)]

D'autre part, Toscan et Dan Talbot s'entendent pour que Gaumont puisse distribuer ses propres films en utilisant des prestations techniques de New Yorker Films.

Mais Dan Talbot est aussi rusé que délicieux. Gaumont croit avoir mis la main sur lui, en fait, il n'a pas autant besoin de Gaumont que Gaumont de lui. Il faut le voir au Festival de Cannes, souriant, entouré des réalisateurs qui lui présentent directement leurs films, à la manière de son ami parisien Boris Gourevitch qui programme et distribue des films d'auteur dans le même genre de salles, le Lincoln aux Champs-Élysées et les Parnassiens à Montparnasse…

Toscan perd tout de suite de l'argent sur la plupart de ses films à New York. La première formule d'association de distribution New Yorker Films / Gaumont fait long feu. Gaumont se retire de l'activité de distribution de ses propres films et cède ce rôle à Dan. C'est un échec pour les ambitions de Daniel. La société quitte les bureaux de la 57e rue, trop chers.

Mais l'association pour l'exploitation, moins dangereuse, continuera dans les salles gérées par Dan. Le Cinema Studio est démoli pour faire place à un immeuble Barnes and Nobles. Dan Talbot et Gaumont le remplaceront par un complexe de six salles, le Lincoln Plazza, également sur Broadway, un peu plus au Sud.

En parallèle, Toscan décide de se lancer dans le rachat d'une société du câble new yorkais, Téléfrance USA, en 1981. Crée par Jean-Claude Baker, une personnalité phare du « Tout New York », fils adoptif de Joséphine Baker, l'entreprise de télévision est en difficulté faute de management efficace et de moyens. *« Nous avons également entrepris la production et la diffusion de programmes français de télévision par le câble à New York. »* (645)

Pour cette opération, Gaumont s'associe à Europe 1 et à la Sofirad (Société financière de radiodiffusion), une société de participation financière de l'État français dans des entreprises audiovisuelles privées. Mais malgré les conseils d'Yvette Mallet, les trois partenaires n'ayant jamais vraiment investi pour acheter des programmes pour le public francophone du câble, limité, la chaîne ne fit que vivoter avant de fermer dès 1983. (646)

Enfin, bien que préoccupé par les difficultés rencontrées sur la côte Est, Toscan désire s'implanter à Los Angeles en 1982. Peut-être est-ce plutôt parce qu'il est préoccupé qu'il essaye la côte Ouest... Sa stratégie est différente. Il veut se rapprocher de Hollywood. Il choisit le Studio Columbia comme partenaire, avec de grands espoirs car c'est une des premières « *majors* » américaines à s'intéresser aux films d'art et essai… Il négocie l'accord directement entre Gaumont Paris et le Studio, évitant d'impliquer Gaumont Inc à New York, qui n'a pas la surface pour jouer les interfaces.

Les deux entreprises se réunissent dans Triumph Films, alias Triumph Films ou Triumph Releasing Company, une filiale commune. Le mariage entre le studio américain et *« The legendary French Studio »* – comme on appelle Gaumont en Amérique en hommage à son passé prestigieux – semble bien commencer.

Mais la confusion entre les différentes postures de Gaumont aux États-Unis est inévitable. Comment comprendre la répartition des films entre Gaumont Inc à New York et Triumph Films à Los Angeles ? Comment gérer les relations avec le cinéphile Dan Talbot à l'Est et un studio géant de l'Ouest ? Les frais de sortie d'un film Triumph, gérés par du personnel issu de Columbia qui n'hésite pas à la dépense, et les petits budgets d'un film Gaumont Inc, n'ont rien à voir. C'est un autre monde. Et un monde sans pitié. Toscan est perçu comme arrogant et facile à manipuler par l'équipe de Los Angeles, efficace et pragmatique.

L'image de Gaumont en sort brouillée à l'extérieur, perçue comme à la limite du sérieux. L'expérience Triumph se terminera en 1985, lorsque DTP sera licencié. Le scepticisme des milieux financiers américains, entre autres, est total, sans que l'équipe de Paris semble le réaliser.

Dès 1979, un exemple parmi d'autres permet d'illustrer le problème : C'est le moment de la sortie de *Don Giovanni* à New York. À l'époque, André Meyer est un des rois de la place financière américaine internationale. Français d'origine, patron de la banque Lazare, émigré aux États-Unis pendant la guerre, proche du monde politique de Washington, il est une figure extrêmement respectée, qu'on peut qualifier de mythique. Il est âgé, mais toujours admiré et même à la mode. Ses analyses percutantes restent craintes et écoutées. Ses jugements sont suivis par l'*establishement.*

Il habite à New York, au sommet de l'hôtel Carlyle, une penthouse aux murs couverts de toiles de maîtres, et se fait remarquer avec coquetterie quand il sort. Pour des raisons familiales, ses liens avec mon grand-père Jules Aubrun, je le connais depuis mon enfance. Lors d'un de mes séjours américains, il m'invite à dîner. Nous descendons au restaurant de l'hôtel où son arrivée fait sensation. On dirait une *rock star* ! Mais aussitôt assis, concentré, il n'a de cesse de me convaincre de quitter Gaumont au plus vite. Le premier, il m'explique fermement que Toscan fait une terrible erreur dans sa manière de s'implanter aux États-Unis. Sa description personnelle est d'une sévérité effrayante : *« Trop de fougue, trop de prétention, pas de professionnalisme, pas de connaissance des mentalités, aucun pragmatisme… »* [647]

Il me prédit un prochain fiasco et un repli précipité de Gaumont vers la France sans espoir de retour. Il m'incite à *« quitter le navire avant le naufrage ».* (648)

Il me suggère, si je veux travailler dans ce secteur, de rejoindre une *« entreprise de cinéma sérieuse… (*c'est-à-dire, à ses yeux, américaine) *».* (649)

La liste des films européens distribués par Triumph entre 1981 et 1985 est honorable, mais disparate. La société perd de l'argent, parfois en raison de ses choix artistiques, mais aussi en raison de la gestion de Triumph par l'équipe de Columbia… Toscan a imposé à sa société de Los Angeles certaines œuvres trop difficiles, qui auraient été mieux gérées par Dan Talbot, et il est tombé dans le piège économique des dépenses non contrôlables qu'il croyait éviter.

Parmi les films rentables, *Le dernier combat* première œuvre de Luc Besson, qui avait été remarqué au Festival d'Avoriaz, sort aux États-Unis chez Triumph en 1984, bien qu'il ne soit pas distribué par Gaumont en France…

Mais le second, *Subway*, sortira chez Island Pictures, fin 1985, bien qu'il ait été coproduit et distribué par Gaumont en France… Car entre temps, Columbia et Gaumont ont déjà divorcé et Toscan a été renvoyé…

Quinze ans plus tard, Toscan, après avoir souffert de l'échec de la distribution américaine de ses films, décrivait le piège de Hollywood pour les producteurs étrangers qui veulent s'y implanter : *« Le talent n'est pas à vendre mais seulement à payer (…) Comme par hasard, pour les films qui marchent le mieux, la répartition des droits est faite de telle façon qu'il ne reste pas grand-chose aux financiers qui les ont achetés. Les talents gagnent plus qu'eux, car la petite société secrète qui détient le pouvoir à Hollywood, stars, agents, avocats, leur laisse essentiellement… les factures à payer (…) C'est vrai, je n'aime pas Hollywood. »* (650)

Il n'avait pas produit de film aux États-Unis, limitant les pertes de Gaumont à la distribution de ses films français.

Une dernière tentative de rapprochement entre le cinéma français et les USA sera effectuée par Daniel Toscan du Plantier plus tard, lorsqu'il créera le Festival du Film Français Sarasota en Floride.

Mais l'expérience, décevante et dispendieuse elle aussi, tournera court. Le producteur gardera de ces cicatrices une philosophie précise : il faut soutenir le cinéma de tous les pays sauf le cinéma américain *« à l'efficacité envahissante, quelles que soient ses qualités »*, car il part à l'assaut du monde avec arrogance et moyens financiers, mais pratique le protectionnisme le plus farouche ; soutenir *« tous les grands réalisateurs du monde, les auteurs-réalisateurs avec comme seul critère commun : pas les Américains, voilà, parce qu'ils n'ont pas besoin de nous ».* (651)

Toutefois il faut relever un paradoxe : il y eut un réalisateur américain, un seul, pour tourner avec Toscan ; qui plus est, il le choisit personnellement pour un projet culturel… Joseph Losey, le metteur en scène de *Don Giovanni*. Mais il est vrai qu'il n'avait rien d'un réalisateur hollywoodien. Sa carrière pourrait même le faire passer pour un Anglais.

Aujourd'hui, plus de vingt-cinq ans après le départ de Toscan de Gaumont, l'image de la société est respectée à New York et sa créativité est reconnue, en particulier dans le domaine devenu si important des séries télévisées.

Grâce à un travail important effectué avec le Musée d'Art Moderne (MOMA) autour des archives, les trésors du passé de la « vieille dame » sont montrés régulièrement aux cinéphiles depuis 1995, anniversaire des 100 ans de Gaumont. Des films Gaumont anciens ont été retrouvés dans les archives américaines, à Washington, à la Library of Congress et à Rochester, à la George Eastman House.

Des années de travail discret avec le MOMA ont peu à peu enfin ouvert les portes du musée à des films modernes de Gaumont, et finalement à certains films de Toscan enfin appréciés outre-atlantique.

Mais l'expérience Gaumont-Toscan des années quatre-vingt aux États-Unis fut terrible.

* * *

L'aventure de Gaumont ne freina aucunement les velléités d'autres Français qui se lancèrent à l'assaut de l'Amérique à sa suite sans paraître méditer cet exemple. Chacun de ces candidats à la gloire outre-Atlantique était persuadé qu'il détenait la méthode pour réussir. Une série de nos meilleures sociétés de cinéma prirent à leur tour des bouillons.

Marin Karmitz essaya d'installer sa société MK2 à New York pour distribuer lui-même ses films et éventuellement produire des réalisateurs américains. Mais il essuya de lourdes pertes et, s'il sut arrêter les frais sans attendre d'avoir laissé trop de plumes, il perdit de lourds investissements.

Cependant, cet « éditeur de films » comme il aime à se faire appeler, parvint habilement à utiliser les financements du ministère des Affaires étrangères français pour revenir aux États-Unis en 1989.

Il fit ainsi connaître son portefeuille de films européens à travers l'Amérique intellectuelle et cultivée par des tournées subventionnées par l'État français dans les grandes universités. Pour lui aussi, un hommage au MOMA, et dans différentes cinémathèques du continent vint couronner une politique et une image d'homme de culture, lui permettant de vendre certains films sur le marché américain de l'Art et Essai sans pour autant parvenir à équilibrer son bilan financier.

Francis Bouygues, le *tycoon* du bâtiment tombé amoureux du cinéma sur le tard, non content d'avoir acheté la chaîne de télévision TF1 en 1987, créa une filiale de production de films, Ciby 2000, en 1990, et installa des bureaux en grande pompe à Paris et à Los Angeles.

Doué et doté d'une intuition exceptionnelle, il surprit une profession parisienne prompte à la moquerie par ses choix de films remarquables.

En France, la majorité des producteurs influents du marché bougonnaient ou se moquaient de lui, persuadés qu'il allait sans tarder abandonner sa nouvelle passion après quelques déconvenues « inévitables ». C'était sous-estimer son intuition. Il évita de tomber dans tous les pièges et devint un producteur extraordinaire.

Mais, même si, seul Français à aller aussi loin, il eut l'instinct de produire David Lynch avec succès [(652)], il dut fermer ses bureaux américains, lourdement déficitaires.

Le double désastre de Canal Plus, entre 1988 et 1995, avec récidive de 2000 à 2002, reste le plus impressionnant.

Canal Plus avait atteint en 1988 une notoriété considérable. René Bonnell, alors le patron du Studio Canal Plus, la filiale de production de la chaîne cryptée, s'installa à Los Angeles et signa un contrat avec la société de production américaine Carolco et son exubérant créateur Mario Kassar. Une liste de succès commerciaux tels que *Basic Instinct*, *Terminator* ou *Spider Man* entrainèrent la ruine du Studio aux États-Unis, tant il est vrai que le contrôle des dépenses et des recettes réelles des films est une science impossible aux étrangers dans le système de la cité des Anges...

La seconde déroute de Canal Plus en Amérique, le pire de tous les fiascos français outre-Atlantique, fut l'équipée Universal menée par Jean-Marie Messier et Pierre Lescure, en 2000. La Compagnie Générale des Eaux, rebaptisée Vivendi, dirigée par Jean-Marie Messier, propriétaire de Canal Plus que pilotait Pierre Lescure, partit à la conquête d'Universal. En Europe, la chaîne cryptée était en pleine gloire et finançait le cinéma français généreusement. Le style et le ton de « Canal » comme on l'appelait, ravissaient le public et la profession qui adulaient son équipe. *« Les Beatles à côté de nous, c'était rien, confesse en riant Dominique Farrugia, ex-'Nul', aujourd'hui producteur. »* (653)

Messier se laissa griser par ce succès antérieur à son arrivée, qui ne lui devait rien. Ses propres réussites dans les activités de l'ex- CGE spécialisé dans la distribution de l'eau ne lui suffisaient plus. Il se mit à rêver de recentrer tout le groupe sur l'audiovisuel. Mais, hyper-médiatisé, surnommé J2M et bientôt J4M, (Jean-Marie Messier Maître du Monde) voulut s'occuper lui-même du dossier ! Ambitieux, il y voyait l'avenir, mais il voulait aller trop vite pour son temps et souhaitait coiffer ostensiblement Lescure.

Universal sortait d'une période de tribulations. (654)

Propriété de Seagram depuis 1995, le groupe fut racheté en 2000 par Vivendi. Un triumvirat créé entre Pierre Lescure, Edgar Bronfman Jr., Jean-Marie Messier tourna au désastre. Entre Messier et Bronfman, Pierre Lescure se distingua, bientôt reconnu le plus compétent des trois dirigeants et même qualifié par la presse américaine de *« Méga Mogul du Cinéma* : *'le patron de Canal Plus pourrait prendre les rênes du Seagram de Vivendi' pouvait-on ainsi lire dans le Wall Street Journal en juin 2000. »* (655)

Cependant Jean-Marie Messier courait pour prendre la première place mondiale dans la nouvelle industrie du multimédia. Il rêvait des *sunlights* de Hollywood et souhaitait que le nom d'Universal soit associé au sien et à celui de Vivendi dans l'esprit de tous. Une fois de plus, le choc avec « Tinseltown » allait s'avérer funeste.

Guettés par une presse passionnée par ce nouveau feuilleton, les Français affichaient leur projet de conquête. Ils installèrent leurs bureaux au sommet de la « Tour Noire » (« The Black Tower ») d'Universal à Burbanks. Baptisé par Edgar Bronfman Jr. « Building Lew Wasserman », l'immeuble abritait encore le célèbre bureau du producteur qui avait régné sur Hollywood pendant soixante ans et, rémunéré à vie, continuait à venir tous les jours malgré son grand âge. (656)

Quelques mois plus tard, Jean-Marie Messier et Pierre Lescure, lancés dans une politique d'acquisitions et de production, se dressèrent l'un contre l'autre. Ce combat n'arrangea pas une situation financière désastreuse d'abord déniée, puis cachée, qui finit par éclater au grand jour.

La saga hollywoodienne de Vivendi-Universal se termina donc en 2002 par une déconfiture financière exceptionnellement grave qui toucha l'entreprise au cœur. Une restructuration douloureuse et longue du groupe français s'ensuivit... Jean-Marie Messier renvoya Pierre Lescure avant de sombrer lui-même, leur réputation à tous deux ruinée aux États-Unis. Les sociétés ressortirent affaiblies de l'équipée, y compris en France.

La vente de nombreux actifs du groupe permit à Vivendi (abandonnant le nom d'Universal), de devenir le groupe multimédia que l'on connaît aujourd'hui, propriétaire d'Universal dont les droits audiovisuels sont une « machine à cash » permanente. Messier avait vu juste sur l'avenir des groupes multimédia, mais s'était trompé sur bien des points, dont ses idées sur la production.

La grande société française remise sur pied ne se mêle plus directement de production et distribution de ses sociétés de Hollywood.

Certes, les films français sont parfois reçus à bras ouverts par l'Amérique. *The Artist* de Michel Hazanavicius, *La Môme* d'Olivier Dahan, autrefois *Trois hommes et un couffin* de Coline Serreau ou *Cousin, cousine* de Jean-Charles Tacchella en sont autant de témoignages.

Mais que les producteurs de ces films songent à s'installer sur les collines californiennes et la ruine semble aussitôt les menacer. La récurrence de l'incapacité des meilleurs producteurs français à réussir aux États-Unis est troublante. Au fond, faudrait-il devenir américain pour réussir à Hollywood ?

Oui, en quelque sorte. En tout cas jouer leur règle du jeu.

C'est ce qu'a fait quelqu'un comme Patrick Wachsberger, aujourd'hui producteur Français vedette d'Hollywood... Pour réussir à créer des films dans ce monde sans pitié, il ne faut pas seulement se montrer talentueux. Il faut renoncer à afficher la moindre arrogance. Il faut faire oublier ses origines... sans obligation toutefois d'abandonner un accent que les Américains aiment...

– 11 –
Après Gaumont

Quand ce matin de printemps 1985, Nicolas Seydoux apprend à Daniel Toscan du Plantier que cette fois, il doit quitter Gaumont brutalement, le directeur général est abasourdi. Les mots de Nicolas sont brefs : *« Nous ne pouvons plus continuer »*. C'est une claque. Le conseil d'administration, auquel Toscan n'assiste pas, commence quelques minutes plus tard et va le licencier. Il connaissait l'ampleur des pertes, mais pensait que le président, son ami, le soutiendrait. Mais les actionnaires hostiles ont gagné. L'aventure est finie.

Depuis longtemps le Conseil le guettait. Un de ses membres, Paul Lepercq, proche de Jean Riboud, se montrait parmi les plus virulents contre la politique de Toscan et ses choix. Il faisait campagne contre lui. Un autre conseiller de Riboud, Claude Balks, un homme à l'aspect négligé à l'apparence d'un gentil clochard, promenait son humour caustique dans les couloirs de Gaumont, échangeant avec les uns et les autres des informations et des commentaires sur la situation et le nombre d'entrées des films. Au passage, il distillait insidieusement du fiel contre Toscan. Alors qu'il critiquait une fois de plus les résultats commerciaux des productions signées DTP, Denis Chateau lui répliqua *« Mais* Cousin, Cousine, (657) *tout de même ! »* pour s'entendre répondre *« même une poule aveugle arrive à picorer un grain »* (658).

La sanction prononcée par Nicolas dut être un choc effrayant pour que dix ans plus tard, en 1995, Daniel décrive encore cette matinée avec des mots si douloureux : *« la première grande épreuve sociale et professionnelle que j'ai eue à traverser, c'est en 1985, mon renvoi de Gaumont. Je dis bien 'renvoi' et j'insiste, limogeage. Pas de ronds de jambe. J'ai été viré. Je n'ai pas quitté Gaumont, j'en ai été chassé par mon meilleur ami.*

Ce n'est pas qu'il ne m'aimait plus, mais j'étais devenu néfaste à son analyse des intérêts patrimoniaux.

Je pensais qu'on trouverait une sorte de compromis plus élégant, mais cela a tourné autrement, comme il arrive dans ces séries incroyables de coïncidences et de malchances. Plus de Gaumont pour Toscan.

Ce jour-là, je perdais évidemment le carburant de mon pouvoir, de mon charisme, de ma décision, de ma notoriété, de mon savoir, etc. J'ai nommé la puissance capitaliste sur laquelle s'appuyaient mes désirs et mes fantasmes. Je perdais Gaumont. Adieu la réalisation des désirs ! » (659)

Les heures pendant lesquelles la nouvelle se répand dans Paris comme une traînée de poudre sont riches en émotions contradictoires pour Toscan. Il pourrait connaître le désert qui suit si souvent les grands abandons. Ou les coups de fil d'une banalité pire que le silence. Mais la journée lui réserve d'autres surprises. Une heure après la fin du conseil, en fin de matinée, il reçoit un coup de téléphone du président Mitterrand, qui lui provoque une telle stupeur qu'il croit d'abord à une blague. Cependant, c'est bien le chef de l'État, qui lui glisse un commentaire en forme d'hommage : *« Sachez bien qu'à mes yeux, si vous n'êtes pas le seul auteur des pertes, vous êtes le seul auteur des films... »* (660)

Puis c'est Gérard Depardieu qui l'appelle et l'invite le soir pour une émission de Canal +, ensuite un déjeuner avec André Rousselet, l'ami du président de la République, le président de Canal +, avant que le patron du quotidien *Libération*, Serge July, qui a éreinté ses films depuis des années, ne se précipite à son tour pour lui marquer son admiration et son soutien inattendu ! Toscan fera la Une du lendemain. Enfin la fameuse émission en public sur Canal + organisée par Depardieu (661) achève cette journée intense.

« Les quatre personnes qui s'étaient manifestées étaient les bonnes pour les dix années à venir. » (662)

Le souvenir de ce jour qui l'a marqué au point qu'il le racontait souvent à ses visiteurs depuis des années le soutient : *« J'ai pensé à un homme que nous aimons vous et moi, Marcel Bleustein Blanchet, qui a été mon premier patron à Publicis.*

Et moi j'étais avec lui, comme beaucoup de ses amis, la nuit où son immeuble a flambé. Et je me souviens que quand, vers 4 h du matin, on a bien compris qu'il n'y avait plus rien, plus de documents, plus de factures, plus de clients quoi…

Non, ça c'était l'erreur. Parce qu'il s'est tourné vers moi et je lui ai dit : qu'est ce qu'on va faire ? Il m'a dit : C'est pas grave, les clients sont ininflammables. Ce qui est d'une beauté… C'est un mot, hein !

Et moi quand, vers 9 h 02, quand j'ai compris que j'avais plus… J'avais plus la société, j'avais plus Gaumont, j'avais plus rien, quelque chose en moi a dit : les clients sont ininflammables. Les clients qui ? Le public, les artistes… » (663)

C'est le saut dans l'inconnu, mais l'esprit est combatif. Et en fin de compte, Toscan ne connaîtra même pas de rancœur : *« plus que tout peut-*

être, résistait à l'épreuve l'amitié ; et d'abord celle qui nous liait, Nicolas Seydoux et moi, depuis tant d'années, qui avait fait Gaumont, qui avait rendu possible la mise en chantier de dizaines de films. Tout cela était 'ininflammable' ! L'amitié, l'estime, les films (…) les échecs, cette crise et cet échec-là qui aurait pu être mortels. Et quand mon fils Davis, son filleul, proposa d'interrompre ses relations avec lui, je n'eus qu'à répondre qu'un simple, évident : 'ce n'est pas la peine !' Il est aujourd'hui chez Gaumont, et beaucoup de mes films y sont encore distribués. » [664]

Philosophe de formation, DTP avait développé ses théories sur le cinéma et les avait appliquées tant qu'il était resté protégé par l'argent de Gaumont. Il se permettait d'être audacieux, mais sous bulle.

Ainsi, pendant dix ans, il a fait tourner les plus grands comme il en rêvait. Il a fait éclore des talents. Grâce à lui ont existé *« des dizaines d'œuvres dont je ne suis jamais l'auteur, souvent l'initiateur, toujours l'organisateur… »* [665]

Cependant, soudain dépossédé des moyens quasi infinis que lui donnait son ami, Toscan risque de couler. C'est du moins ce que prévoit une partie du tout Paris artistique et médiatique. Il va au contraire rebondir, dans la difficulté de l'indépendance, d'une façon brillante que peu de gens, même parmi ses proches, attendaient. Loin de sombrer, il aborde la seconde période de sa carrière artistique de producteur.

Il développera aussi peu à peu en parallèle des activités d'intérêt général, élu pour commencer en 1987 président d'Unifrance Films, l'organisme d'état destiné à promouvoir le cinéma français à l'étranger.

Cependant, en ce printemps 1985, tout va très vite. Après un rendez-vous avec le président de la République à l'Élysées, le 18 juin, Toscan reçoit un message du ministre de la culture, Jack Lang, lui-même étonné de la mission que lui a confiée Mitterrand : *« il faut vous aider à refaire de la production, paraît-il. »*, lui dit-il. [666]

Une subvention du gouvernement va donc lui permettre d'accepter le cadeau de départ de Nicolas Seydoux, Erato, la petite société d'édition phonographique déficitaire, qu'il va mener à la prospérité avant de la vendre à Warner en 1992, porté par son talent de producteur de musique et la vague déferlante d'un nouveau support, le CD. Il reçoit aussi la vieille Renault qu'il utilisait chez Gaumont ainsi que son chauffeur. La nouvelle aventure commence par la création de la société de production Erato Films à côté de son entreprise musicale.

Les artistes les plus proches de lui réagissent immédiatement, prenant le risque d'abandonner Gaumont pour le suivre…

Michel Deville vient tout de suite, et donne *Le Paltoquet* à produire à Toscan dans sa nouvelle structure en 1986 (667).

Maurice Pialat n'est pas en reste. *Police*, initié par Toscan, sort avec succès chez Gaumont peu après son départ, en septembre 1985. L'artiste n'envisage son prochain film que chez Erato. Le nouveau projet qu'il développe avec Daniel, adapté d'une œuvre de Georges Bernanos, est ambitieux ; la production s'avère difficile… Mais dès 1987, un jury présidé par Yves Montand attribue la Palme d'or du Festival de Cannes à *Sous le soleil de Satan*, interprété par Gérard Depardieu, Sandrine Bonnaire et Pialat lui-même. (668)

Van Gogh sera la dernière aventure commune de Toscan et Pialat en 1991. (669)

L'un des derniers maîtres amenés par Toscan au Festival de Cannes avant qu'il ne quitte Gaumont était le réalisateur bengali Satyajit Ray, dont il avait présenté le film *Ghare Baire* (*« La Maison et le monde »*) en 1984.

Devenu indépendant, il se rend à Calcutta pour produire les deux derniers films de l'artiste indien, *Shakha Proshakha* (*« Les Branches de l'arbre »*) et *Agantuk* (*« Le Visiteur »*) en 1990 et 1991, en association avec son ami Gérard Depardieu à qui il a fait partager son admiration pour le cinéaste. À l'aéroport de Calcutta, une nuée de jeunes filles russes en vacances reconnaît de loin le comédien qui est et restera pour longtemps la plus grande star imaginable dans leur pays. Elles se jettent sur lui avec enthousiasme et même frénésie. *« Alors finalement on s'est souvenu, Gérard et moi, que les Soviétiques ont acheté il y a deux ans* Les Compères *et que la première année, ils ont fait 127 millions d'entrées, c'est-à-dire autant que de spectateurs en France pour tout le cinéma. »* (670)

Tous les films de l'acteur, comédies et films sérieux, y sont ainsi montrés jusque dans les provinces les plus reculées.

Cette expérience conforte les deux amis dans leur conviction que le rayonnement du cinéma français peut être plus fort que les Français eux-mêmes ne le perçoivent. En tant que président d'Unifrance films, Toscan est décidé plus que jamais à obtenir une augmentation des budgets pour soutenir toutes les actions en faveur de sa commercialisation et de son image à l'étranger.

À l'issu de son dernier film, *Le Visiteur*, Satyajit Ray reçoit un hommage spécial pour sa carrière aux Oscars 1992 à Hollywood (671)

Mais il n'y assiste pas et meurt avant la sortie du film en France.

Chez Erato Films, le générique personnel de Toscan s'allonge. Fidèle aux artistes de sa première époque et au cinéma qu'il aime, il continue sa recherche des talents français et internationaux, mais découvre la prudence. Il change d'attitude, confronté à la difficulté de gérer une société encore fragile que chaque projet peut mettre en danger. Il doit renoncer à travailler avec certains cinéastes accessibles pour lui dans un passé récent, maintenant révolu.

Déjà en 1984, sentant son pouvoir contesté chez Gaumont, il s'était résigné à ne pas produire *Ran*, un film fleuve du maître japonais Akira Kurosawa, et l'avait confié à Serge Silberman, le vieux producteur de Louis Buñuel, qui s'était embarqué pour un tournage de plus de huit mois !

Cette réflexion nécessaire à sa survie de producteur ne l'empêche pas de travailler à nouveau fidèlement avec certains réalisateurs de son époque Gaumont, Maurice Pialat et Satyajit Ray, mais aussi Jean-Charles Tacchella et Andrzej Wajda. Il fait également en 1989 une expérience de film d'auteur extrême avec le britannique Peter Greenaway, *Le Cuisinier, le voleur, sa femme et son amant*. Il marque ainsi son désir de continuer à soutenir un petit groupe de réalisateurs européens de talent, Wenders, Almodovar, Kiesloswski, Kustarica, Moretti… tous financés par le système français de production qu'il considère urgent d'implanter dans l'Europe entière, et il fait campagne dans ce sens.

Mais face à sa nouvelle situation assez précaire, c'est cependant toute la conception du septième art de Toscan qui évolue. Fini le temps de la confiance aveugle en l'artiste : *« Or je n'ai plus de maîtres (…) J'entre dans une phase très intéressante de mon travail : je serai plus encore l'« auteur » moi-même de ce que j'ai décidé de produire…* (672)

Aujourd'hui, le cinéma est obligé de livrer des histoires (…) Je ne sais si le cinéma s'est dégradé ou assaini, mais s'il s'est dégradé en tant qu'art, il s'est assaini en tant que commerce. Car on ne peut pas indéfiniment mettre des bouteilles à la mer en disant : 'on verra bien si quelqu'un les ouvre'. Nous sommes dans un cinéma infiniment plus fabriqué (…)

Je change de période. J'aime assez l'idée de choisir le sujet, de travailler de façon paritaire avec l'artiste cinéaste. Je vais donc commencer à 'faire du cinéma'. Il est temps !

Mais j'ai le temps, tout mon temps ». (673)

Daniel proclame qu'il vise la rentabilité en même temps que la qualité. Dix ans de respect sans limites d'artistes exigeants ne l'ont pas empêché de devenir de plus en plus lucide sur l'expérience qu'il a acquise. Il sait ce qu'il peut apporter à un projet ; il voit les limites de l'auteur et les erreurs qu'il peut commettre. Le réalisateur n'est plus le maître incontesté. Toscan se met à intervenir sur le film, conscient de ce qu'il a appris avec le temps : *« Désormais, pour être franc, il est rare que quelqu'un ait absolument raison contre moi, car j'ai atteint, hélas, un niveau d'expérience qui me permet de voir immédiatement, de comprendre et donc de juger au point que je souffre de m'apercevoir que 'mon' artiste a tort. J'ai perdu mon innocence ; je sais que mon artiste se trompe. Or… j'aimais beaucoup l'infaillibilité du créateur. Eh bien c'est fini ! Je ne crois plus. Je n'ai plus en moi ce dogme artistique. »* (674)

Toscan produit ainsi *Grosse fatigue*, de Michel Blanc en 1994, des adaptations de pièces de Sacha Guitry, (1997) *Désiré*, réalisé par Bernard Murat, et *Quadrille*, réalisé par Valérie Lemercier, deux spécialistes de la comédie et de la mise en scène rythmée au théâtre comme au cinéma, ainsi que deux films de Pascal Thomas, plus connu pour ses comédies que pour ses films d'auteur : *La Dilettante* en 1999 et *Mercredi journée folle* en 2001. Autant de films populaires d'un style différent de ceux qu'il entreprenait chez Gaumont.

Il va jusqu'à acheter les droits d'un roman, *La femme de chambre du Titanic*, de Didier Decoin, et s'explique sur son projet : *« Désormais, je cherche d'abord les sujets (…) Aujourd'hui, on a beau dire, l'important, c'est le sujet, ce n'est plus l'auteur. Depuis quelques années, il m'est arrivé de lire des livres. Aussitôt, je sais : on verra qui le fera, on choisira le meilleur, mais de toute façon, c'est un sujet. »* (675)

En changeant ainsi de perspective, Toscan se met à réfléchir différemment sur le métier de producteur. Son regard sur ses pairs se fait plus attentif. Longtemps, il a jugé sévèrement certains producteurs de comédies populaires, comme Alain Poiré. Il les regardait de haut. Il n'était pas intéressé par leurs films et semblait considérer comme normal que des films légers destinés au plus grand nombre connaissent un succès qui lui paraissait prévisible. Il découvre soudain leur travail et, partageant avec eux le risque de ce métier dont il a compris le danger, se met admirer leur réussite même quand il ne partage pas leur goût. *« Nous avons un métier à haut risque, c'est comme les pilotes de formule 1. Nous savons que nous sommes en danger (…) Oui, et puis il y a toujours un virage après, et on va sûrement en rater un (…) Parce que, gérer le succès, c'est facile. Le producteur c'est quelqu'un qui gère l'échec ! Voilà, parce que l'échec, c'est trois fois sur quatre. Le problème, c'est que si on avait pu supprimer depuis longtemps de faire les mauvais films pour ne faire que les bons, on aurait trouvé le moyen (…) Oui, un producteur, c'est fait pour tenir… On a le devoir de distraire, on a le devoir de plaire. Il faut aussi beaucoup d'humilité pour accepter l'échec.* » [676]

Confronté aux difficultés du quotidien, les siennes et celles d'autres producteurs qu'il côtoie au sein d'Unifrance Films et dans les activités d'intérêt général qu'il développe, il en vient à rendre un vibrant hommage à la génération des grands producteurs qui le précède : « *Un grand producteur, c'est d'abord un ancien qui a surmonté les embûches, qui a traversé la ruine, la solitude, l'abandon ; plus une vertu morale qu'un beau score. Souvent, dans la plus belle histoire, les grands l'ont vécue avec leur sang et leurs larmes, et leurs films n'en sont que l'écho adouci ; ils ont résisté à l'histoire qui assassine, à l'argent qui manque, à la trahison inévitable des artistes qui n'ont pas d'autre fidélité à servir que leur œuvre. (…) Ils ont su garder le cap, échapper à toutes les déviances, conserver par dessus tout le principe de leur liberté, de leur plaisir-roi qui serait, ont-ils décidé, celui de millions d'hommes. Robert Dorfmann, Alexandre Mnouchkine, Serge Silberman et, bien sûr, Alain Poiré – avec qui la cohabitation ne fut pas toujours aisée chez Gaumont, sa famille depuis plus de cinquante ans, plus de la moitié de l'histoire du cinéma toute entière – ont grandi chaque jour un peu plus dans mon estime et mon affection pour être restés immuables, indifférents aux modes, aux idées, aux techniques périmées avant eux, inchangés, inchangeables, comme s'ils étaient sortis, hier pour la première fois, des usines Lumière (…) Tâchons de faire aussi bien, avec, comme eux, notre plaisir pour seule règle, même s'il est autre.* » [677]

Cependant, déjà dans le passé, Daniel Toscan du Plantier avait fait preuve d'une attitude de producteur interventionniste sur quelques films très particuliers : la première fois qu'il osa s'imposer se produisit en 1978, lorsqu'il décida de produire un opéra comme un véritable film – le *Don Giovanni* de Mozart réalisé par un metteur en scène de cinéma, Joseph Losey – pour tenter d'ouvrir cet art élitiste et un peu démodé qu'il aimait à un vaste public populaire.

L'audace de son pari le poussa à s'impliquer personnellement dans bien des aspects de cette aventure, à commencer par le choix du metteur en scène, en contradiction avec sa réserve habituelle face aux grands auteurs de cinéma. Ce sera le cas pour tous ses films d'opéra : « *C'était mon opéra, mon metteur en scène, si je puis dire, en tous les cas mon choix. Joseph Losey, Francesco Rosi, Luigi Comencini, Andrzej Zulawski, Frédéric Mitterrand…* » [678]

Ses films musicaux, *Don Giovanni* et *Carmen* furent les seuls sur lesquels il adopta une attitude quelque peu volontaire pendant ses dix années passées chez Gaumont. Et encore n'osa-t-il pas aller jusqu'au bout de ses désirs lorsqu'il pensait avoir raison contre le metteur en scène. [679]

Il imprima quelquefois son empreinte face à Losey et Rosi, mais il ne résista jamais à Bresson, Tavernier, Werner Herzog, ni bien sûr à Rossellini, Fellini ou Pialat… ni à aucun autre réalisateur. *« Autrefois, je n'aurais même pas osé m'autoriser à formuler cette pensée : le sujet, c'était le problème des maîtres ».* [680]

Sa nouvelle attitude face à la création s'harmonise désormais avec la manière dont il travaille sur ses projets musicaux. [681]

Daniel Toscan du Plantier produit quatre films d'opéra dans ses années d'indépendant, *La Bohème* de Giacomo Puccini mis en scène par Luigi Comencini en 1988, *Boris Godounov* de Modest Moussorgski mis en scène par Andrzej Zulawski en 1989, *Madame Butterfly* de Puccini mis en scène par Frédéric Mitterrand en 1995, et *Tosca* de Puccini mis en scène par Benoît Jacquot en 2001. [682]

La définition qu'il donne du producteur convient à tous les genres de films, mais peut-être particulièrement bien à ces paris musicaux que personne n'a réussi aussi bien que lui jusqu'à aujourd'hui : *« le producteur, c'est le père du film. C'est celui qui enfante. C'est celui qui met ensemble, C'est celui qui rassemble les éléments épars. C'est celui qui fait croire à quelque chose qui n'existe pas encore. C'est celui qui prend son désir pour une réalité. Vous savez, on disait cela en 68, 'Prenez vos désirs pour des réalités'. Et ben voilà, le producteur, c'est full time. »* [683]

On se prend à rêver à ce qu'aurait pu être *La Vie parisienne* de Jacques Offenbach, l'opéra qu'il envisagea de produire un temps, s'il était sorti jusqu'au bout de l'imagination de cet artiste producteur qui avouait : *« Bien au-delà du processus économique et du monde des affaires, ceux qui produisent un film sont animés d'un désir d'être aimé, un désir d'être désiré. Beaucoup plus grave que l'échec commercial, économique et financier, le rejet fait souffrir profondément. C'est comme une femme qu'on désire et dont on pourrait dire : 'elle n'a pas voulu'. »* [684]

En marge de ses activités de producteur indépendant, Toscan s'investit de plus en plus dans les responsabilités d'intérêt général.

Dès 1988, il est élu président d'Unifrance films, une association qui dépend à la fois du ministère des Affaires étrangères, du CNC (Centre national de la cinématographie) et du ministère de la Culture. C'est l'instrument de promotion du cinéma français à l'étranger, conçu dans le même esprit que la MPEA américaine (Motion Picture Export Association), le lieu où les producteurs, ces individualistes forcenés, se retrouvent unis au-delà de leurs dissensions. *« Un lieu collectif et un lieu tourné vers le monde... »* (685)

Au moment où il prend ces fonctions, Unifrance ne jouit pas d'une réputation de grand sérieux dans le métier. Mais le dynamisme et le pouvoir de conviction de DTP réussissent. Les pouvoirs publics augmentent et pérennisent les budgets, l'image du cinéma français est bien défendue. Toscan est réélu quatre fois. Il est toujours président quand il disparaît en 2003.

Il est convaincu que l'accès du public au film et même l'offre gratuite d'images doivent permettre de créer la demande, en particulier dans les pays les plus pauvres qui, de toutes façons, ne pourront jamais générer d'importantes recettes. Il faut présenter aux gens toutes les formes de cinéma, du plus populaire au plus élitiste. Il faut diffuser les productions. Le commerce suivra s'il le peut… Les Américains ont su faire cela mieux que quiconque, non pas à la tête d'un monopole comme on le pense souvent, mais en pratiquant une politique commerciale de création de besoins qui s'est avérée géniale dans le temps. Mais l'idée « *qu'un quartier de Los Angeles impose sa loi dominatrice sur l'univers des images* » (686) lui est insupportable.

« Nulle part Hollywood n'a le monopole. Ils ont seulement le monopole de l'offre. C'est pas mal. C'est difficile si vous habitez un village du Mexique, de se réveiller un matin en se disant : qu'est ce que j'aimerais voir Cyrano de Bergerac *aujourd'hui… Si on en a jamais entendu parler !*

La clef c'est qu'il y ait une offre multiple, tout en suivant… les fameuses lois du marché. … offrir les films et offrir les films y compris les plus commerciaux (…) Le cinéma reste plaisir et divertissement et il ne faut pas lui enlever cette vertu (…)

l'Amérique… a conquis le monde par son cinéma, bien plus que par tous les autres produits ou toutes ses autres actions. » (687)

Cependant, Daniel garde au fond de lui-même son fantasme de parvenir à mobiliser les Américains sur l'importance de notre cinéma. Il crée avec Unifrance, en association avec l'État de Floride et la ville de Sarasota, un festival de films français dans la station balnéaire du Golf du Mexique. L'ambiance est charmante et l'accueil du public de la cité chaleureux, mais les professionnels Américains ne se dérangent pas. L'expérience s'achève en 1993 après quelques années de tentative vaine. Le succès sera plus encourageant au Japon, à Yokohama, où il lance en 1992 avec le soutien de la mairie un autre festival de films français. Pourtant, *« … lors de sa création…on m'a pris pour un fou givré »* [(688)] se souvient Toscan en 2000. Mais la distribution des films français décuple dans l'Empire du Soleil Levant…

Avec Unifrance, Toscan toujours enthousiaste entraîne les acteurs partout pour qu'ils présentent leurs films. Il produit moins et voyage sans relâche à travers le monde. *« L'aventure c'est …la conviction et la suivre jusqu'au bout, jusqu'à ce que mort s'en suive. (…) C'est produire et diffuser, voilà. »* [(689)]

dit-il à propos de sa tâche. Et c'est en mission qu'il mourra, en plein Festival de Berlin 2003.

Bien que des critiques continuent à vilipender ses actions, il est nommé en 1992 président de l'Académie des Arts et Techniques du Cinéma (qui dirige l'attribution des César), et le demeure jusqu'à sa disparition.

Convaincu de la nécessité d'un cinéma européen qui s'organise sans frontières mais se protège face à la puissance américaine, il participe activement à la défense de l'« exception culturelle », et se rend en 1993 à Strasbourg devant les députés européens en compagnie de quelques artistes emblématiques, Bertrand Tavernier, Gérard Depardieu, Isabelle Huppert, Christian Clavier, ainsi que Nicolas Seydoux, Alain Terzian et l'homme politique Alain Carrignon, pour convaincre les députés européens que *« le cinéma n'est pas un produit, et il ne peut être ramené aux seules lois du commerce ».* [(690)]

Soutenu par le président Mitterrand et le gouvernement unanime, ce postulat fut accepté par les Européens et les accords du GATT avec les Américains furent signés en excluant la culture.

Le problème se pose à nouveau en 2013 pour les nouveaux accords, et le combat des artistes a repris à Bruxelles, avec les mêmes arguments, pour préserver la vie du cinéma européen.

La Cinémathèque de Toulouse choisit DTP comme président en 1996.

Arte le prend comme conseiller, puis membre du conseil de surveillance en 1993. Dirigée par son ami Jérôme Clément, ancien directeur du CNC, la chaîne franco-allemande, bien qu'élitiste, gagne peu à peu le pari difficile de l'association de deux pays qui n'étaient pas à priori proches par la culture : *« Superficiellement, l'allergie mutuelle est réelle au départ. »* [(691)]

Toscan s'enflamme pour ce défi : *« C'est le propre de la démocratie : Tout le monde n'est pas obligé d'aller au Louvre mais tout le monde peut y aller. Voilà. Arte, c'est à peu près le Louvre, on n'est pas obligé d'y aller mais il faut que tout le monde puisse le regarder. »* [(692)]

En 1996, il crée avec le journaliste Edward Behr les Prix Lumière de la critique internationale à Paris, et l'Académie de ses 200 membres représentants de la presse étrangère dans la capitale française, qui attribuent leurs prix annuels du cinéma.

Avec le soutien du Roi du Maroc, il crée en septembre 2001 le Festival du Film International de Marrakech, conçu pour être le grand rendez-vous du Cinéma en Afrique du Nord, qui continue aujourd'hui sous la responsabilité de sa femme Mélita.

Comment Toscan s'est-il ainsi trouvé engagé dans des responsabilités collectives ? Il a donné lui-même sa réponse : *« Chez Gaumont déjà, j'avais la chance d'avoir un partenaire patron et actionnaire, qui, c'était sa pensée profonde, ne dissociait pas le succès de Gaumont du succès global de cinéma français… Mais à cela s'ajoutait mon caractère personnel. Rien chez moi n'est compétitif… Je ne pouvais pas croire que l'entreprise soit antagoniste de l'intérêt des autres et de l'intérêt général. »* (693)

Il faut ajouter à cette liste une activité journalistique de quelques années, ses chroniques hebdomadaires sur le cinéma dans *Le Figaro Magazine*…

Gilles Jacob, le président du Festival de Cannes, son ami intime et son voisin de campagne à Ambax, campe Daniel Toscan du Plantier dans les dernières années de sa vie : *« Toscan ne pouvait arrêter ses affaires ni passer la main, d'autant qu'il avait perdu pas mal d'argent dans deux opérations immobilières, une à la Goutte d'Or où il avait eu un temps ses bureaux, l'autre cité Malesherbes, où il avait acheté une maison et réalisé de gros travaux. La crise est arrivée là-dessus et il avait dû tout revendre. À perte mais cela ne l'inquiétait pas. Il avait toujours eu plusieurs casquettes. L'argent rentrait, l'argent sortait, ce n'était pas important. Son capital, c'était sa notoriété. À l'aérogare de Toulouse Blagnac, c'est à lui qu'on demandait un autographe, pas à Fabius assis devant moi, à trois mètres de lui. Il avait su valoriser ce qu'il y avait de reconnaissable dans sa silhouette, la splendide chevelure immaculée, la moustache avantageuse, l'œil bleu roi derrière les lunettes (…) Il produisait de moins en moins de films. Présider Unifrance lui suffisait… La route qui devait le conduire à la présidence du Festival s'ouvrait tout naturellement devant lui. »* (694)

Peu à peu, ce poste de président de Cannes s'était mis à tenter Daniel. Le poste de son ami Gilles Jacob… *« C'était son rêve… et puis au dernier moment, parce que c'était moi et qu'on avait vécu trop de choses ensemble, il m'avait invité à déjeuner au Café de l'Alma (…) pour me dire qu'il avait pris sa décision, qu'il ne ferait jamais rien contre moi, qu'il attendrait. C'était quelques semaines avant sa mort. »* (695)

On n'a jamais fini de se souvenir, de vouloir comprendre et raconter Daniel Toscan du Plantier, qui apparaît maintenant comme un des personnages marquants du cinéma du XXe siècle. Brillant mais arrogant dans sa jeunesse, flamboyant toujours, il a évolué vers la sagesse et le sens de l'intérêt général au fil de sa vie consacrée à la musique et au cinéma. Devenu un indépendant conscient des facettes complexes du métier de producteur et de la réalité de ses dangers, peut-être même finit-il par ressentir une certaine nostalgie pour l'époque où David O. Selznick imposait ses choix aux artistes d'une main de fer pour réussir à offrir au public un chef-d'œuvre. *« Autant en emporte de vent a été le plus grand succès commercial de toute l'histoire du cinéma : mais c'était l'époque où la rupture n'était pas encore accomplie. Ce film est un symbole, celui d'une ère révolue, parfaite harmonie entre le profit et l'art. Le cinéma avait le monopole du spectacle d'images, sans éprouver comme aujourd'hui le besoin de faire appel à la stupidité, à la violence humaine pour gagner sa place au soleil. »* (696)

CONCLUSION

Le cinéma n'échappe pas aux changements considérables qui ont marqué ces dernières décennies. Mutation technologique (avec ses conséquences financières) et révolution dans le mode de management des entreprises ne laissent plus de place pour des personnalités telles que Selznick, Wasserman, Lebovici et Toscan. Grandes figures du 7e art du XXe siècle, ces *« tycoons »* charismatiques ont assumé leurs responsabilités et leurs risques de l'époque du muet à l'avènement des artistes les plus reconnus aujourd'hui. Véritables leaders, ils concentraient un pouvoir et des capacités de décisions personnelles qui leur permettaient d'entreprendre leurs films avec un minimum de contraintes et peu de concertation.

Aujourd'hui, les processus de décision sont dilués. Personne ne peut échapper aux comités qui, à un moment où à un autre, dans les « *major* » studios américains comme à tous les niveaux des financements d'un film européen, chinois ou indien, vont intervenir dans le processus de décision de la création. Pour donner leur avis puis pour arrêter le choix d'un projet, les groupes experts se superposent… Une des conséquences est la consolidation d'un système conservateur, qui engendre une difficulté accrue de mener à bien des projets originaux, considérés à risque. Plus les décideurs sont nombreux sur un film, plus ils se montrent frileux. Ils sont donc tentés de se rassurer en cherchant à s'inspirer d'un succès récent pour trouver l'inspiration du projet suivant. Le nombre de producteurs est devenu pléthorique sur les génériques, tandis que leur pouvoir est limité.

Les devis des films dits « commerciaux » ont explosé dans des proportions qui paraissent parfois sans limites. (Cependant, ils égalent rarement les budgets des jeux vidéo qui ont pris une place primordiale sur le marché du divertissement.) Interprétés par des stars aux salaires à huit chiffres – dont la présence sera, on l'espère, source de profits – lancés avec des frais de distribution (publicité et copies) qui peuvent égaler les dépenses totales de production, souvent inspirés par des bandes dessinées, des romans à succès pour les adolescents ou de la science-fiction, ces films monstrueux, qui peuvent aller jusqu'à des budgets de plus de 200 millions de dollars, connaissent une véritable explosion aux États-Unis.

Influencés entre autres par le succès de ces jeux vidéo produits avec d'énormes budgets, ces projets de films gigantesques, souvent à destination des jeunes, passent et repassent dans les mains de différentes sociétés géantes avant de voir le jour, sans qu'aucun individu ne prenne personnellement la responsabilité définitive de lancer le projet. Les hésitations durent parfois des années ; les frais investis pendant ces périodes de développements alourdissent encore les budgets lors de la production lorsqu'elle a lieu, finalement. Si le projet est abandonné, la perte est monstrueuse. [697]

Cette orientation de la production vers un public adolescent, même si un cinéma de grande qualité existe toujours, rend plus aigu encore un problème que doit affronter ce métier : le piratage des films s'est développé de manière alarmante. Il grève les recettes en pénalisant les investissements nécessaires pour produire d'autres films. Beaucoup de jeunes qui jouent en permanence avec l'informatique ne voient rien de répréhensible dans les téléchargements illicites et considèrent l'accès gratuit au divertissement sur la toile comme naturel !!

Plus modestement, en France, les budgets des films croissent à leur rythme jusqu'à atteindre les montants déjà considérables de 15 à 20 millions d'euros. À titre très exceptionnel, on peut citer le budget de 70 millions d'euros d'*Astérix aux Jeux Olympiques*. Certains acteurs vedettes touchent des rémunérations qui dépassent le million d'euros par film, suscitant des protestations passionnées de la part des opposants au système capitaliste, nombreux dans le secteur. À la différence des États-Unis, une forte rémunération des artistes choque beaucoup de Français qui comparent leurs propres salaires et ceux des techniciens de base à ceux des acteurs les plus célèbres, sans prendre en considération les recettes que la vente de films à succès, sur le territoire national comme à l'étranger, rapporte à l'économie de notre pays et à l'emploi. Cependant, des échecs retentissants de films interprétés par des acteurs qui continuent malgré tout à être extrêmement payés ont alimenté une polémique au sein des producteurs. Une limitation a été décidée, mais elle ne tient pas compte de la somme des rémunérations des artistes, alimentée par d'autres sources que leur salaire.

À l'autre extrémité de la production, la césure avec le cinéma commercial est abyssale. On dirait un autre art. Force est de reconnaître que nombre de films fragiles, aidés par une politique de soutien active faisant appel aux fonds publics, produits avec des budgets modestes, finissent souvent sur les étagères après une exploitation infime voire inexistante ; l'argent investi semble alors gaspillé. Les chiffres du cinéma, plombés par l'existence de ces films sans spectateurs, sont critiqués par des experts qui jugent que le secteur finit par être subventionné par les contribuables.

Mais les quelques perles qui émergent de ce massacre justifient que des efforts soient faits pour continuer à chercher et soutenir les talents dans les pays désireux d'avoir un cinéma. C'est vrai en France ; ça l'est aussi pour les films des pays émergents, où de magnifiques artistes jaillissent dans la difficulté lorsque les frontières s'ouvrent.

Pour permettre aux films d'auteur de taille moyenne d'avoir accès au plus large public possible, des systèmes de production et de distribution se sont construits.

Ainsi par exemple, sur notre continent, Europa Distribution, créé en 2006, regroupe 125 distributeurs indépendants de 25 pays pour défendre les intérêts du cinéma européen dans les sphères politiques de Bruxelles et aider à la diffusion des films d'Art et Essai dans des salles de qualité sélectionnées. Le programme Media de Bruxelles soutient financièrement certains de ces films aux côtés de l'organisation des distributeurs privés.

Aux États-Unis, conscients que les écrasants *blockbusters* ne laissent guère de place à une réflexion plus subtile du 7e art, les major studios ont développé des filiales consacrées aux films d'auteur. Par exemple, la société Searchlight Pictures, établie dès 1994 par la Twentieth Century Fox, fut le distributeur de films tels que de la Palme d'Or de Cannes 2011 *L'Arbre de vie* de Terrence Malick, ou *Slumdog Millionnaire*, le film européen de Danny Boyle et Loveleen Tandan coproduit par Pathé.

Mais, si le cinéma reste un secteur en plein dynamisme, ouvert et compétitif, il est devenu encore plus vital que par le passé pour les producteurs de s'adosser à des studios ou des groupes financiers puissants, qui finissent par détenir la majorité des droits de leurs films.

La véritable indépendance existe-t-elle encore ? On peut répondre non, si l'on se réfère à la liberté d'action des « nababs » du XXe siècle. Car outre les freins psychologiques devant une vraie prise de risque personnelle face aux tirs de barrage des groupes décideurs, les montants investis dans la production ont changé d'échelle. De plus les fonds nécessaires pour faire connaître et distribuer les films sont considérables et difficiles à maîtriser.

La production internationale se développe mais apporte elle aussi son lot de contraintes.

L'accès au public considérable de la Russie, de la Chine et de l'Inde, pour ne prendre que trois exemples frappants, peut changer entièrement l'économie d'un film, sous réserve que le marché étranger en question remonte les recettes. Ainsi, pour parvenir à toucher la Chine, les Américains tentent d'établir un système de coproduction. Le seul moyen pour échapper au numerus clausus drastique de vingt films étrangers autorisés à la distribution en Chine chaque année (une protection des Chinois pour garder leur propre industrie dynamique) semble de produire un film à double nationalité américano-chinoise.

Mais ces coproductions doivent avoir l'assentiment d'un système bureaucratique. Il faut d'interminables négociations pour réussir à passer sous les fourches caudines locales, en tenant compte des restrictions culturelles et politiques.

Comment un seul homme, le producteur, si doué fut-il, parviendrait-il à mener à bien ces paris si lourds ?

Ces évolutions n'empêchent pas la créativité et l'esprit d'entreprise des producteurs de renaître à chaque instant. À la suite du basculement du pouvoir en faveur des artistes amené par Lew Wasserman et Gérard Lebovici, certains talents, réalisateurs, scénaristes, acteurs sont aujourd'hui les plus influents parmi les producteurs. Des personnalités telles que Steven Spielberg, réalisateur chéri de Wasserman en son temps, auteur, producteur et metteur en scène récompensé par trois Oscars et plus de cent prix à travers le monde, sont ainsi devenus par le jeu de leurs droits d'immenses producteurs autant qu'artistes.

Spielberg est l'exemple le plus frappant de ces cinéastes, à la tête aujourd'hui d'entreprises comparables à un studio, Amblin et Dreamworks. Ce personnage exceptionnel, exemple unique à la vérité, est toutefois loin d'égaler la puissance du protecteur de ses premières années.

À un niveau moindre, Clint Eastwood, qui cumule les dons en étant compositeur de musique en plus de ses divers talents de réalisateur, producteur et acteur, est à la tête d'une compagnie puissante, Malpaso. Il coproduit ses propres films et quelques autres.

Il faut aussi rappeler le cas de célèbres stars qui fondent leurs propres sociétés. En mettant une partie de leurs recettes en participation sur le film par le biais de ces structures, ils acquièrent le statut de producteur et figurent à leur tour sur les génériques à ce titre, parvenant suivant leur notoriété à initier des projets qui leur tiennent à cœur. Georges Clooney aux États-Unis et Gérard Depardieu en France représentent parfaitement ces acteurs créatifs.

Plus traditionnellement, parmi les personnages les plus en vue de Hollywood se trouvent les frères Harvey et Bob Weinstein, les producteurs de Quentin Tarentino qui proclame encore aujourd'hui ne pouvoir se passer de leur avis sur chacun de ses scénarios. Producteurs de dizaines de réalisateurs américains des plus reconnus, ils sont également les distributeurs de films étrangers, dont *The Artist*, le film de Michel Hazanavicius avec Jean Dujardin, produit par Thomas Langmann, qui reçut cinq Oscar à Hollywood en 2012, dont celui du meilleur film.

Dans ce système de contraintes, pour mener à bien un projet d'une telle originalité, la volonté et l'enthousiasme de ces personnalités fortes n'ont pu se mobiliser ensemble que parce que tous avaient connu dans un passé récent de grands succès.

Autre exemple d'une vedette d'outre-Atlantique, Jerry Bruckheimer est le producteur de la série des films *Pirates des Caraïbes*, parmi plus d'une centaine d'autres grands spectacles. Malgré sa puissance incontestée, le désastre au mois de juillet 2013 de son film, *Lone Ranger*, réalisé par Gore Verbinski, avec Johnny Depp, a mis temporairement en péril ses accords en cours avec le studio Disney, montrant bien par là que la liberté de créativité de ces grands personnages du cinéma d'aujourd'hui est remise en jeu au coup par coup au gré des résultats de leur film précédent. Après l'échec de ce film, le studio avait menacé de réviser leurs accords, en termes aimables, pour ménager ses relations avec un tel poids lourd. Mais la substance du propos ne trompait personne.

La mise en production d'un prochain épisode de *Pirates des Caraïbes* a ramené la concorde, mais la liste des difficultés que traversent les plus grands producteurs modernes de tels producteurs est longue, et en fin de compte, la situation est la même pour tous.

En France, des personnalités remarquables occupent aujourd'hui le haut de l'affiche à côté des artistes, parfois artistes eux-mêmes.

Luc Besson est devenu une des figures les plus impressionnantes, homme-orchestre de ce métier, auteur, réalisateur et entrepreneur dans tous les domaines du cinéma où il occupe avec sa société Europacorp les fonctions de producteur en France et aux États-Unis, de distributeur et d'exploitant. Il a de plus créé les studios de tournage Paris Studios.

Jérôme Seydoux est un nom incontournable. À la tête de Pathé, il produit et distribue nombre d'artistes. À son palmarès figurent des succès comme *Bienvenue chez les Chti's*, de Danny Boon et des films européens tels que *Slumdog Millionnaire*.

Claude Berri, disparu en 2009, fut l'homme qui l'amena de l'exploitation des salles à la production. Ce génie du cinéma, réalisateur et producteur, ami de Gérard Lebovici, collectionneur d'art moderne, occupa une place à part dans ce métier. Sa personnalité et l'histoire de sa fascinante tribu mériteraient un livre entier.

Cependant aujourd'hui, tous sont tributaires de bien d'autres pouvoirs que le leur dans leurs décisions artistiques et financières.

Malheureusement, force est de constater que, partout, les femmes ont presque absentes des plus hautes responsabilités de production. C'est paradoxalement au début du XXe siècle, un temps plus audacieux qu'aujourd'hui, que l'on trouve deux noms restés célèbres dans la mémoire des cinéphiles, Mary Pickford pour Artistes Associés aux États-Unis et Alice Guy pour Gaumont en France. Mais les décennies suivantes n'en voient guère apparaître d'autres.

En France, Margaret Ménegoz, la productrice française emblématique d'Éric Rohmer, Barbet Schroeder, Andrzej Wajda, puis Michael Haneke et bien d'autres, a trouvé sa place, parmi les plus influents producteurs et distributeurs européens.

Aux États-Unis, Kathryn Bigelow, réalisatrice devenue productrice de ses films depuis 2002 après avoir été produite par son mari James Cameron pendant dix ans, est l'image emblématique de l'artiste-producteur féminin. Les six Oscars et 89 récompenses internationales qu'elle reçut pour *The Hurt Locker* en 2008 la propulsent dans une courte liste de haut niveau où elle reste la seule femme.

Kathleen Kennedy, qui travailla avec Steven Spielberg depuis la production de E.T en 1982 et devint productrice de nombre de ses films, est aujourd'hui présidente de LucasFilms. Sans doute la femme la plus connue dans ce métier à Hollywood, elle se désole de la rareté de ses consœurs à ces fonctions comme à celles de metteur en scène. Beaucoup de femmes commencent brillamment dans ce métier avant de disparaître quand elles atteignent une certaine reconnaissance. Pourquoi ?

Le constat de l'absence de femmes dans ces entreprises qui se proclament ouvertes et libérales demeure un motif de perplexité et d'affliction.

Cependant, les façades des cinémas brillent comme par le passé dans la nuit et des jeunes déterminés et enthousiastes continuent de se lancer dans ce métier resté étrange, à la fois art, commerce et industrie, tandis que les réalisateurs, jusqu'aux plus indépendants, recherchent le producteur idéal pour les soutenir en miroir aux moments difficiles.

Mais lorsqu'on observe l'influence et le pouvoir de décision des producteurs, on remarque que, personne même parmi les plus remarquables d'entre-eux ne jouit aujourd'hui d'un poids comparable à celui qu'ont eu en leur temps les géants du passé.

BIBLIOGRAPHIE

ANDERSEN (Christopher), *These few Precious days : The final Year of Jack with Jackie*, Simon and Schuster, 2013.

ASSOULINE (Pierre), *Enquête sur un éditeur assassiné*, Lire, mai 1998.

BARRAULT (Marie-Christine), *Ce long chemin pour arriver jusqu'à toi*, XO éditions, 2012.

BERGMAN (Ingrid), BURGESS (Alan), *My Story*, Delacorte Press, 1980.

BERN (Stéphane), « Le Carnet de Stéphane Bern », *Le Figaro Madame*, 4 juillet 2009.

BERNA (Serge), BRAU (Jean, L.), DEBORD (Guy), WOLMAN (Gil J.), *Internationale Lettriste*, Numéro 1, décembre 1952.

BERRI (Claude), *Autoportrait*, Éditions Léo Scheer, 2003.

BESSOMPIERRE, *L'Amitié de guy Debord, rapide comme une charge de cavalerie légère*, Les fondeurs de briques, 2010.

BEUVE-MÉRY (Alain), « Deux cents personnes dînent ensemble pour garder en France l'œuvre de Debord », *Le Monde*, 13 juin 2009.

BIBLE (Karie), WANAMAKER (Marc) and MEDVED (Harry), *Location Filming in Los Angeles*, Arcadia Publishing, 1996.

BISKIND (Peter), *My Lunch with Orson*, Metropolitan, 2013 (Transcription d'une série d'entretiens entre Orson Welles et Henry Jaglom dans les années 1980).

BONNELL (René), *Mon Cinéma, De Cannes à Canal +. Itinéraire d'un distributeur gâté*, Balland, 2011.

BOURSEILLER (Christophe), *Vie et mort de Guy Debord*. Plon, 1999, Pascal Galodé éditeurs, nouvelle édition 2012.

BOUZEREAU (Laurent), *Hitchcock, pièces à conviction*, Éditions La Martinière, 2010.

BRENNAN (Matt), *Hitchcock's Bad Ass 40's Brunettes Were the Lead, up to those 50's icy Blondes*, Thompson on Hollywood, http://blogs.indiewire.com/thompsononhollywood/, 2013.

BRUCK (Connie), *The Reign of Lew Wasserman, When Hollywood had a King*, Random House, 2003.

BUCKLEY JR. (William F.), *Column*, September 30, 1962.

CALET (Lucie) et ROUCHY (Marie-Élisabeth), « Dossier Jean-Paul Belmondo ; le roman d'un acteur », *Télé Obs Paris*, 14 mai 2011.

Catalogue, Champ libre, 1982.

CHUBERRE (Erwan), *La legende d'Adjani*, Éditions Cogito 2010.

CNC, « Rapport », 2009.

Code pénal français.

Correspondance, vol. 1 et 2, Champ libre, 1978 et 1981.

DACHY (Marc), *Le Monde*, 2 mars 1990.

DEBORD (Guy), *Considérations sur l'assassinat de Gérard Lebovici*, Éditions Gérard Lebovici, 1985.

DEBORD (Guy), *lettres à l'auteur.*

DEBORD (Guy), *Correspondance*, Volume 5, Fayard 2005.

Volume 6, Fayard, 2006, 2007.

Volume 7, Fayard, 2008.

DOUIN (Jean-Luc), *Les Jours obscurs de Gérard Lebovici*, Stock, 2004.

FELLINI (Federico), *Le Livre de mes rêves*, Flammarion, Fondation Federico Fellini, 2007.

FULDA (Anne), « Pierre Lescure, le nouveau roi de Cannes », *Le Figaro*, mercredi 15 janvier 2014.

GAILLAC (Jean-Yves), MORGUE (Tiffy), « Interview de Tony Gatlif », *Libération*, 21 janvier 1986.

GARNIER (Philippe), *Howard Hawks à la conquête du western*, Wild side, 2013.

GASSIN (Sophie), « Voyage à Yokohama », *L'Express*, 20 juillet 2000.

GIROUD (Françoise), « La Nouvelle Vague arrive ! », *L'Express*, 3 octobre au 12 décembre 1957.

GODARD, (Jean-Luc), *Histoire(s) du cinema*, Gallimard, Gaumont, 1998.

HALBFINGER (David M.), « Jack Valenti, 85, Confident of a president and Stars, Dies », *The New York Times*, April 27, 2007.

HERSH (Seymour), GERTH (Jeff), « The Contrasting Lives of Sidney I. Korshak », *The New York Times*, June 27, 1976.

Hitchcock / Truffaut, Ramsay, 1983.

JACOB (Gilles), *La vie passera comme un rêve*, Robert Laffont, 2009.

JAPPE (Anselm), *Guy Debord*, Edizioni Tracce, Pescara, 1992.

KANDELL (Jonathan), « Lew Wasserman, 89 ; is Dead ; Last Hollywood's Mogul », *The New York Times*, June 4, 2002.

KENNEDY (Robert), *The Ennemy Within*, Harper, 1960. Le livre n'a pas été traduit en français.

KING (THOMAS. R), « Fishstar ! Why 'Waterworld', with Coster in Fins, is Costliest Film Ever. », *The Wall Street Journal*, January 31, 1995.

LEBOVICI (Floriana), lettres à l'auteur.

LEBOVICI (Gérard), *Tout sur le personnage*, Éditions Gérard Lebovici, 1984.

LEFF (Leonard J.), *Hitchcock and Selznick, the Rich and Strange Collaboration of Alfred Hitchcock and David O. Selznick in Hollywood*, Weindenfeld & Nicholson, 1987, University of California Press, 1999.

Le Film Français, éditorial du 25 janvier 1986.

LEHMAN-HAUPT (Christopher), Article au sujet de : Anthony Summers, *Goddess : The Secret Lives of Marilyn Monroe*, *New York Times*, September 19, 1985.

LESCURE (Pierre), *In the baba*, Grasset, 2012.

LIEBERMAN (Paul), Talking on the Underground : The Gangster Squad, *Los Angeles Times*, October 28, 2008.

Livret à la mémoire de Daniel, 15 février 2003.

LYTTLETON (Oliver), « 5 Actresses That Are Overdue For An Oscar Nomination », *The Playlist*, http://blogs.indiewire.com/theplaylist, February 21, 2012.

McDOUGAL (Dennis), *The Last Mogul : Lew Wasserman, MCA and the Hidden History of Hollywood*, Da Capo Press, 1998.

McGILLIGAN (Patrick), *Alfred Hitchcock, Une vie d'ombres et de lumière*, Institut Lumière / Actes Sud, 2011.

McLELLAN (Dennis), « John Minner Dies at 92 ; investigator of Marilyn Monroe's death », *Los Angeles Times*, March 4, 2011.

MANRIQUE (Jorge), *Stances sur la mort de mon père*, Champ libre, 1980.

MERRIFIELD (Andy), *Debord*, Coll. Critical Lives, Reaktion Books, 2005.

MIRABELLA (Jean-Claude), *Le cinéma italien (1976, 2001), De la crise au renouveau*, Gremesse, 2007.

MOLDEA (Dan), *Dark Victory : Ronald Reagan, MCA and the Mafia*, Viking Press, 1986.

MOLDEA (Dan), « The Killing of Robert Kennedy : An Investigation about Motive, Means and Opportunity », 1995.

MOLDEA (Dan), « The Hoffa Wars : Teamsters, Moliticians and Rebels » (à propos du syndicat des Teamsters), 1978.

MOLDEA (Dan), « Interference : How organized Crime Influences Professionnal Football », 1989.

MORRIS (Edmund), *Dutch, a Memoir of Ronald Reagan*, Random House, 1999.

« The Motion Picture and Television Industry Contribution to the US Economy », MPAA Report, April 2010.

« The Motion Picture Production Code », 1930.

O'REILLY (Bill), DUGARD (Martin), *Killing Kennedy, The End of Camelot*, Henry Holt and Cie, 2012.

PIALAT (Sylvie), *Ciné Télé Obs*, 23 février 2013.

PRIER (Pierre), *Le Journal du dimanche*, 11 mars 1984.

RACINE (Bruno), *Chroniques de la Bibliothèque nationale de France* n° 66, avril, mai, juin 2013.

REAGAN (Nancy), Interview, *The Hollywood Reporter*, March 17, 2010.

REAGAN (Ronald) with HUBLER (Richard), *"Where's the Rest of Me ?" The Ronald Reagan Story*, Duell, Sloan & Pearce, 1965.

RÉROLLE (Raphaëlle), « À chacun son Debord », *Le Monde*, 21 mars 2013.

RILKE (Rainer Maria), *Lettres à un jeune poète*, 1903.

RIVAL (Pierre), *Le Film Français*, 6 juillet 1984.

ROBYNS (Gwenn), *Light of a Star*, Leslie Frew Publisher Ltd, 1968.

ROHATYN (Felix), *Dealings, A Political and Financial Life*, Simon & Schuster, 2010.

ROSSELLINI (Isabella), *Real Life Quotes*, IMDb.com 2013.

RUSSO (Gus), *Supermob : How Sydney Korshak and His Criminal Associates Became America's Power Brokers*, Bloomsburry, 2006.

SEGURET (Olivier), « Fasciné par Rassam », *Libération*, 10 octobre 2007.

SELZNICK (David O.), BEHLMER (Rudy), *MEMO From David O.Selznick*, selected and edited by Rudy Behlmer, The Viking Press, 1972.

SELZNICK (David O.), BEHLMER (Rudy), *Cinéma*, Ramsay, 1984.

SMITH (Geoffrey), « A Moment of Sympathy for the Japanese », *Financial World*, December 25, 1995.

SPIELBERG (Steven), Interview, *Variety*, 1995.

TAVERNIER (Bertrand), *Amis américains*, Institut Lumière / Actes Sud, 2008.

TOSCAN DU PLANTIER (Daniel), *Les Enfants d'Al Capone et Rossellini*, Mazarine, 1981.

TOSCAN DU PLANTIER (Daniel), *Bouleversifiant*, Seuil, 1992.

TOSCAN DU PLANTIER (Daniel), *L'Émotion Culturelle*, Flammarion, 1995.

TRAUNER Alexandre, *Décors de cinéma*, préface de Billy Wilder, Jade, Flammarion, 1988.

TRUFFAUT (François), *Correspondance*, 5 continents, 1988.

TUBIANA (Serge), entretien avec Elisabeth Huppert pour le DVD du film *Loulou* de Maurice Pialat, Gaumont, 2004.

TUBIANA (Serge), préface, *Isabelle Huppert, la femme aux portraits*, sous la direction de Ronald Chammah et Jeanne Fouchet, Seuil, 2005.

TUBIANA (Serge), *Maurice Pialat, peintre et cinéaste*, La cinémathèque française / Somogy Éditions d'Art, 2013.

WALKER (Robert), citation, IMDb.com.

DOCUMENTS FILMS

MARSHALL FLAWN, *Hollywood, the Selznick Years*, 1969.

HINTON (David), *The Making of a Legend, Gone With the Wind*, Turner Entertainment, 1988.

AVRICH (Barry), *The Last Mogul, the Life and Times of Lew Wasserman*, 2005.

GARBUS (Liz), *Amy Greene, "Love Marilyn"*, HBO, October 4, 2012.

LOGOTHETIS (Dimitri), *Momo, the Sam Giancana Story*, Le Monde Productions, Lighthouse Pictures, 2011.

REAGAN (Ronald), *The General Electric True Theatre*, Archives General Electric/ NBC, Universal, Reagan Library.

TRUFFAUT (François), Interview pour la cinémathèque de Belgique, 1961.

SALFATI (Pierre-Henry), CLÉMENT (Jérôme), *Toscan*, Arte 2003.

PARTIOT-PIERI (Isabelle), *Toscan*, Bonne Pioche, 2010.

PETTIGREW (Damian), *Federico Fellini, "Sono un Gran Bugiardo", ("I am a born Liar")*, First Look Production, Arte, 2003.

TABLE DES MATIÈRES

NOTES

Les documents en anglais en provenance de textes originaux n'ayant pas fait l'objet d'une édition française ont été traduits par l'auteur.

1. Débat sur Europe 1 à l'occasion de la remise du Prix Daniel Toscan du Plantier du meilleur producteur – 2009 – organisé par l'Académie des Arts et Techniques du Cinéma.
2. Tavernier (Bertrand), *Amis américains*, Institut Lumière / Actes Sud, 2008.
3. Rudy Behlmer – avant-propos de Selznick (David O.), Behlmer (Rudy), *Cinéma*, Ramsay, 1984.
4. Selznick (David O.), *MEMO From David O. Selznick*, selected and edited by Rudy Behlmer, The Viking Press, 1972.
5. Texte du scénariste S.N Behrman, « David O. Selznick tel qu'en lui-même », pour l'introduction de : Selznick (David O.), Behlmer (Rudy), *Cinéma*, Ramsay, 1984.
6. Bergman (Ingrid), Burgess (Alan), *My Story*, Delacorte Press, 1980.
7. Selznick (David O.), Behlmer (Rudy), *Cinéma*, Ramsay, 1984.
8. Idem.
9. Idem.
10. Idem.
11. Idem.
12. Idem.
13. Idem.
14. Tavernier (Bertrand), *Amis américains*, Institut Lumière / Actes Sud, 2008.
15. Selznick (David O.), Behlmer (Rudy), *Cinéma*, Ramsay, 1984.
16. Idem.
17. Idem.
18. Idem.
19. Idem.
20. Idem.
21. Idem.
22. Myron Selznick, le frère de David, était à ce moment-là un des plus grands agents de comédiens et de réalisateurs de Hollywood.
23. Diminutif de Laurence Olivier.
24. Selznick (David O.), Behlmer (Rudy), *Cinéma*, Ramsay, 1984.
25. Idem.
26. Idem.

27. Hinton (David), *The Making of a Legend, Gone With the Wind*, Turner Entertainment, 1988.
28. Selznick (David O.), Behlmer (Rudy), *Cinéma*, Ramsay, 1984.
29. Idem.
30. Idem.
31. Hinton (David), *The Making of a Legend, Gone With the Wind*, Turner Entertainment, 1988.
32. Selznick (David O.), Behlmer (Rudy), *Cinéma*, Ramsay, 1984.
33. Tavernier (Bertrand), *Amis américains, I*nstitut Lumière / Actes Sud, 2008.
34. Robyns (Gwenn), *Light of a Star*, Leslie Frew Publisher Ltd, 1968.
35. Hinton (David), *The Making of a Legend, Gone With the Wind*, Turner Entertainment, 1988.
36. Idem.
37. Selznick (David O.), Behlmer (Rudy), *Cinéma*, Ramsay, 1984.
38. Idem.
39. Idem.
40. *« Ladies and gentlemen, please forgive me if my words are inadequate in thanking you for your great kindness. If I were to mention all those who have shown me wonderful generosity through* Gone With the Wind, *I should have to untertain you with an oration as long as* Gone With The Wind *itself. So if I may, I should like to devote all my thanks on this occasion to that composite figure of energy, courage and very great kindness in whom all points of* Gone With the Wind *meet, Mr David Selznick. »* in Hinton (David), *The Making of a Legend, Gone With the Wind*, Turner Entertainment, 1988.
41. Selznick (David O.), Behlmer (Rudy), Cinéma, Ramsay, 1984.
42. McGilligan (Patrick), *Alfred Hitchcock, Une vie d'ombres et de lumière*, Institut Lumière / Actes Sud, 2011.
43. Selznick (David O.), Behlmer (Rudy), *Cinéma*, Ramsay, 1984.
44. Entretiens Hitchcock-Truffaut in McGilligan (Patrick), *Alfred Hitchcock, Une vie d'ombres et de lumière*, Institut Lumière / Actes Sud, 2011.
45. Idem.
46. Idem.
47. Idem.
48. Idem.
49. Selznick (David O.), Behlmer (Rudy), *Cinéma*, Ramsay, 1984.
50. Idem.
51. McGilligan (Patrick), *Alfred Hitchcock, Une vie d'ombres et de lumière*, Institut Lumière / Actes Sud, 2011.
52. Idem.
53. Idem.
54. Idem.
55. Selznick (David O.), Behlmer (Rudy), *Cinéma*, Ramsay, 1984.

56. McGilligan (Patrick), *Alfred Hitchcock, Une vie d'ombres et de lumière*, Institut Lumière / Actes Sud, 2011.
57. Idem.
58. Idem.
59. Idem.
60. Selznick (David O.), Behlmer (Rudy), *Cinéma*, Ramsay, 1984.
61. McGilligan (Patrick), *Alfred Hitchcock, Une vie d'ombres et de lumière*, Institut Lumière / Actes Sud, 2011.
62. *« Le Mercury Theatre à l'antenne »*, titre de l'émission.
63. Selznick (David O.), Behlmer (Rudy), *Cinéma*, Ramsay, 1984.
64. McGilligan (Patrick), *Alfred Hitchcock, Une vie d'ombres et de lumière*, Institut Lumière / Actes Sud, 2011.
65. Hinton (David), *The Making of a Legend, Gone With the Wind*, Turner Entertainment, 1988. Et cf. 2 : *Autant en emporte le vent.*
66. McGilligan (Patrick), *Alfred Hitchcock, Une vie d'ombres et de lumière*, Institut Lumière / Actes Sud, 2011.
67. Cf. 2 : *Autant en emporte le vent* et Partie II - Le pouvoir à l'état pur - Lew Wasserman.
68. McGilligan (Patrick), *Alfred Hitchcock, Une vie d'ombres et de lumière*, Institut Lumière / Actes Sud, 2011.
69. Idem.
70. Selznick (David O.), Behlmer (Rudy), *Cinéma*, Ramsay, 1984.
71. McGilligan (Patrick), *Alfred Hitchcock, Une vie d'ombres et de lumière*, Institut Lumière / Actes Sud, 2011.
72. Idem.
73. « *Hitchcock had agreed to render his services pursuant to Producer's directions, instructions and control* » in Leff (Leonard J.), *Hitchcock and Selznick, the Rich and Strange Collaboration of Alfred Hitchcock and David O. Selznick in Hollywood*, Weindenfeld & Nicholson, 1987, University of California Press, 1999.
74. « *I'd like to urge you that you be a little more Yiddish Art Theatre, a little less English Repertory Theatre* » in Leff (Leonard J.), *Hitchcock and Selznick, the Rich and Strange Collaboration of Alfred Hitchcock and David O. Selznick in Hollywood*, Weindenfeld & Nicholson, 1987 puis University of California Press,1999.
75. Leff (Leonard J.), *Hitchcock and Selznick, the Rich and Strange Collaboration of Alfred Hitchcock and David O. Selznick in Hollywood*, Weindenfeld & Nicholson New York, 1987, University of California Press, 1999.
76. Cf. interview d'Hitchcock par Peter Bogdanovitch, in Leff (Leonard J.), *Hitchcock and Selznick, the Rich and Strange Collaboration of Alfred Hitchcock and David O. Selznick in Hollywood*, Weindenfeld & Nicholson New York, 1987, University of California Press, 1999.

77. McGilligan (Patrick), *Alfred Hitchcock, Une vie d'ombres et de lumière*, Institut Lumière / Actes Sud, 2011.
78. Dialogue entre Alfred Hitchcock et François Truffaut in *Hitchcock / Truffaut*, Ramsay, 1983.
79. Selznick (David O.), Behlmer (Rudy), *Cinéma*, Ramsay, 1984.
80. McGilligan (Patrick), *Alfred Hitchcock, Une vie d'ombres et de lumière*, Institut Lumière / Actes Sud, 2011.
81. Idem.
82. *« Alfred Hitchcock avec l'aimable autorisation de David O. Selznick »*. La même formule se retrouve sur les génériques de tous les films réalisés par Hitch pour RKO et Universal sans Selznick, pendant les huit ans que dura finalement leur contrat.
83. C'était exceptionnel. L'année précédente, Victor Fleming s'était trouvé dans la même situation. Mais il allait falloir ensuite attendre plus de trente ans pour que le phénomène se reproduise avec la double nomination pour meilleur film de *La Conversation* et du *Parrain II* de Coppola en 1974.
84. Favori chaque fois qu'il fut sélectionné, John Ford remporta l'Oscar quatre fois sur cinq.
85. Il avait raison : nommé cinq fois, il ne gagna jamais. Mais le très estimé Irving G. Thalberg Memorial Award lui fut enfin attribué en 1968 par l'Academy of Motion Picture of Arts and Sciences.
86. Selznick (David O.), Behlmer (Rudy), *Cinéma*, Ramsay, 1984.
87. Jenia Reissar écrivit à DOS : *« C'est une déclaration dangereuse à faire, mais je crois que si Scarlett O'Hara avait été suédoise, Bergman aurait été parfaite pour elle. » – (« It's a dangerous statement to make, but I believe if Scarlett O'Hara were Swedish, Bergman would have been fine for her. »)* In Leff (Leonard J.), *Hitchcock and Selznick, the Rich and Strange Collaboration of Alfred Hitchcock and David O. Selznick in Hollywood*, Weindenfeld & Nicholson New York, 1987, University of California Press, 1999.
88. Irene Selznick in Leff (Leonard J.), *Hitchcock and Selznick, the Rich and Strange Collaboration of Alfred Hitchcock and David O. Selznick in Hollywood*, Weindenfeld & Nicholson, 1987, University of California Press, 1999.
89. Lettre de Selznick in Bergman (Ingrid), Burgess (Alan), *My Story*, Delacorte Press, 1980.
90. Selznick (David O.), Behlmer (Rudy), *Cinéma*, Ramsay, 1984.
91. Alfred Hitchcock, télégramme à David O. Selznick, 11 mai 1940, in Bouzereau (Laurent), *Hitchcock, pièces à conviction*, Éditions La Martinière, 2010.
92. Lettre de Selznick in Bergman (Ingrid), Burgess (Alan), *My Story*, Delacorte Press, 1980.
93. Bergman (Ingrid), Burgess (Alan), *My Story*, Delacorte Press, 1980.
94. Idem.

95. *« et présentant pour la première fois Ingrid Bergman. »*
96. « *Louis, I think this is the beginning of a beautiful friendship* » in Curtiz (Michael), *Casablanca*, 1941.
97. En fait, Hitchcock avait verrouillé le montage au tournage, en ne filmant que les plans qu'il voulait monter ! DOS n'avait aucune latitude pour intervenir sur la version définitive du film face à un tel réalisateur. Cf. 3 - Hitchcock : Une star britannique à Hollywood.
98. Selznick (David O.), Behlmer (Rudy), *Cinéma*, Ramsay, 1984.
99. New York Film Critics Circle Awards.
100. McGilligan (Patrick), *Alfred Hitchcock, Une vie d'ombres et de lumière*, Institut Lumière / Actes Sud, 2011.
101. *Memo* de DOS in Leff (Leonard J.), *Hitchcock and Selznick, the Rich and Strange Collaboration of Alfred Hitchcock and David O. Selznick in Hollywood,* Weindenfeld & Nicholson, 1987, University of California Press, 1999.
102. Version de 1941 avec Spencer Tracy.
103. Les scénaristes Julius J. Epstein et Philipp G. Epstein.
104. *La Maison du Dr Edwards*, *L'Intrigante de Saratoga* et *Les Cloches de Sainte-Marie*.
105. Olivia de Havilland reçut un Oscar pour *À chacun son destin* en 1946 et Loretta Young en obtint un pour *Ma femme est un grand homme* en 1947. Pour correspondre à ce rôle de Suédoise fait pour Ingrid Bergman, celle-ci donna l'impression de connaître le suédois.
106. Les 60 000 dollars furent payés, et Ingrid Bergman ne signa plus de contrat avec Selznick.
107. Selznick (David O.), Behlmer (Rudy), *Cinéma*, Ramsay, 1984.
108. Cf. Partie II – Le pouvoir à l'état pur : Lew Wasserman.
109. Leff (Leonard J.), *Hitchcock and Selznick, the Rich and Strange Collaboration of Alfred Hitchcock and David O. Selznick in Hollywood,* Weindenfeld & Nicholson, 1987, University of California Press, 1999.
110. Daniel Toscan du Plantier in *Bouleversifiant*, Seuil, 1992.
111. La représentante de sa société à Londres.
112. Leff (Leonard J.), *Hitchcock and Selznick, the Rich and Strange Collaboration of Alfred Hitchcock and David O. Selznick in Hollywood,* Weindenfeld & Nicholson, 1987, University of California Press, 1999.
113. Toscan du Plantier (Daniel), *Bouleversifiant*, Seuil, 1992.
114. Alfred Hitchcock in Leff (Leonard J.), *Hitchcock and Selznick, the Rich and Strange Collaboration of Alfred Hitchcock and David O. Selznick in Hollywood,* Weindenfeld & Nicholson, 1987, University of California Press, 1999.
115. Alfred Hitchcock in McGilligan (Patrick), *Alfred Hitchcock, Une vie d'ombres et de lumière*, Institut Lumière / Actes Sud, 2011.
116. Sezlnick in Leff (Leonard J.), *Hitchcock and Selznick, the Rich and Strange Collaboration of Alfred Hitchcock and David O. Selznick in Hollywood,* Weindenfeld & Nicholson, 1987, University of California Press, 1999.

117. Marshall Flawn, *Hollywood, the Selznick Years*, 1969.
118. Selznick (David O.), Behlmer (Rudy), *Cinéma,* Ramsay, 1984.
119. Idem.
120. D'un projet de film, « Claudia ».
121. Selznick (David O.), Behlmer (Rudy), *Cinéma,* Ramsay, 1984.
122. Idem.
123. *« Jennifer Jones appears by arrangement with David O. Selznick. »* En réalité, Phyllis Walker a tourné d'autres films précédemment. Mais c'est sa première apparition sous le nom de Jennifer Jones et DOS en profite pour lui donner une image de nouvelle artiste.
124. *« Screenplay by the Producer ».*
125. *« My personal life has been completely wrecked by David Selznick's obsession for my wife. What can you do to fight such a powerful man ? »* in IMDb.com.
126. *« I was only 19 but even then I knew there could never be anything else. I didn't consider myself 'good enough' for her. She made me want to be somebody. We were happy. Or at least I thought we were. »*
127. Cf. Partie II – Le pouvoir à l'état pur : Lew Wasserman.
128. Selznick (David O.), Behlmer (Rudy), Cinéma, Ramsay, 1984.
129. *« After Myron's death in March 1944, Irene observed, 'his deals grew more outragious. I couldn't grasp what it was all about' ».* In Leff (Leonard J.), *Hitchcock and Selznick, the Rich and Strange Collaboration of Alfred Hitchcock and David O. Selznick in Hollywood,* Weindenfeld & Nicholson, 1987, University of California Press, 1999.
130. Cf. IMDb.com.
131. Leff (Leonard J.), *Hitchcock and Selznick, the Rich and Strange Collaboration of Alfred Hitchcock and David O. Selznick in Hollywood,* Weindenfeld & Nicholson, 1987, University of California Press, 1999.
132. Idem.
133. Selznick (David O.), Behlmer (Rudy), *Cinéma,* Ramsay, 1984.
134. King (Henri), *Love Is a Many-Splendored Thing*, produit par Buddy Adler d'après le roman de Han Suyin, avec William Holden et Jennifer Jones.
135. Selznick (David O.), Behlmer (Rudy), *Cinéma,* Ramsay, 1984.
136. Vidor (King), *Ruby Gentry,* produit par Joseph Bernhard avec Jennifer Jones et Charlton Heston.
137. Selznick (David O.), Behlmer (Rudy), *Cinéma,* Ramsay, 1984.
138. Toscan du Plantier (Daniel), *Bouleversifiant*, Seuil, 1992.
139. Tavernier (Bertrand), *Amis américains*, Institut Lumière / Actes Sud, 2008.
140. « *Il n'y a pas d'autre métier au monde où l'homme ait si peu besoin d'intelligence que le cinéma.* »
141. Comme Lew Wasserman, cf. Partie II – Le pouvoir à l'état pur : Lew Wasserman.
142. Cf. Partie II – Le pouvoir à l'état pur : Lew Wasserman.

143. Tavernier (Bertrand), *Amis américains*, Institut Lumière / Actes Sud, 2008.
144. Claude Berri à propos du tournage de *Tess* de Roman Polanski in *Autoportrait*, Éditions Léo Scheer, 2003.
145. « *Ce sont les Rougon-Macquart du cinéma français* » dit à leur propos Denis Chateau (cf. Partie IV – Daniel Toscan du Plantier). « *Il faudrait un Zola moderne pour raconter leur saga* ».
146. « *After one year from the ratification of this article the manufacture, sale, or transportation of intoxicating liquors within, the importation thereof into, or the exportation thereof from the United States and all territory subject to the jurisdiction thereof for beverage purposes is hereby prohibited…* » in Constitution américaine.
147. Russo (Gus), *Supermob*, Bloomsburry, 2006.
148. McDougal (Dennis), *The Last Mogul, Lew Wasserman, MCA and the Hidden History of Hollywood*, Da Capo Press, 1998.
149. Idem.
150. Idem.
151. Avrich (Barry), *The Last Mogul, the Life and Times of Lew Wasserman*, 2005.
152. Bible (Karie), Wanamaker (Marc) and Medved (Harry), *Location Filming in Los Angeles*, Arcadia Publishing, 1996.
153. Selon Leo Sorten, « *kike* » vient aussi de *kikel*, cercle en yiddish. Ne connaissant que l'écriture cyrillique, de nombreux Juifs Russes signaient leurs documents d'immigration d'un cercle. Ils commencèrent à utiliser le terme entre eux de façon familière, avant que le mot ne devienne insultant dans la bouche de leurs adversaires. Cf. McDougal (Dennis), *The Last Mogul, Lew Wasserman, MCA and the Hidden History of Hollywood*, Da Capo Press, 1998.
154. McDougal (Dennis), *The Last Mogul, Lew Wasserman, MCA and the Hidden History of Hollywood*, Da Capo Press, 1998.
155. Idem.
156. Russo (Gus), *Supermob*, Bloomsburry, 2006.
157. McDougal (Dennis), *The Last Mogul, Lew Wasserman, MCA and the Hidden History of Hollywood*, Da Capo Press, 1998.
158. « *Habille-toi anglais, pense yiddish* ». Susan Pleschette in Avrich (Barry), *The Last Mogul, the Life and Times of Lew Wasserman*, 2005.
159. McDougal (Dennis), *The Last Mogul, Lew Wasserman, MCA and the Hidden History of Hollywood*, Da Capo Press, 1998.
160. Dans ce pays où tout le monde vit dehors pendant le week-end, les golfs chics de la région, comme Lakeside Country Club ouvert en 1924 à Burbanks ou Bel Air Country Club ouvert en 1925 à Beverly Hills, étaient fermés aux Juifs. Bien au-delà de la fin légale des discriminations, le phénomène continua dans les clubs privés

qui choisissaient leurs membres par cooptation. Jusque dans les années quatre-vingt-dix, on en trouve des exemples.

161. Main articles in United States Motion Pictures, *Production code*, 1930.
162. McDougal (Dennis), *The Last Mogul, Lew Wasserman, MCA and the Hidden History of Hollywood*, Da Capo Press, 1998.
163. Idem.
164. Reagan (Ronald) with Hubler (Richard), « *Where's the Rest of Me ?* » *The Ronald Reagan Story*, Duell, Sloan & Pearce, 1965.
165. Idem.
166. Kramer (Stanley), *Guess who's coming for dinner*, avec Sidney Poitier, Spencer Tracy et Katharine Hepburn, 1967.
167. McDougal (Dennis), *The Last Mogul, Lew Wasserman, MCA and the Hidden History of Hollywood*, Da Capo Press, 1998.
168. Cf. 9 - « Le sauveur de Hollywood ».
169. Il réalisa ainsi *Le procès Paradine* en 1947, pour Selznick. Cf. Partie I – Selznick : *« The Great Movie Mogul »*.
170. McGilligan (Patrick), *Alfred Hitchcock, Une vie d'ombres et de lumière*, Institut Lumière / Actes Sud, 2011.
171. Idem.
172. Idem.
173. Biskind (Peter), *My Lunch with Orson*, Metropolitan, 2013 (Transcription d'une série d'entretiens entre Orson Welles et son ami le réalisateur Henry Jaglom dans les années quatre-vingt).
174. McDougal (Dennis), *The Last Mogul, Lew Wasserman, MCA and the Hidden History of Hollywood*, Da Capo Press, 1998.
175. Idem.
176. Idem.
177. Biskind (Peter), *My Lunch with Orson*, Metropolitan, 2013.
178. Garnier (Philippe), *Howard Hawks à la conquête du western*, Wild side, 2013.
179. Garbus (Liz), *Amy Greene*, « *Love Marilyn* », HBO, October 4, 2012.
180. Idem.
181. McDougal (Dennis), *The Last Mogul, Lew Wasserman, MCA and the Hidden History of Hollywood*, Da Capo Press, 1998.
182. Idem.
183. Garbus (Liz), *Amy Greene*, « *Love Marilyn* », HBO, October 4, 2012.
184. Cf. 7 - Mafia, pouvoir et vie privée.
185. McDougal (Dennis), *The Last Mogul, Lew Wasserman, MCA and the Hidden History of Hollywood*, Da Capo Press, 1998.
186. Idem.
187. Cf. 9 - « Le sauveur de Hollywood ».
188. O'Reilly (Bill), Dugard (Martin), Killing Kennedy, *The End of Camelot*, Henry Holt and Cie, 2012.

189. Cf. 7 - Mafia, pouvoir et vie privée.
190. Andersen (Christopher), *These few Precious days : The final Year of Jack with Jackie*, Simon and Schuster, 2013.
191. McDougal (Dennis), *The Last Mogul, Lew Wasserman, MCA and the Hidden History of Hollywood*, Da Capo Press, 1998.
192. O'Reilly (Bill), Dugard (Martin), *Killing Kennedy, The End of Camelot*, Henry Holt and Cie, 2012.
193. Logothetis (Dimitri), *Momo, the Sam Giancana Story*, Le Monde Productions, Lighthouse Pictures, 2011.
194. Lehman-Haupt (Christopher), *New York Times*, September 19, 1985, article au sujet de : Anthony Summers, *Goddess : The Secret Lives of Marilyn Monroe*, Macmillan, 1985.
195. McLellan (Dennis), « John Minner Dies at 92 ; investigator of Marilyn Monroe's death », *Los Angeles Times*, March 4, 2011.
196. O'Reilly (Bill), Dugard (Martin), *Killing Kennedy, The End of Camelot*, Henry Holt and Cie, 2012.
197. Cf. 7 - Mafia, pouvoir et vie privée.
198. McDougal (Dennis), *The Last Mogul, Lew Wasserman, MCA and the Hidden History of Hollywood*, Da Capo Press, 1998.
199. Cf. 9 - « Le sauveur de Hollywood ».
200. McDougal (Dennis), *The Last Mogul, Lew Wasserman, MCA and the Hidden History of Hollywood*, Da Capo Press, 1998.
201. Lieberman (Paul), « Talking on the Underground : The Gangster Squad », *Los Angeles Times*, October 28, 2008.
202. Russo (Gus), *Supermob : How Sydney Korshak and His Criminal Associates Became America's Power Brokers*, Bloomsburry, 2006.
203. Bruck (Connie), *The Reign of Lew Wasserman, When Hollywood had a King*, Random House, 2003.
204. Russo (Gus), *Supermob : How Sydney Korshak and His Criminal Associates Became America's Power Brokers*, Bloomsburry, 2006.
205. McDougal (Dennis), *The Last Mogul, Lew Wasserman, MCA and the Hidden History of Hollywood*, Da Capo Press, 1998.
206. Idem.
207. Cf. 10 - Hollywood - Washington. Politique et vie sociale, 12 - Un âge d'Or, et 14 - « *Mon nom est sur l'immeuble* ».
208. McDougal (Dennis), *The Last Mogul, Lew Wasserman, MCA and the Hidden History of Hollywood*, Da Capo Press, 1998.
209. Idem.
210. Idem.
211. Janet Leigh in McDougal (Dennis), *The Last Mogul, Lew Wasserman, MCA and the Hidden History of Hollywood*, Da Capo Press, 1998.
212. McGilligan (Patrick), *Alfred Hitchcock, Une vie d'ombres et de lumière*, Institut Lumière / Actes Sud, 2011.

213. McDougal (Dennis), *The Last Mogul, Lew Wasserman, MCA and the Hidden History of Hollywood*, Da Capo Press, 1998.
214. Idem.
215. Kandell (Jonathan), « Lew Wasserman, 89 ; is Dead ; Last Hollywood's Mogul », *The New York Times*, June 4, 2002.
216. Morris (Edmund), *Dutch, a Memoir of Ronald Reagan*, Random House, 1999.
217. Buckley Jr. (William F.), *Column*, September 30, 1962.
218. McDougal (Dennis), *The Last Mogul, Lew Wasserman, MCA and the Hidden History of Hollywood*, Da Capo Press, 1998.
219. Idem.
220. Idem.
221. Idem.
222. McGilligan (Patrick), *Alfred Hitchcock, Une vie d'ombres et de lumière*, Institut Lumière / Actes Sud, 2011.
223. « Il est intéressant de noter que deux de ces projets, *La Main au collet* et *Mais qui a tué Harry ?* avaient été auparavant rejetés par le département des acquisitions de la Paramount après lecture de romans sur épreuves. » in McGilligan (Patrick) *Alfred Hitchcock, Une vie d'ombres et de lumière*, Institut Lumière / Actes Sud, 2011.
224. McGilligan (Patrick), *Alfred Hitchcock, Une vie d'ombres et de lumière*, Institut Lumière / Actes Sud, 2011.
225. La chanteuse Rosemary Clooney était une chanteuse de jazz appréciée, ainsi qu'un ardent soutien politique des Kennedy. Elle était aussi la tante de l'acteur George Clooney.
226. McGilligan (Patrick), *Alfred Hitchcock, Une vie d'ombres et de lumière*, Institut Lumière / Actes Sud, 2011.
227. McDougal (Dennis), *The Last Mogul, Lew Wasserman, MCA and the Hidden History of Hollywood*, Da Capo Press, 1998.
228. Idem.
229. Bruck (Connie), *The Reign of Lew Wasserman, When Hollywood had a King*, Random House, 2003.
230. Brennan (Matt), *Hitchcock's Bad Ass 40's Brunettes Were the Lead, up to those 50's icy Blondes,* Thompson on Hollywood, http://blogs.indiewire.com/thompsononhollywood/, 2013.
231. McGilligan (Patrick), *Alfred Hitchcock, Une vie d'ombres et de lumière*, Institut Lumière / Actes Sud, 2011.
232. McDougal (Dennis), *The Last Mogul, Lew Wasserman, MCA and the Hidden History of Hollywood*, Da Capo Press, 1998.
233. McGilligan (Patrick), *Alfred Hitchcock, Une vie d'ombres et de lumière*, Institut Lumière / Actes Sud, 2011.
234. Idem.
235. Idem.

236. McDougal (Dennis), *The Last Mogul, Lew Wasserman, MCA and the Hidden History of Hollywood*, Da Capo Press, 1998.
237. Bruck (Connie), *The Reign of Lew Wasserman, When Hollywood had a King*, Random House, 2003.
238. Jonathan Dolgen, président de Vaicom Entertainement Group in Bruck (Connie), *The Reign of Lew Wasserman, When Hollywood had a King*, Random House, 2003.
239. McDougal (Dennis), *The Last Mogul, Lew Wasserman, MCA and the Hidden History of Hollywood*, Da Capo Press, 1998.
240. Idem.
241. Idem.
242. En 1928, Joseph Kennedy avait organisé la fusion de sa propre société de cinéma, Film Booking Offices of America (FBO) avec le réseau de salles Keith-Albee-Orpheum (KAO) et la RadioCorporation of America (RCA), créant ainsi la société de production indépendante RKO (RADIO-Keith-Orpheum Pictures).
243. Toujours aussi puissant aujourd'hui, le syndicat des Teamsters est redouté par toutes les entreprises qui emploient les services de camionneurs, en particulier par les studios et les producteurs de cinéma. Leur organisation remonte à l'époque de la conquête de l'Ouest, où les audacieux chauffeurs des carrioles à chevaux et autres diligences risquaient leur vie chaque fois qu'ils traversaient le continent. Ils étaient donc éminemment respectés. Leur pouvoir ne cessa de s'accroître et de se politiser.
Aujourd'hui, la loi prévoit que tout film, dès lors qu'il engage un seul artiste ou technicien syndiqué, devient un film dont tous les techniciens sont considérés comme syndiqués (« *union film* » en anglais). La production est alors tenue d'engager un nombre de chauffeurs réglementé, tous issus du syndicat des Teamsters. En cas de conflit, leur influence s'étend sur les autres syndicats de techniciens, suscitant parfois des grèves interminables qui paralysent le métier.
Jimmy Hoffa finit par être arrêté en 1967. Il passa 13 ans en prison, n'acceptant de démissionner de ses fonctions qu'après plusieurs années d'incarcération, en 1971. Il disparut mystérieusement quelques années après sa libération. Son corps ne fut jamais retrouvé. Cf. 7 - Mafia, pouvoir, et vie privée.
244. Kennedy (Robert), *The Ennemy Within*, Harper, 1960. Le livre n'a pas été traduit en français.
245. Cf. 14 - *« Mon nom est sur l'immeuble ».*
246. *« Twenty years after the fact, he remained resentful. 'When the government sued us for being a monopoly, it was the major surprise of my life', he said in a 1982 interview. 'It was a useless, unwarranted act' ».* In McDougal (Dennis), *The*

Last Mogul, Lew Wasserman, MCA and the Hidden History of Hollywood, Da Capo Press, 1998.

247. Unifrance Film 2009 et Rapport du CNC 2009. La recette brut nationale des films français en salle représente donc environ 1, 5 milliard d'euros.

248. « The Motion Picture and Television Industry Contribution to the US Economy », MPAA Report, April 2010.

249. McDougal (Dennis), *The Last Mogul, Lew Wasserman, MCA and the Hidden History of Hollywood*, Da Capo Press, 1998.

250. Idem.

251. *« If Hollywood is Mount Olympus, » Mr. Valenti once said of his new liege, « Lew Wasserman is Zeus. »* in Halbfinger (David M.), «Jack Valenti, 85, Confident of a president and Stars, Dies», *The New York Times*, April 27, 2007.

252. Reagan (Nancy), Interview, *The Hollywood Reporter*, March 17, 2010.

253. McGilligan (Patrick), *Alfred Hitchcock, Une vie d'ombres et de lumière*, Institut Lumière / Actes Sud, 2011.

254. Idem.

255. Idem.

256. McDougal (Dennis), *The Last Mogul, Lew Wasserman, MCA and the Hidden History of Hollywood*, Da Capo Press, 1998.

257. Idem.

258. Cf. 13 - Wall Street.

259. Spielberg (Steven), Interview, Variety, 1995.

260. Cf. 13 - Wall Street.

261. McDougal (Dennis), *The Last Mogul, Lew Wasserman, MCA and the Hidden History of Hollywood*, Da Capo Press, 1998.

262. Bruck (Connie), *The Reign of Lew Wasserman, When Hollywood had a King*, Random House, 2003.

263. Moldea (Dan), *Dark Victory : Ronald Reagan, MCA and the Mafia*, Viking Press, 1986.

264. Moldea (Dan), « The Killing of Robert Kennedy : An Investigation about Motive, Means and Opportunity », 1995, « The Hoffa Wars : Teamsters, Moliticians and Rebels » (à propos du syndicat des Teamsters), « Interference : How organized Crime Influences Professionnal Football », 1989.

265. Dan Moldea, dans la préface de McDougal (Dennis), *The Last Mogul, Lew Wasserman, MCA and the Hidden History of Hollywood*, Da Capo Press, 1998.

266. Russo (Gus), *Supermob : How Sydney Korshak and His Criminal Associates Became America's Power Brokers*, Bloomsbury, 2006.

267. Idem.

268. Idem.

269. Idem.
270. Cf : 14 - « *Mon nom est sur l'immeuble* ».
271. Moldea (Dan), *Dark Victory : Ronald Reagan, MCA and the Mafia*, Viking Press, 1986.
272. McDougal (Dennis), *The Last Mogul, Lew Wasserman, MCA and the Hidden History of Hollywood*, Da Capo Press, 1998.
273. *« It's about time ! »* in Avrich (Barry), *The Last Mogul, the Life and Times of Lew Wasserman*, 2005.
274. Rohatyn (Felix), *Dealings, A Political and Financial Life*, Simon & Schuster, 2010.
275. Mike Ovitz devait en effet gagner 40 millions de dollars comme architecte principal de l'opération.
276. Rohatyn (Felix), *Dealings, A Political and Financial Life*, Simon & Schuster, 2010.
277. Le gouvernement américain exigea cependant l'année suivante que MCA-Matsushita vende à l'État de Californie la participation que le studio avait dans le Parc National de Yosemite, pour que ce trésor culturel ne tombe pas, même partiellement, dans des mains étrangères.
278. McDougal (Dennis), *The Last Mogul, Lew Wasserman, MCA and the Hidden History of Hollywood*, Da Capo Press, 1998.
279. Smith (Geoffrey), « A Moment of Sympathy for the Japanese », *Financial World*, December 25, 1995.
280. McDougal (Dennis), *The Last Mogul, Lew Wasserman, MCA and the Hidden History of Hollywood*, Da Capo Press, 1998.
281. Toscan du Plantier (Daniel), *L'Émotion Culturelle*, Flammarion, 1995.
282. McDougal (Dennis), *The Last Mogul, Lew Wasserman, MCA and the Hidden History of Hollywood*, Da Capo Press, 1998.
283. King (Thomas R.), « Fishstar ! Why 'Waterworld', with Coster in Fins, is Costliest Film Ever. », *The Wall Street Journal*, January 31, 1995.
284. Hersh (Seymour), Gerth (Jeff), « The Contrasting Lives of Sidney I. Korshak », *The New York Times*, June 27, 1976.
285. McDougal (Dennis), *The Last Mogul, Lew Wasserman, MCA and the Hidden History of Hollywood*, Da Capo Press, 1998.
286. Rutkin, arrêté dans le cadre d'un autre dossier mafieux, fut retrouvé la gorge tailladée dans sa prison du New Jersey en 1956. L'administration pénitentiaire conclut à un suicide.
287. McDougal (Dennis), *The Last Mogul, Lew Wasserman, MCA and the Hidden History of Hollywood*, Da Capo Press, 1998.
288. Les anciens présidents des États-Unis ont traditionnellement droit à une bibliothèque en hommage à leur présidence. Elle est financée par des sponsors privés. Tous les anciens présidents vivants, sans distinction de partis, viennent inaugurer le monument de leur « collègue » lors d'une manifestation d'unité nationale très appréciée des Américains.

Une partie du musée Reagan consacrée à la communication de l'ancien Président républicain, porte le nom de Lew Wasserman, qui en fut le sponsor et resta son ami jusqu'à sa mort…

289. Kandell (Jonathan), « Lew Wasserman, 89 ; is Dead ; Last Hollywood's Mogul », *The New York Times*, June 4, 2002.

290. Cf. Partie IV – Daniel Toscan du Plantier.

291. McDougal (Dennis), *The Last Mogul, Lew Wasserman, MCA and the Hidden History of Hollywood*, Da Capo Press, 1998.

292. Bessompierre, *L'Amitié de Guy Debord, rapide comme une charge de cavalerie légère*, Les fondeurs de briques, 2010.

293. Interview de Serge Rousseau in Douin (Jean-Luc), *Les Jours obscurs de Gérard Lebovici*, Stock, 2004.

294. Gérard Lebovici - Entretien avec l'auteur.

295. Bonnell (René), *Mon Cinéma, De Cannes à Canal +. Itinéraire d'un distributeur gâté*, Balland, 2011.

296. Bourseiller (Christophe), *Vie et mort de Guy Debord*. Plon, 1999, Pascal Galodé éditeurs, nouvelle édition 2012.

297. Daniel Toscan du Plantier dans *Apostrophe*, l'émission de Bernard Pivot, in Partiot-Pieri (Isabelle), *Toscan*, Bonne Pioche, 2010.

298. Cf. Partie IV – Daniel Toscan du Plantier.

299. Toscan du Plantier (Daniel), *Bouleversifiant*, Seuil, 1992.

300. Idem.

301. Toscan du Plantier (Daniel), *L'Émotion Culturelle*, Flammarion, 1995.

302. Bonnell (René), *Mon Cinéma, De Cannes à Canal +. Itinéraire d'un distributeur gâté*, Balland, 2011.

303. Assouline (Pierre), *Enquête sur un éditeur assassiné*, Lire, mai 1998.

304. *« Ce ne serait pas un coup du Mossad, ça ? »* Gérard Lebovici - Entretien avec l'auteur - après l'attentat de la synagogue Rue Copernic à Paris, le 3 octobre 1980.

305. Gérard Lebovici - Entretien avec l'auteur.

306. Le prestigieux Conservatoire National Supérieur d'Art Dramatique, ancien Conservatoire national de musique et de déclamation, eut depuis ses origines à la fin du XVIIIe siècle les meilleurs professeurs, acteurs de la Comédie française en majorité. Sarah Bernhardt, Louis Jouvet, Antoine Vitez, Michel Bouquet, Daniel Mesguish comptent parmi ses directeurs et professeurs. Les élèves sont admis sur concours suivant un mode extrêmement sélectif.

307. Interview de Serge Rousseau, in Douin (Jean-Luc), Les Jours obscurs de Gérard Lebovici, Stock, 2004.

308. Gérard Lebovici - Entretien avec l'auteur

309. Giroud (Françoise), « La Nouvelle Vague arrive ! », *L'Express*, 3 octobre au 12 décembre 1957.

310. Truffaut (François), Interview pour la cinémathèque de Belgique, 1961.

311. Idem.
312. Idem.
313. Idem.
314. Cependant Daniel Toscan du Plantier évoque une certaine déception qu'éprouva finalement Rossellini face à Truffaut : « *Roberto Rossellini me racontait avec un peu d'amertume les conversations où ils refaisaient ensemble le monde : 'tout ça pour qu'Antoine Doinel apprenne à se masturber', concluait-il drôlement.* » in Toscan du Plantier (Daniel), *Bouleversifiant*, Seuil, 1992.
315. Godard, (Jean-Luc), *Histoire(s) du cinema*, Gallimard, Gaumont, 1998.
316. Douin (Jean-Luc), *Les Jours obscurs de Gérard Lebovici*, Stock, 2004.
317. Idem.
318. « *Répondez franchement à la question de savoir si vous seriez condamné à mourir au cas où il vous serait refusé d'écrire. Avant toute chose, demandez-vous, à l'heure la plus tranquille de votre nuit : est-il nécessaire que j'écrive ? Creusez en vous-même en quête d'une réponse profonde. Et si elle devait être positive, si vous étiez fondé à répondre à cette question grave par un puissant et simple « je ne peux pas faire autrement », construisez alors votre existence en fonction de cette nécessité ; jusque dans ses moindres instants les plus insignifiants.* » Rilke (Rainer Maria), *Lettres à un jeune poète*, 1903.
319. Gérard Lebovici - Entretien avec l'auteur.
320. Bonnell (René), *Mon Cinéma, De Cannes à Canal +. Itinéraire d'un distributeur gâté*, Balland, 2011.
321. Interview de Jorge Semprun, in Douin (Jean-Luc), *Les Jours obscurs de Gérard Lebovici*, Stock, 2004.
322. Dachy (Marc), *Le Monde*, 2 mars 1990.
323. Lettre de Guy Debord à Jaime Semprun, 26 décembre 1976, in *Correspondance*, vol. 1, Champ libre, 1978.
Debord a créé le verbe « maspériser » en référence à l'éditeur François Maspéro qu'il considérait comme un falsificateur car il tronquait à sa guise des citations de textes sans mentionner ses coupes.
324. Déclaration de mars 1979 figurant en tête du catalogue des éditions Champ libre, 1982.
325. Gérard Lebovici, lettre à Noël Godin in *Correspondance*, vol. 1, Champ libre, 1978.
326. Georges Kiejman - entretien avec Christophe Bourseiller - 28 août 1998, in Bourseiller (Christophe), *Vie et mort de Guy Debord*. Plon, 1999, Pascal Galodé éditeurs, nouvelle édition 2012.
327. Lettre de Gérard Lebovici à Georges Kiejman, 23 août 1977, in *Correspondance*, vol 1, Champ libre, 1978.
328. Georges Kiejman à Gérard Lebovici, in *Correspondance*, vol. 1, Champ libre, 1978.

329. Georges Kiejman - entretien avec Christophe Bourseiller le 16 septembre 1998 - in Bourseiller (Christophe), *Vie et mort de Guy Debord*, Plon, 1999, Pascal Galodé éditeurs, nouvelle édition 2012.
330. Debord (Guy), *Considérations sur l'assassinat de Gérard Lebovici*, Éditions Gérard Lebovici, 1985.
331. In *Correspondance*, Vol. 2, Champ libre, 1981.
332. In *Correspondance*, Vol. 2, Champ libre, 1981.
333. Lebovici (Gérard), *Tout sur le personnage*, Éditions Gérard Lebovici, 1984.
334. Bourseiller (Christophe), *Vie et mort de Guy Debord*. Plon, 1999, Pascal Galodé éditeurs, nouvelle édition 2012.
335. Idem.
336. Idem.
337. Debord (Guy), *Considérations sur l'assassinat de Gérard Lebovici*, Éditions Gérard Lebovici, 1985.
338. Idem.
339. Manrique (Jorge), *Stances sur la mort de mon père*, Champ libre, 1980. Traduction de Guy Debord.
340. Interview de Philippe Dussart, in Douin (Jean-Luc), *Les Jours obscurs de Gérard Lebovici*, Stock, 2004.
341. Le fonds de soutien était constitué de la taxe sur les prix des places de cinéma, répartie au prorata des entrées entre les producteurs d'un film et bloquée par le ministère de la Culture sur un compte spécial au nom de leurs sociétés. Destiné à être réinvestie exclusivement dans le secteur, le montant était disponible pour une période de trois ans. S'il n'était pas utilisé alors, il était perdu pour la société de production, c'est-à-dire rendu à l'impôt.
342. *Des hommes et des dieux* de Xavier Beauvois, *L'arnacœur* de Pascal Chaumeil et *Mammuth* de Gustave Kervern sont les trois premiers films de 2010 en ratio budget/ recettes, et perçoivent déjà avec les « recettes salles » ce que dans les autres métiers on appelle des bénéfices. *Les Petits Mouchoirs* arrive loin en tête des entrées, mais le coût de production de ce film chorale aux nombreuses stars l'a empêché de se rentabiliser sur la seule « recette salle ».
343. Serge Rousseau - Entretien avec l'auteur.
344. Gérard Lebovici - Entretien avec l'auteur.
345. Truffaut (François), lettre du 9 septembre 1982 in *Correspondance*, 5 continents, Hatier, 1988.
346. Lettre de Gérard Lebovici citée par Jean-Luc Douin in *Les Jours obscurs de Gérard Lebovici*, Stock, 2004.
347. Berri (Claude), *Autoportrait*, Éditions Léo Scheer, 2003.
348. Douin (Jean-Luc), *Les Jours obscurs de Gérard Lebovici*, Stock, 2004.
349. Interview d'Alain Resnais, in Douin (Jean-Luc), *Les Jours obscurs de Gérard Lebovici*, Stock, 2004.

350. Debord (Guy), *Considérations sur l'assassinat de Gérard Lebovici*, Éditions Gérard Lebovici, 1985.
351. Lebovici (Gérard), *Tout sur le personnage*, Éditions Gérard Lebovici, 1984.
352. Denis Chateau - Entretien avec l'auteur.
353. Debord (Guy), *Considérations sur l'assassinat de Gérard Lebovici*, Éditions Gérard Lebovici, 1985.
354. Douin (Jean-Luc), *Les Jours obscurs de Gérard Lebovici*, Stock, 2004.
355. Debord pensait au pouvoir dû à la réussite de Gérard Lebovici chez ArtMedia et AAA, mais aussi au pouvoir d'influence à travers les publications des éditions Champ libre.
356. Douin (Jean-Luc), *Les Jours obscurs de Gérard Lebovici*, Stock, 2004.
357. Debord (Guy), *Considérations sur l'assassinat de Gérard Lebovici*, Éditions Gérard Lebovici, 1985.
358. Lettre de Guy Debord à l'auteur.
359. Bessompierre, *L'Amitié de guy Debord, rapide comme une charge de cavalerie légère*, Les fondeurs de briques, 2010.
360. Merrifield (Andy), *Debord*, Coll. Critical Lives, Reaktion Books, 2005.
361. *Paris Match* du 30 mars 1984 in Debord (Guy), *Considérations sur l'assassinat de Gérard Lebovici*, Éditions Gérard Lebovici, 1985.
362. Prier (Pierre), *Le Journal du dimanche*, 11 mars 1984.
363. Debord (Guy), *Considérations sur l'assassinat de Gérard Lebovici*, Éditions Gérard Lebovici, 1985.
364. Idem.
365. Idem.
366. Code pénal. Loi du 29 juillet 1881- Article 34 du 19 septembre 1919 : « *les articles 31, 32, 33 ne seront applicables aux diffamations ou injures dirigées contre la mémoire des morts que dans les cas où les auteurs de ces diffamations ou injures auraient eu l'intention de porter atteinte à l'honneur ou à la considération des héritiers, époux ou légataires universels vivants.* »
367. Calet (Lucie) et Rouchy (Marie-Élisabeth), « Dossier Jean-Paul Belmondo ; le roman d'un acteur », *Télé Obs Paris*, 14 mai 2011.
368. Denis Chateau - Entretien avec l'auteur.
369. Rival (Pierre), *Le Film Français*, 6 juillet 1984.
370. Denis Chateau - Entretien avec l'auteur.
371. Le notaire, en même temps qu'il suivait les affaires d'édition et de cinéma de Floriana Lebovici, avait créé sa propre maison d'édition concurrente, Quai Voltaire, dont les bureaux étaient précisément situés sur ce quai parisien. L'esprit et le *look* de ses livres ressemblaient aux ouvrages de Champ libre – (Les Editions Gérard Lebovici) dont ils s'inspiraient de façon troublante, mais avec l'accord semble-t-il de Floriana, qui avait introduit Voitey à son maquettiste.
372. Denis Chateau - Entretien avec l'auteur.
373. Denis Chateau - Entretien avec l'auteur.

374. *Le Film Français*, éditorial du 25 janvier 1986.
375. Berri (Claude), *Autoportrait*, Éditions Léo Scheer, 2003.
376. Cf. 2 - Agent... et bien plus !
377. Bourseiller (Christophe), *Vie et mort de Guy Debord*. Plon, 1999, Pascal Galodé éditeurs, nouvelle édition 2012.
378. Debord (Guy), *Considérations sur l'assassinat de Gérard Lebovici*, Éditions Gérard Lebovici, 1985.
379. Idem.
380. Lettre de Guy Debord à l'auteur.
381. Guy Debord in *Correspondance*, Volume 6, Fayard, 2008.
382. Lettre de Guy Debord à l'auteur.
383. Lettre de Guy Debord à l'auteur.
384. Carte postale à l'auteur, représentant la maison de Champot.
385. Prier (Pierre), *Le Journal du dimanche*, 11 mars 1984.
386. Debord (Guy), *Considérations sur l'assassinat de Gérard Lebovici*, Éditions Gérard Lebovici, 1985.
387. Bessompierre, *L'Amitié de guy Debord, rapide comme une charge de cavalerie légère*, Les fondeurs de briques, 2010.
388. Gaillac (Jean-Yves), Morgue (Tiffy), « Interview de Tony Gatlif », *Libération*, 21 janvier 1986.
389. Lettre de Guy Debord à Tony Gatlif in Debord (Guy), *Correspondance*, Volume 6, Fayard, 2007.
390. Lettre de Floriana Lebovici à l'auteur, avril 1987.
391. Un exemple de revirement extrême d'attitude concerne une attachée de presse de Gallimard, Suzanne Jamet à qui Debord, soudain désireux de succès médiatique, écrivait avec humour et reconnaissance en octobre 1992, lors de la réédition de *La Société du spectacle* ; « *j'ai cru que les journalistes avaient été programmés pour ne pas me lire avant la fin du siècle : vous avez donc déjà opéré une sorte de miracle… à quoi tient la gloire ? Il suffit de vous connaître. Admirativement. Guy* ». Mais il refusa sa collaboration lors de la sortie de son livre suivant, *Cette Mauvaise Réputation*, un an plus tard, en octobre 1993 au motif « *qu'elle avait mal agi en tant qu'attachée de presse* ». In Debord (Guy), *Correspondance*, Volume 7, Fayard, 2008.
392. Bourseiller (Christophe), *Vie et mort de Guy Debord*. Plon, 1999, Pascal Galodé éditeurs, nouvelle édition 2012.
393. Lettre de Guy Debord à l'auteur.
394. Bourseiller (Christophe), *Vie et mort de Guy Debord*. Plon, 1999, Pascal Galodé éditeurs, nouvelle édition 2012.
395. Debord (Guy), *Correspondance*, Volumes 5 et 6, Fayard, 2005 et 2007.
396. Lettre de Guy Debord à Gérard Lebovici 18 avril 1978. in Debord (Guy), *Correspondance*, Volume 5, Fayard, 2005.
397. Lettre de Guy Debord à Gérard Lebovici 29 mars 1980, in Debord (Guy), *Correspondance*, Volume 6, Fayard, 2007.

398. Lettre de Guy Debord à Gérard Lebovici 29 novembre 1978 et note de l'éditeur. In Debord (Guy), *Correspondance*, Volume 5, Fayard, 2005.
399. Gérard Lebovici - Entretien avec l'auteur.
400. Douin (Jean-Luc), *Les Jours obscurs de Gérard Lebovici*, Stock, 2004.
401. Debord (Guy), Lettre à Marc Dachy, 10 décembre 1990, *Correspondance* Volume 7, Fayard, 2008.
402. Debord (Guy), Lettre à Gérard Voitey, *Correspondance,* Volume 7, Fayard, 2008.
403. Idem.
404. Idem.
405. Idem.
406. Debord (Guy), Correspondance, Volume 7, Fayard, 2008.
407. Idem.
408. Idem.
409. Idem.
410. Lettre de Marc Dachy à Guy Debord, in Douin (Jean-Luc), *Les Jours obscurs de Gérard Lebovici*, Stock, 2004.
411. Debord (Guy), *Correspondance,* Volume7, Fayard, 2008.
412. Idem.
413. Idem.
414. Idem.
415. Idem.
416. Idem.
417. Idem.
418. Idem.
419. Idem.
420. Idem.
421. Idem.
422. Idem.
423. Idem.
424. Debord (Guy), *Considérations sur l'assassinat de Gérard Lebovici*, Éditions Gérard Lebovici, 1985.
425. Guy Debord, *Correspondance,* 25 août 94, Volume 7, Fayard, 2008.
426. Welles (Orson), *Mr Arkadin,* The Comprehensive Version, The Criterion Collection. *«* I *had a dream. I found myself in a graveyard where all the tombstones were marked a curious way. 1822-1826 ; 1930-1934 ; Always like that, always a very short time between birth and death. The graveman was a very old man. I asked him how it was that he had lived so long when everyone else in his village had died so young. But no ; he told me this : " not that we die early, it's just that here in our tombs we do not count the years in a man's life, but rather the length of time he's kept a friend ". Let's drink to friendship. »*

427. Coïncidence ou pas, anecdote troublante en tout cas, le notaire Gérard Voitey se donna la mort à son tour le 3 décembre 1994, deux jours après le suicide de Debord.
428. Jappe (Anselm), *Guy Debord*, Edizioni Tracce, Pescara, 1992.
429. « Le Carnet de Stephane Bern », *Le Figaro Madame*, 4 juillet 2009.
430. Beuve-Méry (Alain), « Deux cents personnes dînent ensemble pour garder en France l'œuvre de Debord », *Le Monde*, 13 juin 2009.
431. Racine (Bruno), *Chroniques de la Bibliothèque nationale de France*, n° 66, avril, mai, juin 2013.
432. Rérolle (Raphaëlle), « À chacun son Debord », *Le Monde*, 21 mars 2013.
433. Berna (Serge), Brau (Jean, L.), Debord (Guy), Wolman (Gil J.), *Internationale Lettriste*, Numéro 1, décembre 1952.
434. Partiot-Pieri (Isabelle), *Toscan*, Bonne Pioche, 2010.
435. Salfati (Pierre-Henry), Clément (Jérôme), *Toscan*, Arte 2003.
436. Idem.
437. Le lendemain de sa mort, en 1985, Jean-Luc Godard acheta une double page dans *Libération* pour y publier la photo de Rassam avec ce commentaire : « *Quelquefois, sa réalité n'aurait aucun sens pour lui, si le poète n'influençait pas en secret le récit des exploits de celle des autres.* »
438. Mathias Rubin in *Rassam le Magnifique*, Flammarion, 2007, in Bonnell (René), *Mon Cinéma, De Cannes à Canal +. Itinéraire d'un distributeur gâté*, Balland, 2011. De là, dit-on aussi, vint l'habitude de Daniel Toscan du Plantier de louer pour Gaumont une villa sur les hauteurs de Cannes pour la durée du Festival de Cannes, le château Bénéfiat. Situé loin de la Croisette, il était le centre d'une intense vie sociale et professionnelle autour des artistes et des nombreux films présentés pendant les dix années Gaumont de Toscan.
439. Seguret (Olivier), « Fasciné par Rassam», *Libération*, 10 octobre 2007.
440. Toscan du Plantier (Daniel), *L'Émotion Culturelle*, Flammarion, 1995.
441. « *le critique est un directeur de festival rentré, un juré qui s'ignore, un metteur en scène frustré ou en devenir* », écrit sur le même sujet Gilles Jacob, le président du Festival de Cannes dans son livre *La vie passera comme un rêve*, Robert Laffont, 2009.
442. Daniel Toscan du Plantier in Bonnell (René), *Mon Cinéma, De Cannes à Canal +. Itinéraire d'un distributeur gâté*, Balland, 2011.
443. Parmi les plus célèbres réalisateurs, Federico Fellini campe dans *Huit et demi* le personnage du critique de cinéma Carini, qui formule à l'avance au réalisateur Guido, dans des discours prétentieux, les objections que ses confrères feront à son film. François Truffaut de son côté décrit dans *Le dernier métro* un personnage de critique collaborateur enflé de son propre pouvoir, Daxiat.
444. Partiot-Pieri (Isabelle), *Toscan*, Bonne Pioche, 2010.

445. Toscan du Plantier (Daniel), *L'Émotion Culturelle*, Flammarion, 1995.
446. Partiot-Pieri (Isabelle), *Toscan,* Bonne Pioche, 2010.
447. Définition de l'artiste in Toscan du Plantier (Daniel), *L'Émotion Culturelle*, Flammarion, 1995.
448. Cf. Partie III – Le pouvoir fracassé : Gérard Lebovici.
449. Toscan du Plantier (Daniel), *Les Enfants d'Al Capone et Rossellini*, Mazarine, 1981.
450. Salfati (Pierre-Henry), Clément (Jérôme), *Toscan*, Arte 2003.
451. Partiot-Pieri (Isabelle), *Toscan,* Bonne Pioche, 2010.
452. Toscan du Plantier (Daniel), *Bouleversifiant*, Seuil, 1992.
453. Toscan du Plantier (Daniel), *L'Émotion Culturelle*, Flammarion, 1995.
454. Cf. 10 - Impitoyable Amérique : Passion - Déception - New York - Hollywood.
455. Toscan du Plantier (Daniel), *L'Émotion Culturelle*, Flammarion, 1995.
456. Toscan du Plantier (Daniel), *Bouleversifiant*, Seuil, 1992.
457. Idem.
458. Partiot-Pieri (Isabelle), *Toscan,* Bonne Pioche, 2010.
459. Toscan du Plantier (Daniel), *L'Émotion Culturelle*, Flammarion, 1995.
460. Partiot-Pieri (Isabelle), *Toscan,* Bonne Pioche, 2010.
461. Idem.
462. Toscan du Plantier (Daniel), *Les Enfants d'Al Capone et Rossellini*, Mazarine, 1981.
463. Partiot-Pieri (Isabelle), *Toscan,* Bonne Pioche, 2010.
464. Toscan du Plantier (Daniel), *Bouleversifiant*, Seuil, 1992.
465. Idem.
466. Idem.
467. Fellini (Federico), *Huit et demi*, 1963.
468. Fellini cité par Toscan in Toscan du Plantier (Daniel), *Bouleversifiant*, Seuil, 1992.
469. Pettigrew (Damian), Federico Fellini, "Sono un Gran Bugiardo", ("I am a born Liar"), First Look Production, Arte, 2003.
470. Toscan du Plantier (Daniel), *L'Émotion Culturelle*, Flammarion, 1995.
471. Cf. 6 - *Don Giovanni.*
472. Cf. 8 - Amoureux.
473. Toscan du Plantier (Daniel), *Bouleversifiant*, Seuil, 1992.
474. Toscan du Plantier (Daniel), *Les Enfants d'Al Capone et Rossellini*, Mazarine, 1981.
475. Fellini a écrit quotidiennement pendant des années le récit de ses rêves, illustré de ses dessins. Rossellini, Daniel Toscan du Plantier et lui-même y sont représentés tous les trois ensemble. Le rêve qui les réunit a eu lieu le 16 février 1977, avant le tournage de *Prova d'Orchestra*. Sous le dessin des deux artistes et de leur producteur en situation, Fellini commente : « *En traversant à la nage le port de Rimini, je risque à plusieurs*

reprises d'être pris au piège dans les grands filets installés en profondeur d'un môle à l'autre et qui attrapent les poissons jusqu'au fond du canal. Je réussis plus ou moins habilement à éviter d'être capturé par les mailles robustes, et lorsque j'arrive au môle opposé, R., en maillot de bain, me tend la main et m'aide à monter avec beaucoup d'aisance. Du Plantier arrive en courant et dit que l'eau a contaminé tout le monde ! La quasi-totalité de la population est intoxiquée. La maladie a pour symptôme une rougeur sur la pointe de la langue. À ces mots, il nous montre sa langue contaminée. Roberto aussi a la langue enflammée. Et moi ? Je sens un picotement sur le bout de ma langue, qui est devenue rose. Oui, moi aussi, j'ai été intoxiqué, mais pas aussi gravement que les autres ; juste en partie. » in Fellini (Federico), *Le Livre de mes rêves*, Flammarion, Fondation Federico Fellini, 2007.

476. Toscan du Plantier (Daniel), *Les Enfants d'Al Capone et Rossellini*, Mazarine, 1981.
477. *«(fait par) Giovanni Dario, protecteur de la ville. »*
478. *« la ruine perfide le recouvrira »* (une des traductions possibles).
479. Cf. 5 – Gaumont : les années Toscan.
480. Partiot-Pieri (Isabelle), *Toscan*, Bonne Pioche, 2010.
481. Ingmar Bergman cité par Toscan in Toscan du Plantier (Daniel), *Bouleversifiant*, Seuil, 1992.
482. Partiot-Pieri (Isabelle), *Toscan*, Bonne Pioche, 2010.
483. Mirabella (Jean-Claude), *Le cinéma italien (1976, 2001), De la crise au renouveau*, Gremesse, 2007.
484. Toscan du Plantier (Daniel), *Bouleversifiant*, Seuil, 1992.
485. Partiot-Pieri (Isabelle), *Toscan*, Bonne Pioche, 2010.
486. Cf. 9 : Musique ! Les opéras.
487. Aussi récemment qu'en mars 2013, le magazine *Le Point* a édité un supplément consacré aux *Tontons Flingueurs*, une véritable exégèse qui se vend fort bien, tout comme le DVD du film…
488. Cf. 4 - *« Mamma Gaumont »* - Maîtres et malédictions.
489. Denis Chateau - Entretien avec l'auteur.
490. Cf. Partie II – Le pouvoir à l'état pur : Lew Wasserman - 12 - Un âge d'or : 1970-1985. Denis Chateau et Lew Wasserman avaient en commun la passion des affiches anciennes dont ils parlaient en experts lors de ces rencontres. Wasserman, fidèle aux goûts de ses débuts de publicitaire à Cleveland, mesurait l'importance de l'image dans la communication des films. Chateau avait et a toujours une collection exceptionnelle. La collection de Wasserman des affiches anciennes d'Universal ornait quant à elle la cantine du Studio Universal. Aujourd'hui, la structure de distribution qui regroupe les « *majors* » américaines dans le monde a pris le nom d'UIP, United International Pictures.
491. Bonnell (René), *Mon Cinéma, De Cannes à Canal +. Itinéraire d'un distributeur gâté*, Balland, 2011.

492. Denis Chateau - Entretien avec l'auteur.
493. Ironiquement, l'alliance de Pathé et Gaumont s'est reconstituée aujourd'hui sous forme d'une filiale commune plus importante que le GIE des années soixante-dix, Europalace. Cette société du Groupe Chargeurs Réunis, dirigé par Jérôme Seydoux, le frère de Nicolas à qui il a racheté ses salles, est le premier exploitant de salles en France, sans compter ses écrans en Suisse, au Pays-Bas et en Italie.
494. Cf. 1 : *« tel qu'en lui-même l'éternité le change »*.
495. Bonnell (René), *Mon Cinéma, De Cannes à Canal +. Itinéraire d'un distributeur gâté*, Balland, 2011.
496. Idem.
497. Idem.
498. Idem.
499. Toscan du Plantier (Daniel), *L'Émotion Culturelle*, Flammarion, 1995.
500. Toscan du Plantier (Daniel), *Bouleversifiant*, Seuil, 1992.
501. Partiot-Pieri (Isabelle), *Toscan*, Bonne Pioche, 2010.
502. Cf. 8 - Amoureux. Toscan allait tourner dix films avec Isabelle Huppert.
503. Toscan du Plantier (Daniel), *Bouleversifiant*, Seuil, 1992.
504. Idem.
505. Idem.
506. Idem.
507. Cf. 7 - Le premier cercle.
508. Toscan du Plantier (Daniel), *L'Émotion Culturelle*, Flammarion, 1995.
509. Idem.
510. Idem.
511. Cf. 7 - Le premier cercle.
512. Toscan du Plantier (Daniel), *Bouleversifiant*, Seuil, 1992.
513. Partiot-Pieri (Isabelle), *Toscan*, Bonne Pioche, 2010.
514. Cf. 4 - « *Mamma Gaumont* » - Maîtres et malédictions.
515. Cf. 10 - Impitoyable Amérique : Passion - Déception - New York - Hollywood.
516. Toscan du Plantier (Daniel), *L'Émotion Culturelle*, Flammarion, 1995.
517. Cf. 6 - *Don Giovanni*.
518. Bonnell (René), *Mon Cinéma, De Cannes à Canal +. Itinéraire d'un distributeur gâté*, Balland, 2011.
519. Cf. Partie III – Le pouvoir fracassé : Gérard Lebovici.
520. Toscan du Plantier (Daniel), *L'Émotion Culturelle*, Flammarion, 1995.
521. Idem.
522. Sven Nykvist obtiendra l'Oscar de Hollywood de la Meilleure Photo (best Cinematography) pour *Fanny et Alexandre* en 1984.
523. Toscan du Plantier (Daniel), *L'Émotion Culturelle*, Flammarion, 1995.
524. Daniel Toscan du Plantier - Entretien avec l'auteur.

525. Entretien avec l'auteur.
526. Entretien avec l'auteur.
527. Cf. 4 - « *Mamma Gaumont* » - Maîtres et malédictions.
528. Partiot-Pieri (Isabelle), *Toscan,* Bonne Pioche, 2010.
529. Toscan du Plantier (Daniel), *Bouleversifiant*, Seuil, 1992.
530. Idem.
531. Denis Chateau - Entretien avec l'auteur.
532. *Pauline s'en va* en 1969, *Souvenirs d'en France* en 1975 avec Jeanne Moreau et *Barocco* en 1976 avec Isabelle Adjani, Gérard Depardieu et Marie-France Pisier.
533. Cf. la production du film *La Lune dans le caniveau* in 7 - Le premier cercle.
534. Luc Besson - Entretien avec l'auteur.
535. Le Festival du Film fantastique d'Avoriaz jouissait d'une très grande notoriété dans les années quatre-vingt.
536. Cf. 6 - *Don Giovanni.*
537. Toscan du Plantier (Daniel), *Bouleversifiant*, Seuil, 1992.
538. Cf. L'exemple : *Les Noces de Figaro* de Mozart, dans la mise en scène de Giorgio Strehler datant de 1973 reprise triomphalement une fois de plus en 2012.
539. Partiot-Pieri (Isabelle), Toscan, Bonne Pioche, 2010.
540. Toscan du Plantier (Daniel), *Les Enfants d'Al Capone et Rossellini*, Mazarine, 1981.
541. Toscan du Plantier (Daniel), *Bouleversifiant*, Seuil, 1992.
542. Idem.
543. Toscan du Plantier (Daniel), *L'Émotion Culturelle*, Flammarion, 1995.
544. Cf. 9 - Musique ! Les opéras.
545. Toscan du Plantier (Daniel), *Bouleversifiant*, Seuil, 1992.
546. Idem.
547. Joseph Losey - Entretien avec l'auteur.
548. Depuis lors, les villas de Palladio et les monuments de Vicenza ont été inscrits sur la liste du patrimoine mondial de l'UNESCO.
549. Trauner reçut l'Oscar de la meilleure direction artistique et du meilleur décor pour sa collaboration sur son film *La Garçonnière* en 1961. En France, il reçut le César des meilleurs décors sur trois films, *Monsieur Klein* de Joseph Losey en 1976, *Don Giovanni* de Joseph Losey en 1979, *Subway* de Luc Besson en 1985, et fut sélectionné pour cette distinction sur quatre autres films, *Coup de torchon* de Bertrand Tavernier en 1981, *La truite* de Joseph Losey en 1982, *Tchao Pantin* de Claude Berri en 1983 et *Autour de minuit* de Bertrand Tavernier en 1986.
550. Réalisateur de *La Garçonnière* (« *The Apartment* »), *Sunset Boulevard*, *Certains l'aiment chaud* (« *Some Like it Hot* ») et de bien d'autres chefs-d'œuvres.

551. Préface de Billy Wilder in Trauner (Alexandre), *décors de cinéma*, Jade, Flammarion, 1988.
552. Toscan du Plantier (Daniel), *Bouleversifiant*, Seuil, 1992.
553. Idem.
554. Toscan du Plantier (Daniel), *L'Émotion Culturelle*, Flammarion, 1995.
555. Toscan du Plantier (Daniel), *Bouleversifiant*, Seuil, 1992.
556. Partiot-Pieri (Isabelle), Toscan, Bonne Pioche, 2010.
557. Cf. 11- Après Gaumont.
558. Toscan du Plantier (Daniel), *L'Émotion Culturelle*, Flammarion, 1995.
559. Toscan du Plantier (Daniel), *Bouleversifiant*, Seuil, 1992.
560. Cf. 10 - Impitoyable Amérique : Passion - Déception - New York - Hollywood.
561. Le nombre des spectateurs du film est supérieur au public de *Don Giovanni* sur scène depuis la création de l'opéra de Mozart en 1787.
562. Toscan du Plantier (Daniel), *Bouleversifiant*, Seuil, 1992.
563. Idem.
564. Toscan du Plantier (Daniel), *L'Émotion Culturelle*, Flammarion, 1995.
565. Partiot-Pieri (Isabelle), *Toscan*, Bonne Pioche, 2010.
566. Toscan du Plantier (Daniel), *Bouleversifiant*, Seuil, 1992.
567. Idem.
568. Cf. Partie III – Le pouvoir fracassé : Gérard Lebovici.
569. Gérard Lebovici - Entretien avec l'auteur.
570. Tubiana (Serge), *Maurice Pialat, peintre et cinéaste*. La cinémathèque française / Somogy Edition d'Art, 2013.
571. Partiot-Pieri (Isabelle), *Toscan*, Bonne Pioche, 2010.
572. Toscan du Plantier (Daniel), *L'Émotion Culturelle*, Flammarion, 1995.
573. Entretien de Serge Tubiana avec Isabelle Huppert, le 8 octobre 2004, pour le DVD : Pialat (Maurice), *Loulou*, Gaumont, 2004.
574. Partiot-Pieri (Isabelle), *Toscan*, Bonne Pioche, 2010.
575. Idem.
576. Idem.
577. Pialat (Sylvie), *Ciné Télé Obs*, 23 février 2013.
578. Daniel Toscan du Plantier cité in Jacob (Gilles), *La vie passera comme un rêve*, Robert Laffont, 2009.
579. Partiot-Pieri (Isabelle), *Toscan*, Bonne Pioche, 2010.
580. Maurice Pialat in Jacob (Gilles), *La vie passera comme un rêve*, Robert Laffont, 2009.
581. Maurice Pialat recevant la Palme d'Or au Festival de Cannes de 1987 pour *Sous le soleil de Satan*, produit par DTP.
582. Partiot-Pieri (Isabelle), *Toscan*, Bonne Pioche, 2010.
583. Toscan du Plantier (Daniel), *Bouleversifiant*, Seuil, 1992.
584. Idem.
585. Partiot-Pieri (Isabelle), *Toscan*, Bonne Pioche, 2010.

586. Toscan du Plantier (Daniel), *Bouleversifiant*, Seuil, 1992.
587. Idem.
588. Toscan du Plantier (Daniel), *L'Émotion Culturelle*, Flammarion, 1995.
589. Partiot-Pieri (Isabelle), *Toscan*, Bonne Pioche, 2010.
590. Toscan du Plantier (Daniel), *Bouleversifiant*, Seuil, 1992.
591. Idem.
592. Idem.
593. Jacob (Gilles), *La vie passera comme un rêve*, Robert Laffont, 2009.
594. Toscan du Plantier (Daniel), *Bouleversifiant*, Seuil, 1992.
595. Barrault (Marie-Christine), *Ce long chemin pour arriver jusqu'à toi*, XO éditions, 2012.
596. Idem.
597. Idem.
598. Idem.
599. Toscan du Plantier (Daniel), *Bouleversifiant*, Seuil, 1992.
600. Quotidien professionnel publiant tous les chiffres du box-office de Paris et de la périphérie.
601. Toscan du Plantier (Daniel), *Bouleversifiant*, Seuil, 1992.
602. Cf. Lyttleton (Oliver), « 5 Actresses That Are Overdue For An Oscar Nomination », The Playlist, http://blogs.indiewire.com/theplaylist, February 21, 2012.
603. Toscan du Plantier (Daniel), *Bouleversifiant*, Seuil, 1992.
604. *« D'après la biographie d'Erwan Chuberre,* La légende d'Adjani *(édition Cogito, 2010), Adjani, ancienne amie proche d'Isabelle Huppert, explique avoir mal vécu sa mise à l'écart de certains projets, au début des années 80, à cause du producteur Daniel Toscan du Plantier, directeur de la Gaumont, qui aurait tenté d'imposer Isabelle Huppert, alors sa compagne, comme nouvelle étoile du cinéma français. »* Wikipedia, article « Isabelle Adjani ».
605. 1977 - Claude Goretta - *La Dentellière*.
1978 - Claude Chabrol - *Violette Nozière*
1979 - André Téchiné - *Les Sœurs Brontë* avec Isabelle Adjani, Marie-France Pisier.
1980 - Martha Meszaros - *Les Héritières* et Maurice Pialat - *Loulou* avec Gérard depardieu.
1981 - Mauro Bolognini - *La Dame aux camélias*, Benoit Jacquot - *Les Ailes de la colombe*, et Michel Deville - *Eaux profondes* avec Jean-Louis Trintignant.
1982 - Joseph Losey - *La Truite*,
1983 - Diane Kurys - *Coup de foudre* avec Miou Miou.
En 1979, Michael Cimino auréolé des Oscars du *Dear Hunter*, la fit venir aux Etats-Unis pour tourner *Heaven's Gate*. C'était sa seule infidélité à Gaumont, mais comment refuser un tel projet au réalisateur oscarisé du *Voyage au bout de l'enfer* (*« The deer Hunter »*)?

606. Partiot-Pieri (Isabelle), *Toscan,* Bonne Pioche, 2010.
607. Préface de Serge Tubiana in *Isabelle Huppert, la femme aux portraits,* sous la direction de Ronald Chammah et Jeanne Fouchet, Seuil, 2005.
608. Toscan du Plantier (Daniel), *L'Émotion Culturelle,* Flammarion, 1995.
609. « *There is no question for me about the Electra complex. You know, exaggerated love of the father – I have it, or some version. I loved my mother, but I was my dad's girl.* », Isabella Rossellini in « Real Life Quotes », IMDb.com
610. Toscan du Plantier (Daniel), *Les Enfants d'Al Capone et Rossellini,* Mazarine, 1981.
611. Cf. Fellini (Federico), *I vitelloni (« Jeunes désœuvrés* », littéralement « petits veaux »).
612. Toscan du Plantier (Daniel), *Bouleversifiant,* Seuil, 1992.
613. Toscan du Plantier (Daniel), *L'Émotion Culturelle,* Flammarion, 1995.
614. Jacob (Gilles), *La vie passera comme un rêve,* Robert Laffont, 2009.
615. Partiot-Pieri (Isabelle), *Toscan,* Bonne Pioche, 2010.
616. Toscan du Plantier (Daniel), *L'Émotion Culturelle,* Flammarion, 1995.
617. Jacob (Gilles), *La vie passera comme un rêve,* Robert Laffont, 2009.
618. Partiot-Pieri (Isabelle), *Toscan,* Bonne Pioche, 2010.
619. Livret à la mémoire de Daniel - 15 février 2003.
620. Toscan du Plantier (Daniel), *L'Émotion Culturelle,* Flammarion, 1995.
621. Idem.
622. Toscan du Plantier (Daniel), *Bouleversifiant,* Seuil, 1992. Cf. 11- Après Gaumont.
623. Idem.
624. Idem.
625. Toscan du Plantier (Daniel), *Les Enfants d'Al Capone et Rossellini,* Mazarine, 1981.
626. Partiot-Pieri (Isabelle), *Toscan,* Bonne Pioche, 2010.
627. British Academy of Film and Television Art.
628. Sans compter la gestion humaine et financière des deux matadors engagés pour servir de doublures à Ruggiero, l'un destiné à remplacer l'autre en cas d'accident du premier… Tout est fait pour éviter un arrêt du tournage, la ruine… Chacun ignorera la présence de l'autre pour ne pas froisser leur susceptibilité de vedettes de l'arène « *cachés dans la ville, séparément…* »
629. Cf. 10 - Impitoyable Amérique : Passion - Déception - New York - Hollywood.
630. Cf. 11 - Après Gaumont.
631. Partiot-Pieri (Isabelle), *Toscan,* Bonne Pioche, 2010.
632. Idem.
633. Toscan du Plantier (Daniel), *Bouleversifiant,* Seuil, 1992.
634. Partiot-Pieri (Isabelle), *Toscan,* Bonne Pioche, 2010.
635. Toscan du Plantier (Daniel), *Bouleversifiant,* Seuil, 1992.

636. Toscan du Plantier (Daniel), *L'Émotion Culturelle,* Flammarion, 1995.
637. Partiot-Pieri (Isabelle), *Toscan,* Bonne Pioche, 2010.
638. *L'Amérique*, interprétée par Joe Dassin en 1970, paroles de Christie Jeffrey, version française de Pierre Delanoé.
639. Toscan du Plantier (Daniel), *Les Enfants d'Al Capone et Rossellini*, Mazarine, 1981.
640. Toscan du Plantier (Daniel), *Bouleversifiant,* Seuil, 1992.
641. Cf. 2 - Gaumont 1975 : Nicolas Seydoux, Daniel Toscan du Plantier, Jean-Pierre Rassam.
642. Toscan du Plantier (Daniel), *Bouleversifiant,* Seuil, 1992.
643. Toscan du Plantier (Daniel), *Les Enfants d'Al Capone et Rossellini*, Mazarine, 1981.
644. Idem.
645. Idem.
646. Cf. Partie III – Le pouvoir fracassé : Gérard Lebovici.
647. André Meyer - Entretien avec l'auteur.
648. Idem.
649. Idem.
650. Toscan du Plantier (Daniel), *L'Émotion Culturelle,* Flammarion, 1995.
651. Partiot-Pieri (Isabelle), *Toscan,* Bonne Pioche, 2010.
652. Impressionné par le style du réalisateur après avoir assisté au Festival de Cannes à la projection de *Sailor et Lula* (*« Wild at Heart »*) qui allait recevoir la Palme d'Or en 1990, Francis Bouygues récupéra le contrat de *Twin Peaks* un projet qui faisait peur à tout Hollywood après son film précédent *Blue Velvet*. Bouygues signa Lynch sans hésiter.
653. Fulda (Anne), « Pierre Lescure, le nouveau roi de Cannes », *Le Figaro*, mercredi 15 janvier 2014.
654. Cf. Partie II – Le pouvoir à l'état pur : Lew Wasserman
655. Lescure (Pierre), *In the baba,* Grasset, 2012.
656. Cf. Partie II – Le pouvoir à l'état pur : Lew Wasserman.
657. Film de Jean-Charles Tacchella avec Marie-Christine Barrault, nommé aux Oscars en 1977- Cf. 8 - Amoureux.
658. Denis Chateau - Entretien avec l'auteur.
659. Toscan du Plantier (Daniel), *L'Émotion Culturelle,* Flammarion, 1995.
660. François Mitterrand in Toscan du Plantier (Daniel), *L'Émotion Culturelle,* Flammarion, 1995.
661. Cf . 7 - Le premier cercle.
662. Toscan du Plantier (Daniel), *L'Émotion Culturelle*, Flammarion, 1995.
663. Partiot-Pieri (Isabelle), *Toscan,* Bonne Pioche, 2010.
664. Toscan du Plantier (Daniel), *Bouleversifiant,* Seuil, 1992.
665. Idem.
666. Toscan du Plantier (Daniel), *Bouleversifiant,* Seuil, 1992.
667. Cf. 5 - Gaumont : Les années Toscan.

668. Cf. 7 - Le premier cercle.
669. Idem.
670. Partiot-Pieri (Isabelle), *Toscan*, Bonne Pioche, 2010.
671. *« For his rare mastery of the art of motion pictures and for his profound humanitarain outlook which has had an indelible influence on filmmakers and audiences throughout the world. »* in IMDb.com
672. Toscan du Plantier (Daniel), *L'Émotion Culturelle*, Flammarion, 1995.
673. Idem.
674. Idem.
675. Idem.
676. Daniel Toscan du Plantier in « Interview de Jacques Chancel », *Le Grand Échiquier*, in Partiot-Pieri (Isabelle), *Toscan*, Bonne Pioche, 2010.
677. Toscan du Plantier (Daniel), *Bouleversifiant*, Seuil, 1992.
678. Toscan du Plantier (Daniel), *L'Émotion Culturelle*, Flammarion, 1995.
679. Cf. 6 - *Don Giovanni.*
680. Toscan du Plantier (Daniel), *L'Émotion Culturelle*, Flammarion, 1995.
681. Cf. 9 - Musique : Les opéras.
682. Idem.
683. Partiot-Pieri (Isabelle), *Toscan*, Bonne Pioche, 2010.
684. Toscan du Plantier (Daniel), *L'Émotion Culturelle*, Flammarion, 1995.
685. Idem.
686. Idem.
687. Partiot-Pieri (Isabelle), *Toscan*, Bonne Pioche, 2010.
688. Gassin (Sophie), « Voyage à Yokohama », *L'Express*, 20 juillet 2000.
689. Partiot-Pieri (Isabelle), *Toscan*, Bonne Pioche, 2010.
690. Toscan du Plantier (Daniel), *L'Émotion Culturelle*, Flammarion, 1995.
691. Idem.
692. Idem.
693. Idem.
694. Jacob (Gilles), *La vie passera comme un rêve*, Robert Laffont, 2009.
695. Idem.
696. Toscan du Plantier (Daniel), *L'Émotion Culturelle*, Flammarion, 1995.
697. Exemple récent : le projet de film pharaonique « Robopocalypse », développé par Amblin et Dreamworks sous la houlette de Steven Spielberg depuis quatre ans, a été remis *sine die* début 2013.

HOCHE COMMUNICATION SAS
JACQUES-MARIE LAFFONT ÉDITEUR
GROUPE REVOLUTION 9

Imprimé par Dynamicom en mars 2015
Tous droits réservés